Village du Ripollès. © CONSU1961-ISTOCKPHOTO.COM

Alt Empordà. © DAMSEA - SHUTTERSTOCK.COM

Cathédrale Sainte-Marie de Gérone. © KAVALENKAVA - SHUTTERSTOCK.COM

FRANCE
LLÍVIA
PUIGCERDÀ
GUILS DE CERDANYA
MERANGES
BOLVIR
GER
ALP
DAS
FONTANALS
DE CERDANYA
LA MOLINA
MASELLA
Vallée
de Núria
Vallée
de Ribes
RIBES DE FRESER
GOMBRÈN
RIPOLL
SANT JOAN
DE LES ABADESS
CAMPRODO
VID
SA
Andorra
La vella
El Segre
La Seu d'Urgell
Berga
el Cardener
C16
E9
CATALOGNE
El Segre
Solsona
Pantà
de Rialb
Ponts
Manresa
C16
E9

Costa Brava

ENTRE MER ET MONTAGNE

Délicieuses criques isolées, falaises impressionnantes et belles étendues de sable fin, la Costa Brava peut aussi se targuer du bleu idyllique de la mer, des températures idéales et des nombreuses infrastructures dédiées aux vacanciers. Elles ont contribué à la convertir en haut lieu du tourisme européen et en destination préférée des Français. Certes, depuis les années 60 sa silhouette a changé, mais elle réserve toujours de belles surprises à qui sort des sentiers battus pour découvrir une jolie crique ou un village intérieur. Lieu idéal pour le *farniente,* on y pratiquera aussi l'art de la randonnée pédestre, tout au long de la côte pour les plus sportifs, ou par petites touches pour se réserver des baignades rafraîchissantes. Plus inattendu, un passage par les Pyrénées de Gérone permettra un plaisir subtil, celui de mêler les plaisirs du ski en hiver, aux joies proches de la plage. Côté patrimoine, le parcours est tout aussi complet avec une gamme allant des sites mégalithiques au modernisme et à sa déclinaison locale, l'architecture *Indiana,* en passant par les sites ibères ou l'art roman. En bord de mer, sur les places des villages ou lors des nombreux concerts estivaux, la fête n'est jamais absente d'un voyage. Pour éviter l'écueil d'une très grande fréquentation touristique en été, n'hésitez pas à venir la découvrir hors saison, au printemps ou en automne puisque le temps y garantit presque toujours des vacances réussies. À vous de vous fabriquer votre propre séjour mythique.

PEFC
10-31-1510
Certifié PEFC
Ce produit est issu de forêts gérées durablement et de sources contrôlées.
pefc-france.org

Retrouvez cette offre en page 85

SOMMAIRE

Chemin de ronde de Calella de Palafrugell à Llafranc. © ANGEL DANIEL - ISTOCKPHOTO.COM

Village méditerranéen de Tossa de Mar. © POIKE - ISTOCKPHOTO.COM

6 INSPIRER

Quand et pourquoi y aller, mais aussi des idées de séjours. Ainsi que de nombreuses fiches pratiques pour vous donner toutes les clés de cette destination.

35 DÉCOUVRIR

Circuit Dalinien, calendrier festif et savoir-faire artisanal, on fait le point sur les atouts de la région. Sans oublier de parcourir les chemins de ronde.

89 COSTA BRAVA

On la découvrira via le haut et le bas Empordà et la Selva. Sur le littoral, mais aussi en ralliant les villages intérieurs et au travers de sa route des vins.

On y rencontrera deux piliers du triangle dalinien, mais aussi ses criques, ses parcs naturels et son étoile, Cadaqués, accompagné par la tramontane.

On y mettra le cap sur les îles Medes, les calanques de Palafrugell qui ont inspiré l'écrivain Josep Pla et on y découvrira son patrimoine moderniste.

Dans sa partie littorale, elle symbolise parfois les excès touristiques, mais réserve aussi de bonnes surprises comme Tossa de Mar ou les beaux jardins de Lloret.

PORTBOU
CAP DE CREUS
COLERA
RABÓS
MOLLET DE PERALADA
LLANÇÀ
EL PORT DE LA SELVA
PORTLLIGAT
CADAQUÉS
LA JONQUERA
GARRIGUELLA
PALAU-SAVERDERA
CAPMANY
PAU
PERALADA
Route des Vins
ROSES
LA VAJOL
AGULLANA
EMPURIABRAVA
MAÇANET DE CABRENYS
CASTELLÓ D'EMPÚRIES
FIGUERES
LAC DE DARNIUS-BOADELLA
SANT PERE PESCADOR
L'ESCALA
L'ESTARTIT
Îles de Medes
ALBANYÀ
MAIÀ DE MONTCAL
BELLCAIRE D'EMPORDÀ
Massís del Montgrí
BEUDA
TORROELLA DE MONTGRÍ
LA TALLADA D'EMPORDÀ
E15
VERGES
MONTAGUT I OIX
BESALÚ
COLOMERS
PALS
BEGUR
Vallée de Campmajor
BANYOLES
PERATALLADA
Castellfollit de la Roca
PORQUERES
SANT MARTÍ VELL
PALAFRUGELL
MADREMANYA
LA BISBAL D'EMPORDÀ
SANT JULIÀ DE RAMIS
MONELLS
SANTA PAU
La Vall de Bianya
Vallée de Llémena
PALAMÓS
GIRONA (GÉRONE)
ST ANTONI DE CALONGE
SANT FELIU DE PALLEROLS
CASTELL-PLATJA D'ARO
Les Planes d'Hostoles
el Ter
CALDES DE MALAVELLA
SANTA CRISTINA D'ARO
SANT FELIU DE GUÍXOLS
Retenue d'eau de Susqueda
LLAGOSTERA
Pantà de Sau
Les Guilleries
SANT HILARI SACALM
SANTA COLOMA DE FARNERS
Retenue d'eau de Sau
Massís de Cadiretes
TOSSA DE MAR
Massif des Guilleries
LLORET DE MAR
ARBÚCIES
HOSTALRIC
Vic
VILADRAU
BLANES
Massís del Montseny
A7
E15
Sant Celoni
COSTA BRAVA
C32
C60
Mataró
La Roca del Vallès
Sabadell
Terrassa
C33
Mer Méditerranée
Badalona
A7
Rubí
Barcelone
E15
A2
15 KM

QUAND Y ALLER

JANVIER

6° / 13°

CAVALCADA REIS D'ORIENT

© IAKOV FILIMONOV - SHUTTERSTOCK.COM

Juchés sur des chars et parés de leurs plus beaux atours, les Rois Mages sillonnent les villes en jetant des bonbons aux enfants.

FÉVRIER

7° / 14°

CARNAVAL

© ILIA MATUSHKIN - SHUTTERSTOCK.COM

Sur la Costa Brava, on notera tout particulièrement ceux de Roses, Platja d'Aro et Tossa de Mar.

MARS

9° / 16°

SEMAINE SAINTE

© DANIEL FERRER PAEZ - SHUTTERSTOCK.COM

Particulièrement réputées, celles de Sant Hilari Salcam et de Gérone. Et bien sûr la danse de mort de Verges, le Jeudi saint.

JUILLET

21° / 28°

CHANT DES HAVANERES

(CALELLA DE PALAFRUGELL)

Les chœurs reprennent les chants des Caraïbes entonnés par les navigateurs au siècle dernier.

FESTIVAL INTERNATIONAL DE PERALADA

(PERALADA)

Un festival avec une très large programmation : musique classique, ballet, opéra mais aussi jazz et musique pop.

AOÛT

21° / 28°

FESTIVAL ACÚSTICA DE FIGUERES

(FIGUERES)

Aux alentours du théâtre musée Dalí, il accueille chaque année près de 80 000 personnes pour une quarantaine de spectacles.

SEPTEMBRE

19° / 25°

FÊTE DU SEL

(L'ESCALA – EMPÚRIES)

La ville de l'Escala rend hommage à ce qui a fait sa richesse : la pêche aux anchois et leurs salaison.

GRANDE FÊTE MÉDIÉVALE DE BESALÚ

(BESALÚ)

Le village revit son passé médiéval au travers de nombreuses animations, de spectacles équestres et de dégustations.

La Costa Brava et les Pyrénées de Gérone peuvent se visiter toute l'année si l'on souhaite privilégier la découverte des villes et des musées en dehors des plus gros flux touristiques. On choisira bien sûr l'hiver pour découvrir les pentes enneigées des comarques du Ripollès ou de la Cerdagne. Et l'on pourra plonger dans la grande bleue du mois d'avril à la fin octobre. Côté fêtes, c'est l'été qui sera le plus propice aux festivals et aux concerts.

AVRIL

11° / 18°

FESTIVAL VÍVID
Une cinquantaine d'activités dans tout l'Empordà pour s'initier aux vins, avec une visite de caves, des dégustations et soins.

$

MAI

14° / 21°

FESTIVAL INTERNACIONAL DE MÚSICA DE S'AGARÓ
(S'AGARÓ)
Le rendez-vous incontournable des mélomanes. L'ancienne église de S'Agaro accueille des concerts de musique classique.

GIRONA TEMPS DE FLORS
Tout le *barri vell* est rempli de plantes, de fleurs et de bouquets et voient s'agrandir chaque année le nombre d'amateurs.

$ $

JUIN

18° / 25°

FESTIVAL SONS DEL MÓN
Un festival de musique qui réunit des artistes importants dans des sites de renom, à Roses, Castelló d'Empúries et Empuriabrava.

$ $ $

OCTOBRE

15° / 21°

FIRA DE LA TARDOR - FÊTE DE L'AUTOMNE
(ARBÚCIES)

Arbúcies rend hommage à tous les produits emblématiques de la région : champignons, gibiers, châtaignes...

$

NOVEMBRE

11° / 16°

FÊTE DU RATAFIA DE SANTA COLOMA DE FARNERS
(SANTA COLOMA DE FARNERS)
Pour tout savoir sur cette liqueur catalane traditionnelle et particulièrement en vogue dans le nord de la Catalogne.

SOM CULTURA
Découvrez la variété culturelle de la province de Gérone par des jeux, des découvertes du patrimoine ou des routes littéraires.

$ $

DÉCEMBRE

8° / 13°

SAINT-SYLVESTRE
Toute l'Espagne fête les douze coups de minuit en mangeant un grain de raisin à chaque coup. Une garantie de chance à venir.

$ $ $

LES BONNES RAISONS D'Y ALLER

© MINIKHAN - SHUTTERSTOCK.COM

UN LITTORAL MULTIPLE

Criques, falaises, grandes plages, il déploie sa palette sur 250 km, de Portbou à Blanes.

DES PAYSAGES FAITS DE CONTRASTES

Des cimes pyrénéennes aux volcans de la Garrotxa, en passant par la plaine de l'Empordà.

© CRISTIAN IONUT ZAHARIA - SHUTTERSTOCK.COM

© GONZALO JARA - SHUTTERSTOCK.COM

UN PATRIMOINE ROMAN INSOUPÇONNÉ

A découvrir sur la Costa Brava mais plus encore en parcourant les Pyrénées de Gérone.

L'EMPREINTE DU MODERNISME

De la fin du XIXe au début du XXe, ce courant architectural a marqué villes et villages.

UNE GASTRONOMIE MER ET MONTAGNE

Déclinée en *suquets* et *fideuas* mais qui s'incarne aussi dans les pommes de terre d'Olot.

LE GOÛT DES TRADITIONS

Il résonne lors des fêtes patronales et durant la Semaine sainte, à Verges notamment.

DES VILLAGES PITTORESQUES

Autour de l'église ou du château, de multiples villages médiévaux jalonnent le paysage.

LES BONNES RAISONS D'Y ALLER

UNE TERRE DE CULTURE

Qui a inspiré peintres et écrivains : Salvador Dali, Josep Pla et Mercé Rodoreda.

© DENIS BABENKO - FOTOLIA

© TAMARA PINTADO - SHUTTERSTOCK.COM

UN PARADIS POUR LES SPORTIFS

Kitesurf, plongée sous-marine ou cyclisme, tous les aficionados y trouveront leur terrain.

© AMAZING TRAVELS - SHUTTERSTOCK.COM

UNE TERRE DE RANDONNÉES

De multiples balades inoubliables dans des sites spectaculaires et précieusement protégés.

LES 12 MOTS-CLÉS

#ARRÒS

C'est l'un des produits phares, décliné de multiples manières. Loin d'une vision uniformisée de la paella, il sera proposé *a banda*, avec du riz et du safran et servi avec de l'aïoli ; noir (*negre*) à l'encre de seiche ; *al forn*, cuit au four, ou *rossejat*, en croûte. Avec en vedette le riz de Pals, bénéficiant d'une appellation d'origine contrôlée.

© STOCKCREATIONS - SHUTTERSTOCK.COM

#BICI

De nombreuses voies sont signalisées pour parcourir de beaux circuits, le long des côtes ou vers l'intérieur. Ce sera aussi le cas pour les plus sportifs utilisant le VTT. Et une petite bicyclette qui monte, la bicyclette électrique. Que vous pourrez facilement louer, pour des balades en solo ou des visites guidées puisque la formule se développe.

#CALES

Ces *Cales* sont l'équivalent de nos criques. Et elles ponctuent et spécifient le littoral de ces côtes. Ce sont elles qu'il vous faudra rechercher tout au long de votre voyage, quitte à marcher pour dénicher les plus belles en suivant les chemins de ronde ou les sentiers du littoral ou, mieux encore, en les abordant par bateau, quand vous le pouvez.

© JORDICARRIO - SHUTTERSTOCK.COM

#CAVA

C'est le mousseux le plus réputé d'Espagne. Il se compose de *macabeu* (localement appelé viura) pour son arôme fruité, de *xarell·lo* pour sa couleur, sa structure, sa teneur en alcool et son acidité, de *parellada*, pour son élégance. La Catalogne produit près de 95 % de la cava espagnole sur divers territoires d'appellations, dont D.O. Empordà.

#DALINIEN

Il faut bien un adjectif pour nommer la ferveur qui entoure ce peintre surréaliste né et mort en Catalogne. Pour la partager, il vous faudra vous rendre dans l'Empordà, une région clé pour la compréhension de son œuvre « cosmique ». Ce périple vous conduira à Figueres, Portlligat et Púbol où ses maisons-musées reflètent la personnalité du maître.

© IRÈNE ALASTRUEY - AUTHOR'S IMAGE

#GAMBES

Sur la Costa Brava, ce sont les *gambes* de Palamós qui tiennent la corde. Ces grosses crevettes bénéficient ici d'une appellation d'origine contrôlée. Et vous aurez à cœur de les suivre, de leur arrivée au port jusque dans vos assiettes, en passant par les différentes manières de les préparer puisqu'elles bénéficient de journées gastronomiques.

#HAVANERES

Ce sont les chansons nostalgiques aux rythmes créoles qu'entonnaient les navigateurs du siècle dernier au moment de leur départ. Elles accompagneront vos soirées. Notamment si vous vous rendez à Calella de Palafrugell, où début juillet, on chante la traditionnelle *Cantada* sur la plage de Port Bo. Mais elles résonneront aussi à l'Escala ou à Begur.

LES 12
MOTS-CLÉS

#INDIANOS

C'est au XIXe que des enfants du pays partirent faire fortune à Cuba. De retour, ceux que l'on nommait les *Indianos* rapportèrent un état d'esprit, mais aussi de l'argent pour construire de grandes et belles maisons. À admirer à Begur, Tossa de Mar, ou Lloret de Mar, mais qui vous accompagneront dans de très nombreuses destinations de la Costa Brava.

#MODERNISME

Cette architecture spécifique de la fin du XIXe et du début du XXe siècle sera aussi présente tout au long de la Costa Brava et des Pyrénées de Gérone. Ce sera surtout le cas à Figueres ou à Olot, mais aussi de manière plus ponctuelle dans de très nombreuses étapes de ce circuit. L'occasion de découvrir le joli cimetière moderniste de Lloret de Mar.

#TRAMONTANE

On ne le confondra pas avec le Mistral. Il s'agit d'un vent sec, froid et violent, grand maître des changements de la météo et sculpteurs des côtes. Et vous apprendrez à le connaître, notamment lorsque vous visiterez le haut Empordà. S'il fait le bonheur des marins et chasse les nuages, vous comprendrez ce que peut signifier un vent qui rend fou.

#SUQUET

Le plus souvent ce sera un *suquet de peix* s'apparentant à la bouillabaisse et qui mêle poissons divers, oignons, tomates et pommes de terre. Au départ, c'était un plat que les pêcheurs cuisinaient traditionnellement dans leurs barques. Aujourd'hui, il est au menu de nombreux restaurants et on lui consacre également diverses journées gastronomiques.

#PA AMB TOMÀQUET

Pour se faire aimer des Catalans, il suffit de manger du *pà amb tomàquet*, et d'appeler son fils Jordi, estimait l'écrivain Manuel Vázquez Montalbán. Essayez au moins la première recommandation. Ce pain accompagne traditionnellement les repas : tranche de *pà de pagès* (équivalent campagne) frottée d'une tomate mûre et arrosée d'un léger filet d'huile.

© VASANTY - SHUTTERSTOCK.COM

VOUS ÊTES D'ICI, SI…

- Vous privilégiez le repas du midi. Bien sûr en famille, le dimanche, et si possible pour déguster un *suquet*. Et pas question d'aller déjeuner avant 14h.
- Vous aimez partager à table. Vous commandez des tapas et des *racions* qui sont installées au milieu de la table pour que chacun puisse se servir.
- Vous fuyez la sangria et vous optez pour le *vermut* maison, non sans avoir demandé au préalable quelle était sa composition.
- Si c'est jour de fête, vous n'avez pas la mauvaise idée de commander du champagne, mais vous optez pour le cava en expliquant qu'il est tout aussi bon, voire parfois meilleur que le champagne.
- Vous n'imaginez pas de fêter Noël et le jour de l'an sans du turron et des cannellonis.
- Chaleur ou pas, la pause du repas est sacrée. Et si possible, se vit à la maison.
- Vous avez le tutoiement facile. C'est une manière de se démarquer de l'obligation du vouvoiement qui a traumatisé vos ancêtres.

INTERVIEW

LA COSTA BRAVA ET MOI

AVEC DOMINIQUE SELLIER, AUTEURE DU GUIDE

Qu'est-ce qui vous a conduit vers la Costa Brava ?

Ma connaissance préalable de cette côte, proche de Barcelone. Un temps limitée à Cadaquès et au Cap de Creus mais qui s'est peu à peu étendue. Avec le privilège de pouvoir la savourer hors saison.

Qu'est-ce qui vous a le plus marquée ?

Ce qui fonde sa carte postale mais qui s'avère vrai. Le bleu du ciel très souvent intense, même en hiver, les multiples reflets de la mer et la silhouette des pins qui penchent vers la mer. Sans oublier sa tramontane qui a bien l'avantage de chasser les nuages mais s'avère parfois redoutable et contre laquelle on peut lutter avec un cremat.

Quel serait votre coup de cœur sur cette région ?

De manière générale, aux grandes plages, je préfère les petites criques isolées et accessibles après une bonne marche. Mais j'ai une tendresse particulière pour les trois criques qui dépendent de Palafrugell : Tamariu, Llafranc et Calella de Palafrugell. Boire un ratafia glacé depuis une terrasse surplombant Calella constitue pour moi un instant parfait. D'autant plus, qu'à proximité on peut aller se balader dans le superbe jardin du Cap Roig, un bijou.

Quels seraient vos conseils pour découvrir ce territoire ?

Dans la mesure du possible, il est préférable de s'y rendre au printemps. Pour découvrir la Costa Brava, les cami de ronda, chemins de ronde sont des outils très précieux. Ils sont parfois très sportifs mais d'autres constituent de belles promenades digestives. Et pour varier les plaisirs, on peut enfourcher une bicyclette électrique pour faire le tour des villages médiévaux, souvent à seulement quelques kilomètres de la côte. Ou rallier ses villes emblématiques comme Girone ou Figueres. Et là faire connaissance avec le maître des lieux, Salvador Dalí.

© DOMINIQUE SELLIER

© DOMINIQUE SELLIER

© DOMINIQUE SELLIER

DISTANCES

TEMPS DE TRAJET

	FIGUERES	ROSES	BEGUR	PALAFRUGELL	PALAMÓS
FIGUERES		22 KM 🚗 30mn 🚌 45mn	51 KM 🚗 1h 🚌 1h45	53 KM 🚗 1h 🚌 1h30	63 KM 🚗 1h 🚌 1h30
ROSES	22 KM 🚗 30mn 🚌 45mn		59 KM 🚗 1h 🚌 2h30	60 KM 🚗 1h 🚌 2h30	70 KM 🚗 1h 🚌 3h30
BEGUR	51 KM 🚗 1h 🚌 1h45	59 KM 🚗 1h 🚌 2h30		8 KM 🚗 15mn 🚌 30mn	17 KM 🚗 30mn 🚌 30mn
PALAFRUGELL	53 KM 🚗 1h 🚌 1h30	60 KM 🚗 1h 🚌 2h30	8 KM 🚗 15mn 🚌 30mn		10 KM 🚗 15mn 🚌 30mn
PALAMÓS	63 KM 🚗 1h 🚌 1h30	70 KM 🚗 1h 🚌 3h30	17 KM 🚗 30mn 🚌 30mn	10 KM 🚗 15mn 🚌 30mn	
SANT FELIU DE GUÍXOLS	96 KM 🚗 1h 🚌 2h30	85 KM 🚗 1h30 🚌 2h30	31 KM 🚗 30mn 🚌 1h30	25 KM 🚗 30mn 🚌 1h	19 KM 🚗 30mn 🚌 45mn
TOSSA DE MAR	95 KM 🚗 1h 🚌 3h	108 KM 🚗 1h30 🚌 4h30	58 KM 🚗 1h 🚌 2h30	51 KM 🚗 45mn 🚌 2h	46 KM 🚗 45mn 🚌 1h45
GIRONA	49 KM 🚗 45mn 🚌 30mn	62 KM 🚗 1h 🚌 1h30	59 KM 🚗 1h 🚌 2h30	52 KM 🚗 1h 🚌 1h30	47 KM 🚗 45mn 🚌 1h30
BANYOLES	35 KM 🚗 30mn	53 KM 🚗 1h	54 KM 🚗 1h	50 KM 🚗 1h	70 KM 🚗 1h
SANTA COLOMA DE FARNERS	73 KM 🚗 1h	86 KM 🚗 1h	66 KM 🚗 1h	59 KM 🚗 1h	54 KM 🚗 45mn
OLOT	45 KM 🚗 1h	68 KM 🚗 1h	87 KM 🚗 1h30	82 KM 🚗 1h30	103 KM 🚗 1h30
RIPOLL	75 KM 🚗 1h 🚌 3h30	98 KM 🚗 1h30 🚌 4h30	150 KM 🚗 1h45 🚌 5h	143 KM 🚗 1h45 🚌 4h30	138 KM 🚗 1h30 🚌 5h

Parcourir l'ensemble de ce territoire de manière sérieuse requiert plusieurs semaines. Depuis la France, que ce soit en voiture, en train et même en bus, Figueres sera un point de départ idéal, que vous souhaitiez ensuite rallier la côte ou privilégier la découverte des Pyrénées de Gérone. Côté trafic, la circulation est bien sûr très dense, le long de la côte, si vous voyagez durant les mois d'été ou les week-ends. Et se garer devient un problème.

SANT FELIU DE GUÍXOLS	TOSSA DE MAR	GIRONA	BANYOLES	SANTA COLOMA DE FARNERS	OLOT	RIPOLL
96 KM 1h 2h30	95 KM 1h 3h	49 KM 45mn 30mn	35 KM 30mn	73 KM 1h	45 KM 1h	75 KM 1h 3h30
85 KM 1h30 2h30	108 KM 1h30 4h30	62 KM 1h 1h30	53 KM 1h	86 KM 1h	68 KM 1h	98 KM 1h30 4h30
31 KM 30mn 1h30	58 KM 1h 2h30	59 KM 1h 2h30	54 KM 1h	66 KM 1h	87 KM 1h30	150 KM 1h45 5h
25 KM 30mn 1h	51 KM 45mn 2h	52 KM 1h 1h30	50 KM 1h	59 KM 1h	82 KM 1h30	143 KM 1h45 4h30
19 KM 30mn 45mn	46 KM 45mn 1h45	47 KM 45mn 1h30	70 KM 1h	54 KM 45mn	103 KM 1h30	138 KM 1h30 5h
	33 KM 30mn 1h45	34 KM 45mn 1h45	57 KM 1h	52 KM 45mn	90 KM 1h15	124 KM 1h30 4h30
33 KM 30mn 1h45		38 KM 45mn 3h15	70 KM 1h	39 KM 45mn	103 KM 1h30	123 KM 1h30 11h30
34 KM 45mn 1h45	38 KM 45mn 3h15		24 KM 30mn	31 KM 30mn	57 KM 1h	103 KM 1h30 3h
57 KM 1h	70 KM 1h	24 KM 30mn		48 KM 30mn	34 KM 30mn	65 KM 1h
52 KM 45mn	39 KM 45mn	31 KM 30mn	48 KM 30mn		48 KM 1h	80 KM 1h
90 KM 1h15	103 KM 1h30	57 KM 1h	34 KM 30mn	48 KM 1h		34 KM 45mn
124 KM 1h30 4h30	123 KM 1h30 11h30	103 KM 1h30 3h	65 KM 1h	80 KM 1h	34 KM 45mn	

IDÉES DE SÉJOUR

Un séjour d'une semaine sur la Costa Brava et les Pyrénées de Gérone vous permet de découvrir deux piliers de l'univers dalinien : Figueres, sa ville natale avec le théâtre-musée Dalí, son œuvre majeure, et sa maison musée de Porlligat, accessible depuis Cadaquès dont le décor l'a tant inspiré. Avant de plonger vers les criques de Palafrugell pour apprécier d'autres sites chéris par l'un des enfants du pays, Josep Pla, et de terminer votre circuit par la visite du village médiéval fortifié de Tossa de Mar. La plongée vers l'intérieur vous conduira à Gérone, à l'assaut de son quartier ancien puis vers le nord, à Olot, pour apprécier son patrimoine moderniste et son volcan de Montsacopa, l'un des 40 de la région. Vous pourrez terminer ce circuit en ralliant le lac de Banyoles qui a accueilli les épreuves d'aviron lors des Jeux olympiques de Barcelone, en 1992. En deux semaines, vous pouvez suivre nos itinéraires pour chaque région.

DÉCOUVERTE DE LA COSTA BRAVA

De journées *farniente* sur le littoral du nord catalan en découvertes du patrimoine historique et architectural aussi ancien que stupéfiant, une semaine de visite sur la Costa Brava réserve bien plus de surprises qu'il n'y paraît ! Découverte de ce territoire ensoleillé et de ses chaleureux habitants à la culture bien vivante.

› Jour 1 - Figueres et Cadaqués

Matin, visite du Théâtre-Musée Dalí (p.96). Déjeuner sur les ramblas. Après-midi, cap sur Cadaqués ★★★ (p.122) et visite de la maison-musée Dalí (p.126), à Portlligat ★ (p.126). Dîner dans l'un des restaurants du port de Cadaqués ★★★ (p.122).

› Jour 2 - Parc naturel des Aiguamolls de l'Empordà

Matin, cap sur le Cortalet près de Sant Pere Pescador (p.141) point idéal pour démarrer la découverte de ce lieu, permettant notamment l'observation des oiseaux, mais aussi de multiples écosystèmes. Si on le souhaite, à compléter par une demi-journée consacrée à la visite du Monastère de Sant Miquel de Fluvià (p.141), bijou du roman, à 10 km à l'ouest de Sant Pere Pescador (p.141).

› Jour 3 - L'Escala

Matin, visite d'Empúries (p.144). Déjeuner dans un des *chiringuitos* qui bordent la plage. Après-midi, découverte du village de Sant Martí d'Empúries. Retour à l'Escala ★★ (p.143) en longeant le bord de mer et dîner à l'Escala.

› Jour 4 - L'Estartit et les îles Medes

Matin, découverte des fonds marins des îles Medes ★★ *via* un bateau au fond transparent. Déjeuner sur le port. Après-midi, visite du centre de Torroella de Montgrí ★ (p.154) et dîner au Palau Lo Mirador.

Ville de Cadaqués.

Portlligat.

› Jour 5 - Palafrugell

Matin, *farniente* dans la crique de Tamariu et déjeuner sur place. Après-midi, visite du jardin du Cap Roig (p.171). Dîner à Calella de Palafrugell ★★.

› Jour 6 - Tossa de Mar

Matin, visite du village fortifié sur les hauteurs, déjeuner dans l'un des restaurants du quartier. Après-midi, balade en bateau jusqu'à la plage de Cala Giverola. Arrêt baignade sur place. Retour à Tossa ★ (p.192) et dîner chez Victor, pour découvrir les anciens plats de Tossa comme le *Cim i Tomba*.

› Jour 7 - Lloret de Mar

Matin, visite du Cimetière moderniste (p.197), où l'on retrouvera la patte de l'architecte Puig i Cadalfach et des jardins de sainte Clothilde (p.198). Déjeuner dans l'un des restaurants du *passeig* marítim. Après-midi, balade dans le centre-ville et ses maisons modernistes. Dîner au Trull.

PÉRÉGRINATIONS DANS L'ALT EMPORDÀ

L'Alt Empordà est cette belle région dans laquelle on pénètre en traversant la frontière française. Célèbre pour ses plages à ses criques paradisiaques, la région a bien plus à offrir : une superbe nature entre Pyrénées et Méditerranée, un patrimoine moderniste de Figueres ★★ (p.93) à la citadelle romaine d'Empúries, sans parler d'une gastronomie créative et d'un sens de la fête plus que rôdé.

› Jour 1 - Figueres

Découverte de la ville et de son patrimoine moderniste. Déjeuner sur les ramblas. Après-midi, visite du théâtre-musée Dalí (p.96) et dégustation d'une *flaona*, la douceur locale. Soir, dîner au restaurant de l'hôtel Duran, une référence en matière de « Cuisine du Vent » (*Cuina del Vent*).

› Jour 2 - Figueres

Matin, cap sur Port de la Selva et visite du Monastère Sant Pere de Rodes (p.120), l'un des trésors de l'art roman catalan. Déjeuner au restaurant El Monestir, dans le monastère, avec vue panoramique sur les alentours. Retour à Figueres ★★ (p.93) et visite du Castell Sant Ferran (p.93). Dîner sur les ramblas.

› Jour 3 - Cadaqués et Portlligat

Matin, découverte du village de Cadaqués ★★★ (p.122) et déjeuner dans l'un des restaurants du port. Après-midi, visite de la maison-musée Dalí (p.126) à Portlligat ★ (p.126). Retour à Cadaqués et dîner à Es Baluard. Dernier verre ou *cremat*, au Bar marítim, face au Cucurucuc, le petit rocher emblématique du village.

› Jour 4 - Castelló d'Empúries et Roses

Matin, visite de Castelló d'Empúries ★ (p.134), qui conserve de nombreux édifices nobles ou religieux puis cap sur Roses ★ (p.127). Visite de la citadelle (p.128) abritant notamment vestiges romains et grecs. Déjeuner au Sodemar, dans le port sportif.

Après-midi, balade sur le chemin de ronde jusqu'à la Cala Montjoi qui a accueilli le célèbre restaurant El Bulli. Baignade. Soir, dîner dans l'un des restaurants donnant sur le passeig marítim de Roses.

› Jour 5 - Parc naturel des Aiguamolls

Matin : cap sur le Cortalet près de Sant Pere Pescador (p.141) point idéal pour démarrer la découverte de ce lieu, permettant notamment l'observation des oiseaux, mais aussi de multiples écosystèmes. On peut y passer la journée en prévoyant un casse-croûte. Ou lui dédier une demi-journée si l'on souhaite se rendre aussi au Monastère de Sant Miquel de Fluvià (p.141), autre bijou du roman, à 10 km à l'ouest de San Pere Pescador. Soir : retour à Sant Pere Pescador (p.141) et dîner près de la plage.

› Jour 6 - Plages de Sant Pere Pescador

Journée *farniente* sur les belles plages de sable fin de Sant Pere, entrecoupée de séjours dans les *chiringuitos* proches des plages ou d'une expérience de kitesurf, pour les plus sportifs.

BALADES DANS LE BAIX EMPORDÀ

Située au sud de l'Alt Empordà, la région du Baix Empordà invite à la flânerie et au farniente le long de ses belles plages. Mais on ne saurait la réduire à une simple station de vacances : de L'Estartit ★★ (p.147) à La Bisbal d'Empordà (p.167), en passant par Sant Feliu de Guíxols ★★ (p.187), les découvertes historiques et culturelles sont au rendez-vous !

› Jour 1 - L'Estartit-îles Medes

Matin, découverte des fonds sous-marins des îles Medes ★★ à bord d'un bateau équipé d'un fond transparent. Déjeuner au club nàutic, sur le port. Après-midi, découverte du centre-ville de Torroella de Montgrí ★ (p.154). Dîner au Palau Lo Mirador, l'ancienne résidence des Comtes de Barcelone.

› Jour 2 - Circuit dans les villages médiévaux

En voiture ou à bicyclette électrique, découverte de Peratallada ★★ (p.156), Bellcaire d'Empordà (p.158), Verges (p.158) et Pals ★ (p.159). Déjeuner et dîner dans l'un de ces villages.

› Jour 3 - Begur

Matin, découverte de son architecture *indiana* et tapas dans la ville. Après-midi, *farniente* sur l'une des jolies petites plages, comme Sa Tuna. Dîner à Begur ★ (p.161).

› Jour 4 - La Bisbal d'Empordà, la capitale de la céramique

Matin, découverte de son centre-ville ancien, dont le Château-Palais (p.167). Après-midi, visite du musée de la céramique (p.167) et emplettes. Après deux options s'offrent à vous. Un passage par Monells ★ (p.169) pour connaître l'un des lieux de tournage de *8 apellidos catalanes*, l'un des grands succès du cinéma espagnol ou par Púbol, si vous souhaitez voir le troisième pilier du triangle dalinien. Dîner à La Bisbal.

› Jour 5 - Palafrugell

Matin, découverte de l'une des criques, Tamariu, Llafranc ou Calella de Palafrugell ★★. Chemin de ronde de Llafranc à Calella. Déjeuner sur la plage de Calella. Après-midi, visite du jardin du Cap Roig (p.171), l'un des bijoux du lieu. Dîner dans l'une des criques.

› Jour 6 - Palamós

Matin, demi-journée en mer pour observer la pêche artisanale. Déjeuner à la Gamba, l'un des meilleurs restaurants de la ville. Après-midi, visite du musée de la pêche (p.177) et suivi de la criée où vous verrez débarquer la star du lieu, la gamba. Soir, *tapeo* dans le vieux Palamós et dernier verre au bar de l'hôtel Trias, pour déguster le cocktail Truman Capote.

› Jour 7 - Castell Platja d'Aro et Sant Feliu de Guíxols.

Matin, promenade le long du chemin de ronde de S'Agaró. Déjeuner sur la plage de Sant Pol. Après-midi, visite du Musée d'histoire (p.188) de Sant Feliu de Guíxols. Dîner à Sant Feliu de Guíxols ★★ (p.187), à Sa Marinada, par exemple.

CIRCUIT DANS LES PYRÉNÉES CATALANES

Les Pyrénées de Gérone englobent la zone longeant la Costa Brava à l'intérieur des terres, de Gérone ★★ (p.211) la capitale de Province jusqu'à la frontière avec la France. Méconnue du grand public, cette superbe région a pourtant bien des atouts pour séduire : de ses grands espaces à la nature luxuriante à son patrimoine architectural varié, en passant par sa gastronomie et ses accueillants habitants.

› Jour 1 - Gérone

Visite du patrimoine architectural du centre historique de la capitale de la Province (cathédrale (p.212), bains arabes (p.211), quartier juif, déjeuner en terrasse, puis découverte de la moderniste Casa Masó (p.211) et du très bon Musée du cinéma (p.214). Si l'occasion et les finances se présentent, dîner au célèbre Celler de Can Roca.

› Jour 2 - Banyoles et ses environs

Petite balade matinale dans la vallée de Llémena avant de prendre la direction de Banyoles ★ (p.234) pour un déjeuner bien mérité en terrasse sur les rives du lac. Après-midi consacré à la découverte de la ville, de son lien natal avec la zone lacustre et de ses musées. Puis direction l'espace naturel singulier des Estunes (p.243), puis du musée de sculptures érotiques à ciel ouvert du facétieux Xicu. Retour à Banyoles ★ (p.234) pour une mini-croisière sur le lac au crépuscule.

Callela de Palafrugell.

› Jour 3 - Besalú et Olot

Promenade dans la médiévale **Besalú** ★★ (p.281) et son fameux pont, découverte du patrimoine roman et de l'héritage juif d'un des plus pittoresques villages de la Garrotxa. Déjeuner dans le centre. L'après-midi, direction **Olot** ★ (p.261) et ses 40 volcans, son centre-ville moderne et moderniste, ascension du volcan de **Montsacopa** (p.264) non sans s'être arrêté au préalable à l'Espai Crater. Dîner catalan et gastronomique au restaurant Les Cols.

› Jour 4 - Le Ripollès

Sur la route de **Ripoll** ★ (p.293), petite halte à **Sant Joan de les Abadesses** ★★ (p.297) pour la visite de son **monastère** (p.298) et du **palais de l'abbaye** (p.298), puis visite guidée du monastère **Santa Maria de Ripoll** (p.293) et son impressionnant portail romain, à coupler avec celle du **Scriptorium** (p.295) et du très bon **musée d'ethnologue** (p.293). Après-midi plus rural, avec la visite de la vallée de **Camprodon** ★ (p.302) : la balade moderniste de Maristany, le parc animalier de **Molló** (p.309) et le somptueux village médiéval de **Beget** ★ (p.311). Si le temps le permet, visite de la vallée de Ribes avec dîner et nuit au Resguard dels Vents, magnifique hôtel surplombant la ville de Ribes de Freser.

› Jour 5 - Escapade en haute montagne

Montée en train-crémaillère jusqu'au Sanctuaire de Núria pour prendre un peu d'altitude, avec de viser la splendide Cerdagne catalane. Visite de **Puigcerdà** ★ (p.317) avant le déjeuner, puis direction **Llívia** ★ (p.326) où l'on découvrira **la plus ancienne pharmacie d'Europe** (p.326). Après-midi sportive : golf, randonnées en montagne ou VTT, au choix.

› Jour 6 - La Selva

Direction le sud pour découvrir la comarque de l'eau : **Santa Coloma de Farners** ★ (p.244) pour en apprendre davantage sur le ratafia, **Caldes de Malavella** ★★ (p.249) pour prendre soin de soi grâce aux bienfaits du thermalisme. Une découverte de la comarque de l'eau qui se poursuivra par la visite de Sant Hilari Salcam et de ses 100 sources. Après manger, une halte s'impose au **musée ethnologique** (p.255) d'**Arbuciès** ★ (p.254), où l'on est mis au parfum de l'histoire de la région, peuplée de brigands et de sorcières, avant de partir en randonnée au cœur du superbe parc des Guilleries.

› Jour 7 - Montseny

Journée randonnée dans le splendide et majestueux massif du Montseny, avec pique-nique sur les crêtes, avant de revenir à **Gérone** ★★ (p.211) en fin de journée pour dîner dans l'un des restaurants de la ville, comme le Normal ou le café le Bistrot.

PRATIQUE

SE REPÉRER / SE DÉPLACER

DE L'AÉROPORT AU CENTRE-VILLE

Depuis l'aéroport de Gérone, vous pouvez rallier le centre-ville de Gérone, en voiture, par la N-II et l'AP-7, en taxi ou en bus. La compagnie Sagalés (https://www.sagales.com) vous permet de rallier la Costa Brava sud et le centre de Gérone (gare routière). La compagnie Sarfa-Moventis (https://moventia.es) assure quant à elles les dessertes de la Costa Brava nord.

Depuis l'aéroport de Barcelone, c'est la compagnie Sarfa-Moventis qui relie l'aéroport aux principales destinations de la Costa Brava du sud. Vous trouverez des stations de taxis dans ces deux aéroports.

ARRIVÉE EN TRAIN

Deux trains TGV arrivant à la station de trains Figueres-Vilafant effectuent la liaison Paris-Figueres (durée de 5h30). Elle accueille aussi d'autres liaisons TGV avec Lyon, Toulouse et Marseille ainsi que la ligne qui dessert Barcelone. Une fois arrivés dans la gare, vous disposerez d'un service de navettes régulières reliant la gare et le centre de Figueres (bus). L'autre gare de Figueres, plus proche du centre-ville et de la station routière assure les liaisons régionales, nationales et internationales et accueille aussi la ligne de l'AVE (équivalent du TGV français) qui dessert Madrid, Saragosse et Barcelone.

TRANSPORTS EN COMMUN

Pour l'essentiel, le train vous permettra de rallier Barcelone à Gérone et Figueres. En revanche, pour circuler à l'intérieur de la Costa brava et des Pyrénées de Gérone, il ne restera que les bus comme transports en commun. Ils ont toutefois l'avantage de bien fonctionner, d'être réguliers et confortables, relativement peu chers et surtout de vous emmener au plus près de presque toutes les destinations présentées dans ce guide. Différentes compagnies rayonnent dans la province de Gérone. La compagnie Sarfa-Moventis (https://moventia.es/) relie de nombreux villages du Haut et du bas Empordà. La Compagnie Teisa (http://www.teisa-bus.com) dessert quant à elle les comarques de La Garrotxa, de Banyoles, du Ripollès, de Pla de l'Estany.

VÉLO, TROTTINETTE & CO

Côté usage du vélo en ville, Gérone a mis en place depuis 2008, un service de location de bicyclettes « Girocleta » qui met à disposition 180 bicyclettes, 8 stations et 200 zones de parking, mais peu destiné aux courts séjours. De manière générale, vous trouverez de nombreuses agences de locations de vélos sur tout le territoire. Pour y louer des vélos de ville, des VTT et de plus en plus de véhicules électriques. S'agissant des trottinettes électriques, elles n'ont, pour l'instant, pas fait de percée significative dans cette zone. Mais comme dans toute l'Espagne, si vous en louez une, c'est désormais la nouvelle loi relatif au trafic (mars 2022) qui régit la circulation des trottinettes (véhicules de mobilité personnelle). Avec comme principales règles : limitation à 25 km, interdiction de monter à deux, de rouler sur les trottoirs et obligation de porter un casque. Les amendes peuvent aller de 200 € (port d'oreillettes) à 1 000 € (consommation d'alcool ou de drogue). Par ailleurs, à Gérone, l'accès au centre historique (en pente et avec des escaliers) leur est formellement interdit.

422 kgCO_2e / personne
Aller-retour Paris-Girona – Gérone

219 kgCO_2e / personne
Aller-retour Paris-Girona – Gérone

47 kgCO_2e / personne
Aller-retour Paris-Girona – Gérone

→ Le calcul de cette consommation CO_2 est fait à partir de Paris, mais l'idée est avant tout de montrer la différence entre les différents moyens de locomotion. La différence entre chacun garde la même proportion depuis votre point de départ quel qu'il soit également.

AVEC UN CHAUFFEUR

Les plus grosses stations de taxis sont situées dans les aéroports, autour des gares ferroviaires et routières et dans les centres-villes. Attention, les taxis de la Costa Brava sont particulièrement coûteux, plus chers qu'à Barcelone et parfois même qu'en France, avec des tarifs qui peuvent monter à 10 € pour une distance équivalant à un pâté de maisons. Mais comme il n'existe pas de VTC, il faudra user de ficelles pour alléger les tarifs. En prendre un à plusieurs, par exemple. Ou vérifier s'il n'est pas plus facile d'y aller à pied ou en prenant un bus urbain. Parfois des transports de type bus sont mis en place durant la saison estivale, comme à Palafrugell, n'hésitez pas à y recourir (billet à 5 € au lieu de 17 € la course pour rallier l'une des criques).

EN VOITURE

Dès les beaux jours venus, il vous sera particulièrement difficile de circuler en Costa Brava et encore plus compliqué de vous garer. La plupart des centres étant souvent piétonniers et les parkings pris d'assaut. Vous ne rencontrerez pas ces difficultés dans les comarques intérieures. A l'exception des traditionnels embouteillages marquant les retours de week-end. De manière générale, il est recommandé de garer sa voiture dès l'entrée dans une ville ou un village et de rallier le centre, soit à pied, soit en bus. Ce qui vous donnera l'occasion de les découvrir en étant moins obsédés par l'idée de « trouver une place ».

ACCESSIBILITÉ

Dans les villes, personnes à mobilité réduite et poussettes pour enfants pourront se déplacer, car l'accessibilité a été travaillée sur les trottoirs et dans les transports en commun. En revanche, de nombreux villages ont des rues pentues et pavées, ce qui ne facilite pas la circulation.

LES ATTRAPE-TOURISTES

Vous ne rencontrerez pas beaucoup d' « arnaques » en matière de transport dans cette région. Le seul bémol est parfois le tarif des taxis, mais c'est plutôt une pratique. Pensez à demander le prix de la course avant de monter et vérifiez s'il n'existe pas de formule alternative.

LES PHRASES CLÉS

Bonjour, comment puis-je me rendre à…
Bon dia, com ho he de fer per anar a…

Est-ce loin à pied ? Y a-t-il le métro ou un bus… pour y aller ?
Es gaire lluny a peu? Hi ha un metro o un bus… per anar-hi?

Pouvez-vous me montrer cet endroit sur la carte s'il vous plait ?
Em podeu mostrar aquest indret al mapa si us plau?

Où puis-je acheter les tickets de transport ? Est-ce que je peux payer en carte de crédit ?
On puc comprar els bitllets de transport? Puc pagar amb targeta de crèdit?

Où est la sortie ? A gauche, à droite ou tout droit ?
On és la sortida? A mà esquerra, a mà dreta, o tot recte?

Je suis perdu et je suis en retard, s'il vous plait, aidez-moi ! Merci beaucoup !
M'he perdut i faig tard, si us plau, ajudeu-me! Merci!

HORAIRES

Les musées sont généralement fermés le lundi et les jours fériés. Certains monuments sont ouverts en discontinu, mais la majorité ouvrent de 9h à 13h et de 16h à 20h et une heure plus tard en été. Pour connaître leurs horaires exacts qui changent parfois quatre fois par an, il est préférable de les vérifier sur leur site internet. C'est plutôt le matin qu'ils sont visités par les groupes, ce qui génère plus d'affluence et donc, dans la mesure du possible, l'après-midi est plus recommandé.

A RÉSERVER

Sur la Costa Brava, trois sites requièrent une inscription préalable : le théâtre-musée Dalí et la Maison natale de Dalí, à Figueres et la maison-musée de Salvador Dalí à Portlligat. Le plus judicieux est de s'y prendre à l'avance, notamment pour la première visite et de réserver en ligne (www.salvador-dali.org). Si vous souhaitez visiter des caves, vérifiez auparavant si une inscription préalable est requise. D'autant plus, si vous souhaitez profiter d'une visite en français, qui peut être parfois organisée mais rarement à la dernière minute. Côté Pyrénées, à Gérone, c'est une visite à la Casa Masó qu'il faudra réserver à l'avance.

BUDGET / BONS PLANS

Pour la Costa Brava, le musée qui coûtera le plus cher, c'est le théâtre-musée Dalí de Figueres : 17 € pour un adulte. Le prix de la plupart des musées est quant à lui inférieur à 10 € pour un adulte et il y a toujours des réductions pour des publics spécifiques : enfants, étudiants, seniors, familles nombreuses, à vérifier à l'entrée mais qui est généralement systématiquement signalé. A noter, chaque premier dimanche du mois, les musées sont en accès libre le matin. Certaines destinations ont mis au point des systèmes de Pass, avec un forfait ouvrant droit à plusieurs visites. Avant de les acheter, vérifiez que vous aurez le temps et l'envie de tout voir dans ce qui est proposé dans le pass.

© JURAJ KAMENICKY - SHUTTERSTOCK.COM

Casa Masò à Gérone.

© DIGOARPI - SHUTTERSTOCK.COM

Carnaval de Palamós.

LES ÉVÉNEMENTS

Durant la saison estivale, notamment en juillet en août, de nombreuses manifestations festives prennent pour décor des lieux emblématiques d'une ville ou d'un village. C'est aussi une très bonne occasion de les voir sous un jour particulier. Renseignez-vous aussi sur les nombreuses fêtes qui rythment le calendrier de ces destinations. Fêtes médiévales ou foires au vin, à titre d'exemple sont aussi l'occasion d'appréhender le patrimoine de manière différente.

VISITES GUIDÉES

Certains établissements proposent des visites guidées, à vérifier sur leur site internet, généralement en catalan et en espagnol. Pour bénéficier d'une visite guidée en français, faites votre demande au moins 24h à l'avance. Pensez aussi à consulter les sites web des offices du tourisme qui mentionnent très régulièrement les visites thématiques ponctuelles qui sont organisées.

LES PHRASES CLÉS

Bonjour, puis-je avoir deux entrées adultes et un enfant s'il vous plait ?
Bon dia, que tindríeu dues entrades d'adult i una d'infantil si us plau?

Le tarif enfant est jusqu'à quel âge ? Et pour les seniors, est-ce qu'il y a une réduction ?
La tarifa infantil fins a quina edat és? Hi ha descompte pels sèniors?

Est-ce qu'il y a des visites guidées en français ou un audioguide ?
Hi ha visites guiades en francès o amb audio-guia?

Combien de temps faut-il pour faire la visite ?
Quanta estona cal per fer la visita?

J'ai du mal à monter les escaliers, avez-vous un ascenseur ?
Tinc dificultats per pujar escales, que hi ha ascensor?

Excusez-moi, pouvez-vous me dire où sont les toilettes ? Merci beaucoup.
Disculpeu-me, que em podeu dir on són els lavabos? Merci.

HORAIRES

Comme dans toute l'Espagne, les horaires catalans sont décalés par rapport aux nôtres. Les Catalans déjeunent de 14h à 16h et c'est le repas de « midi » qui est le plus important. C'est l'heure à laquelle on choisira de manger la paella ou le suquet, et de préférence, le dimanche. Et on dîne à partir de 21h le soir. Les restaurants sont souvent fermés le dimanche soir et le lundi. Et au mois d'août, sauf pour les destinations phares du littoral. Mieux vaut réserver au préalable si vous avez des exigences quant à la situation, place en terrasse ou vue particulière. Et quelques jours au moins à l'avance s'il s'agit d'une table réputée et que vous souhaitez y venir en été. Ce sont surtout les vendredis et samedis soir que les restaurants font le plus le plein.

BUDGET / BONS PLANS

Le *menu del día*, menu du jour, est proposé le midi en semaine (aux alentours de 15 €) dans de très nombreux restaurants et inclut entrée, plat, dessert et boisson. C'est une très bonne option, notamment pour les familles. La Catalogne n'était pas le berceau de la *tapa*, mais elle a pris le train et il est tout à fait possible de procéder à un *tapeo* pour environ 15 € par personne. Autre solution à adopter, notamment le midi, aller faire vos provisions au marché et boire un verre pour accompagner vos agapes. Pour un repas plus classique, dans une bonne table, les prix peuvent tourner autour de 50 € par personne et augmenter avec le vin.

EN SUPPLÉMENT

Les prix sont affichés tout compris, mais il est de coutume de laisser un pourboire de 5 à 10 %. Et surprise pour les Français, pain et eau ne sont pas inclus. Une panière avec couverts et quelques pains vous est apportée sur la table. Si vous ne souhaitez pas de pain, dites non quand on vous pose la question ou indiquez-le au moment de la commande. Il est facturé de 1 à 1,50 € par panière. Pas de carafe d'eau non plus, l'eau est servie en bouteille, *con gas* ou *sin gas*, plate ou gazeuse. Ce sont souvent de petites bouteilles, mais certains restaurants servent directement une grande bouteille, surtout dans les lieux plus touristiques. Ce qui peut occasionner une dépense supplémentaire de 1,50 à plus de 4 €.

C'EST TRÈS LOCAL

Ne vivez pas cela comme une gourmandise déplacée, ici comme dans toute l'Espagne, on a l'habitude de partager les plats. Vous pouvez même composer votre repas ainsi, avec trois à quatre plats à partager qui seront posés par le serveur au milieu de la table.

Dégustation de paella.

A ÉVITER

Contrairement à une idée récurrente, la sangria n'est pas la boisson nationale espagnole ni catalane. Et les affichages « hay sangria » impliquent qu'il vaut mieux fuir un repaire à touristes. En apéritif, optez pour les *vermuts*, souvent de fabrication maison.

ENFANTS

Ils sont les bienvenus dans les restaurants et il n'est pas rare que des menus enfants leur soient dédiés. A charge pour vous de vérifier qu'ils n'envahissent pas trop l'espace.

FUMEURS

Après une période de transition de quelques années, avec espaces fumeurs et non fumeurs, l'Espagne applique une loi anti-tabac depuis l'année 2011. Tous les établissements sont donc non fumeurs, sauf en terrasse.

LES ATTRAPE-TOURISTES

Les rabatteurs pour restaurants sont quasi absents de la région. En revanche, certains restaurants proches des lieux de plages deviennent parfois le royaume du surgelé. Pour parer à cette éventualité, pensez à commander le poisson du jour.

LES PHRASES CLÉS

Bonjour, je voudrais réserver une table pour deux personnes pour ce midi ou ce soir.
Bon dia, voldria reservar una taula per a dues persones per avui migdia o vespre.

Avez-vous un menu en français ou en anglais ?
Teniu el menú en francès o en anglès?

Je suis végétarien, y a t-il des plats sans viande ?
Sóc vegetarià, hi ha plats sense vianda?

Je n'ai vraiment plus faim mais avez-vous une carte des desserts ?
Ja no tinc més gana, però, em podríeu deixar la carta de postres?

Puis-je avoir l'addition s'il vous plait ? Je peux payer par carte ou en espèces ?
Em podeu preparar el compte si us plau? Puc pagar amb targeta o en efectiu?

C'était très bon, nous reviendrons. Merci et à bientôt.
Tot era molt bo, tornarem. Merci i fins aviat.

FAIRE UNE PAUSE

HORAIRES

Les bars pour boire un verre sont ouverts toute la journée et souvent toute la semaine. Dans les plus grandes villes ou les lieux touristiques, il s'agit plus de bar *de copes*, fréquentés après le dîner, donc plutôt vers 23h et plus. C'est le vendredi et le samedi soir qu'ils seront pris d'assaut. Les *happy hours* ne sont pratiqués que dans des villes universitaires comme Gérone.

A PARTIR DE QUEL ÂGE

Pour ce qui est de consommer de l'alcool, il faut avoir 18 ans. Mais les enfants sont presque toujours associés aux sorties. Vous les verrez, même très tard, accompagner les parents dans les fêtes patronales et debout sur les tabourets pour avoir la tête à la hauteur de *la barra*, ou carrément assis dessus. En revanche, pas dans les *bars de copes* ni les discothèques...

C'EST TRÈS LOCAL

Beaucoup d'établissements réalisent leur propre « vermut », l'apéritif maison, souvent très apprécié. L'été, tout le monde ou presque se met au *Tinto de Verano*, vin rouge servi avec de la *gaseosa*, limonade espagnole et parfois un trait de vin cuit en plus. Après le repas ou dans un *chiringuito* de plage, le *chupito*, petit verre de liqueur est très apprécié. Et on profitera de son séjour pour tester le *ratafia*, la boisson fétiche des Catalans, très appréciée dans le Nord.

LES PHRASES CLÉS

Bonjour, quelle est la spécialité de la maison ? Nous voulons découvrir.
Bon dia, quina és l'especialitat de la casa? Ens agradaria tastar-la.

Avez-vous de la place en terrasse ?
Teniu lloc a fora a la terrassa?

Quel est votre nom ? Je m'appelle… Ravi de vous rencontrer !
Quin és el vostre nom? Jo em dic.... encantat de conèixer-vos!

A votre santé ! Zut, j'ai renversé mon verre… pouvez-vous m'aider ?
A la vostra salut! Ostres, he vessat el meu got... em podeu ajudar?

C'était très bon. Nous allons reprendre la même chose s'il vous plait.
Tot era molt bo. Tornarem a prendre el mateix si us plau.

PRATIQUE

(SE) FAIRE PLAISIR

HORAIRES

Les commerces ouvrent généralement du lundi au vendredi, de 10h à 14h et de 17h à 20h. A l'exception des grands magasins et de quelques boutiques très touristiques, ils ferment le samedi, souvent toute la journée, à l'exception des commerces alimentaires, parfois ouverts le matin. Les marchés quant à eux sont ouverts du lundi au samedi, de 9h à 13h. L'été les horaires sont parfois décalés, avec une ouverture retardée l'après-midi et le soir.

BUDGET / BONS PLANS

De manière générale, les marques espagnoles de vêtements sont vendues de 20 à 30 % moins cher qu'en France. Pour ce qui est des produits de bouches, pensez à vous achalander dans les marchés et à vous y concocter un panier gourmand à rapporter à votre retour. C'est aussi le haut lieu de la céramique. Qui vous permettra d'en savoir plus sur sa tradition et ses procédés de fabrication, mais aussi de faire de belles acquisitions, voire de renouveler votre vaisselle ou votre décoration intérieure. Et vous ne partirez pas sans avoir investi dans l'objet local par excellence, l'espadrille, si possible le modèle iconique réalisé pour Gala Dalí.

SOLDES

En Catalogne, les soldes d'été sont en juillet et en août et les soldes d'hiver en janvier et en février, comme dans le reste de l'Espagne. Pratique puisque cela correspond à des périodes de vacances. Et la pratique du *Back Friday* a aussi gagné la Catalogne.

C'EST TRÈS LOCAL

Les gourmets et gourmands en profiteront pour faire le plein de spécialités locales : les charcuteries *botifarra*, grosse saucisse ou *botifarra dolça*, boudin doux, mais aussi quelques vins des DO de l'Empordà, achetés dans des *bodegas* ou sur les marchés. Côté conserves, les anchois de l'Escala sont parmi les meilleurs et se trouvent un peu partout. Cette destination s'avère aussi recommandée pour les becs sucrés qui pourront y découvrir et déguster les nombreuses spécialités de la région : beignets de l'Empordà, la *galeta* de Lloret de Mar ou le pain de la tramontane, élaboré par les artisans-boulangers de la région de Gérone.

LES PHRASES CLÉS

Bonjour, c'est superbe, mais combien ça coûte ?
Bon dia, és genial, però, quant costa?

Vous auriez ma taille ? Où se trouvent les cabines d'essayage ?
Que tindríeu la meva talla? On són els emprovadors?

Est ce que je pourrai vous le rapporter et l'échanger si ça ne va pas ?
Us el podré tornar i canviar en cas que no em vagi bé?

J'ai trop dépensé aujourd'hui, pouvez-vous me faire une réduction sympa ?
Avui ja he gastat molt, potser em podríeu fer una mica de descompte?

Je prendrai celui-ci. Pouvez-vous me faire un paquet cadeau ?
Em quedo aquest d'aquí. M'ho podeu embolicar per regal?

Vous prenez la carte de crédit ? Où puis-je trouver un distributeur de billets ?
Puc pagar amb targeta de crèdit? On hi ha un caixer automàtic prop d'aquí?

PRATIQUE

BOUGER & BULLER

BUDGET / BONS PLANS

Côté plaisirs de la baignade, pas besoin de rallier les piscines puisque la Méditerranée est à disposition. Avec ses plages de sable fin ou ses criques parfois isolées. Ce sera aussi l'occasion de pratiquer de nombreuses activités sportives nautique et de glisse, comme la plongée sous-marine, le surf, le kitesurf et le windsurf dans des spots réputés comme Sant Pere Pescador. On pourra aussi profiter des infrastructures de haut niveau du lac de Banyoles pour effectuer toutes sortes de sorties, en barque ou en kayak. Et les plaisirs de l'eau seront aussi au rendez-vous dans la Selva, notamment pour les amoureux de la balnéothérapie. On pourra randonner, maître mot de la destination, que ce soit à pied, le long du littoral en suivant les chemins de ronde ou dans les Pyrénées de Gérone où cela permettra de découvrir des paysages magnifiques, ou à vélo, en suivant les pistes cyclables souvent installées sur les anciennes voies de chemin de fer.

C'EST TRÈS LOCAL

Aussi étonnant que cela puisse paraître, on trouve de très bonnes stations de sports d'hiver à une petite heure de route de la Costa Brava, comme La Molina, Masella ou Vallter 2000. Au printemps, on peut commencer la journée par une descente à ski et passer l'après-midi à prendre le soleil à la plage. Ski, snowboard, ski de fond, alpinisme seront alors au menu des activités.

A RÉSERVER

Tous les cours de surf, de plongée sous-marine ou autre doivent être réservés au préalable. Comme toutes les activités encadrées. D'autant plus si vous souhaitez vous faire assister par un enseignant parlant le français.

LES PHRASES CLÉS

Bonjour, comment puis-je me rendre à… ? Est-ce loin ?
Bon dia, com ho faig per arribar a… ? És gaire lluny?

J'aimerais aller courir. Il y a un coin sympa pour cela dans la ville ?
Voldria sortir a córrer. Hi ha algun lloc agradable per aquí els voltants?

J'adore cuisiner. Savez-vous où je peux trouver des cours de cuisine ?
M'encanta cuinar. Sabeu on puc trobar algun curs de cuina?

Vous pourriez m'indiquer une salle de sport pas très loin ?
Sabríeu dir-me on hi ha un gimnàs que no quedi gaire lluny?

Quel est le sport national ?
Quin és l'esport nacional?

Pensez-vous que nous pourrions voir cela ou même participer ?
Penseu que nosaltres podríem veure-ho, o fins i tot participar-hi?

HORAIRES
La vie nocturne s'anime surtout en fin de semaine, le vendredi et le samedi soir. Quand il s'agit de discothèques, elles se remplissent généralement assez tard et on estime généralement qu'il « n'y a pas d'ambiance avant 2h du matin ».

A RÉSERVER
Pour assister à un spectacle de théâtre, d'opéra ou un concert, comme pour toute représentation, il est conseillé de réserver pour être sûr d'avoir une place.

A PARTIR DE QUEL ÂGE
La consommation d'alcool est permise à partir de 18 ans. Prenez vos papiers au cas où on vous les demanderait.

C'EST TRÈS LOCAL
Les fêtes patronales et tout ce qui rythme l'agenda du calendrier festif catalan sont soigneusement inscrits dans les tablettes de tout un chacun, quel que soit son âge. Et personne ne les manquera. Elles sont scrupuleusement renseignées dans tous les sites internet des offices du tourisme et indiquent le menu des festivités. N'hésitez pas à les consulter avant de partir afin de préparer vos futures soirées.

FUMEURS
Ils est interdit de fumer dans les clubs ou les discothèques.

LES PHRASES CLÉS

Bonsoir, comment puis-je me rendre à…
Bon vespre, com puc anar fins a ....

Est ce que çet endroit est tranquille ? Il n'y a pas de problème de sécurité ?
És un lloc tranquil? No hi ha problemes de seguretat?

J'aimerais voir un spectacle typique ! Qu'est-ce qu'il y a en ce moment ?
M'agradaria veure un espectacle típic! Quin hi ha en aquests moments?

Je ne comprends pas… pouvez-vous répéter s'il vous plait ? Merci.
No us entenc pas... podeu repetir-ho si us plau? Merci.

Est-ce que je peux vous offrir un verre ? Quel est le meilleur cocktail de la maison ?
Us puc convidar a beure alguna cosa? Quin és el millor còctel de la casa?

J'ai la gueule de bois, auriez-vous quelque chose pour que j'aille mieux ?
Tinc la gola ben seca, tindríeu alguna cosa que em pugui anar bé?

SE LOGER

BUDGET / BONS PLANS

Comptez de 70 à 120 € pour la location d'un appartement ou d'une chambre double dans un hôtel 3 étoiles ou un complexe touristique. Mais les prix varient considérablement selon les régions traversées (plus cher sur la côte et moins à l'intérieur) et de la demande qui augmente fortement lors de la saison estivale, mais aussi dès les ponts suivants la semaine sainte et de plus en plus lors des fêtes de Noël. De plus en plus d'hôtels pratiquent aussi des prix différents selon le jour de la semaine (au jour le jour pour certaines chaînes) et a minima avec des prix plus chers en soirée les vendredi et samedi. Pour un hôtel de luxe, comptez de 150 à 300 €, mais certains n'ont pas de limites. Les petits budgets devront chercher quelques *pensiones*, de plus en plus rares, dont les prix avoisinent les 60 € la nuit. Et surtout les campings et les auberges de jeunesse qui hormis les dortoirs proposent de plus en plus des chambres doubles, accessibles aux couples, avec des tarifs un peu intérieurs à ceux d'un hôtel classique. Pour les réductions, surveillez les promotions apparaissant sur les sites internet des chaînes d'hôtels notamment. Enfin comme pour les avions, il arrive que plus on réserve tard, plus les prix soient élevés.

A RÉSERVER

La haute saison touristique court de juillet à la fin octobre et inclut la Semaine sainte, sur la Costa Brava. Et bien sûr l'hiver en ce qui concerne les destinations de montagne des Pyrénées de Gérone. Il faudra aussi compter avec de grands événements, type *festa major*, qui voient les hôtels pris d'assaut. L'été, pour vous assurer une place, mieux vaut réserver plusieurs semaines à l'avance, a minima, si vous optez pour le littoral. Les circuits intérieurs vous donnent plus de marge de manœuvre.

C'EST TRÈS LOCAL

De manière très fréquente dans les Pyrénées de Gérone, mais de plus en plus présents à proximité des côtes, des *mas*, anciennes fermes catalanes, ont été réaménagés en hôtels de charme, disposant de tout le confort et souvent dotés de piscine. Ce sont généralement de petites structures qui vous assurent un séjour alliant calme et confort.

© ENGINEERVOSHKIN - ISTOCKPHOTO.COM

Baie de Tossa de Mar.

Vous trouverez aussi beaucoup de maisons rurales en sillonnant les Pyrénées de Gérone. Tous les offices du tourisme disposent de listes très complètes de ce type d'établissements et peuvent aussi vous servir d'intermédiaire dans ce domaine. Enfin, même s'il en existe partout ailleurs, sachez que la Costa Brava est considérée comme une destination au top mondial dans ce domaine.

POUR LES GOURMANDS

Si de nombreux hôtels pratiquent le petit-déjeuner buffet, le pain à la tomate accompagné de jambon y sera aussi présent. De même que les *churros*, pour ceux qui ne peuvent pas attendre le goûter. Mais ce sont surtout les *casas rurales* qui s'appliquent à vous proposer des petits-déjeuners d'anthologie, vous permettant de tenir une semaine, avec boudin, fromages, pains et viennoiseries. Rassurez-vous, si le petit-déjeuner n'est pas proposé ou inclus, il y aura souvent un café ou une cafétéria proche qui vous le proposera.

FUMEURS

Comme dans les autres établissements, la loi anti-tabac s'applique aux hôtels depuis le début de l'année 2011. Une tolérance existe sur les terrasses et les balcons, mais vérifier que cela ne pose aucun problème.

LES PHRASES CLÉS

Bonjour, avez-vous de la disponibilité pour une chambre double pour ce soir ou demain soir ?
Bon dia, teniu disponibilitat per una habitació doble per aquest vespre o per demà vespre?

Avez-vous un code wifi… les enfants ne tiendront pas sans !
Teniu un codi wifi... la canalla no podrà passar sense!

C'est bruyant, est ce que je peux changer de chambre ?
És molt sorollós, que podria canviar d'habitació?

Jusqu'à quelle heure est-ce que nous pouvons aller à la salle de sport et à la piscine ?
Fins a quina hora podem fer servir el gimnàs i la piscina?

Est-ce que je peux laisser mon bagage et revenir plus tard le récupérer ?
Que puc deixar l'equipatge i venir-lo a recollir més tard?

Est-ce que vous pouvez nous appeler un taxi ? Merci beaucoup.
Que podríeu trucar un taxi? Merci.

PRATIQUE

VIE QUOTIDIENNE

ALLO ?

Pour appeler de France en Catalogne : 00 + 34 + les 9 chiffres du numéro local commençant toujours (hors numéros spéciaux) par le chiffre 9. Pour appeler la France depuis la Catalogne, composez le 00 + 33 + les 9 chiffres de votre correspondant, sans le 0. L'indicatif de la province de Gérone est le 972. Pour téléphoner depuis un portable, faire l'indicatif 00 34 + le numéro qui doit débuter par un 6. Il n'existe plus de cabines téléphoniques, mais les *locutorios*, centres privés de téléphonie et d'internet, peuvent vous rendre service en cas de perte du portable. Depuis juin 2017, les SMS émis depuis la Catalogne vers la France sont inclus dans votre forfait.

ACCESSIBILITÉ

Les musées et les sites touristiques sont de plus en plus équipés pour recevoir les personnes à mobilité réduite et la plupart des destinations du littoral disposent d'aménagements spécifiques : rampes, ascenseurs et toilettes. De nombreuses plages sont aussi équipées de rampe d'accès et de très nombreux hôtels ont des chambres aménagées spécifiquement.

SANTÉ

Il n'y a pas de risque sanitaire spécifique en Catalogne. Il faudra juste vous protéger du soleil et évaluer votre capacité à pratiquer des randonnées de haut niveau (type GR). De nombreuses plages sont surveillées et disposent d'un point secours. En revanche, les criques ne le sont pas et il peut être plus prudent de se munir de chaussures antidérapantes (type *snokeling*), car les roches sont très vite présentes et souvent glissantes. En cas de doute sur un bobo quelconque, n'hésitez pas à consulter les pharmaciens, qui parlent très souvent le français.

URGENCES SUR PLACE

Pour les urgences, composez le 112, comme dans toute l'Union européenne, accessible 24h/24, depuis un fixe ou un portable. En cas de problème grave, ayez le réflexe de contacter le consulat de France qui donne notamment la liste des médecins francophones. C'est aussi lui qui prévient la famille et décide du rapatriement éventuel.

LGBTQ

Ces communautés ne rencontreront aucun problème en Catalogne, une région qui s'est toujours montrée très tolérante. L'Espagne a été le quatrième pays européen à adopter le mariage homosexuel et la marche des fiertés de Barcelone accueille chaque année près de 200 000 personnes.

© JULIEANNEBIRCH - ISTOCKPHOTO.COM

Randonnée vers Roses.

POSTE

Dans les grandes villes, les bureaux de poste ouvrent pour la plupart de 8h30 à 20h30, en semaine et de 9h30 à 13h, le samedi. Dans les petites communes, ils ouvrent du lundi au vendredi, de 8h30 à 14h30, en semaine et de 9h30 à 13h, le samedi. Les timbres coûtent 1,60 € pour un envoi en Europe et sont vendus à l'unité dans les bureaux de poste et les bureaux de tabac (*estancos*). Comptez environ de trois jours à une semaine pour l'acheminement du courrier vers la France, en fonction de son lieu de départ.

MÉDIAS LOCAUX

Côté presse écrite, *El Periodico* et *La Vanguardia* sont les généralistes de l'info affichant les plus gros tirages et des versions en espagnol et en catalan, suivis par des journaux en catalan *El Punt Avui* et *Ara*. Vous les trouverez dans les kiosques, à l'accueil de certains hôtels et en libre accès dans des cafés. Les hispanophones y trouveront aussi *El Pais* et *El Mundo*, les gros tirages au niveau espagnol ainsi que la presse internationale, et souvent française, notamment sur la Costa Brava. Côté télévision, c'est l'organisme *Televisió de Catalunya* qui se charge de la diffusion des chaînes publiques en Catalogne. Avec 6 canaux émettant en catalan : TV3, généraliste ; 3/24, info continue ; el 33, plus culturel ; Esport 3, sportif ; Canal S3-X3, enfants et TV3 cat, international. Comme en France, l'arrivée de la TNT a considérablement augmenté l'offre dans ce domaine. Pas toujours pour des programmes intéressants, car c'est le haut lieu des jeux, des *tertúlies* (débats) et de la télé-réalité. Au niveau national, les deux chaînes publiques sont RTVE1 et RTVE2, et la chaîne d'info continue nationale « la 24 » et les chaînes privées sont Telecinco, Antena 3, La Sexta et Cuatro, qui diffusent en espagnol. Vous les recevrez toutes sur la télévision de votre hôtel. Certains ayant porté la courtoisie jusqu'à inclure la totalité des programmes télé français. Enfin, côté radio, c'est Catalunya Radio qui est la plus écoutée, suivie par Rac 1 et la Ser. La Costa Brava dispose d'une station de radio régionale, Radio Marina (https://www.radiomarina.com).

LES PHRASES CLÉS

Bonjour, mon téléphone ne fonctionne pas, pouvez-vous m'aider s'il vous plait ?
Bon dia, el meu telèfon no funciona pas, podeu ajudar-me si us plau?

Je ne me sens pas bien, pouvez-vous m'amener à l'hôpital le plus proche ?
No em trobo pas bé, em podeu portar a l'hospital més proper?

Est-ce que vous avez un médecin qui parle français ?
Hi ha algun metge que parli francès?

Je viens de me faire voler mes papiers, où est le poste de Police le plus proche ?
M'acaben de pispar la cartera, on trobo la comissaria de policia més propera?

Est-ce un quartier dangereux ou je peux y aller sans crainte ?
* És un barri perillós, o bé puc passejar-hi sense haver de patir?*

Avez-vous des timbres pour une carte postale à envoyer en France ? C'est combien ?
Teniu segells per una postal que s'ha d'enviar a França? Quant val?

DÉCOUVRIR

Des criques isolées, des falaises impressionnantes, de belles plages, des parcs naturels et de charmants villages... c'est tout ce qui fait le charme de la Costa Brava. Et quoi de mieux pour les découvrir et les apprécier que de les parcourir à pied, tout le long des 250 kilomètres de son littoral. C'est possible en suivant les chemins de ronde, utilisés jadis par les contrebandiers mais aménagés aujourd'hui en itinéraires de randonnées. On s'approchera aussi au plus près de cette Costa Brava en mettant ses pas dans ceux de Salvador Dalí, l'enfant génial du pays, que l'Empordà a tant inspiré. Ou en assistant à la procession de Verges, petit bijou de la culture populaire catalane, dont la danse de la mort, le jeudi saint, vient nous rappeler les danses macabres de l'Europe du XIVe siècle. Au nord, ce sont les 200 kilomètres des Pyrénées qui ont contribué à façonner la silhouette de cette partie de la province de Gérone.

DALÍ

Ses montres molles, « sa » gare de Perpignan, mais aussi la vénération de son épouse Gala et ses moustaches au dessin impeccable : on connaît tout ou presque de ce génie considéré comme l'un des plus grands représentants du surréalisme et l'un des meilleurs peintres du XXe siècle. Mais sait-on que la Catalogne et surtout l'Empordà ont été l'une des principales sources d'inspiration de Salvador Dalí i Domènech. Pour partir à la découverte de son œuvre, rien de mieux que de suivre le triangle dalinien proposé par la Costa Brava. De Figueres, sa ville de naissance, à Púbol, le lieu de sépulture de Gala, en passant par Cadaqués et Portlligat, ses terrains de vacances, il vous permettra d'apprécier toute la panoplie de son génie créatif et de ses obsessions. Ce périple n'aura rien d'ennuyeux puisque jeux et clins d'œil seront au rendez-vous de toutes les étapes parcourues.

L'Empordá, le paradis mythique

Est-il encore nécessaire de présenter celui qui est considéré comme l'un des grands représentants du surréalisme ? Né à Figueres le 11 mai 1904, au n° 20 de la Carrer Monturiol, Salvador Dalí i Domènech, premier marquis de Dalí de Púbol, a été certes peintre, mais également sculpteur, graveur, dessinateur et a aussi travaillé avec de nombreux photographes comme Man Ray ou Brassaï. Sans oublier ses collaborations à de nombreuses œuvres cinématographiques comme *Un chien andalou*, de Luís Buñuel (1929). Et c'est cette même année, en 1929, qu'il fait la connaissance de celle qui sera sa femme et sa muse, Gala, Elena Ivanovna Diakonova. De ses œuvres, on connaît bien sûr les fameuses montres molles, peintes en 1931 et analysées comme une référence à la théorie de la relativité d'Einstein, l'incontournable gare de Perpignan (1965), centre du monde aux dires de l'artiste, le *Torero Hallucinogène* (1969) travaillé selon la méthode paranoïaque-critique développée par Dalí ou encore le tableau du *Christ de saint Jean de la Croix* (1951), l'un des ses tableaux aux motifs religieux le plus connu. Formé dans les années 20 à Madrid où il se liera d'amitié avec de grands noms de l'art espagnol comme Federico García Lorca, Luís Buñuel et de nombreux acteurs de la génération de 27, mais aussi à Paris où il rencontrera Picasso et le groupe des surréalistes dans les années 30, cet artiste à la fois imaginatif, narcissique et mégalomane sera souvent obsédé par les mêmes thèmes : le rêve, la sexualité, le comestible, la religion et sa femme, Gala. Mais il doit aussi une grande partie de son inspiration à la Catalogne de ses racines et singulièrement à l'Empordà qu'il définit ainsi : « En ce lieu privilégié, le réel et le sublime ne font presque qu'un. Mon paradis mythique commence dans la plaine de l'Empordà, entouré par les collines des Albères et trouve la plénitude dans la baie de Cadaqués. Ce pays n'est autre que mon inspiration permanente. » Dans cette région, le port de Cadaqués lui a servi de « toile de fond, de portant et de rideau de scène » quand les parages du cap de Creus représentaient par ailleurs « le paysage le plus concret du monde ». C'est donc sur cette terre qui l'a vue naître que l'on trouvera l'une des matrices de son génie créatif. Passer par Portlligat, Púbol et Figueres sera l'occasion de parcourir le triangle dalinien qu'offre la Costa Brava. Car c'est en effet à Figueres qu'il sera enterré suite à sa mort le 23 janvier 1989, à l'intérieur du théâtre-musée et à quelques pas de l'église San Pere où il avait été baptisé et fait sa première communion. Selon son désir.

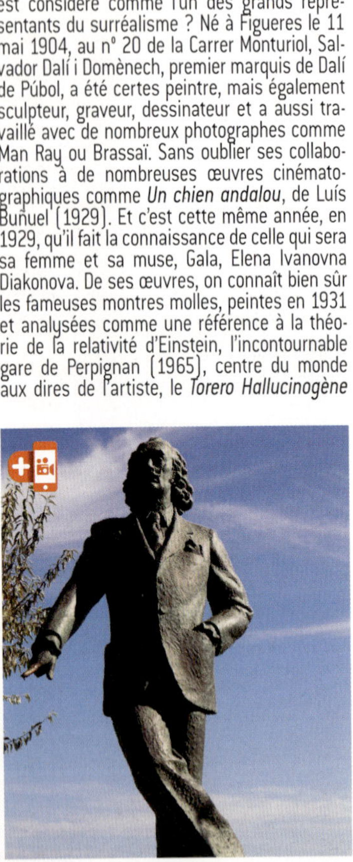

Statue de Salvador Dalí.

Figueres, le musée comme théâtre

A la découverte de ce triangle dalinien, vos premiers pas vous conduiront à Figueres dont l'attraction phare est le Théâtre-Musée Dalí. (p.96) Il constitue à la fois sa dernière et sa plus grande œuvre. Durant plus de dix ans,

© ESIK SANDOR - SHUTTERSTOCK.COM

Fontaine au fond du jardin de la maison de Dali à Portlligat.

le maître a transformé l'ancien théâtre de la ville pour construire cet objet si particulier dont la silhouette de château rouge, surmontée d'immenses œufs blancs couronnant le toit, contraste puissamment avec le visuel du centre de Figures. Avec comme points de départ un lieu et une optique très spécifiques qu'il a toujours clairement revendiqués. En premier lieu, tout devait le conduire à privilégier un théâtre pour trois raisons qu'il énonçait ainsi : « La première, parce que je suis un peintre éminemment théâtral, la deuxième, parce que le théâtre se trouve juste devant l'église où j'ai été baptisé et la troisième, parce que c'est précisément dans la salle du vestibule du théâtre que s'est tenue ma première exposition de peinture. ». Sachant que son ambition était aussi d'aboutir une création particulière : « Ce musée ne peut être considéré comme un musée » précisait Dalí « c'est un gigantesque objet surréaliste où tout est cohérent et où rien n'échappe à mon entendement. » En parcourant ce théâtre-musée inauguré en 1974 et considéré comme la chapelle Sixtine dalinienne, vous aurez l'occasion de découvrir une collection d'œuvres qui vous permettront de visualiser toute la trajectoire artistique de Salvador Dalí (1904-1989) au travers d'un éventail d'environ 1 500 pièces. Peintures, dessins, sculptures, gravures, hologrammes, stéréoscopies, photographies sont au menu de la visite qui s'organise autour de trois espaces différenciés : le théâtre-musée proprement dit, les salles ajoutées lors des différents agrandissements et une collection de trente-neuf bijoux créés par Salvador Dalí entre 1941 et 1970, de toute beauté. La circulation vous permettra de retrouver toutes les obsessions du peintre : les fourmis, les montres molles, les œufs, le sexe, les mannequins... et aussi de croiser quelques-uns de ses chefs-d'œuvre tels que « Galatea des sphères » (1952), « Le Spectre du sex-appeal » (1932) ou « Galarina » (1944-45). Au hasard de la visite, vous remarquerez aussi la Cadillac pluvieuse, installée dans l'ancien parterre du théâtre, le tableau de Gala regardant la mer ou celui de Beethoven réalisé à l'encre de poulpe et la salle des Peixateries (des poissonneries) avec un autoportrait de Dalí avec du lard grillé et un portrait de Picasso. En juin 2017, cette noble maison s'est vue contrainte par la justice de procéder à des tests ADN sur la dépouille du peintre, située sous la coupole. Les résultats n'ont pas satisfait la demanderesse Pilar Abel, mais ils ont réjoui les amoureux du peintre qui ont pu constater que la moustache du maître affichait toujours son emblématique ligne, à 10h10. Ce théâtre-musée étant pris d'assaut, il est préférable d'y réserver une visite au moins un mois à l'avance ou de s'y rendre le matin hors saison, en janvier par exemple. Avant de quitter Figueres, prenez le temps de passer par sa maison natale, ouverte au public en 2023. Et par l'**hôtel-restaurant Duran** (p.99) (Carrer Lasauca, 5) où Dalí a longtemps eu ses habitudes comme en témoignent les multiples clichés photographiques ornant les murs et plus particulièrement son ancienne Bodega Ca La Teta. Et si vous avez la chance de visiter la ville à l'époque de Noël, ce sont les illuminations inspirées des dessins de Dalí qui vous accueilleront.

Le labyrinthe de Portlligat

Après avoir commencé votre périple par le lieu des débuts et de la fin, votre voyage vous conduira à Cadaqués. Rendu célèbre au début du XXe siècle par des artistes comme Max Ernst, Paul Eluard, René Magritte, Federico García Lorca, André Breton ou Luís Buñuel, cet ancien petit village de pêcheurs a aussi été fortement marqué par la personnalité de Dalí.

Dont la statue de bronze orne la promenade maritime, dos à la mer. Certains bars ont conservé des photos en noir et blanc de Dalí, mais il faudra aussi vous rendre au **Musée municipal de Cadaqués** (p.122) (Carrer Narcís Monturiol, 15) qui propose régulièrement des expositions temporaires consacrées à la vie et à l'œuvre de celui qui a contribué à la renommée internationale de Cadaqués. Car c'est à Portlligat, à 1 km de Cadaqués, que le maître choisit d'acheter en 1930 la première petite maison blanche qui deviendra son lieu de vacances, où il séjournait de mai à fin octobre jusqu'en 1982 date de la mort de sa femme, mais aussi son atelier. Au fil des ans, le lieu s'agrandira via l'achat d'autres petites baraques de pêcheurs qu'il reliera entre elles et aboutiront à ce qui est devenu aujourd'hui le **Musée Salvador Dalí** (p.126). Pour l'artiste, un lieu intime et propice au travail qu'il définit ainsi : « Portlligat est le lieu des réalisations. C'est l'endroit parfait pour mon travail. Tout se ligue pour qu'il en soit ainsi : le temps s'écoule plus lentement et chaque heure a la dimension adéquate. Il y règne une tranquillité géologique, c'est un cas planétaire unique ». Accessible uniquement par visite guidée, cette maison-musée de Portlligat vous fait pénétrer dans un système de labyrinthe souhaité par l'artiste dans une logique de « structure biologique » dans laquelle « à chaque nouvel élan de notre vie correspond une nouvelle cellule, une nouvelle pièce ». Après avoir passé le vestibule de l'ours, vous découvrirez son atelier, sa bibliothèque et la salle ovale, le cœur de la maison construit comme un sanctuaire pour Gala. Dont toute la décoration est imprimée par la patte de Dalí. Et cette empreinte surréaliste sera aussi présente dans les éléments extérieurs, avec une piscine inspirée des fontaines de l'Alhambra de Grenade ou un Christ des déchets, réalisé à partir de matériel de récupération trônant sur le pigeonnier. Circuler dans les jardins vous fera progresser vers les hauteurs pour accéder à une jolie vue d'ensemble sur la baie dont le visuel a tant inspiré l'artiste.

Púbol, l'ode à Gala

Pour rallier la troisième étape de votre route dalinienne, il vous faudra quitter le haut Empordà pour mettre le cap sur le Bas Empordà, et plus exactement sur le hameau médiéval de Púbol, à 10 km au nord-ouest de la Bisbal d'Empordà. C'est là qu'en 1969, Dalí a fait l'acquisition d'un château du XVe siècle pour en faire cadeau à son épouse et lui permettre d'y passer ses dernières années. Et c'est là qu'elle sera enterrée en 1982, dans un mausolée conçu par Dalí, avec une Girafe, deux chevaux et un lapin veillant sur sa sépulture. L'artiste n'y séjournera que deux ans après la mort de sa femme, mais sa Cadillac est toujours restée dans le garage. Ouverte à la visite depuis 1996, cette maison musée ou **Château Gala Dalí** (p.167) permet de découvrir son intérieur, entièrement conçu pour la « Reine Gala », avec tous ses détails artistiques surprenants : chandeliers de couleurs, table avec des pattes d'autruches, trône de la reine ou montre molle sur le cintre dans une chambre d'ami. Une allure excentrique que l'on retrouvera aussi à l'extérieur avec un poisson géant faisant office de fontaine et entouré de sculptures de la tête de Wagner, le compositeur préféré de Gala. Hors du « triangle dalinien » votre dernière étape pourra vous mener au sanctuaire dels ÀNGELS. C'est là que Dalí et Gala se sont mariés en 1958. Son « plus » ne sera pas architectural, mais visuel, car ce promontoire situé dans le massif des Gavarres garantit de magnifiques vues sur la Costa Brava. Et est devenu une destination recherchée pour observer les étoiles.

Le trône conçu pour la « Reine Gala » au château Gala Dali.

CHEMINS DE RONDE

Des criques isolées, des falaises impressionnantes, de belles plages, des parcs naturels, le tout ponctué de charmants villages, tels seront les ingrédients des circuits proposés pour parcourir à pied les 250 kilomètres du littoral de la Costa Brava en suivant les chemins de ronde. Utilisés jadis par les contrebandiers et les gardes surveillant les côtes, ces chemins ont été aménagés en itinéraires de randonnées. Aujourd'hui, ils permettent de suivre un circuit en dix étapes que les plus sportifs pourront effectuer dans sa totalité, mais aussi accessible par petits tronçons pour ceux qui souhaitent mêler randonnées pédestres et arrêts farniente et découverte. Certains tronçons sont très faciles d'accès et pourront servir de promenades digestives, mais d'autres sont beaucoup plus ardus. Pensez à vous munir de bonnes chaussures et fournissez-vous en cartes signalisées auprès des offices du tourisme qui jalonnent ce circuit.

Sur la trace des contrebandiers

De Portbou à Blanes, les chemins de ronde sont des sentiers côtiers qui parcourent la totalité du littoral escarpé de la Costa Brava. Si l'on suppose que leur existence remonte aux temps les plus reculés puisqu'ils servaient alors de moyens de communication entre les villes, les plages et les criques de cette côte, c'est aux XIXe et XXe siècles qu'ils ont connu une très grande popularité. En étant utilisés par les contrebandiers et les gardes qui surveillaient le littoral. Au rayon des produits qui y ont le plus circulé, on trouve le tabac blond mais aussi le café, le sucre, le poivre, le chocolat et la pénicilline, sans oublier les bijoux et les vêtements en soie. Et c'est dans l'espace côtier se situant entre Palamós et Begur que s'effectuaient les plus grands échanges de marchandises et que se trouvaient les meilleures cachettes, avec des endroits emblématiques comme la crique du Port d'Esclanyà, le chalet de Sa Perica à Tamariu, la crique del Frares, au pied de la falaise du Cap de Sant Sebastià ou la plage du Golfet. Aujourd'hui, ces trafics n'existent plus et ces chemins ont été aménagés en itinéraires de randonnées. Sur plus de 250 kilomètres, ils longent les criques de la Costa Brava et traversent les lieux les plus emblématiques de la Côte de Gérone. Ils vous feront bien sûr croiser les charmants petits villages qui émaillent cette côte : Cadaqués, Begur, Calella de Palafrugell ou Tossa de Mar mais seront aussi l'occasion de découvrir, à seulement quelques kilomètres de la côte, des petits bijoux médiévaux comme Pals, Peratallada ou Peralada. Tout en appréciant la variété des espaces naturels qui iront de la mer à la montagne, en passant par des forêts plus humides à la végétation luxuriante du littoral méditerranéen.

Un circuit en 10 étapes

Au total, ces chemins peuvent être parcourus en dix étapes, d'une durée moyenne de cinq à neuf heures pour une vingtaine de kilomètres. Chacune étant divisée en tronçons, de 3 à 4 kilomètres selon les étapes, chacun d'une durée de 1 à 2 heures. Attention, si certaines parties de ces chemins ressemblent à des promenades digestives, d'autres sont nettement plus ardues. Pensez à vous munir de bonnes chaussures et fournissez-vous en cartes auprès des offices du tourisme afin de bien identifier les codes de signalétique. Si vous optez pour la partie sud du circuit, celle qui va de Blanes à Pals, vous serez de plain-pied dans la Costa Brava telle que nommée pour la première fois en 1908 par le journaliste Ferran Agulló, au vu des criques escarpées de la côte, observées depuis l'ermitage de Sant Elm, à Sant Feliu de Guíxols. Ici, ce sont les massifs montagneux d'Ardenya, de Gavarres et de Begur qui ont donné sa silhouette aux paysages et pour rallier l'infinité de petites criques de galets ou de sable, chemins et sentiers traverseront pinèdes, et chênaies de chênes verts ou de chênes-lièges.

© LOUIELEA - SHUTTERSTOCK.COM

Cami de Ronda près de Tossa del Mar.

DÉCOUVRIR

© PERESANZ - SHUTTERSTOCK.COM

Chemin de ronde typique.

Dans la partie nord, de la frontière française à la communauté de Torroella de Montgrí, le paysage sera plus sauvage, puisqu'il enregistre les plissements des Pyrénées. Mais c'est aussi là que vous pourrez débarquer sur la baie de Roses, comme le firent les Grecs et les Romains, à la conquête de la péninsule ibérique. On peut bien sûr suivre ce chemin depuis la France ou en partant de la côte de Barcelone, voici quelques exemples des découvertes qui vous attendent lors des étapes. A parcourir en 6 à 8 heures, le premier tronçon menant de Blanes à Tossa de Mar correspond à la partie la plus urbanisée, mais présente l'avantage d'être très bien connectée aux aéroports de Gérone et de Barcelone. Et ce sera l'occasion de découvrir les jardins botaniques de Blanes, celui de Marimurta, créé par le naturaliste Karl Faust, en 1921 ou celui de la Pinya de Rosa (7 000 espèces venues du monde entier). La deuxième étape vous conduira à San Feliu de Guíxols, une ville entourée de falaises aux couleurs rose intense qui accueille chaque année depuis 1958, un festival de musique, de théâtre et de danse, le plus ancien de Catalogne. Une succession de criques de sable et de falaises où sont suspendues les pinèdes vous conduira ensuite à Palamós, principal port commercial de la province de Gérone, où vous aurez à cœur d'aller tester la crevette rose, la grande spécialité locale.

L'essence de la Costa Brava

L'étape conduisant ensuite jusqu'à Begur concentre sûrement la plus grande essence de la Costa Brava du centre et du sud, puisque ses paysages bien conservés ressemblent le plus à ce qu'était la méditerranée sauvage. Avec des passages appréciables par les petites enclaves idylliques de Calella de Palafrugell, Llafranc et Tamariu et de beaux points de vue depuis le Mirador du phare de Sant Sebastia, l'un des plus puissants d'Espagne. A contempler de jour comme de nuit, notamment lorsque la pleine lune illumine la baie. Pour aller de Begur à l'Estartit, on choisira entre un circuit de côte, passant par la platja de Pals ou celui de l'intérieur, un peu plus long qui permet de rallier Pals et sa partie historique, Pedró, l'un des ensembles artistico historiques les plus importants de Catalogne avec aussi de belles vues sur les rizières de la région. Vient ensuite l'étape qui conduit jusqu'à l'Escala Empúries, au sud de la baie de Roses, où l'on ne manquera pas de visiter le musée archéologique (p.144) qui abrite deux sites grecs ni de goûter à la spécialité locale, l'anchois. Quasi complètement plate, l'étape suivante sera l'espace rêvé pour ceux qui souhaitent observer les migrations d'oiseaux puisque l'on traverse le parc naturel de l'Aiguamolls de l'Empordà, avec une dizaine de points d'observation environ. Le circuit Roses Cadaqués sera marqué par un fort contraste entre de grandes urbanisations, mais aussi de majestueuses falaises, pour arriver à la lumière et la silhouette si particulière de Cadaqués. Vers Port de Selva, avec la neuvième étape, viendra le temps du Cap de Creus, au paysage époustouflant et sauvage au point d'avoir servi de lieu de tournage au film *La lumière de la fin du monde*, tourné en 1971 par Kevin Billington, non sans avoir visité au préalable la maison musée de Dalí (p.126) à Portlligat. A la fin du voyage, en arrivant à Portbou, vous aurez aussi traversé la côte de la Balmeta, une demi-lune pleine de criques et de baies dans lesquelles débouchent les Pyrénées. Plus informations www.camideronda.com

LA DANSE DE LA MORT DE VERGES

Suivie par des milliers de spectateurs, la procession de Verges s'inscrit dans la tradition des représentations de la passion du Christ qui se déroulent chaque année à l'occasion de la Semaine sainte, en Espagne et dans toute la Catalogne. Mais c'est sa danse de la mort, héritage des danses macabres du XVIIe siècle et petit bijou de la culture populaire catalane qui lui a donné sa renommée internationale. Reprise et rescénarisée par le compositeur Lluís Llach, cette chorégraphie complexe et soigneusement codifiée fait notamment danser cinq squelettes, deux adultes et trois enfants, dans les ruelles médiévales du village, la nuit du Jeudi saint. Une chorégraphie ponctuée de sauts, avançant au son du tambour et à la lumière des torches. Et dont la faux, les drapeaux, les coupelles de cendres et l'horloge sans aiguilles viennent nous rappeler que la mort nous concernera tous et surgira sans prévenir.

Le double héritage de Verges

En Catalogne comme dans toute l'Espagne, la célébration de la Semaine sainte est l'occasion de mettre en scène la vie et la passion du Christ. Mais si celles de Cervera, d'Olesa de Montserrat et d'Esparreguera attirent un très grand nombre de spectateurs, celle de Verges a acquis une renommée internationale de par la singularité de sa danse de la mort qui en fait un héritage unique des danses macabres du Moyen Âge catalan et européen. A ce titre, elle a été déclarée fête traditionnelle d'intérêt national et est suivie chaque année par des milliers de personnes. Son héritage est double. Comme pour toutes les semaines saintes, ses représentations théâtrales de la passion du Christ ont permis à l'Eglise catholique de diffuser son enseignement d'une manière visuelle, aisément lisible par le plus grand nombre, quelle que soit son appartenance sociale. Sa danse de la mort est quant à elle l'écho des danses macabres très liées aux épidémies de pestes noires qui ont ravagé l'Europe du XIVe au XVIIe siècle et qui venaient aussi rappeler l'omniprésence de la mort dans le quotidien des hommes : guerres, mortalité infantile… Certaines sources font remonter la danse de Verges à 1347, mais le premier document écrit faisant explicitement référence à la procession du jeudi saint date de 1666 et provient de l'archevêché de Gérone. Dans sa version actuelle, le Mystère de la passion de Verges est fondé sur l'œuvre en vers de Fra Antoni de Sant Jeroni : « Representació de la Sagrada Passió i Mort de Nostre Senyor Jesus-Christ », un texte qui, en 1773, a regroupé et adapté différents textes servant de trame aux représentations de la passion en Catalogne. Et de 2009 à 2011, le compositeur et chanteur Lluís Llach a œuvré à la reprise de cette procession de Verges, village où il avait passé son enfance. Travaillant à cette occasion la mise en scène, la musique, les costumes et les illuminations.

Un décor médiéval pour représenter la passion

Le mystère du Jeudi saint de Verges se compose de deux grandes parties, les tableaux de la passion du Christ, représentées sur la place centrale et le défilé parcourant le quartier médiéval, rendant compte du calvaire du Christ. Une double cérémonie précédée par le défilé des Romains, les « manages » qui à partir de 17h parcourent le village pour recueillir les statues qui intégreront le défilé ultérieur comme celles de « la flagellation du Christ », « la dolorosa » ou « le Christ portant la croix (le nazareño) ». C'est à 22h, que débute la représentation des différentes scènes de la passion du Christ avec comme décor les fortifications médiévales. Cette partie du mystère est en accès réservé et payant, le public s'installant de part et d'autre de l'estrade où seront joués les sept tableaux évoquant par exemple « l'entrée du Christ à Jérusalem » ou « la dernière cène » et qui se terminera par « la condamnation à mort de Jésus ». Cette partie achevée, l'ensemble des acteurs se dirige vers la Plaça de l'Església et c'est là que débute à minuit, la procession qui va parcourir les ruelles anciennes de Verges. Parmi les protagonistes de cette procession, on trouvera les Romains, les apôtres, les pèlerins accompagnant les statues ornées de fleurs, la danse de la mort et le Christ portant sa croix tout au long de ce qui représente son calvaire, ponctué de 14 stations. Des saynètes vont ponctuer ce défilé comme « la guérison de l'aveugle », « les trois chutes du Christ ».

Avec comme autre élément notoire de ce parcours, son passage par la rue des escargots « cargols », ainsi nommée car les murs de cette ruelle du centre médiéval ont été décorés par des coquilles d'escargots, fixées aux murs par les habitants pour servir de lampe à huile, contribuant ainsi à donner une lumière tenue tout à fait particulière et en parfait accord avec le défilé. Une fois le parcours d'environ 2h30 terminé, les différents acteurs reviennent à leur point de départ et d'un côté, la danse de la mort entre dans l'église et fait une révérence au Christ pendant que dehors, la crucifixion du Christ marque la fin de la procession.

Cinq squelettes dansent au son du tambour

Avec ses caractéristiques ancestrales uniques, c'est bien sûr la danse de la mort qui symbolise le mieux le Mystère de la passion de Verges. A partir de minuit, cette danse sera réalisée par un groupe de 10 personnes, dont 5 danseurs, chaque danseur incarnant une figure particulière et exécutant sa propre chorégraphie. C'est le « Capdanseur », un adulte, qui ouvre le bal et dirige la danse. Comme les 5 danseurs, il est vêtu d'un collant noir sur lequel est dessiné un squelette et d'un masque en forme de crâne et c'est lui qui porte la faux où est inscrit *Nemini Parco*, la mort ne pardonne à personne. Pour communiquer ce message à tous, il est le seul à sauter en faisant un tour complet sur lui-même, à 360°. Au centre du groupe, le « Banderer », un autre adulte, avance lentement en portant un drapeau à la double inscription, *Nemini Parco* et *Lo temps és breu*, le temps est court. Comme les 4 autres danseurs, il avance en sautant et en effectuant des demi-tours, de manière à communiquer ces messages au public situé des deux côtés de la procession. Les autres danseurs sont des enfants. De chaque côté du porteur de drapeau, les 2 « platets » portent des coupelles emplies de cendres afin de signifier que chacun de nous terminera ainsi. Derrière le drapeau, le dernier enfant porte une horloge sans aiguilles et à chaque saut signale avec son doigt une heure, au hasard. Réalisée en forme de croix, cette chorégraphie vient rappeler que la mort nous frappe tous, quel que soit notre sexe ou notre condition sociale et sans prévenir. Cinq autres personnes vêtues d'une tunique noire et portant un masque en forme de crâne complètent cette danse macabre. La première, un adulte, porte le tambour, seul son répétitif qui viendra rythmer la danse. Quant aux 4 autres, deux adultes et deux enfants, ils ferment la marche en portant des torches, seule lumière éclairant cette danse funèbre. Une telle chorégraphie requiert un entraînement préalable qui débute six semaines avant le jeudi saint et permet aux danseurs de se synchroniser entre eux, d'intérioriser le rythme et de gagner en force physique. Une procession des petits se tient désormais le samedi après-midi suivant et reprend une version réduite des mystères. Initiée comme un jeu pour imiter les plus grands, elle est aujourd'hui beaucoup plus installée. Contribuant ainsi à garantir la relève des savoir-faire.

Informations

Le centre de visiteurs de Verges 50 offre de la documentation sur cette procession (audiovisuel, livres, costumes) et sur Lluís Llach. A l'avenir, le bâtiment devrait héberger un musée dédié à ce thème. La Placeta, 2 17142 Verges. + 34 972 78 00 07 www.laprocesso.cat. https://turismeverges.wordpress.com.

La danse de mort de Verges.

GÉOGRAPHIE

Hautes falaises escarpées, petites criques, mais aussi longues plages de sable fin : de Portbou à Blanes, la Costa Brava présente un littoral au relief très varié qui s'étend sur plus de 250 kilomètres, le long de la Méditerranée. Une diversité que l'on retrouve aussi dans l'arrière-pays, où l'on rencontrera de petites collines culminant rarement à plus de 300 mètres, mais aussi les vastes plaines de l'Empordà, traversées par des rivières comme la Muga, le Fluvià et le Ter. Avec un paysage de vignes et d'oliviers mêlés aux cultures maraîchères. Au nord, du côté de la frontière française, ce sont les 200 kilomètres des Pyrénées qui ont contribué à façonner la silhouette de cette partie de la province de Gérone. L'occasion de découvrir un ensemble unique formé de lacs, de volcans et de hautes montagnes frôlant les 3 000 mètres. Où l'on pourra skier en hiver et randonner en été, parfois à quelques pas de la mer.

Entre Pyrénées et Méditerranée

Située au nord-est de la péninsule ibérique, la Catalogne occupe une superficie d'environ 32 000 km², soit un territoire pratiquement équivalent à celui de la Bretagne. Au nord, côté Pyrénées, c'est une région frontière avec (d'est en ouest) la France et l'Andorre et côté ouest, elle est bordée par la communauté autonome d'Aragon. L'est de son territoire est constitué par la Méditerranée et au sud, elle est connexe à la communauté autonome valencienne, province de Castelló. Malgré une superficie relativement restreinte, elle présente une grande variété de paysages qui vont des plages de la Costa Brava aux pistes de ski de la province de Gérone, en passant par les lacs, les montagnes et les volcans. Il faut dire qu'elle a la chance de bénéficier, d'une part, de 580 km de côtes méditerranéennes et, d'autre part, de la moitié de la chaîne pyrénéenne. Dans ses grandes lignes, la géographie catalane est structurée par trois grandes unités : le massif montagneux des Pyrénées, le système littoral qui alterne basses ou moyennes montagnes et collines et plaines et enfin la dépression centrale qui forme le secteur oriental de la basse vallée de l'Ebre. Côté fleuves, presque toute la Catalogne appartient au bassin méditerranéen. Avec deux grands réseaux fluviaux descendants vers la mer Méditerranée : le versant occidental (ou versant de l'Ebre), alimenté par de nombreux affluents comme le Sègre et ses sous-affluents et concernant près de 50 % du territoire catalan et le versant oriental (bassin interne de la Catalogne), constitué de plusieurs petits fleuves côtiers comme le Ter. La Catalogne compte peu de lacs, la plupart se situant dans les Pyrénées catalanes et provenant d'anciens cirques glaciaires. Le plus grand de tous, c'est le lac de Banyoles, d'origine karstique. Avec plus de 2 km de longueur et près de 1 km de largeur, il a accueilli la compétition d'aviron qui s'est tenue lors des Jeux olympiques de Barcelone, en 1992. La côte catalane présente quant à elle un tracé presque rectiligne, avec comme ruptures majeures, le Cap de Creus et le golfe de Roses, au nord, et le delta de l'Ebre, au sud.

Des criques, des falaises et de longues plages

De Portbou à Blanes, la Costa Brava traverse trois « comarques » : du nord au sud, le haut Empordà, le bas Empordà et la Selva. Au nord, ce sont les Pyrénées qui séparent la France du haut Empordà, avec le col du Perthus (à 283 m) comme étape la plus fréquentée pour les traverser et le roc du Comptador, comme plus haut sommet de l'Empordà, culminant à 1 451 m. Ces Pyrénées se poursuivent vers le sud-est avec la Serra de Rodes et l'ensemble de la presqu'île du Cap de Creus.

Cap de Creus.

© CRISTIAN IONUT ZAHARIA - SHUTTERSTOCK.COM

Coucher de soleil depuis le massif du Montgri.

Dans toute cette partie, le littoral se caractérise par une côte très découpée et escarpée, jalonnée de hautes falaises et de petites criques bordées de pinèdes. Plus au sud, le littoral se transforme pour offrir de superbes plages de sable fin, bordées de grandes dunes, à partir de la baie de Roses. Dans tout l'Empordà, la partie centrale est plus élevée que le littoral, mais culmine rarement à plus de 300 mètres et abrite de vastes plaines. La « comarque » compte deux rivières principales, la Muga et la Fluvia qui se jettent dans la baie de Roses et qui ont contribué à façonner les grandes plaines alluviales. Plus au sud, le bas Empordà est pour l'essentiel un « plat pays » avec de petites collines. Et comme exception côté petites montagnes, le massif des Gavarres qui culmine à 531 m au Puig d'Arques, le plus haut point du bas Empordà, et ceux du Montgrí et de Begur. La côte de cette partie centrale de la Costa Brava est pleine de contrastes. On y trouvera de longues plages de sable fin, mais aussi des falaises vertigineuses et des criques parsemées de pins à ses extrémités nord et sud. Les principales rivières sont le Ter, le Daró et le Rissec (un affluent du précédent) et aujourd'hui pinèdes blanches, romarin et bruyères d'hiver ont largement remplacé les chênes verts d'hier. Dernière « comarque » de cette Costa Brava, la Selva ne dispose que d'une petite façade maritime autour de trois destinations réputées, Tossa de Mar, Lloret de Mar et Blanes, elle aussi marqué par quelques plages de sable et des criques escarpées.

Des lacs, des volcans et de hautes montagnes

Hormis les comarques précédentes, mentionnées dans la partie Costa Brava, la province de Gérone comprend six autres comarques : le Gironès, autour de la ville et au centre de la Province ; Pla de L'Estany, au nord du Gironès et Osona au sud. Auxquelles viennent s'ajouter, d'ouest en est, les comarques de l'espace pyrénéen proprement dit, la Cerdagne, le Ripollès et la Garrotxa, cette dernière jouxtant le haut Empordà. Enclavé entre deux systèmes montagneux, le Gironés est de fait un territoire de passage. C'est en son sud que l'on trouvera la plaine de Gérone qui marque la fin de la dépression caractérisant la comarque de la Selva. Le Pla de l'Estany est quant à lui l'un des milieux naturels les plus privilégiés et les plus diversifiés de Catalogne, principalement caractérisé par son système de lagunes et de lacs. Au premier rang duquel se situe le lac de Banyoles dont les environs abritent hérons, canards à cou vert ou goélands... A l'exception des villes d'Espinelves, de Vidrà et de Viladrau, Osona dépend de la province de Barcelone. C'est une région verte par excellence dans laquelle la campagne est environnée de petites montagnes et ponctuée de prairies. Encadrée par les chaînes montagneuses de la Serra del Cadí à l'ouest, et de la Serra del Moixeró, la Cerdagne peut être assimilée à une gigantesque vallée, l'une des plus vastes d'Europe. Elle abrite deux stations de ski, La Molina et Masella ainsi qu'une belle faune de haute montagne : marmottes, chats sauvages, aigles royaux... Le Ripollès est une région semi-montagnarde, surtout dans sa partie sud. Sa partie nord en revanche multiplie les sommets qui frôlent les 3 000 m d'altitude (Puigmal, Pic d'Eina, Pic de l'Infern, etc.). Et c'est depuis la vallée de Camprodon que l'on accédera à la petite station de sport d'hiver, Vallter 2000. La Garrotxa est enfin connue pour ses quarante volcans, dissimulés sous d'épaisses couches de végétation, tranchant énormément avec sa partie sud, principalement recouverte par les larges plaines agricoles de la Vall d'en Bas.

NATURE

A petite échelle, la Catalogne est un échantillon de paysages européens. Du fait de sa situation géographique et de la diversité des milieux traversés, la faune et la flore du littoral et de son arrière-pays sont relativement riches. Sa faune est composée d'une minorité d'animaux endémiques et d'une majorité d'animaux, également présents dans d'autres endroits. Côté littoral, elle sera particulièrement riche en matière d'oiseaux, que les amateurs observeront dans les parcs des Aiguamolls et du Montgrí. Une observation qui se complète en profitant de la richesse des fonds marins de la Costa Brava. Côté Pyrénées de Gérone, on trouvera plus logiquement une faune de montagne telle que les chamois, les marmottes et les aigles dorés. Rallier les parcs naturels sera le moyen le plus efficace de découvrir une faune et une flore parfois fragilisées par le développement touristique du littoral.

Bois et taillis

Climat méditerranéen oblige, les bois et les taillis de type méditerranéen occupent une large superficie du territoire. Mais la flore change aussi en fonction de la hauteur. Dans les régions à hauteur modérée, on trouvera des ifs, des érables, des buis, des houx ainsi que des églantiers et des noisetiers. Quand sur les régions littorales abonderont chêne vert, pin (vert et parasol) et également palmier. Les zones de garrigue méditerranéenne abritent l'unique espèce de palmier autochtone, le palmier nain. Et les paysages agricoles seront quant à eux typiquement méditerranéens avec leurs étendues d'oliviers, de vignes et d'amandiers. Rallier les parcs sera le meilleur moyen d'apprécier sa faune et sa flore.

Biodiversité sous pression

Avec une grande richesse de paysages, d'habitats et d'espèces, le territoire conserve un fort degré de « naturalité », toutefois très vulnérable au vu des différentes pressions auquel il est soumis : plus de 7 millions d'habitants concentrés sur 30 % du territoire, principalement sur le littoral ; afflux important de touristes ; taux élevé d'urbanisation dispersée et réseau dense d'infrastructures routières. Cette pression pèse particulièrement sur la Costa Brava qui aspire par ailleurs à devenir réserve de la biosphère. Avec comme principal point de litige, les nombreux projets de constructions de bord de mer qui pourraient repartir de plus belle après l'arrêt suivant l'effondrement de la bulle immobilière en 2008. Créée en 2018, la plateforme SOS Costa Brava (https://www.soscostabrava.cat/) s'est fixé comme objectif de lutter contre les projets urbanistiques qui pourraient empiéter sur les espaces naturels des plages. Elle a très vite obtenu un moratoire des concessions de licences de constructions sur tout le littoral de Gérone. Mais elle reste vigilante. Reprenant le flambeau du combat écologique mené dans les années 70 et 80 qui avait abouti à la création du parc naturel des Aiguamolls de l'Empordà en 1983.

Oiseaux migrateurs et écosystèmes marins

Ceux qui souhaitent profiter au plus près de cette richesse naturelle s'orienteront vers les parcs naturels. Pour de belles découvertes, à pied ou en vélo.

- **Parc du Cap de Creus.** C'est le premier parc maritime et terrestre de la Catalogne qui recouvre un peu moins de 14 000 hectares, en partant du Nord, non loin de la frontière française, pour plonger dans la Méditerranée. Il s'élève jusqu'à 672 mètres au-dessus de la mer et forme une petite presqu'île montagneuse, coupée par de nombreuses criques. La végétation dominante est celle de buissons et de formations arbustives. Comme c'est le point le plus oriental de la péninsule ibérique, c'est un lieu essentiel pour le flux des oiseaux migrateurs. On y trouve une grande variété d'écosystèmes marins ou terrestres. Avec une végétation endémique et des formations géologiques uniques.

© ANJAHENNERN - SHUTTERSTOCK.COM

Palmier nain.

© DIGOARPI - SHUTTERSTOCK.COM

Parc naturel Aiguamolls de l'Empordà.

Parc des Aiguamolls de l'Empordà. C'est la deuxième zone marécageuse de Catalogne qui s'étend sur près de 5 000 hectares, entre les embouchures des rivières Muga et Fluvia. Ces zones humides occupaient toute la plaine de la côte du golfe de Roses et du bas Ter, mais ont rétréci sous la pression de l'agriculture et de l'élevage. La principale culture était le riz, une culture qui a été réintroduite petit à petit. Dans la seconde moitié du XXe siècle, des projets urbains comme Empuriabrava ont mis en danger ces zones humides ce qui a conduit à la création du parc en 1983. Près de 327 espèces d'oiseaux y ont été observés (17 points prévus à cet effet). Peut-être ne les verrez-vous pas partout. Mais a minima, vous croiserez des cigognes, des colverts, des martins-pêcheurs et des foulques. Ou des loutres, dont l'espèce a été réintroduite. Au centre d'information El Cortalet (carretera de Sant Pere Pescador), vous disposerez de la documentation et des cartes nécessaires pour le parcourir à pied et à vélo.

Parc naturel du Montgrí, des îles Medes et du Baix Ter. Situé entre le Alt et le Baix (haut et bas) Empordà, il occupe près de 8 200 hectares et protège à la fois des espaces de terre et de mer. C'est le massif du Montgrí qui constitue son épicentre, entre le Alt et le Baix Empordà. Son paysage est constitué de pins, de chênes, de garrigues et de landes. Les îles Medes sont quant à elles une réserve naturelle intégrale, excluant toute présence humaine. C'est l'une des plus importantes réserves de flore et de faune marine de la Méditerranée occidentale. Sur le plan de la faune, ce sont les oiseaux qui forment l'ensemble le plus intéressant, avec 189 espèces dénombrées : oiseaux de mer ou vivant sur les rochers et quelques oiseaux de proie. Sur le littoral et dans les îles, vous devriez rencontrer des faucons pèlerins, des faucons crécerelles ou des hiboux Grand-Duc. Les garrigues sont devenues un lieu idéal pour la reproduction du busard cendré ou de l'aigle de Bonelli.

Forêts, rapaces et volcans

Parc naturel de Cadí-Moixeró. En ralliant les Pyrénées de la Province de Gérone, on découvrira ce gigantesque parc recouvrant plus de 41 300 hectares qui culmine à 3 000 mètres. Le territoire ravira les amateurs d'oiseaux. Avec notamment, le grand tétras qui sera néanmoins difficile à apercevoir de par son habitat caché et ses habitudes de solitaire. Chamois, marmotte, blaireau, renard et belette seront aussi présents dans le paysage. Côté faune, ce sera l'occasion de découvrir les majestueuses forêts de conifères (sapins et pinèdes noires), le chêne vert réapparaissant dans les parties basses du parc.

Parc Naturel des Sources du Ter et du Freser. Il héberge 2 pics catalans de renommée mondiale : le Puigmal (2910 m) et Bastiments (2881 m). Et les rivières y ont creusé des ravins d'une hauteur impressionnante, comme la muraille de Roques Tot-lo-Mon, recommandée aux randonneurs très expérimentés.

Parc naturel de la Garrotxa. Avec 40 cônes volcaniques affichant entre 10 000 et 700 000 ans, c'est le meilleur exemple de paysage volcanique de la péninsule ibérique qui recouvre une aire protégée de 15 000 hectares. S'il présente une flore extrêmement riche (1 125 espèces identifiées), c'est avant tout un domaine forestier (65 % du parc) dont l'arbre vedette est le chêne vert de montagne, mais qui compte aussi de très belles hêtraies, de grande valeur paysagère. On remarquera également ses cultures en mosaïques (céréales fourragères pour l'élevage bovin), bien adaptées au terrain. De nombreux itinéraires signalisés permettent de le parcourir.

CLIMAT

Chaud en été et doux en hiver, ce sera votre programme, côté météo, si vous vous rendez sur la Costa Brava. Un littoral qui présente l'avantage de bénéficier d'un climat méditerranéen, avec de belles températures dans l'air et dans l'eau, du printemps à l'automne, et une tramontane qui vient chasser les nuages et rafraîchir les nuits. A quelques ondées près, vous vous épargnerez aussi des pluies trop intenses puisque cette région fait partie de la « Catalogne sèche ». Pas de changement majeur au printemps et en été si vous mettez le cap sur les Pyrénées de Gérone. Mais le climat que vous y rencontrerez sera fonction de la hauteur de votre destination, considérée comme haute montagne à partir de 500 mètres. Il faudra vous préparer à des nuits plus fraîches, même l'été, et à des pluies plus abondantes en mai et en juin. Mais si vous gagnez les hauteurs en hiver, à vous le bonheur des cimes enneigées.

Un climat méditerranéen

De par sa position et sa latitude, la Catalogne est soumise pour l'essentiel à un climat méditerranéen, avec des étés chauds et secs, des printemps et des automnes plus humides et des hivers plutôt doux. Mais plusieurs éléments vont venir interférer sur ce cadre général et le modifier : les précipitations, la topographie (moyenne et haute montagne) et les vents. Créant ainsi divers microclimats. Ce sont les provinces du littoral, comme la Costa Brava, qui sont les plus emblématiques du climat général méditerranéen. Sur la Costa Brava, les températures peuvent atteindre les 30 °C l'été et avoisinent les 10 °C en hiver, avec une moyenne de 18 °C sur toute l'année.

Le règne de la Tramontane

Si cette côte se targue de bénéficier d'une moyenne annuelle de 300 heures d'ensoleillement, la chaleur ne sera pas pour autant synonyme d'étouffement, car la proximité de la mer et surtout la présence du vent viendront non seulement chasser les nuages, mais aussi rafraîchir les nuits. Dans cette partie de la Catalogne et singulièrement dans l'Empordà, c'est la Tramontane qui sera le vent dominant. Sachez que si elle est fort appréciable l'été, elle peut être plus dure à supporter hors saison, requérant parfois que l'on se mette à l'abri et justifiant sa réputation de vent « qui rend fou », notamment dans la région du Alt Empordà. Cette côte appartenant à la « Catalogne sèche », les précipitations y sont inférieures à 700 mm par an, les pluies survenant au printemps, mais surtout à l'automne (généralement assez courtes, mais assez fortes). La température de la mer permet de s'y baigner sans grande difficulté de mai à octobre. Tout au plus, est-il recommandé de se munir de chaussures type snorkeling pour éviter de glisser sur les roches assez vite présentes le long de ses nombreuses criques. Avec des plaisirs différents (baignade et farniente, découverte de sites, randonnées pédestres...), le climat de cette Costa Brava permet de la visiter tout au long de l'année. D'autant plus que les hébergements prévoient désormais pour la plupart les installations ad hoc : climatisation ou ventilateur pour les saisons chaudes et chauffage pour le reste de l'année. Et que les terrasses des restaurants ou des cafés ont aussi été aménagées pour résister au soleil et au froid. A vous de prévoir les lunettes de soleil, le couvre-chef et la crème solaire indispensables dès le retour des beaux jours et parfois utiles même en hiver si le soleil donne.

Cap sur les sommets enneigés

Lorsque vos pas vous conduiront dans les Pyrénées de Gérone, vous ne noterez pas d'emblée de gros changements, surtout si vous y venez l'été. Mais plus vous vous rapprocherez des Pyrénées, plus le climat se modifiera. Cette partie appartient à la Catalogne humide, avec des précipitations supérieures à 700 mm par an, des pluies abondantes en mai et en juin et des étés généralement plus humides que sur le littoral. À partir de 500 mètres, on considère que c'est le début du climat de haute montagne, avec des températures qui baissent au fur et à mesure qu'augmente l'altitude. C'est évidemment l'hiver que la différence sera la plus notoire, certaines villes comme Olot, dans la Garrotxa, ont la réputation justifiée, d'être parmi les villes les plus froides de Catalogne. Et si vous poussez vers le Ripollès et la Cerdagne, vous aurez la possibilité de vous livrer aux plaisirs du ski ou d'apprécier la beauté des sommets enneigés. De manière générale, pensez à inclure un vêtement chaud pour les soirées, quelle que soit la période.

ENVIRONNEMENT

La Costa Brava évoque souvent le tourisme de masse, qui associe héliotropisme, plages et bétonisation. Cette urbanisation ne doit cependant pas faire oublier les splendeurs et la diversité de la côte nord-est de la Catalogne, dont le nom est lié à ses falaises abruptes, et qui abrite des écosystèmes rares et fragiles, entre baies, montagnes et criques. Des aires protégées ont pour objectif de préserver les milieux naturels, mais la biodiversité reste menacée par la fragmentation des espaces et les activités humaines dans leur ensemble. La mer Méditerranée souffre de multiples pollutions. Les côtes sont quant à elle menacées par l'urbanisation, mais aussi par la montée des eaux liée au changement climatique. Face à ce constat, les scientifiques appellent à mettre en place de manière urgente des actions de limitation du réchauffement climatique et d'adaptation à celui-ci. Dans ce défi, chacun de nous peut agir à son échelle.

Protéger les milieux naturels

La Costa Brava possède plusieurs parcs naturels qui visent à protéger les écosystèmes et à sensibiliser les publics via des sentiers découvertes ou observatoires ornithologiques.

▶ **Le Parc naturel du Cap de Creus** (p.118) : située à proximité de Cadaqués, cette péninsule montagneuse accueille une faune et une flore exceptionnelles, tant marines que terrestres (coraux, herbiers de posidonie). Ses paysages, de toute beauté, auraient notamment inspiré Dali.

▶ **Le Parc naturel du Montgrí, des îles Medes et du Baix Ter** (p.148). Entre Pyrénées et Méditerranée, il abrite un grand nombre de milieux naturels : montagnes, collines et hautes plaintes, mais aussi plages, marais, dunes et delta, qui constituent autant de cadres sublimes pour des randonnées. Les îles Medes constituent également un beau réservoir de biodiversité, très prisé des plongeurs.

▶ **Le Parc naturel de Cadí-Moixeró** (p.318) : plus vaste parc de Catalogne, il protège des écosystèmes de montagne (chaînes du Cadí et du Moixeró).

On citera également **le Parc naturel dels Aiguamolls de l'Empordà** (p.135), le Parc naturel de les Capçaleres del Ter i del Freser, le Parc naturel del Montseny, et le Parc naturel de la zone volcanique de La Garrotxa.

Les défis liés au tourisme

Le tourisme contribue à l'artificialisation des sols. La pression foncière menace les espaces encore préservés, à l'image de la baie de Cadaqués, dans la ligne de mire de projets immobiliers destinés à un tourisme de luxe. Une association environnementale parle « d'attentat écologique » pour qualifier ces projets (plus de 20) et des actions en justice sont en cours afin de les stopper. Le voyageur en partance pour la Costa Brava pourra la rejoindre aisément en train et utiliser les mobilités douces tout au long de son séjour. Préserver le vivant passe aussi par une utilisation sobre des ressources, et la consommation de produits locaux et respectueux du vivant (attention au choix des crèmes solaires) ainsi que la réduction des déchets.

La Costa Brava face à la pollution et au changement climatique

La Méditerranée, qui constitue 1 % des eaux marines du monde, concentre 7 % de la pollution plastique. Il s'agit le plus souvent d'une pollution invisible à l'œil nu (plastiques sous forme de nano et micro-particules), issue des effluents aqueux. « Hot-spot » de biodiversité, la Méditerranée est aussi un des « hot-spots » mondiaux du changement climatique et se réchauffe en moyenne 20 % plus vite que le reste du monde. Sur la Costa Brava, il se traduit par la montée des eaux, l'érosion côtière, une plus grande fréquence et intensité des phénomènes extrêmes (vagues de chaleur, plus hautes vagues hivernales). Le seuil d'une augmentation du niveau de la mer d'un mètre d'ici la fin du siècle est possible si l'on en croit les dernières observations. Cela signifierait la submersion des plages et des conséquences catastrophiques pour l'ensemble du littoral. La hausse des températures de la mer et son acidification ont quant à eux des effets délétères sur les coraux, mais aussi le plancton, maillon essentiel de la chaîne alimentaire. Le réseau méditerranéen d'experts sur les changements climatiques et environnementaux (MedECC) a produit un rapport en novembre 2020 sur les risques environnementaux en région méditerranéenne, destiné aux scientifiques et aux décideurs. Il appelle à l'urgence d'agir.

HISTOIRE

Située au nord-est de la péninsule ibérique, la Catalogne est à la fois adossée aux Pyrénées et tournée vers la Méditerranée. Ibères, Grecs et Romains s'y sont succédé. Ces derniers faisant de la Catalogne une partie de l'Hispanie Citérieure, traversée par la Via Augusta. Au Moyen Âge, ses comtés formeront la marche hispanique de l'empire carolingien, réunis entre le IXe et le Xe siècle sous l'autorité de la maison de Barcelone. Intégrée ultérieurement au royaume d'Aragon, la Catalogne connaîtra une grande période de prospérité manufacturière et commerciale jusqu'à ce que la découverte du Nouveau Monde ne déplace les échanges vers l'Atlantique. Au milieu du XVIIIe siècle, l'industrie textile impulsera un renouveau économique qui se développera particulièrement au XIXe siècle, accompagné d'un renouveau culturel et d'un retour des revendications linguistiques et nationalistes. Retour sur les étapes qui ont façonné ses paysages et sa culture.

PALÉO-LITHIQUE

Précocement peuplée dès le Paléolithique supérieur, la future Catalogne a été occupée par des groupes de chasseurs, identiques à ceux qui ont été localisés au nord des Pyrénées. Deux gisements viennent notamment attester de cette présence humaine lors du Paléolithique : les grottes de Mollet à Serinyà (Pla de l'Estany) et le Cau del Duc dans le massif du Montgrí.

VIE ET IER SIÈCLES AV. J.-C.

Les peuples ibères se succèdent sur ce territoire catalan. Comme en témoigne le village d'Ullastret, situé dans le Baix Empordà.

© JOSEP CURTO - SHUTTERSTOCK.COM

Colonnes et silos ibériques à Ullastret.

DÉCOUVRIR

IVᴱ SIÈCLE AV. J.-C.

Des Marseillais fondent la colonie grecque de Rhode durant le second quart du IVᵉ siècle. Située au nord-ouest de la ville actuelle de Roses, elle fut d'abord un établissement destiné à commercer avec les ibères de l'Empordà.

218 AV. J.-C.

Le débarquement de Cornelius Scipio Calvus (oncle de Scipion l'africain) à Emporio (l'actuelle Empúries) marque le début de la colonisation romaine de la péninsule ibérique.

© ALBERTO LOYO - SHUTTERSTOCK.COM

Ruines gréco-romaines à Empúries.

195 AV. J.-C.

La colonisation romaine achevée, la Catalogne fait partie de l'Hispanie Citérieure. Une époque marquée par l'adoption du droit romain, la généralisation d'un système agricole fondé sur les céréales, les vignobles et les oliviers et le développement d'un réseau urbain et routier. Elle est traversée par la Via Augusta, qui relie la Gaule narbonnaise à Gadès (l'actuelle Cadix), en traversant le Perthus et en longeant la côte méditerranéenne.

Vᴱ SIÈCLE.

Les Wisigoths envahissent l'Espagne par le nord. Leur roi Arthaulf fonde en 415 un royaume dont la capitale est Barcelone, avant de s'établir à Tolède au début du XIᵉ siècle. Les Wisigoths domineront ce territoire jusqu'au début du VIIIᵉ siècle.

716

La Catalogne est conquise par les Arabes ce qui provoque une immigration d'une partie de la population qui se réfugie dans les Pyrénées et dans le royaume des Francs. Un gouverneur régional est nommé pour administrer la province qui est devenue une partie d'Al-Andalus, sous le califat omeyyade. Et elle doit aussi faire face à l'armée de Charlemagne.

778

A la fin du IXᵉ siècle, Charles II le chauve, monarque carolingien, investit Guilfred le Velu comte de Barcelone et de Gérone, ce qui va impliquer qu'il réunit désormais sous sa gouverne une bonne partie des territoires de la marche hispanique.

DÉCOUVRIR

878 Profitant du déclin de l'Empire franc, Guilfred le Velu, comte de Barcelone, conquiert la plupart des bastions voisins et organise la Catalogne en un espace politique. Ses successeurs établissent la séparation définitive à l'égard de la France.

© CLAUDI LORENZALE - WIKIMEDIA COMMONS

La mort de Guifré el Pilós.

840-897

Guilfred le Velu

Il est considéré comme le fondateur de la Catalogne au IXe siècle. Comte de Barcelone, d'Osona, de Gérone, d'Urgell et de Cerdagne, il obtient de Charles le Chauve, petit-fils de Charlemagne, l'indépendance de son comté et le droit de le transmettre à ses descendants. Ses enfants poursuivent les dynasties nouvellement créées, forgeant ainsi l'identité et le territoire catalans.

© JOYMSK - ISTOCKPHOTO.COM

Statue de Guifred le Velu à Madrid.

1137 Le Mariage de Raimond Bérenger IV, comte de Barcelone, avec Pétronille, héritière du trône d'Aragon, donne naissance à la couronne d'Aragon. La Catalogne entreprend son expansion territoriale face aux musulmans, avec la reconquête des régions de Tortosa et de Lleida. Raymond-Bérenger IV promulgue les Usatges, compilation des us et coutumes qui forment la base du droit catalan.

XIIE ET ET XVE SIÈCLES Durant cette période, la Catalogne et l'Aragon ne constituent qu'un seul royaume, mais gardent leurs institutions propres. Cette puissance catalano-aragonaise s'étend en Méditerranée, avec la conquête des îles Baléares (1235) et du pays valencien (1238). La Catalogne entre dans une période de prospérité *via* le développement de ses activités manufacturières, commerciales et bancaires et connaît aussi un essor démographique et une augmentation de sa production agricole.

1348

Cette année de peste noire amorce le déclin de la Catalogne, car elle va toucher ses principales cités, dont Barcelone. Un déclin aussi favorisé par le décès du roi Martin Ier d'Aragon, dernier souverain de la maison de Barcelone et mort sans héritier en 1410. Mauvaises récoltes, famines et troubles sociaux vont rythmer une crise qui atteindra son paroxysme lors de la guerre civile entre la Generalitat et Jean II d'Aragon.

XVe ET XVIe SIÈCLES

Une autre étape s'ouvre. En 1469, la Catalogne est incorporée au nouveau royaume créé par le mariage de Ferdinand d'Aragon et d'Isabelle de Castille qui réunit les deux plus puissants royaumes de l'Espagne. Mais la découverte du Nouveau Monde en 1492 déplace les échanges commerciaux vers l'Atlantique.

© DRTRAVELER1116 - ISTOCKPHOTO.COM

Ferdinand d'Aragon et Isabelle de Castille, façade de l'Université de Salamanque.

XVIIe SIÈCLE

En 1640, les Catalans, appuyés par la France, se soulèvent contre la monarchie espagnole lors de la Guerra dels Segadors (guerre des faucheurs) qui durera jusqu'en 1659. Comme la guerre de Trente Ans, elle prendra fin via le traité des Pyrénées, signé entre l'Espagne et la France. Le Roussillon et la moitié du comté de Cerdagne passeront alors sous le giron de la France.

1700-1746

Avec Philippe V, petit-fils de Louis XIV et vainqueur de la guerre de succession, les Bourbons accèdent au trône d'Espagne. Philippe V abolit tous les privilèges de la Catalogne qui n'est plus alors qu'une province espagnole. Il abolit aussi la Generalitat et interdit l'usage du catalan.

XVIIIe ET XIXe SIÈCLES

A partir du milieu du XVIIIe siècle, la Catalogne connaît un renouveau économique marqué par la création d'une industrie textile, présente à Barcelone et à Gérone. Tout en poursuivant son développement industriel au XIXe siècle, la Catalogne vit aussi au rythme des révoltes ouvrières, notamment à Barcelone. Ce développement industriel va également entraîner un renouveau culturel et un retour des revendications linguistiques (la Renaixença) et nationalistes.

TOURNANT DU XIXᴱ SIÈCLE

La Catalogne devient l'un des pôles de développement de l'Art nouveau. Un mouvement dénommé modernisme catalan et marqué par le nom d'architectes comme Antoni Gaudí, Lluís Domènech i Montaner, Josep Puig i Cadafalch et de peintres comme Ramon Casas et Santiago Rusiñol. Une effervescence culturelle qui culminera lors des expositions universelles de Barcelone en 1888 et 1929. On trouvera aussi de nombreux exemples de ce style moderniste à Figueres, à Olot, et dans de nombreux villages de la Costa Brava (Cadaqués, Begur, Lloret de Mar...) où les Indianos, enfants du pays enrichis lors de leur immigration dans le Nouveau Monde, ont fait construire de belles demeures à leur retour.

Façade Art nouveau à Figueres.

1931

En Espagne, les républicains gagnent les élections municipales et proclament la IIᵉ république ce qui entraîne l'exil sans abdication du roi Alphonse XIII. En Catalogne, c'est un nouveau parti, la Esquerra Republicana de Catalunya (ERC), qui a remporté les élections municipales. Un gouvernement régional autonome, la Generalitat, est constitué. Avec pour mission d'élaborer un statut d'autonomie, le premier, qui sera adopté en 1932. Ce gouvernement est de nouveau suspendu après l'échec de la proclamation d'un État catalan par le président Lluís Companys, le 6 avril 1934.

1882-1940

Lluís Companys

Figure fondamentale du nationalisme catalan, Lluís Companys a été président de la Generalitat de Catalunya de 1934 jusqu'à sa mort. Le 6 octobre 1934, depuis le balcon du palais de la Généralité, il proclame « l'Etat catalan » au sein de la République fédérale espagnole. Jugé et condamné à 30 ans de réclusion pour rébellion, il est libéré en 1936 après la victoire du Front populaire. A partir de 1939, après l'occupation de la Catalogne par les troupes franquistes, Lluís Companys est obligé de s'exiler en France. Livré à la dictature militaire franquiste par la police secrète de l'Allemagne nazie, il est rapatrié, torturé puis fusillé au château de Montjuïc, le 15 octobre 1940. Au moment de son exécution, il refuse qu'on lui bande les yeux et meurt face au peloton en criant « Per Catalunya ! », Pour la Catalogne !

1936 - 1939

Dès la courte victoire du Front populaire lors des élections générales de 1936, de multiples complots impliquent notamment les généraux Mola et Franco. Et c'est le 17 juillet 1936 à Melilla (Maroc) que la première garnison militaire se soulève préparant l'offensive du mouvement national et le début de la guerre civile opposant nationalistes et républicains, jusqu'en 1939. Après la bataille de l'Ebre qui durera quatre mois, les franquistes entrent à Barcelone en janvier 1939.

1939 - 1975

Du début 1939 à novembre 1975, la dictature mise en place par le général Franco après la victoire des nationalistes va durer trente-six ans. En Catalogne, cela se traduit par la suppression du statut d'autonomie et l'interdiction de l'usage du catalan à l'école et dans les administrations. L'époque voit aussi l'exil d'un grand nombre d'écrivains comme Mercè Rodoreda ou Carles Riba.

1975 - 1978

La mort du général Franco marque le début de la transition démocratique. Avec comme date clé, l'adoption de la constitution espagnole en 1978 (toujours en vigueur) qui accorde notamment à la Catalogne une autonomie politique, qui la fait devenir communauté autonome au sein de l'Espagne, et rétablit le Parlement catalan.

MAI 1980

Jordi Pujol devient président de la Generalitat de Catalogne, donc chef du gouvernement autonome de la région. Porté par la fédération de centre droit CIU (Convergència i Unió), il exercera le pouvoir jusqu'en 2003. Date à laquelle il sera remplacé par le socialiste Pasquall Maragall, à la tête d'une coalition tripartite de gauche : PSC (Parti socialiste catalan) Esquerra Republicana de Catalunya (ERC) et Iniciativa per Catalunya Verds-Esquerra Unida i Alternativa (ICV-EUiA).

1992

Avec à la tête de la mairie, Pasquall Maragall, la ville de Barcelone organise les XXVe Jeux olympiques d'été qui vont transformer le littoral de la ville et entraîneront aussi des aménagements sur le littoral de la Costa Brava comme à l'Escala.

SEPTEMBRE 2005

Après d'âpres discussions, un nouveau statut d'autonomie, le troisième, est approuvé par le Parlement catalan le 30 septembre 2005. Il sera ensuite substantiellement modifié avant d'être approuvé par le Parlement espagnol au printemps 2006, puis adopté en Catalogne par le référendum du 18 juin 2006.

2008

La crise économique mondiale frappe durement l'Espagne, entraînant notamment l'implosion de sa bulle immobilière (chute de plus de 25 % des constructions en un an) et la fait entrer officiellement en récession. S'ajoutant aux scandales financiers à répétition, elle va contribuer à alimenter la cause catalaniste. Une cause qui sera également renforcée en 2010 par l'annulation de divers articles du statut d'autonomie, par le tribunal constitutionnel qui réfute aussi toute valeur juridique au terme de « nation » contenu dans le préambule du statut d'autonomie.

2014

Le 9 novembre 2014, la Catalogne se prononce à 80 % pour l'indépendance lors d'une consultation symbolique (participation de 35 %) portant sur l'autodétermination et déclarée anticonstitutionnelle par la Cour constitutionnelle. Un vote promis par Artur Mas, nouveau président de la Catalogne depuis 2010, après la tenue de nombreuses manifestations, dont celle de la *Diada* (fête de la Catalogne) du 11 septembre 2012 qui a réuni plus d'un million de personnes, à Barcelone.

2015-2016

Le 27 septembre 2015, les partis indépendantistes obtiennent la majorité des sièges au Parlement catalan. Et adoptent le 9 novembre une résolution sur un processus devant aboutir à un « Etat Catalan indépendant prenant la forme d'une république », au plus tard en 2017. Cette résolution sera annulée par la Cour constitutionnelle. Mais reprendra vie le 10 janvier 2016 quand Carles Puigdemont, deviendra président de la Catalogne, en remplacement d'Artur Mas, grâce à une nouvelle alliance menée avec la CUP (Candidatura d'Unitat Popular), d'extrême gauche.

2017 – 2019

C'est le 1er octobre 2017 que se tient le référendum d'autodétermination de la Catalogne, jugé inconstitutionnel par le Tribunal constitutionnel. Qui donnera plus de 90 % de votes en faveur de l'indépendance. Après quelques hésitations, le Parlement de Catalogne votera la déclaration unilatérale d'indépendance (DIU), le 28 octobre 2017. Ce qui entraînera la mise en œuvre de l'article 155 de la Constitution espagnole, suspendant la DIU et convoquant des élections en Catalogne en décembre. Ces dernières donneront la majorité absolue aux listes indépendantistes. Le procès de 12 dirigeants catalans s'ouvre en février 2019 et aboutit, en octobre 2019, à la condamnation de 9 dirigeants à des peines allant de 9 à 13 ans.

© RIDERFOOT - SHUTTERSTOCK.COM

Manifestation pour l'indépendance de la Catalogne en 2017.

2020

Après 8 mois de paralysie politique, Pedro Sanchez peut former un gouvernement de coalition après avoir été investi de justesse le 7 janvier 2020. Un vote d'investiture notamment obtenu grâce à l'abstention de l'ERC (gauche républicaine de Catalogne). En échange de cette abstention, les socialistes avaient promis la tenue d'une négociation entre le gouvernement central et l'exécutif régional catalan en vue de résoudre le conflit politique sur l'avenir de la Catalogne. La première réunion de dialogue s'est tenue le 26 février 2020.

2021

Suite à des divergences croissantes entre Junts Per Catalunya (mouvement de Carles Puigdemont) et l'ERC, dirigée par Oriol Junqueras, des élections régionales anticipées se sont tenues le 14 février 2021 pour élire le nouveau parlement de Catalogne. Malgré une forte percée du PSC, le résultat donne la majorité absolue aux partis pro indépendance.

7 OCTOBRE 2022

Rupture du pacte de gouvernement entre Junts et ERC entraînant un remaniement au niveau du gouvernement de la *generalitat*.

19 JANVIER 2023

Signature à Barcelone d'un pacte d'amitié entre la France et l'Espagne.

DÉCOUVRIR

2017, ANNÉE CHARNIÈRE DE LA CRISE CATALANE

Récurrente depuis de nombreuses années, cette crise qualifiée de « plus préoccupante depuis 40 ans » par Felipe González, le 25 septembre 2017 aura pratiquement occupé tout l'agenda de la classe politique espagnole en 2017. Ne cessant de faire les « Une » de tous les journaux espagnols, presse écrite ou télévision, et connaissant une répercussion sans précédent dans les médias internationaux. Le thème s'est invité dans toutes les discussions, au café ou en famille, et provoqué moult débats. Il aura aussi fait défiler les foules et exploser la présence des drapeaux, en Catalogne, de manière classique, mais aussi en Espagne, une vraie nouveauté. Avec affichage dans les réseaux sociaux des bannières les plus longues ou situées dans les endroits les plus insolites. En plus de deux mois et demi, les rebondissements ont été multiples.

Attentes et rebonds

C'est le 6 septembre que le Parlement catalan approuve la loi sur le referendum d'autodétermination via les 72 voix de Junts pel Sí et de la CUP. Cette loi sera suspendue le 7 septembre par le Tribunal constitutionnel qui informe les maires, les hauts fonctionnaires et la police de Catalogne que l'organisation de ce vote entraînerait des poursuites pénales. Enfin, le 20 septembre, 14 responsables du gouvernement de Catalogne sont arrêtés et 10 millions de tracts et de bulletins de vote sont saisis. Néanmoins, le 1er octobre, le referendum a bien lieu. L'exécutif catalan revendique à cette occasion une participation de 2,26 millions de personnes (42,3 % du corps électoral) ainsi que le succès du « oui » qui l'emporte, avec 90 % des votes. La journée sera aussi marquée par des violences de la police nationale dont les images circuleront à travers le monde. Cette violence sera condamnée par les principaux groupes du Parlement européen qui estimeront toutefois qu'il s'agit d'une « affaire interne » qui « doit être gérée dans le cadre de l'ordre constitutionnel espagnol » les jours suivants, chaque camp mobilise ses troupes. Le 3 octobre, une grève générale du « pays » entend protester contre les violences policières et s'accompagne de nombreuses manifestations à Barcelone et en Catalogne. Et le 8 octobre, Barcelone est le cadre de la première grande manifestation en faveur de l'unité avec l'Espagne. Le 10 octobre, Carles Puigdemont, président de la Catalogne, prend acte du mandat populaire pour devenir un État indépendant, mais suspend la déclaration d'indépendance. Après de multiples tractations et interventions, c'est finalement le 27 octobre que le Parlement catalan votera un « processus constituant » permettant de se séparer de l'Espagne et de fonder une république catalane. Ce qui conduira à l'entrée en vigueur de l'article 155 de la Constitution espagnole qui se traduira par la destitution du Parlement régional de Catalogne et du Gouvernement de Barcelone, la région étant administrée au niveau national. Prévues de concert avec l'application de l'article 155, les élections de décembre donneront une majorité absolue aux listes indépendantistes. Une majorité étroite, propice au maintien d'une instabilité.

Partis politiques espagnols : non et non, mais

Aucun parti national n'a soutenu le mouvement indépendantiste en Catalogne. Mais des différences sont apparues quant aux modalités de gestion de cette crise, essentiellement à l'extrême gauche, incarnée par Podemos. Qui a toujours indiqué qu'il était contre l'indépendance, mais pour un référendum « pacté ». En mettant en avant le principe d'équidistance dans la responsabilité des évènements, tant côté indépendantistes que côté gouvernement de Mariano Rajoy. Position qui n'a pas empêché la fraction locale de Podemos de prendre de plus en plus de distance avec son organisation centrale. S'il a condamné les violences du 1er octobre, le PSOE a rejeté cette position d'équidistance et soutenu le recourt à l'article 155, non sans avoir vraisemblablement fait pression pour qu'il s'accompagne d'élections régionales rapides en Catalogne.

Le coût économique

Début octobre, CaixaBank, premier établissement espagnol en volume d'actifs, et Banco Sabadell, cinquième, ont annoncé le déménagement de leur siège social, respectivement à Valence et à Alicante. Début décembre, on estimait à plus de 3 000 le nombre d'entreprises qui avaient fait ce choix, avec des pics de 200 par jour en octobre et un rythme d'une vingtaine par jour à la fin novembre. Un flux qu'est venue freiner la mise en marche de l'article 155. Cette crise s'est aussi ressentie dans le secteur touristique, déjà affecté par l'attentat de Barcelone. Et selon Louis, Guindos, ministre de l'Économie, cette crise aurait coûté 1 milliard d'euros au pays.

LES ENJEUX ACTUELS

Au plan politique, l'année 2021 a marqué un tournant au vu des bons résultats obtenus par les indépendantistes à l'occasion des élections régionales catalanes. Pour la première fois, ils sont majoritaires en nombre de sièges, mais aussi en nombre de voix et cette victoire devrait, sur le papier, conduire à un exercice du pouvoir *via* un accord entre trois partis : ERC, Junts et la CUP. Autres faits marquants de ces élections, la chute de Ciudadanos, très loin de sa performance lors des dernières régionales de 2017 et l'entrée au parlement catalan du parti d'extrême-droite Vox, le quatrième parti quant au nombre de députés. Toujours dans les premiers rangs en matière de contribution à la richesse économique de l'Espagne, la Catalogne se fait désormais dépasser par la communauté madrilène depuis quelques années. Mais elle n'en reste pas moins la première destination touristique espagnole, particulièrement appréciée par les Français.

La constitution de 1978

En Catalogne comme dans le reste de l'Espagne, c'est la constitution de 1978 qui a fixé les règles du champ politique. Depuis cette date, l'Espagne est devenue une monarchie constitutionnelle avec comme chef de l'État, Felipe VI, succédant à son père Juan Carlos I, après son abdication en 2014. Cette même constitution a transmis aux régions une part importante du pouvoir décisionnel et depuis le 17 janvier 1980, la Catalogne est devenue l'une des 17 communautés autonomes de l'Espagne. Côté exécutif, le gouvernement local est représenté par la Generalitat, avec à sa tête un président, et au plan législatif, c'est le parlement (135 députés élus pour 4 ans) qui est maître en la matière.

Bloc contre bloc

C'est en janvier 2020 que Quim Torra, président de la Generalitat, annonce son intention de dissoudre le parlement catalan, une décision présentée comme une conséquence de la rupture entre les partis indépendantistes (ERC et Junts). Ce qui conduira à la convocation d'élections régionales anticipées le 14 février 2021. Marquée par une forte abstention, ces élections donnent la victoire à la majorité indépendantiste qui, et c'est une première, est désormais majoritaire non seulement en termes de députés, mais aussi en termes de votes exprimés (50,8 %). Sous la direction de Pere Aragonès, c'est une coalition indépendantiste qui exercera le pouvoir unissant l'ERC (gauche catalane indépendantiste) et Junts (Centre droit), avec un soutien sans participation de la CUP (extrême gauche). Jusqu'à la décision de rupture de participation au gouvernement décidée en octobre 2022 par Junts, après consultation de sa base militante, au motif du non-respect de la feuille de route vers l'indépendance. Un nouveau gouvernement sera formé par Pere Aragonès, incluant des personnalités du parti socialiste, de Podemos et Convergence. Une coalition de gauche aurait été théoriquement possible après les résultats de février 21 au vu des bons résultats obtenus par Salvador Illa (PSC -33 députés, à égalité avec l'ERC) si leurs députés se joignaient à ceux de l'ERC et à ceux des « comunes » (8), la déclinaison locale de Podemos. Puisque l'abstention des députés de l'ERC lors du vote d'investiture de Pedro Sanchez en janvier 2020 lui a permis d'exercer le pouvoir et que ce parti a aussi voté ses derniers budgets. Toutefois, cette hypothèse avait été balayée par l'accord préalable signé par les partis indépendantistes excluant tout accord de gouvernement avec le parti socialiste. Le scrutin de 2021 avait été aussi marqué par d'autres résultats qui éclairent l'évolution du paysage politique catalan et espagnol.

© ADAM WASILEWSKI - SHUTTERSTOCK.COM

Drapeau de la Catalogne.

DÉCOUVRIR

© TRAVELPETER - SHUTTERSTOCK.COM

La région attire de nombreux touristes chaque année.

En premier lieu, la débâcle vécue par Ciudadanos qui n'obtient que 6 députés contre les 30 obtenus lors de la précédente législature du parlement catalan de 2017 et continue à payer très cher son souhait de dépasser le PP au lieu de jouer le rôle de rouage centriste. Mais ce vote a aussi été marqué par l'entrée spectaculaire de Vox, extrême-droite, qui obtient 11 députés. Une première en Catalogne où le vote populaire était jusqu'à présent resté à gauche.

Le poids de l'industrie

Traditionnellement implantée dans l'industrie depuis le XIXe siècle, la Catalogne vit aujourd'hui de son secteur tertiaire, à 60 %. Son industrie reste une partie importante de son économie, mais celle-ci repose désormais sur la construction, les services et le tourisme. Longtemps au coude-à-coude avec la communauté madrilène pour le titre de région la plus riche d'Espagne, la Catalogne s'est vue quelque peu devancée par cette dernière depuis quelques années. C'est ainsi qu'en 2019, la communauté madrilène a généré un PIB supérieur à celui de la Catalogne pour la troisième année consécutive. Selon les chiffres publiés par l'INE (Institut national de la statistique) en mars 2020, la communauté madrilène a généré en 2019 un PIB s'élevant à 240,129 millions d'euros contre 236,814 millions d'euros générés en Catalogne. La communauté madrilène maintenant aussi son leadership en ce qui concerne le PIB par habitant : 35 913 €, contre 31 119 € en Catalogne. Ce chiffre est encore plus éloquent si on le rapporte à ses performances d'il y a quarante ans. En 1980, elle contribuait déjà pour 19,1 % au PIB espagnol soit une contribution presque similaire à celle de l'année 2019 (19 %) quand la communauté madrilène passait dans le même temps d'une contribution de 14,8 à 19,1 %. La plupart des économistes expliquent cette tendance par trois raisons essentielles. En premier lieu, le poids supérieur de l'industrie dans l'économie catalane (17,4 % contre seulement 6,4 % dans la communauté madrilène – moins de la moitié) lui a fait subir de plein fouet les difficultés économiques rencontrées par toute l'industrie européenne. Par ailleurs, la progression des services entraînée par la « tertiarisation » de l'activité espagnole aurait surtout profité à Madrid, bénéficiant d'un « effet capitale » (+4,1 % du PIB des services de marché à Madrid, contre 2,4 % en Catalogne). L'impact négatif sur l'économie des tensions politiques est beaucoup plus difficile à mesurer même s'il est souvent mentionné. 4 000 sièges sociaux ont été transférés hors de la Catalogne depuis le referendum d'octobre 2017 sans qu'il y ait d'étude systématique sur l'impact de ces transferts.

Tourisme, l'un des piliers de l'économie catalane

En 2022, la Catalogne a accueilli 14,9 millions de visiteurs étrangers. Un chiffre toujours inférieur à celui de 2019, 19,2 millions (dernière année avant la pandémie de Covid 19) mais qui avec un taux de récupération de 80 %, marque la forte remontée atteinte dans ce domaine et faisait de Catalogne la première communauté espagnole, par le nombre de visiteurs accueillis. Et leurs dépenses se sont élevées à 16 659 millions d'euros. Contribuant toujours pour une part importante au PIB catalan, ce qui en fait l'un des piliers de l'économie catalane. Qu'il convient toujours de préserver et de valoriser a contrario de ce qu'aurait pu laisser penser quelques anciennes campagnes anti-touristes qui se sont répétées tout au long de l'été 2019. Côté visiteurs étrangers, les Français restaient largement en tête (+ de 3,4 millions), suivis par les Anglais (+ 1,4 million), les Allemands (+ 1,2 million) et les Italiens (+ d'1 million). Jusqu'à présent, la Costa Brava comme la Catalogne ont présenté un modèle touristique reposant sur une forte urbanisation des côtes. Les préoccupations écologiques s'installant petit à petit, l'avenir dira si ce modèle saura évoluer.

ARCHITECTURE

On associe souvent la Costa Brava au tout béton des stations touristiques qui ont poussé tels des champignons dès les années 60… Mais voilà qui est méconnaître cette côte sauvage dont le relief escarpé abrite un patrimoine architectural unique baigné d'une douce lumière qui inspira bon nombre d'artistes. Parcourir ses routes, c'est faire un véritable voyage dans le temps ! Là, vous découvrirez d'étonnants sites mégalithiques et antiques ; ici, vous déambulerez dans les ruelles médiévales de pittoresques villages où se cachent des joyaux de l'architecture romane ; là encore, vous vous émerveillerez devant les cathédrales gothiques et les forteresses Renaissance et vous vous étonnerez devant les incomparables créations modernistes et surréalistes. Ses routes vous mèneront aussi à la rencontre de superbes réalisations contemporaines tout en sobriété. Des Ibères au Pritzker, la Costa Brava vous invite à un voyage architectural inoubliable !

Aux origines

Le Dolmen de la Creu d'en Corbetella, situé sur la route des mégalithes, est un des plus grands édifices préhistoriques de Catalogne. Cette étonnante structure menait originellement à une sépulture à couloir. Une sophistication dans les rites et les coutumes que l'on retrouve chez les Ibères, peuple encore méconnu, mais qui laissa pourtant sur le site historique d'Ullastret d'incroyables vestiges témoignant d'une maîtrise de l'urbanisme et de l'ingénierie. Là, vous pourrez en effet découvrir les vestiges de rues, maisons, citernes, silos, mais aussi et surtout d'une puissante muraille composée de tours rondes et carrées. Une maîtrise de l'architecture défensive que l'on retrouvera chez les Grecs puis les Romains, qui laissèrent à leur tour de précieux témoins de leur présence. Le site archéologique d'Empúries est l'un des plus impressionnants puisqu'il voit cohabiter la ville grecque avec son plan en damier, ses temples, son agora et son enceinte sacrée, et la ville romaine avec son plan rectangulaire, ses murailles et ses *domus* aux atriums richement décorés de mosaïques. La **Villa Romana dels Ametllers** (p.193) à Tossa de Mar est aussi un incontournable.

Costa Brava médiévale et moderne

Qui veut connaître la Costa Brava doit absolument se perdre dans les dédales de ses villages médiévaux. Peratallada, Besalú ou Peralada sonnent comme autant de promesses d'étonnantes découvertes. Tous possèdent cet urbanisme médiéval typique avec ces entrelacs de ruelles pavées et bordées de demeures seigneuriales bien souvent décorées de blasons, tandis que leurs places aux tracés irréguliers sont dotées de jolis portiques. Remparts et ponts fortifiés complètent ce superbe tableau. A Gérone, ne manquez pas non plus El Call, l'un des plus vieux quartiers juifs d'Europe qui a gardé tout son charme avec ses venelles en escaliers. Au milieu de ces enceintes médiévales se cachent des joyaux de l'art roman dont on peut observer l'évolution : du préroman influencé par l'héritage maure – que l'on retrouve dans les arcs en fer à cheval –, au premier roman teinté de tradition lombarde avec ses puissants tours-clochers décorées de motifs en saillie et au second roman à l'effervescence décorative. Parmi les incontournables du roman, notons : le **Monastère de Sant Pere de Rodes** (p.120), le Monastère de Santa Maria à Vilabertran ou bien encore l'**église Sant Esteve** (p.262)de Peratallada et la tour fortifiée de Pals. Puis la Costa Brava va se parer des atours du gothique catalan qui se caractérise par de larges édifices aux superbes voûtes étirées et à la grande clarté formelle.

Les thermes de Caldes de Malavella.

© PABKOV - SHUTTERSTOCK.COM

Architecture médiévale à Peratallada.

La **Cathédrale de Gérone** (p.212), considérée comme la plus large d'Europe, en est le plus célèbre exemple. Autour d'elle, vous pourrez également observer de très beaux exemples de gothique civil avec de superbes palais urbains aux baies géminées et fenêtres en ogives, tel **le Pia Almoina** (p.238). Ne manquez pas non plus la monumentale Basilique de Santa Maria à Castelló d'Empúries, édifiée sur les bases d'une église romane, mais achevée dans le plus pur style gothique catalan. L'empreinte du gothique est telle que la Renaissance peine à s'imposer. On la retrouvera cependant dans des édifices défensifs, à l'image de la **Citadelle de Roses** (p.128) avec sa Porta de Mar aux pilastres ornementaux et frises végétales ou bien encore au Castell de la Trinitat. Cet art militaire se perpétue au XVIIIe siècle avec des ouvrages tels que le Château de Sant Ferran, étonnante forteresse pentagonale à bastions, considérée comme l'une des plus grandes d'Europe.

Effervescence contemporaine

A la fin du XIXe siècle, comme partout en Europe, les styles néo ont le vent en poupe. On retrouve par exemple le très sobre néoclassique sur la Place de l'Indépendance à Gérone dont on admire les portiques, tandis que les premières stations thermales optent pour le très foisonnant néo-mauresque, comme à ★★ (p.249) Caldes de Malavella. En parallèle, de nouvelles réflexions urbanistiques s'amorcent. Gérone en est le meilleur exemple. A cette époque, ses remparts sont détruits pour laisser place à un nouveau quartier imaginé selon un plan raisonné : l'Eixample (comme à Barcelone !) Ce renouveau se traduit également par la multiplication de ponts métalliques, prouesse d'ingénierie, comme le Pont de la Peixateries Velles dont la structure provient des industries… Eiffel ! Puis la Costa Brava va se trouver la proie d'une étonnante opposition entre d'un côté les défenseurs du Modernisme – l'Art nouveau catalan – et de l'autre les Noucentistes défendant le retour à la tradition catalane. Les premiers, à l'image de Puig i Cadafalch, peuplent les villes de créations uniques aux courbes voluptueuses et à l'étonnante richesse décorative. Sant Feliu de Guixols regorge de trésors modernistes : le Casino del Nois, la Constancia ou bien encore le Panthéon Casas. Les seconds, menés par Rafael Maso, natif de Gérone, optent, eux, pour un retour à la sobriété et à la rigueur. Les rénovations de l'Eixample en portent la marque. Sobriété… tel n'est définitivement pas le mot d'ordre des étonnantes réalisations du surréaliste Dalí. Enfant du pays, Dalí y a pensé des lieux à son image : inclassables ! A ne pas manquer, le trio surréaliste : la Casa-Museu Castell Gala Dali à Pubol, château du XIVe siècle entièrement réaménagé par le maître ; le **Teatre-Museu Dali** (p.96) de **Figueres** ★★ (p.93), œuvre parmi les œuvres avec son toit surmonté d'œufs et ses murs constellés de pains ; et la **Casa-Museu Dali** (p.126) de Cadaqués, étonnant emboîtement de maisons de pêcheurs se fondant dans la blancheur immaculée de la pittoresque cité. Dans les années 60, la Costa Brava n'échappe pas à la bétonisation liée au tourisme de masse… pour autant, son relief escarpé lui a permis de conserver de nombreuses zones préservées qui accueillent aujourd'hui des réalisations contemporaines à l'élégante sobriété. Auriez-vous imaginé que la petite cité d'Olot abritait les récipiendaires du très prestigieux Prix Pritzker, le Nobel d'architecture ? C'est là que l'agence RCR architectes conçoit des projets épurés en harmonie avec la nature. Le pavillon d'accès à la Fageda d'en Jorda, c'est eux. Le très aérien Pavelló a l'Estany à Llagostera, c'est encore eux ; tout comme les étonnantes Caves Bell-Lloc à Palamos (Gérone). Des créations surprenantes qui prouvent que la Costa Brava a su rester la muse de grands créateurs !

BEAUX-ARTS

Région animée parsemée de villages pittoresques, la Costa Brava invite à voyager dans le temps. Des sites préhistoriques au projet Street Art qui colore ses rues, la côte offre de quoi satisfaire les plus curieux. Icônes religieuses, photographies, sculptures romanes et collages surréalistes vous attendent dans ses différents musées. Ce n'est pas sans raison si l'inimitable Salvador Dalí trône en majesté dans cette partie frontalière. C'est également ici, précisément à Portlligat, que le maître établit sa résidence la plus stable dans une cabane de pêcheurs. Le long de la côte, pas moins d'une centaine de galeries d'art assurent la promotion des artistes locaux dans toute leur diversité. Car la Costa Brava peut se targuer de rassembler la plus forte activité artistique de toute l'Espagne. Tous les étés, la création sous toutes ses formes envahit l'espace au point de faire oublier la forte fréquentation touristique.

Antiquité

En ce domaine, les plus anciens témoignages mis à jour en Catalogne sont les peintures rupestres d'El Perelló, d'El Cogul et d'Ulldecona. La présence des Grecs ayant été courte et limitée géographiquement, peu de vestiges subsistent, à l'exception des sites d'Empúries et Roses au nord-est de la Catalogne. De la colonisation romaine, c'est la ville de Tarraco (future Tarragona) qui constitue le meilleur témoignage visible dans la région.

Noucentisme, avant-gardisme et art contemporain

Le Noucentisme et l'avant-gardisme vont naître, au début du XXe siècle, du rejet de plus en plus marqué du modernisme. Par la voix de son théoricien Eugeni d'Ors, le mouvement noucentiste prône un retour aux origines classiques et méditerranéennes des arts. Les artistes Josep Clarà, Josep Obiols, Joaquim Sunyer et Xavier Nogués en sont les principaux porte-parole. Le début du siècle voit également apparaître les premiers créateurs se définissant comme avant-gardistes. Les artistes catalans, du fait de la présence de Picasso à Paris, vont être influencés par les artistes parisiens. Cette influence deviendra encore plus importante lorsque certains peintres (Braque, Gris, Matisse, etc.) viendront s'installer en Catalogne française, à Céret et Collioure, où ils seront rejoints plus tard par Miró et Dalí.

En 1936, la guerre civile espagnole met un terme au courant avant-gardiste et contraint de nombreux artistes catalans à l'exil. Il faudra attendre les années 1950 pour voir renaître le mouvement, de plus en plus teinté de surréalisme et de non-formalisme. Tàpies est le peintre qui symbolise le mieux cette nouvelle expression.

Salvador Dalí (1904-1989)

Excentrique, bouffon, génie et provocateur, les qualificatifs ne manquent pas pour cerner la personnalité du peintre surréaliste. Qu'il soit fou de chocolat Lanvin, de sa muse Gala, ou qu'il érige la gare de Perpignan au rang de centre du Monde, Dalí a laissé une œuvre très abondante qui peut être découverte en partie dans le théâtre-musée qu'il a créé à Figueres, sa ville natale. Visions ironiques de la réalité ou bien hallucinatoires, ses œuvres sont nées de la technique d'investigation de l'irrationnel par le délire, appelée « méthode paranoïaque-critique ».

Le Milestone Project

Cet événement artistique soutenu par la ville, sans durée ni dates fixes, se déroule tous les ans à Gérone. Ses organisateurs Xavi Masí et Nacho Moltó convertissent alors les murs en galerie à ciel ouvert, en traçant un circuit street art qui traverse toute la ville. La plupart des fresques que vous rencontrerez dans Gérone sont nées de ce projet. Le site Milestone Project éclairera votre chasse aux pépites. Autre possibilité, partir de la gare et suivre les rails. Sous le chemin de fer suspendu, une piste cyclable et piétonne guidera votre balade. Ne manquez pas la fresque en noir et blanc de Lucy Maclauglhan. La légende de la Cocollona est illustrée dans la vieille ville par Interesni Kazki. La créature mi-crocodile, mi-papillon évoque l'histoire d'une nonne emprisonnée, seulement autorisée à se rendre à la rivière avec des ailes ! Plus loin, des mouches géantes, devenues un emblème de Gérone depuis qu'elles ont repoussé l'invasion de l'armée française. Celles-ci sont peintes par Erica il Cane. Cet artiste a collaboré avec Blu à une murale visible au 34, Joan Maragall. A signaler également le Double Tree peint par Okuda en 2017.

MUSIQUES ET SCÈNES

Si la Costa Brava fait régulièrement parler d'elle pour ses littoraux accueillants ou son patrimoine architectural qui a séduit de nombreux réalisateurs (dernièrement la série *Game of Thrones* y plantait quelques-uns de ses décors), la région jouit également d'une grande richesse musicale. Terre de traditions, la Costa Brava raconte par exemple une partie de son Histoire dans les havaneres, chants datant de la guerre d'indépendance de Cuba que l'on entend encore très régulièrement. Traditions toujours, la Costa Brava rappelle qu'elle est un territoire catalan à chaque fois qu'elle danse la sardane. Amoureuse de musique, la région est criblée d'évènements et ne laisse aucun répit aux mélomanes. Les amateurs de classique sont particulièrement gâtés, le genre étant consacré au sein de nombreux évènements, prenant souvent place dans de magnifiques environnements.

La musique et la danse traditionnelles

Le littoral catalan est, au même titre que le reste de la région, une terre riche de musiques. On y entend notamment les havaneres, chansons nostalgiques en catalan ou espagnol et aux rythmes créoles, qui étaient à l'origine entonnées par les navigateurs lors de leur départ vers la guerre d'indépendance cubaine (1895-1898). Elles résonnent encore à Calella de Palafrugell dont la plage de Port Bo accueille chaque année la traditionnelle Cantada d'Havaneres. Mais il est aussi tout sauf rare de les entendre à l'Escala ou à Begur. Bien qu'originaire de Barcelone, la rumba catalane est également très présente sur les côtes catalanes. Cette variante de la rumba flamenca intégrant des influences cubaines et du mambo a été incarnée dans les années 1960 par Peret, l'icône du genre, ainsi que Gato Pérez et El Pescaílla. Pour les amateurs, Tossa de Mar accueille chaque année un festival de musique catalane et de rumba.

Côté danse, il est bon de savoir que la Sardane, la plus célèbre des danses traditionnelles catalanes est originaire de la Costa Brava et plus précisément de la région de l'Empordà. Si le monde la découvre durant la cérémonie d'ouverture des JO de 1992, la sardane naît au milieu du XIXe siècle, sous l'impulsion d'un musicien de Figueres, Pep Ventura. Elle est restée depuis relativement la même et voit des danseurs – alternant si possible un homme et une femme – se tenir la main en cercle fermé et enchaîner pas courts et pas longs. La Sardane est toujours accompagnée par la musique de la cobla, ensemble de plein air d'une dizaine de musiciens et composé d'instruments traditionnels comme le flabiol (flûte à bec), la tenora et le tible (deux sortes de hautbois) et le tamborí (un tambour).

Une des meilleures occasions pour voir de la sardane ou écouter de la habanera est de se rendre aux concerts du Cloître de Sant Domènec Peralada, en juillet et août, très beau rendez-vous dans un cadre qui ne l'est pas moins.

La musique classique

La Catalogne est un terreau fertile qui a vu pousser quelques compositeurs parmi les plus réputés du pays. Parmi eux, citons Pau Casals (1876-1973), célèbre violoncelliste, chef d'orchestre et compositeur, Isaac Albéniz (1860-1909) pianiste pionnier dans la renaissance de la musique espagnole tout comme Enric Granados (1867-1916) ou encore le pianiste Frederic Mompou (1893-1987) chez les contemporains. La région a également produit quelques très grandes voix nationales telles que l'immense Montserrat Caballé (1933-2018), la soprano Victòria dels Àngels (1923-2005) ou encore le ténor Josep Carreras. Ayant été un tel foyer pour la grande musique, la région multiplie les rendez-vous dédiés au genre dont beaucoup se déroulent sur la Costa Brava. Le plus connu est peut-être le Festival Internacional de Música de S'agaró, se tenant de mai à septembre et devenu avec le temps l'un des événements de musique classique les plus importants d'Europe du Sud. Pour les mélomanes, il fait figure d'incontournable. Citons également le Festival de La Porta Ferrada à Sant Feliu de Guíxols conviant des grands noms de la scène nationale et internationale, le Festival de Musique de Sant Pere de Rodes à El Port de La Selva qui accueille une programmation prestigieuse à l'intérieur du monastère, le Festival de Torroella de Montgri qui célèbre le genre dans divers espaces de la ville ou encore le Festival International de Peralada qui mélange musique classique, ballet, opéra et aussi un peu de jazz. À noter également qu'au Monastère de Vilabertran (p.94) se déroule chaque année à la mi-août, le festival de musique Schubertiada, manifestation culturelle de grand prestige consacrée à Schubert.

LITTÉRATURE

Il est certain que la plage évoque plus le plaisir de la lecture que le travail d'écriture, pourtant, ici comme ailleurs, vivent des écrivains qui aiment à jouer avec les mots et désirent, parfois, affirmer une identité régionale. Comment ignorer que la Costa Brava est en Catalogne, et qu'elle est devenue le refuge privilégié, loin de la foule barcelonaise, de certains grands noms de la littérature catalane, à l'instar de Mercè Rodoreda. Mais les trois comarques qui la composent sont aussi, tout simplement, source de fierté et d'inspiration pour ceux qui y sont nés. Ainsi, rien n'a autant apaisé Josep Pla, en guerre contre ses démons, que ces paysages luxuriants et cette mer azur. Et qui pourrait affirmer que Salvador Dalí serait devenu le génial Salvador Dalí s'il n'y avait pas grandi, surtout en compagnie de son cher ami, Carles Fages de Climent, dont l'imagination encourageait la sienne. La terre aimée fait de nous ce que nous sommes.

Trouver le mot juste

Abrupte, sauvage, de Portbou à Blanes, la Costa Brava englobe l'Alt Empordà, la Baix Empordà et la Selva. Trois comarques qui elles-mêmes s'unissent dans une province plus large, le Gironès, sur une terre dont l'âme est définitivement catalane. Des paysages uniques chantés de tout temps, s'en souviennent le poème de Joan Maragall et l'adaptation en sardane de celui-ci par Enric Morera i Viura (1865-1942). Le premier est né Barcelonais en octobre 1860, et si on lui doit le *Cant de la Senyera* (Le Chant du drapeau) qui servit d'hymne à l'avant-gardiste chorale Orféo Català, il signa aussi l'histoire d'un berger des Pyrénées tombé sous le charme d'une sirène méditerranéenne. Des vers comme une déclaration d'amour, L'Empordà, puis une chanson dont Enric Morena i Viura promettait qu'elle nous ferait frères. Après la communion, et la leçon de géographie, vient le temps de donner un nom au littoral. C'est en 1908 qu'un poète et journaliste, Ferran Agulló, use le premier, dans la Veu de Catalunya, de l'expression « Costa Brava » dans une ode à la beauté d'une côte qu'il connaît bien puisqu'il possède une maison secondaire à Blanes. Le nom séduit les opérateurs touristiques qui s'en emparent très vite, néanmoins il n'a pas l'heur de convaincre tout le monde, à l'instar de Josep Pla, l'enfant du pays, qui ne cessera sa vie durant de s'insurger contre ce choix. Il affirmait d'une part que Agullò n'avait pas la paternité de l'expression, celle-ci ayant été récupérée, bien mal à propos, dans la bouche d'un restaurateur qui célébrait une victoire électorale, et que, d'autre part, elle était loin de rendre hommage à la spécificité du littoral. Pour sa part, « Côte du Corail » aurait parfaitement convenu. L'écrivain ne trouva pas l'écho escompté et Costa Brava fut définitivement adopté quand une stèle commémorative fut érigée en 1963 à Sant Feliu de Guíxols, à l'endroit même où, selon la légende, Ferran Agulló aurait été touché sinon par la grâce, du moins par l'inspiration. Le débat reste ouvert, il montre en tous les cas l'attachement de Josep Pla à son pays et à la valeur des mots. Né en 1897 à Palafrugell, au 49 de la rue Nou, il a œuvré – et cela est peu dire au vu 30 000 pages qu'il a écrites ! – pour la sauvegarde de la langue catalane et d'un patrimoine cher à son cœur. Fou de lectures depuis sa prime jeunesse, c'est lors de son entrée dans le journalisme qu'il affûte sa plume en devenir qui, déjà, exprimait son goût de la description, son sens de l'ironie à peine voilée, et son talent poétique. Son métier de correspondant l'amène à voyager et à s'intéresser à la politique, notamment à celle de la Catalogne, engagement qui aura pour conséquence de le contraindre à l'exil. De retour chez lui, déçu des hommes, la nature lui apporte son seul apaisement, à la limite de l'extase comme le révèlent ses magnifiques pages sur la mer.

Statue de Josep Pla à Barcelone.

© LAURENT PIERSON

Drapeau catalan sur les hauteurs.

Ce retour chez soi, en soi, rime aussi avec l'affirmation de sa langue natale sur l'espagnol, et avec une sensibilité accrue au folklore local qu'il s'inquiète de voir tomber dans l'oubli. Prolixe, comme cela a été précisé, les lecteurs français seront bien en peine d'avoir accès à l'intégralité des 29 volumes qu'il a publiés, mais *Le Cahier gris*, aux éditions Gallimard, pourra faire office de synthèse et de porte d'entrée sur une œuvre qui gagnerait à être découverte de notre côté des Pyrénées. Josep Pla s'est éteint chez lui, à Llufríu, en 1981, il aura survécu 20 ans à deux de ses pairs, Frederic Pujulà i Vallès (1877-1962) et Víctor Català (1869-1966).

Combats et engagements

Frederic Pujulà aura marqué les esprits par son engagement envers l'esperanto, langue aux accents utopistes qu'il défendit ardemment lors de congrès internationaux, mais aussi pour avoir été le premier auteur à écrire en catalan une nouvelle de science-fiction, *Homes artificials* (1912), troublante satire d'un savant qui se rêvait dieu. Ce serait oublier qu'il a par ailleurs été un activiste catalan, comme le prouvent ses condamnations politiques et sa participation à la revue moderniste *Joventut*. Cet hebdomadaire, lancé en 1900 et disparu en 1906, s'affichait comme vecteur d'un catalinisme universel, c'est-à-dire une promotion de la culture catalane ouverte au monde et à la modernité. Une autre écrivaine, née à L'Escala en 1869, s'investit aussi pleinement dans cette publication, y faisant paraître de 1904 à 1905 son roman *Solitude* sous forme de feuilletons. Comme le prouve son pseudonyme masculin, Víctor Català, Caterina Albert i Paradis dût affronter d'autres problèmes liés à son époque. En 1898, elle se présente à Olot aux Jeux floraux, ces joutes poétiques dont la Catalogne s'était emparée au milieu du XIXe siècle. Les deux œuvres qu'elle propose sont primées, mais le jury s'offusque que *La Infanticida*, monologue théâtral dans lequel une mère avoue le meurtre de son garçon à un psychiatre, ait été écrit par femme. Dès lors, Caterina devient Víctor, parade qui lui permet de garder toute latitude dans le choix de ses thématiques, souvent très sombres. Le secret ne fera pas long feu, mais bien que cela la préoccupe, rien ne l'empêchera de devenir écrivain, et c'est ainsi que c'est sur ses pas désormais que les curieux et admirateurs suivent le circuit que lui a consacré le service des Archives de l'Escala. Elle s'essaiera à la poésie, mais c'est surtout dans le genre romanesque qu'elle s'épanouira, excellant notamment dans l'art de la nouvelle ce que laissait présager son recueil *Drames ruraux* dès 1902. Caterina connaîtra deux périodes de silence, à l'apogée du Noucentisme et pendant la guerre civile espagnole, mais toujours elle reviendra à l'écriture, comme une évidence. Une autre femme a laissé son empreinte dans la région, bien qu'elle n'en soit pas native. Née à Barcelone en 1908, Mercè Rodoreda s'installe à Romanyà de la Selva alors qu'elle a déjà un âge certain, mais c'est ici qu'elle acheva certains de ses plus beaux romans, et c'est là surtout qu'elle décida de reposer après sa mort survenue en 1983. La première partie de sa vie est un peu confuse, elle épouse son oncle à qui elle donne un enfant, mais le mariage ne fonctionne pas, elle s'ennuie, elle écrit quatre romans et finit par les renier ensuite, sauf un, *Aloma*, qu'elle réécrira complètement 30 ans plus tard. La guerre rime avec exil en France, puis en Suisse. Elle s'installe à Genève qui assiste à la naissance, en 1962, de ce qui est considéré comme l'un des plus grands romans catalans de l'après-guerre, *La Place du diamant*, l'histoire d'une femme ordinaire au temps du franquisme. Mercè Rodoreda rentre au début des années 70 en Catalogne et c'est donc à Romanyà de la Selva qu'elle écrit *Miroir brisé*, puis *Tant et tant de guerre* publié en 1980, l'année même où lui est décerné le Prix d'honneur des lettres catalanes. Le retentissement de son œuvre sera considérable, elle est traduite dans de nombreuses langues, dont le français, certains de ses ouvrages se découvrent aux éditions Gallimard.

Un brin de folie

Mercè Rodoreda avait pour contemporain Carles Fages de Climent, né en 1902 à Figueres, en Alt Empordà. Son nom nous est peu familier et pourtant tout le monde connaît son ami le plus cher, Salvador Dalí, qui vit le jour dans la même ville, et plus exactement dans la même rue, celle de Monturiol, deux ans après lui. S'il peut paraître étonnant de citer un peintre quand il est question de littérature, c'est que l'on sous-estime parfois à quel point Dalí était touche-à-tout, et combien cette amitié si particulière fut féconde. Carles Fages de Climent avait une imagination très vive, si vive qu'il n'hésita pas à créer un mythe autour de l'Empordà, à la façon d'un Tolkien il redessina son paysage familier, accordant à tel village le privilège d'être capitale du monde, désignant tel autre comme terre de sorcières. Et comme de bien entendu cette cosmogonie n'aurait pas eu de raison d'être sans un personnage central, il inventa *El sabater d'Ordis*, Le cordonnier d'Odis, légende qu'il mit en poésie dans un livre, publié en 1954, illustré par son camarade Dalí qui en avait même rédigé l'épilogue. Ce n'est pas la seule fois où ils ont collaboré, encore inconnu le peintre avait déjà signé les dessins accompagnant un poème écrit en 1924, *Les Bruixes de Llers*, bien plus tard ils travailleront ensemble sur Le triomphe et la rime de Gala et Dalí, œuvre qui met en lumière les propres obsessions symboliques du peintre. Enfin, celui-ci réalisera un tableau, *El Crist de la Tramuntana*, visible au musée qui lui est consacré à Figueres, en hommage à son ami trop tôt disparu en 1968. Mais Dalí, en plus du pinceau, maniait aussi la plume, il s'adonna à deux textes autobiographiques, aux titres aussi mégalomanes qu'un lecteur est en droit de l'attendre d'un tel personnage, *La Vie secrète de Salvador Dalí* et *Journal d'un génie*. Il se lança également dans un unique roman, *Visages cachés*, qu'il écrivit en français. En réponse au Marquis de Sade, créateur du sadisme et du masochisme, par cet ouvrage Dalí voulait clore la trilogie, inventant le clédalisme, du nom de son héroïne Solange de Cléda. Enfin, il ne sera pas possible de clore cette présentation littéraire de la Costa Brava sans évoquer un auteur qui y a passé les 20 dernières années de sa vie, et dont le talent est aussi fou que celui de l'artiste, Roberto Bolaño (1953-2003). Sa vie fut un long exil qui le mena du Chili, dont il est originaire, à l'Europe, il arriva finalement à Blanes qu'il ne quitta plus, étant devenu soutien de famille, et par ailleurs en proie à une grave maladie. Il réussit à mettre un point final à son chef-d'œuvre, *2666*, quelques mois avant de succomber prématurément. Cet ouvrage, impressionnant par son ambition et par sa longueur, a pour fil rouge un mystérieux écrivain allemand, Benno von Archimboldi, et s'inspire en partie d'un fait divers réel, la disparition de plusieurs femmes aux alentours de la ville mexicaine de Ciudad Juárez. Un roman-fleuve idéal pour des vacances sur les lieux mêmes où il a été écrit.

DÉCOUVRIR

Les plaines de l'Empordà ont nourri les imaginaires de Carles Fages de Climent et son ami proche Salvador Dali.

TOP 10

LECTURE

La Costa Brava, si belle côte sauvage, est devenue un refuge pour des auteurs en quête de chaleur et de tranquillité, mais elle est aussi terre natale de la folie douce d'un Salvador Dalí que l'on découvre écrivain, et territoire enflammé pour les fleurons de la littérature catalane. Petit florilège.

UNE DÉCOUVERTE

Visages cachés. Le peintre était habile de la plume. Son unique roman évoque les grandes passions humaines à l'heure de la montée du fascisme en Europe. Salvador Dalí. *Éditions Libretto.*

PEINTURE

© TRIANGLE POSTALS

Dalí, Le triangle de l'Ampourdan. L'œuvre du peintre mondialement célébré est intimement liée à sa région natale, démonstration en images. Sebastià Roig. *Éditions Triangle Postals.*

ROMAN-FLEUVE

© FOLIO

2666. C'est à Blanes que Bolaño, gravement malade, achève ce grand roman littéraire et politique en partie inspiré de faits réels, la disparition de femmes au Mexique. Roberto Bolaño. *Éditions Folio.*

ROMAN DRÔLE

Wilt, Comment se sortir d'une poupée gonflable et de beaucoup d'autres ennuis encore. Le premier tome d'une série bien connue. L'autrice britannique, qui a fini sa vie à Palafrugell, maniait l'humour, parfois bien noir, comme personne. Tom Sharpe. *Éditions 10-18.*

ROMAN PULP

Zéro cool. Un radiologue américain aurait aimé des vacances tranquilles, mais tout ça va déraper. Une œuvre de jeunesse sympathique et sans prétention. Michael Crichton. *Éditions Pocket.*

UN CLASSIQUE

© GALLIMARD

Le Cahier gris. De la tranquillité de Palafrugell à l'agitation de Barcelone, le journal intime d'un étudiant qui en 1918 se rêve déjà écrivain. Josep Pla. *Éditions Gallimard.*

ESSAI

Catalogne : urnes et déchirures. Un petit livre qui se veut comme un décodeur des passions catalanes, entre désir d'indépendance et recherche d'identité. Raphaël Minder. *Éditions Nevicata.*

NOSTALGIE

© LE LIVRE DE POCHE

Costa Brava. Un homme revient à Canyelles où il partait en vacances dans les années 60 et 70, une réflexion tendre sur le temps qui passe. Éric Neuhoff. *Éditions Livre de poche.*

LITTÉRATURE CATALANE

© GALLIMARD

La Mort et le printemps. Un village aux traditions étranges vu par les yeux d'un adolescent, récit initiatique et texte poétique d'une grande dame des lettres catalanes. Mercè Rodoreda. *Éditions Gallimard.*

DRAME

Solitude. Mariée à un rustre, Mila va peu à peu essayer de conquérir sa liberté. Un portrait de femme qui n'a rien perdu de sa puissance d'évocation depuis sa publication en 1905. Víctor Català (Catalina Albert i Paradís). *Éditions Phébus.*

A L'ÉCRAN

La Costa Brava a durant longtemps été l'endroit de rendez-vous des plus prestigieuses stars hollywoodiennes. La magnifique Ava Gardner acquiert même un monument a son effigie dans la ville de Tossa pour sa participation au film *Pandora et le Vaisseau Fantôme*. De *Mr Arkadin* d'Orson Welles à la série à succès *Game of Thrones*, la côte offre des vues à couper le souffle aux tournages du monde entier. Cependant, depuis ces dernières années, le 7e art de cette partie de l'Espagne vit principalement à travers des festivals cinématographiques. Les villes de Gérone et de Begur accueillent ainsi de nombreux cinéastes, cinéphiles et professionnels internationaux de l'industrie et organisent ateliers et rencontres afin d'exporter leur cinéma à l'international. Si la « belle époque » de la Costa Brava est un peu révolue, la région continue d'attirer les réalisateurs grâce à ses décors naturels à la fois variés et paradisiaques.

Des lieux de tournage de renom

La côte garde un souvenir ému et peut-être nostalgique du temps où le tournage de films américains, comme *Pandora et le Vaisseau Fantôme* d'Albert Lewin, en 1950, permettaient de voir débarquer des stars d'Hollywood qui contribuaient ainsi à sa renommée. Comme le symbolisent notamment les figures d'Elisabeth Taylor et surtout d'Ava Gardner pour qui la ville de Tossa, reconnaissante, a érigé une statue face à la mer. Si cette époque est un peu révolue, la région n'en offre par moins des décors à la fois somptueux et différents qui inspirent des films comme *Le Parfum* (2006) de Tom Tykwer, pour le château de Requesens dans la sierra de l'Albera, ou *L'Age d'or* de Luís Buñuel, pour le Cap de Creus. Dans le Baix Empordà, le chemin de ronde de S'Agaró, quant à lui, sert de lieu de tournage pour *Mr Arkadin* (1955) d'Orson Welles, mais aussi pour *Mar Adentro* d'Alejandro Amenábar, en 2004. En 2015, c'est le petit village de Monells qui voit les visiteurs affluer grâce à sa présence dans le film *8 apellidos catalanes*, l'un des grands succès du box-office espagnol. La même année, une partie de la saison 6 de la célébrissime série *Game of Thrones*, produite par HBO, est tournée dans le centre historique de Gérone. Le patrimoine architectural de la cité, jadis emmuraillée, offre en effet un décor tout à fait propice à l'intrigue de la série : les marches de la Cathédrale, la Plaça dels Jurats ou encore la rue Sant Martí sont autant de lieux que les acteurs ont arpentés à cette occasion.

Institutionnalisation du cinéma

Depuis quelques années, les tournages semblent avoir déserté la côte. Qu'à cela ne tienne ! La Costa Brava prend les choses en main en mettant en place plusieurs institutions et évènements permettant de faire vivre son 7e art. À commencer par le musée du cinéma-collection Tomàs Mallol. Inauguré en 1998 à Gérone, ce musée rassemble la collection constituée par Tomàs Mallol i Deulofeu (photographe et réalisateur espagnol) et retrace ainsi 400 ans d'histoire du cinéma. Côté événementiel, on retrouve deux festivals honorant le 7e art d'Espagne et d'ailleurs. D'une part, le Festival international du film de Begur, situé dans la ville éponyme, dans le Baix Empordà, promeut les longs et courts-métrages dédiés au genre de la comédie. D'autre part, dans un style différent, le Festival du cinéma de Gérone projette de nombreuses œuvres cinématographiques venues du monde entier devant un jury de professionnels et organise des rencontres entre artistes, dans le but de mettre en lumière des cinéastes méconnus du grand public et d'apporter un peu de « glamour » à la ville de Gérone. Enfin, le Costa Brava Film festival organise tous les deux mois des rencontres entre de jeunes réalisateurs et professionnels du monde cinématographique.

Statue d'Ava Gardner dans la vieille ville de Tossa de Mar.

POPULATION

Avec plus de 7,8 millions d'habitants, la Catalogne est la deuxième communauté espagnole de par son nombre d'habitants, après l'Andalousie. Longtemps due à une immigration provenant d'autres régions de l'Espagne, Andalousie et Estrémadure notamment, la progression de sa population enregistre depuis 2018 la part croissante de l'immigration venue de l'étranger. Cette immigration venant compenser une baisse de la natalité que l'on constate ici comme en Espagne. Sa population se concentre pour l'essentiel dans l'aire métropolitaine de Barcelone qui a elle seule compte près de la moitié des habitants. Après avoir été banni lors de la dictature franquiste, le catalan est désormais considéré comme langue propre et partage son statut de langue officielle avec le castillan, l'espagnol. Deux langues maîtrisées par des Catalans quasiment bilingues, mais avec des pratiques différentes selon les régions quant à la langue d'usage la plus fréquente.

Une population en augmentation grâce à l'immigration

Avec plus de 7,899 millions d'habitants au début de l'année 2023, la Catalogne a enregistré une nouvelle augmentation de sa population (+1,6 % par rapport 2022). Un mouvement qui poursuit la tendance enclenchée au cours des dix dernières années. Avec une petite nouveauté, c'est désormais l'immigration en provenance des pays étrangers qui garantit cette progression démographique. Également assurée auparavant par l'immigration en provenance d'autres régions de l'Espagne, Andalousie et Communauté valencienne pour l'essentiel, au cours des dernières années. C'est en 2018 que son solde migratoire avec le reste de l'Espagne s'est avéré pour la première fois négatif et ce mouvement s'est poursuivi depuis. En Espagne, c'est la communauté dont la population a le plus progressé, devant celles de Madrid et de la Communauté Valencienne. En revanche, comme le reste de l'Espagne, la Catalogne n'échappe pas au vieillissement de sa population (1,5 millions en début 2023), résultat, ici aussi, d'un taux de natalité en baisse et d'une espérance de vie en hausse. Augmentation de la population combinée à son vieillissement, progression de l'immigration étrangère, ces différentes données marquant la démographie catalane devraient se maintenir dans les décennies à venir si l'on en croit les projections effectuées par l'Idescat (Institut statistique de la Catalogne). Publiées en 2022, elles évaluent à 8 millions le nombre d'habitants que compterait la Catalogne en 2030 et à plus de 8,77 millions en 2060. Ces progressions devant toujours être dues à l'apport de l'immigration étrangère. L'espérance de vie devrait atteindre 88 ans pour les femmes et 83,2 pour les hommes (contre 86,3 et 80,8 en 2016). Fort logiquement cette évolution démographique implique que l'on puisse mettre en place un système de santé adapté à cette nouvelle pyramide d'âge où prédomineront de plus en plus, les plus de 65 ans (estimés à 21,9 % du total en 2030 et 29,3 % en 2060), voire les plus de 85 ans. Et que le système puisse aussi financer un nombre de retraites en constante hausse. A court terme, l'étude estime aussi que les régions gagnantes de cette progression démographique devraient être celles courant le long du littoral : Gérone, Barcelone et Tarragone, à l'exception du littoral de l'Ebre. Dès aujourd'hui, c'est dans l'aire métropolitaine de Barcelone (la ville et 25 kilomètres aux alentours) que réside plus de la moitié de la population vivant en Catalogne. La deuxième grande agglomération urbaine étant formée par l'ensemble Reus-Tarragone. Le reste de la population se répartissant surtout autour de la Costa Brava, de la Costa Daurada, de la vallée du Llobregat et des villes de Lleida et de Gérone.

© BERNA NAMOGLU - SHUTTERSTOCK.COM

La sardane est la danse traditionnelle de Catalogne.

Drapeaux catalans lors de la fête nationale de Catalogne, le 11 septembre.

Catalan et castillan, langues officielles

En Catalogne, deux langues ont le statut de langues officielles, le castillan (l'espagnol) et le catalan. Même si ce dernier est considéré comme langue « propre » à la Catalogne, car originaire de son territoire historique. Une situation qui résulte d'un processus en plusieurs étapes. Exclu sous la dictature franquiste, l'usage du catalan a d'abord bénéficié du statut légal donné aux langues par la constitution espagnole de 1978. Dont l'article 3 spécifie que le castillan est « la langue espagnole officielle de l'État » et reconnaît les autres langues officielles des différentes communautés autonomes, en application de leur statut. Sur cette base, le statut d'autonomie de la Catalogne de 1979 a officialisé le castillan et le catalan comme langues officielles de la Catalogne. Le statut d'autonomie de 2006 précisera ensuite que « toutes les personnes ont le droit d'utiliser les deux et que les citoyens de Catalogne ont le droit et le devoir de les connaître. » Ce statut précise aussi que la langue propre de la Catalogne est le catalan et comme telle la langue catalane sera la langue d'usage « normal et préférentiel » dans les administrations publiques et dans les moyens de communication catalans. Elle sera aussi utilisée comme « véhicule » de l'enseignement. C'est depuis cette même année que l'aranais, langue pratiquée dans la Vallée d'Aran, sera considéré comme langue propre de ce territoire et sera aussi langue officielle.

Des pratiques différentes selon les régions

Le catalan est une langue indo-européenne qui appartient à la branche occitane-romane des langues romanes. Comme les autres langues romanes, il est issu du latin « vulgaire » à savoir de la langue commune pratiquée par les Romains installés en Hispanie. A la manière dont il est parlé en Catalogne, on distingue deux grands blocs : le catalan « nordique » qui inclut aussi le parler « central » et peut s'entendre dans les « comarques » du nord et de Barcelone et le catalan « occidental » qui, plus au sud de la Catalogne présente des similitudes avec le valencien. S'il est maintenu en chiffres absolus entre les années 1980 et 2010, l'usage du catalan s'est réduit proportionnellement durant la période allant de 2003 à 2008, principalement du fait d'une forte immigration (environ 500 000 personnes durant cette période) parlant à 36 % l'espagnol. Reste qu'aujourd'hui, les Catalans sont généralement bilingues et maîtrisent catalan et espagnol. Selon une étude réalisée en 2018 par le département culture de la *generalitat*, 94,4 % de la population catalane comprenait le catalan, 81,2 % le parlaient, 85,5 % savaient le lire et 65,3 % l'écrire. Selon cette même étude, pour 36,3 % de la population catalane le catalan était la langue habituelle contre 50,7 % pour le castillan. Près de 7 % indiquant que les deux langues leur étaient habituelles. Ce résultat général faisait apparaître des différentes selon les régions. Dans cinq régions (dont les régions de la province de Gérone), plus de 50 % des habitants considéraient le catalan comme leur langue usuelle (jusqu'à près de 74 % dans les terres de l'Ebre) quand dans les trois autres (aire métropolitaine de Barcelone, Penedes et camp de Tarragone), ce pourcentage descend en dessous de 40 % (- de 30 % dans la zone métropolitaine de Barcelone). Des chiffres qui traduisent bien sûr la présence d'une plus forte immigration, issue à la fois d'autres régions d'Espagne et d'Amérique latine.

SOCIÉTÉ

Des mariages civils désormais plus nombreux que les mariages à l'église, c'est l'un des signes emblématiques de la profonde mutation connue par la structure familiale de l'Espagne au cours de la dernière décennie. Et que l'on retrouve aussi déclinée dans la communauté catalane. Ce pays est aussi devenu en 2015 l'un des tout premiers à légaliser le mariage homosexuel, mais aussi à permettre l'adoption d'enfants par les couples homosexuels. Toutefois, c'est dans le même temps un pays profondément marqué par le vieillissement de sa population du fait d'une chute régulière des naissances, accompagnée d'une augmentation presque aussi régulière de l'espérance de vie. Une tendance qui n'est contrecarrée qu'à la marge par un solde positif de la natalité au sein de la population étrangère. Enfin, en Catalogne comme en Espagne, la violence faite aux femmes est à l'origine de nombreuses manifestations rassemblant quelques centaines de milliers de personnes.

Une natalité qui chute régulièrement

En dix ans, le nombre des naissances a chuté de 30 % en Espagne, constatait un rapport de l'INE (Institut national de la statistique) paru au printemps 2019. Les femmes ayant en moyenne 1,25 enfant contre 1,44 il y a dix ans. Ce qui s'est traduit concrètement par 370 000 naissances en 2018, le chiffre le plus bas depuis 2002. Autre constat de cette étude, la baisse du nombre d'enfants par femme s'accompagne d'un recul moyen de l'âge de la maternité. Qui s'établit aujourd'hui à 31 ans, contre 29,3 ans il y a dix ans. Peut-être encore plus surprenant l'étude indique que près de 63 % des mères ont quarante ans et plus. Autant de tendances que l'on retrouve aussi au niveau de la région catalane selon les chiffres publiés par l'Idescat (Institut de statistique de la Catalogne) en 2023 : 1,21 enfant par femme en 2022 (le chiffre le plus bas depuis 1999) et âge moyen des femmes au premier enfant même légèrement supérieur à celui de l'Espagne (32,6 ans). Pour beaucoup d'analystes, cette crise démographique coïncide avec la crise économique traversée par l'Espagne depuis une bonne dizaine d'années. Si les chiffres se sont redressés au plan macro-économique depuis 2013, année officielle de sa sortie de crise, cette embellie ne s'est pas forcément vérifiée au niveau des porte-monnaie et dans les têtes l'inquiétude persiste. Sondée à ce sujet, la moitié des femmes en âge de procréer souhaiterait avoir deux enfants, mais ne passe pas à l'acte, en invoquant les conditions de travail précaires, les horaires peu flexibles et l'insuffisance des aides pour la garde des plus petits. Puisqu'en Espagne, 63 % des enfants de moins de trois ans ne sont pas scolarisés, faute de lieux d'accueil. En réduisant le nombre d'émigrants, la crise économique a aussi ralenti l'apport habituel de ces populations à la croissance démographique. Enfin, une autre donnée explique ce recul des naissances, le départ de plus en plus tardif des jeunes qui quittent leur foyer environ dix ans plus tard que dans les pays nordiques. Avec ici aussi des raisons économiques, le temps mis à trouver un emploi stable et le prix croissant des loyers. Comme cette faible fécondité s'accompagne d'une espérance de vie en constante progression, on comprend que l'augmentation de la part des seniors en Espagne devienne de plus en plus importante et de plus en plus préoccupante, notamment quant au financement des retraites. On calcule qu'en 2050, les plus de 65 ans représenteront plus de 30 % de la population et que le chiffre des plus de 80 ans dépassera les 4 millions. Dans un rapport communiqué à Bruxelles, le gouvernement espagnol estime qu'il y aurait 6 retraités pour 10 travailleurs en 2050, contre 3 à l'heure actuelle et évalue à 300 000 millions d'euros, le coût des retraites à cette date, contre 140 000 millions d'euros aujourd'hui.

Une structure familiale en pleine mutation

L'après-franquisme avait déjà effectué une grande révolution politique et culturelle en sortant les femmes des trois « C » auxquelles elles étaient assignées : cuisine, chiquillos (les petits) et curé. Mais la structure familiale espagnole s'est encore profondément modifiée dans la dernière décennie notamment via l'évolution de la place des femmes. Quelques chiffres permettent de saisir le panorama actuel. Si le mariage continue à baisser régulièrement (-5,7 % en 2018 par rapport à 2017), une autre tendance profonde marque cette institution, la baisse régulière des mariages à l'église, dépassés par les mariages civils depuis 2009. L'âge moyen des mariés progresse toujours : plus de

© SULTAN AMIR - SHUTTERSTOCK.COM

« Nous surmonterons », slogan de la Gay pride barcelonaise.

38 ans pour les hommes et plus de 35 ans pour les femmes. Et 50 % des enfants naissent hors mariage. Quant aux divorces, ils concernent 1 mariage sur 2 (2 mariages sur 3 en Catalogne). Si la présence des femmes sur le marché du travail a progressé en 2018 avec un taux d'emploi de 61 % (contre 53,1 % en 2013 - Source Eurostat), l'Espagne reste le deuxième pays européen en ce qui concerne le taux de chômage des femmes (16 % en 2019 et 11 % pour la Catalogne) quand la moyenne européenne est de 7 %. Ce sont elles qui occupent les emplois les plus précaires et on estime que même à compétences égales, elles sont payées treize euros de moins en moyenne de l'heure. Et en 2018, seules 27 % des entreprises espagnoles comptaient une femme à un poste de direction selon une étude de Grant Thornton. Au plan politique, il convient de noter que les élections municipales de 2015 ont porté deux femmes à la tête des deux premières villes espagnoles, Manuela Carmena, à Madrid et Ada Colau à Barcelone et que le gouvernement de Pedro Sánchez a affiché un signal fort en comprenant plus de femmes que d'hommes (11 contre 6). Malheureusement, dans le même temps, l'Espagne a déploré de nombreux assassinats de femmes : 1 055 depuis que l'on a commencé à les comptabiliser en 2003, selon la dernière étude publiée en juin 2020 par l'observatoire de la violence domestique. C'est pourquoi la journée des femmes du 8 mars 2018 a été marquée par des manifestations sans précédent dans toute l'Espagne. Une journée qui s'est voulue la journée des droits des femmes, mais aussi l'occasion de la première grève féministe. Cette colère s'est de nouveau manifestée en avril 2018 après la décision jugée laxiste du tribunal de Pampelune ne retenant pas l'accusation de viol, mais celle d'abus de faiblesse dans le jugement de cinq Andalous, après l'agression d'une jeune femme lors des fêtes de Pampelune. Pour lutter contre les violences faites aux femmes, l'Espagne avait adopté en 2017 un plan de 1 milliard d'euros sur 5 ans (200 millions par an) et malgré quelques retards, 400 millions ont déjà été affectés à ce domaine depuis 2017, même si son utilisation et la répartition des fonds manquent encore de transparence selon la cour de comptes espagnole.

A l'avant-garde pour le mariage homosexuel

Avec le slogan « la familia sí importa », « oui, la famille ça compte » et à l'appel du forum espagnol pour la famille, ils étaient environ 180 000 à défiler à Madrid en juin 2005 pour protester contre l'imminente adoption de la loi autorisant le mariage homosexuel. Une manifestation à laquelle assistaient aussi une vingtaine d'évêques et une délégation du PP, mais sans son chef Mariano Rajoy ni le président de la conférence épiscopale espagnole. Ce qui n'a pas empêché l'adoption de la loi relative au mariage homosexuel, en juillet 2005. « Un petit changement dans le texte qui entraîne un changement immense dans la vie de milliers de nos compatriotes » soulignait José Luís Zapatero, chef du gouvernement. L'Espagne est alors devenue le quatrième pays au monde à adopter ce type de loi, après la Hollande, la Belgique et le Canada, mais le premier en ce qui concerne la possibilité d'adopter, également retenue dans la loi. Une loi approuvée un an auparavant par 66 % des Espagnols interrogés par le CIS (Centre de recherches sociologiques) même si la possibilité d'adopter ne recueillait qu'un peu moins de 50 % des suffrages.

L'Université de Barcelone attire de nombreux étudiants en Erasmus.

C'est à Barcelone qu'a été célébré le premier mariage homosexuel entre deux femmes et durant les six premiers mois suivant l'adoption de la loi, ce sont 276 mariages homosexuels qui ont été enregistrés en Catalogne, soit un mariage chaque jour et 21 % des mariages homosexuels fêtés en Espagne, selon l'Idescat. Autre donnée significative, sous le sigle MADO (Madrid Orgullo), la marche des fiertés qui se tient à Madrid en juillet est l'une des plus importantes d'Europe, accueillant régulièrement plus d'un million de personnes (près de 200 000 à Barcelone).

L'une des destinations privilégiées par les Erasmus

Forte décentralisation et importance de l'enseignement privé confessionnel sont les deux principales caractéristiques du système scolaire espagnol. Il repose sur trois strates : l'éducation préscolaire, l'éducation scolaire et l'éducation universitaire. En conformité avec l'Espace européen d'éducation supérieure, le système d'enseignement supérieur espagnol est composé depuis 2007 de trois niveaux, licence, master et doctorat. Comme dans le reste de l'Espagne, c'est la communauté qui est compétente en matière d'éducation, jusqu'au supérieur. Ce dernier relevant de l'État. Même s'il est encouragé et dure trois ans, l'enseignement maternel n'est pas obligatoire. L'enseignement primaire se déroulant en six ans et l'enseignement secondaire durant quatre ans. Le tout sera finalement ponctué par deux années de Batxillerat. L'éducation universitaire est quant à elle divisée en quatre années de Grau, une année de master et une année de doctorat. La Catalogne compte quinze établissements supérieurs : dont douze universités (sept publiques et cinq privées dont trois catholiques). Le statut d'autonomie reconnaît la liberté de choix en matière linguistique aux enseignants et aux étudiants du supérieur. Ce qui se traduit par une importance variable de l'enseignement en catalan selon les différentes universités. En revanche, dans l'enseignement secondaire, l'enseignement se fait en catalan, avec trois heures par semaine d'espagnol et dans un deuxième temps trois d'heures d'une langue étrangère, généralement l'anglais. De 1999 à 2015, près de 65 000 étudiants suivant le programme Erasmus avaient rallié la Catalogne. Avec en tête, des étudiants italiens (plus de 23 %), suivis quasi à égalité par les étudiants allemands (14,67 %) et français (14,64 %). Ces trois nationalités représentant à elles seules plus de la moitié des Erasmus reçus en Catalogne. Et dans le même temps, ce sont plus de 59 000 étudiants catalans qui ralliaient d'autres universités européennes. Si l'Espagne est un pays plébiscité par les Erasmus, Barcelone fait bien sûr partie des villes qui en accueillent le plus, tout comme Madrid, Valence, Grenade ou Salamanque. Au sein des universités privilégiées par les étudiants étrangers, c'est l'Université Polytechnique de Catalogne qui se situe en tête du classement, avec une position de numéro sept parmi les dix destinations les plus recherchées.

RELIGIONS

En 2015, 50 % de la population catalane se définissait comme catholique. Un chiffre qui traduit une perte d'influence régulière de cette religion, ici comme dans le reste de l'Espagne, mais avec un peu plus de force dans cette communauté. Et à la clé un profil de catholique, plutôt femme, plutôt de plus de 65 ans et surtout originaire de petites villes et villages quand les moins de 24 ans ne sont plus que 28 % à se revendiquer de cette religion. Son enseignement à l'école voit toujours s'affronter les partis de gauche et de droite, mais Pedro Sanchez (PSOE) président du gouvernement, a souhaité qu'elle n'y soit pas enseignée de manière obligatoire. Ce qui s'est traduit par l'adoption de la loi Celaá à la fin 2020. Comme dans toute l'Espagne, la Setmana Santa, Semaine sainte qui recrée la passion et la mort du Christ, reste un temps fort de l'agenda catalan. Même si c'est plus sur le mode culturel que religieux.

Une forte tradition catholique, en perte de vitesse

Bien que sa Constitution soit laïque, l'Espagne demeure encore fortement marquée par la tradition chrétienne catholique et dans les années 2000, ce sont encore près de 70 % des Espagnols qui se déclarent toujours catholiques. Mais si elle est restée très vivante et très pratiquée jusque dans les années 1970, la religion est en perte de vitesse, notamment chez les jeunes. Et l'église qui a longtemps bénéficié d'une grande audience voit son influence sur la vie quotidienne des fidèles diminuer régulièrement. Plus de la moitié d'entre eux reconnaissant ne pas pratiquer. Ce recul se traduit aussi dans son fonctionnement, avec une baisse des vocations sacerdotales et une chute considérable des effectifs des ordres monastiques. Le thème de l'enseignement de la religion à l'école a surgi dans le débat politique et fait s'affronter deux approches différentes. En 2006, le vote d'une loi réduisant son poids dans l'enseignement a marqué une rupture, en le rendant optionnel quand il était jusqu'alors obligatoire et décisif pour l'accès aux classes supérieures et universitaires. L'église et le PP (Parti Populaire) s'opposent à ce texte et en 2013, sous le gouvernement de Mariano Rajoy, une nouvelle réforme de l'éducation replace la religion au centre du débat : les élèves devant choisir entre des cours de religion ou de « valeurs culturelles et sociales ». En 2018, Pedro Sánchez (PSOE) a réaffirmé sa volonté qu'aucune religion ne soit présente dans les programmes, et prêté serment comme président du gouvernement devant la Constitution et non la bible, une première dans la démocratie espagnole. Une option confirmée avec l'adoption fin 2020 de la loi Celaá qui prévoit notamment que l'éducation religieuse deviendra facultative sans pour autant devoir choisir une matière alternative si l'on ne suit pas de cours de religion. Cette loi incluant aussi un enseignement obligatoire des valeurs civiques et éthiques.

Façade de la cathédrale de Gérone.

© NITO - SHUTTERSTOCK.COM

La Mona de Pasqua, traditionnellement consommée à Pâques.

Des particularités catalanes

Comme dans le reste de l'Espagne, la religion catholique reste majoritaire en Catalogne, mais de peu et ici aussi son influence baisse. Selon une enquête du centre d'étude de l'opinion publiée en 2020 par la Generalitat, seuls 53 % de la population catalane se définissent comme catholiques, 8,8 % agnostiques et 18,6% athées. Les 20 % restants se répartissant entre diverses religions minoritaires, la première d'entre elles étant la religion musulmane (4,3 %), pour l'essentiel des Marocains. L'enquête dessine aussi un profil de la pratique catholique en fonction du genre, de l'âge et du territoire. Le catholique est plutôt une femme, plutôt âgée de plus de 65 ans, et vit dans de petits villages. A contrario, seuls 28 % des moins de 24 ans se déclarent catholiques et sont souvent nés dans la province de Barcelone ou dans de grandes villes catalanes. C'est de loin l'église catholique qui compte le plus grand nombre de lieux de culte dont le nombre augmente peu de manière générale (+1,29 %), progression essentiellement due à l'ouverture de lieux de culte musulmans et d'églises évangéliques. Pour 90 % des personnes interrogées, cette progression de la diversité religieuse est perçue comme positive, contre 14 % qui considèrent qu'elle fait courir un risque au style de vie du pays (19,5 % chez les catholiques). Religion montante, l'islam a aussi fait son entrée à l'école depuis la rentrée scolaire 2020 via un programme pilote d'apprentissage de la religion islamique dans plusieurs établissements primaires et secondaires, à Barcelone, El Baix Llobregat, Gérone et Tarragone. Ce programme s'inscrit dans le cadre d'un accord de coopération entre l'État espagnol et la commission islamique d'Espagne. Son objectif est de garantir le libre exercice des cultes et de maintenir la cohésion sociale. Dans cette optique, ces cours ne sont pas obligatoires et leurs programmes seront définis par le gouvernement espagnol.

Semaine sainte et légendes

Comme dans toute l'Espagne, la Setmana Santa, Semaine sainte recrée la passion et la mort du Christ, mais c'est dans le même temps une fête qui draine dans la rue des milliers de personnes. Du dimanche des Rameaux au samedi saint, la Catalogne voit se succéder des centaines de manifestations religieuses. Plusieurs villes se distinguent par la beauté de leurs processions telles que l'Hospitalet del Llobregat, Barcelone, Badalona, Tarragona ou Gérone. Mais c'est sur la Costa Brava, à Verges (Bas Empordà) que l'on pourra suivre l'une de ses manifestations les plus particulières, la danse de la mort, qui a lieu le jeudi saint et fait défiler les squelettes. Cette semaine sainte sera l'occasion de découvrir la « mona de Pâques », un gâteau composé d'œufs en chocolat ainsi que les « bunyols » beignets dégustés durant le carême et Pâques ou celui de l'Empordà, aux saveurs d'anis et de coriandre. Situé aux limites des comarques de la Selva et d'Osona, le Massif du Montseny a pour particularité d'avoir été le repaire mythique des sorcières et des brigands (*bruixes i bandolers*). Qui ont été de puissantes sources d'inspiration pour la culture populaire et la création artistique. Cet héritage a conduit à proposer des itinéraires dédiés et chaque année le dernier week-end de juillet, le village de Sant Hilari Sacalm célèbre la fête de l'Embruix (ensorcellement), avec au programme : contes et légendes, spectacles...

QUE RAPPORTER ?

Côté artisanat, c'est la céramique qui sera le produit phare de votre voyage sur la Costa Brava, le plus souvent issu d'une très ancienne tradition et se déclinant en usage industriel ou décoratif. Vous aurez l'occasion d'en découvrir l'histoire et les procédés de fabrication dans les musées qui lui ont été consacrés par les trois grands sites de production : la Bisbal d'Empordà, Quart et Breda. Cette découverte pouvant souvent s'accompagner d'une visite dans les ateliers de production, très enclins à ouvrir leur porte ou d'un passage par la feria de Salt pour les amateurs. Mais ne partez pas sans emporter quelques produits que vous aurez eu le plaisir de déguster lors de votre séjour. Comme l'un des nombreux riz de Pals, des crevettes de Palamós ou des anchois de l'Escala, bien sûr accompagnés d'une bouteille de vin affichant la dénomination d'origine vin de l'Empordà ou pourquoi pas d'une bouteille de ratafia.

Haut-lieu de la céramique

Côté savoir-faire artisanaux, la Costa Brava se distingue d'abord par son expertise en matière de céramique et de poterie. Et en ce qui concerne la céramique, c'est à la Bisbal d'Empordà qu'il faut se rendre si l'on souhaite se rapprocher de son haut-lieu de production. Située dans le Bas Empordà, cette ville considérée comme la capitale de la céramique maintient en effet cette tradition artisanale depuis le XIIIe siècle. Aujourd'hui, vous la reconnaîtrez facilement à ses couleurs prédominantes : bleu marine, vert bouteille et jaune paille ainsi qu'à la finition vitrifiée de la plupart des pièces. Si vous visitez le Terracota Museum (p.167) (Carrer del Sis d'Octubre de 1869, 99), vous y apprendrez son histoire, les différentes applications – décoratives et industrielles – mais aussi les différentes étapes de la fabrication artisanale : filtrage de l'argile, élaboration de la pièce à la roue, galvanisation et séchage, peinture et décoration, vernissage, cuisson lente et à haute température pour provoquer la vitrification et donner les couleurs définitives, toucher final de vérification des pièces. Une fois à la Bisbal d'Empordà, vous noterez immédiatement que c'est la rue Aigüeta qui réunit la plus forte concentration de magasins de céramique de la région.

Nombreux sont ceux qui acceptent de vous faire visiter leurs ateliers, profitez-en. Sachez enfin que le label « céramique de la Bisbal », gravé au dos des produits, vous en garantit l'origine et la qualité. Dans la Comarque du Gironés, le village de Quart (à 2 km de la ville de Gérone) affiche aussi une tradition de la poterie qui remonte au XIVe siècle. Longtemps connu pour ses poteries noires, le village produit aujourd'hui des poteries de couleur verte ressemblant à celles qui sont produites dans le sud de la France. Les amateurs pourront aussi y visiter son Musée de la poterie (Carrer Tren, 58) qui est installé dans l'ancienne usine de briques Can Ginesta, construite en 1926.

Céramiques à Bisbal d'Empordà.

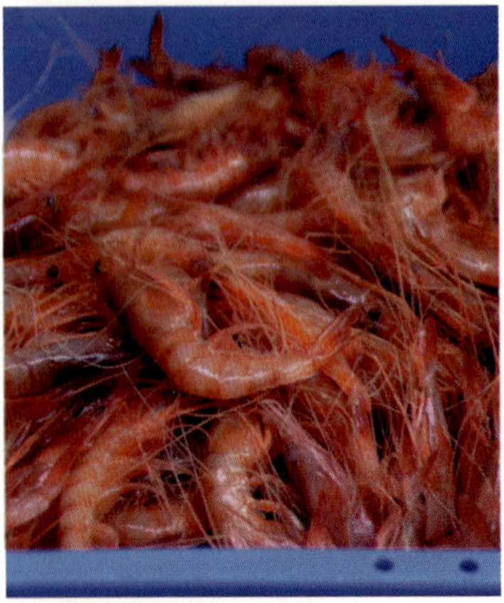
© CRISMC - SHUTTERSTOCK.COM

Crevettes de Palamós au marché.

Et au printemps, le village accueille également un grand marché de la céramique, avec dégustations de produits élaborés dans les marmites en terre cuite. Le troisième grand producteur de céramique se situe dans la Selva, à Breda. Avec 144 potiers recensés au XVIIIe siècle et encore quarante ateliers dans les années 80. C'est ici que s'est installé le célèbre céramiste Josep Aragay, relevant du courant « noucentiste » et à qui l'on doit notamment les peintures murales de la Portal de l'Àngel à Barcelone. Et dont on pourra aussi visiter un musée qui lui est dédié (Carrer Nou, 2).

Lieu de production de céramique, l'Empordàet, un ensemble formé par les communes de La Bisbal, Forallac, Cruïlles, Monells i Sant Sadurní de l'Heura et Corçà Ullastret, se targue aussi d'abriter la plus grande concentration d'artisans de la Catalogne. Avec des producteurs spécialisés dans les domaines du cuir, du métal, mais aussi du design et de la décoration. En consultant leur site internet (https://visitEmpordàet.com), vous trouverez à la rubrique « quoi faire » de nombreuses suggestions pour les découvrir.

La vannerie

Un séjour sur la Costa Brava pour permettra aussi de vous familiariser avec les quatre grandes techniques utilisées en matière de vannerie : la vannerie de montagne, celle de la côte, la technique du palmier et la vannerie d'osier tressée. Et c'est en octobre que la commune de Salt (Gironés) organise sa foire annuelle de la vannerie et décore à cette occasion rues, cours intérieures et balcons avec ces différentes productions.

Le liège

La région a aussi connu une grande activité en matière de traitement du liège, notamment à Sant Feliu de Guixols et à Palafrugell. En allant visiter le Centre d'Interprétation Can Mario (p.169) de Palafrugell (Placeta del Museu, s/n), situé dans ce qui a été la plus grande fabrique de liège d'Espagne et l'une des plus importantes au monde, vous prendrez conscience du poids de la production de liège câprier dans la région. Avec la possibilité d'acheter quelques objets de décoration dans sa boutique.

A boire et à manger

Côté produits gourmands, la Costa Brava va vous fournir de nombreuses occasions de remplir votre musette. En commençant par les produits labellisés « produits de l'Empordà » qui vous garantissent une production locale et de belle qualité. Au menu : le boudin doux (botifara dolça), une charcuterie que l'on déguste aussi bien en apéritif qu'au dessert; les beignets de l'Empordà (bunyols de l'Empordà) au léger goût d'anis vert ; l'oignon de Figueres, à la couleur dorée avec des nuances mauves ; la crevette de Palamós, qui s'arrache à prix d'or dans les criées ; le haricot Ull ros qui accompagne le boudin catalan ; la pomme farcie de Vilabertran, à la chair très ferme ; le fromage blanc recuit, souvent accompagné de sucre et de miel et le riz de Pals (7 variétés au total). Pour les trouver, misez sur les marchés. A cette occasion, vous ne manquerez pas non plus d'y traquer l'huile de l'Empordà qui bénéficie aussi d'une appellation contrôlée. Tout comme les anchois de Roses et de l'Escala. Si vous passez l'Escala, rendez visite à son musée de l'anchois et du sel (p.143) (Av. Francesc Macià, 1) et courrez déguster les anchois de Anxoves Callo i Serrats (Carretera d'Oriols, km 20,9), la référence absolue en matière de conserves d'anchois. Votre panier ne serait pas parfaitement garni s'il ne contenait pas une sélection de vins bénéficiant de l'appellation DO de l'Empordà. Ceux que ce thème passionne pourront aussi traverser la région en suivant les itinéraires d'œnotourisme proposés, comme la route des DO de l'Empordà, à titre d'exemple. Un passage dans le Baix Empordà permettra aussi de goûter au vin de campagne dit « vin des paysans », à Calonge Sant Antoni. Même si vous le trouvez dans de nombreuses boutiques, un passage par les Pyrénées de Gérone sera l'occasion d'acquérir un véritable ratafia catalan : macération dans l'eau-de-vie de noix vertes, cannelle, clous de girofle et noix de muscade, accompagnés de plantes et d'herbes aromatiques.

Au pied

Si les *fashionistas* peuvent profiter de leur passage à Gérone pour dénicher les belles pièces, particulièrement intéressantes au moment des soldes d'hiver et d'été, elles ne repartiront pas sans acquérir le modèle iconique d'espadrilles, inspiré du modèle porté par Gala Dalí et soigneusement reproduit depuis.

SPORTS ET LOISIRS

La Costa Brava, comme le reste de l'Espagne, se passionne avant tout pour le football. Si l'on suit la Roja, l'équipe nationale, dans les grandes compétitions, côté club c'est évidemment le mythique Barça de la toute proche Barcelone qui est le club phare de la côte. Les résultats de son équipe de basket-ball sont également scrutés à la loupe par les amateurs. Enfin, le cyclisme est très suivi, comme dans le reste du pays. Et également très pratiqué, puisqu'en « quelques » coups de pédales, ce sont les virages des Pyrénées qui s'offrent aux courageux. Une aubaine également pour les amateurs de VTT et de randonnée, voire de ski et snowboard en hiver. On pratique aussi la randonnée sur tout le littoral. Un littoral qui offre enfin de très nombreuses activités nautiques : jet-ski, ski nautique, windsurf, kitesurf, surf, mais aussi balades en bateau, pêche en haute mer et, surtout, plongée sous-marine.

Sur l'eau, pour profiter du vent et du soleil

Sports nautiques. Deux cents kilomètres de côte, un climat et des températures douces – avec 23 °C de moyenne en été, voilà un spot idéal pour pratiquer de nombreux sports nautiques. En mer, kayak et paddle permettent de belles balades alors que les amateurs de vitesse opteront pour le jet-ski, le ski nautique ou le wakeboard. Vent oblige, le surf sous toutes ses formes, windsurf, kitesurf... sera aussi au rendez-vous, notamment à Sant Pere Pescador.

Plaisance et pêche. Le nom Costa Brava n'a pas été donné à ce littoral par hasard ou par caprice ; il décrit au contraire un territoire tout en contrastes : de spectaculaires falaises, grottes, vastes plages et des petites calanques, des vents puissants et des brises dociles qui poussent voiliers, catamarans et voiles vers le large. De Portbou à Blanes, la Costa Brava compte de nombreux ports de plaisance. Dans la Province de Gérone, ceux qui offrent le plus grand nombre d'anneaux sont ceux de Palamós et d'Empuriabrava. Avec une grande montée en puissance de l'Estartit. Sur place, les clubs nautiques vous donneront toutes les informations utiles pour votre séjour ou pour organiser des balades en mer. Il est possible de faire des sorties en catamarans et des charters en voiliers modernes et traditionnels, lesquels, conduits par des marins expérimentés, promènent leurs passagers dans des sites au charme surprenant. Pour les amateurs de pêche en mer, sachez que la ville de Palamós propose de suivre et d'observer les techniques traditionnelles, durant une demi-journée ou une journée entière. Plus ponctuellement, cela se pratique dans certains petits ports.

De très bons spots de plongée

La Costa Brava est le lieu idéal pour la pratique de la plongée sous-marine, cette activité vous sera proposée dans quasiment tous les villages de la côte.

DÉCOUVRIR

© EDUARDO DZOPHOTO - SHUTTERSTOCK.COM

Kitesurf à la plage de Sant Pere Pescador.

© DIGOARPI - SHUTTERSTOCK.COM

Montagnes neigeuses à la station de ski de Masella.

La flore et la faune marine y sont riches et abondantes. C'est l'occasion d'admirer de nombreuses espèces comme les oursins, les anémones, les mulets, les mérous ou encore les rascasses. Parmi les coraux, les poissons d'espèces exotiques et les algues, les plongeurs disposent de sites naturels protégés où pratiquer leur sport et découvrir la foule de trésors que dissimulent encore aujourd'hui les profondeurs de la Méditerranée, pleines de caves, couloirs et tunnels.
De nombreuses galères romaines ont coulé devant les côtes du Cap de Creus, incapables de résister à la houle et aux vents violents de tramontane qui finirent par les envoyer par le fond avec leur cargaison d'amphores de vin, de blé, d'huile, de tissus précieux et de bijoux. A 25 km de la frontière hispano-française, le cap qui fut déclaré parc naturel en 1998 dispose des plus beaux sites de plongée de la région. Des fonds sauvages de toute beauté au milieu de roches en ardoise noire. On peut admirer des gorgones rouges sur les tombants, du corail rouge et de gros mérous, barracudas, daurades, loups, dentis.
Les îles Medes sont également très prisées des plongeurs. Classées réserve sous-marine depuis 1990, ces îles sont sans conteste l'une des plus belles réserves de la Méditerranée. On peut y observer absolument toute la faune méditerranéenne. La réserve des îles Medes, considérée comme le « joyau de la couronne », est une zone protégée et intégrée dans un parc naturel où la vie sous-marine et la richesse de ses formations, de tunnels, de murs et de fonds, créent une scène submergée très particulière.

Dans les terres aussi, de belles possibilités

Randonnée et VTT. Tout au long de la Costa Brava, vous trouverez des chemins de ronde, des sentiers de grande randonnée (comme le GR-92), mais aussi de multiples sentiers locaux biens signalisés ainsi que des parcs naturels avec des sections balisées. Tout cela devrait vous permettre d'effectuer de superbes balades dans des sites encore bien préservés. N'hésitez pas à consulter les sites internet des différentes localités, vous y trouverez le tracé des itinéraires, qui vous seront aussi distribués sur place. Les offres dans ce domaine s'étant multipliées au cours des dernières années, le rythme ne devrait pas ralentir, bien au contraire. Que ce soit à pied ou en VTT, l'intérieur de la province de Gérone est aussi le paradis des randonneurs, de par la variété de sa géographie, la multitude de sentiers et de chemins balisés et les tracés d'anciennes voies romaines réaménagés en promenades. A noter aussi, la possibilité de descendre le fleuve Ter en canoë.

Cyclotourisme. La Costa Brava et les Pyrénées de Gérone se prêtent parfaitement à la pratique du vélo. Par sa topographie plus plate et moins montagneuse, le Baix Empordà compte un grand nombre de kilomètres (le plus important de la région) et est idéal pour les cyclistes de tous niveaux.

Golf. La pratique du golf s'est considérablement développée depuis quelques années. Sur la Costa Brava, le golf de Pals (p.161) est l'un des plus anciens de la région, mais on y trouve aussi des Pitch & Putt. Certains hôtels disposent aussi de ce type d'équipements. Pas besoin d'être membre, le matériel est mis à disposition dans la plupart d'entre eux. Avec une mention spéciale pour le PGA Catalunya Golf, considéré comme le meilleur terrain de golf d'Espagne et l'un des cents meilleurs au monde.

Thermalisme. Des Pyrénées jusqu'à la côte, on trouve une multitude de cours d'eau et rivières, mais également de nombreuses sources d'eau douce et d'eaux thermales, avec la région de la Selva en première ligne. Spas et centres de balnéothérapie y sont légion et en font une destination de choix pour le thermalisme.

Sports d'hiver. Pendant toute la saison hivernale, il est possible de pratiquer une gamme variée de sports d'hiver en se rendant dans les quatre principales stations que comptent le nord de Pyrénées catalanes de la Province de Gérone : Masella et La Molina qui se trouvent en Cerdagne, Vallter 2000 et Val de Núria dans le Ripollès. Ski, snowboard, ski de fond, alpinisme sont autant d'activités prisées, à la blanche saison, notamment par les habitants de Barcelone.

Parachute. Enfin, on peut aussi s'envoler pour admirer la région depuis le ciel, notamment à l'occasion d'un saut en parachute, à Empuriabrava (qui dispose d'un aérodrome très réputé) par exemple.

GASTRONOMIE

S'étalant le long du littoral de la province de Gérone, entre la France et la province de Barcelone, la Costa Brava est un condensé de la cuisine catalane avec bien sûr des variations régionales qui lui sont propres. La gastronomie de la Catalogne est issue d'un triple héritage, à la fois greco-romain, qui a permis l'introduction de l'huile d'olive, du vin et du blé avant que, quelques siècles plus tard, les Arabes apportent avec eux le riz, le sucre, les aubergines et les épices venus d'Asie. Et enfin un héritage américain avec la découverte du Nouveau Monde, dont provient la tomate, la pomme de terre et le poivron. Malgré son caractère côtier, la Costa Brava intègre de nombreux produits d'un riche terroir à la lisière des Pyrénées et notamment une charcuterie d'exception. De ce côté terre-mer en ressortent différentes recettes alternant produits de la mer et viande avec une myriade de légumes. Sans oublier des desserts délicats et d'excellents vins.

Le terroir de la Costa Brava

Côté terroir la liste est longue tant la province de Gérone offre de bons produits. Le label qualité « produits de l'Empordà » – du nom historique de la province – a été créé en septembre 2003. On y retrouve ainsi le riz (*arròs*) de Pals qui comprend les variétés bahia, bomba, carnerolo et nembo. On peut citer aussi les oignons de Figueres ou les haricots l'Ull ros, un type de haricot blanc qui accompagne le boudin catalan. Le pain de la tramontane est élaboré par les artisans boulangers de la région de Gérone à partir d'anciennes variétés de blé et se caractérise par sa couleur brune, son parfum de levain et sa mie aux notes de noisettes. Côté mer, la crevette de Palamós, de l'espèce *Aristeu antennatus*, est pêchée dans les eaux des côtes de Palamós. On n'oubliera pas les savoureux anchois de l'Escala. La charcuterie (*embotits*) est un pan essentiel de la cuisine catalane. On retrouve ainsi des jambons (*jamòn/pernil* en catalan), la ***botifarra*** est une saucisse similaire au boudin qui peut être blanche à base de chair de porc (*botifarra blanca*) ou noire à base de sang (*botifarra negra*). Le bull est assez proche en termes de composition, mais se prépare avec le gros intestin du porc donnant une saucisse beaucoup plus épaisse avec des morceaux de viande entiers. Le fuet est l'équivalent d'un saucisson, mais beaucoup plus long. On notera aussi la *botifarra dolça*, une saucisse produite depuis le XIVe siècle, consommée crue ou sèche, qui contient en plus de la viande de porc, une pointe de sucre, du citron et de la cannelle.

La cuisine catalane de Gérone

On observe sur la Costa Brava de nombreux classiques de la cuisine catalane dont les tapas font bien sûr partie. Il existe une quantité invraisemblable de ces petites bouchées et certaines recettes dépendent souvent de la créativité du chef. Parmi les recettes les plus communes, citons le *pa amb tomaquet*, fait de pain frotté à l'ail, à la tomate et à l'huile d'olive. Un peu plus sophistiqué, l'*escalivada* consiste en un mélange de légumes grillés servi sur du pain avec des anchois. Les *cargols a la llauna*, des escargots à l'ail et aux fines herbes sont accompagnés d'aïoli. Les *calçots*, des oignons verts grillés, très doux, sont servis avec une salsa romesco, une sauce à la tomate, au piment, aux amandes et à l'huile d'olive. La salade appelée *esqueixada* est une préparation très fraîche à base de poivron, de tomate et de morue effilochée. Plus copieuse, l'*amanida catalana* est une salade de laitue et de tomate richement garnie de charcuterie. Sinon la *coca de recapte* est une tarte salée aux légumes cuits et aux poissons, généralement sardines ou anchois. Au-delà des entrées et des tapas, il existe bien d'autres spécialités plus copieuses, dont de nombreux plats de poissons. Le *suquet de rap i gambes* est un plat de pêcheurs à base de lotte, de gambes et de pommes de terre cuites dans une sauce tomate épicée.

© BEARFOTOS - SHUTTERSTOCK.COM

Amanida catalana.

DÉCOUVRIR

On retrouve beaucoup de plats de riz dans la région mêlant légumes, produits de la mer et/ou viande. Le plus connu, le *arròs negre*, est coloré à l'encre de seiche et garni de calamar. Le style de cuisine *mar i muntanya* – comprendre mer et montagne – est typique de Gérone. Il se compose d'une viande et d'un produit de la mer, très souvent du poulet et des gambes, cuits dans un pot en argile avec une riche sauce à la tomate et au vin blanc.

Il existe également de nombreux plats de viande dont certains sont des recettes hivernales robustes comme la *escudella i carn d'olla* se présente sous la forme d'un ragoût garni de légumes d'hiver (chou, pommes de terre, poireaux, carottes, pois chiches) et de grosses boulettes de viande. On peut retrouver d'autres viandes comme de l'agneau, du poulet, de l'os de jambon, de la saucisse. On sert ce plat traditionnellement le jour de Noël, le 25 décembre. Plus simple l'*escudella de pagés* est une soupe composée de tranches de *botifarra negra*, de lard et de jambon, ainsi que de pommes de terre, de poireaux, de pois chiches et de haricots blancs. La rustique *botifarra amb mongete*s contient de la *botifarra blanca* et des haricots blancs. Enfin les *patates d'Olot* sont des tranches de pomme de terre fourrés d'une farce au porc puis frites. Assez inclassable, la *manzana rellena* poma farcida de carn est une pomme creusée farcie d'un mélange de chair à saucisse et de fruits secs puis cuite au four, originaire de la région de l'Empordà.

Desserts et boissons

Pour une touche de douceur impossible de ne pas évoquer la crème catalane, une crème brûlée délicatement parfumée au citron et à la cannelle. Autre spécialité locale, le *xuixo*, un croissant frit, est généreusement saupoudré de sucre. Plus simple le mel i mató est un fromage frais de brebis accompagné de miel et de noix. Pour grignoter un en-cas sucré, rien ne vaut les *bunyols* de l'Empordà, des beignets en forme d'anneau parfumés d'anis vert qui se mangent surtout pendant la Semaine sainte.

Enfin *la xocolata desfeta* est à mi-chemin entre boisson et dessert. Ce chocolat chaud est si épais qu'on pourrait y planter une cuillère dedans, même si normalement on y plante surtout des churros (*xurros* en catalan) que l'on dévore généralement au petit-déjeuner. Mais amoureux de café seront également comblés, les Catalans comme le reste des Espagnols adorent cette boisson chaude et la région regorge de cafés.

Côté vin on retrouve le carignan, qui constitue la base de la viticulture de l'Empordà, avec le grenache, sans oublier le tempranillo, l'ull de llebre, le cabernet sauvignon, le merlot et la syrah. Les passionnés d'œnologie pourront aussi traverser la région en suivant les itinéraires d'œnotourisme proposés, comme le route des DO de l'Empordà.

Comme son nom l'indique, la Brava Beer est une bière Pilsen locale à base d'orge et de houblon. Tous les ingrédients sont naturels et le temps de fermentation est trois fois plus long que celui des bières industrielles. Les plus curieux goûteront le ratafia, une liqueur de noix vertes, cannelle, clous de girofle et noix de muscade, accompagnées d'herbes et plantes aromatiques, à la couleur caramel, aux saveurs distinctes selon le procédé employé par le fabricant. Anciennement utilisé comme remède médicinal, il est aujourd'hui consommé comme un digestif dans les zones rurales des Pyrénées catalanes.

Crème catalane, un grand classique de la Catalogne.

AGENDA

Festivals de musique, de théâtre, de cinéma, de danse... cette région offre souvent un cadre idyllique, naturel ou patrimonial, pour assister à ces nombreuses propositions culturelles dont certaines ont acquis une renommée internationale. Et à ces multiples événements viennent s'ajouter les foires, les fêtes patronales ou les journées consacrées à un produit emblématique de la ville ou de la région comme le vin, le ratafia, les champignons ou à un plat comme le *suquet* ou les dégustations d'oursins. Et ce serait une gageure de lister la totalité des fêtes de ce littoral. Pour être au fait des activités, pensez à consulter les sites web des différentes destinations dont les mises à jour très régulières vous permettent de ne pas manquer un seul de ces rendez-vous qui jalonnent l'année. Un autre site vous aidera aussi à vous concocter un agenda festif aux petits oignons : www.costabravagironafestivals.com.

CAVALCADA REIS D'ORIENT

5 janvier. Programmation des festivités à consulter sur les sites web des destinations.

En Catalogne comme en Espagne, c'est dans la nuit du 5 au 6 janvier que les Rois Mages apportent des cadeaux aux enfants et non à Noël. Juchés sur des chars et parés de leurs plus beaux atours, Balthazar, Melchior et Gaspard traversent les rues principales des villes et des villages à l'occasion de cavalcades colorées qui arrivent parfois par la mer, comme à Palamós, tout en jetant moult bonbons sur leur passage. A la tombée de la nuit, les petits sortent de la maison en arborant des lampions qui vont éclairer le chemin des Rois Mages.

SEMAINE SAINTE

Entre Carême et Pâques.

Il s'agit de la tradition la plus profondément ancrée dans les mœurs espagnoles. Dans l'ensemble du pays, les processions et les défilés de différentes confréries témoignent de l'importance de cette fête, au plan religieux et au plan culturel. Dans toute la Catalogne, une centaine de manifestations religieuses se succèdent durant cette période. Sur la Costa Brava, ce sont les Viacrucis de Sant Hilari Salcam et de Gérone qui méritent une attention particulière. Et bien sûr la danse de la mort de Verges qui remonte au XVIIe siècle.

CARNAVAL

De février à mars. Programme des festivités à consulter sur le site web des destinations.

Ce mois marque le début de la saison des carnavals et sur la Costa Brava, trois destinations sont réputées dans ce domaine. Celui de Tossa de Mar s'étale sur 6 jours et propose de nombreuses festivités : concours d'huîtres, concerts et dégustations gastronomiques avec comme climax, le dîner de carnaval du vendredi soir. A Roses, la fête commence avec le cortège de bienvenue du roi « Carnestoltes » et se finit le lundi avec un grand repas populaire à base de riz et des feux d'artifice. A Platja d'Aro, il réunit plus de 40 000 figurants (70 groupes différents).

FESTIVAL VÍVID

vivid.costabrava.org

Tout au long du mois d'avril, ce festival est destiné à faire connaître et à promouvoir les vins bénéficiant de l'appellation protégée DO de l'Empordà. A cette occasion, il propose une cinquantaine d'activités se déroulant dans le haut et le bas Empordà : cours d'initiation aux vins, dégustations, journées portes ouvertes, soins de vinothérapie et activités de plein air comme l'œnotourisme ou l'œno-kayak. On pourra aussi en profiter pour visiter des caves et assister à une visite théâtralisée de la coopérative de Guarriguella.

SANT JORDI

Le 23 avril.

Le saint patron de la Catalogne se célèbre dans toute la région. Traditionnellement c'est aussi la fête de l'amour et des roses, à l'instar de la Saint-Valentin dans d'autres parties du monde. La Sant Jordi coïncide aussi avec la mort de Cervantes et Shakespeare, ce qui lui vaut la double casquette de fête des amoureux et de fête du livre. En ce jour, il est de coutume que l'homme offre une rose à sa bien-aimée, tandis que celle-ci rend la pareille à son prince charmant en lui offrant à son tour un livre. Vous donc trouverez des étals de livres dans toutes les villes.

FESTIVAL SONS DEL MÓN

www.sonsdelmon.cat

De la fin juillet à la mi-août.

Au cours de ces trois mois, ce festival de musique réunit des artistes importants qui viennent se produire dans des sites exceptionnels tels que Roses, Castelló d'Empúries et Empuriabrava. On découvrira ces espaces en profitant d'une grande variété de concerts : flamenco, musique créative, world music... Ce festival s'accompagne aussi de découvertes gastronomiques à l'occasion de dîners dans les meilleurs restaurants de la région et de dégustations de vins. Comme il est assez couru et que le nombre de places est limité, mieux vaut réserver à l'avance.

GIRONA TEMPS DE FLORS

GIRONA – GÉRONE

www.gironatempsdeflors.cat

Vers la mi-mai.

« Girona, temps des fleurs » est un événement célébré dans le *Barri Vell*, quartier ancien, de Gérone. Pour l'occasion, la ville se remplit de plantes, de fleurs et de bouquets qui ornent les monuments et les patios de Gérone. Un itinéraire vous est proposé pour profiter au mieux de cette mise en valeur du patrimoine historique et monumental de la ville. Il vous fera par exemple remonter les escaliers de Sant Martí et surtout des alentours de la cathédrale et de la basilique de Sant Feliu où se concentre le plus grand nombre d'expositions florales.

CHANT DES HABANERAS

CALELLA DE PALAFRUGELL

www.havanerescalella.cat

Premier samedi de juillet.

C'est l'un des temps forts de la Costa Brava qui se déroule tous les ans depuis 1966. Avec comme toile de fond la plage du Port Bo, la grande « *cantada* » débute à 22h30, avec au programme les chansons des Caraïbes qu'entonnaient les navigateurs du siècle dernier au moment de leur départ. On y entendra des indispensables comme La Bella Lola, avec les mouchoirs qui l'accompagnent et la foule qui sert de chœur. Rassurez-vous, les concerts continuent après dans les tavernes environnantes de Calella de Palafrugell (programmation à consulter sur le site web).

FESTIVAL INTERNACIONAL DE MÚSICA DE S'AGARÓ

S'AGARÓ

✆ +34 972 804 207

www.associaciopaucasals.cat

De juillet à septembre.

Organisé depuis 1998 par l'association Pau Casals, propose durant trois mois une série de concerts de musique classique, accueillant des artistes de renommée internationale. Ces concerts se déroulent dans l'ancienne église de s'Agaró, située près de la mer, avec des performances allant du bel canto aux concertos pour piano ou violon en passant par des soirées thématiques dédiées à Wagner, Verdi, Haendel... Il fait figure d'incontournable pour les mélomanes.

FESTIVAL DU CAP ROIG

Camí del Rus, s/n

PALAFRUGELL

www.caproigfestival.com

En juillet et août.

C'est l'un des festivals d'été les plus prestigieux de la Méditerranée, en matière de musique et de danse. Chaque année, il accueille des pointures nationales et internationales : Rod Steward, Santana, Sting, Lady Gaga, Elton John... ont déjà investi les lieux qui constituent un cadre incomparable. Plantée en plein cœur du jardin botanique, face à la mer, la scène peut accueillir plus de 2 100 personnes. Comme c'est un incontournable, mieux vaut réserver longtemps à l'avance et prendre ses précautions pour réussir à se garer.

CONCERTS DU CLOÎTRE DE SANT DOMÈNEC

PERALADA

www.visitperalada.cat

En juillet et en août.

Dès la soirée venue, le très beau cadre du cloître de l'ancien couvent de Sant Domènec (un bâtiment de style roman, datant des XIIe et XIIIe siècles) accueille des concerts de musique classique, mais aussi des présentations de musiques plus traditionnelles comme la sardane ou la habanera ainsi que des spectacles de danse. Vous retrouverez toute la programmation des concerts qui sont tous gratuits en consultant le site web de la mairie de Peralada.

FESTIVAL DE MUSIQUE DE SANT PERE DE RODES

EL PORT DE LA SELVA

www.festivalsantpere.com

Mi-juillet et août.

Créé au début du XXIe siècle, le festival de musique de Sant Pere de Rodes accueille une programmation prestigieuse en matière de musique classique (piano et musique de chambre). Avec des concerts qui ont lieu à l'intérieur du monastère et bénéficient donc d'un cadre prestigieux. Pour son vingtième anniversaire, il a accueilli le pianiste chinois Haiou Zhang. El Port de la Selva tient son off à la même période : trois concerts donnés dans l'église de Santa Maria de les Neus.

FESTIVAL DE JAZZ DE L'ESTARTIT

L'ESTARTIT

www.jazzestartit.cat

De la mi-juillet à la mi-août.

Il a vu le jour en 2014, avec comme objectif de reprendre le flambeau porté par la section off du festival de Torroella mais aussi de devenir un incontournable dans ce domaine sur toute la Costa Brava. Les concerts se déroulent sur la plaça de l'Església. Et nouveauté depuis 2015, le Molinet, petit mirador de la fin du passeig maritim accueille les groupes émergents du jazz, tous issus d'écoles reconnues au plan mondial, dont des écoles françaises.

FESTIVAL DE TORROELLA DE MONTGRÍ

TORROELLA DE MONTGRÍ

www.festivaldetorroella.cat

En juillet et août.

Il a débuté en 1981 par quelques concerts se tenant dans des édifices emblématiques de Torroella de Montgrí. Ce Festival international de musique classique est aujourd'hui célébré dans divers espaces de la ville, comme l'église gothique de Sant Genis, le couvent des augustins ou la charmante plaça de la Vila et accueille de grands interprètes, des orchestres philharmoniques, des groupes de musiques anciennes ainsi que des interprètes de musiques du monde.

FESTIVAL DE LA PORTA FERRADA

SANT FELIU DE GUÍXOLS

www.festivalportaferrada.cat

De mi-juillet à mi-août (dates variables).

Depuis 1958, ce festival multidisciplinaire (musique, théâtre, danse...) se veut à la fois catalan, méditerranéen et européen et accueille les grands noms de la scène nationale et internationale, mais aussi les talents émergents. Il propose aussi des activités complémentaires qui se déroulent dans les salles, mais aussi dans la rue et sur les places. Un des rendez-vous de l'été sur la Costa Brava. Vous pouvez consulter le programme de l'année sur son site web et y réserver vos entrées.

FESTIVAL INTERNATIONAL DE PERALADA

PERALADA

✆ +34 972 53 82 92

www.festivalperalada.com

Mi-juillet à mi-août.

Créé en 1987, ce festival se déroule de la mi-juillet à la mi-août. Avec une programmation sur différents sites du village : auditorium du parc du château, mais aussi église et centre historique de la *vila*. Il y en aura pour tous les goûts, de la musique classique, du ballet, de l'opéra, mais aussi du jazz ou de la musique pop... Renseignement à l'office du tourisme ou sur le site dédié à l'évènement. C'est l'une des manifestations artistiques les plus importantes de la période estivale.

FESTIVAL DE MUSIQUE ET D'ART DE LA MÉDITERRANÉE

https://portalblau.cat/ca

En juillet et en août.

Sous le nom de Portalblau, ce festival d'été de l'Escala a vu le jour en 2008, à l'occasion de la commémoration des 100 ans du début des fouilles d'Empúries. Il est dédié à différentes expériences musicales, mais aussi aux activités de la Méditerranée. On y appréciera ses décors particulièrement impressionnants comme l'Agora grecque des gisements d'Empúries la petite crique d'Escala, la mar d'en Bassa ou l'Alfolí de la sal (un entrepôt à sel du XVIIe siècle).

FÊTE DU SEL

L'ESCALA – EMPÚRIES

Dernier week-end de septembre.

C'est l'une des grandes fêtes de l'Escala qui se déroule généralement le samedi suivant le 11 septembre (jour national de la Catalogne). Elle a vu le jour en 1997 pour commémorer les 300 ans de l'*Alfolí de la Sal* (grenier à sel) et fêter ce qui a fait la richesse du village. La date coïncidant avec la fin de la saison de la pêche sardinière. A cette occasion, démonstrations des pratiques de pêches et de salaisons, arrivée du bateau chargé de sel et barques illuminées, la nuit sur la Platja. La fête commence par un chœur Indika et s'achève par un bal populaire.

FESTIVAL ACÚSTICA DE FIGUERES

FIGUERES

www.festivalacustica.cat

En septembre.

Créé en 2001, ce festival vient ponctuer une saison de concerts, l'été. Se déroulant dans la vieille ville, aux alentours du Théâtre-musée Dalí et dans le théâtre municipal El Jardí, c'est l'un des festivals les plus populaires de Catalogne. Il accueille en moyenne près de 80 000 personnes et propose une quarantaine de spectacles. Il inclut une section gastronomique avec notamment une présence de plus en plus importante de food trucks ainsi que des spectacles pour les plus petits.

FÊTE PATRONALE DE LA VIERGE DE TURA

OLOT

Début septembre.

Autour du 8 septembre, Olot se pare chaque année de ses plus beaux atours pour fêter sa fête patronale, déclarée fête d'intérêt national. A la fois procession religieuse et grande fête populaire, elle programme de nombreuses scènes qui sont installées dans les rues de la ville et accueillent spectacles et concerts gratuits. C'est un moment de retrouvailles et de solidarités impliquant à la fois de nombreux habitants et diverses institutions. C'est enfin et peut-être surtout l'occasion d'assister à la célèbre danse des géants, la farandole d'Olot.

FESTIVAL DE CADAQUÉS

CADAQUÉS

www.festivalcadaques.com

Pendant tout le mois d'août à Cadaqués.

Créé en 1970, ce festival s'est voulu un point de rencontre entre les styles et les tendances, entre les artistes établis et les talents émergents, ainsi que les concerts à public restreint ou à grand format. On y écoutera aussi bien de la musique baroque que de la musique électronique. Ces concerts prenant place dans différents espaces de la commune : sur la promenade de Cadaqués, à Portixó, sur la place du 1er octobre, dans l'église de Santa Maria, sur Sa Conca ou à Portlligat. Ici aussi un espace gastronomique valorise les produits locaux.

FOIRE DU VIN DE L'EMPORDÀ

Rambla

FIGUERES

✆ +34 972 67 42 61

Chaque année au mois de septembre, cette foire de 4 jours dédiée aux vins de l'Empordà accueille les visiteurs venus de tous les horizons (plus de 13 000 en moyenne), et devient à cette occasion l'épicentre œnologique de la région. Le point de rencontre se situera bien sûr en plein cœur de Figueres, sur les ramblas. Au programme : expositions, rencontres avec de petits producteurs locaux, dégustations et activités diverses pour les petits et les grands...

FOIRE DES INDIANOS - FIRA D'INDIANS

BEGUR

Premiers jours de septembre.

Début septembre et durant trois jours, cette foire célèbre la relation étroite entretenue entre Cuba et Begur au XIXe siècle. A cette occasion, les rues et les places du centre-ville accueillent un marché de produits d'outre-mer, des expositions et des représentations musicales. On y découvre aussi les rythmes caribéens des habaneras, des spectacles de rue et des recompositions de l'époque Indiana. Le tout complété par des conférences et des tables rondes analysant cet héritage. Programmation à consulter sur le site de la ville.

FÊTE DU CHAMPIGNON

LLAGOSTERA

Second week-end d'octobre.

Quand vient l'automne et le deuxième week-end d'octobre, c'est le champignon qui est à l'honneur lors de la fira del bolet de Llagostera, l'une des foires les plus représentatives dans la région. Et ce, depuis sa création en 2003 même si elle acquiert chaque année plus de notoriété et draine environ 10 000 visiteurs. Avec au programme : démonstrations de métiers artisanaux liés à ce secteur, concours de chasse aux champignons, conférences sur la mycologie et dégustations gastronomiques. Et remise de prix à la fin de la fête.

GRANDE FÊTE MÉDIÉVALE DE BESALÚ

BESALÚ

www.besalu.cat

Lors du premier week-end de septembre, plus de 20 000 personnes viennent assister chaque année à cette grande fête médiévale de Besalú qui constitue le temps fort de la vie festive de la ville. A cette occasion, Besalú renoue avec son histoire et le centre-ville devient le lieu de nombreuses animations : reconstitution en costumes de l'histoire de la cité, spectacles équestres, danses, chants et théâtre, mais aussi expositions et dégustations de produits artisanaux...

SOM CULTURA

✆ +34 972 208 401

www.somcultura.costabrava.org

En novembre.

Initié en 2015, ce festival des expériences culturelles de la province de Gérone se propose d'offrir un programme de près de soixante-dix activités permettant de découvrir la variété de l'offre culturelle et artistique des comarques de Gérone. Des propositions qui recouvrent cinq grands blocs thématiques : découverte du patrimoine, jeux de mystère, activités familiales, routes littéraires et nuits des musées. En 2022, il a repris son rythme habituel avec des visites de musées et des visites théâtralisées du patrimoine. Programmation à consulter sur le site.

FESTIVAL TERRE DE TROUBADOURS

CASTELLÓ D'EMPÚRIES

www.terradetrobadors.com

En septembre.

Depuis 1991, la ville de Castelló d'Empúries retourne elle aussi au Moye Âge, redevenant le temps d'un week-end l'ancien chef-lieu du Comté D'Empúries. Lors de cette fête des troubadours, on aura l'occasion d'assister à un tournoi ou à un souper médiéval se tenant dans le Palais des Comtes et de découvrir de nombreux spectacles de rues (musiciens, jongleurs, troubadours, bouffons....). Également au programme, un grand marché, des expositions et des visites guidées.

SAINT-SYLVESTRE

La veille du Nouvel An, de nombreuses festivités tournent autour de thèmes religieux et on y fait beaucoup de bruit, une manière de chasser les anciens démons et de faire face aux nouveaux. Le 31 décembre au soir, la Catalogne comme toute l'Espagne, mange un grain de raisin à chaque coup de minuit. Ce rituel souvent accompagné de feux d'artifice est une garantie de chance pour la nouvelle année qui s'accomplit lors de la *Nit de Cap d'Any* (la vieille nuit). Cette festivité intervient une semaine après la nuit du réveillon de Noël, la *Nit de Nadal* (la bonne nuit).

Marre de passer des heures sur internet pour trouver des bons plans ?
my petit fute
M'A FAIT GAGNER UN TEMPS FOU AVEC SES RECOMMANDATIONS D'ITINÉRAIRES ET SES BONS PLANS TESTÉS PAR DES RÉDACTEURS LOCAUX.
© VIKTOR GL - ISTOCKPHOTO.COM
VOTRE GUIDE NUMÉRIQUE SUR MESURE EN MOINS DE 5 MINUTES POUR 2,99 €
mypetitfute.fr

COSTA BRAVA

Des criques isolées, des falaises impressionnantes, de belles plages, des parcs naturels et de charmants villages... c'est tout ce qui fait le charme de la Costa Brava. Et quoi de mieux pour les découvrir et les apprécier que de les parcourir à pied, tout le long des 250 kilomètres de son littoral. C'est possible en suivant les chemins de ronde, utilisés jadis par les contrebandiers mais aménagés aujourd'hui en itinéraires de randonnées. On s'approchera aussi au plus près de cette Costa Brava en mettant ses pas dans ceux de Salvador Dalí, l'enfant génial du pays, que l'Empordà a tant inspiré. Ou en assistant à la procession de Verges, petit bijou de la culture populaire catalane, dont la danse de la mort, le jeudi saint, vient nous rappeler les danses macabres de l'Europe du XIVe siècle. Au nord, ce sont les 200 kilomètres des Pyrénées qui ont contribué à façonner la silhouette de cette partie de la province de Gérone.

Costa Brava
FRANCE
LE PERTHUS
Banyuls-sur-mer
Cerbère
PORTBOU
Mer Méditerranée
LA JONQUERA
CANTALLOPS
LA VAJOL
COLERA
AGULLANA
CAPMANY
RABÓS
VILAMANISCLE
MAÇANET DE CABRENYS
LLANÇÀ
LAC DE DARNIUS-BOADELLA
MOLLET DE PERALADA
GARRIGUELLA
EL PORT DE LA SELVA
CAP DE CREUS
PAU
SANT LLORENÇ DE LA MUGA
ALBANYÀ
PERALADA
PALAU-SAVERDERA
PORTLLIGAT
FIGUERES
ROSES
CADAQUÉS
CASTELLÓ D'EMPÚRIES
EMPURIABRAVA
Navata
MAIÀ DE MONTCAL
SANT PERE PESCADOR
Golfe de Roses
PONTÓS
Sant Miquel De Fluvià
MONELLS
L'ESCALA – EMPÚRIES
BANYOLES
Camallera
PORQUERES
COLOMERS
LA TALLADA D'EMPORDÀ
BELLCAIRE D'EMPORDÀ
CERVIÀ DE TER
VERGES
L'ESTARTIT
CANET D'ADRI
Celrà
SANT MARTÍ VELL
TORROELLA DE MONTGRÍ
SANT JULIÀ DE RAMIS
MADREMANYA
PERATALLADA
SANT GREGORI
GÉRONE
PALS
BEGUR
LA BISBAL D'EMPORDÀ
Les Gavarres
PALAFRUGELL
CAMPLLONG
Cassà De La Selva
CALDES DE MALAVELLA
SANT ANTONI
PALAMÓS
LLAGOSTERA
Mer Méditerranée
CASTELL-PLATJA D'ARO
Sils
SANTA CRISTINA D'ARO
SANT FELIU DE GUÍXOLS
MAÇANET DE LA SELVA
TOSSA DE MAR
LLORET DE MAR
BLANES
10 KM

PAGES

Située à l'extrême nord-est de la Catalogne, cette comarque de plus de 135 000 habitants est façonnée par sa situation entre Pyrénées et mer Méditerranée. Et c'est ici que débutera la Costa Brava, dont on pourra prendre connaissance avec des petites villes côtières comme Portbou, Colera ou Cadaquès. On appréciera bien sûr la beauté de son littoral, jalonné de criques et propice à la découverte des fonds marins mais également ses parcs naturels comme ceux du Cap de Creus ou des Aiguamolls. Mais le patrimoine architectural sera aussi très riche, la découverte de sites archéologiques, de monastères romans, de villages médiévaux ou de maisons modernistes venant ponctuer votre parcours. Sans oublier de mettre le cap sur les deux premiers piliers du triangle dalinien, à Figueres et à Portlligat.

Des artistes comme Marx Ernst, Paul Eluard, René Magritte, Federico García Lorca, André Breton ou encore Luís Buñuel et bien sûr Salvador Dalí ont mis à la mode ce ravissant et minuscule port de pêche, longtemps isolé du reste du monde par les montagnes environnantes. C'est aujourd'hui la destination phare de la région, à rallier de préférence hors saison.

Au sud du Haut-Ampourdan, cette comarque de plus de 149 000 habitants se caractérise par un paysage plutôt plat et homogène avec de petites collines abritant des villages organisés autour de leur église ou de leur château. Trois massifs venant lui donner plus de relief : Gavarres, Montgrí et Begur. Son littoral alterne falaises assez acérées, au nord et au sud, criques entourées de pins, zones humides et grandes plages de sable fin. Dès les années 1960, il a accueilli de nombreux touristes européens, avec le cortège de constructions que cela a impliqué. Il n'en conserve pas moins des destinations délicieuses comme Begur ou Palafrugell et ses calanques. Et sera l'occasion de découvrir les cités médiévales de Pals et Peratallada et la tradition de la céramique en se rendant à La Bisbal d'Empordà.

Au sud du Bas-Empordà, cette comarque comptant près de 168 000 habitants est la zone la plus méridionale de la Costa Brava et elle s'articule autour d'une partie littorale, présentée ici et d'une partie intérieure, intégrée dans les Pyrénées de Gérone. C'est bien le tourisme qui, au cours du XXe siècle, a radicalement changé ses petites villes côtières de Tossa de Mar, Lloret de Mar et Blanes, avec la prolifération de nombreux complexes hôteliers et d'appartements touristiques. Nonobstant, on pourra constater que Tossa de Mar a gardé tout son charme que l'on appréciera notamment en visitant son enceinte médiévale. Que Lloret de Mar abrite un patrimoine moderniste que l'on ne soupçonnait peut-être pas et qu'à Blanes, on pourra découvrir les beaux jardins de Marimurtra et de Pinya de Rosa.

FIGUERES ★★

Ville commerçante et carrefour de communications, cette capitale du Haut Empordà a développé une activité touristique importante grâce au théâtre-musée Dalí, l'un des musées les plus visités d'Espagne. Hormis cet incontournable, on se rendra avec plaisir à la forteresse du Castell de Sant Ferran ainsi que dans les nombreux musées que compte la ville. Son centre se situe autour de la rambla, jolie promenade ombragée de platanes qui fournit ce qu'il faut de terrasses pour une halte entre deux visites. Point d'arrivée idéal depuis la France, c'est aussi un bon point de départ pour découvrir la région ou mettre le cap sur le nord de la Costa Brava.

GALERIE D'ART EL CLAUSTRE

Rambla, 25
✆ +34 972 51 20 65
www.elclaustre.com
Fermé le lundi et le dimanche. Ouverte du mardi au samedi, de 10h30 à 13h30 et de 17h à 20h30.

Avec près de 1 000 m² dédiés au monde de l'art, le groupe El Claustre est devenu l'un des plus grands espaces galeristes de Catalogne. Une carrière initiée par l'ouverture d'un premier espace à Girona en 1983, suivi de plusieurs autres. Figueres compte son espace El Claustre depuis 1999 dans la ville et depuis 2013 à cette adresse. L'occasion d'y connaître de manière régulière les nouveaux talents qui percent en matière d'art contemporain. Également un espace boutique à l'accueil.

CASTELL DE SANT FERRAN ★★

Pujada del Castell ✆ +34 972 502 653
www.lesfortalesescatalanes.info
Horaires sur le site web. Visite intérieure 5 €, extérieure (4x4/zodiac) : 16 € (réservation obligatoire par téléphone).

Les amateurs d'architecture militaire ne manqueront pas d'effectuer cette visite car cette fortification édifiée au XVIIIe siècle a représenté en son temps le nec plus ultra de ce qui se faisait dans ce domaine. De par sa taille tout d'abord, puisqu'avec un périmètre de 3 120 mètres, c'est l'un des plus grands monuments de la Catalogne, mais aussi l'une des plus grandes forteresses d'Europe, occupant par ailleurs une superficie de 32 hectares, pour un périmètre de 3 120 mètres. Le gigantisme est également de mise en ce qui concerne les capacités des citernes, situées sous la place d'armes et pouvant contenir près de 10 millions de litres d'eau. A l'intérieur des fortifications, le château de Sant Ferran pouvait quant à lui loger plus de 6 000 hommes d'armes. Des visites guidées permettent de mieux comprendre la complexité technique de sa construction, due à divers ingénieurs militaires dont notamment Pere M.Cermeño et Joan M.Cermeño. Au menu de ces visites : les fortifications, les bâtiments d'habitations, l'église inachevée, la place d'armes, etc. Comme elle est perchée sur une colline, on peut choisir de la visiter à pied, ce qui sera l'occasion d'un joli point de vue sur les alentours. Mais on peut aussi opter pour une visite en 4X4, qui rend la circulation plus aisée puisque le véhicule vous transporte tout au long de cet immense espace et vous permettra d'en apprendre plus, au fur et à mesure de la visite. Les amateurs disposeront d'une autre formule de visite guidée combinant visite en 4X4 et barque.

Castell de Sant Ferran.

ITINÉRAIRE MODERNISTE

C'est surtout grâce à Josep Azemar i Pont, architecte figuerense que le modernisme a pris place dans la ville. On lui doit notamment :

- **La Casa Cusí.** (Rambla, 20). De style néogothique et construite en 1894 elle logeait une famille d'importants industriels de la ville et utilise des matériaux nobles comme la pierre et le fer forgé.
- **La Casa Puig-Soler** (Rambla 27). Construite en 1901 elle est plus éclectique dans ses inspirations. On notera la tour surplombant son axe central et les fines colonnes entourant les fenêtres.
- **La Casa Salleras.** (Rambla 16). Construite au nord de la rambla en 1904, elle se distingue par ses motifs décoratifs végétaux et floraux, dont la rose très populaire dans ce style.
- **La Casa Mas Roger.** (Carrer Monturiol, 10-Plaça de la Palmera). Construite en 1910 et connue comme le deuxième domicile de Dalí. On notera ses trois façades et la combinaison judicieuse entre les différents matériaux : bois, fer, brique et pierre. Si les propriétaires l'autorisent, certaines visites guidées permettent d' accéder à la vue reproduite par Dalí dans l'un de ses tableaux.
- **L'Antic Escorxador.** (Plaça de l'Escorxador). Construit en 1902, il a été l'ancien abattoir municipal.
- **De manière générale,** une promenade sur la Rambla sera l'occasion d'admirer d'autres belles façades de demeures bourgeoises comme la Casa Bonaterra, de style néoclassique – 1855 (n° 4) ; la librairie Canet, de style rationaliste – 1932 (n° 7) ; la façade de la pharmacie Martin, de style Art déco – 1935 (n° 11) ; la Casa Caselles, également des années 30 (n° 22).

MAISON NATALE DE DALÍ

Informations auprès de l'office de tourisme.

C'est dans un bâtiment de style moderniste (1898), œuvre de l'architecte Josep Azemar numéro 6, qu'a vécu la famille de Salvador Dalí (Carrer Monturiol). Après d'importants travaux de réhabilitation qui ont débuté en 2019, le lieu devrait accueillir les visiteurs courant 2023, avec comme fil conducteur de la visite « Les voix de Dalí », une visite immersive permettant d'en apprendre plus sur le personnage mais aussi sur sa relation avec la ville de Figueres et sa région. Une expérience inspirée de ce qui a été effectué pour la Casa Batlló à Barcelone.

MONASTÈRE DE VILABERTRAN ✝ ★★

Carrer Abadia, 4 ✆ +34 972 508 787

www.vilabertran.cat

Ouvert de 10h à 13h30 et de 15h à 17h30 ou 18h30. Entrée : 3 €. A partir de 19h pour les concerts durant le festival.

A quelque trois kilomètres au nord-est de Figueres par la C-252, cet ensemble monumental s'articule autour d'un très beau cloître roman des XIIe et XIIIe siècles. L'église de la fin du XIe siècle possède quant à elle un splendide clocher de type lombard datant du XIIe siècle. Chaque année, de la mi-août à début septembre, Santa Maria accueille le festival de musique Schubertíada, une manifestation culturelle de grand prestige (www.schubertiada.cat). On pourra profiter de cette étape pour découvrir ce village d'un calme réjouissant.

MUSEU DE L'EMPORDÀ

2, La Rambla

✆ +34 972 502 305

www.museuemporda.org

Horaires disponibles sur le site web. Entrée 5 €, gratuit avec Musée Dalí et 1er dimanche du mois.

Créé en 1946, le musée de l'Empordà s'est recentré pour l'heure sur la présentation de peintures et d'artistes catalans, couvrant une période allant du XIXe au XXe siècle. Ce qui sera l'occasion de découvrir des œuvres de peintres emblématiques comme Ramon Casas, l'un des promoteurs du modernisme catalan ; d'Antoni Tàpies, peintre et sculpteur et de Salvador Dalí. On s'y rend aussi pour ses expositions temporaires mettant particulièrement l'accent sur l'expérimentation et la réflexion autour de la création artistique contemporaine.

MUSEU DE LA TÈCNICA DE L'EMPORDÀ

Carrer dels Fossos, 12

✆ +34 972 508 820

www.mte.cat

Ouvert jeudi, vendredi, samedi, de 16h à 19h. Tarif : 3 €.

Entreprise dans les années 60 par deux passionnés, Pedro et Marguerite, cette collection impressionnante nous donne à voir les étapes suivies en matière de progrès technologiques dans de nombreux domaines de la vie courante et professionnelle, machines à coudre, téléphones, phonographes, appareils photographiques, mais également une voiture hispano-suisse datant du début du XXe siècle. On la découvrira via une visite guidée bien menée qui dure environ 1 heure.

MUSEU DEL JOGUET DE CATALUNYA ★

Carrer de Sant Pere, 1 ✆ +34 972 504 585
www.mjc.cat
Horaires disponibles sur le site web. Entrée 7 € (audioguide : 1 €). Entrée gratuite aux expositions temporaires.

Logé dans un hôtel de 1767, ce petit musée privé présente la collection de jeux et jouets de Josep Maria Joan i Rosa. Un voyage à travers l'histoire des jouets de l'enfance. Sur les 15 000 pièces de la collection, 4 000 sont exposées : troupes de soldats de plomb, jeux de construction, trains électriques, théâtre de Guignol avec ses différents décors, cuisines, toupies, tour Eiffel en Meccano de 1932. Superbe collection d'automates et jouets ayant appartenu à des personnages célèbres.

DE PLACE EN PLACE

On peut partir de la Plaça de l'Ajuntament (place de la mairie) et noter sa silhouette néo-classique due à l'architecte figuerense Fafael Cantro qui s'est inspiré des arcades du château de Sant Ferran. Un style repris dans la Plaça de les Patates, ancienne place des vendeurs de grains. Sur la Plaça del Gra, on trouvera le marché couvert réalisé en 1887 par Puig i Sager qui accueille des marchés, les mardis, jeudis et samedis. Marché complété par celui de la Plaça de Catalunya qui est orné d'une structure photovoltaïque depuis 2011.

OFFICE DE TOURISME DE FIGUERES

Plaça de l'Escorxador, 2
✆ +34 972 503 155
www.visitfigueres.cat
Horaires actualisés disponibles sur le site web.

Il est installé dans un bâtiment ancien, la Casa de l'Empordà, bien sûr rénovée, mais qui a accueilli les abattoirs municipaux en 1904. Dans la partie réservée à l'office, vous trouverez de très nombreuses informations sur la ville mais aussi la région, généralement en français. En été, il organise des visites guidées de la ville, également en français, avec des départs depuis la Plaça de l'Església, près du Théâtre-musée Dalí. L'espace propose aussi des expositions contemporaines.

GARE - ESTACIÓ DE TREN FIGUERES-VILAFANT

Avinguda Puig Grau, s/n
✆ +34 902 320 320
www.renfe.com

Deux trains TGV effectuent la liaison Paris-Figueres (durée de 5h30). Et aussi, d'autres liaisons TGV avec Lyon, Toulouse et Marseille. Elle accueille également les circulations de l'AVE, équivalent espagnol du TGV en direction de Madrid, Saragosse, Barcelone, à raison de huit trains par jour dans les deux sens. Une fois arrivés dans la gare, vous disposerez d'un service de navettes régulières reliant la gare et le centre de Figueres (liaison par bus).

COSTA BRAVA

Monastère de Vilabertran.

THÉÂTRE-MUSÉE DALÍ ★★★

Place Gala Dalí s/n ✆ +34 972 677 505
www.salvador-dali.org
Horaires disponibles sur le site web. Achat des tickets en ligne à l'avance fortement conseillé.

Ce musée est l'attraction phare de Figueres et la foule s'y presse en rang serré dès le matin pour en découvrir toutes les œuvres. Installé depuis 1974 dans l'ancien théâtre municipal, selon le vœu de Salvador Dalí qui donnait à ce choix de lieu trois raisons : « *La première, parce que je suis un peintre éminemment théâtral, la deuxième, parce que le théâtre se trouve juste devant l'église où j'ai été baptisé et la troisième, parce que c'est précisément dans la salle du vestibule du théâtre que s'est tenue ma première exposition de peinture.* ». Vous pourrez vous sentir un peu déconcerté durant la visite, mais là aussi, cela correspond au souhait du maître qui définissait ainsi son ambition : « *Ce musée ne peut être considéré comme un musée, c'est un gigantesque objet surréaliste, où tout est cohérent et où rien n'échappe à mon entendement.* »

▶ **Organisation de la visite.** Il n'est reste pas moins que ce qui est considéré comme la chapelle Sixtine dalinienne est quand même articulé autour de deux espaces. Si Salvador Dalí souhaitait qu'il n'y ait pas d'itinéraire, les salles sont néanmoins numérotées pour vous permettre d'apprécier vraiment tous les recoins. Et un conseil si vous voulez éviter la foule, venez hors saison, en janvier, février ou novembre par exemple.

▶ **Le premier espace (salle 1 à 18)** est formé par l'ancien théâtre incendié et a été reconverti en Théâtre-Musée selon les critères énoncés par le peintre. C'est-à-dire qu'il ne forme qu'un seul objet artistique dans lequel chaque élément est partie intégrante du tout.

▶ **Le second espace** est formé par l'ensemble des salles qui ont été ajoutées lors des agrandissements successifs du théâtre-musée **(salles 19 à 22)**. Ce théâtre-musée contient un large éventail d'œuvres décrivant la trajectoire artistique du peintre. Et qui part de ses premières expériences comme l'impressionnisme, le futurisme ou cubisme, etc. pour aller jusqu'aux œuvres de ses dernières années, en passant par ses créations propres à l'intérieur du surréalisme.

Au hasard de la visite, vous remarquerez l'effet visuel du portrait de Lincoln, le tableau de Gala regardant la mer et celui de Beethoven, réalisé à l'encre de poulpe. Sans oublier la Cadillac pluvieuse, installée dans l'ancien parterre du théâtre. La stéréoscopie permettant de voir les tableaux en perspective. Bien que la plupart des œuvres exposées (peintures, dessins, sculptures, montages...) soient des œuvres de Salvador Dalí, on y trouvera aussi des œuvres d'autres artistes comme Bougereau ou Le Greco. Le musée a intégré la Torre Galatea, qui était la dernière demeure du peintre, de laquelle on visite la partie dédiée aux expositions temporaires, à ne pas manquer. Depuis le premier étage, vous aurez accès à une collection de trente-neuf bijoux, créés par Salvador Dalí entre 1941 et 1970, ainsi qu'à des esquisses et peintures ayant contribué à leur création.

▶ **La moustache du maître.** En juillet 2017, cette noble maison s'est vue contrainte par la justice de procéder à des tests ADN sur la dépouille du peintre, située sous la coupole. Une opération faisant suite à la demande de Pilar Abel, une Espagnole de 62 ans assurant être la fille de Dalí. Si les tests se sont avérés négatifs, les amoureux du peintre auront pu se réjouir de savoir que cette exhumation avait permis de vérifier que le corps du peintre se maintenait en bon état de conservation, tout autant que l'emblématique moustache, affichant la célèbre silhouette de 10h10.

Théâtre Dali à Figueras.

VENEZ DÉCOUVRIR
LE SURRÉALISME
DE DALÍ À
L'ÉTAT PUR
FIGUERES · PÚBOL · PORTLLIGAT
FUNDACIÓ GALA
SALVADOR DALÍ
www.salvador-dali.org

GARE DE FIGUERES - ESTACIÓ DE TREN

✆ +34 902 320 320
www.renfe.com

Cette gare accueille le système de Rodalies de la Catalogne, entre nos RER et nos TER en ce qui concerne les distances parcourues. Avec des circulations régulières vers Barcelona Sants dont un arrêt à Girona, vers le sud (toutes les 20 min environ) et vers Portbou, avec un arrêt à Llançà, en direction du nord. Une autre liaison relie Mataró à Portbou, avec un arrêt à Blanes et Figueres. Si vous venez de Barcelone, c'est la station qui vous conduit le plus au centre de la ville.

GARE ROUTIÈRE - ESTACIÓ D'AUTOBUSOS DE FIGUERES

Plaça de l'Estació, 7
✆ +34 972 673 354

Cette gare permet des liaisons régulières avec Barcelone, Girona et les sites de la Costa Brava, pour ce qui concerne la partie de l'Alt Empordà : Portbou, Port de la Selva, Cadaqués, Roses, Empúries, l'Escala (Compagnie Moventis Sarfa – www.moventis.es). C'est la compagnie Sagalés qui relie Figueres à Barcelone et à Girona (www.sagales.com). C'est aussi un point de départ pour la comarca de la Garrotxa via la compagnie Teisa (www.teisa-bus.com). Consigne.

HOSTAL GALICIA €

Avinguda Perpinyà, 34
✆ +34 972 501 566
www.hostalgalicia.es

Comptez de 45 à 52 €, la chambre double. Environ 20 € à la carte.

Situé sur une route passante un peu à l'écart du centre-ville de Figueres, mais bien desservi par le bus, il propose des chambres modestes, mais confortables. Elles disposent de télévision, mais pas de climatisation et seront à éviter en période de forte chaleur. Certains disposent de petites terrasses. Le midi, vous profiterez d'un restaurant plutôt axé cuisine de marché, avec quelques spécialités catalanes et galiciennes. Parking gratuit pour les motos et les vélos. Ce n'est pas le meilleur hôtel de Figueres, mais c'est une bonne option pour les petits budgets.

B&B HÔTEL FIGUERES €€

Polígon Vilatenim Sud
✆ +34 972 501 587
https://www.hotel-bb.com/fr

Comptez de 50 (hiver) à 70 € (été) pour une chambre double. Parking gratuit.

Situé à l'extérieur de la ville, sur la route de Roses, l'hôtel Sidorme Figueres est moderne, calme et fonctionnel, car il dispose des dernières technologies et offre un service personnalisé 24h/24. De bonne taille, les quatre-vingt-deux chambres sont bien équipées, avec notamment une télévision à écran plat. Au milieu d'une zone industrielle et commerciale, son environnement n'est pas son atout, mais ce peut être une bonne option si vous êtes motorisé et souhaitez découvrir les plages de Roses qui ne sont qu'à 17 kilomètres.

HOTEL BON RETORN €€

Avinguda Barcelona, 36
✆ +34 972 504 623
www.bonretorn.com

Double à partir de 65 € en basse saison (85 € en été). Parking privé. Wifi.

Situé à l'entrée sud de Figueres, cet hôtel est entouré de jolis jardins et c'est une bonne option pour un séjour en toute tranquillité près du centre-ville, accessible en 5 min en voiture. Il propose des chambres spacieuses et très bien équipées. Son restaurant s'est fait une notoriété dans la région en offrant une cuisine méditerranéenne avec des recettes utilisant les produits du terroir. Également à son actif : une belle piscine extérieure et d'agréables terrasses. Sur son site vous découvrirez des packs hébergements combinés avec une découverte œnologique.

HOTEL LOS ANGELES €€

Carrer Barceloneta, 10
✆ +34 972 510 661
www.hotelangeles.com

Comptez de 45 à 75 € pour une chambre double, selon la saison.

Tenu par Angel, le bien nommé, cet hôtel familial propose 39 chambres réparties sur trois étages, accessibles par ascenseur. Comme elles viennent d'être rénovées en 2019, elles affichent toutes un look clair et moderne, des parquets tout ce qu'il y a de silencieux, un petit service de thés-cafés et un mini frigo. On y appréciera aussi le point accueil à l'entrée avec distributeur de boissons, accès internet, bar et salon, sans oublier un accès à toutes les télévisions françaises. Localisation parfaite dans une rue calme, à proximité des commerces de la ville.

HOTEL MAS BOSCH 1526 €€

Les tres cases
✆ +34 972 56 01 55
www.hotelmasbosch1526.com
A partir de 105 €.

Situé à quelques kilomètres de Figueres, cet établissement est une ancienne ferme fortifiée du XVIe siècle, transformée en un hôtel de charme qui propose quinze chambres, dont une suite et quatre chambres avec terrasse. Dans ce havre de paix, on profitera de son emplacement exceptionnel permettant une vision à 360 degrés, vers la baie de Roses côté mer et vers la chaîne du Canigó, côté montagne. Mais aussi de nombreux services : terrasse, piscine, spa, grand salon et bars dont un bar à vin pour déguster vins et produits de production locale.

HOTEL RESTAURANT DURAN €€

Carrer Lasauca, 5
✆ +34 972 501 250
www.hotelduran.com
Comptez de 75 à 140 € pour une chambre double.

Quitte à venir à Figueres pour mettre ses pas dans ceux de Dalí, autant descendre dans l'un des hôtels les plus emblématiques, fréquenté par le maître qui avait fait de son restaurant son point de rencontre à Figueres. Photos, écrits et espaces privés témoignent de son passage, au rez-de-chaussée. Pour le reste, il s'agit d'un hôtel entièrement rénové aux 65 chambres larges, fonctionnelles et très calmes, à la décoration moderne, certaines dotées de petits balcons donnant sur la rue. Pour les visites, vous êtes à deux pas de la Rambla, soit au cœur de Figueres.

HOTEL RAMBLA €€

Carrer de la Rambla, 33
✆ +34 972 676 020
www.hotelrambla.net
Compter 50 à 65 € la chambre double. Parking à proximité. Service de consigne bagages/vélos pour clients et non clients.

© HOTEL RAMBLA

Comme son nom l'indique bien, il donne sur la rambla de Figueres. C'est donc l'une des adresses tout à fait recommandées pour visiter la ville et être à proximité des bars et des restaurants. Derrière sa façade bleutée néoclassique aux jolis balcons en fer et classée, donc immuable, se trouve un hôtel tout ce qu'il y a de plus moderne avec de belles chambres (TV, mini bar) dont la moitié donne sur la place, certaines avec de beaux balcons, notamment la 32 pour être au plus près de la vie de la ville et l'autre moitié sur une autre rue tranquille. Ascenseur.

HOTEL EMPORDÀ €€€

Avinguda de Salvador Dalí, 170
✆ +34 972 500 562
www.hotelemporda.com
Comptez entre 90 et 170 € la chambre double avec petit déjeuner.

Créé en 1961 et rénové en 2005, c'est un endroit de prestige à Figueres. Un hôtel de tradition qui a su préserver le charme d'époque de son salon, autrefois fréquenté par Dalí. Les 39 chambres doubles sont sobres, spacieuses et possèdent un grand lit. La salle de bains est grande, équipée d'un bain moussant et le petit déjeuner est royal. Autre plus, son restaurant gastronomique proposant un menu qui change tous les jours. En revanche, il sera prudent d'opter pour les chambres qui ne donnent pas sur la rue principale, au vu de son trafic ininterrompu.

MAS FALGARONA €€€

Carrer Llers
✆ +34 972 546 628
www.masfalgarona.com
Wifi gratuit. A partir de 170 €.

Cette adresse est un vrai bijou de la campagne méditerranéenne catalane. Installé dans une bâtisse du XVIIe siècle, cet hôtel 4 étoiles mêle merveilleusement bien ruralité et art contemporain. Avec une décoration unique et de très belle qualité pour chaque suite et chaque chambre, bien sûr accompagnée d'un grand confort. Ce savoureux mélange, on le retrouve dans l'assiette où sont cuisinés tous les produits du potager. Pour prolonger ce moment de détente, le spa, aménagé dans un ancien grenier à foin, bénéficie d'un cadre exceptionnel.

Statue de Savaldor Dalí.

KOMBU €

Plaça de les Patates, 7
✆ +34 972 299 307
www.kombufigueres.com
Mardi à dimanche, midi et soir. Menu midi : 15,90 €. Comptez 25 € par personne.

Ouvert depuis 2019 et situé en plein centre, ce Kombu se propose d'offrir une fusion entre la cuisine japonaise et les classiques catalans. Dans un décor très minimaliste et avec une présentation évoquant l'univers culinaire japonais, on vous proposera par exemple : des *ceviches*, du chorizo catalan accompagné de pâtes miso ou des soupes miso avec de la fideuà. Côté sucré, la crème catalane frite vient ponctuer le repas de manière tout à fait agréable. C'est léger, plutôt innovant et l'accueil d'Andrés qui s'est formé sur les tables de Roses est très sympathique.

TABERNA DEL BARRI VELL €

Carrer dels Tints, 7 ✆ +34 972 53 94 19
www.latavernadelbarrivell.cat
Fermé le mercredi. Comptez environ 35 €.

Affichage d'une recherche de cuisine à Kilomètre-0, décoration décalée avec vélo au plafond, bar en zigzag, cette *taberna* coche toutes les cases de la modernité. Mais cela reste une bonne option en centre-ville, lorsque vous l'aurez dénichée dans une petite ruelle. A sa carte, une spécialité dans la déclinaison du riz qui pourra être noir, *del senoret* ou prendre la forme d'une *fideua*, etc., mais aussi un menu du jour intéressant, avec par exemple des crudités accompagnées de saumon mariné, du poulet sauce curry et gingembre, ou encore les desserts maison.

TXOT'S €

Avinguda de Salvador Dalí i Domènech, 114
✆ +34 972 67 85 23
www.sidreriatxots.com
Ouvert tous les jours à partir de midi. Comptez 15 à 20 €.

Le lieu doit son nom à la culture du cidre, puisqu'il nomme le cri accompagnant l'ouverture de la barrique. Car après la bière dans le bar Dynamic, les propriétaires ont choisi d'ouvrir un espace tournant autour du cidre. A cette différence près, le cadre et les propositions sont assez identiques : grandes tablées et petits recoins mais aussi bar à *tapeo* et à pinxos, origine basque oblige. Ce qui en fait un lieu assez animé et très fréquenté en fin de semaine. La formule vous a plu ? Vous pourrez la retrouver à Empuriabrava et à Roses.

BOCAM €€

Carrer de la Jonquera 18
✆ +34 972 53 94 94
www.bocam.cat
Horaires disponibles sur le web. Comptez environ 35 € pour une entrée, un plat et un dessert. Réservation conseillée.

Passionné par la gastronomie de sa région, ce restaurant souhaite que sa cuisine reflète son intensité gustative, mêlant produits de la Méditerranée et fraîcheur des fruits et légumes du jardin de l'Empordà. Tout en fusionnant tradition des recettes de grand-mère et innovation, pour les techniques de cuisson notamment. On y dégustera des terre-mer, des riz mais aussi des plats avec une touche plus exotique tels que *tacos*, *baos*, *ceviches* ou encore *tatakis*. Les becs sucrés auront aussi la possibilité de goûter des desserts inspirés des ouvrages de Dalí.

© BOCAM

© BOCAM

COSTA BRAVA

BRÀSIC €€

Baixada Mercer 4 bxs
✆ +34 972 15 63 19
www.brasic.cat

Horaires disponibles sur le web. Menu à 23,90 € (entrée, plat et dessert, hors boissons), tous les jours, midi et soir.

Comme son nom l'indique, ce restaurant a fait des grillades son credo. Via des techniques rapides ou plus élaborées pour fusionner les différentes cuisines au charbon de bois. Ses propositions se déclinent côté entrées, mais aussi côté viandes ou fruits de mer. On pourra y déguster les plats qui ont fait sa notoriété comme les artichauts grillés au foie gras et jambon ibérique, les ravioles de homard, le tartare de bœuf ainsi que le poulpe grillé. Ou côté dessert, un ananas grillé accompagné de son sorbet de Mojito. Réservation préalable conseillée.

© BRÀSIC

© BRÀSIC

CAN BADÓ €€

Carrer Sant Llàtzer, 8
✆ +34 972 50 50 11
www.canbadoperemportar.me/carta-fra

Fermé le lundi et le mardi. Comptez de 16 à 27 € pour un plat de riz.

C'est le restaurant de Figueres le plus réputé pour ses riz. Avec pas moins de seize sortes affichées à la carte : les crémeux (de type risotto) ; les *melosos* accompagnés d'un jus ou les « secs », de type paella. Au rayon *melós*, on pourra par exemple opter pour le riz servi avec des étrilles et des cèpes de Bordeaux ou lui préférer, au rayon sec, un riz noir ou une paella aux fruits de mer. Comme il est très apprécié, son petit espace est vite rempli, notamment le week-end quand les familles s'invitent autour d'une grande paella. Réservation très conseillée.

INTEGRAL FIGUERES €€

Carrer de la Jonquera, 30
✆ +34 972 51 63 34

De lundi à samedi (13-15h30). Formule menu midi à 18,90 €. Soir ouvert sur commande uniquement. Privatisation groupes.

Le chef Òscar Bigas propose une cuisine 100 % végane, basée uniquement sur des produits de proximité. Membre du Slow Food, Integral est une adresse qui englobe toute une expérience gastronomique : atmosphère accueillante et de proximité via à une cuisine ouverte qui permet l'interaction permanente chef-client, et bien sûr un assortiment de recettes véganes qui donnent lieu à un festival de couleurs, de saveurs et d'arômes très spéciaux. Tous les ingrédients utilisés sont bio, de saison et méticuleusement choisis sur les marchés et chez les producteurs locaux.

EL MOTEL €€€

170 Av. Salvador Dalí i Domènech
✆ +34 972 500 562
www.elmotelrestaurant.com

Ouvert tous les jours. Comptez au moins 50 € à la carte.

Superbement situé sur la route principale d'accès à la Costa Brava, ce restaurant gastronomique de l'hôtel Empordà fait partie de l'histoire de la ville de Figueres depuis 1961. Décor raffiné, jolie vue au travers de la baie vitrée, service à l'ancienne et très stylé ont contribué à la réputation de l'établissement. Tout comme sa cuisine plutôt orientée bistronomie, mais qui valorise toujours la qualité des ingrédients et les produits locaux. Avec au hasard du marché, du carré d'agneau, des sardines marinées ou un filet mignon en sauce. Pour un repas à deux.

RESTAURANT DURAN €€

Carrer Lasauca, 5
✆ +34 972 501 250
www.hotelduran.com
Ouvert tous les jours. Comptez environ 40 € à la carte.

© HOTEL RESTAURANT DURAN

Référent de la cuisine catalane depuis 3 générations, son initiateur fut Lluís Duran Camps dans les années 50, on y propose une carte variée et un menu délicieux et qu'il fait aussi partie du collectif gastronomique « La Cuina del Vent » qui met en valeur des produits de la région. On recommande les excellentes soupes ou la daurade au sel. Le tout servi dans une salle décorée de céramiques et de lustres de verre, avec de jolies chaises en bois peint. Salvador Dalí y avait ses habitudes comme en témoigne son petit coin aménagé et sa bodega personnelle, Ca la Teta.

XURRERIA CASA VOSTRA

Carrer Vilafant, 2
✆ +34 972 675 241
Fermé le lundi, ouvert du mardi au samedi de 6h30 à 21h et le dimanche de 7h30 à 14h.

Dans une petite rue tranquille donnant sur les ramblas voici un lieu pour déguster les *churros* madrilènes ou les *porras*, apparemment plus gros, mais en fait plus légers, dès potron-minet. Sa réputation dans ce domaine reste intacte et les adeptes sont nombreux. Si vous n'avez pas un appétit d'ogre, pensez à demander la *media ración* sinon vous serez servi automatiquement avec une *ración* assez copieuse. Le tout sera accompagné d'un chocolat bien épais et réalisé de manière artisanale. A savourer à l'intérieur ou sur une terrasse abritée par quelques plantes.

PONTÓS

A près de 12 kilomètres au sud de Figueres, ce petit village de charme de moins de 300 habitants permet de voir les vestiges de son ancien château. Situés sur une colline à environ 500 m du centre, ils permettent de deviner son plan rectangulaire et d'observer son puits, seul élément vraiment conservé. On y trouvera aussi des églises comme celle de Sant Martí, datant du XVIIIe siècle et actuelle église paroissiale. Ce sera l'occasion de découvrir dans les environs le site archéologique du Mas Castellar où se superposent trois établissements importants, allant de 450 à 180 av. J.-C., chacun avec un plan urbain et architectural très différent.

COSTA BRAVA

DYNAMIC

Carrer Monturiol, 2
✆ +34 972 500 003
www.eldynamic.com
Ouvert tous les jours à partir de 12h.

C'est certainement le lieu le plus animé de Figueres. A quelques pas des ramblas, ce très grand espace occupe quasiment tout le pâté de maisons entre deux rues. Mais il a su aménager des sous-espaces, avec petites tables, tabourets autour de la barra, coins pour se retrouver à plusieurs entre copains. On l'apprécie d'abord pour sa bière brassée sur place, avec cuve visible en sous-sol, mais aussi pour ses tapas aussi fraîches que multiples : huîtres, gambes, croquettes, mini brochettes de thon, de saumon ou de seiche, petites empanadas, etc. Passage recommandé.

ESSÈNCIESCAT

Essències Cat
✆ +34 690 747 524
www.essenciescat.cat
Visites sur mesure.

Construite en 2016 sur un site de 2 hectares en bordure de Pontós, cette distillerie fondée par Oriol Blanch (psycho-aromathérapeute) et Frances Bartlett est pionnière dans ce domaine, avec le traitement de plus de vingt essences de fleurs et d'arbres locales. Tous les produits qui en sont issus sont 100 % naturels, à toutes les étapes de la fabrication : plantage des graines, arrosage, récolte entièrement à la main. Plusieurs activités y sont proposées : visite des installations ; ateliers d'arômes et hydrolats et petits-déjeuners dans les vignobles.

PERALADA ★

Entourée des vignes qui ont fait la renommée de son vin, cette petite ville qui a vu naître le chroniqueur Ramón Muntaner a longtemps été le lieu privilégié des *figuerencs* pour venir y manger le dimanche. Mais ce n'est pas son seul atout. Son château-musée-casino entouré de jardins, le cloître roman Sant Domènec et les petites places et ruelles du centre historique viennent rappeler la splendeur qu'elle a acquise tout au long du Moyen Age et qui en a fait l'une des villes importantes de l'Empordà. Le *must* sera d'y venir l'été puisqu'elle y accueille deux festivals de prestige, celui du château de Peralada et celui du cloître Sant Domènec.

CLOÎTRE SANT DOMÈNEC ★★

Plaça Peixeteria, 6
✆ +34 972 538 840
www.visitperalada.cat

Ouvert du lundi au samedi, de 10h à 14h et de 15h à 18h, dimanche, jusqu'à 14h. Entrée 4 €.

Ce monument roman du XIIe siècle est le seul témoignage conservé de l'ancien monastère augustin fondé dans la deuxième partie du XIe siècle. Colonnes et chapiteaux proviennent du cloître du monastère roman primitif. Mais ce sont ces derniers, 52 au total, qui constituent l'attrait majeur de ce monument en offrant une grande richesse thématique mêlant motifs végétaux et géométriques et figures zoologiques. À disposition, un audioguide bien utile et inclus dans le prix de l'entrée. En juillet et août, il accueille des cycles de concerts.

MUSÉE ET JARDINS DU CHÂTEAU DE PERALADA ★

Plaça del Carme, s/n ✆ +34 972 53 83 34
www.museucastellperalada.com

Horaires disponibles sur le site. Entrée combinée (musée et parc) : 15 €.

Ce complexe artistique datant du XIVe siècle présente aujourd'hui une silhouette plus hétérogène. Traduisant les agrandissements effectués après la destruction de l'ancienne forteresse et la restauration de la deuxième moitié du XIXe siècle. Il est composé de deux éléments majeurs :

- **Le parc du château.** Conçu au XIXe siècle par l'architecte paysagiste franco-belge François Duvillers, il compte près de soixante-trois espaces différents comme l'avenue des orangers, un labyrinthe ou une grotte datant de 1877. Durant la balade, on trouvera des cigognes, un jardin de roses à la française, des magnolias et un chêne de plus de deux cents ans (antérieur au parc), mais aussi une volière du XIXe, abritant faisans et colombes.
- **Le couvent des carmélites.** C'est le lieu qui abrite l'actuel musée du château. Sa visite vous permet d'accéder à la bibliothèque, un ensemble impressionnant de près de 10 000 volumes ; à une collection de céramiques de près de 1 000 pièces ; à une église gothique dont on notera le plafond à caissons du XIVe siècle et au musée du vin qui regroupe de nombreux objets relatifs à sa production depuis le XIVe siècle.
- **À noter que la visite** du parc et du musée se fait uniquement via des visites guidées de près d'une heure pour chaque espace.
- **Chaque année** en été, il accueille un festival international de musique classique, sur une scène dressée dans le parc. Vous pouvez retrouver la programmation sur le site internet : www.festivalperalada.com.

© KARSOL - SHUTTERSTOCK.COM

Musée et Jardins du Château de Peralada.

VILANOVA DE LA MUGA

A près de 5 kilomètres au sud-est de Peralada, par le GIP-6042, un saut par ce petit village de 250 habitants, situé près de la rivière Muga, permet d'y découvrir son église romane de Santa Eulàlia, datée du XIe siècle et dotée de peintures murales de grande valeur. Dont celles de la nef centrale représentant le Pancrator bénissant les fidèles. On pourra aussi y visiter l'une des écluses construites par le comte d'Empúries, Ponç Hug IV, qui servaient à irriguer les potagers et à alimenter le moulin à Farine de Castelló d'Empúries.

OFFICE DE TOURISME DE PERALADA

Plaça Peixateria, 6

✆ +34 972 538 840

www.visitperalada.cat/fr

Ouvert du lundi au samedi, de 10h à 14h et de 15h à 18h, dimanche, jusqu'à 14h

Situé dans le bâtiment attenant au cloître Sant Domènec, ce centre de tourisme culturel permet de découvrir la Peralada médiévale et de manière plus générale le patrimoine culturel, artistique et naturel de l'Empordà. On vous renseignera sur les deux grands festivals de la ville : les cycles de concert du cloître et le Festival international du château de Peralada ainsi que sur les différentes visites guidées organisées en français et en espagnol.

CELLER PERELADA

Plaça del Carme, 1

✆ + 34 972 53 80 01

www.perelada.com

Visite guidée : 20 € (dégustation de 3 vins) également en français.

Inaugurée en mai 2022, cette nouvelle cave du château de Peralada a été conçue par le cabinet d'architectes RCR Arquitectes, lauréat du prix Pritzker 2017, avec comme objectif d'en faire une cave « verte » *via* notamment un enterrement partiel de cette cave. Pari réussi puisqu'elle est la première cave d'Europe à avoir obtenu le certificat LEED Gold de durabilité délivré par l'US Green Building Council, organisme référent en matière d'éco-construction. Un lieu à découvrir au travers de visites guidées du lieu, accompagnées de dégustation de vin.

CAN JAI €€

Carrer Bernat, 21

✆ + 34 972 538 074

Comptez 75 € pour la chambre double et 300 € par jour pour la maison. Et 65 € pour une chambre double à l'hostal.

A 5 min du centre, cette maison rurale est installée dans une ferme du XVIIIe siècle dont l'ancienne étable et la grange ont été restaurées et aménagées. Après une belle rénovation, elle propose 4 chambres accueillant jusqu'à 12 personnes, pour un espace total de 290 m². Avec au menu de la décoration : poutres apparentes, parquet dans les chambres, tommettes au rez-de-chaussée et mobilier ancien. Tenu pas les mêmes propriétaires, l'hostal Can Palol, offre quant à lui 8 chambres au confort moderne, en face du Château-casino de la ville (Carrer Nou de Sant Joan, 6).

HOTEL PERALADA WINE SPA & GOLF €€€

Rocabertí, s/n ✆ +34 972 53 88 30

www.hotelperalada.com

Comptez 245 € en période basse pour une chambre double standard, 280 € pour le samedi et 300 € au moment du festival.

C'est l'un des hôtels haut de gamme de la Costa Brava. Avec une gamme de chambres allant des chambres standards, charmantes et fonctionnelles aux suites décorées en marbre en passant par les chambres préférentielles avec vues sur les jardins. On y appréciera son restaurant gastronomique, son wine bar à l'ambiance cubaine ainsi que ses jardins, sa piscine et son golf 18 trous. Sans oublier son wine spa pour se chouchouter avec un peeling de raisins ou un enveloppement de vin.

CAFÈ DEL CENTRE €€

Avinguda Principal de Peralada, 1

✆ + 34 972 538 207

www.restaurantcafedelcentre.com

Ouvert tous les jours. Comptez environ 25 à 30 € à la carte.

Bel et grand espace intérieur et terrasse pour les beaux jours : c'est un peu le point de ralliement de nombreux habitants de Peralada. Son credo, préparer une cuisine catalane traditionnelle ancrée dans les produits de saison et de proximité. Certains plats sont transmis de génération en génération comme le gratin de morue à la mousseline ou le lapin aux artichauts. Un bar rassasiera les petites faims avec sa cohorte de sandwichs au boudin noir ou blanc ou à l'omelette… Petite indiscrétion, les étoiles Michelin des alentours viennent souvent s'y rassasier.

PASTISSERIA OPERA-EL CASTELL

Carrer Sant Joan, 6
✆ +34 972 538 043
Ouvert tous les jours de 8h à 20h.

On peut y aller de bon matin pour y prendre son petit déjeuner, accompagné de jus de fruits naturels, de bons petits pains dorés et de nombreuses viennoiseries. Mais c'est aussi le rendez-vous des becs sucrés de la ville. On y trouvera les *neules*, petites cigarettes croustillantes au goût de vanille, mais aussi du touron, un coin pour les choco addicts et des collections de gâteaux qui font saliver dès l'entrée. A savourer à l'intérieur ou en terrasse.

OBSERVATOIRE ASTRONOMIQUE D'ALBANYA ★

Camí de Bassegoda s/n
✆ + 34 972 54 20 20
A partir de 22 € pour un baptême pour un adulte. Tous les jours à 9h.

De passage dans la région, autant rallier ce nouvel observatoire astronomique ouvert depuis avril 2017 et à ce jour le plus grand de la province. Avec une grande pureté du ciel du fait de l'absence de pollution, ce sera l'occasion d'une expérience sensorielle tout à fait unique. Vous pourrez ainsi réaliser des baptêmes astronomiques nocturnes. L'expérience sera évidemment différente en fonction de l'époque de l'année et de la météo. A ne pas manquer.

CASINO CASTELL ★

Carrer Sant Joan, s/n ✆ +34 972 538 125
www.casinoperalada.com
Ouvert tous les jours de l'année de midi à 5h. Présenter une pièce justificative attestant de la majorité.

Placé dans un majestueux château médiéval, et entouré de jardins et de deux tours jumelles du XIVe siècle, il vous offre d'intenses heures d'émotion avec machines à sous dernier cri et des tables de jeu plus classiques : roulette américaine, roulette française, Blackjack, poker... Mais la salle de jeux est aussi l'occasion d'un choc entre deux mondes puisque les murs en pierre d'origine sont ornés d'une série de tapisseries issues des ateliers bruxellois du XVIIe siècle. Deux tapisseries de la série de l'*Énéide* sont également exposées dans le salon gothique.

CAMPING BASSEGODA PARK €

Camí de Bassegoda, s/n ✆ + 34 972 54 20 20
www.bassegodapark.com
Tarifs disponibles sur le site web.

Situé à côté de la rivière Muga, ce camping de première catégorie propose à la fois des zones de camping et des bungalows. Le tout dans un environnement permettant de pratiquer de nombreuses activités comme la pêche, la chasse ou encore les balades en VTT ou à cheval et bien sûr les randonnées pédestres, puisqu'une étape du GR-11 passe en face du camping. Autre activité essentielle proposée par ce camping : la découverte de l'astronomie puisque depuis 2015 il a obtenu le label Camp Starlight qui l'accrédite dans ce domaine. De belles nuits en perspective.

ALBANYÀ

A plus de 30 km à l'ouest de Peralada et à 29 km de Figueres, Albanyà est situé au nord-ouest du Haut Empordà, dans la vallée de la Muga. Situé à 239 m d'altitude, ce village abrite un patrimoine architectural qui mérite une visite pour découvrir son ancienne porte des remparts, datant du XIIe siècle, ou encore son église romane Saint-Pierre d'Albanyà. Le lieu offre aussi un magnifique environnement rural, qui en fait une place idéale pour pratiquer les randonnées pédestres. Vous pourrez par exemple monter au sanctuaire roman de la Mare de Déu del Mont d'où vous profiterez de très belles vues sur l'Empordà, la Garrotxa et le massif du Canigou.

LA RECTORIA D'ALBANYÀ €

Plaça Major
✆ +34 872 20 26 44
www.rectoriadalbanya.com
A partir de 70 €.

Cet hostal est une belle option de séjour pour ceux qui souhaitent résider dans le village de l'Albanya via une formule qui allie confort et prix modérés. Côté logement, il propose trois types de chambres différentes, avec des toilettes communes, pouvant accueillir soit quatre personnes, soit dix personnes. Côté restauration, vous y disposerez d'un bar et d'un restaurant proposant des menus de saison, des tapas, mais aussi des sandwiches et des hamburgers. On sera aussi à votre disposition pour vous renseigner sur toutes les fêtes et les activités de la région.

SANT LLORENÇ DE LA MUGA

A environ 20 km au nord-ouest de Figueres et accessible par les GI-510 et GI-511, ce petit village de plus de 250 habitants est situé dans la vallée haute de la rivière Muga, la rivière par excellence de la plaine de l'Empordà qui naît dans la région de la Garrotxa. On notera ses murailles du XVIe siècle bien conservées, avec quatre tours permettant de belles vues sur la vallée et trois portes d'entrée ; son tracé médiéval, quasiment triangulaire et son vieux pont, daté des XIVe et XVe siècles. Il abrite un patrimoine médiéval, dont notamment l'église romane de Sant Llorenç et l'église de Santa Maria de Palau, classée bien d'intérêt culturel.

L'HOSTAL DE L'AIGUA €€

Carrer de les Alzines, 2
✆ +34 972 569 225
www.hostaldelaigua.com
Comptez environ 25 €.

Derrière les fourneaux de ce petit restaurant, on prépare minutieusement une cuisine à la fois traditionnelle et créative. La carte change en fonction des produits de saison : viandes de chasse, champignons, figues et cerises, le tout servi en salle, en hiver et en automne ou en terrasse, dès les beaux jours revenus. Où l'on pourra aussi siroter cocktails, *mojitos* et autres gin-tonics. Avis aux amateurs, une carte bio-écolo et végétarienne est aussi à disposition. Situé près de la rivière Muga, le restaurant dispose de 4 agréables chambres au 1er étage.

LAC DE DARNIUS-BOADELLA

Au nord de Sant Llorenç de la Muga, vous trouverez ce lac-réservoir, créé dans les années 1960. Afin d'approvisionner en eau la ville de Figueres et d'irriguer les cultures de la plaine, grâce à un barrage (62 000 000 m³ produits). Près de ce barrage, une route permet d'en faire le tour avec une belle vue panoramique. Vous profiterez aussi d'un club nautique, d'une zone de loisirs, et ce sera également le point de départ de nombreuses balades en VTT. A 4 kilomètres de Darnius, on découvrira le dolmen del Mas Puig de Caneres, monument funéraire mégalithique, et le château de Mont-Roig, classé bien d'intérêt culturel, joli mirador sur les alentours.

CAN MASSOT €

Ctra, Maçanet, 17
✆ + 34 667 53 46 49
www.canmassot.com
A partir de 87 € pour une chambre double.

Située à proximité du lac de Darnius, cette ancienne ferme du XVIIe siècle a été transformée en un gîte rural qui propose six chambres (doubles ou triples), au style champêtre et portant chacune le nom d'un arbre, en hommage aux chênes-lièges qui entourent le lieu. Elles sont toutes dotées de salles de bains complètes et disposent de vues, soit sur les champs soit sur la forêt. Comme les propriétaires disposent d'un jardin bio, vous profiterez de produits locaux et de gâteaux juste sortis du four dès votre petit déjeuner. Idéal pour des vacances en famille.

FINCA PARAISO €€

Camí Club Nautic
✆ + 34 872 299 921
www.darnius.net
Petite maison de 2 personnes de 60 à 70 € par nuit (deux nuits a minima).

A 200 mètres du lac de Darnius et de ses nombreuses activités et à un kilomètre du village, cette *finca* propose une petite cabane dans les bois et des studios. Installés dans une maison, mais indépendants, les studios sont équipés pour recevoir de 2 à 6 personnes. Et sont dotés de tout le confort : cuisine, salle de bains, chauffage central et climatisation. La petite cabane dans les bois peut accueillir deux personnes. Possibilité d'utiliser un lave-linge. Autre point à noter, les animaux sont acceptés. Idéal lorsque l'on recherche le calme et la tranquillité.

EL TRULL D'EL FRANCESC €€

Placeta de l'Oli, 1
✆ +34 972 56 90 27
www.trull-boadella.com
Fermé le lundi et le mardi et de la mi-janvier à la mi-février. Comptez environ 35 € sans les vins.

C'est en 1990 que Francesc Xambó et Josi Salguero inaugurent ce restaurant. Non sans avoir restauré le pressoir à huile du XVIIe siècle qui lui donne son nom. Le cadre, c'est aussi la rivière Muga, avec ses canards et ses oies qui font le charme du lieu puisqu'on les contemple à travers des grandes baies vitrées. Les produits de l'Empordà sont à l'honneur dans ce restaurant toujours pris d'assaut. On s'y régalera d'escargots à la catalane aux trois sauces, vinaigrette, aïoli et tomate, de loup de mer grillé ou rôti au four, de morue à la crème de cèpes confits.

MAÇANET DE CABRENYS

A 7 km au nord-ouest de Darnius, par la GI-503, ce village fortifié se trouve situé au pied du versant oriental des Pyrénées. On y découvrira les restes de sa muraille des XIVe et XVe siècles. Mais on visitera aussi son centre urbain, son grand café moderniste au centre du village, et l'église de Sant Martí, de style roman tardif. Au nord-est de la commune, un passage par les ruines du château de Cabrera, une fortification médiévale permet d'accéder à un point haut du massif des salines, la roca de Cabrera (852 m) qui donne une belle vue sur une grande partie de l'Alt Empordà et de la Garroxa. Tout comme le roc del Comptador à 1 445 mètres.

CAMPING MAÇANET DE CABRENYS €

C Mas Roquet, s/n
✆ + 34 667 776 648
www.campingmassanet.com
Tarifs sur le site internet.

A 3 kilomètres de Maçanet, vous pouvez vous loger en pleine nature. Ce camping calme à l'ambiance familiale, propose des parcelles ombragées pour les tentes et les caravanes, mais aussi six bungalows, entièrement équipés, pouvant accueillir de deux à six personnes. On y profitera aussi de nombreux services : une grande piscine entourée de verdure, un bar-restaurant avec terrasse, un espace de barbecue, des lave-linge. Idéal pour les activités de randonnées.

CAL RATERO €€

Carrer de les Dòmines, 6
✆ +34 972 670 135
www.calratero.com
Tarifs variant en fonction de la saison.

Situé au centre du village de Maçanet de Cabrenys, cet ensemble d'appartements de charme peut être une formule idéale pour séjourner dans ce lieu en famille ou avec un groupe d'amis. Au total, un ensemble de huit appartements vous est proposé. Chaque appartement, mesurant environ 40 m², est équipé pour recevoir quatre personnes, avec une chambre double et un canapé-lit pour deux personnes. Sept de ces appartements disposent d'une terrasse privée. A l'extérieur, vous disposerez d'une grande zone de jardin privé, équipée de mobilier et d'un barbecue.

EL MOLÍ D'EN ROBERT €€

El Molí d'en Robert
✆ +34 972 544 004
www.elmolidenrobert.com/fr
Ouverture sur le site web. Comptez environ 30 €.

Voici une jolie adresse, cachée dans la forêt des alentours de Maçanet de Cabrenys. Côté plaisir des yeux, vous profiterez du charme du cadre naturel de ce restaurant installé dans une ancienne maison en pierre. Côté plaisirs des papilles, on y appréciera les excellentes viandes, grillées au feu de bois de chêne. Mais vous pourrez aussi tester l'un de leurs plats phares, l'escargot. Comme le lieu est entouré d'un petit ruisseau où se baigner et dispose également d'une piscine, c'est l'endroit idéal pour une étape gourmande en famille.

LA QUADRA RESTAURANT HOTEL €€

Carrer Rectoria, 11
✆ +34 972 544 032
www.laquadra.com
A partir de 80 € la chambre.

La Quadra est un petit restaurant-hôtel créé en 1970 et situé dans le centre du village. Côté restaurant, il propose une cuisine traditionnelle élaborée avec des produits de saison et de proximité. Ce qui lui a valu l'appellation officielle d'hôtel gastronomique. On la dégustera soit dans les quatre salles intérieures, soit attablé sur une charmante terrasse, avec jardin. Il dispose par ailleurs de treize chambres, toutes rénovées en janvier 2020.

LA VAJOL

En poursuivant vers le nord-est, vous pouvez prévoir un arrêt à La Vajol, un petit village de moins de 100 habitants qui est niché à 546 mètres et a une frontière commune avec la France. Sa situation en a fait un lieu de passage pour les opposants au général Franco dont notamment Juan Negrín, chef du gouvernement et Diego Martínez Barrio, président des Cortes qui ont passé le col de Lli, le 5 février 1939, suivis par Lluís Companys, président de la Generalitat de Catalunya et José Antonio Aguirre, président du gouvernement autonome du Pays basque. A l'écart du village, un emplacement est dédié à l'exil avec deux statues de deux réfugiés.

RESTAURANT MANRELLA €€

ctra Manrella, km 1,275
✆ + 34 972 53 52 23
Fermé le lundi. Comptez environ 25 € à la carte.
Installé dans un très joli cadre de verdure, cette *fonda* permet de s'installer dans une belle salle décorée ou de profiter d'une grande terrasse ombragée. Sa carte est spécialisée dans la cuisine catalane et lorsque vient la saison, ses *calçotades* (oignons-tiges grillés servis avec sauce romesco), sont particulièrement appréciés. Tout comme comme son pain à la tomate accompagnant le jambon, coupé à l'instant. L'attente est parfois un peu longue, mais n'oubliez pas votre maillot de bain car, en prime, pour pourrez aller piquer une tête dans la piscine.

AGULLANA

A près de 10 km à l'est de La Vajol, par la GI-505, cette ville de moins de 1 000 habitants permet de continuer l'itinéraire de l'exil, car elle aussi, était un grand lieu de passage lors de la Retirada de 1939. On y visitera l'exposition permanente de la nécropole de Can Bech de Baix, présentant les urnes funéraires de l'Age de bronze (réservation préalable au ✆ +34 972 535 206). On y appréciera les édifices modernistes de cet ancien haut-lieu de l'industrie du liège comme le chalet Parellada, la casa Estela, can Vidal, les écoles Escoles Lluís Marià Vidal ou le café La Concordia où l'on aura à cœur de s'arrêter. Informations : www.agullana.cat.

LE PERTHUS

Petite commune frontalière à 9 km au sud du Boulou, Le Perthus n'a que très peu d'habitants et pourtant le petit bourg est souvent plein à craquer de touristes. Prévoyez en haute saison des risques importants de bouchons, et une fois sur place un mal fou pour se garer. C'est le premier marché libre d'Espagne avec 60 000 m² de surfaces commerciales ouvertes tous les jours jusqu'à 20h. Tous les commerces sont représentés, mais c'est surtout pour l'alcool et le tabac que les taxes sont réduites. Mais Le Perthus, c'est aussi et surtout depuis plus de 2 000 ans un lieu de passage historique. Le site de Panissars et le Fort de Bellegarde en sont les témoins.

LA JONQUERA

Sa situation sur l'axe Montpellier-Barcelone en a fait un haut lieu du commerce frontalier et l'a fait souvent connaître comme le haut lieu des emplettes. Il dispose de 2 centres de population : la Jonquera et El Pertús. Y passer permet aussi de visiter un intéressant musée de l'exil. En complétant cette visite par un passage par le centre culturel Can La Porta qui servira aussi de point d'information sur le site naturel de l'Albera, réparti entre la France et la Catalogne. On pourra enfin se rendre dans la réserve des étangs de la Jonquera, qui abrite de nombreux mégalithes, dont l'ensemble mégalithique des Estanys (3 sépultures et 3 menhirs).

LE MASSIF DES ALBÈRES

La Serra de l'Albera s'étend sur la section orientale des Pyrénées, depuis le col Pertús jusqu'à la Méditerranée. Et sépare deux plaines, celle du Roussillon au nord et celle de l'Empordà, au sud, côté catalan. En Catalogne, il abrite plusieurs espaces protégés. A l'ouest, celui de Requesens-Baussitges présente une végétation riche et variée, avec ses chênes-lièges, chênes communs et chênes rouvres, ses châtaigniers et ses hêtres, ces derniers étant très importants car ce sont les spécimens les plus à l'est de la péninsule ibérique. L'autre espace, celui de Sant Quirze de Colera - Balmeta, séparé par la zone du col de Banyuls, possède des caractéristiques typiquement méditerranéennes, avec une végétation plus sporadique causée surtout par les incendies de forêt dévastateurs qui ont ravagé la région au cours des dernières décennies, des buissons et des arbustes de garrigue. C'est là que survivent deux espèces animales protégées en voie d'extinction : la tortue méditerranéenne et la vache de l'Albera, dont il ne reste que quelque 400 spécimens dans le monde. C'est en 1986 qu'a été créé le site naturel d'intérêt national de l'Albera, avec deux réserves naturelles partielles, l'une pour la préservation de la flore, l'autre pour protéger la tortue méditerranéenne. Une nouvelle réserve partielle a été créée en 1987 : celle de Sant Quirze, également consacrée à la protection de la tortue. Le siège du site naturel est situé dans la commune d'Espolla, et la Jonquera abrite un centre d'information.

MUME - MUSEU MEMORIAL DE L'EXILI ★★

Carrer Major, 43-47
✆ +34 972 556 533
www.museuexili.cat
Horaires disponibles sur le site web. Entrée : 4 €. Information sur les visites guidées des routes de l'exil.

Ce grand espace moderne se veut musée, centre de recherche et outil de diffusion pédagogique. Il héberge une exposition permanente articulée autour de 5 thèmes : l'exil en général, les problématiques de la défaite et des retraites, la diaspora, l'expérience et l'héritage de l'exil. Le tout traité *via* des ressources audiovisuelles dont des interviews de témoins, des photos et de nombreux documents originaux (correspondances, bagages, objets réalisés...) et des panneaux explicatifs.

© MUME - MUSEU MEMORIAL DE L'EXILI

© MUME - MUSEU MEMORIAL DE L'EXILI

CASTELL DE REQUESENS

Camí a Requesens, s/n
✆ + 34 646 179 509
www.fincaderequesens.cat
Accessible seulement via des visites guidées. Tarif : 7 €. L'accés se fait depuis le village voisin de Cantallops.

A proximité de La Jonquera, ce château du XIe siècle est situé dans le parc naturel de la Serra de l'Albera et à 511 mètres de hauteur il domine tous les alentours. Sa création s'inscrit dans le cadre de la lutte pour le comté du Roussillon. Tout de granit, ce monument aux très grandes dimensions comprend une triple muraille aux tours rondes et carrées et abrite une chapelle à l'intérieur. Il a notamment servi de cadre au tournage du film *Le Parfum* de Tom Tykwer. Vous pourrez le découvrir le week-end, via des visites guidées.

CENTRE CAN LAPORTA

Carrer Major, 2
✆ +34 972 555 713
www.lajonquera.cat
Horaires disponibles sur les sites web. Entrée libre.

Ce centre culturel abrite aussi le centre d'information sur le site naturel de l'Albera. Créé en 1986, ce site protégé recouvre 4 108 hectares, incluant le versant sud de la chaîne de l'Albera et celle de la Balmeta, et culmine à 1 257 mètres (Puig Neulós). En Catalogne, c'est aussi le seul site protégé frontalier puisqu'il se poursuit en France. Il comprend deux secteurs bien distincts, celui de Requesens-Baussitges et celui de Sant Quirze de Colera, plus oriental, à la végétation plus méditerranéenne. Sa zone d'influence s'étend jusqu'à Llançà et Portbou.

HÔTEL FONT DEL PLA €€

Av 6 de octubre, s/n
✆ + 34 972 556 393
www.fontdelpla.net
Comptez de 78 € pour une chambre double.

Situé à 10 kilomètres de la frontière française, cet hôtel Font del Pla est installé en lieu et place d'une ancienne *masia*, sur les contreforts de la sierra de la Albera. Il tire son nom de la fontaine qui jadis rafraîchissait les voyageurs et les marcheurs et propose un total de vingt-trois chambres confortables (individuelles, doubles et triples, au choix), décorées de manière assez simple, mais fonctionnelle. Autre plaisir, une jolie terrasse dont vous pourrez profiter, dès les beaux jours venus, pour déguster votre petit déjeuner.

GRAN JONQUERA OUTLET

Avinguda Galícia, 22-28
✆ +34 972 557 831
www.granjonquera.com
Ouvert tous les jours de 9h à 21h. Les restaurants jusqu'à 24h, et supermarchés de 7h30 à 23h.

Situé à seulement 5 kilomètres de la frontière française et dans un bâtiment moderne doté de nombreux puits de lumière, cet ensemble abrite des magasins d'usines, des boutiques classiques et de nombreux services, déployés sur 2 niveaux. Avec une cinquantaine de boutiques, un supermarché, plusieurs restaurants et un glacier. Près de 300 marques sont présentes. Un petit cinéma, un espace culturel, où l'on propose des projections sur l'histoire de la région et une garderie pour les enfants à partir de 12 ans, complètent l'offre.

CANTALLOPS

Ce petit village de 300 habitants est situé sur le versant sud de la Serra de l'Albera, là où la montagne devient une vaste plaine forestière remplie de chênes, de chênes-lièges et de chênes verts. Son noyau central s'est organisé autour de son ancien château du XIIIe siècle. Au XIXe siècle, une de ses tours a été transformée en clocher pour l'église paroissiale de Sant Esteve. Ce village de charme calme et tranquille est aussi la porte d'accès au spectaculaire château de Requesens, d'époque médiévale d'origine et rénové en 1899. Il est aussi marqué chaque année au mois d'août par la traditionnelle procession se rendant au Sanctuaire de Requesens.

CAN SANTALÓ €€

Can Santaló ✆ +34 616 940 483
www.cansantalo.com
De 235 à 260 € par jour et de 1 400 à 1 975 € par semaine. 2 nuitées obligatoires, une semaine en haute saison.

Gérée par Núria Porxas, une globe-trotter, c'est une petite ferme rénovée disposant d'un jardin de 2 000 m². Can Santaló est composé d'une ferme en pierre de deux étages, proposant un rez-de-chaussée avec une grande pièce et une salle de bain et un premier étage avec une cuisine, une chambre et une salle de bains. L'autre bâtiment, le barbecue, est placé devant la piscine. Comme l'espace est situé à la sortie du village, là où commence la montée vers le château de Requesens, c'est un point de départ idéal pour toutes les promenades à effectuer dans les alentours.

CAPMANY

Avec ses 20 caves privées, ce village est un peu la Mecque des vins DO Empordà. Où l'on trouvera par exemple les vignobles Santamaria, Celler Pagès, Trias, Arché, Olivier Contí et bien sûr le groupe Oliveda qui abrite le musée du robinet ainsi qu'une bouteille de vin signée par Salvador Dalí. On pourra facilement se loger dans ce joli village, car le tourisme rural s'y développe. Cet ancien village médiéval offre aussi un joli hôtel de ville et une église fortifiée, Santa Àgata, datée des XIIe et XIIIe siècles. Comme dans toute la région, on y trouvera de nombreux dolmens cachés dans les forêts de chênes-lièges, elles aussi propices aux randonnées.

Tourisme

La municipalité de Capmany est la plus importante du Massif des Albères. On découvrira le centre-ville du village de Capmany autour d'un fort possédant encore les vestiges de quatre tours. En partant de la Plaça del Fort où se trouvent l'église Santa Àgata et la mairie, on pourra accéder à la Plaça Major, la Carrer Major et à la chapelle de Sant Sebastià. Et au sommet du village on trouvera « El Parral », la plus ancienne coopérative viticole de l'Empordà, qui regroupe aujourd'hui des espaces et des activités dédiées à la connaissance, la diffusion, la dégustation et la vente de vins locaux dont ceux bénéficiant de AOP « DO Empordà », comme l'Agrobodega. Dans ce village qui dispose du plus grand nombre de caves de la région, dont 9 bénéficiant du label « DO Empordà », le tourisme œnologique occupe une grande place mais un séjour permet aussi d'y apprécier le célèbre navet noir de Capmany, le « Negret » et d'apprécier l'un des ensembles mégalithiques les plus importantes de la Méditerranée : la Pierre des Sacrifices, le menhir Vidal, le dolmen et le menhir Quer Afumat, la Pierre Oscil·lant. Côté logistique, on pourra se loger dans des maisons rurales situées en centre ville ou émaillant les forêts et les collines environnantes ou dans son camping avec vue sur le massif des Albères. Côté attraits sportifs, le lieu profite d'un vaste réseau de sentiers balisés tels que le réseau Itinerània, le GR2, la véloroute Pirinexus mais aussi d'un grand nombre de voies mégalithiques qui vous permettront de partir à la découverte de ce territoire, et ce, tout au long de l'année, au vu du climat tempéré de la plaine du massif des Albères.

RECINTE DEL FORT

Plaça del Fort
www.visitcapmany.cat

© AJUNTAMENT DE CAPMANY - JORDI ANGRILL

C'est le centre névralgique de ce village du Moyen Age. Connue sous le nom de Recinte del Fort, cette place accueille la plus grande partie de la vie locale de Capmany car elle est à la fois le lieu de rencontre favori de la population mais aussi l'endroit sur lequel se célèbrent les fêtes, les traditions, les marchés... C'est sur cette place que l'on pourra observer l'église fortifiée de Santa Àgata, un bâtiment datant du XIIe siècle ainsi que sa mairie. De là, on pourra accéder à la Plaça Major et aussi à la Carrer Major, la rue principale du village.

MAS MARTÍ CAPMANY €€

Camí de Mas Martí s/n
✆ +34 972 549 068
www.mas-marti.com
Ouvert toute l'année, accès personne à mobilité réduite. A partir de 238 € chambre double pour 2 nuits (sans repas).

© MAS MARTÍ CAPMANY

Au pied de la chaîne des Albères, le Mas Martí est une ancienne ferme, entièrement rénovée dans le respect de l'environnement. L'ensemble se compose d'un mas et de trois mas indépendants, offrant de une à quatre chambres. Chaque espace étant équipé d'une cuisine et toutes les chambres d'une salle de bain complète. Sur une zone de 10 000 m² de jardins, vous pourrez profiter d'une piscine, d'un bain à remous, d'aires de barbecue, de nombreux espaces de jeux mais aussi bien sûr de l'ombre des nombreux oliviers. A louer dans son ensemble ou séparément.

TERRA REMOTA

Els Tallats km6 – carretera de Capmany GI 602
✆ +34 972 193 727
Propositions à découvrir sur le site web.

Située entre les villages de Capmany et de Sant Climent Sescebes, cette « terre éloignée » est installée sur une terre granitique propice à la viticulture puisqu'elle favorise le drainage des pluies. Sur un total de 54 ha, 26 ha sont consacrés à la viticulture pour produire des vins bénéficiant du label « production écologique » depuis septembre 2012. Même exigence du côté des bâtiments, conçus pour s'intégrer dans le territoire, respecter l'environnement, permettre une fonctionnalité technique et miser sur la transparence à toutes les étapes de la vinification.

GRUP OLIVEDA

Carrer La Roca, 3
✆ +34 972 54 90 12
www.grupoliveda.com
Ouvert à la visite toute l'année de 9h à 13h et de 15h à 18h30.

Dans cette Mecque des *bodegues* des DO de l'Empordà que constitue Capmany, ce groupe est incontournable. Fondée en 1948, l'entreprise maintient toujours sa structure familiale et produit actuellement 1 500 000 litres de vin, répartis entre les appellations d'origine DO Empordà-Costa Brava et Catalunya. Les celliers se consacrant principalement aux variétés autochtones telles que les grenaches et le carignan rouge. On visitera le musée du robinet, regroupant 5 000 pièces du monde entier, du Moyen Âge à nos jours, une création du grand-père Oliveda, maintenue depuis.

COSTA BRAVA

MOLLET DE PERALADA

Situé au pied de la Serra de l'Albera, ce village de Mollet de Peralada est entouré de vignobles et ses vins bénéficient aussi de l'appellation contrôlée DO de l'Empordà. Ses vins blancs macabéo et grenache, rosés et rouges sont particulièrement renommés. Au cœur du village, un peu surélevée, vous croiserez l'église romane de Sant Cebrià, datant du XIIe siècle, une ancienne possession du monastère de Santa Maria de Vilabertrán, autour de laquelle s'organise la vie du village. Et c'est dans le quartier des Costes, que se trouve la chapelle de Sant Joan Degollaci, une église du XVIIIe siècle (s'informer sur https://mollet-peralada.cat).

LA VINYETA

Carretera de Mollet de Peralada a Masarac
✆ +34 647 748 809
www.lavinyeta.es
Propositions de circuits à consulter sur le site web.

Une histoire un peu différente pour cette Vinyeta. Josep et Marta sont deux jeunes propriétaires qui ont débuté leurs activités en 2002, avec seulement 4 hectares de vignes à Mollet de Peralada. Avec l'aide et l'expérience du précédent propriétaire, ils en ont planté d'autres, construit leur bodega et produit leurs premières bouteilles en 2006. Très accueillants, ils reçoivent eux-mêmes les visiteurs pour leur montrer les vignes et la bodega. L'accueil peut se faire en français. On peut aussi y acheter des œufs et du fromage, la petite dernière de leurs activités.

RABÓS

Egalement connu sous le nom de Rabós de l'Empordà, ce tout petit village de moins de 200 habitants a été totalement dédié à la culture des vignes avant que le phylloxera ne les réduise à néant et ne fasse décroître aussi sa population. On remarquera surtout son église paroissiale Sant Julià de Rabós, de style roman et qui sera fortifiée au XIVe siècle. Ce lieu permet aussi de se lancer à la découverte du site naturel du massif de l'Albera, riche en monuments mégalithiques. Avec à proximité de la municipalité de Rabós, le menhir del mas Roquer (3 000 ans av. J.-C.), le dolmen de Coma de Fells et le dolmen de les Comes Llobes dels Pils.

MOLÍ ROQUER €€

Molí d'en Roquer 1
www.moliroquer.com/fr
A partir de 90 € la chambre.

Située dans le parc naturel de l'Albera, non loin de Rabós, cette ancienne ferme datant du XVIIe siècle à été transformée en une belle maison rurale. Toutes les chambres mêlent le style rustique et les exigences du confort moderne. Une fois sur place, vous profiterez d'une belle piscine extérieure et de plus de 60 000 m² de jardin mais aussi des petits déjeuners et des repas faits maison, à partir des produits locaux et de ceux issus de son jardin biologique. Sans oublier les terrasses extérieures permettant de profiter de la vue et de la tranquillité du lieux.

CELLERS D'EN GUILLA

Camí de Peralada, 1
✆ +34 872 20 40 54
www.cellersdenguilla.com
Plusieurs options de visites, toutes avec découverte de cave, dégustation de vins et promenade dans les vignobles.

Cette petite structure viticole dispose de 12 ha de vignes de cépage exclusivement de l'Empordà et ne produit que 50 000 bouteilles par an. Elle a opté pour un travail minutieux et de qualité, élaborant surtout des vins avec la variété propre à l'Empordà (Garnatxa Roja). La Vinya del Metge (un vin rosé jeune), l'Edith (un vin blanc vieilli en fût) et deux vins doux Garnatxa typiques de l'Empordà (Garnatxa et Sol i Serena). Le vignoble élabore aussi deux vins rouges vieillis pendant six mois (Rec de Brau) et un an (Bruel) en bouteille, tous primés.

MAS TRES PUIG

Ctra. Coll de Banyuls
✆ +34 696 673 009
Espace d'acampada ouvert de Pâques à la Toussaint. Ferme ouverte toute l'année. Vente en ligne.

Mas Tres Puig est le projet vital de la Marta, Alex et la petite Selva, qui progressivement au fil des ans ont restauré l'ancienne maison abandonnée et ont adapté le terrain (15 ha) pour en faire un potager de légumes biologiques, une ferme et une zone de camping. Plusieurs activités sont proposées (ateliers, cours, concerts). Un espace de dynamisme rural, basé sur l'éducation et le respect environnemental, la consommation responsable et l'autonomie énergétique où profiter d'un séjour en plein contact avec la nature, et aussi déguster des produits du terroir.

VINYES TORTUGA

✆ +34 686 82 68 63

www.vinyestortuga.com

Après en avoir longtemps rêvé, Dido et Jurriaan, un couple de Hollandais, sont désormais propriétaires d'un terrain de 25 hectares. Sur lequel les vignes sont cultivées en biodynamie (100 % naturels, sans ajout ni filtrage). Fabriqués depuis 2020 dans l'ancienne coopérative de Rabós, les vins qu'ils produisent portent des noms dérivés d'albums ou de chansons qui forment leur BO : Cloudbusting, Magic Potion, Sugar Magnolia et Doolittle, avec des nouveautés chaque année. Depuis le printemps 2023, vous profiterez aussi d'un restaurant avec vue sur la cave.

VILAMANISCLE

A 169 m d'altitude, ce tout petit village de 120 habitants bénéficie d'un environnement particulièrement agréable, au pied des montagnes d'Albera. Dans le village, on notera quelques maisons des XVIIe et XIXe siècles, le tout dominé par son « castell ». Mais c'est surtout un bon point de départ pour effectuer des randonnées dans le Parc naturel d'Albera où l'on pourra croiser des chevreuils, des blaireaux, des renards et des sangliers, voire des spécimens de la tortue d'Albera. Et découvrir un menhir de 3 m de haut « Pedra Dreta », monument mégalithique datant approximativement de 3 000 ans av. J.-C. Dont la légende dit qu'on peut y entendre la mer.

MAS VIVENT €€

Raval de la Font, 5

✆ +34 606 310 463

www.masvivent.com

Nichée dans un petit coin du village, cette maison rurale propose 8 chambres doubles, de type suite dont 4 disposent d'une terrasse. Toutes sont spacieuses et confortables : climatisation, réfrigérateur écolo, draps en coton égyptien… Et leur numérotation fait référence à l'ancienne activité de la ferme dédiée au vin. Disposant d'une décoration personnalisée, elles sont orientées à l'est et à l'ouest et ont été conçues pour procurer aux visiteurs le plus grand repos. On s'appliquera aussi à vous donner le maximum d'informations sur les activités à réaliser.

CELLER MAS PÒLIT

Carretera de Sant Quirze s/n

✆ +34 636 482 472

www.cellermaspolit.com

Visite après réservation préalable par mail ou téléphone. 15 €/adulte (inclut dégustation 4 vins).

Situé à la sortie du village et sur une colline avec une vue imprenable sur la région, le Mas Pòlit dispose de 8 hectares de vignes, cultivées en culture écologique. Les vins ont reçu le Prix Vinari du meilleur vin vieilli de Catalogne et le Vinari d'Or du meilleur vin de la DO Empordà. Car ce sont des vignobles de montagnes bénéficiant d'un sol d'ardoise et proches de la mer, deux conditions idéales pour produire des raisins d'excellente qualité. Les visites guidées vous feront découvrir l'histoire et les caractéristiques de la cave et des vignobles.

© CELLER MAS PÒLIT

© CELLER MAS PÒLIT

GARRIGUELLA

Ce petit village de moins de 1 000 habitants est l'un des hauts lieux de la production des vins de l'Empordà. Puisque la commune traite près d'un quart des vignes de cette région. Les principales variétés de raisins rouges sont le Carignan (à 48 %), mais on cultive aussi du cabernet sauvignon, du grenache, du merlot et du tempranillo pour les vins rouges et pour les vins blancs, du macabeu, du carignan, du grenache et du muscat. Sa coopérative est très réputée et traite près des deux tiers de la production du village. Vous pouvez bien sûr la visiter pour découvrir ses installations et ses modes de production et profiter également des dégustations.

PAU

Ce village de près de 500 habitants fait partie de la route des vins de l'Empordà. Et ses vins sont commercialisés dans toute l'Espagne. Situé à côté du bassin de la rivière Muga, le long du versant sud de la chaîne de montagnes de Rodes, il donne lui aussi accès à une zone de dolmens (de la Buarnua, de la Creu Blanca, del coll del bosc de la Margalla). Il permet de continuer la découverte des églises romanes de la région, avec son église Sant Martí, datée des XIe et XIIIe siècles. À signaler également, la collection d'outils de Salvador Comas, un petit musée rendant compte de la vie et des travaux dans les champs (renseignements à la mairie).

COOPÉRATIVE DE GARRIGUELLA

Carretera de Roses, s/n
✆ +34 972 53 00 02
www.cooperativagarriguella.com
Différentes formules de visites sur le site web.

Fondée en 1963, c'est l'une des coopératives les plus enracinées et traditionnelles de la région. Elle englobe 3 activités différentes : la cave viticole où s'élabore un vin sec et doux ; l'agro boutique avec vente de produits km 0 et une zone de dégustation. Un restaurant permet aussi d'accompagner la dégustation en se sustentant avec des assiettes de fromages ou de saucisses. Des visites guidées sont proposées et peuvent même inclure, à la demande, un menu gastronomique.

MAS LLUNES, VINYES I CELLERS

Crta. Vilajuiga, s/n
✆ +34 972 55 26 84
www.masllunes.es
Visite guidées et dégustations, après réservation préalable : inclut visite des vignes, de bodega et dégustation.

Ce Mas Llunes est situé en face de la coopérative de Garriguella et ses vins sont présentés dans une bodega de 1 260 mètres carrés qui affiche une allure résolument moderne et qui a été construite en 2000. Elle traite chaque année environ 200 000 kg de raisins provenant des 48 hectares des vignes possédées. On est un peu ici dans la « Rolls-Royce » des vins de l'Empordà, ce qui a valu à ce Mas Llunes de nombreuses récompenses, toutes vraiment justifiées.

LA ROUTE DES VINS DO DE L'EMPORDA

La région de l'Empordà revendique une tradition viticole de 2 500 ans. Implanté par les Phocéens lorsqu'ils fondèrent Empúries, ce vignoble fut ensuite développé par les colons romains puis par les bénédictins du monastère Sant Pere de Rodes. La gamme de ses vins développés est vaste : des rouges, constitués et harmonieux, ils ont une fragrance subtile, aux touches d'épices, tout en conservant les arômes du fruit et du cep ; des blancs, souvent élaborés avec des variétés autochtones ; des rosés, à la couleur cerise et à l'arôme délicat et frais et la Garnatxa de l'Empordà, une singularité de la région. Élaboré à partir d'une variété de raisin qui a donné son nom au vin, c'est un vin doux à la saveur particulière du raisin mûr, recommandé pour les desserts comme l'autre vin doux de la région, le Moscatell de l'Empordà. Une gamme complétée par les vins écologiques et les vins mousseux. Aujourd'hui, plus de 40 caves bénéficient de l'appellation d'origine contrôlée DO d'Empordà, situées dans le bas et le haut Empordà. La plupart organisent des visites guidées et vendent aussi leurs produits, directement. Vous trouverez la liste complète sur www.doemporda.cat. Ainsi qu'une route des vins de l'Empordà, qui suit une ligne transversale allant de la mer à la montagne et vous permettra de croiser les trois principaux monastères romans qui se consacraient à la viticulture, il y a des siècles, le Parc naturel du Cap de Creus et la zone naturelle de l'Albera. Et de visiter des villes comme Figueres, Peralada ou Roses.

EMPORDÀLIA

Carretera de Roses, s/n
✆ +34 972 53 01 40
www.empordalia.com
Boutique de produits du terroir ouverte en semaine et dimanche matin. Visite guidée et dégustation : 15 €.

Fondé en 1947 et installé à Pau, ce regroupement de petits producteurs de la région couvre aujourd'hui 230 ha de vignobles cultivant les cépages de grenache blanc, macabeu et moscatell d'Alexandrie pour les vins blancs et de grenache et samsó pour les vins rouges. Avec une introduction de nouveaux cépages comme la syrah, le cabernet sauvignon ou le merlot. Il possède aussi 500 ha d'oliviers. On peut visiter les magnifiques locaux d'Empordàlia, de l'ancien moulin à la moderne cave à vin en passant par le domaine viticole et les oliveraies.

COLERA

A 7 km au sud de Portbou, il offre un très joli cadre pour les vacances, de par sa situation entre Méditerranée et massif des Albères. Et une destination encore tranquille très appréciée des familles du fait de ses plages. La plus grande, la plage des Portes est dotée de tous les services et longe la promenade maritime où se trouvent les restaurants. Avec à sa droite, un petit port de plaisance et à sa gauche la plage d'En Goixa, séparée de la plage principale par quelques rochers. En son centre, le village s'organise autour de la Plaça Pi i Margall où l'on pourra noter son arbre plus que centenaire, planté en 1878. Informations : www.colera.cat

PALAU-SAVERDERA

Connue comme le « Balcó de l'Empordà », elle est située aux portes du Parc naturel de Cap de Creus. Du village néolithique de Ca n'Isach à la Tour de l'Horloge, en passant par l'église romane de Sant Joan et le château des Vilamarí, le lieu est chargé d'histoire et de légendes. Dans ses ruelles se cachent des petits trésors, tel le Musée Rural de Can Caussa, qui ravira les amateurs d'objets anciens. Un endroit tenu par Francesc Caussa, toujours disponible pour vous ouvrir ses portes. Sur la Place Mirador se dresse un remarquable belvédère, parfait pour admirer les paysages de l'Alt Empordà jusqu'à la mer. Divers sentiers de randonnées aux alentours.

DIVING COLERA

Pla de les Portes nº 1 ✆ +34 972 38 90 18
www.divingcentercolera.com
Tarifs et horaires disponibles sur le site web. Plongées. formations, initiation et spécialités tous niveaux.

Situé dans le camping de Sant Miquel, ce centre de plongée vous permet de bénéficier de plongées sûres et confortables que vous soyez expert ou débutant. Et ce en profitant des meilleurs sites du nord de la Costa Brava : parc naturel du cap de Creus, réserve marine de Banyuls-Cerbère et zone d'intérêt de pêche Colera-Portbou, grâce à deux bateaux permettant d'accéder à ces points de plongée. Durant la haute saison, le centre propose aussi de nombreuses activités aquatiques comme le snorkeling ou safari cruise. Plongée pour enfants à partir de 8 ans.

HOTEL BOUTIQUE NIU DE SOL €€

Carrer Nou, 34
✆ + 34 671 600 303
www.hotelboutiqueniudesol.com
A partir de 130 € pour une chambre double.

C'est la très sympathique et passionnée Mercè qui s'occupera de votre accueil dans son petit « nid du soleil », un bel édifice rural de centre-ville couleur rose bonbon. Les 11 chambres, dont certaines disposent d'une terrasse, sont confortables, spacieuses et pleines de charme. Toutes sont décorées avec goût, très bien équipées et regorgent de petits détails. Un restaurant de bonne facture vous propose des menus à base de produits locaux de saison. Une très belle adresse.

Portbou.

PORTBOU

Portbou, Portbou... et une longue attente pour permettre le passage des trains de la France à l'Espagne. C'est désormais fini puisque le Talgo reliant Paris-Barcelone de nuit est aux oubliettes de l'histoire. Mais c'est l'occasion de se faire d'autres souvenirs en découvrant l'un des rares lieux de la Costa Brava où l'on vit encore à un rythme tranquille. Entouré des contreforts de la chaîne des Albères, ce village a pu préserver sa jolie baie des constructions excessives. La Méditerranée y reste encore naturelle et sauvage. Les randonneurs pourront partir à la découverte des trois dernières bornes marquant la division entre la France et l'Espagne.

BIBLIOTHÈQUE WALTER BENJAMIN

Antigues Escoles

Après des années de projets, la ville de Portbou a finalement inauguré la bibliothèque dédiée à Walter Benjamin, en février 2023. C'est la première étape du nouvel équipement culturel qui a pris place dans les anciennes écoles de la commune, un édifice moderniste classé bien d'intérêt culturel local. La nouvelle bibliothèque regroupe les fonds de Gian-Luigi Ponzano et Philippe Yvernel, A terme, la future maison de Walter Benjamin sera un centre consacré au philosophe allemand.

TOUR DE LA VILLE

Si la silhouette de la gare, de style néogothique construite en 1929, reste parmi les images emblématiques de Portbou, on y appréciera aussi sa jolie baie, sa rambla et ses ruelles en pente. Au programme d'une visite, on ne manquera pas de se rendre à son cimetière marin, suspendu au-dessus de la mer pour y trouver, à proximité, le monument *Passagen*, œuvre érigée par l'artiste israélien Dani Karavan, à la mémoire du philosophe Walter Benjamin, décédé à Portbou en fuyant le nazisme. La visite se poursuivra par l'église de Santa Maria (Plaça Santa Maria, s/n). Seule église néogothique de la région, elle a été conçue par l'architecte Joan Martorell et comprend une nef de 20 mètres de haut et de 33 mètres de large. A l'intérieur on y trouvera une statue de la Vierge Marie, œuvre du sculpteur Frederic Marès, enfant du pays dont on rencontrera d'autres sculptures dans le village. Si l'ancienne activité de pêche appartient elle aussi au passé, Portbou dispose maintenant d'un port de plaisance achevé en 2001. A quelques pas de la frontière, il peut être tentant de profiter de la différence de prix. Le marché municipal se trouve quant à lui Passeig Enric Granados et Carrer del Mercat (du lundi au samedi, de 8h à 14). Par ailleurs, les marcheurs pourront aussi profiter des falaises impressionnantes de la Punta del Claper qui constituent un excellent mirador sur la baie de Portbou. C'est aussi d'ici que part le GR-92, un sentier de grande randonnée et de haute difficulté qui va jusqu'à Ulldecona. 20 étapes pour parcourir 583 km.

LLANÇÀ

En bordure de mer, ses vieilles maisons de pêcheurs entourant le port ont laissé la place à un espace touristique et résidentiel, développé depuis les années 1960. Et à 1 km vers l'intérieur, son centre s'organise autour de la Plaça Major, où se dressent deux silhouettes emblématiques de la ville, Sant Vicenç une église baroque du XIIIe et une tour romane du XIIIe et du XIVe. Apprécié pour les sports nautiques, Llança l'est aussi pour la randonnée puisqu'elle bénéficie de la proximité de 2 parcs naturels protégés, Cap de Creus et Albera et que de nombreux sentiers s'y croisent. Comme le GR-92 et le GR-11 qui relie le Cap de Creus à la mer cantabrique.

ÎLOT DU CASTELLAR

El castellar, c'est le nom que l'on donne à cet ancien îlot, situé à quelques mètres de la terre ferme et maintenant réunifié. Devenu l'autre lieu emblématique de la commune, le *Castellar* est aujourd'hui un promontoire intéressant pour contempler toute la côte de la Balmeta. Avant de devenir un lieu traditionnel de promenade, il a occupé de multiples fonctions, lieu de sépulture comme en attestent les vestiges trouvés, point de guet ou lieu de défense comme en témoignent les deux bunkers construits dans les rochers, tout en haut.

MUSÉE DE L'AQUARELLE - FONDATION MARTÍNEZ LOZANO

Plaça Major, s/n
✆ + 34 972 12 14 70
Fermé le dimanche après-midi.

Créé en 1989 par l'aquarelliste catalan Josep Martínez Lozano ce musée-fondation est le premier musée de l'aquarelle en Espagne. On y trouvera les œuvres de divers auteurs, mais aussi celles réalisées par Martínez Lozano qui a fait donation à ce musée d'une grande partie de sa collection personnelle (une centaine au total). C'est à Figueres en 1946 qu'il rencontre Ramon Reig qui le poussera à se lancer dans cette voie et il deviendra le disciple de Ramon Sanvisens et Joaquin Terruella.

PARC NATUREL DU CAP DE CREUS ★★★

Créé en 1998, il comprend la péninsule du cap de Creus et la chaîne de Rodes et c'est le 1er parc maritime et terrestre de Catalogne. D'une superficie de 13 886 ha dont 10 813 ha correspondent à la partie terrestre et 3 073 ha à la partie maritime il culmine à 670 m (Sant Salvador de Verdera). On y trouvera une grande diversité d'écosystèmes marins ou terrestres. Au plan historique il héberge aussi d'impressionnants éléments architecturaux allant de la préhistoire à l'époque médiévale.

LES PLAGES

Sur ses 7 km de littoral, Llançà compte des petites criques accueillantes. Deux plages, du port et de Grifeu arborent le drapeau bleu. Une route des plages et des arts de la pêche relie ce littoral via 7 points d'informations, situés sur les principales plages : Cap de Ras, Grifeu, Le Port, Le Castellar, La Farella, Les Tonyines et Cau del Llop. Pour découvrir les anciennes pratiques de pêche comme la palangre ou la madrague. A ceux qui aiment les lieux sauvages et tranquilles pour se baigner, on conseille Cap de Ras, aisément accessible au sortir de la ville.

TOUR ROMANE

Plaça Major, s/n
Entrée libre. Se procurer les clés auprès du musée de l'Aquarelle.

C'est ce qu'il reste de l'ancienne église Sant Vicenç qui lui était adossée. Conservée en l'état lors de la construction de la nouvelle église au XVIIe siècle, cette tour carrée romane des XIIIe et XIVe siècles s'élevant à 21 m devait lui servir de clocher. Mais elle ne recevra ledit clocher qu'au début du XXe. Elle servira pourtant de signe identitaire à la ville. Sur la même place, l'arbre de la liberté, un platane de 25 m, a été planté en 1870, reprenant la tradition française de la révolution de 1789 symbolisant ainsi la conquête des libertés par le peuple.

Parc Naturel du Cap de Creus.

OFFICE DE TOURISME DE LLANÇÀ

Carrer Camprodon, 16-18
✆ + 34 972 38 08 55
www.visitllanca.cat
Horaires disponibles sur le site web.

En été, des visites guidées de la ville sont proposées. Durant environ une heure et demie, elles changent de thème chaque jour : patrimoine, visite du port... Également en français. Vous y trouverez des informations sur les randonnées à effectuer depuis la ville puisqu'elle propose un réseau circulaire couvrant plus de 100 km signalisés. Un autre point d'information situé au parking du port est ouvert tous les jours, de Pâques à novembre et les week-ends, le reste de l'année.

HOTEL CARBONELL €€

Carrer Major, 19
✆ +34 972 38 02 09
www.hotelcarbonell.es
Comptez de 79 à 109 € la chambre double, IVA inclus. Petit déjeuner : 10 €.

Situé en plein centre du *nucli antic* de Llançà, voici un hôtel familial délicieux dans lequel tout est fait pour que l'on se sente comme dans sa propre maison en bord de mer. Il faut dire que c'est désormais la troisième génération qui tient en main ce lieu ouvert depuis 1964. Mais rénové régulièrement depuis, avec un goût très sûr. Il propose 35 chambres distribuées sur 2 étages, avec ascenseur. Au programme de la décoration, murs clairs, meubles en bois blancs et parquets qui font de l'ensemble des espaces lumineux. Et petit déjeuner soigné au réveil.

RESTAURANT ELS PESCADORS €€

Carrer Castellar, 41
✆ +34 972 38 01 25
Fermé le dimanche soir. Comptez 45 € à la carte, sans les vins.

Sur le port, c'est l'un des premiers restaurants à s'être ouvert et depuis 1980, on en profite en s'installant dans une salle à manger élégante ou sur une terrasse de rêve. Au menu, du poisson comme le bar (*llobarro*), le turbot, le saint-pierre (*gall de Sant Pere*) et des fruits de mer puisque gambes, palourde (cloïsses) ou *llagostins* (petites langoustines) sont à la carte. On optera aussi pour des spécialités comme le *gratinat de bolets*, sorte de mille-feuille aux champignons, le délicieux *suquet* (soupe de poisson locale) ou toute la variété des riz.

SK KAYAK

Passeig Marítim, 4
✆ + 34 627 433 332
www.kayakcostabrava.com
L'été, ouvert toute la semaine, de 9h à 21h, le vendredi, le samedi et le dimanche matin le reste de la semaine.

Ce centre est le grand spécialiste du kayak de mer ainsi que du snorkeling. Avec de nombreuses offres dans ce domaine, y compris des formules simples et familiales qui permettent de découvrir de manière ludique le cap de Creus ou le Parc dels Aiguamolls de l'Empordà dans une optique d'écotourisme. Les formules proposées incluent aussi des circuits de deux jours, au cap de Creus, ou pour parcourir de façon plus approfondie les différents tronçons de la Costa Brava. Il propose également des visites guidées pour découvrir la nature.

EL PORT DE LA SELVA ★

Sur la péninsule du Cap de Creus, ce petit port de plus de 1 000 habitants bénéficie d'une situation exceptionnelle, pieds dans la mer et dos aux montagnes de Rodes, avec en ligne de mire dès l'arrivée, la silhouette blanche de Santa Maria de les Neus. Autant de paysages qui ont été et restent une source d'inspiration pour les écrivains ou les peintres. Jusqu'en 1787, c'était le quartier marin de Selva de Mar, un village médiéval situé à 2 km à l'intérieur lorsque les attaques de pirates rendaient plus périlleuse une installation sur la côte. Aujourd'hui, c'est l'un des ports de la Costa Brava qui conserve le mieux la tradition maritime.

RANDONNÉES

Ici, le chemin de ronde c'est le GR-92 qui suit la côte, depuis El Port de la Selva jusqu'à Llançà, sur 7 kilomètres. A juste titre, très apprécié des habitants qui le pratiquent beaucoup le week-end, il vous permettra d'accéder au Phare de S'Arenella, depuis lequel vous disposerez d'une très belle vue panoramique sur El Port de la Selva. Les randonneurs pourront aussi rallier à pied le monastère de Sant Pere de Rodes, à environ 5 kilomètres, après une belle montée. Mais avec la garantie d'une vue époustouflante sur la côte à l'arrivée.

COSTA BRAVA

LA TINA €

Carrer Major, 15
✆ + 34 972 387 149
www.hostallatina.cat
Hostal ouvert toute l'année, restaurant le midi.
Comptez de 85 à 105 € pour une chambre double.

Situé dans la rue principale du village à côté de l'église, cet *hostal* familial propose vingt chambres doubles et vingt appartements, pouvant accueillir de 2 à 6 personnes. Le tout réparti sur deux étages qui est sont désormais desservis par un ascenseur. Ouvert depuis 1972, il dispose aussi d'un restaurant permettant de goûter une cuisine familiale et traditionnelle, mettant en valeur les produits du lieu tels que le *suquet*, les moules ou les calamars d'El Port de la Selva. Avec une terrasse pour les beaux jours. A recommander aux familles.

MONASTÈRE DE SANT PERE DE RODES ✝ ★★★

Camí del Monestir, s/n
✆ +34 972 194 238
patrimoni.gencat.cat
Horaires sur le site web. Entrée : 6 €.

Situé sur la montagne de Verdera, ce monastère est l'un des trésors de l'art roman catalan, l'un des plus emblématiques de l'Empordà. Il se dresse à près de 520 m au-dessus de la mer, au cœur d'un paysage époustouflant. Ses origines sont incertaines même si les premières mentions le font apparaître à la fin du IXe siècle. C'est toutefois le début du Xe qui marque le début de sa splendeur avec la construction de l'église intervenant entre les Xe et XIe siècles. Le pouvoir et le prestige de l'abbaye de Rodes vont se consolider entre les XIIe et XIIIe siècles faisant d'elle l'un des centres de pouvoir spirituel, politique et économique les plus importants de son temps. Pouvoir qui se traduira par un agrandissement considérable de ses dépendances et la réalisation d'œuvres de grande valeur artistique, comme le portail en marbre sculpté sur le portique par le maître de Cabestany, disparu aujourd'hui.

Conflits armés, épidémies et crise de l'ordre bénédictin contribueront à sa décadence à partir du XIVe siècle même si elle connut une époque de récupération économique du XVIIe au XVIIIe grâce à l'essor de la vigne dans la région. Les moines l'abandonneront définitivement en 1798 et il s'en suivra un long processus d'écroulement et de spoliations intenses jusqu'en 1930, date à laquelle elle sera classée Monument Historico-artistique national. Ce sera le début des premiers travaux de restauration, mais il faudra attendre la décennie 1989-1999 pour qu'un ambitieux programme de fouilles archéologiques et de restaurations soit mené à bien. Votre visite vous permettra d'identifier les modes de rénovation qui l'ont marqué.

Comptez deux heures pour la visite de l'ensemble qui s'articule autour d'une vingtaine d'éléments, dont bien sûr le cloître supérieur, du XIIe siècle considéré comme le cœur du monastère ainsi que l'église et sa tour carrée, d'influence lombarde.

Deux autres monuments complètent cet ensemble : le château de Sant Salvador de Verdera, en haut de la montagne et le petit village de la Vall de Santa Creu de Rodes, à 1 km au nord, en prenant une rue adjacente à celle menant au monastère. A ceux qui souhaitent bénéficier d'une vue encore plus superbe sur El Port de la Selva, on conseille de poursuivre la grimpette jusqu'aux vestiges de l'église de Santa Elena, d'origine préromane, située non loin. Et dont les fouilles effectuées dans les environs donnent à penser que ce lieu a dû être un passage-clé dans les pèlerinages effectués à Sant Pere de Rodes.

© CARLOS - FOTOLIA

Monastère de Sant Pere de Rodes.

HOTEL SPA PORTO CRISTO €€€

Carrer Major, 59

✆ +34 972 387 062

www.hotelportdelaselva.com

Fermé de novembre à fin février. A partir de 120 € pour une chambre double standard, petit déjeuner inclus.

C'est dans un ancien mas servant de cave à vins que s'est installé l'hôtel Porto Cristo en 1960. Entièrement rénové depuis 2015, c'est aujourd'hui un hôtel spa, doté des meilleurs services. Situé à proximité de la plage de Port de la Selva, il propose désormais cinquante chambres, toutes donnant sur l'extérieur, avec vue sur mer ou montagne et parfois une terrasse. Bien équipées, elles affichent une décoration soignée, en bois et en pierre, certaines disposant d'une baignoire à hydromassage ou d'un bain à remous. Terrasse-solarium sur le toit.

CAL MARINER €€

Carretera de Cadaqués, 2

✆ +34 972 38 80 05

Ouvert tous les jours. Comptez environ 30 € par personne sans les vins.

Donnant sur le Passeig Marítim, ce restaurant aux couleurs marines et aux viviers trônant à l'accueil propose des menus qui vous permettront de faire le tour des spécialités locales : terrines de poissons ; salades aux asperges tièdes, accompagnées de parmesan ; riz au homard ou *suquet* à la baudroie et aux langoustines. Le tout suivi de desserts maison comme la confiture de tomate à la gelée de yaourt ou la soupe fraîche de mangue, accompagnée d'une glace à la noix de coco. Sans oublier sa très savoureuse *fideuà* à l'aïoli pour les grosses faims.

RESTAURANT DEL MONESTIR €€

Camí del Monestir, s/n

✆ + 34 972 19 42 33

Comptez environ 40 € à la carte, sans les vins.

Voici un restaurant qui peut devenir aussi incontournable que la visite du monastère dans lequel il se trouve, avec des horaires qui sont ceux du monastère. Son tout premier plus, une vue splendide et panoramique depuis sa grande baie vitrée. Mais les papilles ne sont pas oubliées et la cuisine est du marché. Il y aura des salades de fromages de chèvres ou de morue fumée ou des anchois de El Port de la Selva. Les gambes sont aussi locales et les desserts maison. Avec le menu de Sant Pere de Rodes, la coupe de cava de bienvenue s'invitera à votre table.

CLUB NAUTIQUE DEL PORT DE LA SELVA

La Lloia, s/n

✆ +34 972 38 70 00

www.cnps.cat

Ce club nautique dispose d'une école de voile reconnue par la fédération catalane de voile et une école de natation. Il propose des cours d'initiation à la voile, en groupe ou individuel. Et parfois des balades en mer. On pourra aussi y exercer la plongée sous-marine, via des cours, des baptêmes ou des promenades guidées dans de nombreux points, une vingtaine, situés aux alentours du club. Pour avoir plus de renseignements, n'hésitez pas à les contacter sur la programmation.

CADAQUÉS ★★★

Tout de blanc vêtu entre les terrasses d'oliviers, il a longtemps été un village isolé du reste de la Catalogne de par les montagnes environnantes. Une particularité qui lui a valu de n'être accessible que par bateau durant des siècles. Aujourd'hui, le petit port attire toujours les artistes, peintres ou écrivains, même si les constructions des dernières décennies ont légèrement atténué son profil cubiste. Son ambiance évoque Saint-Martin-en-Ré, avec le soleil méditerranéen en plus. Peut-être est-ce dû au sentiment d'être toujours dans une île... Côté inconvénients, les touristes affluent, particulièrement l'été. On le visitera donc de préférence hors saison et hors week-end, dans l'idéal.

Histoire

C'est au XIXe siècle que de nombreux enfants du pays partirent d'ici pour faire fortune à Cuba. Et à leur retour, ceux que l'on surnommait les *Indianos* rapportèrent un certain état d'esprit, mais également de l'argent ce qui leur permit de faire construire de grandes et belles maisons autour et dans le village. Au début du XXe, lorsque les terrasses qui l'entourent étaient encore recouvertes de vignes, ce sont des artistes comme Marx Ernst, Paul Eluard, René Magritte, Federico García Lorca, André Breton ou encore Luís Buñuel qui mirent à la mode ce ravissant et minuscule port de pêche, également marqué par la personnalité de Salvador Dalí.

TOUR DU VILLAGE

Vous parcourrez bien sûr le dédale des rues escarpées, aux façades blanches et aux balcons fleuris. L'occasion de découvrir aussi les galeries, les boutiques mode et les petits restaurants qui s'y sont installés. Pour accéder à l'église Santa Maria, le point le plus haut longtemps refuge qui permettait de voir arriver les pirates. L'église actuelle est du XVIIIe siècle, mais conserve la forme gothique de ses origines et abrite un retable emblématique du baroque populaire de l'Empordà. Sur le port, à noter la Casa Serinyana, édifice moderniste de 1910.

OFFICE DU TOURISME DE CADAQUÉS

Carrer Cotxe, 2
✆ +34 972 258 315
www.visitcadaques.org
Ouvert toute la semaine l'été, un peu moins hors saison.

Situé dans la partie basse de Cadaquès, non loin de sa petite plage urbaine, cet office du tourisme organise des visites guidées durant l'été. Avec au programme, une promenade dans la vieille ville, la découverte de l'église et la maison musée Dalí, à Portlligat. On vous renseignera aussi sur le calendrier festif de la ville tel que le festival de musique du mois d'août (www.festivalcadaques.cat), les concerts d'orgues de l'église Santa Maria en été ou la Festa Major du 11 septembre.

MUSEU DE CADAQUÉS

Carrer Narcis Montuniol, 15
✆ +34 972 258 877
Horaires et jours d'ouverture variables en fonction des expositions (se renseigner).

Ce musée possède une collection importante d'œuvres réalisées par des artistes qui ont été d'une manière ou d'une autre liés au village de Cadaqués. Parce qu'ils y ont vécu, qu'ils y ont travaillé ou que ce lieu les a inspirés. Ce sera donc l'occasion de voir les travaux de Salvador Dalí, de Pablo Picasso, de Josep Niebla, peintre expressionniste catalan, d'Antoni Pixot, peintre et proche collaborateur de Salvador Dalí, mais aussi de Richard Hamilton, peintre et graphiste britannique. Ces artistes sont à découvrir à l'occasion d'expositions temporaires.

TRAIN DE CADAQUÉS ★

✆ +34 902 320 320
www.estrenetdecadaques.cat
Le point de vente des billets se trouve au centre du village. Portlligat : 11 €, Cap de Creus : 17 €.

Voici un moyen idéal pour découvrir Cadaqués et aussi ses alentours. Le départ se fait depuis la place située à côté de la plage. Ce petit train propose deux trajets : le premier se rend à Portlligat et parcourt un circuit d'environ 10 km. A cette occasion, vous verrez le village lui-même, la maison musée de Salvador Dalí et quelques aperçus des paysages du Cap de Creus. Le second trajet vous propose de vous rendre jusqu'au Cap de Creus via un trajet d'environ 20 km. Dans ce dernier cas de figure, un arrêt de 20 min est prévu dans une crique.

CAMPING DE CADAQUÉS €

Carretera de Portlligat, 17
✆ + 34 972 258 126
www.campingcadaques.com
Ouvert de la semaine sainte à la fin septembre. 1 personne : de 5,10 à 9,20 € et de 13,75 à 19,10 € pour une tente.

Il est situé à mi-chemin entre Cadaqués et Portlligat et à 500 mètres de la plage, mais en comptant une bonne descente, donc une bonne remontée. Fondé en 1960, il est rapidement plein en été et assez cher, mais en échange, il offre de bons services et des installations appréciables : supérette, location de vélos, des piscines d'été (juillet et août) pour grands et petits, des tables de ping-pong, un terrain de pétanque, restaurant et bar avec jolie vue panoramique sur Portlligat et le cap de Creus. Vous pourrez opter pour un bungalow.

L'HOSTALET DE CADAQUÉS €

Carrer Miquel Rosset, 13
✆ +34 972 25 82 06
www.hostaletdecadaques.com
Ouvert toute l'année. De 60 à 180 € selon la saison et le jour.

Installé au cœur du vieux Cadaqués, ce petit hôtel de seulement huit chambres mise sur la simplicité et un emplacement central. Les chambres y sont un peu étroites, mais possèdent toutes le confort nécessaire (salle de bains, TV, climatisation) et une décoration agréable aux airs méditerranéens. Bien qu'elles donnent sur l'une des rues les plus animées de la ville, où se concentrent bars et discothèques, rassurez-vous, les chambres sont parfaitement insonorisées. Au total, c'est un bon rapport qualité-prix pour séjourner à Cadaqués.

HOTEL BLAUMAR CADAQUÉS €€

Carrer de la Massa d'Or, 21 ✆ +34 972 159 020
www.hotelblaumar.com
Fermé entre novembre et avril. Chambre double entre 116 et 195 € selon le confort et la saison.

C'est un joli édifice de style méditerranéen, situé à environ dix minutes à pied du centre de Cadaqués, dans une zone résidentielle. Cet établissement propose vingt-sept chambres qui disposent pour la plupart d'un balcon offrant une vue sur le village. Les chambres sont fonctionnelles : TV, climatisation, wifi, avec pour certaines une décoration rustique. On y appréciera aussi son bar, son coin salon, sa terrasse ainsi qu'une piscine de plein air très agréable en été. Une bonne option pour ceux qui souhaitent un séjour au calme.

LLANÉ PETIT €€

Platja Llané Petit
✆ +34 972 251 020
www.llanepetit.com
Chambre double standard entre 139 € et 249 € selon la saison, petit déjeuner buffet inclus.

C'est un des classiques et historiques de Cadaqués. Son premier avantage est d'être situé directement sur le front de mer ce qui assure une très jolie vue sur la baie et le spectacle des petits bateaux depuis la terrasse. Rénovées en 2020, les chambres sont décorées de manière agréable. Toutes disposent de la climatisation, certaines possèdent un balcon ou une terrasse, avec là aussi vue sur la mer. Vous aurez un accès direct à une petite plage. Et apprécierez certainement son petit déjeuner copieux et sa piscine. Bel établissement de qualité.

COSTA BRAVA

Ville de Cadaqués.

Vue sur Cadaqués.

UBALDO €€

Carrer Unió, 13
+34 972 258 125
www.hotelubaldo.com
Chambre double de 70 € et 125 €.

Situé dans le vieux quartier de la butte, à mi-chemin de la descente vers le port, cet hôtel est installé dans un bâtiment traditionnel, rénové pour en préserver l'esthétique. D'où les murs impeccablement blancs. Il propose des chambres doubles et triples, certaines dans le corps du bâtiment principal, d'autres tout à côté. Chacune dispose d'une terrasse ou d'un petit balcon et offre un confort de base tout à fait acceptable. Mère et fille vous gratifieront d'un accueil tonique, à l'image du bel entrain, caractéristique des femmes de l'Empordà.

ENOTECA MF €€

3 Plaça des Poal
+34 972 258 954
www.martinfaixo.com
Tous les jours de 12h à 0h. Comptez 30 €.

Il s'agit de l'œnothèque de Martín Faixó, producteur des vins Perafita, en référence au nom du mas du XIVe siècle, dont on aperçoit les coteaux à l'entrée de Cadaqués. On y déguste vins et tapas sur une agréable terrasse ombragée, donnant sur la petite plage d'Es Poal, la plage centrale du village. Avec à la clé, une belle vue sur Cadaqués. La carte évolue au gré des saisons, offrant une bonne cuisine du marché à déguster de manière informelle, sous forme de *platets* à partager, mais aussi sous forme de repas plus traditionnel. Le tout très joliment présenté.

PLAYASOL €€€

Ribas Es Pianc, 3
+34 972 258 100
www.playasol.com
Chambre double de 150 € à 300 € selon la saison et l'orientation.

Ouvert depuis un demi-siècle, cet hôtel s'est offert un lifting complet en 2012 avec la rénovation de ses quarante-huit chambres dans un esprit contemporain aux influences méditerranéennes. Les chambres ont presque toutes un balcon, certaines avec vue sur mer d'où vous pourrez vous laver les yeux des folies « daliniennes », d'autres avec vue sur le jardin et la piscine. Service impeccable et tranquillité assurée font de cet hôtel une adresse sûre. Belle terrasse, grand jardin avec piscine extérieure et garage couvert à disposition.

COMPARTIR €€€

Riera Sant Vicenç s/n
+34 972 25 84 82
www.compartircadaques.com
Calendrier d'ouverture à consulter sur leur site web. Comptez au moins 70 €.

Formés aux cuisines de El Bulli (considéré comme le meilleur restaurant au monde jusqu'à sa fermeture en 2011), Oriol Castro, Eduard Xatruch et Mateu Casañas ont ouvert en 2012 Compartir. Un nom éloquent qui signifie partager et qui illustre à merveille leur philosophie. Concrètement, vous partagez les plats de la table à laquelle vous êtes assis. Saveurs complexes et cuisine populaire sont l'essence de la carte qui a aussi intégré les riz, les marinades de langoustines ou les seiches et les gambes du cap de Creus. Réservation plus que recommandée.

CASA ANITA €€

Carrer de Miquel Rosset, 16
+34 972 25 84 71
Ouvert de 13h30 à 15h et de 20h30 à 22h30. Fermé le lundi et de mi-octobre à mi-décembre. Environ 40 €.

Dans ce petit restaurant familial aux salles voûtées blanchies à la chaux, vous partagez avec d'autres clients de grandes tables recouvertes de nappes à carreaux rouges et blancs. N'hésitez pas à prendre votre temps, car le service est un peu rapide ; on vous bouscule avec le sourire, c'est le style de la maison, menée désormais par Juanito et Maria. Pas de carte et pas de menu, on y appréciera les plats du jour qui vous sont proposés, concoctés en fonction de la pêche, mais aussi carpaccio de gambes, daurade grillée ou anchois de Cadaqués.

ES BALUARD €€€

Riba Nemesi Llorens
+34 972 258 183
www.esbaluard-cadaques.net
Fermé de novembre à fin février. En été, ouvert tous les jours sauf le mercredi. Environ 45 €.

Situé en plein centre de Cadaqués, face à la baie, ce restaurant « bastion » comme l'indique son nom, est installé dans l'ancienne muraille de la ville et c'est là que l'on mange les meilleurs poissons frais de Cadaqués. Inauguré en 1967, il est maintenant tenu par Josep Seriñana, le fils des fondateurs il propose une carte de poissons et de fruits de mer très complète. Mais aussi le typique *suquet* et de belles paellas (avec araignée de mer, baudroie et crevettes de Roses). Produits de qualité et desserts maison. Une visite s'avère indispensable.

BAR MARITIM

Passeig, 18 ✆ +34 636 19 84 75

C'est l'un des historiques du village, qui a fêté ses quatre-vingts ans en 2015. On peut venir prendre son petit déjeuner quasiment les pieds dans l'eau, et face au Cucurucuc, le petit rocher en forme de cône qui est devenu l'emblème de Cadaqués. Les croissants y sont un peu chers mais délicieux. Pus tard, mais il n'y a pas vraiment d'heure, on pourra aussi venir y déguster la spécialité des pêcheurs de la région, le *cremat* : de l'alcool de canne, du café et du sucre flambé que l'on aura à cœur d'accompagner de quelques tapas.

CHILLI MARE

Riba des Poal

✆ +34 644 47 60 73

www.chillimare.com

Tarifs : 750 € la journée ; 1 300 € 2 jours / 1 nuit. Capacité 11 personnes. Skipper, assurances, carburant inclus.

Pol, loup de mer et fin connaisseur des meilleurs recoins du Parc naturel du Cap de Creus vous propose de sillonner la côte catalane à bord de son voilier Jeanneau Sun Odyssey 42.2. Excursions d'un jour à une semaine à tout confort : 4 cabines doubles, 2 toilettes, cuisine tout équipée, panneaux solaires et prises pour recharger pour vos appareils électroniques. Un bateau auxiliaire pour l'équipement de paddle surf et de plongée pour profiter au maximum de l'expérience. Chilli Mare propose aussi la possibilité de convertir le bateau en un hébergement flottant.

SOTAMAR DIVING CENTER

Avinguda Caritat Serinyana, 17

✆ +34 972 258 876

https://www.sotamar.com

Un lieu idéal pour découvrir les plongées exceptionnelles des caps Créus et Norfeu. Du baptême aux formations plus avancées, dispensées par des instructeurs SSI, en passant par les plongées d'exploration, encadrées ou autonomes, les services offerts sont vastes. On vous propose aussi de nombreuses bouées d'amarrage pour votre bateau, si vous arrivez par la mer. Enfin, cette structure multitâche réalise aussi des travaux sous-marins. Autant dire que le personnel est ultra-qualifié. Sur place, vous trouverez en outre une boutique de matériel et vêtement de plongée.

PORTLLIGAT ★

A 1 km au nord de Cadaqués, le village a été construit dans une jolie baie où subsiste un tout petit port de pêcheurs. Il doit sa célébrité à Dalí. Après y avoir passé de longs mois durant son enfance et son adolescence, il a décidé d'y construire sa maison, la Casa-Museu Salvador Dalí que l'on visite après avoir effectué une réservation au préalable et qui constitue l'attraction majeure du lieu, attirant une fréquentation qui ne se dément pas. On peut aussi s'attarder à contempler la Cala de Portlligat, très emblématique du paysage côtier du cap de Creus et se baigner dans ses eaux cristallines et fraîches. On est bien loin de la côte bétonnée.

MAISON SALVADOR DALÍ ★★

Baie de Portlligat ✆ +34 972 251 015

www.salvador-dali.org

Horaires et tarifs sur le site web, rubrique « musées ». Réservation préalable indispensable.

C'est à partir d'une petite maison de pêcheurs achetée en 1930 que le peintre a lui-même conçu et aménagé les différents ensembles qui forment aujourd'hui cette maison-musée. Il va y vivre avec sa femme Gala et y travailler de 1930 à 1982, date de la mort de son épouse. La maison suit une structure de labyrinthe à partir du point de départ : le vestibule de l'ours. Chaque modification ou agrandissement suivant une logique de « structure biologique » selon la définition de Dalí : « à chaque nouvel élan de notre vie correspond une nouvelle cellule, une nouvelle pièce. » Ce qui donne une succession de petits espaces, de dénivelés qui se suivent, reliés par des corridors étroits. La maison est néanmoins divisée en trois grands sous-ensembles : celui de la vie intime du couple (rez-de-chaussée et salles 7 à 12), son atelier (salles 5 et 6) et les parties extérieures (salle 13 et patios 14 et 15). La visite se fait en deux temps. Vous serez guidé dans les appartements et découvrirez son atelier, sa bibliothèque, sa chambre et les jolies terrasses aménagées. Libre à vous de découvrir ensuite d'autres éléments comme la piscine, tout à fait surréaliste, puis les jardins qui vous feront progresser vers les hauteurs. Avec une jolie vue sur l'ensemble pour couronner le tout et un coin vidéo présentant la vie de Salvador Dalí. La première partie est très strictement chronométrée et c'est l'heure qui vous est indiquée pour la visite. Cela permet une visite relativement fluide, par petits groupes de 8 personnes.

CAP DE CREUS ★★★

Situé à 6 km au nord de Cadaqués, l'endroit est accessible par une petite route qui serpente dans un superbe décor entre ciel et mer. De cet éperon rocheux pyrénéen balayé par le vent, vous aurez un point de vue impressionnant, du Port de la Selva jusqu'à Roses et l'Escala. Déclaré parc naturel, ce cap est le point le plus oriental de la péninsule ibérique. La roche, très découpée, se précipite dans la mer bleue et forme de belles calanques. Près du phare se trouve une ancienne caserne de la Guardia Civil, aujourd'hui aménagée en bar-restaurant, avec terrasses. De quoi retrouver l'ambiance filmée par Luís Buñel dans *L'âge d'or* (1930).

ESPAI CAP DE CREUS

Far del Cap de Creus

Entrée libre.

Construit en 1853, le phare du Cap de Creus est le plus oriental de la péninsule ibérique et est considéré comme le second phare le plus ancien de Catalogne. Ouvert dix-neuf mois après le phare de Llobregat, il présente toutes les caractéristiques d'un phare du XIXe siècle, mais on notera sa double galerie, une originalité. Désormais, un nouveau mécanisme lui permet de projeter un éclat toutes les 20 secondes. L'espace est situé à l'intérieur du phare et se propose d'expliquer l'évolution géologique, végétale et animale de la zone classée Espace naturel protégé.

ROSES - ROSAS ★

Fondée par les Grecs au VIIIe siècle av. J.-C., Roses est une station balnéaire quelque peu envahie par le tourisme et les constructions. Ce qui ne l'empêche pas d'être aussi le port de pêche le plus important de la côte Nord de la Catalogne. Et de mériter une visite, voire un séjour, puisqu'elle ne manque pas non plus d'atouts. Sa situation, entre le Cap de Creus et le massif du Montgrí en fait un point de départ pour de nombreuses balades. Vous pourrez ainsi découvrir ses vestiges mégalithiques, constitués de menhirs et de dolmens datant du IIIe siècle av. J.-C., comme celui de la Creu d'en Corbertella, l'un des plus grands de Catalogne.

Tourisme

Depuis mai 2011, la baie de Roses fait partie du club très prisé des *Plus Belles Baies du Monde*. De manière générale, la ville accueille un tourisme plutôt familial qui y trouvera tous les services : plages surveillées, aires de jeux, menus enfants dans les restaurants, etc. Le lieu reste la destination vacances privilégiée de nombreux Français qui y viennent génération après génération. Et point non négligeable, la ville souhaitant accueillir les visiteurs tout au long de l'année, elle se fait un plaisir de vous concocter un programme d'activités, quelle que soit la période ainsi que la liste des établissements ouverts lors de votre séjour.

COSTA BRAVA

Cap de Creus.

CHÂTEAU DE LA TRINITAT

Carretera del Far, s/n

✆ +34 972 15 14 66

Été, tljs, de 17h à 21h (juin/septembre) ou 22h. D'octobre à mai 11h à 17h (dim, 15h). Entrée : 2,50 €.

Édifiée en 1544 sous le règne de Charles Quint, cette construction militaire servait à parachever la citadelle. Au-dessus du phare de Roses, ce château domine la pointe de la Poncella. Bâti en forme d'étoile pour éviter les projectiles, il disposait de trois terrasses, armées de canons chargés de défendre le port et la côte et sa garnison, et a compté jusqu'à deux cents hommes. Ses dimensions sont assez impressionnantes avec des murs de plus de 2 mètres de large et c'est un très bel exemple des forteresses qui ont protégé les côtes.

CHEMINS DE RONDE ★

Si vous souhaitez vous rendre depuis Roses jusqu'à la Cala Montjoi, le lieu qui a abrité le célèbre restaurant *El Bulli*, vous devrez y consacrer environ 3 heures, et compter la même chose pour le retour. Mais cela vous permettra d'être assez vite au contact direct du Parc naturel du Cap de Creus. La première partie de ce circuit, qui concerne environ la moitié du chemin, suit la signalisation du GR-92 jusqu'à la platja de l'Almadrava. Très facile à réaliser, cette promenade emprunte le *passeig maritim* de Roses jusqu'aux embarcations portuaires d'abord de plaisance puis de pêche. Vous verrez ensuite le phare de Roses qui marque l'entrée du port et le début du chemin de ronde proprement dit. Situé à la pointe de la Poncella, c'est un ouvrage construit en 1864, de style néogothique. Derrière ce phare, vous noterez les vestiges du château de la Trinitat. En poursuivant votre route, vous rencontrerez deux belles pointes rocheuses, la punta de l'Omella et la Punta d'Ullastret. Et c'est après avoir passé ces deux pointes que vous accéderez ensuite à la plage de la Almadrava. Faites attention toutefois. Pour poursuivre la promenade jusqu'à la Cala Montjoi, vous devrez emprunter un terrain beaucoup plus accidenté et parfois sans protection. Ce qui requiert beaucoup d'attention pour cette partie du circuit. Mais en contrepartie de ces efforts, vous serez gratifié, entre autres plaisirs, d'une très belle vue sur la baie de Montjoi. Sans oublier de piquer une tête dans l'une des nombreuses criques rencontrées en cours de route.

CITADELLE DE ROSES ★★

Avinguda de Rhode

✆ +34 972 15 14 66

Ouvert tous les jours de l'année sf 25 et 26 décembre et 1er et 6 janvier. Entrée : 4 €.

Classée ensemble historique et artistique en 1961, c'est le tout premier lieu à visiter à Roses. Ce qui s'offre aux yeux, c'est d'abord une puissante forteresse militaire, dont la construction a débuté au milieu du XVIe siècle, sur ordre de Charles Quint, afin de repousser les attaques des pirates et des corsaires. Et qui a fait l'objet d'agrandissements au cours des 2 siècles suivants. C'est une enceinte fortifiée en forme de pentagone qui compte 2 très belles portes principales, celle de la mer, *porta del mar*, et celle de la terre, de style Renaissance.

Son intérieur est aussi digne d'intérêt, car il renferme treize siècles d'histoire : un extraordinaire site archéologique dont les fouilles ont mis à jour les vestiges d'une colonie grecque de Rhodes (muraille et quartier hellénistique des IVe et IIIe siècles av. J.-C.) ; une ville romaine, courant du IIe av. J.-C. au VIe apr. J.-C ; une église et une nécropole paléochrétiennes (IVe-VIIe) d'un ancien village wisigoth, ainsi que les restes de l'église et du monastère Santa Maria de Roses, de style roman lombard (XIe-XIIIe). Et enfin les restes des divers édifices militaires de la dernière occupation du XVIe siècle.

Pour visiter ces 17 ha, on propose un itinéraire complet, bien signalisé et bien expliqué. Outre son indéniable intérêt historique, il est aussi l'occasion d'avoir une très belle vue sur le port de Roses et de se balader dans un havre de paix, à mille lieues de l'agitation de la ville, quoique située en plein centre. L'été, elle accueille des concerts en plein air.

EL BULLI 1846

Cala Montjoi

www.elbullifoundation.com

Horaires et tarifs à consulter sur le site web.

Depuis sa fermeture en 2012, le Bulli Restaurant de Ferran Adrià était devenu un centre d'investigation, d'innovation et de créativité, organisé dans le cadre d'une fondation. Que ce soit sur les réseaux sociaux ou lors du salon Madrid Fusión, l'équipe de El Bulli 1846 avait annoncé la réouverture du lieu, effective depuis la mi-juin 2023. Avec une triple mission pour ce qui est devenu un musée : sauvegarder l'héritage d'el Bulli, promouvoir une attitude innovante et générer un contenu de qualité sur la restauration gastronomique.

La citadelle de Roses.

PHARE DE ROSES

Situé à la pointe de la Poncella, ce phare, datant du XIXe siècle, marque l'entrée du port et il vous servira de point de repère si vous cherchez le début du chemin de ronde qui part de Roses pour aller vers la Cala Montjoi. Construit en 1864 dans un style néogothique, il a été doté d'électricité en 1921 *via* une lampe à incandescence de 500 watts. On notera sa base rocheuse, tout à fait intéressante, puisqu'elle témoigne du refroidissement du magma, sous les effets de la tectonique des profondeurs de l'écorce terrestre, il y a 300 millions d'années.

RANDONNÉES PÉDESTRES

Hormis les chemins de ronde, on vous propose une dizaine de randonnées d'environ 2h30 et de difficulté moyenne ou faible. Les moins sportifs opteront pour la route des oliveraies pour voir toutes sortes d'oliviers mais aussi le Pi d'en Rahola, un olivier centenaire, à la hauteur spectaculaire. La route des mégalithes, également facile d'accès, vous fera circuler dans un paysage de murs de pierre sèche et de chemins de bergers, mais aussi découvrir le fameux Dolmen de la Creu d'en Cobertella. Aussi au programme, la route des chemins de transhumance.

PLAGES DE ROSES

On y trouvera une grande variété de criques et de plages. Les premières, les criques, se trouveront bien sûr dans le Parc naturel du Cap de Creus, entourées d'une belle végétation locale, et elles seront idéales pour la plongée sous-marine. Roses marque le début des longues plages de sable et la ville bénéficie aussi d'une jolie promenade maritime d'environ 3 kilomètres. Là, les familles y trouveront tous les équipements nécessaires ainsi que des aires de jeux pour les enfants, puisque la ville a reçu le label « tourisme familial ».

TOUR DE LA VILLE

Se promener dans la vieille ville autour de l'église Santa Maria, à la façade néo-classique, permet de se plonger dans l'ambiance d'une ville méditerranéenne, aux rues étroites, irrégulières et parallèles à la mer. Sur la Plaça de Catalunya, vous observerez quelques maisons d'Art nouveau comme la Casa Mallol, actuel siège de la Mairie. La ville bénéficie aussi d'un joli *passeig marítim* d'environ 3 km. Les familles y trouveront tous les équipements nécessaires ainsi que des aires de jeux pour les enfants, puisque la ville a reçu le label « tourisme familial ».

OFFICE DU TOURISME DE ROSES

Avinguda de Rhode, 77-79
✆ +34 902 103 636
www.visit.roses.cat

Ouvert tous les jours de mi-juin à mi-septembre. Fermé le dimanche après-midi, le reste de l'année.

Situé sur l'avenue qui longe la mer, cet office vous informera sur les ressources de la ville et de ses alentours. Avec des dépliants présentant des randonnées pédestres (plus d'une dizaine) mais aussi les circuits que vous pourrez parcourir à vélo. Reportez-vous à son site web pour connaître tout de l'agenda de la ville, régulièrement mis à jour. Côté papilles, vous disposerez aussi d'information concernant les campagnes dédiées au « suquet de peix ».

TRAIN TOURISTIQUE ★

A côté de l'Office de tourisme.
✆ +34 972 25 66 25
www.trenrosesexpres.com

Ce train vous propose de parcourir de manière plus aisée tous les alentours de Roses via cinq itinéraires. Un circuit de 1h vous conduit par exemple dans le parc de Cap de Creus à la Punta de la Falconera en parcourant la côte à l'aller, avec un retour par l'intérieur et ses vignes. De même durée, celui qui va à Puig Rom vous garantit une jolie vue panoramique sur la baie de Roses. Autres options, les criques de la côte jusqu'au Cap Norfeu ou le circuit Puig Alt qui conduit au point le plus haut de la région, près de 500 mètres.

HÔTEL MAR Y SOL €

Plaça de Catalunya, 20
✆ + 34 972 252 111

De 70 € à 245 € pour une chambre double, petit déjeuner inclus. Minimum de 3 nuits requis.

Ouvert toute l'année, il présente aussi l'avantage d'être très bien situé sur le paseo maritime, entre la Ciudadela et le port. Et propose 37 chambres modernes et lumineuses, réparties sur 5 étages avec ascenseur. Toutes sont doubles et s'apparentent à un mini studio avec espace chambre, salon et sofa et coin cuisine. La plupart donnent sur la mer, en direct ou en biais. On conseille celles qui sont dotées d'un balcon donnant notamment sur la Plaça de Catalunya. Egalement belle vue sur la mer depuis la salle où l'on prend le petit déjeuner. Accueil très agréable.

HOTEL PARC €

Avinguda de Rhode, 85
✆ + 34 972 25 60 24

Fermé en hiver. Comptez de 67 à 150 € pour une chambre double avec petit déjeuner.

Très bien située à quelques pas du joli passeig marítim de Roses, cette ancienne auberge, fondée en 1957, est devenue un hôtel en 1985, après une rénovation complète des locaux. Aujourd'hui, il propose cinquante chambres dont la plupart bénéficient d'une belle vue sur la baie de Roses. La belle vue sera également au rendez-vous depuis son restaurant qui dispose d'une terrasse face à la mer ou depuis son bar qui au rez-de-chaussée qui vous permet aussi de boire le dernier verre, toujours face à la mer. Un bon rapport qualité-prix.

VILLAGE DE VACANCES CALA MONTJOI €

Carretera La Roca, s/n ✆ +34 972 25 62 12
www.montjoi.com

Fermé d'octobre à la Semaine sainte. De 60 à 105 € tout compris. Séjour minimum de 2 à 5 jours selon date.

Donnant sur la crique de Montjoi, ce village de vacances est conçu comme un petit village de type méditerranéen, avec ses maisons blanches entourées de jardins. Il propose deux types d'hébergements : 200 bungalows de 2 à 6 personnes et de manière plus anecdotique, 5 chambres dans un bâtiment à part. Tout est fait pour que vous trouviez tout sous la main. La restauration, avec un restaurant-buffet, un bar, un *chiringuito* au bord de la plage et de multiples activités sportives.

ALMADRABA PARK HOTEL €€

Platja de l'Almadrava, 70
✆ +34 972 256 550
www.almadrabapark.com

Ouvert d'avril à octobre. Compter de 160 € à 390 €. Chambres et suites avec terrasse (certaines avec vue mer).

Dans un cadre naturel exceptionnel, ce magnifique hôtel de charme propose des chambres modernes, spacieuses et très confortables : climat, chauffage, TV avec Canal +, radio, mini bar, etc. Vous aurez un accès direct à la plage d'Almadraba ou vous profiterez d'une superbe piscine d'eau de mer et d'une piscine extérieures avec bain bouillonnant. Tennis, squash, tennis de table et trois restaurants dont l'Almadraba, l'une des références sur la Costa Brava, qui sert une cuisine élégante privilégiant le marché et les produits locaux, viennent compléter l'offre.

HOTEL CANYELLES PLATJA €€

Av. Díaz Pacheco, 7-9 ✆ +34 972 25 65 00
www.hotelcanyelles.com
Plusieurs formules sur le site web. Animaux domestiques acceptées.

C'est une structure moderne en première ligne de mer qui propose 99 chambres pour un séjour tout confort. De style minimaliste, les chambres sont lumineuses et très bien équipées. Et on y apprécie aussi les nombreux services : piscine, supermarché, librairie, petit snack bar et les deux restaurants. Dont un plus exclusif « Draulic » géré par le chef Marc Descloux. L'hôtel se trouve en face du sentier « Camí de Ronda » qui invite à la promenade en suivant la ligne côtière pour des randonnées vers les spots idylliques du Parc naturel du Cap de Creus.

HOTEL PRESTIGE CORAL PLATJA €€

Av. de Rhode, 28 ✆ +34 972 252 110
www.prestigehotels.com
Ouvert de mi-fév. à fin d'oct. Chambre double à partir de 74 € (suivant saison) avec petit déjeuner.

Situé sur le front de mer à 300 m du centre-ville, cet hôtel a adopté un style colonial pour sa décoration intérieure et propose des chambres accueillantes et confortables. Côté services, il dispose d'une piscine avec solarium et offre un large éventail d'activités et d'excursions. On appréciera son petit déjeuner (buffet), très généreux, les soirées accompagnées de musique *live* en été et son accès direct à la plage. Bon point de départ pour découvrir le nord de la Costa Brava.

CALA JONCOLS €€€

Cala Jòncols
✆ +34 972 25 39 70
www.calajoncols.com
Environ 140 € la chambre.

Situé dans une superbe crique du Alt Empordà, cet ensemble comprend un hôtel proposant 29 chambres au décor minimaliste et lumineux, entourées d'un beau jardin à la gestion de l'eau scrupuleuse. Depuis les terrasses de l'hôtel, donnant sur la mer ou sur la piscine, vous pourrez profiter d'un véritable havre de paix. Vous apprécierez aussi son restaurant gastronomique, labellisé « gastronomie d'origine », où les poissons proviennent de la Guilde des Pêcheurs de Roses, les légumes de leurs vergers, l'huile de leurs oliviers et le vin, de leur vignoble.

HOTEL MAS LAZULI €€€

Ctra de Roses, s/n
✆ + 34 872 222 220
www.hotelmaslazuli.es/fr
Comptez de 225 € à 320 € pour une chambre double standard. Petit déjeuner et parking inclus.

A 7 km de Roses vers l'intérieur c'est une oasis au milieu des palmiers, des vignes et des oliviers. Installé dans un ancien couvent du XIe siècle, ce somptueux boutique-hôtel propose 17 chambres, toutes spacieuses et élégantes. A la décoration très soignée mêlant touches contemporaines et belles poutres apparentes. Autres plaisirs, une piscine à débordement de 18 mètres, un spa, de magnifiques vues sur l'Empordà et *last but not least*, un restaurant misant sur la gastronomie catalane traditionnelle avec à sa tête Jordi Dalmau, ayant débuté chez Carme Ruscalleda.

IMMO365 COSTA BRAVA €€

Avinguda del Nord, 75
✆ + 34 872 268 850
www.immo365costabrava.com/fr
Ouvert toute l'année. Equipe francophone.

Créée en 1975, cette agence immobilière est une référence sur la Costa Brava. Spécialisée dans les transactions, les nouvelles constructions et l'investissement, elle dispose en effet d'un des plus importants portefeuilles de la région. Que vous souhaitiez acheter ou mettre en gestion un bien commercial ou une habitation. Très professionnelle, elle vous accompagnera également dans votre recherche d'investissement, acquisition d'une luxueuse villa, d'un anneau pour votre bateau, ou d'un petit appartement. L'accueil chaleureux est toujours au rendez-vous.

CA LA MARGARITA €

Plaça San Pere, 6
✆ + 34 972 153 831
Fermé le lundi, comptez environ 15 € pour un tapeo à base de tapas ou de media ración.

Sans être l'endroit où vous viendrez dépenser des fortunes, cette Margarita permet un *tapeo* agréable, bien installé en bord de mer. Bel espace tout blanc et grande terrasse face à la mer sur une jolie place avec des arbres. Vous pourrez opter pour les traditionnelles croquettes maison, tout à fait acceptables, mais aussi des brochettes de gambes ou des mini burgers au poulet. Sinon, la carte comprend également les classiques du *tapeo* ibère : les *patates braves*, le jambon, la petite friture de poissons et même des escargots à la plancha.

CA LA VALERIA €

C.Marià Benlliure, 9
✆ +34 972 25 51 94
Fermé le jeudi. Ouvert le midi lors des heures d'hiver et midi et soir, heures d'été. Comptez environ 20 €.

Après avoir travaillé dans d'autres restaurants de Roses, c'est en février 2009 qu'Enzo et Mara ont décidé d'ouvrir leur propre restaurant, prénommé comme leur fille. A la carte, on y trouve les classiques de la région, des paellas, des *fideuàs* ou des *suquets de peix* (ragoût de poissons). On pourra débuter par une omelette aux gambes et aux asperges mais au dessert on conseille d'opter pour le tiramisu maison, unique concession faite aux origines italiennes des propriétaires. A apprécier sur la petite terrasse donnant sur une place très tranquille.

LA FALCONERA €€

Av. Jaume I, 24
✆ +34 972 25 64 45
Fermé le lundi. Comptez environ 35 € avec un verre de vin.

Son décor minimaliste est ponctué de photos de cette *Punta Falconera*, un cap situé au sud du Cap de Creus, qui a donné son nom au restaurant. Poissons, coquillages, paella, *suquet de peix* mais aussi belles viandes et carpaccio s'inscrivent logiquement au menu de ce lieu faisant partie du collectif gastronomique « *la cuina del vent* » qui se propose de mettre en valeur les produits du haut Empordà. Vous n'aurez qu'à vous laisser guider par ces passionnés du bien faire et savourer quelques suggestions du jour et le chariot de desserts, très apprécié des habitués.

LAS III CARAVELAS €€

Carrer del Castell de la Trinitat, 75
✆ +34 972 154 816
Fermé le mercredi. Comptez environ 25 € pour une formule entrée, plat et dessert.

Bien caché dans une petite rue piétonnière parallèle au *paseo* maritime, ce petit restaurant au look oriental vaut le détour. Pour vous installer, quelques tables dans deux petits espaces intérieurs et quelques tables en terrasse. Après, il vous suffira de vous laisser guider par les très bonnes suggestions du patron Hosni, arrivé à Roses au début des années 2000, qui saura vous recommander les options proposées en menu du jour. Une garantie sur la fraîcheur des produits. Pas de souci, côté accueil, il pourra être en français. Service accueillant et attentionné.

RESTAURANT LA CALA €€

Carrer de Sant Sebastià, 61
✆ +34 972 256 171
www.lacalaroses.com
Fermé la dernière semaine de janvier. Comptez environ 35 € à la carte.

Dans une des rues parallèles au *passeig marítim* ce petit restaurant familial propose une cuisine traditionnelle catalane suivant les saisons avec parfois des thématiques qui s'invitent à table comme les champignons ou les oursins. On y trouvera beaucoup de poissons (loup, turbo, morue à la catalane, lotte aux gambes...), des fruits de mer et même une paella garantie valencienne. A disposition pour savourer le tout, deux petits espaces salles à manger au look un peu désuet, mais charmant avec filets de pêche au mur et terrasse sur la rue, dès les beaux jours venus.

RESTAURANT SODEMAR €€

Port de Roses
✆ +34 972 152 034
www.sodemar.net
Fermé de fin novembre à la mi-mars. Comptez environ 35 €.

Deux possibilités pour y apprécier les fruits de mer et les riz, spécialités de la maison. Soit on s'installe en terrasse, devant les bateaux, soit on opte pour la salle à manger intérieure avec vue panoramique sur la baie de Roses. De toute façon, la fraîcheur sera au rendez-vous puisque poissons et fruits de mer proviennent de la criée de Roses. N'hésitez pas à faire un sort à leur *fideuà*, à leur *arròs caldós* au homard, ou à leur matelote de langoustines pêchées au Cap de Creus. Grande régularité dans la qualité des plats proposés.

SUMAC RESTAURANT €€

Carrer del Cap Norfeu, 22
✆ +34 972 15 48 02
www.restaurantsumac.com
Horaires disponibles sur le site web. Comptez au moins 50 € par personne.

C'est l'une des excellentes adresses de Roses. A la tête de ce lieu, un jeune couple travaillant ensemble depuis des années. C'est Jordi Dalmau qui est en cuisine, après avoir officié dans de nombreux établissements de prestige comme dans le restaurant de Carme Ruscalleda à Sant Pol de Mar. Et Carina Juarez l'accompagne en salle, formée notamment dans le fameux Celler de Can Roca. Dans un espace dépouillé mais accueillant, on profite d'une expérience culinaire respectueuse du produit, avec une carte changeant avec les saisons et les découvertes du marché.

CAFÉ-BISTROT SI US PLAU

Passeig Marítim, 1

✆ +34 972 25 42 64

Fermé le mardi. Ouvert de 9h à 3h du matin.

Sa position, à l'entrée du *passeig marítim*, et sa structure, entourée de terrasses, en font le mirador idéal pour apprécier la plage, la promenade du bord de mer et les montagnes au loin. Et bien sûr les couchers de soleil, protégé du vent par des vitres qui en font le tour. Côté boissons, il y a tout ce qu'il faut, des vins, y compris régionaux, mais aussi une belle carte de cocktails, de vermouth et de gin tonic, l'incontournable des soirées d'été. Et qui plus est, il vous donnera l'occasion d'apprendre à dire s'il vous plaît en catalan : *si us plau.*

AQUABRAVA

Carretera de Roses a Cadaqués km 0,7

✆ +34 972 254 344

www.aquabrava.com

Ouvert en saison de 10h à 19h. Adultes 38 €. Enfants moins 120cm 22 €. Moins 80cm, gratuit. Vente en ligne.

Il propose des attractions classées en 4 catégories : les plus aventuriers oseront les sensations fortes d'*Aquaxjump* (dès 16 ans), avec toboggans, trampolines et sauts super audacieux, du *Black hole* (un toboggan de 125 m), emprunteront le *Kamikake* pour chuter de 17 m en quelques secondes ou découvriront le rafting à l'*Anaconda*. On y viendra aussi en mode relax pour apprécier le *Riu Tranquil* et son bar Oasis. Les plus petits devraient trouver leur bonheur sur l'île tropicale et l'île pirate, deux espaces avec des activités à leur échelle.

DON PANCHO

Carrer Eugeni d'Ors, 15

✆ +34 972 15 24 26

www.donpancho.org

Toute l'année. Comptez 22 € pour un circuit cap de Creus avec arrêt à Cadaqués.

Cette compagnie vous propose différentes excursions en bateau pour découvrir Cadaqués, Portlligat, l'Estartit ou les îles Medes. Les formules incluent une escale d'environ une heure et demie pour se faire une idée des lieux visités, à pied en parcourant un village, ou en observant les fonds marins pour les îles Medes. Un bar vous permet aussi de boire un verre en admirant le paysage. Certaines formulent incluent des arrêts plongée sous-marine, des visites de grottes ou des arrêts dans le village de l'Estartit pour profiter de son marché hebdomadaire.

ELS BLAUS DE ROSES

Passeig Marítim, 1

✆ + 34 972 152 196

www.elsblausderoses.com

Comptez 23 € pour aller et retour à Cadaqués et 1h30 d'arrêt dans le village. Nombreuses autres propositions.

Les catamarans à vision sous-marine vous invitent à découvrir le cap de Creus et les îles Medes, ainsi que plusieurs villages de pécheurs, criques secrètes, grottes et autres escapades côtières d'exception, uniquement accessibles par la mer. Portlligat, Cala Montjoi, Cap Norfeu, Cala Jòncols, îles Medes ou La Murtra. Au programme, des découvertes de jolies criques et des baignades rafraîchissantes, observation des poissons de la côte et de sa flore sous-marine. Autre balade proposée : Cadaqués, avec une pause sur place (1h30 à 2h).

ESTACIÓ NÀUTICA ROSES - CAP DE CREUS

Avinguda de Rhode, s/n

✆ +34 972 459 067

Cette station, qui concentre l'offre touristique nautique du nord de la Costa Brava autour de Roses et de ses environs, propose un vaste catalogue d'activités à faire sur la mer : croisière, excursions en catamaran, plongée sous-marine, observation des fonds sous-marins, kayak, windsurf, paddle, voile ou location de bateaux à moteur ou de voiliers. En complément, des packs hébergement, gastronomie, activités culturelles et shopping sont proposés.

EURO DIVERS SPAIN

Cala Jóncols

Opérateur touristique réunissant plusieurs centres de plongée.

Euro Divers Spain propose des plongées dans les sites les plus beaux du Parc naturel du Cap de Creus. Des douches, vestiaires et casiers sont à disposition sur place, ainsi qu'une zone de nettoyage et un magasin d'équipement. L'équipement de location est également disponible, ainsi qu'un compresseur d'air et de Nitrox. Enfin, une zone de détente est prévue pour que les plongeurs puissent se reposer après leur immersion. Le centre est ouvert de mars à octobre, de 9h à 19h. Langues parlées : catalan, espagnol, français, anglais, allemand et néerlandais.

CASTELLÓ D'EMPÚRIES ★

Votre premier contact visuel avec Castelló d'Empúries sera celui de l'imposante silhouette de la basilique de Santa Maria. Qui lui a valu le surnom de cathédrale de l'Empordà. Considérée comme le plus bel édifice gothique du territoire de l'Empordà, elle témoigne aussi du pouvoir de ce lieu qui a été la capitale de l'ancien comté d'Empúries. Situé à l'embouchure de la rivière La Muga, c'est aussi un très bon point de départ pour accéder au Parc naturel des Aiguamolls. A quelques kilomètres des plages de la baie de Roses, ce bourg constitue enfin un bon choix si l'on souhaite concilier plaisirs de la baignade et tranquillité du séjour.

Balade

C'est au Moyen Age que la ville atteignit toute sa splendeur, lorsqu'au XIe siècle, les comtes d'Empúries y installèrent leur résidence principale. De cette époque, son centre urbain conserve un patrimoine architectural très riche, fait d'édifices nobles ou religieux. On y croisera donc d'importants édifices comme la Mairie, la Casa Gran (XIVe siècle), le portail de la Gallarda (XIe-XIIe siècles), l'ancienne Lonja de Mar (Halle au poisson), le Pont Vell, le Couvent de Santa Clara (XIe siècle) et des vestiges des remparts. Précieux appui, un itinéraire en français qui recense la vingtaine de points qui pourront jalonner votre balade.

BASILIQUE ET MUSÉE DE SANTA MARIA DE CASTELLÓ ★★

Plaça Mossèn Cinto Verdaguer, s/n
✆ +34 972 158 019
Ouvert tous les jours. Entrée basilique et musée : 2,50 €.

© A.S.FLORO - SHUTTERSTOCK.COM

Construite du XIIIe au XIVe siècle, cette belle église aux allures de cathédrale est très révélatrice du gothique religieux catalan. On notera sa façade ornée d'un magnifique portail en marbre, son clocher d'influence lombarde, mais à la décoration gothique, probablement du XIIIe siècle, ou encore son impressionnant retable en albâtre, du XVe siècle et ses deux sarcophages comtaux. Connu comme le « trésor » son musée abrite notamment une collection d'objets d'orfèvrerie.

BUTTERFLY PARK

Carrer Santa Clara, s/n ✆ + 34 972 450 761
https://www.butterflypark.es
Ouvert toute l'année, tous les jours, à partir de 10h et jusqu'à 1h avant la tombée de la nuit. Entrée : 12 €.

Dans ce parc, une serre de 2 000 m² recrée une ambiance tropicale permettant notamment d'observer de près les papillons tropicaux, au travers des quatre phases de leur vie. On y verra notamment l'*Attacus atlas,* le plus grand papillon du monde, mais aussi des oiseaux exotiques comme les perroquets ou *le Goura victoria*, le pigeon le plus grand du monde. Sans compter de nombreux animaux tout aussi exotiques, comme les Muntjaks, des cerfs asiatiques, des tortues. Idéal pour une visite avec des enfants à laquelle vous pourrez consacrer environ une heure et demie.

ECO MUSÉE FARINERA

Carrer Sant Francesc, 5-7
✆ +34 972 250 512
www.ecomuseu-farinera.org
Horaires disponibles sur le site web. Entrée : 3,70 €.

Construit en 1905, ce grand bâtiment industriel de trois étages a été édifié à l'endroit où se trouvait le moulin del Mig, l'un des trois moulins médiévaux de la ville profitant du passage de l'ancien canal. On peut y voir les anciennes machines, la plupart en bois et dont une partie a été rénovée au milieu du XXe siècle. A l'heure actuelle, il est rattaché au Musée de la science et de la technique de Catalogne. Instructive, la visite permet de mieux connaître et comprendre les mécanismes de transformation du blé en farine, fondés sur le système austro-hongrois.

PARC NATUREL DELS AIGUAMOLLS DE L'EMPORDÀ

Situé dans la baie de Roses, entre les embouchures des rivières Muga et Fluvià, ce parc créé en 1983, s'étend sur 4 866 ha, dont 859 ha de réserves naturelles intégrales. Deuxième zone marécageuse de la Catalogne, c'est une compilation d'écosystèmes très divers : rivières, mer, lagunes, plages et bancs de sable, pâturages… Et un lieu privilégié pour observer les oiseaux, car on y a répertorié à ce jour 329 espèces d'oiseaux qui y nidifient ou y séjournent en hiver.

Au sein du parc, 17 points sont installés pour les observer. Côté faune, la loutre et le putois sont les plus grands mammifères et côté poissons, il y aura de la carpe, de l'anguille et des mulets cabots, et pour les espèces les plus rares, l'aphanius d'Espagne et l'épinoche à trois épines.

Composé de neuf communes, ce parc concerne surtout, si l'on s'en tient à la superficie protégée : Castelló d'Empúries (57,4 %), Sant Pere Pescador (12,8 %), Palau-Saverdera (10,2 %) et Peralada (8,9 %). Les paysages diffèrent selon le lieu. Sur le littoral, les zones marines sont relativement peu profondes et sablonneuses, protégées de la tramontane par le Golfe de Roses et bordées de plages qui sont les dernières plages vierges de la Costa Brava. A l'arrière de ces plages, entre l'embouchure des rivières Muga et Fluvià, se trouvent les *llaunes*, lagunes saumâtres où poussent salicorne et jonc de mer, du fait de la salinité du sol. Vers l'intérieur, on remarquera les *closes*, les pâturages typiques de la région. Entourés par des canaux de drainage et ponctués d'ormes, de frênes, de peupliers et d'aulnes, ils sont souvent inondés à la saison des pluies puisqu'ils occupent le lit d'anciens lacs. Le parc est par ailleurs traversé par un vaste réseau de ruisseaux et de canaux.

Quelques rappels historiques permettent de comprendre l'importance de la création du parc des Aiguamolls de l'Empordà. Il y a fort longtemps, les marais de l'Empordà occupaient presque toute la baie de Roses et la partie basse du fleuve Ter. Et lorsque les Grecs se sont installés sur le massif du Montgrí, celui-ci était encore isolé par les eaux. Cette vaste zone marécageuse a peu à peu disparu, du fait de l'assèchement pratiqué pour étendre l'agriculture et prévenir le paludisme puis, à partir des années 1960, du fait des installations touristiques. Un grand mouvement de sensibilisation écologiste, démarré au milieu des années 1970 et poursuivi au début des années 1980, a abouti à la création du parc en 1983.

MUSÉE D'HISTOIRE MÉDIÉVALE DE LA CURIE-PRISON ★

Plaça Jaume I, s/n
✆ +34 972 25 08 59
www.Castelló.cat

L'hiver, fermé de lundi à mercredi. Été, ouvert de lundi à dimache, 10-19 h. Entrée : 2,50 €.

Cet immeuble gothique (1336) intégrait deux fonctions clés du Moyen Age : la Curie, tribunal de justice, et la Prison. Il symbolisait le pouvoir des comtes d'Empúries. La façade de la Curie est dotée de fenêtres gothiques, restaurées. La Prison médiévale est probablement l'unique vestige, en Catalogne, de ce qu'était une ancienne prison du XIVe siècle. On verra aussi une salle dédiée aux vestiges de l'ancienne communauté juive, avec une collection d'objets et de pierres tombales.

© MUSEU D'HISTÒRIA MEDIEVAL DE LA CÚRIA-PRESÓ, S. XIV

© MUSEU D'HISTÒRIA MEDIEVAL DE LA CÚRIA-PRESÓ, S. XIV

COSTA BRAVA

QUARTIER JUIF

C'était l'un des quartiers juifs les plus peuplés du Nord-Est catalan, car la ville a compté jusqu'à 300 juifs. Remontant au XIIIe siècle, cette communauté a pratiquement disparu après le décret d'expulsion de 1492. Ce quartier recouvrait un espace comprenant des rues de la Muralla, dels Jeues, del Call, del Calabró, Peixateries Velles ainsi que la plaça de la Llana. Aujourd'hui, on en trouvera divers témoignages comme 9 stèles funéraires conservées dans le musée d'histoire médiévale de la Curie-Prison, une *mezouzah* à la mairie ou l'ancien couvent Saint-Dominique.

SYNAGOGUE DEL PUIG MERCADAL

Carrer Peixateries Velles
✆ +34 609 45 07 38
www.instagram.com/sinagogapuigmercadal
Visite seulement sur rendez-vous.

C'est en plein centre-ville, au sous-sol de leur maison, qu'Ariadna, archéologue et son père Vincenç ont découvert quasiment par hasard, les ruines d'une ancienne synagogue. Qui fait maintenant l'objet de pèlerinages de fidèles venus de toute l'Europe. D'après les documents, elle remonterait à la fin du XIIIe siècle. Le portail situé à gauche de la façade était l'accès au lieu de prière. Même pour une seule personne, Ariadna organise des visites personnalisées.

CENTRE D'INFORMATION EL CORTALET

Carretera de Sant Pere Pescador
✆ +34 972 454 222
Ouvert tous les jours, de 9h à 16h ou 18h, selon la saison.

On y trouvera toute la documentation et les cartes nécessaires. Différents circuits signalisés : 4 à pied (de 2 à 4 km) et 2 à vélo. La *ruta dels estanys* (route des étangs) permet notamment de traverser Castelló d'Empúries, Palau Saverdera, Pau, Peralada et Vilanova de la Muga et de voir trois étangs, celui du Cortalet, la Rubina et l'étang du Tec et enfin celui de Vilaüt. Au total, cette route s'étend sur 38 km, mais sans dénivelé, elle est donc parfaitement réalisable en famille.

OFFICE DE TOURISME DE CASTELLÓ D'EMPÚRIES

Plaça dels Homes, s/n ✆ +34 972 15 62 33
www.Castellóempuriabrava.com
Horaires disponibles sur le site web. Accessible aux fauteuils roulants, Accessible aux personnes à mobilité réduite.

Désormais installé dans un édifice du XIVe siècle, l'office propose des visites guidées en français d'environ deux heures, l'été, mais aussi à Pâques, pour découvrir la basilique de Santa Maria et le musée paroissial, la prison médiévale, l'écomusée de la farine et le quartier juif. Vous serez aussi informés sur les activités qui se déroulent lors du festival « Terra de Trobadors », du 9 au 11 septembre, depuis 1991. Devenu l'un des incontournables de la Costa Brava.

CAMPING CASTELL MAR €

Parc Natural dels Aiguamolls de l'Empordà
✆ +34 972 450 822
www.camping-castellmar.com/fr
De la mi-mai à fin septembre. Parcelle et un adulte : de 14,50 € à 53,50 €. Bungalows de 45 € à 142 € pour 4 personnes.

A côté du parc dels Aiguamolls, ce camping longe la plage de la Rubina, l'une des seules plages de Catalogne à autoriser l'accès et la baignade des chiens. Vous y trouverez de nombreux services comme une piscine, des terrains pour le foot, la pétanque, le volley, le ping-pong, un espace fitness et un point de location de vélos. Sans oublier de multiples activités pour adultes (aquagym, water-polo, etc.) et pour enfants (ateliers, mini club). Côté restauration, pas moins de quatre propositions comme deux restaurants, un *chill out* avec terrasse et une pizzeria.

CAMPING LA LAGUNA €

Entre le Parc Naturel et Empruiabrava, suivre panneau Camping 4, à 5 km
✆ +34 972 45 05 53
www.campinglaguna.com
Fermé de la fin octobre à début avril. Comptez de 22 à 58,50 € pour une parcelle.

Situé à côté du Parc naturel des Aiguamolls de l'Empordà et à proximité de la belle plage d'Empuriabrava, ce camping propose près de neuf cents parcelles, très ombragées. Côté services, on y trouvera tout ce qu'il faut : une piscine, un restaurant, un *chiringuito* de plage, un supermarché, un tennis, un minigolf, des poneys et chevaux, des machines de fitness et un mini-club pour les enfants. Le camping s'attache aussi à proposer de nombreuses facilités à ceux qui souhaitent pratiquer le cyclotourisme. Un séjour idéal pour les familles.

Empuriabrava
Castelló d'Empúries
Venez faire la balade dans
les canaux d'Empuriabrava
Vous &
Empuriabrava
castelloempuriabrava.com
Empordà
Costa Brava
Pirineu de Girona
CATALUNYA

AGROTOURISME RURAL CAN GUSO €€

✆ +34 610 675 403

www.canguso.com

Comptez 60 € pour une chambre double.

A côté du Parc des Aiguamolls de l'Empordà, cette maison rurale spécifique du lieu conviendra à ceux qui recherchent un environnement rural et toute la tranquillité que cela procure. Elle offre trois chambres décorées dans un style rustique. Avec à disposition de tous, une salle à manger et un salon pour regarder la télé. Le tout entouré de cultures. Et si la civilisation vous manque, vous êtes à deux kilomètres de la ville de Castelló d'Empúries.

CA LA CAPUTXETA €€

c/ La Closa dels Frares, s/n

✆ +34 635 457 016

www.caputxeta.com/fr

A partir de 90 € pour une chambre double.

C'est l'une des toutes premières maisons d'hôtes installées à Castelló d'Empúries au début des années 1990. Installée dans une ancienne *masia* construite en 1872 et rénovée en respectant l'esprit du lieu, elle propose six chambres et deux appartements, totalement équipés. A disposition de tous, une salle à manger avec vue sur le jardin, une piscine extérieure d'été près de laquelle on pourra prendre son petit déjeuner ou son dîner à la belle saison. Ils pourront vous donner de nombreuses informations sur la région et vous louer des vélos pour la parcourir.

RESTAURANT EMPORIUM €€

Carrer Santa Clara, 31

✆ +34 972 25 05 93

www.emporiumhotel.com

Horaires et ouverture sur le site web. Menus à 98 et 134 €.

C'est le restaurant de l'hôtel Emporium, récompensé par une étoile Michelin. Avec une philosophie, priorité aux produits de proximité et bio. Egalement membre de l'association « cuina del vent », il varie bien sûr ses menus en fonction de la saison mais vous pourrez y tester, peut-être, les sardines marinées accompagnées de pois chiches, suivies d'un canard épicé servi avec des pommes et des endives pour terminer sur la « tecla de Santa Clara », un dessert maison. Un espace tapas vous permettra d'accéder à leur savoir-faire, de manière un peu plus abordable.

LA VOIE VERTE

www.viesverdes.cat

S'étendant sur 5 kilomètres, cette voie verte relie Castelló d'Empúries et Empuriabrava, tout en longeant la rivière la Muga. Et ce, par le biais de deux accès, l'un réservé aux vélos et aux randonneurs, l'autre aux promenades à cheval. Ce qui permet d'être au plus près de tout l'écosystème particulier des rives qui abritent de petites forêts de frênes, d'aulnes et de peupliers hébergeant toutes sortes d'oiseaux. A la moitié du chemin, un pont en bois permet de traverser la Muga et de rejoindre le Parc naturel dels Aiguamolls de l'Empordà.

EMPURIABRAVA

Avec 30 km de canaux navigables et 5 000 points d'amarrages, Empuriabrava se revendique comme la plus grande marina résidentielle d'Europe. Débutée en 1967 par les travaux d'ouverture du canal partant de la plage, sa construction s'est achevée en 1980. Aujourd'hui, les 30 km de canaux sont répartis en 50 canaux, soit 10 % de l'espace de la marina, qui comprend aussi 14 000 maisons et appartements. On y trouvera de nombreux cafés et restaurants ainsi que des boutiques, ces dernières installées sous des arcades afin que l'on puisse s'y rendre même s'il pleut. Information : office du tourisme, carrer de Fabra Pompeu, s/n. (www.Castellóempuriabrava.com).

Balade

Le projet de départ visait la construction d'un aéro-club international qui n'a pas vu le jour, mais son aérodrome est devenu une référence mondiale en matière de sauts et de baptêmes de l'air en parachute. Vu de l'extérieur, cet ensemble peut apparaître comme une urbanisation peu encourageante. Mais le lieu s'apprécie mieux par une promenade en bateau dans les canaux. Chaque lotissement ayant donné lieu à des constructions différentes, mais somme toute harmonieuses, au vu du peu de normes régissant les constructions. Sachant que dans les années 1970 et 1980, la création du Parc naturel des Aiguamolls a limité ses projets d'expansion.

© SKYDIVE EMPURIABRAVA - THE LAND OF THE SKY

© SKYDIVE EMPURIABRAVA - THE LAND OF THE SKY

SKYDIVE EMPURIABRAVA - THE LAND OF THE SKY

Carrer Aeroclub ✆ +34 972 45 01 11
www.skydiveempuriabrava.com
Ouvert toute l'année. Saut en tandem 299 €.
Pilote d'un jour et Vol Panoramique 218 €.

En recourant à Skydive Empuriabrava, référence européenne et mondiale en matière de sports aériens, vos rêves deviendront réalité. Leurs nombreuses expériences vous permettront de sauter en parachute à 4 000 mètres d'altitude. Pour votre premier saut, vous serez accompagné par un instructeur professionnel, avec des milliers de sauts à son actif. Il vous expliquera le saut et vous donnera des instructions simples. Pour garder un souvenir de cette expérience, un caméraman parachutiste professionnel vous accompagnera afin d'effectuer un reportage vidéo. Cette entreprise vous propose aussi une autre expérience, tout aussi inoubliable : être pilote d'un jour. Il s'agit d'une expérience individuelle au cours de laquelle vous éprouverez la sensation de piloter, vous-même, un avion léger. La méthode : après un cours théorique d'initiation, vous prendrez les commandes d'un appareil, bien sûr sous la supervision d'instructeurs professionnels. A cette occasion, vous découvrirez le nord de la Catalogne, en passant par Roses, Cadaqués, le cap de Creus, au nord et aussi par les ruines d'Empúries, L'Escala, les îles Medes et le cap de Begur, au sud. Mais peut-être préférez-vous vivre la sensation de voler comme un parachutiste professionnel, sans avoir à monter dans un avion ? N'hésitez pas à vivre cette expérience… via un simulateur de réalité virtuelle.

© SKYDIVE EMPURIABRAVA - THE LAND OF THE SKY

© VALERY BARETA - SHUTTERSTOCK.COM

Empuriabrava.

TUNNEL DU VENT- WINDOOR ★

Sector Aeroclub, s/n ✆ +34 972 45 40 40
www.windoor-realfly.com

Différentes formules de vol sont proposées, du vol simple (deux minutes) à 30 minutes. Comptez 49 € pour deux vols.

C'est la grande attraction d'Empuriabrava, unique en son genre, en Espagne. Le principe de ce tunnel du vent : un large tube transparent qui, grâce à une technologie avancée et à l'aide de quatre turbines hyper puissantes, génère un flux d'air vertical continu, mais réglable. Pour celui qui entreprend un vol, cela donne la sensation d'une chute à l'air libre, comme un parachute, mais dans un espace sécurisé et toujours contrôlé par des accompagnateurs très qualifiés. Sensations garanties. Vous pouvez aussi assister au spectacle depuis le bar-restaurant.

RESTAURANT PORTOFINO €€

Avinguda J. Carlos I
✆ +34 972 45 66 88
www.hotelportofino.es/fr

Ouvert tous les jours. Comptez environ 35 € à la carte.

De belles vues sur les canaux, une décoration qui affiche les codes de la marine, c'est le restaurant de l'hôtel Portofino, qui domine le port de plaisance. La carte fait bien sûr la part belle aux fruits de mer et aux poissons, bar, lotte, turbot. Vous les retrouverez déclinés en *fideuà* de poissons et surtout à leur apogée dans la spécialité maison : la paella portofino, avec poissons, moules, gambes, langoustines et homard. Les petits faims pourront opter pour la soupe de poisson, le carpaccio de gambes et les langoustines à l'ail. Belle terrasse à disposition.

PASSAREL·LA

Carrer Aeroclub, 67
www.passarel-la.com

Ouverte tous les week-ends en saison.

C'est un grand bâtiment blanc qui propose quatre ambiances, deux bars, une terrasse et une piscine, c'est la nouvelle Passarel·la, désormais réinstallée près du centre de parachutisme. En juin 2015, elle a remplacé l'historique, ouverte en 1986 sur la plage et fermée durant deux ans. Son credo : garder la philosophie de l'ancienne classée dans le top 10 des boîtes qui comptaient sur la Costa Brava dans les années 2000, mais dans un décor au design plus moderne. A vous de juger si cette nouvelle Passarel·la a réussi son pari. Mais sachez que les DJ y défilent.

SANT PERE PESCADOR

Situé au centre de la baie de Roses, Sant Pere Pescador est d'abord connu pour son littoral, 7 km de plages de sable fin, entourées de très nombreuses dunes qui évoquent celles de l'Atlantique. Ses plages et la présence de la tramontane en ont fait un lieu de référence en matière de sports nautiques comme le kitesurf et surtout le windsurf dont il accueille chaque année le championnat mondial. Après Castelló d'Empúries, c'est aussi la deuxième commune la plus intégrée au Parc naturel des Aiguamolls et l'on pourra se balader jusqu'à la *Illa Caramany*, classée réserve intégrale, pour y observer de nombreux oiseaux comme le bihoreau gris ou le héron cendré.

LES PLAGES

Long de 7 km, son littoral est constitué de 8 plages, la platja del Riuet étant la plus au sud et celle de la Gola, la plus au nord. Du point de vue paysage et écologie, ce sont les deux plages du Nord, Gola et Can Martinet, qui sont les plus intéressantes, puisqu'elles font partie du Parc naturel des Aiguamolls. 2 sont réservées au kitesurf, celle de Can Martinet et la platja Cortal de la Devesa. De manière générale, les plages sont surveillées, en saison, et équipées de divers services : douches, accès handicapés ou point de location de planches à voile.

LE CENTRE HISTÒRIC

On verra des vestiges des anciennes fortifications du village, les pans nord et ouest de l'ancienne enceinte, imbriqués dans des maisons, dans la Carrer del Forn. Ainsi que l'église Sant Pere, édifiée au XVIIe siècle, dans une petite rue étroite reliant l'église et la propriété Caramany. On pense que cette maison privée, présentant des éléments architecturaux allant du XVIe au XIXe siècle, a été construite là où se situait le château médiéval de Sant Pere. Autre élément significatif, la chapelle Saint-Sébastien, des XVIIe et XVIIIe siècles.

LA RIVIÈRE FLUVIÀ

Faisant partie du Parc des Aiguamolls, elle a toujours été liée à la vie du village et de sa commune, fournissant l'eau nécessaire aux terres agricoles. Un itinéraire signalisé permet de la suivre, à pied (1h30) et à vélo. On traverse les zones d'arbres fruitiers ou on observe les oiseaux puisqu'il permet d'accéder à la *illa Caramany*, classée réserve intégrale et lieu privilégié des bihoreaux gris ou des hérons cendrés. Des points d'observations jalonnant le parcours. A noter que son dernier tronçon est navigable et permet de pratiquer des sports nautiques.

MONASTÈRE DE SANT MIQUEL DE FLUVIÀ ✝ ★★

A 10 km à l'ouest de Sant Pere Pescador, par la GIV-6218.
www.santmiquelfluvia.cat
Visite après réservation préalable à la Mairie : + 34 972 568 070. Visites guidées en été.

De ce monastère bénédictin dont la construction a débuté au milieu du XIe siècle, il ne reste que l'église. Une église fortifiée comme en témoignent ses meurtrières et mâchicoulis, sur la partie supérieure. Située sur la partie nord de la croisée et séparée de l'église, le clocher, haute tour romane, présente une décoration lombarde. A l'intérieur, on notera un bénitier de style roman et une image gothique de la Vierge à l'Enfant, un albâtre polychrome, datant du XVe siècle.

OFFICE DE TOURISME DE SANT PERE PESCADOR

Carretera de la platja, s/n
✆ +34 972 520 535
www.visitsantpere.com
Horaires disponibles sur le site web.

Vous y trouverez divers cartes et renseignements sur le village de Sant Pere Pescador ainsi que ses ressources notamment en matière de logements. L'offre y est en effet assez vaste et le lieu est surtout renommé pour ses campings, sept au total, considérés parmi les meilleurs d'Europe et offrant 5 000 places. Côté agenda, on vous renseignera aussi sur le Mondial du Kitesurf, qui chaque année, durant une semaine en juin, attire de nombreux *aficionados*.

COSTA BRAVA

CAMPING AMFORA €

Avinguda Josep Tarradellas, 2
✆ + 34 972 52 05 40
www.campingamfora.com
Ouvert de mai à septembre. Nombreuses propositions à consulter sur site web.

Ouvert depuis 1986, ce camping de première catégorie est géré par même famille depuis trois générations. En bordure de plage, il propose 600 parcelles pour tentes ou caravanes et 150 bungalows. A disposition : quatre piscines, des toboggans deux restaurants, un snack-bar et espace *take away*, supérette, etc. Le camping se targue aussi d'offrir de nombreuses animations : cours de Zumba, aquagym, parties de foot... De multiples activités sont également à disposition comme le wind surf grâce à sa proximité avec la plage ou des aires de jeu pour les petits.

© CÀMPING ÀMFORA

© CÀMPING ÀMFORA

MAS DEL JONCAR €€€

Camí del Joncar, 15
✆ +34 972 521 072
www.masdeljoncar.com
Ouvert toute l'année. 111 € : chambre standard, 123 € avec une terrasse, petit déjeuner inclus (prix toute l'année).

L'allée qui conduit au mas n'est pas sans évoquer celles des demeures du Sud dans *Autant en emporte le vent*, mais les similitudes s'arrêtent là. Situé au début de la réserve naturelle du Parc de *Mig de Dos Rius*, il est entouré d'arbres fruitiers. Dans une maison du XIXe siècle entièrement restaurée, il propose 5 chambres très confortables et décorées avec soin, dont 2 avec terrasse. Au rez-de-chaussée dans la salle à manger, on prend un petit déjeuner copieux et on y dîne. Pour les beaux jours, une grande piscine et un bassin pour enfants.

MAS GUSÓ €€

Carretera de Sant Pere Pescador
✆ +34 972 550 610
www.masguso.com
Ouvert tous les jours. Comptez environ 35 € à la carte.

Situé près des plages et des campings, c'est l'un des restaurants les plus appréciés de Sant Pere Pescador car c'est aussi un lieu très enraciné dans l'histoire. On pourra y déguster du riz de Pals en casserole, de la *fideuà* à la seiche et aux palourdes ou des viandes 100 % catalanes comme le veau ou le rôti d'agneau. Autre particularité, le restaurant produit aussi ses propres vins. On y trouvera enfin un *lunch bar* et une aire de jeux pour les enfants. Et dernier plaisir, on pourra aussi y faire ses courses dans le « souk » tenu par Myriam.

KITEEXPERIENCE

Carretera de la platja de San Pere Pescador, s/n
✆ +34 637 37 42 75
www.kiteexperience.com
Enseignement en français. Cours 1 j de kitesurf de 148 à 159 €, selon la saison.

Fondée en 2004, cette école propose des cours de kitesurf pour tous les niveaux, de l'initiation pour débutant au perfectionnement pour les plus aguerris. Ses *credo*, un enseignement très personnalisé via des petits groupes et une transmission des valeurs de respect de l'environnement. On vous propose aussi une initiation au paddle surf, à pratiquer en famille ou entre amis. Depuis 2015, l'école enseigne aussi le windsurf en utilisant des voiles particulièrement légères. Sport auquel on peut s'initier le matin quand la mer est plus tranquille.

L'ESCALA - EMPÚRIES ★★

Au XVIe siècle, ce n'était qu'un petit port de pêche dépendant d'Empúries et c'est en 1766 qu'il obtiendra le titre de « ville ». Ce qui consacra son développement économique fondé sur la pêche et l'exportation du poisson salé. L'agriculture et la pêche continueront à être ses principales activités jusqu'aux années 1960, date à laquelle le tourisme s'y développe massivement. Il reste une activité dominante qui fait que cette ville voit sa population multipliée par dix durant les mois de juillet et d'août. Commerces et constructions viennent logiquement compléter son activité, mais l'industrie de la salaison d'anchois reste aussi très importante.

LE LONG DE LA MER

En partant de la *platja,* ancien port de pêche de l'Escala, on parcourt le *Nucli Antic*, ancien village de pêcheurs pour découvrir par exemple la *casa de pescadors de Can Cinto Xuà* (carrer de la Torre, 35). Jusqu'à la pointe sud, la ville déploie un long *passeig* maritime ponctué de *cales* et petites plages, mais également de bars avec terrasses, pour se terminer par la Cala Montgó, une jolie crique de sable fin. Côté nord un autre *passeig* unit l'Escala et Sant Martí d'Empúries sur environ 1,5 km. C'est là que se trouvent les plus belles plages et les plus jolies dunes.

ANXOVES CALLOL I SERRATS ★

Carretera d'Orriols, km 20.9
✆ +34 972 77 25 77
www.callolserrats.com
Visites sur rendez-vous.

C'est la référence absolue en matière de conserves d'anchois. Et pour cause. Cette entreprise, la plus ancienne dans ce secteur, s'est transmise de génération en génération depuis 1847 pour maintenir la tradition artisanale de la salaison de l'anchois. Et c'est maintenant la septième génération qui est aux manettes de cette petite entreprise qui ne connaît pas la crise. Vous pourrez les acheter, mais aussi opter pour la visite guidée qui inclut une dégustation d'anchois, accompagné de *pa amb tomàquet*, en réservant au préalable.

MUSÉE DE L'ANCHOIS ET DU SEL

Av. Francesc Macià, 1
✆ +34 972 776 815
www.museudelescala.cat
Horaires sur le site web. Entrée libre.

Inauguré en 2006, ce musée installé dans un bâtiment construit en 1913 rend hommage fort logiquement à ce qui a fait la gloire de l'Escala : la salaison de ses anchois. La visite débute par un audiovisuel de présentation. Puis les différentes salles retracent l'histoire de cette pêche ainsi que les modes d'extraction du sel et les procédés de salaison, du XVIe siècle à aujourd'hui. Depuis 1997, il organise aussi la fête du sel qui se tient chaque troisième samedi de septembre.

COSTA BRAVA

© JOAN_BAUTISTA - SHUTTERSTOCK.COM

Sant Martí d'Empúries.

© Q - FOTOLIA

EMPÚRIES - SITE ET MUSÉE ARCHÉOLOGIQUE ★★★

Carrer Museu

✆ +34 972 770 208

www.mac.cat

Ouvert toute l'année. Horaires consultables sur le site web. Entrée 6 €.

Empúries fut baptisé Emporion, c'est-à-dire le marché, par les Grecs, qui y installèrent un comptoir. Ce fut la porte d'entrée de la conquête de la péninsule Ibérique par la civilisation romaine. Les ruines, entourées de pins parasols, se trouvent sur un très beau site en bordure de mer, au sud du golfe de Roses. Trois centres composent le site : Paliápolis, la ville ancienne, Neápolis, la ville nouvelle grecque, et la ville romaine. On y retrouve également le musée d'Archéologie. Il faut compter un peu plus d'une heure pour visiter les sites archéologiques et au moins une demi-heure pour découvrir le musée.

▶ **Musée d'Archéologie :** on y expose les objets découverts sur le site durant près de cent ans de fouilles menées à Empúries et des maquettes de temples. Parmi les pièces les plus intéressantes, des mosaïques représentant le sacrifice d'Iphigénie et la Perdrix, d'après la tragédie d'Euripide. Découverte en 1848, elle décorait la partie centrale d'une des salles destinées aux banquets. On la date du IVe siècle av. J.-C. On y verra aussi un ensemble d'outils ibères en bronze (hache, ciseaux, faux). Un audiovisuel très bien réalisé d'une durée de 20 minutes présente l'histoire du site dans l'auditorium.

▶ **Neápolis :** contrairement à celui de Paliápolis, le site archéologique de Neápolis a été entièrement fouillé, malgré la superposition des constructions sur plus de mille ans. La ville était fortifiée par une muraille (dont une petite partie a été conservée) et des tours. Parmi les quelques vestiges encore visibles, on peut citer des citernes d'eau potable, des colonnes et l'autel d'un temple, des socles de statues ainsi que les ruines d'un marché couvert.

▶ **Ville romaine :** face à Neápolis se trouve la ville romaine, qui n'a pas été entièrement fouillée (à peine un cinquième à l'heure actuelle). Ses murailles ont été en partie restaurées. Parmi les vestiges encore visibles : deux maisons, un forum et un amphithéâtre. La maison 1 possède un atrium à six colonnes décoré de mosaïques et de peintures murales. La maison 2B a un atrium et un péristyle à colonnes. Elle présente de beaux pavements en mosaïque. Un peu plus bas, on trouve les ruines du forum, le cœur de la cité, jadis entouré de nombreux temples et boutiques. Un peu plus loin, de l'autre côté des murailles, on peut distinguer les restes de l'amphithéâtre en forme d'ellipse. Le tracé des rues, rectilignes et orthogonales (qui forment un angle droit) est parfaitement visible.

SANT MARTÍ D'EMPÚRIES ★★

A quelques centaines de mètres des Vestiges d'Empúries, en suivant la route du bord de mer ou en se promenant par la plage, on atteint ce petit village médiéval qui fut le siège du comté d'Empúries jusqu'en 1064. Et qui a gardé une bonne partie de la muraille datant de cette époque. On remarquera son église (1538) et sa place centrale, carrefour du village égayé de terrasses. On pourra aussi y visiter la *Casa forestal*, de style moderniste, qui accueille, de juillet à septembre, des expositions et des manifestations culturelles.

OFFICE DE TOURISME DE L'ESCALA

Plaça de les Escoles, 1
✆ +34 972 770 603
www.visitlescala.com
Horaires disponibles sur le site web.

Documents en français et parle français. Infos sur les randonnées : 6 au total, de 3 à 18 km et de 2h à 6h. Pour découvrir par exemple le chemin des Termes avec son architecture traditionnelle et la flore du lieu (orchidées, fougères, romarin et ciste...) ou parcourir le chemin de ronde du village qui suit le littoral du sud au nord. En été, des visites de l'ancien village sont organisées. Renseignements sur les grandes fêtes : de la sal (septembre) et de l'anchois (1er octobre).

CENTRE D'INTERPRÉTATION DU POISSON (MARAM)

Port Pesquer, s/n
✆ +34 972 771 666
www.maram.cat
Visite de la criée, du marché et petit déjeuner dégustation : 15 € par personne. Calendrier sur site web.

Géré par la confrérie des pêcheurs, il vous plonge dans l'univers de la pêche pour tout connaître du quotidien des pêcheurs : types de barques et filets traditionnels utilisés, modes de pêche comme la palangre, la pêche au lamparo, etc. Et ce au travers d'un dispositif audiovisuel et interactif. Il propose aussi des visites guidées de la criée et du marché, suivies de dégustation ainsi que diverses activités : ateliers de pêche ou de salaison des anchois, à titre d'exemple.

LE CARRILET (PETIT TRAIN)

Plaça de les Escoles
✆ +34 972 770 603
Du 15 juin au 30 septembre, de 8h à minuit, trajet toutes les heures. Prix : 2,50 € (réduction à partir de 10 voyages).

Tout l'été, ce transport public relie le village de Sant Martí d'Empúries (au nord) à Cala Montgó au sud. Plusieurs arrêts le long des plages, dans le vieil Escala et sur le *passeig maritim*. Pratique pour longer la côte et apprécier notamment le *passeig maritim* aménagé le long de la côte depuis les Jeux olympiques de Barcelone, en 1992, il fait aussi la joie des enfants. On recommande cette option résolument écoresponsable pour se déplacer en préservant les lieux.

LES HAMAQUES €€€

6 Carrer d'Albons
✆ +34 972 788 458
www.leshamaques.com
Fermé en hiver jusqu'au début avril. De 180 à 270 € selon saison et type de chambre.

Ouvert depuis 2010 par deux amoureux des voyages, ce petit hôtel de charme propose sept chambres, dont deux suites. C'est le lieu idéal pour qui souhaite passer un séjour reposant tout en étant à proximité des plages de Sant Martí d'Empúries. Côté décoration, on retrouvera les hamacs, les bambous et les objets minutieusement chinés par les propriétaires. Décorée avec beaucoup de goût, chaque chambre dispose d'une terrasse privée et on prendra le petit déjeuner sous une pergola. Vous y apprécierez sûrement la très grande piscine et le jardin exubérant.

HOSTAL SPA EMPÚRIES €€€

Platja del Portitxol s/n
✆ +34 972 770 207
www.hostalEmpúries.com
Comptez entre 120 et 250 € la chambre double.

Idéalement situé sur la jolie plage de Portitxol, voici un hôtel au concept tout à fait novateur où l'écologie est reine, ce qui lui a valu d'être récompensé en 2013 par le prix du « tourisme responsable ». C'est par ailleurs un lieu tout à fait enchanteur pour y séjourner. Récemment rénové, il comprend une partie ancienne, avec chambres donnant sur la mer ou la montagne et une partie moderne dans laquelle toutes les chambres sont dotées de terrasse (vue sur mer ou montagne). Chacune est décorée avec beaucoup de goût. Restaurant et jolie terrasse en front de mer.

VILLAS COLL €€

Plaça Major, 11
✆ +34 629 85 38 68
https://www.villascoll.es
Disponibles de février à la mi-octobre.

Cette entreprise familiale propose à la location des villas et des appartements, tous situés en bord de mer. La location se fait de propriétaire à locataire. Les quatorze villas qui hébergent de 6 à 8 personnes sont situées au nord du village, à côté de la plage. Espaces communs : un jardin, une piscine centrale et un solarium. Les appartements se situent dans un ensemble, « La Palmera », sur la place centrale de Sant Martí, avec vue sur mer pour la majeure partie, sinon vue sur la place. Presque tous disposent de terrasses.

LA GRUTA €€

Carrer del pintor Enric Serra, 44
✆ +34 972 77 62 11
www.restaurantlagruta.com
Fermé le dimanche sauf en saison. Menus à partir de 38 €.

Repris en 2011 par des Français, cet établissement à la décoration moderne, orné de jolies voûtes, propose un assortiment de plats sympa et original. La carte est modifiée tous les trois mois, une par saison. Mais vous pourrez par exemple y déguster des hamburgers de foie gras, des tartares de thon rouge à la coriandre, une salade au fromage de chèvre et au canard ou un risotto crémeux de langoustes au safran. Son cadre, sa cuisine inventive, la fraîcheur de ses produits en ont fait l'un des restaurants appréciés de l'Escala où se pressent de nombreux habitués.

CAL GALAN €€

Corriol de l'Usach, s/n
✆ +34 972 77 01 40
Fermé les lundi et mardi. Comptez environ 30 €.

Voici un endroit tout à fait délicieux pour savourer quelques-unes des spécialités de l'Empordà. Situé dans le *centre històric*, à proximité de l'ancien port, ce restaurant fondé en 1966 est maintenant tenu par les petits enfants des pionniers. Au menu d'une future dégustation, des anchois servis avec du *pà amb tomàquet*, des joues et des pieds de porc (*galta i peu de porc*). Et en dessert, de la crème catalane et, les week-ends, le *recuit amb mel* (fromage blanc frais servi avec du miel). Et bien sûr les assortiments de tapas. Ce sera roboratif.

CLUB NÀUTIC L'ESCALA

Port de la Clota
✆ +34 972 77 00 16
www.nauticescala.com

Depuis 1968, le club nautique de l'Escala est l'un des ports de plaisance les mieux adaptés aux navigateurs français. C'est pourquoi il est bien sûr devenu, au fils des ans, l'un de leurs points de référence dans ce domaine. Situé au sud de la baie de Roses, il permet de découvrir de nombreux espaces sous un angle différent, depuis la mer. Que vous ayez un bateau à moteur, à voile, à pagaies ou pas de bateau... il vous proposera un poste d'amarrage ainsi qu'un grand éventail de services et d'activités à découvrir sur son site internet.

GOTIM €€

Carrer Doctor Puig Sureda, 18
✆ +34 972 77 30 54
Tous les jours de 13h à 15h30 et de 20h à 23h. Comptez 35 €.

Le premier plaisir sera d'apprécier le décor, tout en pierre, qui donne beaucoup de charme à ce restaurant traditionnel installé dans un lieu qui a servi de stockage pour les céréales (il y a longtemps) et dont la belle salle voûtée contribue à son aspect cosy. Il est particulièrement réputé pour sa paella, au homard, mais pas seulement et aussi pour sa *fideuà*. On pourra également y tester d'autres plats très appréciés en Catalogne comme les cannellonis, ici farcis à la brandade de morue. Et bien sûr l'assiette d'anchois, grande spécialité de la ville.

DIVE PARADIS

Carrer Port de la Clota, s/n
✆ +34 972 77 31 87
www.diveparadis.com
Du 1er avril au 30 octobre. Baptême de plongée à partir de 89 €.

Fondé en 1997 à l'Escala, c'est un centre de plongée référence en Catalogne. Dans une ambiance familiale et accueillante, l'équipe vous offrira un service de qualité, avec des installations spacieuses et modernes. Tout le monde y trouvera sa place, car le centre s'adresse aussi bien aux débutants qu'aux plongeurs expérimentés. Et pourra vous guider dans la découverte des fonds sous-marins allant de la côte du Parc naturel du Montgrí jusqu'aux îles Medes. L'occasion de partir à l'aventure et de voir des sites particulièrement spectaculaires.

L'ESTARTIT ★★

Les premiers pêcheurs s'installèrent à l'Estartit au XVIe siècle et la pêche restera l'activité principale de ce port jusqu'aux années 1930. Elle fera alors place au tourisme, particulièrement boosté par la présence proche des îles Medes, devenues des incontournables d'un passage par l'Estartit. Destination idéale pour la plongée sous-marine, ce port de près de 3 000 habitants est aussi un point de départ pour explorer le Parc naturel du Montgrí, des îles Medes et du Baix Ter, à pied ou à vélo et souvent le rendez-vous des Français, notamment le week-end. De la mi-juillet à la mi-août, l'Estartit accueille aussi un festival de Jazz qui monte.

MEDAQUA ☛

Passeig Marítim 13
✆ +34 972 752 043
www.medaqua.com

Fondée en 1995, cette agence réceptive propose des activités terrestres et nautiques sur la Costa Brava, qui s'adressent aux individuels et aux familles. Et qui vous permettront par exemple de découvrir le Parc naturel du Montgrí, des îles Medes et du Baix Ter avec des vélos électriques durant trois jours, ou encore, des villages médiévaux tels que Pals, Peratallada, Palau-Sator, Fontanilles, avec la possibilité de déjeuner à Pals. Pour les férus de sports nautiques, les activités sont nombreuses : voile, plongée sous-marine, kayak... Accueil francophone.

ÎLES MEDES - ILLES MEDES ★★

A environ 1 mille nautique de la plage de l'Estartit, ces sept îles prolongent le massif calcaire du Montgrí et font partie du parc naturel du Montgrí, des îles Medes et du Baix Ter, (l'embouchure de la rivière Ter). D'une superficie totale d'environ 23 hectares, elles constituent un site naturel très intéressant de par la diversité de la faune et des écosystèmes que l'on y rencontre (plus de 1 300 espèces différentes et des dauphins y séjournent régulièrement). Ce qui lui a valu la dénomination de meilleure réserve de la Méditerranée occidentale. Comme il s'agit d'une zone protégée, on ne peut les visiter et la pêche y est interdite. En revanche, de nombreuses compagnies proposent des excursions en bateau à partir de L'Estartit permettant d'observer les fonds marins, via le caisson transparent de leurs embarcations. C'est aussi l'une des destinations favorites des amateurs de plongée sous-marine, experts ou débutants, du fait des différentes profondeurs qui favorisent tous les types d'immersions. A moins de 10 mètres, on y trouvera des gorgones, des coraux, des étoiles de mer, des poulpes et des langoustines. Au-dessous de 20 mètres, la densité de crustacés et de poissons se fait plus grande et viendra le moment des forêts de posidonie et du mérou, la grande star du lieu. Près des îles, les plongeurs pourront découvrir le Regio Messina, un bateau qui a été coulé en 1991 et qui constitue la plus grande épave de la Costa Brava. Et les plus experts pourront visiter des grottes, comme la Vaca ou la Sardina.

COSTA BRAVA

© ISA FERNANDEZ FERNANDEZ - SHUTTERSTOCK.COM

Îles Medes – Illes Medes.

PARC NATUREL DU MONTGRI, ÎLES MEDES ET BAIX TER

Classé Parc naturel en 2010, il s'étend sur 8 192 ha, dont 6 155 ha sur terre et 2 037 de zone marine. Il présente 3 paysages différents :

▶ **Le massif du Montgrí**. Composé de 3 montagnes, il fonctionne un peu comme l'épicentre entre le Alt et le Baix Empordà. Du nord au sud, on rencontrera la montagne d'Ullà avec le pic Anill (culminant à 309 m), du Montgrí (303 m d'altitude) et le Montplà, dépassant à peine les 300 m. De pointe à pointe, il s'étend sur plus de 2 300 ha et mesure environ 8 km de long. Son paysage aujourd'hui est constitué de pins, de chênes des garrigues et de landes, en érosion continue. On y compte une cinquantaine d'avens et de grottes dont les principales sont Cau dels Ossos, Cau de l'Olivar d'en Margall, Cau d'en Calvet, Cau de les Dents et Cau del Duc.

▶ **Les îles Medes.** A environ 1 mille nautique de la plage de l'Estartit, ces 7 îlots occupent 23 ha et sont devenus l'une des plus importantes réserves de flore et de faune marine de la Méditerranée occidentale.

▶ **La plaine du Baix Ter.** Prenant sa source dans les Pyrénées, le Ter est la rivière la plus importante de la région de Gérone et c'est à 3 km au sud de l'Estartit qu'elle débouche dans la Méditerranée, entre le cap de la Barra et celui de Begur. Du pont de Torroella au site de la Gola, elle coule aux abords de terres plantées d'arbres fruitiers, de primeurs et de rizières. Non loin de l'embouchure, on y rencontrera le Ter Vell, une lagune côtière dans laquelle l'eau douce pénètre par endroits. Les actions menées dans cette zone ont permis de conserver les systèmes dunaires, mais aussi une espèce menacée : l'aphanius d'Espagne, petit poisson d'eau douce.

▶ **Ce sont les oiseaux** qui forment l'ensemble le plus intéressant sur le plan de la faune, avec 189 espèces dénombrées, de mer, mais vivant sur les rochers et quelques oiseaux de proie. Sur le littoral du massif et dans les îles, on trouvera ainsi le faucon pèlerin, le faucon crécerelle ou le hibou grand-duc. Les garrigues sont devenues un lieu idéal de reproduction du busard cendré ou de l'aigle de Bonelli. Grottes et trous dans les falaises abritent des couples de cormorans huppés, la moitié de la population de cette espèce en Catalogne.

▶ **S'informer.** 17 itinéraires signalisés permettent de le parcourir, à pied ou à vélo. Via des terrains plats ou montagneux de difficultés variables. Vous trouverez les informations relatives à ce parc ainsi que les cartes nécessaires aux Offices de tourisme de l'Estartit et de Torroella de Montgrí.

OFFICE DE TOURISME DE L'ESTARTIT

Passeig Marítim, s/n
✆ +34 972 751 910
www.visitestartit.com
Ouvert tous les jours en juillet et en août et de manière moindre le reste de l'année.

Vous y trouverez de nombreux documents, également en français, sur les activités et les ressources de la ville et de la région. Egalement disponible de manière très complète sur son site internet, avec possibilité de télécharger des documents comme l'agenda. On vous informera aussi sur l'un des évènements phares de la destination : le Jazz festival de l'Estartit, un incontournable de la Costa Brava, de la mi-juillet à la mi-août. Programmation à consulter sur www.jazzestartit.cat

BARQUE NURIA

Passeig Maritim, 26
✆ +34 972 66 59 02
www.barcanuria.com
Horaires disponibles sur le site web. Tarif : 22 € adulte.

Voici une proposition singulière, car la Núria est un ancien bateau de pêcheurs de 9 mètres pouvant transporter 20 personnes. Il a servi de bateau de pêche jusqu'en 1965. Depuis cette date, grâce à sa petite taille, il peut pénétrer dans les grottes de la Réserve marine des îles Medes. En été, la balade inclut aussi un petit arrêt baignade d'une quinzaine de minutes puis le bateau repart pour l'observation des fonds marins des îles Medes (il est équipé d'un fond transparent à cet effet). Ce sera aussi l'occasion d'aborder par la mer les petites criques de la côte.

NAUTILUS

Passeig maritim, 23
✆ + 34 972 751 489
www.nautilus.es
Ouvert de 9h à 18h30 en été, sinon horaires réduits : n° 1 et 2 : 23 €, n° 3 : 31 €.

Ce bateau équipé de fond transparent vous propose 3 types de routes, mais seule la route n° 1 est réalisable toute l'année. Le premier circuit de 1h30 comprend une balade le long de la côte du massif du Montgrí, un stationnement aux alentours des îles Medes pour observer la faune sous-marine et un arrêt baignade. La route n° 2 inclut aussi un passage par la Cala Pedrosa et la Roca Foradada mais sans arrêt bain. En 3h, la 3e vous propose d'aller jusqu'à Sant Martí d'Empúries en longeant la cala Mongó et l'Escala. Toutes prévoient un passage par les îles Medes.

Torroella · l'Estartit · illes Medes
www.visitestartit.com

PLONGÉE SOUS-MARINE

LES DIX SPOTS À NE PAS MANQUER SUR LA COSTA BRAVA

Les eaux de la Costa Brava abritent une flore et une faune extrêmement riches et variées, grâce à son profil découpé. En effet, le littoral s'étend sous la mer et offre des recoins rocailleux, des collines immergées, des grottes lumineuses, des parois impressionnantes, des prairies de posidonie, mais aussi des bateaux naufragés. L'occasion de découvrir des zones protégées où prospèrent des colonies de corail rouge, de visualiser des bancs de poissons, et d'apercevoir des gorgones multicolores tapissant des parois entières ou des prairies de posidonie où se réfugient les alevins. Rien de mieux pour s'approcher de ce paradis que de pratiquer la plongée sous-marine. Au total, la Costa accueille plus de 36 centres spécialisés parmi lesquels nous avons sélectionné les 10 meilleurs pour entrer au contact de ce monde fascinant.

Blanes - La Seca. S'adressant aux débutants, ce rocher imposant prend naissance à 14 m de profondeur et se dresse jusqu'à 3 m en dessous de la surface. On peut y observer 4 canons du XVIe siècle, fruit de plusieurs naufrages. En en faisant le tour, on découvre une fissure qui conduit à une petite cheminée pleine de vie.

Tossa - La Mar Menuda. Idéale pour les débutants, la plongée depuis la plage conduit en quelques minutes aux fonds rocheux (12 à 15 m sous la surface). Toute l'année, on y côtoie des hippocampes, mais aussi des lottes, des poissons-lunes ou des seiches, entre autres espèces. Les plus expérimentés peuvent y plonger jusqu'à 30 m, où s'étend une zone fréquentée par des labres nettoyeurs, espèce qui s'emploie souvent à déparasiter les autres poissons. C'est aussi l'un des meilleurs sites de plongée nocturne de la côte.

Palamós - Boreas. C'est un bateau de la Seconde Guerre mondiale, coulé en 1989 afin d'y pratiquer la plongée sous-marine qui requiert un niveau avancé. Avec des descentes entre 20 et 32 m de profondeur, c'est une des épaves les plus célèbres de la Costa Brava. Tout autour, les congres, les sars et les loups abondent.

Callella, Llafranc, Tamariu - Els Ullastres. C'est une formation de 3 collines immergées, chacune est un site de plongée accessible aux débutants. Les immersions commencent à partir de 8 m, avec des dénivelés, des grottes et des couloirs étroits où l'on croise notamment des mérous, des rascasses, des murènes et une grande quantité de gorgones.

Aiguablava - Begur - Furió Fitó. Une des plus impressionnantes formations rocheuses sous-marines de toute la côte. Il s'agit d'un énorme massif immergé prenant naissance à 14 m de profondeur et descendant jusqu'à 65 m où l'on peut plonger quel que soit son niveau et voir pratiquement toutes les sortes de poissons et d'organismes subaquatiques.

L'Estartit, îles Medes - La Vaca. Recommandé pour tous les niveaux, il est incomparable pour ouvertures, larges et lumineuses, couvertes de gorgones spectaculaires. La faune incroyable de la réserve n'y manque pas, des mérous majestueux aux multicolores nudibranches.

L'Escala - El Marmoler. Bateau coulé, baptisé *Marmoler* en raison de la cargaison de marbre qu'il transportait et qui repose toujours au fond de l'eau. Réservée aux plongeurs expérimentés, cette expérience est incontournable, car le navire donne l'impression de sillonner encore les flots, un océan de sable désormais. Profondeur : entre 36 et 40 mètres.

Roses, cap de Creux : cap Norfeu - El Gat. C'est la plus appréciée au sud du cap de Creus et accessible à tous niveaux. A la pointe du cap Norfeu, c'est un endroit très riche en faune fixe comme en poissons. Le fond commence au pied d'une paroi rocheuse à une dizaine de mètres de profondeur, puis descend jusqu'à environ 25 m. Les parois recouvertes de gorgones rouges vont mourir sur un fond de sable.

Cadaqués - La Massa d'Or. L'îlot, un site emblématique, doit son nom aux reflets de l'eau sur le fond rocheux. Séparée de la côte et exposée aux assauts de la mer, la zone n'est pas très propice à la plongée sous-marine, car elle est battue par toutes sortes de vents et de courants ; les jours de beau temps, toutefois, elle est spectaculaire par la beauté de l'ensemble d'îlots immergés comme la quantité de poissons qu'on peut y contempler. Un site de plongée exceptionnel sur la Costa Brava.

Llançà, Colera - Bau de la Punta del Molí. Légèrement séparé de la côte, cet écueil long et étroit va de 4 à 40 m de profondeur et est accessible à tous. Couverte de gorgones, la paroi d'une extrême verticalité procure au plongeur une sensation d'apesanteur. Les populations de poissons sont denses dans les environs : mérous, dentis ou congres, bécunes européennes et autres espèces de passage.

PLAGES ET CRIQUES ★

La commune compte un peu plus de 15 kilomètres de littoral, se partageant en un peu plus de 5 kilomètres de plages et le reste en côtes rocheuses, situées au nord de la commune. La plage la plus proche du port, c'est la grande plage. Longée par le *passeig marítim*, elle est accessible aux personnes à mobilité réduite et ponctuée de parcs pour enfants et d'aires de repos pour tous. Viennent ensuite, la plage des Griells qui longe la rivière naturelle du Ter Vell, moins fréquentée que la précédente, puis la plage de la Pletera, dont une partie est accessible pour la planche à voile, et la platja Mas Pinell qui la prolonge et jouxte celle de Pals. Ces dernières étant bien sûr sans construction. Les amateurs de randonnées pourront rallier la cala de Calella, au nord de la commune en suivant d'abord le sentier local qui suit le paseo maritime jusqu'à la pointe du Molinet, puis en prenant la rue (carrer) Cap de la Barra. D'environ 2 kilomètres, elle est classée en difficulté moyenne, mais sa première partie jusqu'au Molinet est particulièrement aisée et peut servir de promenade digestive. Les plus courageux rallieront la cala Montgó, la plus grande crique de la côte du Montgrí, à près de 12 kilomètres, de l'autre côté du parc naturel, mais après un bel effort d'au moins trois heures, le tout en suivant le sentier local puis le GR-92. Cette crique faisait office de débarcadère à l'époque romaine, comme en témoignent les vestiges qui y ont été trouvés. On peut aussi y accéder en vélo, en voiture et même en bateau..

© ALBERTO ZAMORANO - SHUTTERSTOCK.COM

MALVA HOSTEL €

Carrer de l'Església, 68-70
✆ +34 676 898 146
www.malvahostel.com
Ouvert toute l'année. A partir de 60 €. Chambres 2 à 5 personnes. Wifi.

Ouvert depuis 2022, Malva Hostel est le fruit d'une aventure familiale. Conçu pour un séjour tout confort, cet hostel moderne, élégant et fonctionnel propose un accueil chaleureux et met l'accent sur la préservation de l'environnement, ce qui s'est traduit par une utilisation systématique de matériaux de construction recyclés, écologiques et durables. Non loin de la plage, vous profiterez d'une terrasse dans toutes les chambres, d'un salon avec cuisine et d'une très belle terrasse pourvue d'un espace solarium aménagé avec des vues uniques sur l'Estartit.

© MALVA HOSTEL

© MALVA HOSTEL

COSTA BRAVA

© CAL TET

© CAL TET

CAL TET €€

Carrer Santa Anna, 38
✆ +34 972 751 179
www.caltet.com

Fermé de décembre à février. Ouvert tous les jours. Comptez environ 30 €.

Ouverte en 1971, cette vénérable *marisquería* est maintenant aux mains de la deuxième génération de Giménez. Au menu, les poissons et fruits de mer de l'Estartit, mais aussi une belle sélection de fruits de mer provenant de Galice. Sans oublier une grande variété de tapas qui comprend aussi les indispensables (patatas bravas, crevettes, sèches) et une excellente paella de la mer. Le tout est à apprécier dans un décor moderne, mais conservant la structure ancienne, avec murs en pierre. Comme elle est souvent prise d'assaut, pensez à réserver.

© CAL TET

© CAL TET

© CAL TET

HÔTEL SANTA ANNA €€

Carrer Port, 46
✆ +34 972 751 326
www.hotelsantaanna.com
Ouvert toute l'année. Comptez de 89 à 139 €, petit déjeuner inclus.

Situé à proximité du *passeig marítim*, cet hôtel moderne et régulièrement rénové propose 52 chambres, simples, doubles ou familiales, réparties sur trois étages avec ascenseur. La moitié donnant sur rue, l'autre sur la grande piscine ouverte de l'hôtel, certaines avec terrasses. Les espaces sont larges et clairs. On prend le petit déjeuner au quatrième étage. On dispose aussi d'un restaurant abrité dans un bel espace aux murs en pierre, au rez-de-chaussée. Pour piquer une tête, une belle piscine avec solarium et un bar pour prendre un verre ou se livrer au *tapeo*.

RESTAURANT DU CLUB NAUTIC €€

Passeig Maritim, s/n
✆ + 34 972 750 401
Ouvert tous les jours de la mi-juin à la mi-septembre. Du mardi au dimanche à midi. Comptez 35 €.

Un emplacement de choix avec vue sur la mer et une cuisine de marché, voilà qui en fait un lieu incontournable pour déguster poissons et fruits de mer de la région. En entrée, grande variété de salades, au saumon, au chèvre ou au brie, clin d'œil à sa clientèle française. Puis sépias à la plancha, paella aux poissons ou beaux filets de veau grillés. Le tout à déguster dans un grand espace lumineux aux vastes baies vitrées donnant sur le port, ou en terrasse.

COSTA BRAVA BOATS

Port de L'Espigó de Llevant
✆ +34 872 200 152
www.costabravaboats.com
Ouvert de mi-mai à fin septembre. Tarifs disponibles sur le site web.

© COSTA BRAVA BOATS

Cette entreprise familiale de 10 personnes propose un service de location de bateaux via une flotte d'une vingtaine d'embarcations, renouvelée chaque année et vérifiée chaque jour. En louant votre bateau depuis l'Estartit, vous pourrez naviguer vers les îles Medes, juste en face du port de l'Estartit. Et si vous mettez le cap vers le nord, vous pourrez traverser une grotte en pleine mer appelée La Foradada, mouiller à la Cala Montgó, la Cala Molinet ou la plage d'Empúries... Côté sud, vous pourrez atteindre le cap de Begur, dans la réserve des Ses Negre Marina.

CLUB NAUTIQUE DE L'ESTARTIT

Passeig Marítim, s/n
✆ +34 972 751 402
www.cnestartit.com
Horaires sur le site web. Nombreuses activités proposées.

Ce club propose de nombreuses activités sportives. Avant tout nautiques, bien évidemment, avec des cours de voile, de kayak, mais aussi la possibilité de louer des bateaux, à voile ou à moteur. On pourra aussi y suivre des cours de tennis, profiter d'une piscine et d'une salle de fitness. Un bar-restaurant est aussi à votre disposition, pour boire un verre face à la mer. Pas de souci pour les non-hispanophones, on saura vous accueillir, très bien, en français.

EL REI DEL MAR

Avinguda de Grècia, 5
✆ +34 972 751 392
www.elreidelmar.com
Prix disponibles sur le site web.

Fondé en 1990 et situé dans l'hôtel Panorama, ce centre de plongée familial dispose de tous les services (séchage et transport de matériel, station de gonflage, boutique avec toutes les nouveautés). Deux embarcations de 15 m (avec ascenseurs hydrauliques pour une remontée confortable), d'une capacité de 30 plongeurs chacun, vous amènent rapidement vers les îles Medes. On pourra y faire sa première plongée d'initiation ou suivre les différentes étapes permettant de devenir un plongeur expérimenté. N'hésitez pas à consulter la liste des sites de plongées proposés.

ESTACIÓ NÀUTICA L'ESTARTIT – ILLES MEDES

Carrer de la Platja 10-12
✆ +34 972 750 699
www.enestartit.com

Situé au cœur du Parc naturel du Montgrí, des Îles Medes et du Baix Ter, cette station nautique propose des activités nautiques et sportives pour tous les publics, niveaux et âges. Presque une cinquantaine de propositions de découverte nature et sport : le calme du kayak sur le fleuve Ter, l'aventure d'une randonnée pédestre, l'exploration sous-marine des Îles Medes en plongée bouteille, évasion en montgolfière ou parcours parmi la nature en Segway 4x4 par exemple.

LES ILLES DIVING CENTER

Carrer Illes, 55
✆ +34 972 751 239
www.hotellesilles.com

Nombreux packs disponibles à consulter sur le site Internet ainsi que tarifs spéciaux pour les enfants.

Ouvert en 1985, c'est l'un des plus réputés de la Costa Brava (FFESSM, PADI, SSI, BSAC, PSI-CEDIP). Situé en face du port de l'Estartit dans l'hôtel qui porte le même nom, il propose jusqu'à 4 sorties par jour (2 le matin et 2 l'après-midi) vers les îles Medes à bord de 2 bateaux totalement équipés. Ainsi qu'une dizaine de belles immersions vers les fonds rocheux du Massif del Montgrí. Les équipes et les instructeurs sont multilingues et il est aussi propriétaire d'un hôtel confortable, totalement pensé et préparé pour les plongeurs.

UNISUB DIVE RESORT

Carrer Platja, 8
✆ +34 972 75 17 68
www.unisub.es

1 plongée à partir de 38 € (bateau, bouteille, plombs et TVA). Pack 4 plongées à partir de 144 €. Baptême 69 €.

Fondé en 1965, ce centre a acquis de très nombreuses années d'expérience dans la zone des îles Medes. Il propose des infrastructures complètes et modernes pour les plongeurs : guides et instructions multilingues, deux embarcations avec plusieurs sorties par jour (matin et après-midi), une salle de formation pour les conférences et les cours (tous niveaux) et un service de réparation de matériel. Vous pourrez aussi profiter d'un restaurant avec terrasse offrant un menu du jour et d'un service de réservation d'hébergement sur place.

TORROELLA DE MONTGRÍ ★

Située sur la rive nord du Ter, au pied du massif du Montgrí, sa vieille ville abrite une partie d'une grande muraille construite entre les XIIIe et XIVe siècles ainsi qu'un patrimoine médiéval intéressant, car c'est au bas Moyen Age que la ville devint cité royale. Ses principales artères convergent vers la place de la *Vila*, en suivant une structure urbaine fondée sur le modèle des anciens campements romains et considérée comme le meilleur exemple de ce type d'urbanisation dans l'Empordà. L'autre plus de cette ville, une intense vie culturelle puisque de nombreuses maisons anciennes ont été transformées en fondations ou galeries d'art.

FONDATION VILA CASAS-MUSÉE PALAIS SOLTERRA

Carrer de l'Església, 10
✆ +34 972 761 976
www.fundaciovilacasas.com

Horaires disponibles sur le site web. Entrée : 5 €.

Situé dans un bâtiment du XVe siècle, ce palais est l'un des édifices les plus emblématiques de la ville qui a été la résidence historique des contes de Torroella de Montgrí. Mêlant à l'intérieur une décoration de styles Renaissance et noucentiste, il abrite le musée de la photographie contemporaine de la fondation Vila Casas, inauguré en 2 000. Hormis une exposition permanente, il organise des expositions temporaires et des cycles de conférences dédiés à l'histoire.

FUNDACIÓ MASCORT

Carrer de l'Església, 9
✆ +34 972 75 80 57
www.fundaciomascort.com

Entrée libre.

Favoriser la connaissance de l'histoire et de l'art mais aussi participer à la préservation de la nature, tels sont les trois objectifs poursuivis par la cette fondation culturelle privée, créée en 2007 par Ramón Mascort Amigó. En parcourant les différents espaces, on pourra découvrir ses collections via des expositions temporaires comme 1 000 ans de céramique catalane, les oiseaux et les mammifères du monde ou la peinture espagnole dans la collection Mascort. Cette fondation publie également des livres et des ouvrages d'art de grande qualité.

LE MIRADOR DE L'EMPORDÀ

Situé à 310 m, sur la montagne du massif du Montgrí, ce château médiéval est devenu le symbole visuel de la commune et sa silhouette vous suivra dans toutes vos balades dans la plaine de l'Empordà. Edifié entre 1294 et 1301, sur ordre du roi Jacques II en lutte contre les comtes d'Empúries, il s'agit en fait d'une forteresse inachevée, mais qui n'en dresse pas moins une structure imposante : 31 m de côté et 13 m de haut et 4 tours aux 4 coins. On y accède à pied depuis Torroella en suivant le GR-92 (1h30). Vue panoramique à l'arrivée après la montée de l'escalier.

MUSÉE DE LA MÉDITERRANÉE ★

Carrer d'Ullà, 31
✆ +34 972 75 51 80
www.museudelamediterrania.cat
Horaires disponibles sur le site web. Entrée libre.

Installé dans la Can Quintana, ce musée municipal se propose de faire découvrir la Méditerranée allant du massif du Montgrí à la plaine du Baix Ter, en passant par les îles Medes. Qu'il s'agisse de son histoire, de ses sons et de ses arômes, via des expositions temporaires et des manifestations diverses. C'est aussi le centre d'interprétation du Parc naturel du Montgrí, des îles Medes et du Baix Ter. Il multiple les activités culturelles, sociales et musicales et propose aussi des services de visites guidées, tout au long de l'année.

OFFICE DE TOURISME DE TORROELLA

Carrer d'Ullà, 31
✆ + 34 972 75 51 80
www.visitestartit.com
Fermé le dimanche après-midi en été et aussi le mardi, le reste de l'année.

Cet office est situé dans le bâtiment du musée de la Méditerranée. Sur le site internet consacré à l'Estartit, vous trouverez aussi toutes les informations concernant la ville de Torroella de Montgrí, accessible en français : visites dans la ville, agenda culturel. On vous renseignera aussi sur les randonnées à effectuer, notamment celle qui va de Torroella à l'Estartit en suivant un chemin agricole qui parcourt toute la rive gauche du Ter jusqu'à son embouchure, la Gola del Ter.

RESTAURANT HOTEL PICASSO €€

La Gola del Ter ✆ +34 972 75 75 72
www.hotelpicasso.net
Ouvert en saison (avril-octobre). A la carte entre 25-40 €. Menu en semaine à 20 € et le week-end à 25 €. Parking.

Ouvert depuis 1974, ce restaurant tenu par Joan Mitjà met un point d'honneur à valoriser les produits locaux et de saison. Avec à la clé, une carte très complète privilégiant les recettes méditerranéennes. Le riz en sera bien sûr la vedette, décliné dans différentes versions : riz noir, paella, arròs caldòs, fideuà, etc. Mais on pourra aussi profiter de son passage pour déguster les anguilles pêchées dans la rivière Ter, un plat exquis. Ou des fruits de mer (huîtres, moules, palourdes...). Le tout servi dans une salle élégante ou sur une belle terrasse ombragée.

AUTHENTIC EMPORDÀ

✆ +34 607 894 536
www.nikduserm.com
Comptez 120 € pour une visite de 1h30. Autre visite proposée : les traces de la guerre civile de 1936-1939, à Figueres.

Depuis 1996, Nik accumule informations et documentations sur les villages de l'Empordà, sans cesse renouvelée, actualisée et développée via les quelque 300 visites guidées déjà réalisées... C'est aussi la garantie de pouvoir entrer partout puisque ses contacts lui ont donné les clés pour entrer dans les églises souvent fermées au public. Proposées en catalan, en espagnol mais aussi en français, elles durent généralement une heure et demie mais vous pouvez aussi opter pour les visites nocturnes avec d'effrayantes histoires de sorcellerie...

FONDA MITJÀ €

Carrer de l'Església,14

✆ + 34 972 75 80 03

www.fondamitja.cat

Comptez entre 80 et 100 € la chambre double. Comptez environ 20 € au restaurant.

Elle est installée dans une demeure fort ancienne ayant fait partie du Palau Solterra avant de devenir *fonda* en 1936. Depuis, c'est la même famille qui la gère (aujourd'hui, ce sont Eva et Raquel, les petites filles). Elle propose 14 chambres confortables réparties sur 3 étages, avec ascenseur. Certaines donnant sur la rue, tranquille, disposent de petits balcons. Egalement à disposition, un restaurant orné des photos de famille, très fréquenté par les gens de la ville et des environs pour la qualité de sa cuisine basée sur les recettes de grand-mère.

HOTEL RESTAURANT PICASSO €

Gola del Ter

✆ +34 972 75 75 72

www.hotelpicasso.net

Avr-oct. Chambre double à partir de 90 €. Offres et sur le site web. Parking et Wifi. A 200 m du sable de la plage.

C'est en 1974 que Joan Mitjà a décidé de transformer la maison de campagne familiale en un restaurant rendant hommage à son peintre favori. Deux ans plus tard, c'est l'hôtel qui verra le jour. Et c'est en 2003 qu'il sera entièrement rénové pour adapter les installations aux nouvelles exigences écologiques – économies d'énergie notamment. Aujourd'hui, il propose des chambres (simple, double, triple et quadruple) réparties sur 3 étages. Séjourner à l'intérieur du Parc naturel du Montgri vous garantit un séjour très tranquille dans un environnement exceptionnel.

RESTAURANT PALAU LO MIRADOR €€

Passeig de l'Església, 1

✆ +34 644 576 099

www.hotelpalaulomirador.com

Fermé le mardi. Comptez environ 40 € à la carte, sans les vins.

Pourquoi se priver de se restaurer dans ce qui fut la résidence des comtes de Barcelone au XIIIe siècle ? Installé dans les anciennes écuries du palais, il propose un très bel espace, les anciennes écuries qui garantissent une plongée dans le passé. Les plaisirs gustatifs seront à la hauteur du cadre. Les plats sont concoctés à partir des meilleurs produits de la région : poissons frais de Roses, fruits et légumes de l'Empordà, veau de Girone et pâtisseries artisanales de la ville.

TRAMATS

Carrer Mar, 3

✆ +34 677 660 781

www.tramats.cat

Josep et Magda possèdent un atelier de fabrication de « cistells », vanneries, traditionnelles qu'ils ont installé au cœur du Parc naturel de Montgrí. Le matin, ils y proposent de nombreux types d'activités et d'ateliers qui vous permettront de réaliser vos propres créations. Si vous vous y rendez, vous pourrez aussi découvrir les nombreux usages de ces vanneries, appliquées à des domaines habituels comme des paniers mais aussi servant à des clôtures, des lampadaires, des façades de murs ou des tonnelles. Également des expositions.

PERATALLADA ★★

C'est l'un des villages historiques les plus intéressants de la Costa Brava dont la situation, vraisemblablement sur d'anciennes carrières, lui a donné son nom de « pierre taillée ». Classé patrimoine historique et artistique, ce village séduit au premier coup d'œil le visiteur. Ses bâtiments et constructions en pierre couleur ocre, sa douceur de vivre et la tranquillité de ses rues vous transporteront dans une époque révolue. Ici pas de grandes constructions, mais de ravissantes petites maisons et de magnifiques gîtes ruraux pour un séjour repos prolongé. Information : office du tourisme, Plaça del Castell, 3 (www.visitperatallada.cat).

LA COMMUNE DE FORALLAC

Le séjour peut se compléter par la visite de deux autres villages faisant partie de cette même commune : Fonteta et Vulpellac. Au pied des montagnes de Gavarres, le premier abrite notamment l'église Santa Maria de Fonteta et une source publique puisque le sous-sol est particulièrement riche en eaux souterraines. A l'est du *puig Negre* (colline Noire) et Sant Ramon, le second a pour centre son château du XIVe siècle, autre château-forteresse ainsi que ses murailles, partiellement conservées. L'occasion de découvrir de jolis paysages notamment à vélo.

© STOCKSTUDIOX

Village de Peratallada.

TOUR DU VILLAGE

C'est son donjon, *Torre de l'Homenatge,* qui est l'élément le plus visible du château, mais aussi du village tout entier, car il s'élève à environ 10 mètres. Le château, l'un des plus intéressants de l'époque médiévale comprend deux secteurs bien différenciés par la structure et la fonction, le centre fortifié et le palais. Articulé autour de rues aux formes irrégulières, le noyau du village était autrefois protégé par un système complexe de murailles. Un système défensif complété par des tranchées spectaculaires, jusqu'à 7 mètres, se situant au nord et à l'ouest.

CA L'ALIU - CASA DE POBLE €

Carrer Roca, 6
✆ +34 661 40 49 35
www.calaliu.com

Chambre double de 70 à 80 € pour une chambre double, petit déjeuner compris.

Situé à l'entrée du village, ce séduisant gîte rural est installé dans une ancienne maison datant du XVIIIe siècle qui a été entièrement rénovée. Il possède sept chambres à la décoration rustique, aux couleurs chaudes, aux sols carrelés et aux poutres apparentes. Toutes parfaitement équipées. Tous les clients ont accès à une cuisine entièrement équipée et profitent d'un grand jardin et d'une belle terrasse, agréable et aménagée avec tables et chaises.

HOSTAL RESTAURANT LA RIERA €€

Plaça de les Voltes, 3
✆ +34 972 634 142
www.lariera.es

Ouvert toute l'année. Chambre : 90 €, petit déjeuner et parking inclus.

En traversant le portail, on ne s'attend pas à pénétrer dans un si joli coin. Un jardin verdoyant, des tables éparpillées sur la terrasse et un mas du XVe siècle qui abrite cette maison d'hôtes charmante. L'établissement possède huit chambres, chacune décorée dans un style rustique, mais de manière différente. L'offre étant appréciée, il faut donc réserver par avance pour l'été. Le restaurant propose une cuisine rendant hommage à la cuisine de l'Empordà et de la France.

HOTEL EL CAU DEL PAPIBOU €€

Carrer Major, 10 ✆ +34 972 63 47 16
www.hotelelcaudelpapibou.com

Chambre double de 99 à 133 €, petit déjeuner inclus.

Au milieu du village, ce beau petit hôtel situé dans un bâtiment du XIIe siècle propose huit chambres. Accueil chaleureux en français ou anglais par le couple de propriétaires. Les chambres sont élégantes avec une décoration soignée et bien équipées. La maison possède aussi un restaurant, *el Papibou* qui sert des plats à la fois très locaux, comme le *botifarra amb seques*, à apprécier dès le petit déjeuner, mais aussi des saveurs plus tropicales, comme le *mojito de cerdo*. On profitera aussi du salon de lecture et du joli patio pour boire un verre.

BELLCAIRE D'EMPORDÀ

Un passage par ce petit village permet de visualiser l'affrontement entre les comtes d'Empúries et la royauté. C'est dans sa partie la plus haute qu'est situé le château construit à la fin du XIIIe siècle par les comtes d'Empúries, en opposition notamment à celui élevé par les rois sur le massif du Montgrí. Chaque année, sa façade sert de cadre à la représentation théâtrale « le drapeau de la Catalogne » qui retrace cet affrontement et une promenade aménagée autour permet de le découvrir. Autre visite indispensable dans ce village, la jolie église romane de Sant Joan de Bellcaire qui mêle divers styles : paléo-chrétien, préroman, roman et gothique.

GLOBUS EMPORDÀ

Parc del Ter, GI-634 ✆ +34 620 846 742
www.globusemporda.com
Ouvert toute l'année. A partir de 170 € pour le vol standard. Accessible aux personnes à mobilité réduite.

L'entreprise Globus Empordà vous propose de nombreuses formules pour apprécier la région de l'Empordà en prenant de la hauteur, grâce à des vols en montgolfière. Et ce, que vous soyez seul, en couple, en famille ou entre amis. Vous pourrez par exemple contempler à cette occasion la Méditerranée et les îles Medes, les villages médiévaux de l'intérieur, suivre le parcours du fleuve Ter ou encore découvrir les rizières qui entourent le village de Pals. Et ce en toute confiance, car l'équipe a accumulé une grande expérience via de nombreuses années de vol.

LA TALLADA D'EMPORDÀ

Cet autre petit village abrite l'église de Santa Maria. De style roman à l'aspect simple et austère qui caractérise les églises des XIIe et XIIIe siècles, elle est surtout remarquable pour sa grande tour, dressée sur l'abside semi-circulaire de l'église et marquant l'extrémité de l'ancienne fortification. Car si le village est aujourd'hui totalement ouvert sur la plaine qui l'entoure, il a été autrefois le lieu de nombreux combats et un lieu fortifié comprenant une demi-douzaine de tours et une longue muraille. A 6 km au nord-ouest, Maranya abrite, lui, une église romane, Sant Esteve, conservant des fragments de peintures murales très intéressants.

KAYAK DEL TER

Avinguda Costa Brava, s/n
✆ +34 662 15 94 69
www.kayakdelter.com
Comptez de 25 à 30 € par adulte selon le parcours

Disposant de canoës canadiens et de kayaks, cette agence est spécialisée dans les sorties loisirs en eaux plates et en eaux vives. 3 parcours sont proposés sur la rivière Ter, allant de 2h à 6h, et sont de difficulté variable. La descente permet de découvrir la faune et la flore de la région, encadré par des moniteurs expérimentés et soucieux de la sécurité, et le retour se fait, au choix, à bicyclette, en Segway ou à pied, avec ou sans bâtons de marche nordique. Possibilité de louer une embarcation à l'heure pour naviguer de manière autonome sur le plan d'eau.

COLOMERS

A 6 km au nord-ouest de Verges, ce tout petit village de plus de 200 habitants, situé à proximité de la rivière Ter, peut ponctuer la visite des villages médiévaux. Comme toutes les églises de la région, son église a fait l'objet de travaux de fortifications aux XVIe et XVIIe siècle. Les restaurations effectuées dans cette église romane ont mis à jour une belle décoration intérieure sculptée. Celles-ci ont aussi permis de réhabiliter un bâtiment connu comme le château et abritant aujourd'hui la mairie. Petit, mais festif, le village organise une série d'événements culturels gratuits tous les samedis de juillet. Information : www.colomers.cat

VERGES

A 3 km au sud de la Tallada, ce village est renommé pour sa « Danse de la Mort » qui a lieu chaque Jeudi saint, mais il abrite aussi un petit centre médiéval qui mérite une visite. Cette partie étant entourée par une enceinte fortifiée dont six tours sont encore conservées. Au centre, on y trouvera la mairie, construite sur l'emplacement de l'ancien château des comtes d'Empúries, dont seul le mur de la partie nord subsiste ainsi que l'église de Sant Julià i Santa Basilissa, de style roman du XIIe, avec des parties réformées, de style néo-gothique. Tours, lavoirs et moulins viendront compléter la visite. Information : La Placeta, 2. www.verges.cat.

COSTA BRAVA

PALS ★

Sur une petite colline au milieu de la plaine, ce gros village s'aperçoit de loin. Avec en ligne de mire, la muraille qui l'entoure et dont surgissent l'église Sant Pere et la majestueuse tour des heures, l'un des rares vestiges de l'ancien château et emblème de la ville. Particulièrement bien restaurée, son enceinte gothique a été classée bien d'intérêt culturel national. Une visite vous fera découvrir ses ruelles et ses arcades et la bonne grimpette vous conduira *in fine* au mirador Josep Pla pour une vue panoramique sur l'Empordà : des Pyrénées aux îles Medes, avec au premier plan les rizières. La culture associée à ce territoire depuis le XVe siècle.

TOUR DU VILLAGE

Visite de la tour des heures : horaires à l'office de tourisme. Entrée : 3 €.

La visite vous conduira à la tour des heures, un très bel édifice roman de 15 m de haut, construit aux XIe et XIIe siècles sur une plateforme de roche naturelle. Elle doit son nom à son petit clocher gothique, réalisé après la démolition du château au XVIe siècle et constitue le vestige le plus ancien et le mieux conservé. Des murailles datant des XIIe et XIVe siècles, seules subsistent cinq tours carrées : *Ramonet*, *Rom*, *Xinel·lo*, *Hospital*, et la cinquième sans nom. Le musée de la culture Ca La Pruna peut aussi faire l'objet d'une visite (Carrer de la creu, s/n).

SITE ARCHÉOLOGIQUE D'ULLTRASET

A 10 km au nord-ouest de Pals par la C-651 puis la G-644.

✆ + 34 972 17 90 58

www.mac.cat

Horaires disponibles sur site web. Entrée : 5 €.

C'est sur une petite colline entourée de murailles que l'on découvrira ce site d'une grande importance archéologique qui abrite les superbes ruines du *Poblat Ibèric,* village ibérique. Dont les traces les plus anciennes font penser qu'il remontait au VIe siècle av. J.-C. Après la visite du site, on se rendra au musée d'archéologie qui comporte une salle d'expositions présentant les nombreux objets issus des différentes fouilles effectuées sur le site.

OFFICE DU TOURISME DE PALS

Carrer de l'Hospital, 22

✆ +34 972 63 73 80

www.visitpals.com

Horaires disponibles sur le site web.

Situé à l'entrée du village dans sa partie haute, c'est le principal point d'information. Vous y trouverez de nombreuses cartes et documents en français. Ainsi qu'un petit coin boutique pour découvrir le produit emblématique du village, le riz et une documentation fournie sur ses variétés et ses différentes utilisations. Le village compte aussi 2 autres points d'info : rond-point, en bas du village (C. Aniceta Figueras, 6) et à la plage, parking les dunes, été et automne.

COSTA BRAVA

Ruelles au centre de Pals.

LA BURRICLETA

Carretera de Torroella de Montgrí à Parlavà, km 0,5 ✆ +34 972 75 50 82
www.burricleta.com

Comptez 26 € pour un adulte et 21 € pour un enfant pour une demi-journée, 35 et 30 € pour une journée complète.

Gros coup de cœur pour cette *burricleta*, vélo électrique qui vous permet de faire de jolies randonnées, pratiquement sans aucun effort. Qu'il s'agisse des forfaits à la demi-journée ou à la journée, les bicyclettes ne nécessiteront aucune recharge électrique. Et vous seront fournies avec un GPS et un audioguide en français. Vous pourrez par exemple en une demi-journée effectuer un circuit des villages de l'Empordàet, petit Empordà, passant par Fontclara, Palau Sator, Sant Feliu de Boada, Peratalallada et Pals. Prenez le temps de vous adapter à son poids.

EL XIULET DE PALS

C. Abeurador, s/n
✆ +34 628 597 972
www.elxiuletdepals.com

De 12 à 24 € pour un adulte. Possibilité de réserver en ligne.

Voici un moyen de découvrir Pals et ses alentours via un petit train proposant des tours thématiques. La route principale, celle du riz, vous fait connaître cet aliment phare de Pals, du semis à la récolte, en parcourant moulin et rizières. Autres tours proposés : la découverte de l'enceinte gothique du village ; une route des vins passant par le mas Gelli ; ou les jolis villages médiévaux des alentours (Peratallada et ses douves impressionnantes, Palau Sator et sa tour des heures). Très didactiques, ces visites de 1h à 2h peuvent être réalisées en français.

LIVE TOUR (VISITES GUIDÉES EN SEGWAY)

Chemin Vernegar, s/n
✆ +34 696 44 77 61
www.livetour.cat

Comptez 25 € pour un tour d'une demi-heure et 38 € pour une heure.

Basée à Pals, l'entreprise Live tour, gérée par le sympathique Josep originaire de la ville, propose plusieurs visites guidées à Pals et dans ses alentours en Segway®. Les balades s'effectuent au cœur de la cité, mais aussi en parcourant les rizières et villages médiévaux. Les routes suivies présentent différents niveaux de difficulté. C'est un transport écologique et aussi une merveilleuse façon de combiner visite culturelle, loisir et découverte de la nature.

MAS GELI DE PALS

Barri Bernagar
✆ +34 629 69 44 28
www.masgelipals.cat

Propositions et tarifs sur leur site web. Vente sur place. Concerts en direct et dîners en juillet et août.

Voici un projet familial né de l'envie faire un vin exprimant l'essence d'un territoire. C'est pourquoi dans cet endroit privilégié car abrité par les massifs des montagnes du Montgri, les 15 hectares de vignobles sont traités via une agriculture biologique et des vendanges naturelles. On pourra y trouver les variétés autochtones de l'Empordà. A découvrir lors de visites guidées accompagnées d'une dégustation y compris au coucher de soleil les week-ends d'été pendant le Mas Geli Fest : dîner, produits du terroir et concert en direct à la belle étoile.

CAN BARRUL €€

Carrer Extramurs, 2
✆ + 34 972 63 41 98
www.canbarrull.com

A partir de 100 € la chambre double.

Située dans le joli village de Sant Feliu de Boada, cette maison de campagne restaurée en gîte rural propose quatre chambres (standards et supérieures) et deux appartements. Toute une palette d'activités a également été mise au point : découverte de la région via des itinéraires à vélo, visite d'un atelier de céramique, dégustation d'huile biologique ou encore dîner dans un restaurant de la région. Un cadre idéal si l'on souhaite privilégier la tranquillité sans exclure de rallier les plages qui ne sont qu'à quelques kilomètres.

LA COSTA GOLF & BEACH RESORT €€

Avinguda dels Arenals de Mar, 3
✆ +34 972 667 740
www.resortlacosta.com

De 91 à 150 € pour une chambre double.

Situé à 100 m de la jolie plage de Pals, cet hôtel de charme dispose de 120 chambres impeccables et parfaitement équipées. Toutes avec un accès à une petite terrasse ou une véranda, avec vue sur la mer, le golf ou la piscine tropicale. Les amateurs de golf apprécieront son *green* établi au cœur d'une forêt de pins, l'un des plus réputés. Côté services, 3 bars et 2 restaurants proposant une cuisine régionale, à déguster les pieds dans le sable. Personnel francophone.

MAS DE TORRENT & SPA €€€

Carretera de Sant Feliu de Boada
✆ +34 972 303 292
https://www.hotelmastorrent.com
A partir de 350 €.

Situé à 10 minutes de Pals, ce mas typique de la région, datant du XVIIIe siècle, est absolument ravissant. Il fait désormais partie du réseau Relais & Châteaux et a été entièrement rénové en 2020 de manière à permettre à ses hôtes de profiter au maximum des vues spectaculaires environnantes. Ainsi que de nouveaux espaces comme le MasSpa, 600 m² dédiés au bien-être, avec piscine intérieure. Ils profiteront aussi de l'expertise de Ramón Freixa, étoilé Michelin qui supervisera la gastronomie. Les suites sont élégantes et parfaitement équipées. Du grand luxe.

ES PORTAL €€€

Carretera de Pals à Torroella de Montgrí, 17
✆ + 34 972 63 65 96
www.esportalhotel.com
Comptez de 90 à 180 € pour une chambre double. Dans le restaurant, menu dégustation à 52 € sans les vins.

Installé dans un mas du XVIe siècle entièrement rénové, cet hôtel est renommé pour son restaurant gastronomique. Le credo de son chef, Joan Carles Sanchez : réaliser une cuisine de marché privilégiant les plats de proximité de l'Empordà. Proximité de Pals oblige, le produit phare sera le riz auquel le restaurant consacre un menu spécial. Même engagement pour les produits de proximité en ce qui concerne la cave, dominée par les vins DO de l'Empordà. Côté hôtel, 8 très jolies chambres avec vue sur le jardin et le Montgrí. Grande piscine extérieure à disposition.

GOLF DE PALS

Carrer del Golf, 64
✆ +34 972 76 77 39
www.golfdepals.com
Ouvert toute l'année. Comptez de 44 à 66 € pour les 9-trous et de 50 à 107 € pour les 18-trous.

Fondé en 1966 par Baltasar Parera Vilar et son épouse Rosa Coll Llach, c'est le plus ancien golf de la Costa Brava. Il a fêté ses cinquante ans d'existence en 2016. Installé dans une immense pinède face à la plage de Pals, il propose des parcours de 9 et 18 trous. Régulièrement classé parmi les meilleurs golfs d'Europe, il accueille de nombreuses compétitions. L'ensemble comporte aussi une école de golf qui permet d'apprendre ou de perfectionner son jeu. Enfin, vous pourrez aussi profiter de son bar anglais et de son restaurant.

BEGUR ★

Entouré des collines du massif de Begur, ce gros village est un petit coin de paradis en bord de mer. Encore préservé du tourisme de masse même si de nouvelles constructions recommencent à grignoter les collines environnantes, il conserve le charme certain de ses ruelles médiévales. Du haut de sa colline, les ruines du château du XIe siècle guettent la mer et ses visiteurs. Au menu d'un séjour, *farniente* et balade sur ses plages et criques ou découverte des maisons d'*Indianos* puisque la ville garde de nombreuses traces de l'émigration d'enfants du pays vers Cuba. Lesquels, lorsqu'ils y ont fait fortune, sont revenus à Begur construire de belles maisons.

Quartiers

Bien qu'il ne dépasse pas les 4 200 habitants, Begur est un vrai labyrinthe qui s'articule autour de plusieurs entités. Begur, son centre-ville et chef-lieu, situé au sommet de la colline. Qui comprend aussi les noyaux d'Esclanyà – avec un ancien noyau roman –, Aiguafreda, Sa Riera, Sa Tuna, Aiguablava et Fornells qui sont des zones urbanisées mais abritent aussi certaines des plages les plus prestigieuses de la Costa Brava, Aiguablava abritant quant à elle un parador de tourisme, construit sur la falaise en 1966. On y trouvera enfin 3 autres plages qui contribuent à sa renommée : la Platja del Racó, la Illa Roja ainsi que la Platja Fonda. Circuler entre ces différents territoires ne sera pas chose facile si vous comptez circuler à pied d'un espace à l'autre. Mieux vaut délimiter vos visites à un ou deux lieux à la fois. Dans ce guide, chaque établissement indique sa place exacte dans Begur.

CENTRE D'INTERPRÉTATION DES INDIANOS DE CATALOGNE

Bonaventura Carreras, 11
✆ + 34 972 624 305
Du mardi au samedi, de 9h30 à 13h30 et de 16h à 19h, dimanche de 10h à 13h. Entrée libre.

Tout au long du XIXe siècle, plus de 500 citoyens de Begur ont traversé l'Atlantique pour chercher fortune sur le continent américain. C'est pour valoriser cet héritage *indianos* qu'a été inauguré ce centre d'interprétation. Depuis février 2023, cette découverte se fera *via* de nombreuses nouvelles technologies permettant par exemple de revivre une traversée vers les Amériques depuis le toit du bateau, d'entendre les musiques traditionnelles ou de sentir les odeurs des produits importés.

CHÂTEAU DE BEGUR ★★

Passeig del Doctor Pericot, s/n

C'est sa silhouette qui surplombe le village. Et y monter vous permettra d'accéder à un magnifique mirador sur tout le centre de l'Empordà et sur la côte catalane. Logiquement construit au XIe siècle sur l'une des plus hautes montagnes de Begur par Arnust de Begur, il a servi de forteresse stratégique bénéficiant d'une vue imparable. Pour connaître une histoire très mouvementée notamment marquée par trois destructions : guerre civile catalane en 1468, incursion française du duc de Noailles en 1694 et guerre d'indépendance contre les Français en 1810. Aujourd'hui, il n'en reste que les fondements, rénovés en partie au XXe. Depuis le village, la balade pour rejoindre le sommet vous prendra une petite demi-heure, mais vous pourrez déjà faire une halte sur la plaça Sant Ramon où une table explicative vous renseignera sur les différents points visualisés. Et *in fine*, c'est le clou du spectacle, une vue qui ira des Pyrénées avec un pic du Canigó, peut-être enneigé, contrastant avec l'azur de la mer, le mirador de l'Emporda, les îles Medes et de l'autre côté, les îles formigues, 16 îlots entre Plafrugell et Palamós. Un des plus beaux points de vue qui soient, à ne pas manquer.

Les montagnes de Begur. Elles sont la prolongation du massif des Gavarres sur le littoral où elles finissent en petites collines, tombant dans la mer et formant des falaises abruptes. Peuplées de chênes, de bruyères et surtout de pins blancs sur le littoral, on pourra y croiser écureuils et renards et y observer des roitelets ou des torcols fourmiliers.

CHEMINS DE RONDE ET RANDONNÉES ★

www.visitemporda.com

Côte abrupte et nombreuses falaises ont conduit à segmenter le chemin de ronde en 4 tronçons. Au nord, le 1er débute à la Platja del Racó puis passe par la crique d'Illa Roja, pour se terminer à Sa Riera. Le 2°, de 500 m vers l'est offre un spectaculaire panorama sur les falaises. Le 3° relie 2 plages, Aiguafreda et Sa Tuna. Le 4°inclut criques et plages de la zone de Fornells, en passant par la plage Aiguablava. On pourra aussi suivre les chemins *vells* comme le cami vell de Sa Tuna.

TOUR DU VILLAGE

Faisant partie de l'association des municipalités au passé *Indianos* comme Palafrugell ou Tossa de Mar à titre d'exemples, Begur propose un itinéraire en 11 points dans le *nucli antic*. Partant de la mairie pour finir à la Casa de Vincenç Ferrer i Bataller, il fait découvrir ses maisons d'*Indianos*, construites au XIXe siècle comme la Casa Bonaventura Caner i Bataller, actuel hôtel Aigua Clara, la plus majestueuse du village. Autres points de découverte, les 6 tours de surveillance subsistantes des 11 que Begur a comptées et l'église gothique de Sant Pere.

Crique de Sa Riera.

PLAGES ET CRIQUES ★

La commune de Begur offre huit plages. Au nord, jouxtant la plage de Pals, c'est la Platja del Racó qui est la plus grande et offre de belles vues sur les îles Medes. C'est aussi celle à laquelle on accède aisément à pied, en suivant le chemin de ronde. Vient ensuite l'Illa Roja, l'une des plus emblématiques de la côte de Begur et qui doit son nom à la couleur de l'îlot rocheux qui la surplombe. Elle est suivie par Sa Riera, la plus proche du village, qui propose activités sportives et services divers. C'est aussi là que se tiennent les spectacles de *havaneres*, durant l'été. A l'est du village, la petite crique d'Aiguafreda est protégée par le Mont Puig Rodó, suivie par une autre Sa Tuna, d'accès plus difficile donc bien préservée. Au sud de Begur, on accède à la platja Fonda par un escalier de plus de 100 marches ce qui lui a conservé une tranquillité très appréciable. On trouvera ensuite la zone de fornells, formée de différentes criques, accessibles par le chemin de ronde et disposant d'un port de plaisance. Le chapelet se terminant avec la plage d'Aiguablava, qui est une jolie plage de sable fin et bénéficie d'alentours peu urbanisés.

Réserve marine de Ses Negres. Allant de la Cala de Sa Riera à celle d'Aiguafreda, cette frange littorale de 1,2 kilomètre est classée réserve maritime intégrale depuis 1993. On ne peut donc y pratiquer ni pêche, ni navigation, ni plongée. C'est cette protection qui a permis une régénération significative de la faune aquatique, homards, langoustes et mérous.

OFFICE DE TOURISME DE BEGUR

Avinguda Onze de Setembre, 5
✆ +34 972 624 520
www.visitbegur.com
Horaires disponibles sur le site internet.

Situé sur la rue principale de la partie ancienne de Begur, l'office propose de nombreux documents en français, concernant notamment les balades et les randonnées à effectuer dans toute la région. L'été, il organise des visites guidées et payantes du village qui durent environ une heure trente, tous les samedis. Egalement des informations sur son agenda culturel ou gastronomique comme la campagne *Peix de Roca*, qui a lieu chaque année au printemps.

EL PETIT CONVENT €€

Carrer Sant Josep, 3
✆ +34 972 62 27 24
www.petitconvent.com
Ouvert toute l'année. De 95 à 250 €, petit déjeuner inclus. Parking privé.

A quelques mètres du centre historique médiéval de Begur, il est installé dans un bel édifice du XIIe siècle, parfaitement rénové en 2012. Toutes les chambres, dont certaines disposent de terrasses, sont décorées avec beaucoup de goût, dans les tons blanc et beige, et disposent bien sûr de tous les équipements modernes. Vous y apprécierez la grande qualité de son petit déjeuner privilégiant les produits de première qualité : huile d'olive vierge, tomates de la huerta, pain traditionnel et jambons et fromages ibériques du haut Empordà, confitures artisanales.

© EL PETIT CONVENT

© EL PETIT CONVENT

COSTA BRAVA

HOSTAL SES NEGRES €€

Carrer del Mar, 8
✆ +34 872 20 21 22
www.hostalsesnegres.com
A partir de 95 €.

Si vous appréciez les séjours pieds dans l'eau, voici l'adresse qu'il vous faut. A quelques mètres de la plage de Sa Riera, la plus grande plage de sable de Begur, cet hostal propose dix-sept chambres et quatre appartements. Tous les espaces ont été décorés dans un style méditerranéen privilégiant la lumière et certains offrent des vues imprenables sur les îles Medes. Côté gastronomie, vous profiterez de deux espaces, le restaurant en salle intérieure mais aussi de *Sa terrassa* où vous pourrez dîner, accompagné du bruit des vagues.

HOTEL HANOI BEGUR €€

Carrer de Santa Reparada, 26
✆ +34 972 622 724
www.hotelhanoibegur.com
Ouvert toute l'année. Comptez de 75 à 180 € petit déjeuner compris.

Installé dans un édifice de style *Indiano* datant du XVIIIe siècle, cet hôtel entièrement rénové rend hommage à l'origine vietnamienne de son ancien propriétaire. Il propose 4 types de chambres, doubles standards, supérieures et économiques et « àtic » avec accès privé à la terrasse de l'hôtel. C'est depuis la terrasse de l'hôtel que l'on pourra profiter d'une superbe vue allant des îles Medes aux Pyrénées en passant par le Cap de Creus. Autre plaisir du lieu, un élégant patio intérieur où vous pourrez savourer thé ou café, accompagné de viennoiseries fraîches.

HOTEL AIGUABLAVA €€

Platja de Fornells
✆ +34 972 62 20 58
www.hotelaiguablava.com
Ouvert de Pâques à mi-octobre. De 191 € / nuit chambre double à 391 € suite (petit déjeuner inclut).

A deux pas de la plage de Fornells et surplombant la baie d'Aiguablava, entourée de roches et de pinèdes, cet hôtel offre des services de haute qualité sans perdre son caractère original. Fondé en 1934 par Clara Capellà et tenu par la quatrième génération de la famille, il propose des chambres avec vue sur jardin ou sur mer qui seront des refuges de calme. On retrouve la même élégance combinée à la modernité dans tout l'hôtel. On appréciera sa belle terrasse avec piscine et son restaurant servant des produits locaux et de saison. Une étape romantique.

HÔTEL RESTAURANT GALENA MAS COMANGAU €€

Carrer Ramon Llull, 1
✆ +34 972 623 210
www.mascomangau.com
Ouvert toute l'année. De 81 € à 315 €. Petit déjeuner buffet à 12,50 €.

Située à la sortie de Begur, mais à quelques minutes à pied du centre du village, cette ancienne *masia* transformée en hôtel de charme propose 20 chambres, toutes spacieuses et décorées avec style et goût. Si vous le pouvez, choisissez celles avec balcon ou terrasse bénéficiant d'une très jolie vue panoramique sur le massif des Gavarres. Également à disposition, un très grand salon, un bar à l'accueil. Excellent accueil de Miguel, le charmant patron qui n'ignore rien de la région.

HÔTEL AIGUACLARA €€

Carrer Sant Miquel, 2
✆ +34 972 622 905
www.hotelaiguaclarabegur.com
Chambre de 70 € à 220 €, petit déjeuner inclus.

Vous serez certainement accueilli par les hôtes Clara et Joan qui vous feront visiter leur charmant hôtel, ils vous expliqueront son fonctionnement comme son histoire. Ils ont mis cœurs et âmes pour restaurer cette ancienne maison coloniale de plus d'un siècle, vous tomberez sous le charme. Les plafonds sont hauts, les grandes fenêtres inondent l'intérieur d'une lumière naturelle, le mobilier est élégant et bien accordé. Chaque chambre est différente, c'est un subtil mélange entre confort, charme et décoration décalée. Un hôtel d'exception.

TALAIA PLAZA ECORESORTS €€

Carrer de Sa Riera, s/n ✆ +34 972 62 30 23
www.talaiaplazaecoresort.com
Ouvert d'avril à novembre. A partir de 96 €. Animaux de compagnie acceptés.

Situé à proximité de la plage de Sa Riera, la plus proche du village, il joue à fond la carte de l'intégration dans l'environnement et propose 110 logements (lodges, bungalows...). Tous bénéficient d'une cuisine équipée, certains de terrasse et toujours d'une belle vue, vers la mer ou la pinède de Sa Pedrera entourant le *resort*. Également à disposition, le restaurant Arrels misant sur les produits locaux. Un espace bien-être avec sauna, bain moussant, piscine avec solarium ainsi que deux bars dont un *rooftop* pour profiter de la vue complètent l'offre.

HOSTAL SA TUNA €€€

Passeig de l'Ancora, 14
✆ + 34 972 62 41 82
www.hostalsatuna.com
Fermé du 15/12 à 29/2. De 131 à 250 € pour une chambre double. Restaurant ouvert du 15/4 au 30/9.

Difficile de ne pas craquer pour ce charmant hôtel, situé de plain-pied sur la délicieuse plage de Sa Tuna. À l'origine maison de pêcheurs, transformée en 1944 en un petit hôtel par les grands-parents de l'actuel propriétaire. Chacune des 5 chambres, claires et décorées de photos anciennes, possède une terrasse permettant une magnifique vue sur la crique. L'ancien restaurant de plage n'est plus sur le sable, mais on y déguste toujours les recettes traditionnelles élaborées par le chef Mateu Batista, faisant la part belle aux riz, comme la paella marinière.

L'INDIANA DE BEGUR €€€

Carrer de Forgas i Elias, 8
✆ +34 972 62 22 29
www.laindianadebegur.com
A partir de 200 €.

Cet Indiana de Begur est un petit boutique-hôtel installé dans une maison de style colonial *indiano,* en plein centre de Begur. Il ne propose « que » cinq chambres : quatre chambres doubles et une suite, afin de garantir une ambiance cosy et un service personnalisé. On l'appréciera dans le raffinement de la décoration et le choix du mobilier (bureau en marqueterie...), mais aussi depuis les différents espaces permettant de profiter d'une vue sans pareille sur le château de Begur. Comme l'espace bain moussant ou la terrasse *chill out*, propice aux dîners romantiques.

PARADOR D'AIGUABLAVA €€€

Carrer Aiguablava, 25
✆ +34 972 622 162
Comptez de 120 à 360 €.

C'est l'un des établissements cultes de la Costa Brava. Situé à 4 kilomètres du centre de Begur et au pied de la plage d'Aiguablava, ce superbe hôtel qui vient d'être entièrement rénové est particulièrement accueillant. Les 78 chambres sont toutes spacieuses et confortables, la plupart offrant même des vues spectaculaires sur la mer. Il propose également un large éventail de services comme une piscine, une salle de gym ou encore un spa avec vue sur la crique d'Aiguablava. Ainsi qu'un restaurant « Marivent » pour déguster des plats typiques de l'Empordà.

EL CONVENT €€€

Carretera de la Platja del Racó, 2
✆ +34 972 623 091
Chambre double standard, de 110 à 280 €, petit déjeuner inclus.

Au milieu d'un bois et niché sur un flanc de montagne, cet ancien couvent a été subtilement rénové et dispose de tout le confort nécessaire et propose des chambres très élégantes. C'est dans un contexte harmonieux que vous pourrez vous glisser dans la piscine ou apprécier le bruit de la fontaine qui coule. En terrasse ou à l'intérieur bien au frais, dans l'ancienne salle à manger, vous pourrez déguster des plats raffinés et issus de recettes originales de l'Empordà. Un service de navettes pour se rendre sur les plages est disponible en haute saison.

© EL CONVENT

© EL CONVENT

COSTA BRAVA

CAN TORRADES €

Carrer Concepció Pi i Teto, 5
✆ +34 972 19 91 88
Fermeture annuelle du 1er octobre au 15 novembre et le mardi soir. Compter 30 €.

Joli décor avec belles arcades voûtées et peintures sur les murs pour ce restaurant qui propose une cuisine méditerranéenne savoureuse. Et s'est fait une spécialité des poissons et viandes grillés à la braise. Au hasard, on pourra y savourer des tapas de légumes grillés, des tartines de *fuet*, saucisse, ou du *secret de porc ibèric*. Si vous avez la chance de vous y rendre en été, on vous conseille de vous installer sur la terrasse à l'étage, particulièrement appréciable le soir. Accueil sympathique dans un lieu à fréquenter entre amis ou en famille.

RESTAURANT ROSTEI €€

Carrer Concepció Pi, 8
✆ +34 972 622 704
www.rostei.com
Fermé en décembre et janvier. Comptez 35 €.

Pas de mauvaise surprise dans l'assiette, vous n'y trouverez que du bon et du frais. La marque de fabrique du Rostei, c'est une cuisine de saison faite minute et célébrant la mer et ses richesses. Le pendant de pareille philosophie implique une cuisine sans effet de manches, simple et ultra classique. Il faudra goûter l'*arròs de marisc* (riz aux fruits de mer) ou la sole grillée. Mais on pourra aussi se régaler des coquilles Saint-Jacques ou des seiches à la plancha, accompagnées de pommes de terre à l'aïoli. Côté décor, belle terrasse sous la tonnelle.

EL BISTRO €

Carrer de Forgas i Elias
✆ + 34 972 624 750
Fermé le lundi. Comptez de 15 à 20 € pour deux plats et une boisson.

Très bien situé à l'entrée du village sur les hauteurs, il permet tout d'abord de profiter d'une terrasse avec une belle vue mirador sur la baie de Begur, non loin de la statue de Carmen Amaya, danseuse flamenco née à Barcelone mais morte à Begur en 1963. Et les saveurs seront au rendez-vous de ce bistro qui fait le plein de tous ceux qui vivent ou passent par Begur. Dès que les fourneaux sont en marche les odeurs embaument. On y testera des fricassées de veau aux champignons, une saucisse de perol avec des haricots blancs ou une daurade au vin blanc.

SA RASCASSA €€

Cala Aiguafreda, 3
✆ +34 972 62 28 45
www.hostalsarascassa.com
Ouvert début mars à fin octobre. Comptez environ 50 € à la carte, sans les vins.

Depuis sa création en 1916, ce lieu est un des *must* de Begur. Côté restauration, Sa Rascassa propose une cuisine simple privilégiant quelques excellentes recettes méditerranéennes comme des riz (caldós, mer et montagne...), mais aussi des poissons pêchés du jour comme la rascasse ou le turbot. A apprécier installé sur une belle terrasse ombragée, face à la jolie crique d'Aiguafreda. Côté logement, cinq chambres doubles confortables sont à votre disposition. Pour profiter du calme, sans téléphone ni télévision, à 3,5 km de Begur.

HÔTEL RESTAURANT GALENA MAS COMANGAU €€

Carrer Ramon Llull, 1
✆ +34 972 623 210
www.mascomangau.com
Fermé le mardi. Comptez environ 35 € à la carte, sans les vins.

Sur la route qui mène à Tamariu, il propose un délicieux cadre, dans une ancienne *masia* réaménagée. Et par beau temps, une jolie terrasse donnant sur les montagnes environnantes. En entrée, on pourra se laisser tenter, si c'est la saison par des petits pois sautés à l'ail et au jambon et continuer en optant pour le *suquet de peix*, la spécialité de Begur. Mais les viandes, cuites au four sont aussi excellentes et sauront réjouir les amateurs de goûts carnés.

BEGUR DIVE

Platja d'Aiguablava, 4
✆ +34 609 437 106
www.begurdive.com
Compter 66 € pour une sortie d'une journée. Nombreuses offres à consulter sur son site Internet.

Situé sur la plage d'Aiguabla, le centre est installé dans un environnement privilégié puisque le cap de Begur au nord de la crique le protège des vents forts du nord. Un emplacement qui le protège aussi des vents de Garbí, très fréquents en été. Agréée PADI, cette entreprise propose des cours de plongée, de tous niveaux, mais aussi des baptêmes et seize plongées au total pour découvrir raies, mérous, poissons-lunes, poulpes, dorades et langoustes... et coraux et gorgones. Ainsi que la crique d'Aiguablava et des vestiges archéologiques.

COSTA BRAVA

LA BISBAL D'EMPORDÀ

A 20 km à l'ouest des côtes, cette petite ville de plus de 11 100 habitants mérite une visite puisque cette capitale du Baix Empordà est le haut lieu de la céramique, une tradition qu'elle maintient depuis le XIIIe siècle. Vous la reconnaîtrez à ses couleurs prédominantes, bleu marine, vert bouteille et jaune paille ainsi que par la finition vitrifiée de la plupart des pièces. Une étape consacrée aux emplettes donc, mais qui permettra aussi de découvrir son centre ancien et le fleuve Daró qui traverse la ville et sa spécialité pâtissière : *El Bisbalenc*, une sorte de millefeuille farci de *cabell d'àngel*, cheveux d'ange, recouvert de pignons.

CHÂTEAU GALA DALÍ

Place Gala Dalí © +34 972 488 655
www.salvador-dali.org
Horaires et tarifs disponibles sur le site web.

Après le théâtre-musée (Figueres) et la maison-musée (Portlligat) c'est à Púbol (10 km de La Bisbal), que vous trouverez ce troisième pilier du triangle Dalinien : le château Gala Dalí. Il permet de découvrir une ancienne maison médiévale achetée par le maître du surréalisme en 1968 et décorée en hommage à son épouse et muse, Gala. Ouvert au public depuis 1996, c'est devenu son dernier atelier de 1982 à 1984. On découvre notamment la salle de piano ou l'ancienne cuisine transformée en salle de bains. Au deuxième étage se présente l'exposition temporaire.

CHÂTEAU-PALAIS ★

Plaça del Castell, s/n
© +34 972 64 51 66
www.visitlabisbal.cat
Horaires disponibles sur le site web. Entrée : 3 €.

Ce bel ensemble est l'un des plus significatifs du roman civil en Catalogne. Construit par les évêques de Gérone, maîtres des lieux durant 1 000 ans, il fut un centre administratif dans lequel ils géraient les nombreuses propriétés de la région. Il est constitué d'un rez-de-chaussée, d'un étage noble et d'une terrasse avec une chapelle au sein d'un donjon (*torre de l'homenatge*). Vidéo et panneaux explicatifs accompagnent la visite et si l'on accède à la terrasse, on profite de très belles vues sur le quartier ancien, la plaine alentour et le massif des Gavarres.

MUSÉE DE LA CÉRAMIQUE DE LA BISBAL ★★

Carrer del Sis d'Octubre, 99
© +34 972 64 20 67
www.terracottamuseu.cat
Horaires disponibles sur le site web. Entrée : 5 €.

La céramique est l'une des principales activités économiques de la commune, et ce depuis le XIIIe siècle mais c'est à partir du XIXe siècle qu'elle va connaître son âge d'or. Avec des productions commercialisées en Catalogne mais aussi dans les colonies espagnoles d'outre-mer. Après une chute de la céramique traditionnelle au début du XXe, le tourisme a contribué à sa relance mais aujourd'hui elle est aussi destinée à la construction et à la décoration. La visite de ce musée permet tout d'abord de découvrir un bel exemple d'architecture industrielle car il est situé dans une ancienne usine créée en 1922 pour fabriquer des revêtements de céramiques. De nombreux éléments de cet ancien usage ont été conservés comme les fosses de tamisage de l'argile, des cheminées ou des fours. Le lieu accueille une exposition permanente représentative des collections détenues par le musée (6 000 objets au total). Les pièces présentées permettent à la fois de connaître ce fonds et de se faire une idée des pratiques de production. On y découvre la céramique sous tous ses aspects, décorative mais aussi industrielle, la visite étant jalonnée de panneaux explicatifs visuels facilitant la compréhension. Une petite salle vous permettra aussi de regarder une vidéo, en français, présentant un historique de cette production et son importance pour la ville. Si l'on voit de nombreuses céramiques anciennes, une grande vitrine expose aussi les objets produits aujourd'hui, au visuel créatif et innovateur.

OFFICE DE TOURISME DE LA BISBAL D'EMPORDÀ

Carrer Aigüeta, 17
© +34 972 64 55 00
www.visitlabisbal.cat
Horaires à consulter sur site web, en bas de la page d'accueil.

Hormis cet office, la ville dispose d'un autre point d'information, situé à l'entrée du château palais de la Bisbal (Pl Castell, s/n). Vous trouverez aussi de nombreuses informations en français sur son site : circuits dans la ville, logement, carte de la ville à télécharger, etc. On vous renseignera également sur le label « Céramique de la Bisbal » qui depuis le 2 juin 2010 garantit l'origine et la qualité de la céramique et sera gravé au dos des produits.

TURISMÓN

Carrer Nou 12
✆ +34 619 335 848
www.turismon.net

Créée en 2008, cette agence réceptive propose de « partager » les trésors de la Catalogne grâce à une immersion au cœur de ses traditions et de son patrimoine culturel, architectural, gastronomique et paysager. Et parie sur un tourisme respectueux de l'environnement. Vous pourrez découvrir le site ibère d'Ullastrtet, des constructions modernistes et Indiana ou faire des balades dans le Parc naturel de Montseny à la recherche de ses secrets et de ses légendes. Mais vous pourrez aussi apprécier cette région côté mer. Nombreuses propositions sur le site web.

HOTEL MAR DE TASMÀNIA €€

Plaça Francesc Macià, 1 ✆ +34 972 640 521
www.hotelmardetasmania.es

Ouvert toute l'année. Comptez de 75 à 90 € pour une chambre double, petit déjeuner inclus. Wifi.

Situation idéale pour ce petit hôtel confortable situé dans une maison ancienne. Vous êtes à proximité de la vieille ville, de l'autre côté du pont qui traverse le Daró et au début de la carrer de l'Aigüeta qui concentre la plupart des boutiques de céramique. L'hôtel propose cinq chambres, toutes doubles, grandes et lumineuses, avec une décoration moderne et donnant, pour certaines, sur une très belle terrasse avec vue sur l'église et les toits de la ville. On prend le petit déjeuner dans un patio jardin. Bon rapport qualité-prix.

MAS PETIT €€

Afores 30 (camí)
✆ +34 972 64 18 20
www.maspetit.net

A partir de 120 €.

Situé au sud de la Bisbal, à 10 min du centre, ce « mas » a ouvert ses portes en 2002, après deux ans d'une rénovation qui a respecté les anciennes structures des bâtisses et des espaces afin de conserver l'ambiance « petit village ». Au total, il abrite six logements, à louer de manière indépendante ou ensemble. Vous profiterez d'un jardin aménagé de 600 m², qui communique avec tous les appartements. Mais aussi de 2 terrasses équipées et d'un porche de 70 m² avec canapés, barbecue, grande table et cuisinière 4 feux. Cap sur la tranquillité.

DRAC RESTAURANT €€€

Castell d'Empordà s/n
✆ +34 972 646 254
www.hotelcastellemporda.com

Ouvert pour le dîner, réservation préalable, environ 45 € sans les vins. De 250 à 320 € pour chambre double.

Ouvert depuis 2001, cet hôtel-restaurant offre une cuisine raffinée qui réinterprète les classiques de l'Empordà. Dans un très bel espace. On peut s'ouvrir l'appétit en dégustant un pressé de foie gras à la gelée de Pedro Ximenes ou une raviole de crabe aux agrumes et continuer avec un dos de cabillaud rôti au jus de poulet. Le millefeuille de recuit de chèvre apportera la touche finale. Pour un cadre d'exception et un séjour reposant, l'hôtel propose 38 chambres doubles ou suites, décorées avec goût, toutes bénéficiant de belles vues sur les alentours.

RESTAURANT BO.TIC €€€

Av Costa Brava, 6
✆ +34 972 63 08 69
www.bo-tic.com

Fermé au mois de février. Menus dégustation à 165 €.

Depuis 2007, Cristina et Albert, deux jeunes experts cuisiniers sont aux manettes de ce bijou de la gastronomie moderne. Création, innovation et surtout un respect total pour les traditions de l'Empordà se conjuguent dans chaque plat, chaque recette, chaque dessert sortis des fourneaux. Vous pourrez y goûter un tartare doux au palais, de savoureux poissons et fruits de mer, des viandes succulentes (entrecôtes, wagyu ou black angus), et une carte des desserts spécialement pensés pour les gourmands. Spectaculaire carte des vins, avec plus de 400 références.

ATELIER CÉRAMIQUE PUIGDEMONT

Carrer Indústria, 9
✆ +34 972 64 04 25
www.ceramicapuigdemont.com

Ouvert du lundi au samedi, de 8h à 14h et de 16h à 20h.

Depuis 1995, Lluís et Anna pratiquent l'art délicat de la céramique artisanale. Avec toujours le même goût pour concevoir et créer les modèles et les décorations et la même minutie dans la réalisation des objets. Une visite de leur atelier vous fera apprécier leurs créations colorées et inventives qui leur ont valu la fidélité de nombreux clients. Et ils n'hésiteront pas à vous expliquer les différentes étapes de cette fabrication artisanale, du filtrage de l'argile ou toucher final.

COSTA BRAVA

MONELLS ★

C'est un charmant petit village médiéval, construit autour d'un ancien château dont il ne reste que les murs. Un passage permet d'y découvrir la place Jaume I, entourée de portiques ainsi que les belles maisons qui l'entourent. Si cette place a accueilli un marché médiéval très important, sa renommée actuelle a été ranimée par le fait d'avoir servi de décors pour certaines scènes du film *Ocho apellidos catalanes*, comédie sortie en 2015. Un film ayant connu un beau succès d'entrées à l'image de son prédécesseur *Ocho apellidos vascos*, sorti en 2014. Les deux réalisations ayant contribué à booster le cinéma espagnol de ces dernières années.

CAMI DE RONDA

www.camideronda.com

Une agence qui propose la découverte des sentiers pédestres courant le long du littoral de toute la région. Ils s'occupent de tout (transferts bagages, cartes/GPS, guides spécialisés). Une valeur sûre. Pour les amateurs de randonnées et d'activités en plein air, Triptek Solutions a mis au point « Camí de Ronda », chemin de ronde, avec deux types de circuits : un itinéraire de 43 km et un circulaire de 140 km qui parcourent l'ancien chemin de ronde du littoral de Gérone en faisant appel à une trentaine d'entreprises de la destination.

EL PALAUET DE MONELLS €€

Plaça Jaume I, 1

✆ + 34 972 630 012

www.elpalauetdemonells.com

Comptez de 150 à 220 € petit déjeuner et accès au spa inclus.

Situé sur la jolie place centrale du village et installé dans une maison seigneuriale du début du XVIIe siècle, cet hôtel de charme propose six ravissantes chambres doubles, chacune décorée de manière particulière afin de respecter l'histoire et l'esprit du lieu. Deux sont situées au premier étage, les autres au second, accessibles par ascenseur. On profitera de son spa avec piscine climatisée et bain bouillonnant, mais aussi d'un grand salon, d'une salle à manger, d'une terrasse-jardin et d'un solarium. Service de bar et parking.

PALAFRUGELL ★

Berceau du célèbre journaliste et écrivain catalan, Josep Pla, cette municipalité englobe 4 sites différents : Palafrugell, son chef-lieu, situé à environ 4 km de la mer et ses 3 anciens quartiers de pêcheurs, reconvertis en villages touristiques, mais qui gardent néanmoins un charme persistant : du nord au sud, Tamariu, Llafranc et Calella de Palafrugell. Cette dernière est la plus connue puisque la plage de Port Bo, aux jolies maisons de pêcheurs, y accueille chaque année, le premier samedi de juillet, la traditionnelle « Cantada d'Havaneres », nostalgiques chansons aux rythmes créoles qu'entonnaient les navigateurs du siècle dernier.

Se restaurer

Ce sont les *garoinas*, dégustation d'oursins, qui sont à l'honneur, de janvier à mars. Il vous faudra aussi tester *Es Niu*, le plat traditionnel, plat de carême à l'origine.

Transports

Calella, Llafranc et Tamariu sont à quelques kilomètres de Palafrugell. En juillet et en août, un bus touristique, le julivia dessert régulièrement les plages ainsi que le cap Sant Sebastià ou le Jardin du Cap Roig, au sud de Calella. Le reste de l'année, la compagnie Sarfa dessert les trois villages. Côté randonnées, ces villages côtiers sont reliés par un « chemin de ronde », plus compliqué entre Llafranc et Tamariu mais promenade très aisée entre Llafranc et Calella. Ils sont aussi accessibles par la route qui les entoure mais garer sa voiture sera compliqué en haute saison.

CENTRE D'INTERPRÉTATION DE CAN MARIO

Placeta del Museu, s/n

✆ +34 972 30 78 25

www.museudelsuro.cat

Horaires disponibles sur le site internet. Entrée : 3 €.

Fondé en 1972, ce musée se propose de rendre compte de l'importance de la production de liège câprier dans toute la région. D'où le choix du bâtiment, une ancienne fabrique moderniste Can Mario, dessinée par General Guitart au début du XXe siècle, qui fut la plus grande fabrique de liège de l'Espagne et une des plus importantes au monde. Et bien sûr, son château d'eau en fer qui culminant à 35 mètres est devenu l'une des silhouettes emblématiques de la ville.

COSTA BRAVA

CENTRE D'INTERPRÉTATION DE LA CUISINE CATALANE

Av de la Generalitat, 33

✆ +34 972 30 02 28

Mêmes horaires que l'office du tourisme.

Après un passage par ce centre, vous n'ignorerez plus rien de la cuisine catalane : son évolution au fil de l'histoire, les campagnes gastronomiques, les recettes, les marchés, les produits et aussi l'histoire du tourisme dans l'Empordàet, le petit Empordà. Le tout vous sera présenté via des vidéos et des écrans tactiles. A titre d'exemple, vous saurez tout sur les traditionnelles *garoines,* dégustation d'oursins, à l'honneur dans les restaurants, de janvier à mars.

FONDATION JOSEP PLA

Carrer nou, 51

✆ +34 972 30 55 77

www.fundaciojoseppla.cat

Horaires disponibles sur le site internet. Entrée : 5 € (expo permanente et temporaires). Tarif route : 9 €.

Créée en 1973 à l'initiative de Josep Pla qui décida de lui faire don de sa bibliothèque personnelle, elle a pour objectif de promouvoir la lecture de son œuvre littéraire et journalistique. Elle organise donc différentes activités comme des expositions permanentes ou temporaires, des ateliers ou des itinéraires. Tel que le circuit Josep Pla pour faire connaître ses lieux significatifs : maisons natale et de vie, bords de mer longeant les calanques ou cimetière de Llofriu. Ou des visites plus pointues comme une promenade se terminant par un bon repas.

CHEMINS DE RONDE ★★

www.visitemporda.com

Le chemin qui mène de Llafranc à Calella est parfaitement accessible et peut constituer une promenade digestive, à réaliser en famille. D'une durée d'environ 30 min, il comprend aussi de nombreux miradors sur la côte. Celui qui relie Llafranc à Tamariu est tout aussi digne d'intérêt, mais plus long et un peu plus difficile d'accès, avec de belles montées et descentes pour passer le Cap de Sant Sebastià. Pour ce dernier, on conseille de se munir au préalable de cartes à l'Office de tourisme de Palafrugell, pour bien identifier son tracé.

OFFICE DE TOURISME DE PALAFRUGELL

Avinguda de la Generalitat, 33

✆ +34 972 30 02 28

www.visitpalafrugell.cat

Horaires disponibles sur le site internet.

Cette adresse est la plus complète pour obtenir des informations sur cette région : itinéraires de randonnées pédestres ou de sentiers du littoral, pistes cyclables. Ainsi que les offres d'hébergements et les circuits culturels proposés. On vous informera aussi sur l'agenda des dégustations culinaires, *garoines*, dégustation d'oursins, avec la liste des restaurants qui y participent, ou les journées gastronomiques *Es Niu*, plat traditionnel, en septembre et octobre.

Château dans le jardin botanique de Cap Roig.

JARDIN BOTANIQUE DU CAP ROIG ★

Camí del Rus
✆ +34 972 614 582
www.palafrugellplus.com
Horaires disponibles sur le site web. Entrée : 10 €.

Situé sur une petite péninsule au sud du village de Calella, il est considéré à juste titre comme l'un des jardins botaniques les plus importants de la zone méditerranéenne et sa visite sera un très grand plaisir. Le Cap Roig trouve son origine en 1927 lorsque le colonel Voevodsky achète ce domaine pour y construire un château. Sa femme, une aristocrate anglaise éprise d'architecture, s'occupe de la création du jardin, structuré en terrasses descendantes allant du château à la mer. Ce cadre merveilleux de dix-sept hectares abrite aujourd'hui près de 1 000 espèces botaniques, provenant du monde entier, ainsi que des sculptures d'artistes reconnus. Pour faciliter votre visite, un plan indicatif vous sera remis à l'entrée du jardin et il vous permettra de le découvrir *via* une balade d'environ une heure et demie *a minima.* L'itinéraire comprend de nombreuses haltes ombragées, mais sachez que vous pourrez aussi accéder à une zone de pique-nique, à la hauteur du lieu dit les « Palmes ». Vous pouvez aussi bénéficier d'une formule : « les mille facettes du Cap Roig » qui propose sa découverte selon trois formats de visite : une heure, une heure et demie et deux heures. Elle existe en plusieurs langues, dont le français et inclut aussi une visite thématique (paysage, histoire, botanique), un atelier d'observation. Tous les étés, le prestigieux Festival Jardins de Cap Roig propose une sélection musicale de premier ordre dans ce cadre incomparable, avec un auditorium à ciel ouvert.

PHARE DE SANT SEBASTIÀ ★★

Situé sur un cap entouré de falaises sauvages, ce phare, construit en 1857, et d'une hauteur de 13 mètres, est l'un des plus puissants d'Espagne. En été, un petit train reliant Calella à Llafranc permet d'y accéder. Un peu plus loin, vous découvrirez aussi le site archéologique de Sant Sebastià de la Guarda et les vestiges d'un village ibère du VIe siècle ainsi qu'une tour de surveillance du XVIIIe siècle. Une visite vous garantit de très belles perspectives sur la Costa Brava, de jour comme de nuit, surtout si la pleine lune vous est favorable.

GIROGUIES

Carrer de la Caritat, 49 ✆ +34 972 303 886
www.giroguies.com
Ouvert en semaine de 9h à 14h. Vaste catalogue de tours et excursions. Sorties personalisées aussi disponibles.

Giroguies est une agence de voyages forte de vingt ans d'expérience. En partie francophone, elle propose des circuits en Catalogne, qui sont guidés ou autoguidés, avec une grande prédilection pour la marche : randonnée, montagne, médecine et géographie sont les mots qui la définissent le mieux. Sur la Costa Brava et dans les Pyrénées de Gérone, vous pourrez par exemple effectuer les circuits suivants : descente de rivières en kayak, découverte du patrimoine, yoga en pleine nature et même ateliers photos et leçons de survie en montagne… Tout un programme.

JULIVIA BUS

De juillet à septembre. Tarif : 6,50 € la journée. Brochure à télécharger sur www.visitpalafrugell.cat

Ce petit bus à toit ouvrant vous permet de découvrir Palafrugell et ses criques (Calella, Llafranc et Tamariu). Il totalise 25 arrêts, mais vous pouvez vous arrêter quand vous souhaitez visiter un lieu, le jardin du Cap Roig par exemple, boire un verre à Llafranc ou piquer une tête à Tamariu et reprendre le bus plus tard. En téléchargeant l'application julivia bus, vous disposerez de toutes les indications sur les horaires, les parcours et l'histoire des lieux traversés. Très pratique pour circuler dans un coin où les parkings sont facilement saturés l'été.

APARTHOTEL ARRELS D'EMPORDÀ €€

C. Torroella, 3
✆ +34 972 981 920
www.arrelsemporda.com
Ouvert toute l'année. A partir de 65 € chambre double Location et garage à vélos. Animaux de compagnie acceptés.

Appart hôtel élégant et moderne situé à 5 minutes du centre-ville et à 15 minutes des criques de Palafrugell (Calella, Llafranc et Tamariu), emplacement idéal comme point de départ pour profiter d'une découverte de la Costa Brava et ses charmes : plages, vignobles, rando, itinéraires à vélo, villages médiévaux, environnement naturel, gastronomie, etc.). Idéal pour les familles et pour les événements d'entreprise. Gestion familiale et très bon rapport qualité-prix.

HOTEL BLAUMAR €€

Carrer Farena, 36
✆ +34 972 61 00 55
www.hotelblaumarllafranc.com
A partir de 160 €.

Une situation de rêve pour cet hôtel quatre étoiles donnant sur la plage de Llafranc, l'une des plus jolies de la côte. Le Blaumar vous propose dix-neuf chambres et une suite. Toutes spacieuses, élégantes, très lumineuses, insonorisées et bénéficiant d'un grand confort : mini bar, télévision à écran plat avec chaînes satellite, climatisation et chauffage. Vous pourrez opter pour une chambre disposant d'un jardin privé ou dotée d'une terrasse avec vue sur mer. Le grand plus, une piscine à débordement avec vues spectaculaires sur la plage de Llafranc.

HOSTAL ES NIU €€

Carrer dels Pescadors, 13
✆ +34 872 20 23 02
www.hostalesniu.com
Chambre à l'hostal à partir de 70 €.

Il doit son nom à l'un des plats traditionnels de la gastronomie locale dont l'élaboration requiert un minimum de 5 heures. Situé dans le centre du village de pêcheurs de Tamariu et dominant la baie, cet hostal comprend vingt chambres confortables et totalement rénovées en 2020, dans un style méditerranéen. Vous ne serez qu'à deux cents mètres de la plage. Depuis l'été 2023, l'hôtel propose aussi trois appartements, situés à quarante mètres du bâtiment principal. Dont deux appartements supérieurs disposant d'une terrasse avec vue sur le village.

HÔTEL CAN MASCORT €€

Carrer Raval Inferior, 23-25
✆ +34 623 18 88 28
www.canmascortecohotel.com
A partir de 125 € pour une chambre double.

Situé dans le centre piétonnier de Palafrugell, cet hôtel établi dans un bâtiment historique datant de 1694 a été rénové en suivant les principes de la bioconstruction, ce qui lui permet de proposer aujourd'hui quinze chambres : sept au premier étage, là où vivait la famille des anciens propriétaires, huit au deuxième étage dans un espace mansardé aux belles poutres apparentes. L'établissement inclut aussi une boutique bio alimentant notamment les petits déjeuners servis à l'hôtel. On vous guidera également dans la découverte de la région.

HOSTAL SA TEULA €€

Carrer del Carudo, 12-14
✆ +34 872 98 85 89
www.hostalsateula.com
A partir de 70 € pour une chambre double.

Situé sur les hauteurs du village de Llafranc, en direction du phare de Sant Sebastià, cet hostal propose dix-huit chambres (double, avec ou sans balcon ; triples, familiales et supérieures), toutes très confortables et entièrement équipées. Le lieu a été rénové au début des années 2020 en optant à cette occasion pour un style très méditerranéen et très lumineux. L'hostal dispose aussi d'un restaurant « Espai Sa Teula » qui vous permettra d'apprécier une cuisine méditerranéenne pleine de saveurs. Idéal pour un séjour à quelque 100 m de la plage et du passeig.

HOTEL HOSTALILLO €€

Carrer Bella Vista, 22
✆ +34 972 62 02 28
www.hotelhostalillo.com
Comptez de 90 à 250 €, selon la saison pour une chambre double avec terrasse et vue sur mer, petit déjeuner inclus.

A la pointe sud de la plage de Tamariu, ce petit hôtel entièrement rénové en 2014 surplombe la plage, entouré de ses pins. Sur 5 étages avec ascenseur, il propose 64 chambres doubles, avec vue sur mer ou les pins, dotées de terrasses ou de fenêtres. Que ce soit depuis le bar belvédère, le restaurant tout blanc aux larges vitres ou depuis les terrasses qui entourent le bâtiment, vous disposerez d'une superbe vue sur Tamariu. Son plus, l'accès direct à la plage et aussi et surtout à la toute petite *Platja dels Iris*, vers laquelle on descend par un petit escalier.

HOTEL LA TORRE €€

Passeig de la Torre, s/n
✆ + 34 972 614 603
www.latorre.cat

Fermé de la mi-octobre à la mi-avril. De 99 à 210 € la chambre double, selon la saison petit déjeuner inclus.

Situé sur une petite péninsule entre Calella et Llafranc, cet hôtel familial propose vingt-huit chambres, la plupart disposant de terrasse ou de balcons donnant sur la mer. Autres plus, un jardin et un restaurant, avec vue panoramique sur la baie de Calella de Palafrugell. Ce sera l'occasion de faire connaissance avec les plats du terroir et les desserts maison qui sont concoctés avec une très grande attention. Quoiqu'un peu à l'écart du village, vous ne serez pas très proche de la plage du Canadell qui affiche le drapeau bleu. Une adresse de choix.

HOTEL LLAFRANCH €€

Passeig Cypsela, 16
✆ +34 972 300 208
www.hllafranch.com

Chambre double standard de 90 à 190 €.

Kirk Douglas, Elizabeth Taylor mais aussi Paco de Lucía, Joan Manuel Serrat ou Lola Flores et même notre Johnny national : il peut s'enorgueillir d'une longue liste de clients prestigieux l'ayant fréquenté. Ouvert en 1958 par les frères Josep, Mario et Manel Bisbe, dit le *gitan de la Costa Brava* il est devenu le lieu de vacances habituel d'Antonio Gades. L'esprit familial qui a présidé à son ouverture demeure. Le long du *passeig*, il propose 28 chambres, dont la moitié avec vue de carte postale sur la mer. Un restaurant avec ce qu'il faut de riz noir et de *suquets*.

HÔTEL MAS PASTORA €€

C/ Clara Campoamor Rodríguez, s/n
✆ + 34 972 196 796
www.hotelmaspastora.com

Ouvert de mars à octobre. Comptez de 120 à 300 € pour une chambre.

A quelque 200 mètres de la crique de Llafranc, cet hôtel s'est installé depuis mars 2017 dans un ancien mas catalan du XVIIe siècle, entièrement rénové dans un souci de respect de l'environnement (plaques solaires, arrosage des parties communes *via* la récupération de la pluie...). Au total il propose 16 chambres, toutes dotées de terrasse, avec vue sur la piscine ou la campagne environnante et à la décoration étudiée. On pourra aussi plonger dans la jolie piscine d'eau salée ou savourer des tapas ou des spécialités végétariennes dans son bar.

HOTEL ALGA €€

Avda. Joan Pericot i Garcia, 55
✆ +34 972 617 080
www.algahotel.com

Tarifs variables selon la saison à consulter sur le site web.

Situé au centre de Calella de Palafrugell et entouré de jardins majestueux, cet hôtel, calme et familier, est l'endroit idéal pour se déconnecter et profiter de l'un des lieux les plus agréables de la Costa Brava. On appréciera sa piscine extérieure d'été, pourvue d'un solarium et d'un bar permettant de savourer la gastronomie locale. Mais les gourmets ont surtout rendez-vous au restaurant de l'hôtel, *El Càntir* qui propose une large sélection de plats méditerranéens, mettant en valeur les produits locaux et de saison ainsi que les nouvelles techniques de cuisson.

© NOVARA HOTELS - HOTEL ALGA

© NOVARA HOTELS - HOTEL ALGA

COSTA BRAVA

HOTEL SANT ROC €€

Plaça de l'Atlàntic, 2
✆ +34 972 61 42 50
www.santroc.com
Comptez de 156 à 257 € pour une chambre double avec vue sur mer, petit déjeuner inclus.

Ici aussi, s'occuper d'un hôtel est une histoire de famille puisque c'est aujourd'hui la troisième génération qui s'y colle, avec Bàrbara et Nicolas, les petits enfants des pionniers. A 300 m du centre de Calella, il surplombe la côte et propose 45 chambres sur 3 étages avec ascenseur, dont la majorité a une vue plongeante sur la mer, avec balcon ou terrasses. Toutes très joliment décorées d'un mobilier chaque fois différent. Le petit déjeuner se prend dans un jardin entouré de chênes-lièges avec vue sur le village de Calella. Cuisine de marché à son restaurant.

HOTEL TAMARIU €€

Passeig del Mar, 2
✆ +34 972 620 031
www.tamariu.com
Fermé de novembre à mars. Chambre double avec vue latérale de 125 à 195 €, vue sur mer de 140 à 209 €.

Situé en bord de mer à deux pas du sable, ce mythique hôtel respire la tradition et le savoir-faire des maisons familiales. Pionnier à Tamariu, l'établissement reste lié à la pêche, comme à ses débuts, eu égard à sa situation au milieu de la façade maritime. Ses 16 confortables chambres sont très bien équipées et insonorisées. La terrasse de l'hôtel est un lieu de rencontre, prisée par les locaux et les touristes de passage, qui aiment y boire un verre l'après-midi ou se sustenter de délicieuses tapas et salades au restaurant en soirée.

CENTRE FRATERNAL €

Plaça Nova, 4
✆ +34 972 300 003
www.centrefraternal.com
Ouvert tous les jours, de 8h du matin à minuit. Comptez environ 15 €.

Construit en 1878, l'immeuble qui abrite ce Centre Fraternel a été le siège de plusieurs cafés et casinos jusqu'en 1897, date à laquelle il a été totalement réformé. Vous pouvez en admirer les vitraux et les balcons depuis la Plaça Nova mais vous pouvez aussi y entrer pour profiter de son café qui incarne l'âme du Palafrugell le plus authentique. Au menu d'une dégustation, une large carte de tapas, mais aussi des viandes et des poissons que l'on peut accompagner en sélectionnant l'un des vins d'appellation d'origine catalane.

PUERTO LIMÓN €

Platja de Canadell, s/n
✆ +34 972 615 080
Ouvert toute l'année. Comptez environ 15 à 20 €.

Voici un lieu très agréable et bien placé sur la pointe de la plage de Calella pour calmer les petites faims et plus si affinités. On choisira de s'installer dans la pièce intérieure ou en terrasse, pour ne rien rater du spectacle. Avec au menu, paella, riz ou *fideuà*, sardines grillées, calamars, ou *pa amb tomàquet* accompagné de jambon, et pas moins de sept sortes de salades. Comme touche sucrée, on peut craquer pour le sorbet de mandarine ou opter pour la classique crème catalane. C'est copieux et goûteux, une bonne adresse.

RESTAURANT EL CÀNTIR €

Av. Joan Pericot et Garcia, 55
✆ +34 972 61 70 80
www.algahotel.com/fr/restaurant
Heures d'ouverture sur le site web. Menu du jour à 29 €.

Même si vous n'êtes pas logés à l'hôtel Alga, n'hésitez pas à profiter de son restaurant, *El Càntir.* Sous la direction du chef Pere Malagelada, cet établissement met un point d'honneur à valoriser la cuisine méditerranéenne et les produits locaux. Dans un cadre moderne et lumineux, vous pourrez la tester via une carte, le menu du jour et même un menu snack à déguster au bord de la piscine. Et sachez que lorsque viendra l'époque, vous pourrez aussi savourer des menus qui seront entièrement dédiés à la *Garoinada* (oursins) ou à la *Calçotada* (oignons nouveaux).

LA SALA DE L'ISAAC €€

Carrer Barceloneta 44 - Llofriu, petti village à 4km de Palafrugell centre ville
✆ +34 972 301 638
www.salagran.com
Fermé du début janvier au début mars. Comptez entre 35 et 45 € à la carte.

Installé dans une ancienne ferme catalane réhabilitée, ce restaurant de fusion gastronomique catalane en a gardé le style rustique, accommodé au goût du jour. Priorité aux produits de saison, choix des meilleurs produits locaux et design soigneux des présentations, tels sont les credos de ce restaurant, mené par Isaac Sabrià, un jeune chef qui a notamment fait ses armes au Celler de Can Roca. Avec au hasard d'une carte, les produits de la criée de Palamós, le veau de Gérone ou les riz de Pals. Une adresse prestigieuse dans un lieu superbe.

HOTEL MEDITERRANI €€

Francesc Estrabau 40 / Lladó 55
✆ +34 972 614 500
www.hotelmediterrani.com
A partir de 95 €.

Depuis les années quarante, c'est la même famille qui gère avec passion et gentillesse cet hôtel installé en bord de mer. Situé sur la plage de Port Pelegrí à Calella de Palafrugell, cet établissement offre un cadre agréable dont on peut profiter depuis différents espaces via de grandes baies vitrées comme par exemple depuis les chambres doubles avec vue sur mer ou la salle du petit déjeuner. On y appréciera la décoration contemporaine et le confort des chambres, la gastronomie proposée par son Bistrot et le service discret et très personnalisé.

RESTAURANT XABEC €€

Carrer Lladó, 6
✆ + 34 972 61 46 10
www.restaurantxabec.com
Horaires sur le site web. Comptez environ 35 € par personne.

Comme il n'est pas sur le front de mer, mais dans une rue qui lui est parallèle, on y vient surtout par le bouche-à-oreille. Positif et plutôt justifié. Derrière la porte marron à l'enseigne du bateau, on dispose de deux grands espaces intérieurs, dont un joli jardin, aux multiples plantes. Côté cuisine, il privilégie les produits frais et la proximité. Les carpaccios y sont très bons et les paellas y ont bonne mine. On peut terminer par une glace au touron, arrosée de liqueur de ratafia. Pensez à réserver, car l'adresse a ses adeptes réguliers.

TRAGAMAR €€

Platja del Canadell, s/n
✆ +34 972 61 43 36
www.tragamar.com
Fermé en hiver, ouvre en mars. Environ 35 € à la carte.

Situé face à la mer, le Tragamar offre un cadre incomparable pour déguster une savoureuse cuisine méditerranéenne. Si la décoration intérieure se distingue par son charme maritime, la terrasse est évidemment l'emplacement le plus prisé, ce qui fait qu'il faudra absolument réserver au préalable, si possible plusieurs jours avant. Que ce soient les assiettes de sardines grillées, le poisson frais qui sera cuisiné avec une touche de modernité, les gambes ou encore la déclinaison des différents *arroces* : ce restaurant a tout bon.

EL FAR HÔTEL RESTAURANT €€€

Montagne de Sant Sebastià ✆ +34 972 301 639
www.hotelelfar.com
Fermé en novembre. Comptez environ 45 € à la carte sans les vin. De 150 à 365 € la chambre double.

Situé dans le magnifique ensemble architectural de Sant Sébastià avec vue plongeante sur la falaise de Llafranc et la mer en fond, il offre un espace lumineux pour apprécier les alentours, de jour comme de nuit. Il est connu pour ses poissons et ses fruits de mer arrivés en direct de la criée de Palamós ou pour ses délicieux plats de riz et s'apprécie par exemple via son *torradet d'arròs*, la spécialité maison servie avec du turbot et des gambes de Palamós. Le lieu abrite aussi 9 chambres d'exception au décor exclusivement marin et dominant une falaise de 175 m.

HOTEL RESTAURANT CASAMAR €€€

Carrer del Nero, 3 ✆ +34 972 30 01 04
www.hotelcasamar.net
Fermé de janvier à mars, le dimanche soir et le lundi et le lundi en juillet et août. Comptez 50 € à la carte.

Ce restaurant, l'un des plus réputés de la cuisine catalane, se trouve au centre de Llafranc. Ouvert depuis 1955, le concept gastronomique a évolué sans perdre la tradition et l'esprit d'origine, toujours basé sur le respect et la qualité des produits locaux. Ce travail lui a permis d'obtenir en 2011 sa 1re étoile Michelin (encore bien valide). Carte fraîche et très bien faite, combinée avec une excellente cave à vins. L'établissement, qui fait partie de l'association Cuina de l'Empordàet, dispose aussi d'un hôtel confortable de 20 chambres. Visite recommandée.

POSEIDON CALLELA DIVING

Platja del Port Pelegrí
✆ +34 972 615 345
www.poseidoncalella.com

Depuis 1969, c'est le spécialiste des profondeurs de la Costa Brava catalane. Grottes, tombants, plateformes, montagnes, failles, cavités... et même une épave habitée par les mérous, seiches, congres, homards, barracudas, langoustes, poissons-lunes... En plus des sorties, un programme varié de cours complète l'offre : Padi e-learning, Advanced Open Water... Le centre dispose aussi d'un bateau pour ceux qui préfèrent faire du snorkeling ou partir en excursion d'une journée à la découverte de la côte et des plages. Possibilité de sortie coucher de soleil.

JAZZ CLUB LA GUITARRA

Carretera Vella de Calella de Palafrugell, 5
✆ +34 972 30 29 52
www.jazzlaguitarra.com
Juillet et août, de 7h à 1h du matin

C'est l'un des plus anciens rendez-vous du Jazz à Palafrugell puisqu'il a vu le jour en 1962. Et que depuis cette date, il est installé dans un ancien mas qui garantit l'acoustique parfaite pour écouter du jazz dans des conditions optimales. On y appréciera le swing Quartet ainsi que les jam-sessions qui sont régulièrement improvisées. Si on peut écouter de la bonne musique, on peut aussi y danser et profiter de la terrasse pour siroter un *cremat*, café au rhum. Un endroit très festif où l'on peut grignoter ou plus à partir de 19h : barbecue, crêpes, etc.

PALAMÓS ★

Fondée en 1279 par un privilège concédé à la ville par Pere II, intéressé par la construction d'un port sur cette zone de la côte, cette ville de plus de 18 000 habitants est aujourd'hui le principal port commercial de la Province de Gérone. Dont la pêche et son commerce ont marqué toute son histoire. Une visite de ce port, très animé en été, permettra de tout savoir sur la crevette rose, *la gamba,* véritable star locale : histoire, modes de pêche, manières de la préparer et conseils pour la déguster. On pourra aussi parcourir sa vieille ville aux rues pentues, avec de belles échappées sur la mer et longer son littoral *via* le chemin de ronde.

Cala Estreta-Cala Remendon, Palamós.

ÉGLISE DE SANTA MARIA DE PALAMÓS ✝

Carrer Ave Maria, 6
✆ + 34 972 31 44 20
Ouverte aux horaires de messes, à 19h en semaine et à midi, le week-end et jours fériés. Entrée libre.

Érigée en 1416, sur une ancienne chapelle bâtie en 1349, cette église gothique abrite une collection d'art sacré ainsi qu'un grand retable du XVIe siècle, œuvre d'Isaac Hermes Vermey. Son élément le plus caractéristique est la tour du Conseil, intégrée à l'église au XVIe siècle et qui doit son nom à sa fonction puisqu'elle accueillait les organes de gouvernement chargés de l'application des privilèges accordés à la ville de Palamós. On y accède depuis le chœur de l'église.

MUSÉE DE LA PÊCHE - CRIÉE - ESPACE DU POISSON 🏛 ★

Moll Pesquer, s/n
✆ + 34 972 600 424
www.museudelapesca.org
Horaires disponibles sur le site web. Entrée : 5 €.

Fondé en 1920, ce musée de la pêche est aujourd'hui installé dans une ancienne remise portuaire. Au travers de cinq thématiques : ce que l'on pêche, où pêche-t-on, le monde et les rituels de la pêche, comment on pêche et l'avenir de cette activité, son exposition permanente permet de mieux connaître cette ressource locale : son histoire, ses embarcations, ses filets, *d'arrossegament* ou *de palangre*. C'est aussi ici qu'il faudra venir l'après-midi, du lundi au vendredi, si vous souhaitez bénéficier d'une visite guidée de la criée. Vous assisterez à l'arrivée des bateaux, à la décharge des poissons et des fruits de mer puis à leur mise en vente. Installé sur les gradins, en hauteur, dans un espace réservé, vous pourrez assister à l'opération hyper rapide de fixation des prix, dont ceux de la star locale, la grosse crevette rouge de Palamós. Cette criée étant réservée aux professionnels, ce sera juste pour le plaisir des yeux. En revanche, vous pourrez acquérir lesdits produits au rez-de-chaussée, dans un grand espace de vente ouvert au public. L'ensemble est complété par un *espai del peix,* espace du poisson, situé au premier étage du musée de la mer. Il s'agit d'un espace gastronomique entièrement dédié à la préparation des poissons. Qui se veut à la fois un centre d'interprétation, un atelier de formation et un lieu de dégustation. Les cours et les ateliers sont en catalan et en espagnol. Dans les *shows cooking*, on regarde et on déguste et dans les ateliers, on s'y colle.

LES PLAGES 📷

La commune offre environ 7,5 kilomètres de littoral se répartissant en plages ou criques. Les amateurs de sable opteront pour la grande plage de Palamós, intégrée dans l'environnement urbain avec bars et services divers et celle de la Fosca, également urbanisée ou celle du Castell, entourée de pinèdes, dans un espace classé naturel, à l'embouchure du canal de l'aubi. Côté criques, la cala Margarida ou la cala S'Alguer, où les pêcheurs rangeaient leurs bateaux. Tout ce littoral peut être parcouru en suivant le chemin de ronde.

COSTA BRAVA

© PEPJ - ISTOCKPHOTO

Palamós.

OFFICE DE TOURISME DE PALAMÓS

Moll Pesquer, s/n
✆ +34 972 600 550
www.visitpalamos.cat
Horaires disponibles sur le site web.

Hormis les documents classiques d'un office de tourisme, plans de la ville et dépliants, on vous informera sur le calendrier gastronomique de Palamós, qui couvre pratiquement toute l'année. Menu de la Gamba, à déguster d'avril à juillet, suivi d'octobre à décembre par celui de la langoustine, *l'Escamarlà* pour finir par celui de *l'Olla de Peix,* qui court de février à avril. Avec la liste des établissements participants à ces campagnes gastronomiques.

COSTA BRAVA VERD HOTELS €€

Carrer Turisme, 1
✆ +34 972 600 034
www.costabravaverdhotels.com

Costa Brava Verd Hotels est une association qui regroupe vingt-six hôtels de charme situés sur la Costa Brava. Sur son site vous pourrez faire une pré-sélection en indiquant vos critères de choix : un hôtel près de la plage, avec une piscine ou un spa, un établissement de luxe ou un prix plus avantageux. Ou faire une sélection mettant l'accent sur un service (parking, jardin...). Vous accédez à une présentation du lieu et à la possibilité de réserver en ligne.

HOTEL TRIAS €€

Passeig del Mar, s/n
✆ + 34 972 60 18 00
www.hoteltrias.com
Comptez environ de 89 à 220 € pour une chambre double avec vue sur mer, petit déjeuner inclus.

Truman Capote y a séjourné, très inspiré par son bar. Rouvert depuis 2005 après une rénovation complète, il conserve sa situation privilégiée sur le front de mer et propose désormais 82 chambres doubles et 2 Junior suites, aux belles dimensions et à la décoration aux références marines. On conseille celles qui donnent sur la mer pour les superbes vues sur la baie, depuis la terrasse ou le balcon. Egalement à disposition, un restaurant, une piscine d'été et deux bars pour déguster le Dry martini, gin, olive et zeste de citron affectionné par Truman Capote.

CAN NICONOR €

Carrer de la Roda, 14
✆ +34 636 48 30 99
Fermé en novembre. Ouvert de 19h à 24 h. Comptez de 10 à 15 €.

En tournant dans les petites rues, on aboutit forcément dans ce tout petit espace à la toiture voûtée et l'on y revient car ses clients sont fidèles. Lui est Anglais mais gagné par la chaleur locale, elle est Andalouse et tout aussi sympathique. Un petit bar et quelques chaises le long du mur mais on reste souvent debout, ce qui n'est pas grave puisque tout le monde parle avec tout le monde. Les tapas sont renouvelées régulièrement, mais n'hésitez pas à en profiter pour tester les pommes de terre d'Olot, l'une des spécialités de la maison.

LA GAMBA €€

Plaça Sant Pere, 1
+34 972 31 46 33
www.lagambapalamos.com
Horaires sur le site web. Comptez environ 45 € par personne à la carte.

Des crevettes roses, bien sûr, mais pas seulement ; c'est ici qu'il faudra venir les déguster. Ouvert par la famille Cuadrat en 1967 dans un ancien dépôt de poissons, ce restaurant met un point d'honneur à garantir la fraîcheur des fruits de mer et des poissons servis. Fidèles à la tradition, mais pas ennemis d'une pointe d'innovation, ils vous proposeront par exemple des oursins farcis et gratinés ou un *suquet* façon pêcheurs. Le tout sera à savourer dans un joli cadre, en salle ou en terrasse en appréciant la qualité du service, très attentif.

RUMBO AL CAIRO

Avinguda Onze de Setembre, 48
+34 972 313 784
www.hotelmarinapalamos.com
Ouvert tous les jours, de 9h à minuit.

C'est le bar de l'Hôtel Marina qui est ouvert depuis 2015 et est devenu le petit dernier dans ce domaine. Situé dans une rue qui mène à plage, il vous proposera une carte quasi exhaustive de cocktails classiques et de liqueurs. Vous n'aurez plus qu'à vous installer dans un joli espace semi-ouvert, aux murs blancs et aux sofas en cuir confortable et accompagner les boissons des quelques tapas maison. À vous de constater alors, si tel *Un singe en hiver* dans un film d'Henri Verneuil, ces différents breuvages vous transporteront jusqu'au Caire.

BURRICLETA PALAMÓS

Carrer Salvador Albert Pey, s/n
+34 683 46 97 15
www.burricleta.com
Ouvert de mai à octobre. Location bicyclette électrique : 26 € par jour.

Membre du réseau Burricleta, ce point Burricleta Palamós permet de louer des bicyclettes électriques, à la demi-journée ou à la journée. Elles sont équipées de GPS et d'un audioguide en français qui vous permettront d'en savoir plus sur les lieux traversés. Vous pourrez ainsi découvrir l'espace naturel protégé de Castell-Cap Roig ou Vall-Llobrega. Si elle ne nécessite pas de préparation physique particulière, on conseille de prendre le temps de s'adapter au maniement de cette bicyclette plus lourde qu'une bicyclette normale (le poids d'un vélib).

CENTRES TOURISTIQUES SOUS-MARINS - COSTA BRAVA SUB

+34 972 60 00 17
www.submarinismocostabrava.com
Association fondée en 1989, en charge de la promotion et du développement de la plongée sur la Costa Brava.

Cette association regroupe environ une trentaine de centres éparpillés sur la ligne de côte de la Costa Brava, de Blanes jusqu'au Cap de Creus, en passant par Palamós, Calella de Palafrugell, Begur, l'Estartit, Roses ou Cadaqués. Plus de 25 années d'expérience, et le fait de disposer des meilleurs centres comme membres de cette association, vous garantit de disposer de toutes les conditions et licences nécessaires pour une pratique confortable et sécurisée.

COSTA BRAVA BOATS

Port Marina, Carrer Salvador Albert i Pey
+34 872 200 152
www.costabravaboats.com
Tarifs à consulter sur le site web.

© COSTA BRAVA BOATS

Egalement présente dans le port de l'Estartit, cette entreprise propose un service de location de bateaux via une flotte d'une vingtaine d'embarcations, renouvelée chaque année et vérifiée chaque jour. En louant votre bateau depuis Palamós, vous pourrez naviguer vers les plages de La Fosca, celle de Castell mais aussi vers Calella de Palafrugell, Llafranc ou encore le Cap de Begur. A noter, la simplicité de la réservation, en quelques clics on peut choisir son bateau et son jour de navigation. Prix variant en fonction de la longueur et de la saison.

UNE JOURNÉE DE PÊCHE ★

Moll Pesquer, s/n
✆ +34 972 600 424
En catalan et en espagnol. Inscription préalable une semaine auparavant auprès du musée de la pêche.

De mai à septembre, cette journée vous permettra d'appréhender une activité essentielle de la ville : la pêche à la crevette, la pêche à la langoustine et la pêche artisanale. Vous serez embarqués dans des bateaux de professionnels et aurez tout le loisir d'observer les pratiques en ce qui concerne les deux premières formules et une pêche plus artisanale et plus proche des côtes pour la troisième. Un impératif, se lever tôt pour partir de très bon matin et bien sûr être équipés de manière *ad hoc*. Enfants de 16 à 18 ans accompagnés d'un adulte.

PADDLE SURF LA FOSCA

Carretera de La Fosca s/n
✆ +34 622 546 598
www.paddlesurflafosca.es
Excursions à la carte et cours privés avec instructeur à partir de 25 €.

Marc Agell, expert instructeur de paddle surf et kitesurf, propose des sorties et des excursions à la découverte des alentours de Palamós d'une manière différente avec ses planches SUP (Stand Up Paddle). C'est le seul établissement dans la région à proposer des sorties pour les handicapés. Accueil très familial et très professionnel. Tous les niveaux sont acceptés et les groupes et les familles sont bienvenus. Sessions de Yoga SUP (yoga sur la mer) également disponibles. Matériel de première qualité (location et vente aussi).

PALAMOS DIVE CENTER

Carrer Salvador Albert i Pey
✆ +34 972 60 03 45
www.palamosdivecenter.com
Excursion 1 plongée en bateau à partir de 36 € (guide et bouteille inclus).

C'est un centre qui propose des plongées à la découverte des fonds sous-marins de la Costa Brava centrale : Îles Formigues, La Roja, Ullastres, Cala Margarita, Canons de Tamariu, Llosa Platja d'Aro, Gorgonias ou el Tabal. La plongée la plus demandée est la descente vers le *Boreas*, un ancien bateau allemand de la Seconde Guerre mondiale. C'est aussi un centre PADI qui est bien équipé : en installations, en bateau et en instructeurs, (*dive masters* et staff diplômés). Programmes Bubblemaker pour les enfants (à partir de 8 ans).

CALONGE-SANT ANTONI

Cette localité recouvre deux entités, la station balnéaire de Sant Antoni, en bordure de mer et le village de Calonge, à environ 4 km des plages, vers l'intérieur. La première réservant les plaisirs classiques de la côte, baignade, chemin de ronde... et la seconde ceux d'une visite à son centre historique qui abrite notamment le château de Calonge, l'une des forteresses médiévales les plus importantes du Bas-Empordà. Cette étape sera un point de départ pour de nombreuses randonnées, à pied ou à vélo, pour découvrir la plaine de Calonge, sa culture viticole, les ruines mégalithiques de Puig Ses Forques ou les gisements ibères du Castell Barri.

Histoire

Dolmens et menhirs attestent d'une culture préhistorique dans cette commune comme le dolmen de Puigsesforques, l'un des grands mégalithes catalans. Et les céramiques ibères provenant du village ibérique de Castell Barri, l'un des plus importants de l'époque, permettent de dater l'origine de cette ville, au plus tard au IVe siècle av. J.-C. Les Romains en feront une ville où ils prendront leurs quartiers d'été. Le VIIIe siècle marque le début du château de Calonge, situé près du centre historique, l'un des plus importants de la région qui connaîtra son apogée au XIIIe siècle et le XIIe siècle, voit la construction du monastère de Santa Maria del Mar ou del Collet. A la fin du XVIIIe siècle, la création de fabriques de liège vont modifier radicalement son économie mais aussi sa vie sociale. Et c'est au milieu du XXe siècle que le tourisme se développera, notamment dans sa partie côtière.

CHÂTEAU DE CALONGE

Plaça Major, 1
www.calonge.cat
Ouvert à la visite si activités. Renseignements à l'office du tourisme pour en connaître le calendrier.

Ce château-forteresse aux défenses spectaculaires (murailles et tours) est l'un des plus grands de la région du Baix Empordà. Fondé au VIIIe siècle par les comtes de Gérone pour lutter contre les razzias sarrasines, il connut sa splendeur maximale au XIIIe siècle. Nombre de ses bâtiments accueillent aujourd'hui des événements culturels comme le festival d'été de musique, *Interludi*, la fête du vin nouveau, en novembre, et les week-ends médiévaux à Pâques, occasion de spectacles, combats de chevaliers, vols de faucons et stands artisanaux.

PLAGES ET CRIQUES

La première, Sant Antoni, est la plus grande avec du sable fin et une grande promenade maritime, dotée de cafés, de restaurants et de commerces. Suivie de la plage de Torre Valentina, qui garantit une belle vue sur la baie de Palamós. Après ce sont plutôt des criques comme celle de la cala de Cristus – Ses torretes, qui se poursuivent jusqu'à celle du Cap Roig, une formation rocheuse rouge, très particulière. On peut les parcourir via un chemin de ronde, le GR-92 (www.visitemporda.com), qui va de Sant Antoni à Platja d'Aro, signalisé en blanc et rouge.

SENTIERS ET PROMENADES ★

Des circuits signalisés permettent de découvrir la plaine de Calonge, à pied ou à vélo. De difficulté faible et moyenne, celui des moulins vous fait suivre le ruisseau de Cabanys et découvrir les anciens moulins à farine (PR-C 116, jaune et blanc). Celui du bassin du Tinar parcourt les vignes, avec comme axe central la rivière du Tinar (marques blanches et vertes). Un troisième vous conduira vers des vestiges historiques divers : romains, au Collet et ibères, au *Castell Bari*. Ainsi qu'au menhir de Puisesforques, l'un des plus grands mégalithes catalans.

CELLER CAN PERECLARA

Carrer Sant Nazari, 2

✆ +34 609 35 22 88

Toute l'année. Visites sur demande. A partir d'une personne. Tarif selon durée et variété de vins à déguster.

Josep Maria et Leandre sont deux frères qui poursuivent la tradition familiale du vin fait maison. Pour cela, ils ont repris l'exploitation de l'ancienne cave de la maison familiale et ont souhaité en faire une véritable expérience viticole. Une visite inclut un passage par les vignobles qui sont situés de l'autre côté de la ville et un retour à la maison pour déguster un assortiment de vins, produits à partir de variétés de vins très caractéristiques de la région. Comme ils possèdent aussi des oliviers, vous pourrez également acheter de l'huile d'olive.

FINQUES RIART €€

Av. Torre Valentina, 24

✆ +34 972 65 07 11

www.finquesriart.com

Ouvert toute l'année, horaires et jours fériés à consulter. Tarifs et séjour minimum selon saison.

Cette agence de location propose des propriétés touristiques situées en première ligne de la mer ou très proches, ainsi que divers services. Avec 60 ans d'expérience dans le secteur, son catalogue comprend des appartements et maisons bien équipés, rénovés et confortables, conçus pour offrir un séjour de qualité et une excellente expérience touristique. Avec terrasses équipées pour profiter au maximum de la belle saison. Découvrez aussi Casa Carmanto, une magnifique maison de charme avec un espace extérieur idéal comprenant un barbecue et une piscine privée.

© FINQUES RIART

© FINQUES RIART

COSTA BRAVA

MAS MOLLA

Carrer Mollà
✆ +34 972 65 01 36
www.masmolla.com
Horaires et formulaires de visite disponibles sur le site web.

Située dans la Conca del Tinar de Calonge, la famille Molla conserve précieusement la tradition puisqu'elle est installée sur ces terres depuis 1338. La visite guidée vous fait d'abord connaître les particularités du processus d'élaboration traditionnel du vin : usage du soufre, conservation en barrique en bois, fermentation spontanée et levure autochtones... Vous visiterez ensuite les caves et le circuit se terminera par une dégustation dans le jardin de la maison. Selon la saison, vous pourrez aussi y acheter des cerises, des poires, des pêches, des abricots...

OFFICE DE TOURISME DE SANT ANTONI DE CALONGE

Avinguda Catalunya, 26 ✆ +34 972 661 714
www.calonge-santantoni.cat
Horaires sur le site web.

Vous y trouvez tous les renseignements pour découvrir les sentiers qui parcourent cette localité. Ainsi que de précieuses informations pour profiter des ressources culinaires du lieu comme la liste des restaurants de la ville qui participent aux opérations gastronomiques : menu de la *gamba,* menu de *l'Escamarlà* : langoustine et produits mer & montagne et *Olla de Peix*, marmite de poissons. Sans oublier les contacts pour se familiariser avec le vin, dit des paysans.

EUROCÀMPING €

Avda Catalunya, 15
✆ +34 972 650 879
www.euro-camping.com

Idéalement situé au cœur de Sant Antoni, ce camping occupe une position stratégique, à deux pas de la mer mais aussi tout près de tous les services et les loisirs de la ville. Depuis sa création, l'Eurocaming est une véritable institution dans son domaine, non seulement sur la Costa Brava mais aussi dans toute la Catalogne et représente, à ce titre, une valeur sûre pour les amateurs de camping. On y trouvera des piscines ainsi qu'un parc aquatique pour les enfants, un restaurant et de nombreuses activités pour les adultes comme pour les enfants.

CAN MARGARIT €€

Carrer Berguedà
✆ +34 608 78 11 49
www.elredall.com
Possibilité de réserver en ligne sur leur site web.

Entourée des prairies naturelles caractéristiques du paysage des Gavarres, c'est une ferme du XIXe siècle qui regroupe plusieurs bâtiments : une maison principale et trois logements indépendants (El Forn, La Sala et La Cort) qui se partagent le hall d'entrée et l'annexe et une maison individuelle (La Cabanya). Chaque maison dispose d'une cuisine parfaitement équipée. Le tout formant un ensemble de superbes maisons rurales. A disposition, un jardin, une belle piscine, une aire de jeux et un solarium avec transats. Vous serez à 3 km de la plage.

HOSTAL OLGA €

Passeig Josep Mundet, 48
✆ + 34 972 65 07 64
www.hostalolga.com
Ouvert d'avril à la mi-septembre. De 51 à 99 € pour une double standard, 66 à 126 € avec vue sur mer.

Donnant de plain-pied sur une jolie plage, ce lieu a été entièrement transformé en un hostel très chic depuis 2023. Et le choix des couleurs et des matériaux naturels contribue au charme du lieu. Toutes les chambres sont extérieures et certaines sont dotées de balcons. Idéales pour profiter du joli décor. Que vous retrouverez aussi au moment du petit déjeuner méditerranéen ou à l'heure du vermouth, à apprécier tous deux, en regardant la mer. Egalement à disposition : le restaurant HO, où les produits frais et de qualité seront toujours au menu.

HOTEL MAS 1670 €€

Josep Tarradellas, 27
✆ +34 653 66 43 66
www.hotelmas1670.com
A partir de 100 € pour une chambre double.

Situé au centre de la ville de Calonge, à 5 minutes du château, cet hôtel de charme propose des chambres doubles, des suites et une suite double avec jardin. Cette dernière disposant de deux chambres, d'un réfrigérateur et d'un espace privé pour accéder au jardin de l'hôtel. Pour toutes, la décoration allie le charme du rustique et le plaisir du confort. Parmi ses plus, cet hôtel propose une grande piscine extérieure ainsi qu'un centre de beauté et de massages. Un point de départ idéal pour les randonnées pédestres ou cyclistes au milieu des vignes des Gavarres.

arôme
toucher
sentir
écouter
À Calonge i Sant Antoni
vivez vos vacances avec
5 sens, mille émotions
voir
Photographie: Fabrice Dugay
savourer
goûter

TORRE LLORETA €€€

Camí de la Torre Lloreta
✆ +34 696 141 711
www.torrelloreta.com
A partir de 240 € par nuit pour la plus petite maison et de 400 € pour la plus grande.

Voici un lieu pour un séjour de rêve, en famille ou entre amis. Classée bien culturel d'intérêt national en 1949, cette Torre Lloreta est une ferme médiévale, dotée d'une tour de défense du XIIIe siècle. Bâtiment militaire puis maison de campagne, elle propose depuis 2017 deux maisons entièrement rénovées en mettant l'accent sur la durabilité (liège servant d'isolant, biomasse pour le chauffage). Avec une capacité de 8 à 10 personnes pour la plus petite et 10 à 12 pour la plus grande. Vous disposerez aussi d'une piscine extérieure et de jardins.

RESTAURANT KUBANSKY €€

Carrer Sant Antoni, 41
✆ +34 972 66 19 35
En été 7J/7 : 12h-16h et 19-23h. En hiver de mercredi soir à dimanche (12h30 à 15h et 19h30 à 23h). Comptez 30 €.

Fondé en 1962, ce restaurant occupe une maison du XVIIe siècle entièrement rénovée mais dont l'architecture d'origine a été préservée, comme dans les salles à manger conservant les murs en pierre et les arcs au plafond. S'il était un pub à sa création, il est aujourd'hui devenu un restaurant traditionnel proposant des plats typiques de la région, uniquement élaborés avec des produits locaux et de saison : escargots, viandes, salades... Pour les déguster, vous pourrez aussi vous installer en terrasse, dans un patio intérieur. Service sur commande et à emporter.

LA TASTAOLLETES €€

Passeig Josep Mundet, núm. 71
✆ +34 660 87 42 24
www.latastaolletes.cat
Week-ends, du vendredi soir au dimanche soir. Menu dégustation à 63 €. Service à emporter et livraison de 13h à 22h30.

La Tastaolletes (mot catalan pour définir ceux qui aiment tout goûter) est une oasis intime qui apparaît au milieu de la façade maritime. Entre les mains de Xantal et Miquel, ce petit espace gastronomique de cuisine traditionnelle et créative ne vous laissera pas indifférent. Qu'il s'agisse de choisir le menu ou la carte, ils ont réussi à concocter de délicieux plats qui vous surprendront par leur présentation pensée dans les moindres détails. Un de ces endroits où les yeux sont tout aussi importants que le palais car les plats sont de véritables œuvres d'art.

CASTELL-PLATJA D'ARO

Située à 5 kilomètres au sud de Calonge-Sant Antoni par la C-253, cette commune de près de 10 600 habitants abrite Platja d'Aro, le principal centre touristique du Baix Empordà. Une urbanisation spectaculaire un peu envahie par les gratte-ciel et les galeries commerciales, qui restent ouvertes toute l'année et tous les jours. Un peu éloignée de l'idée que l'on peut se faire de la Costa Brava, cette étape permet d'y visiter le village de Castell d'Aro, à quelques kilomètres à l'intérieur et surtout de parcourir le chemin de ronde de S'Agaró, au sud de la côte, véritable manifeste d'urbanisme de la bourgeoisie catalane du début du XXe siècle.

CASTELL D'ARO

A 6 km à l'intérieur des terres par la C-31.

Le village de Castell d'Aro doit son origine au château médiéval de Benidormiens qui hébergeait le monastère de Sant Feliu de Guíxols afin de protéger la vallée d'Aro des pillages venus de la mer. On peut encore admirer les différents vestiges de la construction primitive, aujourd'hui partiellement restaurée et aménagée en centre d'expositions et l'église de Santa Maria, de style gothique. Situé sur une petite colline à 42 mètres, l'ensemble du village constitue un bel exemple de l'architecture traditionnelle catalane, avec des maisons des XVe et XVIIe siècles.

PLAGES ET CRIQUES

Côté plages, c'est la *Platja Gran* qui est la plus grande, comme son nom l'indique et c'est l'une des plages les plus fréquentées de la Costa Brava. Elle est entourée comme il se doit, de bars, de restaurants et d'une urbanisation bien soutenue. Un peu plus au nord, vous trouverez la petite plage de la Cala Rovira qui dispose d'un environnement plus sauvage et naturel. On y rencontrera aussi de nombreuses criques : Cala Sa Cova, Cala del Pi, Cala d'es Canyers et Cala Belladona, avant d'arriver au sud à la dernière de la commune, Sa Conca.

LE CHEMIN DE RONDE DE S'AGARÓ ★★★

www.camideronda.com

C'est LA visite incontournable à effectuer sur cette étape. Avec à la clé, une promenade d'environ 2 km à effectuer en longeant le bord de mer. Elle vous fera découvrir ce qui s'apparente à un véritable manifeste d'urbanisme de la bourgeoisie catalane du début du XXe siècle. Son histoire a débuté en 1916 lorsque Josep Ensesa i Pujadas, industriel minotier établi à Gérone, acquiert une parcelle au pied de la colline, en échange d'une dette d'un boulanger de Sant Feliu. Et c'est l'un de ses descendants qui construira l'emblématique Senya Blanca, en 1924. Cette résidence d'une famille de mécènes, les Ensesa, est l'œuvre de Rafael Masó, un architecte qui jouera un rôle déterminant dans de nombreuses constructions et dont on retrouvera aussi le style dans les maisons pergolas de la place du Roserar, la maison Sibilis (1929) ou la maison Gorina (1931). A cette occasion, il mariera la tradition architecturale « noucentiste » aux souvenirs de cités-jardins à l'anglaise qu'il avait pu visiter. Ces mêmes années verront le surgissement de nouvelles constructions telles que le luxueux hôtel Monumental, les bains de Saint Pol et l'hôtel Hostal La Gavina, faisant du lieu un point de rencontre entre de nombreux artistes, peintres, hommes de lettre ou de théâtre. Les constructions reprennent en 1941 avec l'intervention de l'architecte Francesc Folguera à qui l'on attribue l'église Nostra Senyora de l'Esperança, la loggia de la Senya Blanca et aussi le chemin de ronde de S'Agaró. Le dernier architecte significatif fut Adolf Florensa à qui l'on attribue les ultimes agrandissements de l'hôtel Hostal La Gavina. C'est en octobre 2001 que seront inaugurés les derniers aménagements de ce chemin, classé bien d'intérêt culturel : restauration des éléments détériorés, mise en valeur de la végétation locale, éclairage, mobilier urbain et amélioration de l'accès à la plage Sa Conca. Fort logiquement, ce lieu a servi de décor à de nombreux films comme *Pandora*, d'Albert Lewin (1950), *Mr Arkadin*, d'Orson Welles (1954) et *Mourir pour vivre*, d'Alejandro Amenábar, en 2004. Il accueille aujourd'hui un festival international de musique qui s'y déroule de la fin juillet à la fin septembre et est devenu un rendez-vous incontournable en matière de musique de chambre. On peut bien sûr parcourir ce chemin qui s'étend de la plage de Sant Pol à celle de Sa Conca en profitant du panorama entre mer, criques et pins, mais on conseille l'option visite guidée, particulièrement instructive.

APARTHOTEL CIUTAT DE PALOL €€

Avda Cavall Bernat 201
✆ +34 972 82 81 80
www.ciutatdepalol.com

Ouvert d'avril à octobre, dès 116 €. Petit déjeuner (buffet) : 14 €. Demi-pension : 32 €. Parking : 10 € / nuit.

L'Aparthotel Ciutat de Palol dispose de 147 appartements totalement équipés. Tous très spacieux et fonctionnels, ils sont une option idéale pour un séjour en couple ou en famille. La piscine et les belles vues depuis la terrasse permettent de profiter des grands espaces en plein air. Très bon restaurant, salle de sport et programme d'activités en famille (mini club). À remarquer, le large éventail de traitements bien-être : massages, réflexologie, spa, sauna-hammam.

© APARTHOTEL CIUTAT DE PALOL

© APARTHOTEL CIUTAT DE PALOL

COSTA BRAVA

HOTEL HÍPICA PARK €

Carretera de s'Agaró, 152
✆ +34 972 81 70 08
www.hotelhipicapark.com
Ouvert toute l'année. A partir de 60 €. Animaux de compagnie acceptés.

Situé sur l'avenue principale de Platja d'Aro et à dix minutes de la plage, cet hôtel familial propose 30 chambres (de l'individuelle à la familiale), toutes dotées de balcons ou de terrasses. Depuis 1963, l'hôtel est régulièrement rénové ce qui lui permet de proposer des chambres simples mais confortables, disposant de clim', d'une literie de belle qualité et d'une salle de bains. On profite aussi d'une petite cafétéria avec terrasse et de la proximité des commerces et des services de la ville. Bon rapport qualité-prix, notamment pour les familles.

© HÍPICA PARK HOTEL

© HÍPICA PARK HOTEL

OFFICE DE TOURISME DE PLATJA D'ARO

Carrer Mossèn Cinto Verdaguer, 5
✆ +34 972 81 71 79
www.platjadaro.com
Horaires disponibles sur le site web.

Il vous donnera de l'information sur Platja d'Aro, Castell d'Aro et S'Agaro. Plusieurs visites guidées gratuites et en français sont proposées l'été : ensemble du Castell d'Aro ; chemin de ronde de S'Agaró ; chemin de ronde de Platja d'Aro ; Parc dels Estanys et ville romaine de Pla de Pabol. Renseignements sur les horaires et les points de départ à l'Office de tourisme de Platja d'Aro. Nombreuses informations accessibles sur le site web, en français (logements, agenda, activités...).

HÔTEL NM SUITES €€

Avinguda Onze de Setembre, 70
✆ +34 972 825 770
www.nm-suites.com
Chambre double à partir de 110 €.

Un établissement de fort belle facture. La décoration, contemporaine et minimaliste, y est très réussie et le bien-être total. Le jardin, doté d'une piscine, est particulièrement agréable. Les chambres sont calmes, lumineuses et très confortables et se déclinent en six propositions, de la standard à la suite dotée d'une piscine privée, mais toutes bénéficient d'une belle terrasse, certaines avec vue sur la piscine et le jardin. Côté papilles, on pourra profiter des propositions du restaurant *Sa Cova*, qui font la part belle aux produits de proximité.

RESTAURANT FELIU €€

Avinguda Reina Fabiola, 1 et 2
✆ +34 972 81 77 38
www.restaurantfeliu.com
Ouvert de Pâques à fin septembre de 12h à 22h. Comptez environ 35 €.

Fondé en 1969 par Joan Feliu et Guadalupe, ce restaurant est devenu une institution qui a su fidéliser ses habitués. On y appréciera des spécialités locales comme une délicieuse *fideuà* (paella avec des vermicelles), de généreuses paellas, des parilladas de poissons ou des *sarssueles* (cassolette de fruits de mer). On n'oubliera pas non plus les viandes grillées, car il a été l'un des pionniers en matière de barbecues et de plats à emporter. A disposition, une grande salle intérieure, mais on conseille de privilégier la terrasse, en réservant.

SANTA CRISTINA D'ARO ★

Située au sud du massif des Gavarres et sur la rive gauche de la rivière Ridaura, cette commune regroupe aujourd'hui différents petits villages tels que Santa Cristina d'Aro, Bell-Lloc, Solius ou Romanyà de la Selva. Une occasion de pénétrer dans ce paysage, marqué par les collines et les forêts pour y pratiquer randonnées pédestres ou cyclistes. Et vous ne manquerez pas de vous rendre à Romanyà de la Selva dont les paysages ont inspiré la romancière Mercè Rodoreda et qui abrite également l'église de Sant Martí, construction du Xe siècle au clocher de style préroman. Information : office du tourisme Carrer Estacio, 4 www.visitsantacristina.cat

LA COVA D'EN DAINA ★

Aux alentours de Romanyà de la Selva, au milieu d'une forêt de pins et de chênes-lièges, on découvre un ensemble mégalithique aux dimensions impressionnantes. Il est protégé par un anneau extérieur de pierres en granit de 11 m de diamètre. Et le dolmen culmine à 1,5 m de haut, pour 7,6 m de long et 1,7 m de large. Construite entre 2 700 et 2 200 ans av. J.-C., cette sépulture fut découverte au début du XXe siècle et les fouilles ont mis à jour de nombreux ossements, mais aussi des dents, des fragments de couteaux, des restes de céramiques et de bijoux.

SALLES HÔTEL MAS TAPIOLAS €€€

Carretera C-65 ✆ +34 972 837 017
www.hotelmastapiolas.es

Ouvert toute l'année. Comptez de 120 à 305 € pour une chambre double standard, petit déjeuner et accès au Spa inclus.

Situé au cœur de la vallée de Solius et entouré de très grands jardins donnant sur les collines environnantes, il propose 53 chambres, de belles tailles et décorées avec beaucoup de goût. L'établissement offre aussi un ensemble de 13 suites *natura,* indépendantes, chacune portant le nom d'une colline. Côté loisirs, une très belle piscine avec zone délimitée pour les enfants ; un espace paddle ; un *pitch & putt* de 18 trous et un Spa de 600 m². Restaurant de cuisine catalane.

RESTAURANT FONT PICANT €€

Urbanisation Bell-Lloc ✆ +34 972 83 33 50

Fermé le mercredi. Ouvert 7j/7 (Semaine sainte à fin septembre) et week-ends le reste de l'année. Comptez 35 €.

Cet ancien restaurant d'un vieux relais de poste, point de rencontre des habitants de la région a gardé tout son charme. Grand espace aux murs rouges, tommettes au sol, poutres et cheminée. Avec une grande spécialité, les viandes cuites à la braise ou grillées au feu de bois, dont la viande de l'Armentera, agneau de pâturage de pré-salé que l'on dégustera cuit à la braise ou fourré à la saucisse sucrée. Le tout accompagné de vins de DO Empordà, bien sûr. A apprécier aussi en terrasse, l'été, entouré de fleurs et de plantes aromatiques.

SANT FELIU DE GUÍXOLS ★★

Située au fond de la baie creusée entre les montagnes de Sant Elm et la colline d'El Molí de les Forques, elle a été l'un des plus grands centres de production de liège du Baix Empordà, activité restée dominante jusqu'à la crise des années 1930. La cité possède aussi une longue tradition marinière. Aujourd'hui, elle est devenue une petite station balnéaire plutôt familiale, très fréquentée l'été. En se promenant le long du passeig de mar, on trouvera de nombreuses boutiques présentant des articles de liège et on visitera volontiers son ancien port de pêcheurs ainsi que l'église-monastère de Sant Feliu et sa célèbre *Porta Ferrada*, de facture romane.

ERMITAGE DE SANT ELM ★

Avinguda de Sant Elm, 12

Visite de la chapelle à certaines occasions et sur demande auprès de l'office de tourisme.

Son belvédère est l'un des miradors les plus spectaculaires de la Costa Brava puisque la vue va de Palamós à Tossa de Mar. Et c'est cette perspective, ainsi que le spectacle des côtes escarpées, qui ont conduit Ferran Agulló à lui donner son nom de *Costa Brava,* dans un article paru en 1908 dans le journal *La Veu de Catalunya*. De par sa situation stratégique, l'ermitage a servi de forteresse de défense du XVe siècle jusqu'à sa destruction au XVIIIe siècle par des troupes françaises. Reconstruit en 1923, il sert fréquemment de cadre aux photos de mariage.

LE MASSIF DES GAVARRES

De forme arrondie, définie comme éléphantesque par l'écrivain Josep Pla, il s'étend sur environ 350 ha, répartis sur une vingtaine de communes. Classé espace d'intérêt naturel en décembre 1992, puis intégré au réseau natura 2000, c'est une véritable barrière physique entre le Baix Empordà et La Selva, dont le sommet culmine à Puig de la Gavarra (532 m). C'est avant tout une zone de forêts abritant la forêt de pins maritimes la plus importante de Catalogne. Côté faune, on verra surtout des rapaces. Et c'est le lieu idéal pour les randonnées, pédestres ou cyclistes.

MUSEU D'HISTÒRIA DE LA JOGUINA

La Rambla, 12-14
✆ +34 972 82 22 49
www.museudelajoguina.cat
Ouvert toute l'année. Fermé le lundi et le dimanche après-midi, l'hiver et le dimanche après-midi, l'été. Adulte : 6 €.

Situé sur La Rambla, ce musée de l'histoire du jouet devrait réjouir grands et petits. Son histoire a débuté en 1982 quand Tomàs Pla, grand amateur de jouet, a débuté un périple lui faisant recueillir plus de 10 000 jouets et ouvert le musée en 1998. Aujourd'hui, un pourra découvrir un fonds de plus de 2 500 pièces, allant des années 1870 à 1980. Et des salles monographiques (train, poupées).

LE PASSÉ MODERNISTE

La richesse acquise par la bourgeoisie dans l'industrie du liège y a laissé un important patrimoine architectural dont témoignent les maisons modernistes de la plage de Sant Pol comme la Casa Estrada, la Casa Domènech-Girbau et la Casa Girbau-Estrada. Ainsi que les villas bourgeoises de la promenade du Passeig de Mar dont le Casino *La Constància* (1889). Un bon exemple d'œuvres modernistes donnant à voir le goût de l'époque pour le style mozarabe. Au nord de plage de Sant Pol, le promontoire du sauvetage vaut aussi une visite, pour le panorama sur la baie.

MONASTÈRE DE SANT FELIU DE GUÍXOLS ★

Plaça del Monestir, s/n
✆ +34 972 82 15 75
www.museu.guixols.cat
Horaires sur le site web. Accessible uniquement avec visites guidées ou réservations à l'avance.

Les origines de l'ensemble architectural fortifié du monastère de Sant Feliu de Guíxols remontent au Xe siècle, date à laquelle il fut bâti sur des structures antérieures, d'époque romaine, mais l'ensemble actuel présente différentes phases de construction allant jusqu'au XVIIIe siècle. De cette façon, vous pouvez observer un mélange de différents styles architecturaux : roman (et pré-roman), gothique et baroque. Dès ses débuts, ce monastère bénédictin fut l'un des plus importants et des plus puissants de son temps. Celui-ci avait un caractère stratégique, car il comportait un mur dont est conservée l'une des portes d'entrée de l'enceinte monastique : l'Arc de Sant Benet, une série de tours de défense, un chemin de ronde, des créneaux et des mâchicoulis. Deux tours utilisées pour avertir de l'arrivée d'attaques ennemies par mer sont également conservées : la Torre del Fum (Xe siècle), où se trouvent les fondations d'un mausolée romain tardif à fonctions funéraires, et la Torre del Horn (siècles X-XI) avec sa façade unique "Porta Ferrada", l'un des symboles identitaires de la ville, formée de trois arcs outrepassés soutenus par quatre colonnes cylindriques. Au premier étage, vous trouverez des expositions permanentes : « Le Monastère et le Village » et « Guíxols : outils et croyances ». Une visite historique sur les origines, l'évolution et les réformes du monastère, ainsi que l'exposition des découvertes archéologiques du village ibérique de la colline de Guíxols.

© KARSOL - SHUTTERSTOCK.COM

COSTA BRAVA

© AJUNTAMENT DE SANT FELIU DE GUÍXOLS. ÀREA DE PATRIMONI CULTURAL

© AJUNTAMENT DE SANT FELIU DE GUÍXOLS. ÀREA DE PATRIMONI CULTURAL

© AJUNTAMENT DE SANT FELIU DE GUÍXOLS. ÀREA DE PATRIMONI CULTURAL

© AJUNTAMENT DE SANT FELIU DE GUÍXOLS. ÀREA DE PATRIMONI CULTURAL

MUSÉE D'HISTOIRE - ANCIEN HÔPITAL

Carrer Hospital 25-35 ✆ +34 972 82 15 75
www.museu.guixols.cat
Ouvert toute l'année. Mardi à samedi 11-13h et 17-19h. Dimanches et feriés 11-14h. Plus d'informations sur le site web.

Ce musée de l'histoire de Sant Feliu de Guíxols s'articule autour de plusieurs espaces : l'ancien hôpital qui est le siège principal du musée ; l'ensemble monumental du Monastère qui comprend le premier étage et le « Circuit des tours » ; l'ancien jardin botanique et le Turó (colline) dels Guíxols. Cet ensemble d'espaces vous permettra de parcourir et de découvrir tous les aspects de la société de Sant Feliu de Guíxols. S'agissant du premier espace, l'ancien hôpital, il a été rénové en 1920 par l'architecte Joan Bordàs Salellas et propose aujourd'hui des espaces qui ont préservé sa structure et son décor originels : céramiques, revêtements, vitraux, patio-jardin botanique et les galeries. La sculpture de la Vierge de la Miséricorde de J. Oliver de Bezzi (1880-1970) a été placée dans l'alcôve du bâtiment. En vous rendant au premier étage du monastère, vous pourrez visiter une exposition permanente, intitulée : Une société en mutation. Elle vous donnera à voir l'évolution de la population pendant les 150 dernières années via la place différente qu'y ont tenue les activités maritimes, industrielles et touristiques de Sant Feliu de Guíxols. Elle vous renseignera également sur les différents usages qui ont été faits de ce bâtiment, au cours des siècles. Vous y découvrirez enfin, une collection présentant les différents aspects de la médecine rurale, une collection qui est la propriété du musée. Quant au rez-de-chaussée du monastère, il accueille des expositions temporaires. Les thèmes des expositions ont pour fils directeurs l'histoire de la santé, et celles de la société et du patrimoine local. Avec comme parti pris pour l'élaboration de toutes les expositions, la valorisation des gens et de leur mémoire collective. C'est pourquoi la photographie y joue toujours un rôle prépondérant. Conçues aussi avec une volonté très didactique, elles s'adressent à tout type de public en leur permettant une découverte via des ressources interactives. Le dernier espace de cet ensemble culturel est composé de l'ancien jardin botanique. Un espace très calme qui vous permettra de vous y reposer et pour les plus actifs, de participer à l'un des nombreux ateliers qui y sont organisés, principalement consacrés aux plantes médicinales. De manière générale, si vous souhaitez en savoir plus sur la ville sachez que le musée organise des activités s'adressant à tous les publics : visites guidées, conférences, ateliers et itinéraires à la découverte du patrimoine de la ville.

PLAGES ET CRIQUES ★

Au nord, la plage de Sant Pol conserve ses belles maisons du XIXe siècle, le sable est fin et les eaux peu profondes. Au sud, on notera de nombreuses petites criques comme la Cala Canyerets, la Cala Vigata et Port Salvi. Crique rocheuse située au pied du chemin de ronde et qui dispose de fonds marins d'une grande richesse et où un chenal de natation a été aménagé. Elles conduiront jusqu'à la baie de Sant Feliu qui abrite une autre plage située près du vieux quartier. Une route des belvédères permet de parcourir le littoral de Sant Feliu.

TURÓ DELS GUÍXOLS

Passeig Fortim, 1
✆ +34 972 82 15 75
www.museu.guixols.cat
Ouvert uniquement pendant les mois d'été. Consultez les horaires sur le site internet.

Le Turó (*colline*) dels Guíxols est le premier lieu habité par la population ibérique et comprend la cabane *Salvament Marítim* (fin du XIXe siècle), le nid de mitrailleuses construit pendant la Guerre Civile espagnole (1936-1939) ainsi que l'ancien port médiéval de la ville. A l'intérieur de la Cabane de sauvetage maritime, on y retrouve un canot de sauvetage, des ustensiles originaux et des images sur le travail des volontaires qui ont risqué leur vie pour sauver des naufragés. Bâtiment et collection uniques dans toute la Méditerranée.

OFFICE DE TOURISME DE SANT FELIU DE GUÍXOLS

La Rambla, 22
✆ +34 972 820 051
www.visitguixols.com
Horaires disponibles sur le site web.

Installé dans un bâtiment noucentiste réalisé par l'architecte Rafael Masó, les locaux du musée d'histoire de San Feliu de Guíxols, il vous fournira une documentation fournie sur les ressources de la ville. Ainsi que des informations sur son agenda gastronomique qui fête les poissons gras servis notamment en *suquet* ou la saison des oursins. Ou encore sur le festival international de Porta Ferrada qui, chaque été, accueille des concerts de musique, des représentations théâtrales et des spectacles de danse (www.festivalportaferrada.cat).

HOSTAL CHIC €€

Rambla del Portalet, 5
✆ +34 972 32 87 28
www.hostalchic.com
Ouvert toute l'année. Les prix varient de 72 à 110 €. Wifi gratuit.

Situé à proximité de la plage del portalet, cet hôtel aux fenêtres bleues et aux balcons ouvragés propose 5 chambres doubles, donnant sur terrasses ou balcons. Chacune conçue comme un parfait écrin personnalisé pour dormir et répondant aux doux noms de Carmen, le nom de la maîtresse des lieux et toute de bleue vêtue, mais aussi Lola, aux tons rouges, Gala, Julia et Chic. La tête de lit de cette dernière rendant hommage à l'ancien bar chic et à ses frigos en bois. A disposition, un bar restaurant et une terrasse privée. Accueil dans un français impeccable.

HÔTEL DEL MAR €€

Carrer Sant Ramon, 43-45
✆ +34 972 32 08 41
www.hoteldelmar.es
Comptez entre 64 et 73 € pour une chambre double 83 € pour vue sur le jardin. Petit déjeuner : 7 €.

Situé en plein cœur du centre historique de Sant Feliu, mais à quelques pas de la plage, ce petit hôtel familial propose seize chambres réparties sur cinq étages. Toutes donnent sur l'extérieur et sont dotées de balcons. On prend le petit déjeuner sur la terrasse d'été, sur le toit. Également à disposition, un restaurant dédié à la cuisine traditionnelle catalane et ouvert à tous. On vous accueillera en français et on vous donnera toute l'information nécessaire à la découverte de la région. Animaux domestiques acceptés après demande préalable.

ALABRIGÀ HÔTEL ET HOME SUITES €€€

Carretera de Sant Pol, 633
✆ +34 872 200 600
www.hotelalabriga.com
Fermé du 15 janvier au 1er avril. Comptez de 389 à 864 € pour une suite pour 2 personnes (basique).

Ouvert en 2017, ce 5-étoiles grand luxe propose 30 chambres disposant chacune d'un espace allant de 80 à 140 m². Avec une décoration totalement différente pour chacune. Toutes étant dotées de belles visions sur la mer, certaines avec des allures de balustrades sur le Titanic. On y trouvera aussi l'espace Wellbeing, avec les derniers traitements permettant de se relaxer de la vie quotidienne. Autres petits plus : un jet privé, un yacht de 20 mètres et un *beach club* des plus exclusifs.

COSTA BRAVA

HOSTAL DE LA GAVINA €€€

Plaça Roserar s/n
✆ +34 972 32 1100
www.lagavina.com
A partir de 230 €.

C'est en 1932 que Josep Ensesa Pujades, important industriel de Gérone, créa l'hostal de la Gavina, devenu l'un des hôtels les plus luxueux d'Europe et le premier hôtel de la péninsule à être membre de Leading Hôtels of the World. C'est aujourd'hui la quatrième génération Endesa qui est à la tête de l'établissement qui a aussi été reconnu bien d'intérêt culturel national par la Generalitat de Catalogne. Il propose désormais 74 chambres (11 au départ), mais aussi une piscine d'eau de mer, un spa et des restaurants, tout en conservant sa structure historique.

SA MARINADA €€€

Passeig del Fortim, s/n
✆ +34 972 32 38 00
www.samarinada.com
Fermé le lundi soir et le mardi. Comptez au moins 50 € à la carte. Possibilité de tapas.

Un très bel espace surplombant la plage de Sant Pol, mer et bateaux, et qui peut se savourer au travers de grandes baies vitrées, c'est le premier plus de ce restaurant. Tout de suite rejoint par une belle philosophie de la gastronomie, *pas de futur sans mémoire du passé*. On testera les moules grillées à l'aïoli, les petites crevettes frites à l'ail ou les tranches de calamars accompagnées d'oignons et de fenouil caramélisés. Ainsi que le riz au bouillon servi avec un homard, un délice. Et un chaud-froid de crème brûlée et son caramel d'orange, en point final.

L'Ermitage de Sant Elm.

RESTAURANT SABORS €€

Passeig de Guíxols, 21
✆ +34 972 04 97 57
www.restaurantsabors.com
Horaires sur le site web. Plats entre 20 et 25 €.

Commencée en 2020 à Regencós, la trajectoire de ce restaurant se poursuit désormais à Sant Feliu de Guixols. Le projet de ce restaurant familial réunit l'enthousiasme de Victor Serra, son chef, et l'attention de sa mère, Carmen. Avec comme double objectif de proposer une carte misant sur les produits du territoire et de fusionner les traditions méditerranéennes et péruviennes. On y appréciera donc des riz mariniers ou noirs, des tartares de thon ou des calamars préparés à la mallorquine mais aussi des ceviches et des *tiraditos* (semblables au précédent).

AVENTURA EXPERIENCE

Carrer de l'Hospital, 32
✆ +34 683 14 17 92
www.aventuraexperience.com
Tarifs disponibles sur le web.

Pionnière dans le domaine des sports d'aventure, cette entreprise a créé et monté la via ferrata Cala Molí à Sant Feliu de Guíxols (itinéraire aménagé dans un site montagneux) au début des années quatre-vingt. Depuis de nombreuses activités sont venues s'ajouter à l'éventail des propositions : de nouvelles vias ferratas, du canyoning, un circuit de sept tyroliennes situé dans son Parc Aventura mais aussi de la spéléologie ou du *coastering* (parcours de la côte en sautant, grimpant et nageant). De quoi découvrir le sud de la Costa Brava au plus près de la nature.

TOSSA DE MAR ★

Cette station balnéaire bénéficie du charme de son village médiéval, aujourd'hui piétonnier, puisque c'est l'une des rares localités méditerranéennes à avoir été bâtie à l'intérieur de murailles, construites au début du XIIe siècle, mais de la fin du XIVe siècle dans leur forme actuelle. Inscrit dans un cirque de pinèdes, ce village possède des édifices anciens et offre d'agréables balades, dans les rues escarpées aux maisons blanches. Si l'on sait que Tossa de Mar bénéficie par ailleurs d'un superbe environnement naturel de calanques, de falaises, de pinèdes et de plages, on comprend qu'il ait fasciné Marc Chagall qui l'avait nommé le « paradis bleu ».

MUSEU MUNICIPAL DE TOSSA DE MAR ★

Plaça Roig i Soler, 1
✆ +34 972 340 709
Horaires disponibles sur le site web. Entrée adulte : 3 €.

Situé dans la partie haute de la vieille ville, il occupe le Palau del Battle de Sac qui fut l'ancienne demeure du gouverneur et reste le bâtiment le plus prestigieux de Tossa. Et à sa création en 1935, il fut le premier musée d'Art contemporain d'Espagne. Il comporte une grande partie des pièces archéologiques de la villa des Ametllers, ainsi qu'une importante collection d'œuvres d'artistes y ayant séjourné avec notamment une œuvre de Chagall, le fameux *paradis bleu*.

MURAILLES D'ENCEINTE VILA VELLA DE TOSSA DE MAR

C/ Portal · Ouvert toute l'année 24 heures · Accès gratuit.

En 1931, les murailles d'enceinte de la *Vila Vella* furent classées monument historique et artistique national. Il s'agit du seul exemple de cité médiévale fortifiée qui existe aujourd'hui sur la côte catalane. Sa construction remonte au début du XIIIe siècle et conserve son périmètre originel dans sa quasi-totalité. Elles comprennent 4 donjons et 3 tours cylindriques couronnées de mâchicoulis. Les tours les plus renommées sont la tour d'en Joanàs ; la tour des Heures, située tout près de l'entrée du patio des armes qui doit son nom au fait que c'était le seul endroit où il y avait une horloge publique ; et la tour d'es Codolar, ou tour de l'Hommage, qui préside la plage de Codolar. On notera le magnifique portail à l'entrée de la Vila Vella par le patio des armes. L'intérieur de la Vila Vella se compose de rues étroites et agréables avec pavage de galets. À l'époque de sa plus grande splendeur (XVe siècle), la ville se constituait de quelque quatre-vingts maisons. L'ancienne église de Sant Vicenç, de style gothique tardif fut construite au XVe siècle sur une église romane antérieure aux XIe ou XIIe siècles. Elle n'a qu'une nef, avec une zone d'autel polygonale, une sacristie et une chapelle latérale. Actuellement seulement la couverture de l'abside et celle de la sacristie sont conservées. Depuis le XVIe siècle, la population commença à se disperser hors des murailles. Les premiers bâtiments ont été construits dans le quartier de sa Roqueta et le long du chemin royal.

TOUR DU VILLAGE

On peut déambuler dans les ruelles de l'enceinte médiévale et monter jusqu'au phare de Tossa pour bénéficier d'un très joli point de vue. En dehors de murailles, à partir des rues Portal et Estolt, vous trouverez le quartier de Sa Roqueta, ancien quartier de pêcheurs. En suivant la rue Portal, vous rejoignez le centre-ville. La promenade tout au long de la façade maritime, des murailles à la plage de Mar Menuda donnera de jolis points de vue sur le cap de Tossa. Ava Gardner fait parler d'elle tout au long de la Costa Brava ou presque, mais c'est sur le belvédère de la *vila Vella* de Tossa de Mar que vous trouverez sa statue en bronze et en grandeur réelle, créée en 1998 par le sculpteur géronais Ció Abellí. Un hommage rendu par la ville pour sa participation au film *Pandora*, d'Albert Lewin, tourné en partie dans la ville en 1950. Si sa présence dans ses années a constitué un grand émoi pour Tossa, c'est surtout la rumeur de sa liaison avec le torero Mario Cabré alors qu'elle était engagée avec Franck Sinatra qui reste dans les têtes. Comme de nombreuses personnes, vous aurez peut-être à cœur de vous faire photographier à côté de sa statue, face à la Platja Gran. À disposition des amateurs, cinq routes vertes sont proposées. D'une durée de trois à quatre heures, elles permettent de découvrir le spectaculaire massif de Cadirets. Par ailleurs, une partie du chemin de ronde le chemin de ronde jusqu'à Cala Pola, environ 4 km, est relativement facile d'accès. Renseignements et cartes à l'office de tourisme.

VILLA ROMAINE DES AMETLLERS

Avinguda del Pelegrí, 5-13
✆ +34 972 340 905
Ouverte tous les jours de 10h à 19h. Entrée libre.

Découverte en 1914, cette villa se vouait à la culture de la vigne et c'est un exemple classique d'une exploitation agricole du bassin méditerranéen. Elle fut occupée pendant près de 600 ans, jusqu'au VIe siècle. On y retrouve un ensemble thermal, une mosaïque et une piscine composée de sculptures en marbre de Carrare. La visite du site est gratuite, mais la plupart des pièces trouvées lors des fouilles archéologiques sont conservées au musée municipal de la ville.

OFFICE DE TOURISME DE TOSSA DE MAR

Avinguda de Pelegrí, 25
✆ +34 972 34 01 08
https://visittossa.com
Horaires disponibles sur le site web.

Dans ce principal point d'information, vous trouverez de nombreux documents concernant la ville et la région, rédigés en français. Tout comme le site web de Tossa, extrêmement bien construit et pratique. Comme toute station balnéaire qui se respecte, elle propose beaucoup d'attractions en relation avec la mer comme les balades en bateau mises au point par diverses agences (liste consultable sur le site web). Aussi des renseignements sur sa campagne gastronomique de septembre.

CAMPING CAN MARTÍ €

Rambla Pau Casals, 44
✆ +34 972 340 851
www.campingcanmarti.com
12 € pour 1 personne ou une tente, 7 €/voiture, 4 € pour les animaux de compagnie.

Ouvert depuis 1981, il a acquis une grande expérience dans son domaine. Premiers avantages, sa situation, à proximité du centre de Tossa, à moins de 1 km de la plage et une superficie ombragée de plus de 9 hectares. Il propose 657 parcelles (de 60 à 120 m²) accueillant tentes, caravanes et camping-cars. Et de multiples activités : une grande piscine extérieure avec un coin enfant ; un bar-restaurant avec une belle terrasse, une supérette, la possibilité de pratiquer de nombreux sports (volley-ball, pétanque...). Et concerts en direct 2 soirées par semaine, en été.

HÔTEL SIMEON €

Carrer Dr. Trueta 1
✆ +34 972 340 079
www.hotelsimeon.com
Fermé en hiver jusqu'au début mai. A partir de 60 € pour une chambre double.

Cet hôtel blanc et moderne est situé dans la partie centrale et commerciale de Tossa, au cœur de la zone piétonnière. Vous serez donc à une cinquantaine de mètres de la grande plage de Tossa. Au total, il propose trente-huit chambres, réparties sur trois étages et accessibles par ascenseur, au confort simple et fonctionnel. Toutes sont équipées de salle de bains et disposent de l'air conditionné et du chauffage ainsi que d'un balcon. A disposition de tous, un salon télévision et un petit déjeuner buffet. Un bon rapport qualité-prix.

GOLDEN MAR MENUDA €€

Av Mar Menuda, s/n
✆ + 34 972 341 000
www.goldenhotels.com
De 70 à 160 € pour une chambre double.

Superbe situation au bord de la mer qui permet de disposer d'une vue panoramique depuis cet hôtel. Vous serez les pieds dans l'eau, mais à quelques minutes du village dans cet ensemble tout blanc qui propose 55 chambres parfaitement équipées, confortables et dotées de terrasses avec vue sur mer. Vue dont vous profiterez dès la salle du petit déjeuner, depuis le restaurant offrant une carte méditerranéenne ou installé autour de la grande piscine principale donnant un accès direct à la plage. Assurance d'un séjour tranquille et d'un service professionnel.

HÔTEL CORISCO €€

Pou de la Vila, 8
✆ +34 972 340 174
www.hotelcorisco.com
Comptez de 81 à 142 € pour une chambre double.

La particularité de cet hôtel deux étoiles est d'être situé en bord de mer et de donner sur la jolie plage de Tossa. Tout en ayant de belles vues sur la partie ancienne du village. Il propose plusieurs catégories de chambres. Les doubles économiques, sans télévision ni climatisation, mais avec salle de bains et parfois vue sur mer, sur le jardin intérieur ou la rue piétonnière. Et les autres toutes équipées de clim et de télé, avec vue sur mer (2e et 3e étage) ou vue sur le jardin intérieur. On profitera aussi de son bar avec terrasse donnant sur la plage.

Tossa de Mar, Costa Brava.

HOTEL DIANA €€

Plaça de Espanya, 6
✆ +34 972 341 886
www.hotelesdante.com
Fermé de novembre à la Semaine sainte. Comptez entre 90 et 300 € la chambre double.

C'est un magnifique hôtel installé dans une ancienne maison moderniste, la Casa Sans Moré (1906) à la décoration somptueuse. Puisqu'à l'intérieur, une grande partie de la décoration projetée par l'architecte Antoni de Falguera subsiste, comme les magnifiques vitraux à motifs végétaux ou la spectaculaire cheminée, de style résolument moderniste. Les chambres ont conservé le style d'antan avec des prestations modernes. Autres plus et non des moindres, un jardin et une très belle terrasse donnant sur la baie de Tossa, pour boire un verre ou prendre le petit déjeuner.

DELFIN €€€

Avinguda Costa Brava
✆ +34 972 340 250
www.hotelesdante.com
Fermé de novembre à semaine sainte. Comptez de 75 à 300 €, petit déjeuner inclus.

Situé dans la zone commerciale de Tossa, mais à 100 mètres de la plage, cet hôtel propose cinquante-six chambres (double avec balcon, double ou triple avec terrasse, familiale ou suite). Elles offrent une décoration soignée, la climatisation, la télévision et une connexion internet. Sur le toit, vous disposerez d'un solarium avec piscine et de belles vues sur la mer et le village ancien. Egalement à disposition, un snack-bar pour se restaurer sur le pouce et un restaurant où vous prendrez vos petits-déjeuners buffet. Des promotions sur la page web.

LA LLUNA €

Carrer Abat Oliba, 10
✆ +34 972 34 25 23
Ouvert tous les jours entre avril et octobre. Comptez 20 €.

Non loin du phare et au détour d'une ruelle en pierre de la Vila Vella, ce sympathique restaurant propose une grande variété de tapas et de *torrades* (tranche de pain grillée, garnie de charcuterie, de fromage, etc.). On testera par exemple les artichauts au gorgonzola, les anchois de l'Escala, les seiches grillées, le chorizo au cidre et les *esqueixada* (salade de morue). Que l'on pourra savourer et partager dans un décor pittoresque et mieux encore en optant pour sa terrasse paisible. Attention, il faudra parfois patienter pour s'installer.

HOTEL WINDSOR TOSSA €€

Carrer Nou 28
www.hotelwindsortossa.es
Ouvert de mars à novembre. Chambre double dès 70 € avec petit déjeuner (buffet). Parking. Wifi. Accès handicapés.

Charmant boutique-hôtel central qui propose des chambres tout confort : spacieuses, lumineuses, certaines avec balcon-terrasse, entièrement rénovées. L'atmosphère élégante et raffinée se remarque partout dans l'hôtel. Petit déjeuner complet à base de fruits naturels, fromages, charcuterie, plats chauds et viennoiseries. Espaces extérieurs aménagés avec des hamacs, canapés et lits balinais pour profiter du soleil, se rafraîchir dans sa piscine d'eau salée, et siroter la spécialité de la maison : cocktails et smoothies en terrasse. Gestion familiale et très proche.

© HOTEL WINDSOR TOSSA

© HOTEL WINDSOR TOSSA

COSTA BRAVA

CAN PINI €€

Carrer Portal, 14
+34 972 340 297
www.canpini.com
Fermé le lundi et d'octobre à mars. Comptez environ 35 €.

Situé près de la muraille devant la tour des heures, ce restaurant tenu par Pini et Carme propose une cuisine dédiée aux produits de la mer ainsi qu'aux paellas et aux *fideuas* aux fruits de mer. On pourra y déguster un carpaccio de gambes, des croquettes de morue ou diverses « cassolettes » de riz. On décidera de s'installer sur une jolie terrasse, plutôt élégante, ou on optera pour les deux espaces intérieurs, tout aussi accueillants, aux murs en pierres apparentes, décorés de peintures d'artistes locaux. Avec de toute façon un service très zélé.

LA CUINA DE CAN SIMON €€€

C. del Portal, 24 + 34 972 341 269
www.cuinacansimon.com
Fermé le lundi et le mardi. Menu dégustation à 98 €.

En face des murailles de Tossa de Mar, cette *cuina* s'est installée dans une ancienne maison de pêcheurs. Avec à sa tête le chef Xavi Lores qui s'applique à mêler histoire et tradition culinaire de Tossa avec des touches de modernité. Le lieu est accueillant et l'on pourra tester son savoir-faire et l'attention portée à chaque détail au travers d'un menu dégustation ou une carte abondante qui fera peut-être découvrir des langoustines accompagnées d'une sauce à la truffe et au Cava, des gambes servies avec des pois chiches ou encore les *suquets* de langoustines.

CASTELL VELL €€

Plaça Roig i Soler, 2
+34 972 341 030
www.castellvelltossa.com
Comptez environ 30 €.

Installée à l'intérieur des remparts dans la zone piétonne, la situation de ce restaurant sera son premier atout : une terrasse charmante et spacieuse, abritée d'une vigne vierge typiquement méditerranéenne. Et la vue qui va avec, en direction de la mer et surplombant les toits de la citadelle de Tossa. Au menu, ce sera l'occasion de découvrir les spécialités catalanes de poissons et de fruits de mer. En choisissant par exemple les spaghettis à l'ail noir et au parmesan ou la paella maison. Avec un service appréciable, c'est un bon rapport qualité-prix.

FONDO CRISTAL-SUB VISION

Platja de Tossa de Mar, s/n
+34 972 342 229
www.fondocristal.com
Fermée de novembre à mars. Comptez 19 € par adulte et 12,5 € pour un enfant de 6 à 12 ans.

Voici l'occasion de découvrir et de visiter les grottes et les plages de Tossa, tout en admirant ses fonds marins, via un bateau au fond transparent. La balade dure environ 1 heure et vous conduit depuis la grande plage de Tossa jusqu'à la jolie plage de Cala Giverola, après avoir visité 3 grottes et 3 criques. Libre à vous d'y rester pour prendre un verre ou grignoter dans un bar-restaurant ou pour piquer une tête. Et de prendre un bateau, un peu plus tard. Les bateaux, *Gavina* et *Freu*, sortent toutes les heures, à l'heure pile.

VICTOR €€

Avinguda de la Palma, 17
+34 972 342 431
www.restaurantvictor.net
Ouvert tljs en été et fermé le lundi et en février le reste de l'année. Comptez environ 35 € à la carte, sans les vins.

C'est ici qu'il faudra venir si l'on souhaite découvrir la mémoire gustative de Tossa puisque ce restaurant lui rend hommage notamment au travers de ses plats phares comme le *Cim i Tomba* : une casserole où marinent et mijotent poissons (baudroie, turbot, morue ou raie), oignons, pommes de terre en rondelles, poivrons, tomates et ail, le tout accompagné d'aïoli. On pourra aussi y savourer les boulettes de calamars à la sauce Tossa ou un riz à la casserole, très goûteux, dans une grande salle ou une petite terrasse. Service très attentif.

SUPERDIVE TOSSA

C. Lope Mateo,
+34 972 341 741
www.superdivetossa.com
Prix à consulter sur le site web.

C'est l'un des centres de plongée les plus réputés, en Catalogne, mais aussi dans toute l'Europe. Avec un grand respect pour le monde marin et le goût d'une formation à la fois complète et personnalisée. L'équipe de plongée est dirigée par Meri Alorda et Chiqui Bustos, tous deux instructeurs PADI et connaissant tous les recoins de la plongée à Tossa. Hormis la formation, ce centre propose aussi des immersions, sept au total. Dont une sortie La Mar Menuda, l'une des meilleures sorties nocturnes à effectuer sur la Costa Brava.

LLORET DE MAR ★

C'est l'une des stations balnéaires les plus fréquentées de la Costa Brava, très prisée des touristes français, notamment des jeunes durant la haute saison. Mais parfois méconnue car elle n'en abrite pas moins un patrimoine moderniste que la ville elle-même redécouvre. En témoignent par exemple son cimetière, l'hôtel de ville de style néo-classique ou la maison Can Comadran, connue sous le nom de Casa Font. Lloret de Mar offre aussi un joli littoral avec de belles plages pour qui sait s'éloigner de la principale et marcher un peu. Enfin, on ne manquera pas de visiter les jardins de Sainte-Clothilde, parmi les plus beaux de la Costa Brava.

CHÂTEAU DE LLORET

Passeig de Sa Caleta.

Informations à l'office de tourisme.

Jusqu'à présent privé, ce château emblématique du style néo-gothique va devenir public. En effet dès l'été 2023, il devrait accueillir un nouvel espace culturel lié à la mer et destiné à sensibiliser le public à l'environnement et au changement climatique. *Via* un circuit en trois étapes : causes, conséquences et solutions, misant résolument sur les nouvelles technologies. Une terrasse extérieure devrait permettre de profiter de vues spectaculaires sur les falaises et la plage. Et durant la haute saison, un spectacle sera projeté sur la façade du château.

CHÂTEAU DE SANT JOAN ★

Punta de Fenals

✆ 972 365 788

www.lloretdemar.org

Horaires disponibles sur le site web de l'office de tourisme. Entrée : 3 €.

Au sommet de la colline séparant la plage de Lloret de celle de Fenals, le château de Sant Joan de Lloret retrace l'histoire du petit village et de son château, au début du XIe siècle. Après de nombreuses destructions dues aux batailles, bombardements, tempêtes et tremblements de terre, il a été protégé par son statut de « bien d'intérêt culturel » depuis 1949. Ce qui a aussi permis quelques fouilles et la restauration de son donjon, aujourd'hui transformé en musée. Sa visite est également l'occasion de profiter de belles vues sur la ville.

CIMETIÈRE MODERNISTE ★★

Camí del Repòs, 1,

✆ + 34 972 34 95 73

Ouvert de 8h à 20h d'avril à octobre, jusqu'à 18h le reste de l'année. Entrée libre.

Il témoigne et conserve la marque de l'héritage *indiano* de Lloret. Impulsé à la fin du XIXe siècle par les familles qui s'étaient enrichies à Cuba, sa réalisation finalisée au début du XXe permettra notamment la participation d'architectes de renom comme Puig i Cadafalch. L'idée étant d'y transcrire les tendances urbanistiques des grandes villes, il s'organise en avenues, promenades, petites places, îlots… en respectant les hiérarchies sociales. Une visite s'impose pour l'un des ensembles les plus significatifs de l'art moderniste catalan dans ce domaine.

COSTA BRAVA

Cala Canyelles à Lloret de Mar.

ÉGLISE SANT ROMÀ ★★

Plaça de l'Església, s/n
✆ + 34 972 366 490
Horaires disponibles sur le site web de l'office du tourisme. Entrée libre.

Avec ses coupoles en mosaïques colorées, c'est l'un des bâtiments les plus représentatifs de Lloret. Construite entre 1509 et 1522, elle est de style gothique catalan et ne disposait au départ que d'une nef. C'est au cours du XVIIe siècle que furent érigées d'autres dépendances. Les deux chapelles latérales : Saint Sacrement et fonts baptismaux, construites en 1916, sont de style moderniste. Cette dernière abrite le retable réalisé par Pere Serafí entre 1545 et 1549, 9 tableaux dont 5 sur la vie de Jésus et 4 sur celle de saint Romain, le tout doré à l'or fin.

MUSEU DEL MAR ★

Passeig Camprodon i Arrieta, 1-2
✆ +34 972 364 454
Horaires disponibles sur le site web. Entrée : 4 €.

Cinq espaces culturels décrivent l'histoire de Lloret par rapport à la mer. Des grandes aventures des navigateurs de Lloret, jusqu'à l'arrivée du bateau à vapeur, en passant par le commerce maritime qui avait lieu autrefois. Pour les amateurs d'histoire et de voile. C'est aussi l'occasion de découvrir la Casa Garriga, construite dans la seconde moitié du XIXe siècle par une famille qui avait fait fortune à Cuba dans les matériaux de construction, l'une des rares subsistant à Lloret. Et de profiter au passage d'une belle vue sur le *passeig marítim*.

LES IBÈRES À LLORET

Information sur les visites guidées à l'office de tourisme.

La ville compte trois sites archéologiques allant du IVe av. J.-C. jusqu'au IIe apr. J.-C : celui de Puig de Castellet, à 2 km au nord du centre urbain, dont l'enceinte fortifiée se dresse sur un éperon rocheux, à 197 m d'altitude. Mais malheureusement certains sont fermés. Mais vous pourrez vous rendre sur le site de Turó Rodó, qui est très proche du centre de Lloret de Mar et qui débouche sur la mer, au niveau de la plage Sa Caleta. Vous y verrez la reconstitution d'une maison ibère selon les méthodes et les matériaux de l'époque.

PARC AQUATIQUE WATER WORLD

Carretera de Vidreres, km 12
✆ +34 972 368 613
www.waterworld.es
Prix en fonction de la taille : + ou - 1,20 mètre.

Avec ses 140 000 m², c'est l'un des parcs aquatiques les plus grands d'Europe. Qui décline bien sûr toutes les attractions qui vont avec ce type de parcs : toboggans hyper rapides, bains à remous, piscines avec ou sans vagues, rafting, lagon familial équipé de bains à bulles. Avec à la clé des sensations fortes garanties. On y trouvera aussi des restaurants, des snacks et un joli cadre, ce qui en fait un cadre idéal pour y rester une journée entière, en famille ou entre amis.

JARDINS DE SANTA CLOTILDE ★★★

Paratge de Santa Clotilde, sn
✆ +34 972 370 471
De 10h à 17h et jusqu'à 20h selon la saison. Entrée : 6 €. Visites et activités liées à la série House of the Dragons.

C'est l'un des très beaux jardins que propose la Costa Brava et on recommande très fortement sa visite. Réalisés en 1919 par le jeune architecte paysagiste Nicolau Maria Rubió i Tudurí, à la demande du marquis de Roviralta, ces jardins sont perchés en haut d'une falaise, avec une vue impressionnante sur la mer. Sur près de 27 000 m², ils furent construits sur le modèle Renaissance italienne et font partie de la route européenne des jardins historiques du Conseil de l'Europe.

OFFICE DE TOURISME DE LLORET DE MAR

Passeig Camprodon i Arrieta, 1
✆ +34 972 364 735
www.lloretdemar.org
Horaires disponibles sur le site internet de l'office.

Situé dans le même lieu que le musée de la mer, c'est l'office le plus central, le mieux équipé de la destination. Qui dispose aussi d'un espace boutique d'artisanat. Le deuxième point d'information se situe dans la station de bus (Av. Vila de Blanes, 37). Et la plage de Fenals accueille un point ponctuel d'information l'été. On vous y informera de toutes les activités qui viendront animer l'année 2023 durant laquelle la ville sera capitale de la culture catalane.

PLAGES ET CRIQUES ★

Sur 9 kilomètres, le littoral de Lloret de Mar déploie aussi ses criques et ses plages. Située au centre de la ville, la plage de Lloret est la plus grande, environ 1,5 kilomètre longée par le paseo maritime et offrant tout ce que l'on peut souhaiter de services, de bars et de restaurants. A sa gauche, Sa Caleta, une petite crique est dominée par le château d'en Platja, symbole visuel de la ville, souvent converti en carte postale. Toujours du même côté, la plage de Canyelles est la plus éloignée du centre et héberge le seul port de plaisance de Lloret. A droite de la grande plage de Lloret et située après le Castell Sant Joan, la plage de Fenals est la deuxième par sa taille et profite de sa situation dans une baie protégée du vent. Viennent ensuite deux plages plus isolées, car plus difficiles d'accès : la platja de Sa Boadella, accessible par la route montant aux jardins de Sainte Clotilde puis par un chemin de terre de 200 m et celle de Santa Cristina, avec pour compagnons de séjour pour cette dernière, le chant des oiseaux et le bruit des vagues. A laquelle on accède depuis la chapelle où l'on peut garer sa voiture pour descendre ensuite à pied. Deux chemins permettent de parcourir ce littoral : le circuit de la marche des plages, de platja de Canyelles à Santa Cristina, cheminement facile d'environ trois heures et *les rutes del mar*, un réseau de sentiers parallèles aux chemins côtiers, signalisés et balisés, et qui permettent aussi d'agrémenter le circuit par des plongeons réguliers.

TRAVELTEC

Avda. de les Alegries, 14
✆ +34 972 363 111
www.traveltec.info

Depuis 1985, le groupe Travelec a acquis une grande connaissance du secteur touristique et s'est installé à Lloret de Mar depuis 1987. Séjour photos, immersions musicales, circuits sur les traces de Dalí, week-end à thème sur les traces des « Castellers », festival des fleurs à Girone ou carnaval de Lloret de Mar, visites de caves à vins... Les excursions proposées par cette agence réceptive sont multiples. Logements, transports, excursions, tout est géré de A à Z. Un catalogue complet pour une plongée inventive en terres catalane et espagnole.

CÀMPING CANYELLES €

Carretera Lloret-Tossa, km 13
✆ + 34 972 364 504
www.ccanyelles.com
Ouvert d'avril à fin septembre.

Ce grand camping doit son nom à sa proximité (200 m) avec la belle crique Cala Canyelles. La quasi-totalité des emplacements étant en terrasse, cela permettra de profiter de belles vues sur la côte. Et les amateurs de nouveautés pourront tester le « glamping » en optant pour des « lodge tent safari » avec deux chambres. Côté animations, une grande piscine, avec un espace pour enfants, un bar restaurant, équipé d'un mega-écran pour la retransmission des matchs, un transport gratuit en bus jusqu'à la plage et des animations nocturnes (jazz, blues, flamenco...)

ALEGRIA PLAZA PARIS €€

Plaça Vila de Paris 5
✆ +34 972 364 558
www.alegria-hotels.com
Chambre double de 75 € à 130 €.

Cet hôtel est situé au centre de Lloret et à 200 m de la mer. La direction insiste pour que l'établissement reste un hôtel destiné aux familles, donc un lieu calme. Chaque chambre possède une salle de bain, une terrasse, un mini bar, la climatisation et la télévision par satellite. Vous profiterez d'une piscine extérieure pour adultes, avec une autre petite pour les enfants. Egalement à disposition, un spa, une salle de TV, un bar et un parking. Pour circuler, il dispose de trois ascenseurs dont l'un comporte un accès sur la rue (pour handicapés).

HOTEL XAINE PARK €€

Avinguda Just Marlès 41
✆ +34 972 364 250
www.xaine.com
Fermé de novembre à début avril. Chambre double de 77 € à 126 €.

Situation très centrale pour cet hôtel de Lloret qui bénéficie d'un emplacement sur la grande avenue de la ville, un peu bruyante, mais à seulement deux minutes de la plage et à un petit quart d'heure du centre de la vieille ville. Toutes les chambres sont équipées d'une TV à écran plat (plus de 100 chaînes). Elles sont spacieuses et possèdent un balcon. On profitera aussi de sa terrasse panoramique, avec piscine, sur le toit. Bains bouillonnants, gymnase et espace *chill out* complètent l'offre. De nombreuses activités sont proposées.

HÔTEL L'AZURE €€€

Carrer dels Esports, s/n
✆ +34 972 36 46 58
www.lazure-hotel.com
A partir de 97 € la chambre double standard.

Ouvert en juin 2021, ce nouvel hôtel occupe le bâtiment de l'ancien hôtel Casino Royal. Après plusieurs années de rénovation, il propose désormais 411 chambres (dont 55 suites) réparties sur 7 étages. Toutes décorées de manière minimaliste et contemporaine. Il permettra notamment de profiter de deux restaurants, un de cuisine méditerranéenne, l'autre d'inspiration nord-américaine. Autre plus, un espace de spa, avec piscine chauffée et salle de bien-être. Les étages supérieurs sont pour adultes, mais le rez-de-chaussée peut accueillir un public plus familial.

HOTEL SANTA MARTA €€€

Platja de Santa Cristina
✆ +34 972 364 904
www.hotelsantamarta.es
Variation de 160 € à 790 € selon le type de chambre.

Dans un cadre spectaculaire dominant la plage Santa Cristina, cet hôtel somptueux dispose d'une vue imprenable sur la mer et d'un accès direct à la plage. Toutes les chambres ont une terrasse, avec vue sur mer ou montagne. Bar et buffet de la plage en été. Côté activités, une très grande piscine face à la mer, des terrains de tennis et un spa. Un délice peut-être plus perceptible hors saison, avec le sentiment de ne pas être à Lloret de Mar, qui reste encore accessible par le chemin de ronde. Un hôtel qui vaut le coup que l'on casse sa tirelire.

CAN TARRADAS €€

Plaça d'Espanya, 7
✆ + 34 972 36 61 21
Ouvert tous les jours de 13h à 17h et de 19h à minuit. En été, de 13h à 1h. Prix moyen 30 €.

Un petit peu à l'écart des flux les plus importants, ce petit restaurant situé sur la Plaça d'Espanya est l'une des tables appréciées localement qui a su se constituer une clientèle d'habitués. On y apprécie ses paellas assez copieuses, au homard, à la langouste, marinera... Mais aussi ses spécialités de viandes comme le *cabrito lechal* (agneau de lait) ou l'entrecôte garantie en provenance de Girone. Et ses *parilladas* de poissons, pour les amateurs. Petit détail qui fait mouche : les serviettes sont en tissu... ce qui est assez rare à Lloret de Mar.

EL TRULL €€

Plaça Nacions Unides 1
✆ + 34 972 36 49 28
www.eltrull.com
Ouvert tljs d'avril à octobre, fermé mercredi et jeudi soir le reste de l'année. Comptez 45 € à la carte, sans les vins.

Dans un beau bâtiment ancien, ce *trull*, un moulin à huile, exposé à l'entrée, est en fait un restaurant gastronomique qui propose une cuisine méditerranéenne dont la carte varie en fonction de la saison. Priorité est donnée à la qualité et à la fraîcheur des produits notamment pour les poissons et fruits de mer venus des criées de Llançà, Port de la Selva, Palamós et Blanes et présentés en viviers. Joli décor et service stylé pour déguster cannellonis au crabe accompagnés d'une mousseline d'oursins ou paupiettes de sole et de saumon. Une très bonne adresse.

TRIBUS RESTAURANT €€

Av. Roca Grossa, 22
✆ +34 972 980 283
www.tribuslloret.com
Avril-oct, de 20h à 23h. Dîner à la carte. Comptez 25€-35€. Parking gratuit. Sur réservation.

A seulement 10 min à pied du centre de Lloret, ce restaurant présente l'avantage d'être à l'écart du tumulte du front de mer. Vous pourrez y dîner sur une superbe terrasse, en bordure d'une pinède, rafraîchissante en été. La cuisine, authentique et d'inspiration méditerranéenne propose des tapas, de la paella... mais pas seulement. Car le chef et un passionné qui aime donner une touche gastronomique et gourmande à chaque plat. Autres plus, les portions sont généreuses, l'ambiance et la décoration très soignées, et les prix raisonnables pour la qualité proposée.

SPA & MASSAGE BY CASA COCO

Av. Roca Grossa, 22
✆ +34 972 980 283
www.spamassagelloret.com
Avril-oct. Uniquement sur réservation préalable. Parking gratuit sur place. Packs très intéressants spa + massage.

Ce spa, décoré d'objets d'art asiatiques, est une oasis de tranquillité, un temple dédié à la détente et au bien-être. Il est équipé d'un sauna finlandais et d'un bain à remous. Cadre extrêmement relaxant pour une expérience unique et exclusive car les installations sont privatisées pour chaque client et donc il n'y a personne d'autre que vous pendant la session. Ce spa propose aussi d'authentiques massages thaïlandais de qualité, aromathérapie, réflexologie.

GRAN CASINO COSTA BRAVA

Av Vila de Tossa, 27-43
✆ +34 972 36 11 66
www.gccb.com
Ouvert tous les jours, à partir de 10h du matin et jusqu'à l'aube. Parking.

C'est le nouveau casino, flambant neuf de Lloret de Mar qui a ouvert ses portes en juillet 2010. Installé dans un bâtiment moderne de 16 000 m², il héberge machine à sous et tables de poker. Il propose différents jeux auxquels vous pourrez vous initier *via* des master class. Hormis ces espaces de jeux, il dispose aussi d'un restaurant, d'un bar à cocktails, d'un lounge bar et d'une salle polyvalente d'environ 1 000 places qui accueille par exemple des spectacles de flamenco, trois fois par semaine.

BLANES ★

Cette station balnéaire est très prisée par la jeunesse catalane et européenne, mais elle constitue malheureusement un parfait exemple de ce que le tourisme bétonné a laissé comme traces sur certains tronçons de la Costa Brava. Contentez-vous du petit noyau historique en centre-ville qui abrite notamment l'église de Santa Maria et le palais des vicomtes de Cabrera et profitez tout de même des jardins qui ont fait sa renommée et de la très belle plage. Les bons marcheurs, compter trois heures, pourront se rendre de Blanes à Lloret de Mar en suivant un chemin balisé (GR) souvent situé à l'intérieur, mais qui part et arrive au bord de la mer.

CASA COCO HOTEL & SPA €€

Av. Roca Grossa, 22 ✆ +34 972 980 283
www.casacocolloret.com
Avril-oct. Chambre double 150€-260 €, petit déjeuner inclus. Adults only. Spa et parking disponibles avec supplément.

© CASA COCO LLORET

A seulement 500 mètres de la place, cet hôtel réunit tous les ingrédients pour des vacances inoubliables : une taille humaine avec une capacité d'accueil limitée à vingt-deux chambres, le charme d'une décoration bohème, un spa ainsi que des services de massages et une ambiance chaleureuse typiquement méditerranéenne qui sera propice à une déconnexion totale. Côté chambres, vous vous reposerez dans un décor confortable et cosy. Et côté papilles, vous profiterez de la cuisine locale proposée par son restaurant. A disposition : piscine et bar à cocktails.

JARDIN BOTANIQUE MARIMURTRA ★★

Passeig de Karl Faust, 9
✆ +34 972 330 826
www.marimurtra.cat
Horaires sur le site web. Entrée : 8 €.

4 000 espèces des 5 continents prospèrent dans un cadre idyllique et escarpé du bord de mer. Créé en 1921 par l'Allemand Karl Faust, botaniste et mécène, cet espace unique abrite 3 reconstitutions : un jardin subtropical, un jardin méditerranéen et un jardin tempéré. Avec une attention particulière pour les espèces endémiques. Le jardin renferme un lac et un grand escalier menant au pavillon Linné, poste depuis lequel on profite d'une vue à couper le souffle sur la Costa Brava.

JARDIN TROPICAL PINYA DE ROSA ★★

Jardí Botànic Pinya de Rosa s/n
✆ +34 972 350 689
www.pinya-de-rosa.es
Horaires à consulter sur le site web. Entrée : 5 €.

A 2 kilomètres de Blanes, voici une bulle verte à découvrir pour son incroyable collection de cactus (600 au total). Sur 50 hectares, vous pourrez admirer plus de 7 000 espèces venues du monde entier, régulièrement complétées puisque 1 500 espèces nouvelles sont plantées chaque année. L'une de ses particularités est que certaines grandes fleurs des plantes grasses s'ouvrent au crépuscule et s'épanouissent en pleine nuit. Egalement des collections de yuccas ou d'agaves.

COSTA BRAVA

OFFICE DE TOURISME DE BLANES

Plaça Catalunya, s/n
✆ +34 972 330 348
www.blanescostabrava.cat
Horaires disponibles sur le site web de l'office.

Situé non loin de la plage et près du centre historique de Blanes, c'est le principal office de la ville. Un autre point « Els pins » est ouvert durant la saison (Plaça dels Càmpings, s/n). Vous y trouverez toutes les informations concernant cette destination et les multiples ressources des alentours, à découvrir lors d'escapades. Disponible en français, son site internet regorge aussi d'informations et de vidéos et propose aussi le calendrier festif de la ville.

HOTEL BLAUCEL €€

Avinguda Vila de Madrid, 27
✆ + 34 972 35 13 01
www.blaucelblanes.com
Fermé de novembre à la Semaine sainte. Chambre double de 90 à 114 € selon saison. Prix varient aussi selon occupation.

Bordé par la pinède, ce grand hôtel 4 étoiles est à 100 mètres de la plage. C'est un hôtel moderne, sans charme particulier, mais qui propose 138 chambres offrant tout le confort et disposant toutes de balcons avec vue sur la mer, plus ou moins directe. Certaines doubles familiales pouvant accueillir trois enfants sont parfaites pour les familles. Avec bien sûr tous les services de cette catégorie : spa avec bain bouillonnant, piscine extérieure avec solarium, aire de jeux pour les enfants, restaurant de cuisine méditerranéenne et bar *chill out*.

HOTEL BEVERLY PARK & SPA €€

Carrer Mercè Rodoreda, 7 ✆ +34 972 352 426
www.hotelbeverlypark.com
De 74 € à 130 € pour une chambre double standard.

Vous trouverez ici tout ce qu'il faut pour pratiquer un farniente académique : piscines pour adultes et pour enfants, spa et nombreux soins, salle de gymnastique, aire de jeux pour les enfants, terrasse, bar et restaurant, grand jardin et longue plage de S'Abanell à portée de main... Cet établissement qui propose cent soixante-huit chambres claires et décorées de manière moderne, certaines avec terrasses ou balcons privés, s'inscrit dans la lignée des hôtels de standing de la côte. Il conviendra à ceux qui aiment avoir tout sous la main.

RANDONNÉE PÉDESTRE

En trois bonnes heures de marche, les plus sportifs se rendront de Blanes à Lloret de Mar en suivant un chemin souvent à l'intérieur des terres, mais qui part et arrive au bord de la mer. Le point de départ, l'îlot de Sa Palomera, considéré comme le premier ou le dernier des rochers de la Costa Brava. Le GR conduit ensuite en haut de la montagne Sant Joan (172 m), avec vue panoramique sur Blanes et la vallée du Tordera. On rejoint ensuite le col de Santa Bàrbara à 110 m. Quelques km plus loin, on atteint les jardins de Sainte-Clotilde puis le littoral.

Crique rocheuse à Blanes.

INTÉRIEUR - PYRÉNÉES DE GÉRONE

Cette appellation recouvre six « comarques », régions, qui vous permettront de découvrir la Catalogne intérieure. Et elles vous réserveront une multitude de plaisirs différents : se balader dans le vieux quartier de Gérone en appréciant le labyrinthe du *Call,* ancien quartier juif ; profiter des paysages spectaculaires de la Cerdagne et des stations de ski de La Molina et Masella ; découvrir l'art roman de petits villages comme Oix et Beget ou le parc naturel de la zone volcanique de la Garrotxa, avec ses quarante cratères entourés de végétation ; pratiquer les sports aquatiques dans le lac de Banyoles, le plus grand lac naturel de Catalogne ou s'initier aux bienfaits du thermalisme, à Santa Coloma de Farners. Les amateurs de randonnées, à pied et à vélo, trouveront leur bonheur dans une région aux multiples circuits balisés (GR-PR) et aux nombreuses voies vertes aménagées sur d'anciennes voies ferrées.

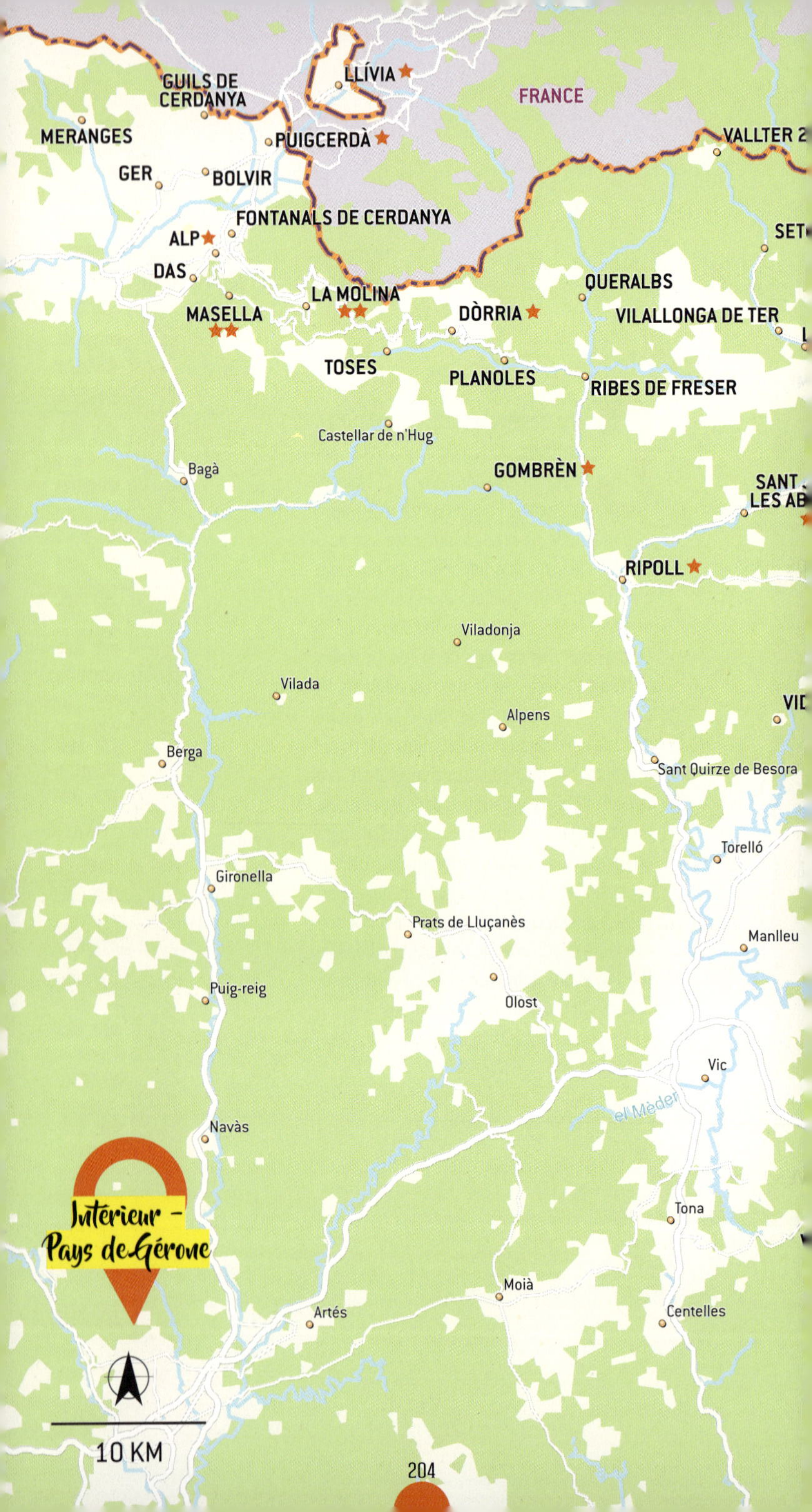
GUILS DE CERDANYA
LLÍVIA
FRANCE
MERANGES
PUIGCERDÀ
VALLTER 2
GER
BOLVIR
FONTANALS DE CERDANYA
ALP
SET
DAS
QUERALBS
LA MOLINA
MASELLA
DÒRRIA
VILALLONGA DE TER
TOSES
PLANOLES
RIBES DE FRESER
Castellar de n'Hug
Bagà
GOMBRÈN
SANT
LES AB
RIPOLL
Viladonja
Vilada
Alpens
VID
Berga
Sant Quirze de Besora
Torelló
Gironella
Prats de Lluçanès
Manlleu
Puig-reig
Olost
Vic
el Mèder
Navàs
Intérieur – Pays de Gérone
Tona
Moià
Artés
Centelles
10 KM

FRANCE
LE PERTHUS
CANTALLOPS
LA VAJOL
LA JONQUERA
Serralongue
Espinavell
MAÇANET DE CABRENYS
MOLLÓ
LAC DE DARNIUS-BOADELLA
BEGET
SANT LLORENÇ DE LA MUGA
MPRODON
Talaixà
ALBANYÀ
FIGUERES
Lledó
CASTELLFOLLIT DE LA ROCA
MONTAGUT I OIX
BEUDA
MAIÀ DE MONTCAL
DE BIANYA
SANT JOAN LES FONTS
BESALÚ
PONTÓS
OLOT
SANTA PAU
SANT MIQUEL DE CAMPMAJOR
MONELLS
Mieres
BANYOLES
LA VALL D'EN BAS
PORQUERES
SANT FELIU DE PALLEROLS
CERVIÀ DE TER
LES PLANES D'HOSTOLES
quirol
CANET D'ADRI
SANT MARTÍ DE LLÉMENA
SANT MARTÍ VELL
SANT JULIÀ DE RAMIS
AMER
SANT GREGORI
MADREMANYA
GÉRONE
SANT JULIÀ DEL LLOR I BONMATÍ
Ter
ANGLÈS
CAMPLLONG
SANT HILARI SACALM
VES
SANTA COLOMA DE FARNERS
CALDES DE MALAVELLA
LLAGOSTERA
ARBÚCIES
Sils
Llobatera
ural
eny
MAÇANET DE LA SELVA
HOSTALRIC
TOSSA DE MAR
LLORET DE MAR

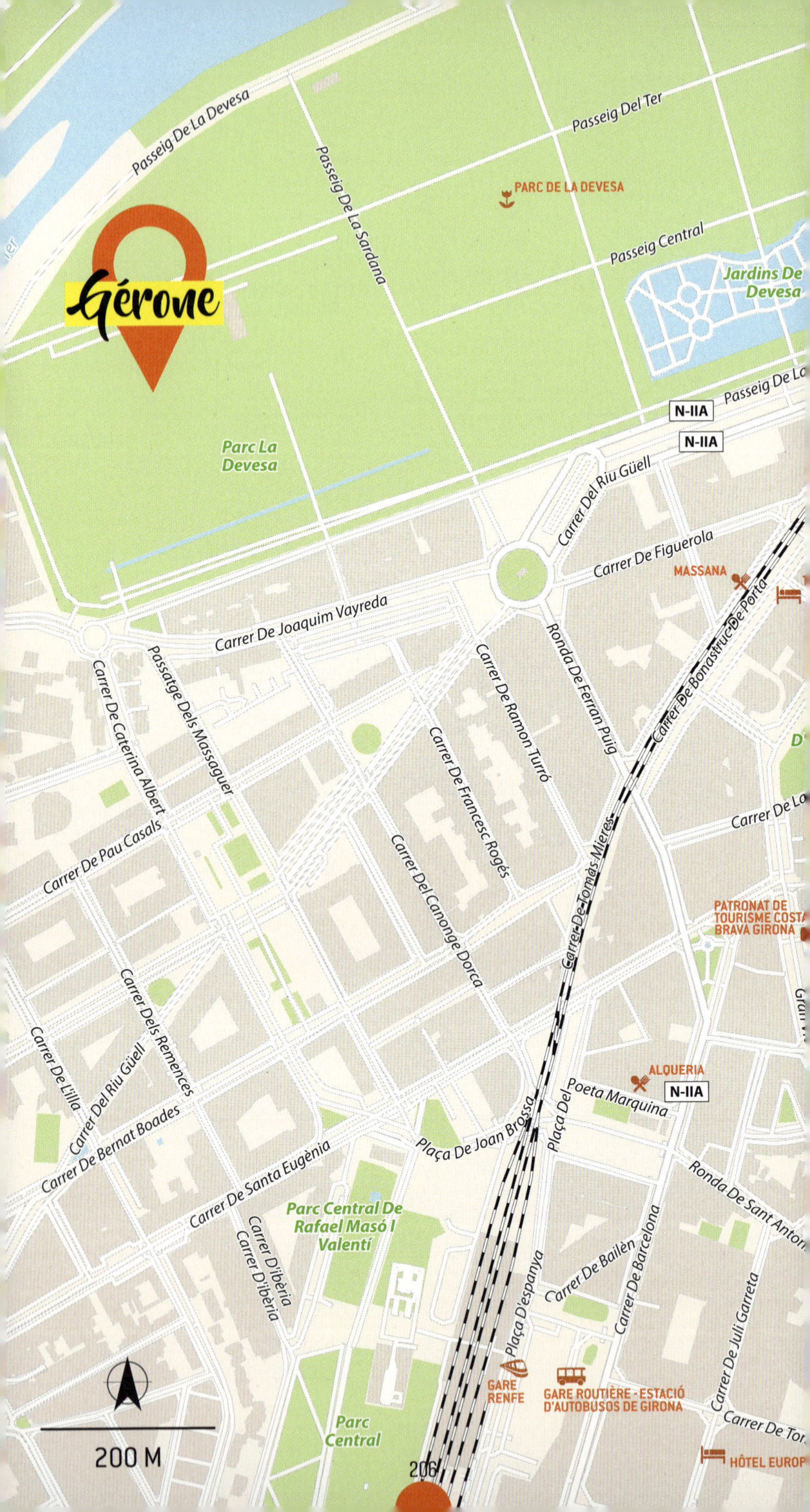
Gérone
Passeig De La Devesa
Passeig De La Sardana
Passeig Del Ter
PARC DE LA DEVESA
Passeig Central
Jardins De
Devesa
Passeig De Lo
N-IIA
N-IIA
Parc La
Devesa
Carrer Del Riu Güell
Carrer De Figuerola
MASSANA
Carrer De Joaquim Vayreda
Ronda De Ferran Puig
Carrer De Bonastruc De Porta
Carrer De Ramon Turró
Carrer De Caterina Albert
Passatge Dels Massaguer
Carrer De Francesc Rogés
Carrer De Pau Casals
Carrer Del Canonge Dorca
Carrer De Tomàs Mieres
Carrer De Lo
PATRONAT DE
TOURISME COSTA
BRAVA GIRONA
Carrer Dels Remences
Carrer De L'Illa
Carrer Del Riu Güell
ALQUERIA
N-IIA
Poeta Marquina
Plaça Del
Plaça De Joan Brossa
Carrer De Bernat Boades
Ronda De Sant Anton
Carrer De Santa Eugènia
Parc Central De
Rafael Masó I
Valentí
Carrer D'Ibèria
Carrer D'Ibèria
Carrer De Bailèn
Carrer De Barcelona
Plaça D'espanya
Carrer De Juli Garreta
GARE
RENFE
GARE ROUTIÈRE - ESTACIÓ
D'AUTOBUSOS DE GIRONA
Carrer De Tor
Parc
Central
HÔTEL EUROP
200 M

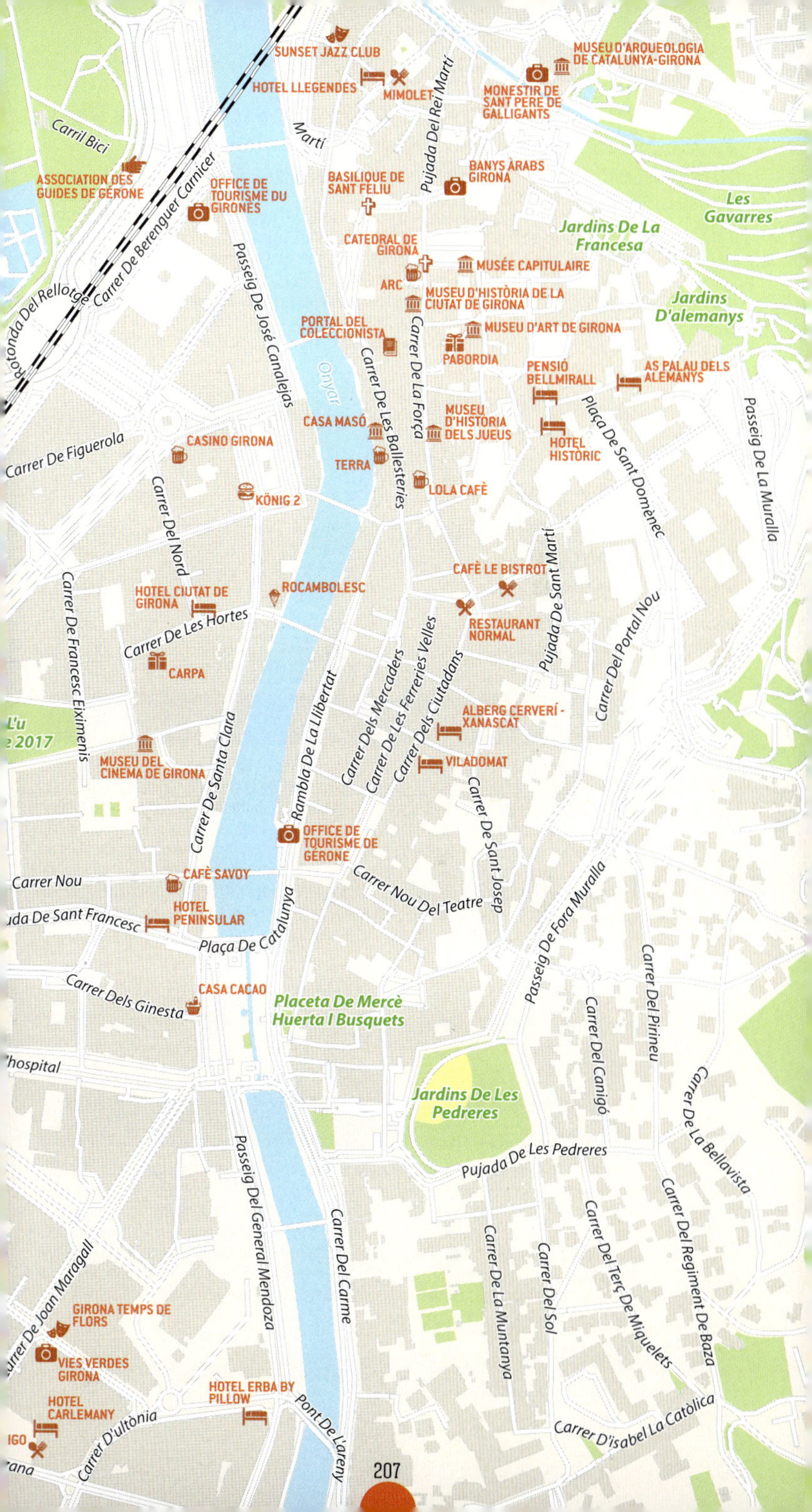
SUNSET JAZZ CLUB
HOTEL LLEGENDES
MIMOLET
MUSEU D'ARQUEOLOGIA DE CATALUNYA-GIRONA
MONESTIR DE SANT PERE DE GALLIGANTS
Carril Bici
Martí
Pujada Del Rei Martí
ASSOCIATION DES GUIDES DE GÉRONE
OFFICE DE TOURISME DU GIRONÈS
Carrer De Berenguer Carnicer
BASILIQUE DE SANT FELIU
BANYS ÀRABS GIRONA
Les Gavarres
Jardins De La Francesa
CATEDRAL DE GIRONA
MUSÉE CAPITULAIRE
Rotonda Del Rellotge
Passeig De José Canalejas
ARC
MUSEU D'HISTÒRIA DE LA CIUTAT DE GIRONA
Jardins D'alemanys
PORTAL DEL COLECCIONISTA
MUSEU D'ART DE GIRONA
Carrer De La Força
PABORDIA
Onyar
Carrer De Les Ballesteries
PENSIÓ BELLMIRALL
AS PALAU DELS ALEMANYS
CASA MASÓ
MUSEU D'HISTORIA DELS JUEUS
HOTEL HISTORIC
Plaça De Sant Domènec
Passeig De La Muralla
CASINO GIRONA
Carrer De Figuerola
TERRA
LOLA CAFÈ
KÖNIG 2
Carrer Del Nord
CAFÈ LE BISTROT
Pujada De Sant Martí
Carrer De Francesc Eiximenis
HOTEL CIUTAT DE GIRONA
ROCAMBOLESC
RESTAURANT NORMAL
Carrer De Les Hortes
CARPA
Carrer Del Portal Nou
Carrer Dels Mercaders
Carrer De Les Ferreries Velles
Carrer Dels Ciutadans
ALBERG CERVERÍ - XANASCAT
L'u
2017
MUSEU DEL CINEMA DE GIRONA
VILADOMAT
Carrer De Santa Clara
Rambla De La Llibertat
Carrer De Sant Josep
OFFICE DE TOURISME DE GÉRONE
Carrer Nou
CAFÈ SAVOY
Carrer Nou Del Teatre
Passeig De Fora Muralla
HOTEL PENINSULAR
ada De Sant Francesc
Plaça De Catalunya
Carrer Del Pirineu
Carrer Dels Ginesta
CASA CACAO
Placeta De Mercè Huerta I Busquets
Carrer Del Canigó
hospital
Jardins De Les Pedreres
Carrer De La Bellavista
Pujada De Les Pedreres
Passeig Del General Mendoza
Carrer Del Carme
Carrer De La Muntanya
Carrer Del Sol
Carrer Del Terç De Miquelets
Carrer Del Regiment De Baza
Carrer De Joan Maragall
GIRONA TEMPS DE FLORS
VIES VERDES GIRONA
HOTEL CARLEMANY
HOTEL ERBA BY PILLOW
Pont De L'areny
Carrer D'ultònia
Carrer D'isabel La Catòlica
IGO
ana

Entre terre et montagne, cette comarque d'un peu plus de 186 000 habitants est une terre de passage et donc un très bon point de départ pour découvrir les Pyrénées de Gérone. On se rendra bien sûr à Gérone, sa capitale mais le Gironès c'est aussi une région rurale quadrillée de petites localités, au charme certain. Appréciables pour leur gastronomie mais aussi leur patrimoine architectural qui va des installations ibères au modernisme du début du XXe siècle mais fait surtout la part belle aux périodes romane et gothique *via* sa pléthore d'églises et de chapelles. La région plaira aussi à ceux qui aspirent au calme des logements ruraux. Et tout le monde pourra y pratiquer de nombreuses activités même si la randonnée y sera indéniablement la reine. À réaliser à pied, à vélo ou même à cheval.

Cette *comarca* se caractérise avant tout par son lac encerclé de montagnes, le plus grand lac naturel de la péninsule ibérique, autour duquel toute la vie de la région est organisée. La zone est donc parfaitement adaptée à la pratique de toutes sortes d'activités sportives liées à l'eau, natation, aviron, pêche ou kayak et du fait de cette vaste étendue d'eau claire, hérons et mouettes peuplent, parmi bien d'autres espèces, ce bel espace. Mais on y trouvera aussi d'autres sites intéressants comme le superbe site boisé des Estunes, les grottes préhistoriques de Serinyà, le Parc néolithique de la Draga, le chapelet de villages pittoresques de Porqueres et la vallée enchanteresse de Campmajor. Les fêtes traditionnelles y sont aussi innombrables, toute l'année. Infos : turisme.plaestany.cat.

Comptant près de 168 000 habitants, la Selva s'articule autour d'une partie littorale, traitée en « Costa Brava », mais aussi d'une partie intérieure, abreuvée de cours d'eau, de torrents et de rivières qui en font une destination de choix pour le thermalisme. Lieu idéal du tourisme de nature, elle permet de découvrir de superbes panoramas, ponctués de petites églises romanes très anciennes. De manière générale, c'est aussi une région verte où l'on vient pour profiter du bon air d'une campagne environnée de petites montagnes mais aussi pour déguster quelques bons plats catalans.

●● OSONA

●● LA GARROTXA

Véritable bijou de la nature, la *comarca* de la Garrotxa est un écrin de verdure surtout réputée pour ses quarante volcans dissimulés sous d'épaisses couches de végétation, que l'on trouve dans son Parc naturel de la Zone volcanique. Dans la Haute-Garrotxa plus montagneuse, les activités de plein air sont légion, du parapente au tour en montgolfière en passant par les randonnées, tout comme les découvertes architecturales et gastronomiques. La partie sud arbore une géographie plus douce, avec comme point de bascule le chef-lieu de la comarque, la dynamique et attrayante Olot et son riche patrimoine moderniste. Impossible de parler de la Garrotxa sans mentionner également les jolis villages médiévaux de Santa Pau, Castellfollit de la Roca et l'emblématique Besalú et son héritage juif unique.

●● LE RIPOLLÈS

Cette région semi-montagneuse offre un riche patrimoine architectural. Du monastère roman de Ripoll au cloître de Sant Joan de les Abadesses, en passant par la multitude de petites localités à l'empreinte médiévale comme Beget, Ribes de Freser ou Gombrèn, les amateurs d'histoire seront servis. Elle recouvre 3 zones bien différentes. La plaine centrale qui est constituée par Ripoll et ses alentours. Puis la Vall de Ribes. Située au nord-ouest, elle permet de relier la Cerdagne en passant par le col de montagne « Collada de Toses » et elle regroupe 6 localités comme Ribes de Freser, Queralbs, qui comprend la vallée de Núria, Planoles, Toses, Campelles, Pardines (www.vallderibes.cat/fr/). Cette vallée dispose d'une ligne de train Barcelone-Granollers-Vic-Ripoll-Puigcerdà. Au nord-est, la troisième zone, Vall de Camprodon, monte vers la frontière et regroupe les villages de Camprodon, Rocabruna, Beget ; Llanars, Vilallonga de Ter et l'Abella, la Roca de Palancà et Tregurà ainsi que Setcases et Vallter, Molló et Espinavell ou encore Sant Pau de Segúries (www.valldecamprodon.org).

PAGES

●● LA CERDAGNE

La Cerdagne désigne une région naturelle de l'est des Pyrénées de plus de 1 000 km^2, partagée entre la France (Haute-Cerdagne) et la Catalogne (Basse-Cerdagne), et pouvant être assimilée à une gigantesque vallée, l'une des plus vastes d'Europe. Mais dans ce guide, nous ne traitons que la partie rattachée à la province de Gérone, la zone la plus à l'est. En hiver, ce sont principalement ses stations de ski, La Molina et Masella qui attirent les visiteurs. Mais le voyageur sera aussi conquis par ses villages de montagne, à l'ancrage culturel ancien, qui ont su développer une activité agricole intense malgré leur enclavement. Et il pourra y pratiquer toutes sortes d'activités comme la randonnée, le VTT, ou l'alpinisme. Plus d'informations sur www.cerdanya.org et sur www.pyrenees-catalanes.com

GIRONA - GÉRONE ★★

Sa silhouette aux façades colorées le long de l'Onyar, ses petites places bordées d'arcades et ses rues pentues sillonnant la ville ancienne enserrée d'anciennes murailles font de cette capitale de province une étape charmante pour qui visite l'intérieur de la Catalogne. Centre universitaire de premier ordre, elle attire les amateurs d'architecture ancienne tout comme les gourmets qui se rendent au restaurant multi-primé des frères Roca. On y appréciera sa douceur de vivre, ses terrasses, ses boutiques, mais aussi ses nombreuses animations dont l'emblématique fête des fleurs et la proximité de paysages luxuriants, accessibles à vélo en moins de 15 minutes.

Histoire

Fondée par les Romains il y a environ 2 000 ans, elle a été une étape importante de la *via Augusta* reliant la péninsule ibérique à l'Europe. Plus tard ce sont les Arabes qui l'occuperont pendant plus de deux siècles, mais c'est aux XIVe et XVe siècles qu'elle deviendra la deuxième ville de Catalogne et débordera de ses murailles pour se développer le long de la rivière Onyar. Qualifiée de Trois fois immortelle au XIXe siècle pour avoir repoussé cinq attaques des troupes napoléoniennes, elle sera toutefois prise après sept mois de siège et deviendra préfecture d'un département français de 1812 à 1814. Pour se reconvertir en ville de services au XIXe siècle.

BANYS ÀRABS GIRONA ★

Carrer Ferran el Catòlic, s/n
✆ +34 972 19 09 69
www.banysarabs.cat
Horaires disponibles sur le site web. Entrée : 3 €.

Cet édifice civil de la fin du XIIe siècle (1194) est inspiré des bains musulmans d'Afrique du Nord. De style roman, les bains sont composés de plusieurs salles : le *frigidarium*, salle de bains froids, le *sudotarium* ou salle de bains de vapeur ; le *tepidarium*, salle tiède ; le *caldarium*, salle chaude et le *furnus*, four et chaudière. L'*apodyterium*, salle consacrée aux vestiaires et au repos, possède un joli bassin de forme octogonale avec huit colonnes. On notera la très bonne conservation du site et la rareté de ce type de construction en Catalogne.

BASILIQUE DE SANT FELIU ✞ ★

Pujada de Sant Feliu, 29
✆ +34 972 201 407
www.catedraldegirona.cat
Heures de visites disponibles sur le site web. Entrée combinée avec la cathédrale : 7 €.

C'était le principal lieu de culte de Gérone avant la construction de la cathédrale et elle a joué ce rôle de cathédrale jusqu'au Xe siècle. C'est l'un des édifices gothiques les plus représentatifs de la ville, notamment à cause de son clocher élancé (XIVe-XVIe siècles). Semblable à un château, le chevet roman se complète de nefs gothiques et d'une façade baroque (XIIIe-XVIIIe). L'intérieur abrite de remarquables œuvres d'art, tels les huit sarcophages païens et paléochrétiens (IVe siècle) et le Christ gisant (XIVe siècle) du maître Aloi.

CASA MASÓ 🏛 ★★

Carrer Ballesteries, 29
✆ +34 972 41 39 89
Visites guidées du mardi au samedi (groupes de 8). Modalités : voir sur leur site. Prix : 10 €.

On peut visiter la maison natale de Rafael Masó (1880-1935), un architecte emblématique du modernisme catalan. C'est la seule maison des bords du fleuve Onyar que l'on puisse visiter. On y appréciera particulièrement le travail de marqueterie de son escalier, mais également les objets de décoration modernistes chers à l'architecte. La mise en scène des objets du quotidien de l'époque invite au voyage dans le temps. La découverte se fera via une visite guidée très instructive et on profitera d'une très belle vue sur le fleuve.

CATEDRAL DE GIRONA ✝ ★★★

Plaça de la Catedral
✆ +34 972 427 189
www.catedraldegirona.cat
Horaires disponibles sur le site internet. Entrée 7 € (avec musée et Basilica Sant Feliu).

C'est par les escaliers de la Pera (90 marches) que l'on accède à cette cathédrale considérée comme le plus beau monument de l'architecture baroque catalane. Sa construction a duré plusieurs siècles et 3 styles s'y mêlent : le roman, le gothique et le style Renaissance. Son imposante nef gothique (23 m de largeur et 35 m de hauteur) est la plus large au monde après celle de Saint-Pierre-de-Rome (25 m). L'autel est un superbe baldaquin avec un retable en argent du XIVe siècle. On notera aussi le cloître de style roman qui possède une double rangée de colonnes.

EL CALL JUEU DE GIRONA ★★

Installée dès le XIIe siècle, la communauté juive exerce au Moyen Age une influence considérable dans la vie économique et sociale de la ville et acquiert une grande renommée grâce à l'école cabalistique développée par Bonastruc ça Porta. Une présence dont témoigne le centre Bonastruc ça Porta (ancien centre Isaac El Cec) composé d'un musée et d'un institut d'études. Autour de la Carrer de la Força, ce quartier avait pour axe la Via Augusta romaine, traversant la ville du nord au sud. Les rues y sont étroites et escaladent la colline.

MONESTIR DE SANT PERE DE GALLIGANTS

Carrer de Santa Llúcia, 8
✆ +34 972 202 632
Fermé lundi. Ouvert de 10h à 19h (18h hiver) et de 10h à 14h dim et jours fériés. Entrée : 4,50 €.

C'est l'un des plus beaux ensembles romans de Catalogne. Au sein de ce monastère bénédictin du XIIe siècle, on notera l'église monumentale de plan basilical, des chapiteaux historiés de la nef centrale et le cloître. Il abrite aujourd'hui le musée d'archéologie de la Catalogne. A l'écran, il a incarné la grande bibliothèque de Villevielle dans *Game of Thrones*. La visite peut être complétée par celle de la chapelle Sant Nicolau, toute proche, qui fait office de salle d'exposition.

MUSÉE CAPITULAIRE ★

Plaça de la Catedral s/n
✆ +34 972 427 189
www.catedraldegirona.cat/fr
Mêmes horaires que pour la cathédrale et tarif inclus.

On y découvre des merveilles en matière d'objets liturgiques, d'or et de textiles. Les objets exposés sont répertoriés sur une liste rédigée en français, annotée d'une ou plusieurs étoiles selon leur importance : la *Tapisserie de la Création* (broderie du XIIe siècle, de 4, 15 m de large et 3,65 m de haut, qui représente la création du monde et le séjour de l'homme au paradis), le *Beatus*, ou *Livre de l'Apocalypse* (Xe siècle), le coffret arabe de Hixem II (troisième calife omeyyade de Cordoue), la *Croix des « Emaux »* et le retable de la *Piété* de Joan Mates.

Catedral de Girona.

MUSEU D'ARQUEOLOGIA DE CATALUNYA-GIRONA ★

Carrer de Santa Llucía, 8
✆ +34 972 202 632
www.macgirona.cat
Horaires disponibles sur le site web. Entrée : 6 €. Gratuit le 1er dimanche du mois.

Considéré comme l'un des plus beaux exemples de l'architecture romane catalane, cet ancien monastère bénédictin comprend une église, un cloître et une galerie. L'ensemble abrite le Musée archéologique de Catalogne. Fondé en 1846, c'est l'un des plus anciens de Catalogne ; il présente une belle collection de vestiges mis à jour dans la région et allant de la préhistoire au Moyen Âge ainsi que des pierres tombales hébraïques provenant du cimetière juif de Girona.

MUSEU D'HISTÒRIA DE LA CIUTAT DE GIRONA

Carrer de la Força, 27
✆ +34 972 222 229
www.girona.cat/museuhistoria
Horaires disponibles sur le site web. Entrée 4,20 €. Entrée gratuite aux expositions temporaires.

Abrité dans l'ancien couvent de Capucines du XVIIIe siècle, Sant Antoni, ce musée retrace les grandes étapes historiques de la ville, depuis les premiers vestiges humains de la préhistoire jusqu'à nos jours. Le circuit s'effectue le long de 14 salles complétées par des espaces thématiques consacrés par exemple à la période industrielle de la ville, mais aussi à des danses comme la sardane ou la cobla. Le lieu accueille aussi des expositions temporaires.

Girona.

MUSEU D'ART DE GIRONA ★★

Pujada de la Catedral, 12
✆ +34 972 203 834
www.museuart.com
Horaires disponibles sur le site web. Entrée : 6 €.

Situé dans l'ancien palais épiscopal à l'architecture médiévale et Renaissance, c'est un très joli musée rassemblant des objets présentés par époque (du préroman jusqu'à l'art contemporain). Belles collections de céramiques, d'orfèvrerie et d'art liturgique, fresques romanes provenant des églises pyrénéennes, retables gothiques, sculptures sur bois, livres anciens et peintures d'artistes majeurs catalans. Vous remarquerez la table de verrier datant du XIVe siècle sur laquelle ont été taillés les vitraux de la cathédrale. Egalement expositions temporaires.

MUSEU D'HISTÒRIA DELS JUEUS ★

Carrer de la Força, 8
✆ +34 972 216 761
www.girona.cat/call
Horaires disponibles sur le site web. Entrée : 4 €. Gratuit le premier dimanche du mois.

Au cœur du quartier juif de Girona, le centre Bonastruc ça Porta abrite désormais ce musée qui travaille à la récupération de la mémoire juive de la Catalogne. Au travers de onze salles, il parcourt l'histoire de la communauté juive du IXe au XVe siècle. Vous y verrez la collection d'inscriptions lapidaires hébraïques la plus importante du pays et l'un des joyaux de ce musée. Ainsi que la structure originelle du *mikvé*, ancien bain des femmes. Egalement des expositions temporaires.

MUSEU DEL CINEMA DE GIRONA ★★

Carrer Sèquia, 1
✆ +34 972 412 277
www.museudelcinema.cat
Horaires disponibles sur le site web. Entrée : 6 €. Gratuit le 1er dimanche du mois.

Même à échelle européenne, les musées du cinéma sont rares. On trouve pourtant à Gérone une superbe collection, à l'origine constituée par Tomàs Mallol, retraçant toute l'histoire du 7e art, des théâtres d'ombres chinoises jusqu'au cinéma actuel. Toutes les dimensions sont abordées : la technique, l'optique ou encore la fonction sociale du cinéma, de manière ludique et interactive. On pourra entre autres y voir le projecteur utilisé par les frères Lumières pour leur première.

PARC DE LA DEVESA ★

D'une superficie de 40 ha, c'est le plus grand et le plus touffu de Catalogne. Nombre de ses platanes ont été plantés il y a 150 ans et s'élèvent à plus de 60 m (plus de 2 500 au total). La légende dit que c'est Napoléon, alors qu'il tentait de prendre Gérone, qui, ayant décidé d'attendre que les troupes catalanes recluses dans la ville fortifiée manquent de vivre et finissent pas se rendre, aurait fait planter ces platanes pour qu'hommes et chevaux ne subissent pas le soleil... Un endroit parfait pour pique-niquer et profiter des installations sportives.

VIES VERDES GIRONA

Les *Vies Verdes*, Voies Vertes, sont des chemins conçus pour la randonnée à vélo, mais aussi à pied que l'on trouve partout en Catalogne, toujours localisés au sein d'un environnement naturel. Bon nombre d'entre eux suivent le tracé d'anciennes voies de chemin de fer et permettent de découvrir des zones inconnues auparavant. Accessibles aux familles et aux personnes handicapées, elles sont toutes très bien signalisées et permettent de pratiquer une activité gratuite et saine, de pérenniser la coordination entre les territoires et de dynamiser l'économie des zones rurales. Le long des voies, souvent dans d'anciennes gares, on trouve auberges, espaces de restauration et agences de location de vélos. La Province de Gérone propose plusieurs « Vies verdes » dont par exemple : la Ruta del Ferro i el Carbó (Ripoll-Ogassa, en passant par Sant Joan de les Abadesses), la Ruta del Carrilet I (Olot-Girona via les territoires traversés par les rivières Ter, Brugent et Fluvià), la Ruta del Carrilet II (Girona-Sant Feliu de Guíxols, en passant par la Selva et Llagostera) et la Ruta del Tren Petit (qui se déroule le long de la méditerranée). Également à découvrir, le sentier Camí Ral i Ramader de Campdevànol (4 km autour du Ripollès) ou encore l'itinéraire thermal, la Ruta Termal (15 km entre Caldes de Malavella et Cassà de la Selva, au Gironès). Ces itinéraires sont gérés par Le Consorci de les Vies Verdes de Girona, l'organisme local responsable de ces parcours : www.viesverdes.cat ainsi que les itinéraires Pirinexus www.pirinexus.cat

OFFICE DE TOURISME DE GÉRONE

Rambla de la Llibertat, 1
✆ +34 972 010 001
www.girona.cat/turisme
Horaires disponibles sur le site web, rubrique « contacts ».

Situé dans la partie ancienne de la ville, à côté de l'Onyar, il propose de nombreux documents sur la ville, la région et sur le reste de la Catalogne. Vous y trouverez aussi des documents thématiques comme des cartes des randonnées pédestres et des chemins verts ou des fascicules sur la gastronomie. Vous y apprécierez un excellent accueil en français. Consultez aussi son site web, disponible en français, notamment pour découvrir l'agenda des événements.

OFFICE DE TOURISME DU GIRONÈS

Carrer Berenguer Carnisser, 3
✆ +34 972 011 669
www.turismegirones.cat
Horaires disponibles sur le site web, rubrique « contact ».

L'accueil qui s'effectue en français est des plus agréables dans cet office du tourisme qui couvre tout ce qui concerne la comarque (région) du Gironès. Vous y trouverez de la documentation très utile, disponible en français, et se référant à toutes sortes de thématiques : cartes de randonnées, itinéraires de voies vertes, fascicules sur la gastronomie, l'histoire et la culture ou encore les foires et les évènements. Possibilité d'y réserver des visites guidées ou des activités.

PATRONAT DE TOURISME COSTA BRAVA GIRONA

Avinguda Sant Francesc, 29
✆ +34 972 208 401
www.costabrava.org

Le Patronat de Tourisme Costa Brava Girona est l'entité qui a en charge la promotion, la création de nouveaux produits touristiques et le contrôle de la qualité des services offerts dans la région. Son site Internet (disponible en français) regorge d'infos pratiques, services, offres, localisations géographiques, cartes et plans de ville, routes, agenda d'activités, réservation d'hébergement en ligne… qui vous seront très utiles pour préparer votre séjour dans la région.

GARE RENFE

Plaça de Espanya
✆ +34 912 320 320
www.renfe.com

La gare ferroviaire Adif-Gérone-Costa Brava est située non loin du centre de Gérone et à côté de la gare routière. Elle assure les liaisons régionales (Figueres, par exemple), nationales et internationales. En plus des lignes classiques, la gare accueille aussi la ligne de l'AVE (équivalent du TGV français) qui dessert Madrid, Saragosse et Barcelone. Ainsi que les TGV allant de Barcelone à Paris. Vous y trouverez des boutiques, une consigne située sur la plate-forme AVE (sans obligation de le prendre) et une cafeteria. Nombreux taxis aux différentes portes.

ASSOCIATION DES GUIDES DE GÉRONE

Carrer Berenguer Carnicer, 3
✆ +34 972 211 678
www.guiesdegirona.com

Cette association de guides expérimentés vous emmène à la découverte du patrimoine historique, culturel et gastronomique de la ville de Gérone, mais aussi de sa province. L'occasion de vous balader dans la Gérone médiévale et d'en découvrir les recoins ou les légendes. Ou de rallier le triangle dalinien : Púbol, Portlligat et Figueres. Également des découvertes des sites d'Empúries, de Sant Pere de Rodes, de l'Escala, de Tossa de Mar ou de Begur. Guides francophones sur demande.

GARE ROUTIÈRE - ESTACIÓ D'AUTOBUSOS DE GIRONA

Plaça d'Espanya
✆ +34 972 212 319

Située à côté de la gare ferroviaire, la gare routière de Gérone dessert aussi bien la région que les destinations internationales. C'est la compagnie Sagalés (https://www.sagales.com), qui couvre la plus grande partie du territoire catalan, dont la Costa Brava. Avec des départs réguliers pour Barcelone (station de Barcelone Nord, métro : Arc de Triomf). C'est la compagnie Eurolines (https://www.eurolines.de/fr) qui assure les lignes entre Gérone et l'Europe.

AÉROPORT GIRONA - COSTA BRAVA

17185 Vilobí d'Onyar
✆ +34 913 211 000
www.aena.es

Situé à 12 km du centre-ville de Girona, c'est l'un des principaux hubs de la compagnie aérienne Ryanair. Vous pouvez rallier le centre-ville de Gérone par la N-II et l'AP-7 ou par taxi ou par bus. La compagnie Sagalés (https://www.sagales.com) permet de rallier Barcelone, la Costa Brava sud et le centre de Gérone (gare routière). La compagnie Moventis (https://compras.moventis.es) assure les dessertes de la Costa Brava nord. Vous y trouverez un office du tourisme de la Catalogne.

GITAXI

✆ +34 972 222 323

C'est l'une des compagnies de taxis qui opèrent sur la ville de Gérone. Et dont les taxis sont également équipés pour recevoir des personnes à mobilité réduite. Par ailleurs, vous trouverez des arrêts de taxis à la gare ferroviaire Adif de Gérone ainsi qu'à la gare routière. Si vous êtes dans le centre-ville, ils sont situés sur la place Independència et dans la rue Joan Maragall. A noter, la plupart des taxis accueillent un maximum de 4 personnes ainsi que leurs bagages (une valise et un bagage à main). Si vous avez plus, il faudra le signaler par téléphone.

ALBERG CERVERÍ - XANASCAT €

Carrer dels Ciutadans, 9
+34 972 218 003
www.xanascat.cat
Lit en dortoir de 12,06 à 19,96 € et de 12,56 à 24,16 € selon saison et âge (- ou + de 29 ans).

Très bien positionnée au centre de la vielle ville, cette auberge de jeunesse qui fait partie du réseau Xanascat est située dans l'une des maisons typiques de la Carrer dels Ciutadans, datant des XIIe et XIIIe siècles. Bien sûr rénové, le bâtiment est moderne et propose 90 lits au total, répartis en dortoirs de 4 à 10 lits, avec salle de bains commune. Vous y disposerez de salles de lecture et de télévision et d'une cantine. Ainsi que d'un très bon rapport qualité-prix.

HOTEL ERBA BY PILLOW €

Carrer Ultònia, 1
+34 972 20 10 66
www.bypillow.com
Comptez de 55 à 85 € pour une chambre double.

Situé à proximité du Mercado del Leó, le ventre de Girone, et non loin des rives de l'Onya, cet hôtel 2 étoiles propose une qualité de service très correcte pour son tarif. Toutes les chambres sont très claires, décorées simplement, mais de manière très fonctionnelle et disposent toutes d'une salle de bains privée, d'une TV, d'un wi-fi efficace, d'un service de cafés et de thés et d'un bon rangement. Et sont accessibles par ascenseur. Pas de petit déjeuner, mais espace micro-ondes en libre accès au 1er étage. Réception ouverte 24/24.

HÔTEL EUROPA €

Carrer Juli Garreta, 21-23
+34 972 202 750
www.hoteleuropagirona.com
Comptez de 65 à 85 € pour une chambre double.

Situé à proximité de la station de bus et de train, cet hôtel familial offre ses services depuis 1963. On y trouvera vingt-cinq chambres, de l'individuelle à la quadruple, réparties sur cinq étages avec accès ascenseur. Toutes présentant le confort nécessaire comme la climatisation, le wifi et le chauffage. Une dizaine d'entre elles bénéficient de balcons. Pas de restaurant. La cafétéria, à l'image de l'hôtel, est toute petite, mais suffisante pour le petit déjeuner. On y appréciera sa tranquillité, une caractéristique qu'il entend bien conserver.

HOTELB&B GIRONA 2 €

Miquel Marti I Pol, 11
+34 972 439 487
www.hotel-bb.es
Comptez de 48 à 85 € selon le période de l'année pour une chambre double.

Sa situation est idéale pour ceux qui souhaitent utiliser l'hôtel comme point de rayonnement dans les alentours. A 4 kilomètres du centre historique de la ville, il est à l'entrée de Girona, au sein du centre commercial Espai Gironés. Avec un accès direct à l'autoroute A7 qui relie la France à Barcelona, à 3 kilomètres de la Fira de Girona et à 12 kilomètres à peine de l'aéroport de Girona. Il dispose de 98 grandes chambres avec salle de bains privée, grand lit et notamment un écran télévision LCD. Connexion wifi et parking gratuit. Bon rapport qualité-prix.

VILADOMAT €

Carrer dels Ciutadans, 5
+34 972 203 176
www.pensioviladomat.cat
Comptez de 49 à 60 € pour une chambre double, sans ou avec salle de bains.

Si vous souhaitez poser vos bagages dans l'une des rues les plus emblématiques du vieux Gérone où se situent de nombreux commerçants, cette pension populaire est faite pour vous. Installée dans un édifice ancien, elle propose seize chambres, de l'individuelle à la triple, réparties sur deux étages, sans ascenseur. Toutes sont claires, bien entretenues et dotées de mini réfrigérateurs, certaines disposant de douches intégrées, d'autres de douches à partager. Pour en profiter, une réservation préalable s'impose. L'accueil se fera au deuxième étage.

B&B MONTJUIC €€

1 Carrer de l'Onze de Setembre
+34 972 42 77 71
www.montjuicbb.com
Chambre double de 109 à 130 €. Petit déjeuner : 13,50 € par personne.

Installé sur la colline du Montjuïc dominant la ville, ce charmant B&B est une adresse de qualité proposant des chambres lumineuses et élégantes et un service personnalisé. Maria Carme se montre très attentive aux attentes de chacun et prépare un délicieux petit déjeuner que l'on prendra dans le salon commun de la jolie maison d'architecte ou dans le vaste jardin avec piscine donnant sur la vallée grande ouverte. Une option moins impersonnelle que l'hôtel, un peu à l'écart de l'agitation urbaine, où l'on est chouchouté comme des amis de passage.

HOTEL CIUTAT DE GIRONA €€

Carrer Nord, 2
✆ +34 972 48 30 38
www.hotelciutatdegirona.com
A partir de 120 €.

Dans le Gérone moderne, mais très proche du quartier ancien, cet hôtel propose quarante-quatre chambres (standard, premium, triple, loft, familiale). Toutes bénéficient d'une décoration minimaliste, mais très attentive aux petits détails et aux matériaux utilisés pour les meubles. Côté petit déjeuner, le buffet permet de profiter d'une sélection de produits locaux : charcuterie, fromages, pains et jus de fruits naturels. Pour les repas, cap sur le restaurant Blanc pour s'initier à la cuisine locale. Vous pourrez aussi vous requinquer via les traitements du spa.

PENSIÓ BELLMIRALL €€

Carrer Bellmirall, 3
✆ +34 972 204 009
www.bellmirall.eu
Comptez environ 90 € la chambre double.

C'est sur les hauteurs de Gérone, dans une petite rue très proche de la cathédrale, que vous trouverez cette jolie pension méritant amplement ses 2 étoiles. Depuis juillet 2022, les nouveaux propriétaires ont effectué de nouveaux travaux et réorganisé l'ensemble autour de 10 chambres et de deux salons et salle à manger où vous pourrez profiter d'un service café, thé et biscuits, accessible 24h/24. On appréciera aussi la jolie décoration, le patio très agréable et le confort douillet de l'ensemble. Réservation à l'avance recommandée.

AS PALAU DELS ALEMANYS €€€

Carrer dels Alemanys, 10
✆ +34 618 53 68 52
www.allotjamentsingular.com
Entre 170 et 250 € la suite selon la saison.

Situé dans un bâtiment médiéval collé à l'ancienne muraille romaine, cet appart-hôtel de luxe combine à merveille le charme de la vieille pierre et la modernité des installations. Au total, trois suites sont proposées. Toutes avec une décoration particulière, elles disposent de cuisines conçues avec un goût exquis qui met en valeur le charme historique du lieu. Des vélos sont mis à disposition des hôtes pour arpenter les ruelles du quartier juif et explorer les trésors de Girona. Vous profiterez aussi du Jimmy's bar pour boire un verre ou manger un morceau.

HOTEL PENINSULAR €€

Avinguda Sant Francesc, 6
✆ +34 972 20 38 00
www.hotelpeninsulargirona.com
Comptez de 61 € à 150 € selon la saison.

C'est l'un des hôtels historiques de Gérone puisqu'il a ouvert ses portes en 1853 en s'installant dans un beau bâtiment du XIXe siècle, entièrement rénové pour accueillir ce 3 étoiles. Vous y serez très bien situé, dans les rues commerçantes de la ville et tout près de l'entrée du *nucli antic*. A votre disposition, quarante-huit chambres de très grand confort. Vous pourrez aussi profiter du café-restaurant Savoy, au décor années 30 où vous sera servie une cuisine de marché mettant l'accent sur la gastronomie locale. Excellente adresse, à réserver les yeux fermés.

© NOVARA HOTELS - HOTEL PENINSULAR

© NOVARA HOTELS - HOTEL PENINSULAR

HOTEL CARLEMANY €€€

Plaça Miquel Santaló
✆ +34 972 21 12 12
www.hotelcarlemanygirona.com/fr
Chambre double basique de 95 à 150 €. Petit déjeuner : 14,50 € par personne.

A deux pas du vieux centre de Gérone, sur la jolie place Miquel Santaló, il accueille les visiteurs depuis 1994. Au programme, des chambres allant de la basique jusqu'aux suites, contemporaines et élégantes, entièrement rénovées depuis 2016. Les parties communes comptent une belle salle à manger sous verrière – El Pati Verd – où l'on prend le petit déjeuner, un snack-bar, et un resto-lounge moderne et intimiste de très bonne facture, l'Indigo, qui dispose d'une terrasse où l'on sirotera avec plaisir un bon vermouth à la tombée du jour.

HOTEL HISTÒRIC €€€

Carrer Bellmirall, 4
✆ +34 972 223 583
www.hotelhistoric.com
Comptez 140 € la chambre double standard.

A deux pas de la cathédrale, cet hôtel de grand charme propose 6 chambres doubles et 2 suites seulement. Les chambres modernes et raffinées sont toutes différentes, décorées avec un goût très sûr qui marie élégamment le bois, la pierre et les tons chaleureux. Vastes et bien équipées, elles illustrent chacune un thème lié à la ville de Girona. Dans le même édifice, se trouvent 7 appartements (5 de deux chambres et 2 studios), parfaits pour les familles ou les séjours prolongés avec le même confort. Accueil très chaleureux dans cet hôtel familial.

HOTEL LLEGENDES €€€

Portal de la Barca, 4
✆ +34 972 220 905
www.llegendeshotel.com
Comptez de 90 à 175 € pour une chambre double.

Remarquablement bien situé dans le *nucli antic,* à quelques encablures de la cathédrale et de la basilique de Sant Feliu, cet hôtel de grand charme s'est installé dans un édifice ancien entièrement rénové. Aujourd'hui, il propose dix chambres doubles et cinq suites, toutes particulièrement bien équipées et soignées. Une attention portée à la décoration que l'on retrouve dans les parties communes de l'hôtel : petit salon-bar, salon de télévision et terrasse aménagée. On pourra aussi y profiter d'un petit déjeuner écologique (yaourts, céréales, confitures maison...).

KÖNIG 2 €

Plaça de la Independència, 2
✆ +34 972 202 099
www.konig.cat
Ouvert tous les jours de 8h30 à minuit. Compter 15 € le repas complet.

Impossible de ne pas en entendre parler lors de votre passage à Gérone. C'est ce que l'on appelle ici un « Frankfurt », c'est-à-dire un restaurant-bar où l'on mange principalement des plats fast-foods à l'allemande, mais à base de produits catalans – saucisses, hamburgers et frites – et où l'on boit de la bière. Et de tous les Frankfurt, König est le roi. Dans une franche ambiance de bistrot, on refait le plein d'énergie pour pas cher et on repart la peau du ventre bien tendue. On apprécie aussi la jolie terrasse de la rue Calderers (16) dans le vieux quartier.

CAFÈ LE BISTROT €

Pujada Sant Domènec, 4
✆ +34 972 218 803
www.lebistrot.cat
Ouvert tous les jours, midi et soir. Comptez environ 30 € à la carte.

Un endroit délicieux où l'on s'arrêtera avec plaisir, pour manger ou boire un verre. Installés sur la magnifique Pujada Sant Domènec, les petites tables et les petits fauteuils de sa terrasse lui donnent un air de décor de théâtre. Chaque table est installée sur une petite placette. Avec une décoration traditionnelle et des fenêtres largement ouvertes, l'intérieur est aussi très accueillant. La cuisine se veut traditionnelle, mais d'inspiration catalane, espagnole et française. Au menu, entre autres, quelque 18 sortes de salades... Délicieuses et inventives.

L'ALQUERIA €€

Plaça Poeta Marquina, 2
✆ +34 972 22 18 82
www.restaurantalqueria.com
Fermé le lundi et les soirs. Comptez 30-40 €.

Installé dans un décor élégant et minimaliste, ce restaurant se veut l'ambassadeur de la cuisine valencienne à Girone depuis 2007. C'est donc là qu'il faut absolument aller pour découvrir différentes paellas (dix-neuf au total), dont bien sûr la valencienne, mais aussi mixte, aux fruits de mer ou aux légumes ainsi que les nombreux riz proposés à la carte : riz noir, *arròs a banda,* etc. Le tout sera présenté dans les règles de l'art. Pas de paella le soir, car la tradition, c'est le midi. Au dessert, craquez pour la crème à l'orange, tout aussi valencienne.

INDIGO €€

Plaça Miquel Santaló
✆ +34 972 21 12 12
www.hotelcarlemanygirona.com/fr
Fermé le dimanche. Compter 30 € le repas complet.

L'indigo est le très bon restaurant de l'hôtel Carlemany, où l'on déguste dans un décor urbain tamisé et sophistiqué des plats de tradition toute catalane, à base de produits triés sur le volet : calamars *a la romana*, tempura de légumes, tartare de bœuf ou entrecôte, *arròs de l'Estany de Pals*... Le service est aux petits oignons et l'ambiance un peu plus internationale qu'ailleurs. A la belle saison on appréciera les frais et sains déjeuners qui sont servis sur la terrasse, donnant sur une jolie placette animée. Une valeur sûre.

MIMOLET €€

C/ Pou Rodó, 12
✆ +34 972 29 79 73
www.mimolet.cat
Fermé en janvier et le lundi. Menu dégustation à 52 €.

Ouvert en 2006, ce bon restaurant à la décoration sobre et moderne, plutôt fréquenté par des Catalans, gagne à être connu. Il propose une cuisine de marché et la carte change chaque deuxième mardi du mois, pour le plus grand plaisir des habitués. Au programme le mercredi, un menu de riz avec des tapas et deux sortes de riz à choisir. Les végans trouveront aussi des propositions, susceptibles de les satisfaire. On y appréciera enfin sa très bonne carte des vins, blancs et rouges, son service impeccable et ses très belles assiettes.

RESTAURANT NORMAL €€

Plaça de l'Oli, 1
✆ +34 972 43 63 83
www.restaurantnormal.com
Fermé le lundi et le samedi après-midi. Comptez environ 70 €.

Proposer de l'artisanat dans un lieu « Normal » contre de l'orfèvrerie dans le Celler, c'était l'objectif des frères Roca en ouvrant ce nouvel espace en juin 2021. Avec comme ligne de conduite une cuisine plus informelle reprenant des recettes catalanes traditionnelles mais aussi des propositions du bar de leurs parents, privilégiant toujours la cuisine de marché et les produits de proximité. La « simplicité » est aussi à l'ordre du jour dans le design avec une grande façade vitrée, ouverte sur le quartier et permettant aussi de voir la cuisine.

EL CELLER DE CAN ROCA €€€

Carrer de Can Sunyer, 48
✆ +34 972 222 157
www.cellercanroca.com
Fermé dimanche, lundi et mardi midi. Réservation indispensable plusieurs mois à l'avance. Menu dégustation à 270 €.

Il compte parmi les restaurants les plus fameux du monde, tenu par les frères Roca, célèbres et primés, qui s'occupent aussi de régaler les clients de l'hôtel Omm à Barcelone. Après qu'il a obtenu une troisième étoile Michelin en 2010, il était déjà très difficile d'y obtenir une place. Qu'il ait été reconnu meilleur restaurant du monde par la revue britannique *Restaurant Magazine* en 2013, puis en 2015, n'a pas arrangé les choses. Mais vous pouvez toujours tenter votre chance... L'expérience gastronomique en vaut vraiment la peine.

MASSANA €€€

Carrer Bonastruc de Porta, 10
✆ +34 972 21 38 20
www.restaurantmassana.com
Fermé le dimanche et le lundi. Comptez au moins 80 € à la carte, sans les vins. Réservation conseillée.

Officiant depuis 1986 ans dans le centre de Gérone, l'équipe du Massana traite ses clients aux petits oignons. La salle de service, aux tons clairs et chauds, invite au voyage gustatif. Les produits sélectionnés viennent du marché, si bien que la carte évolue au gré des saisons. On aura par exemple plaisir à déguster un carpaccio de cèpes et ses crevettes marinées ou une soupe de perdrix au chou et ses perles de soja. Les desserts sont exquis et la carte des vins bien fournie. Le restaurant s'est par ailleurs vu décerner une étoile Michelin depuis 2007.

L'ARC

Plaça de la Catedral, 9
✆ +34 972 20 30 87
Ouvert tous les jours jusqu'à minuit en été.

Situé au pied des 90 marches de l'escalier monumental de la cathédrale, c'est d'abord l'endroit idéal pour des selfies avec un décor de fond assuré. Ce bar rustique et accueillant a été tenu par Lluís Bonaventura, dit Lluís de l'Arc, personnage passionné par le cinéma et par Dalí. Aujourd'hui, ce sont ses enfants qui tiennent la boutique (Lluís, Glòria et Valéry, un prénom donné en hommage à Valéry Giscard d'Estaing...). Hormis sa délicieuse terrasse, vous pourrez profiter d'un bel espace intérieur et de ses multiples recoins.

CAFÈ SAVOY

C. Nou, 3
✆ +34 972 20 38 00
www.savoygirona.com
Le prix des menus varie de 16 € à 50 €.

Fondé dans les années 1930, le café Savoy a été jusqu'à sa fermeture en 1972 le point de rencontre favori des personnalités de l'époque telles que les écrivains Josep Cruset, González Ruano et Josep Maria Gironella. C'est en 2011 qu'il a été rouvert après une rénovation respectant scrupuleusement le design d'origine. Aujourd'hui, c'est de nouveau l'un des cafés les plus emblématiques de Gérone. Avec une large offre gastronomique : un bon petit déjeuner ; un vermouth en terrasse ou des menus pour des événements d'entreprise, des fêtes ou des réunions privées.

ROCAMBOLESC

Carrer de Santa Clara, 50
✆ +34 972 41 66 67
www.rocambolesc.com
Fermé 2ème quinzaine de janvier. Tous les jours de 11h à 21h, vendredi et samedi jusqu'à 23h.

A défaut d'avoir pu goûter au menu du célèbre *Celler de Can Roca*, apprenez ici que l'un des trois frères aux commandes du restaurant, Jordi Roca, a ouvert un salon de dégustation de glaces artisanales. Le lieu n'a pas de rocambolesque que le nom, la déco de la petite échoppe est complètement farfelue : on a l'impression d'avoir mis un pied chez un mini Willy Wonka. Les glaces elles-mêmes se déclinent en de multiples parfums et compositions que l'on peut ensuite combiner avec de nombreux « toppings ». Avec de nouvelles créations à chaque saison.

CASINO GIRONA

Avinguda de Ramon Folch, 3
www.casinogirona.com
Ouvert du mercredi au samedi de 23h à 3h30.

Ce Casino, comme un peu partout en Catalogne, n'a pas grand-chose à voir avec une salle garnie de machines à sous, car c'est plutôt un lieu public de rencontre. Celui de Gérone a su se rendre célèbre pour ses folles soirées organisées dans un décor plutôt élégant, avec ses colonnades et des plafonds en stuc. Derrière sa façade en verre et en bois, un bistrot au look anglais, une grande piste de danse et une terrasse aux accents tropicaux composent le lieu. Cocktails et musique sont au rendez-vous et vous pourrez aussi y jouer au baby-foot.

LA TERRA

Carrer Ballesteries, 23
✆ +34 972 219 254
Ouvert tous les jours de 10h à 2h du matin.

On recommande la visite de ce vieux café situé en plein cœur de la ville ancienne. Tout simplement pour le plaisir de pouvoir venir y déguster de très bons granités ou le jus de fruits du jour. Mais pas dans n'importe quel décor puisqu'il est resté dans son jus, avec ses multiples recoins recouverts de jolies mosaïques, chacune différente de l'autre et ses affiches anciennes. Sans oublier la satisfaction de profiter de jolies vues sur le fleuve. A découvrir absolument avant qu'il ne soit gagné par une éventuelle rénovation intempestive.

LOLA CAFÈ

Carrer de la Força, 7
Ouvert de 10h30 jusqu'à minuit du lundi au jeudi, 2h du mat, ven/sam et 5h le dimanche. Terrasse jusqu'à minuit.

En plein cœur du vieux Gérone, le Lola Café est un lieu incontournable des nuits géronaises. Avec des atouts différents selon l'heure de la journée ou le jour de la semaine, car il change fréquemment d'ambiance. L'après-midi, il est idéal pour prendre un café ou boire un verre de vin et la nuit venue, il se transforme en pub musical, idéal quand vient l'heure des cocktails multiples, mais faisant la part belle aux *mojitos* et aux *caipirnihas*, sur fond de musique des années 80 et 90. Le mercredi et le jeudi soir, il accueille les meilleurs groupes locaux.

LA CARPA

Carrer Hortes, 11
✆ +34 972 212 002
www.lacarpa.cat
Ouvert de 10h30 à 13h30 et de 16h à 20h30. Fermé dimanche.

Lorsque l'on entre dans cette boutique aux allures de caverne d'Ali Baba, on a le sentiment de plonger dans un grenier, avec sa foultitude de jouets et de mobiles en bois. En bref, de quoi se faire une collection de jolis souvenirs : marionnettes, reproduction des géants de Girona en carton-pâte, cartes anciennes, jolies petites valises de toutes les couleurs. Ou pourquoi pas emporter un souvenir musical en piochant dans les collections des mini boîtes à musique, avec au choix, *Starwar*, La Marseillaise, La Vie en Rose ou *Els Segadors* (hymne natoinal catalan).

CASA CACAO

Plaça de Catalunya, 23
✆ +34 972 90 59 05
www.casacacaogirona.com
Horaires sur le site web.

Depuis février 2020, les *choco addicts* ont une nouvelle adresse de référence à Gérone : la chocolaterie Casa Cacao. A la tête de cette aventure, le chef pâtissier Jordi Roca, le plus jeune des trois frères Roca, qui achète directement les fèves de cacao auprès des petites communautés, au Pérou, au Venezuela, en Colombie ou en Equateur, en les payant à un prix équitable. On pourra aussi y goûter le *xuixo*, douceur emblématique de Gérone, fabriquée en bonne et due forme selon une recette désormais centenaire, et fourrée à la crème au chocolat.

NOU PLATEA

Carrer Jeroni Reial de Fontclarà, 4
✆ +34 628 30 98 25
Ouvert le jeudi de minuit à 5h, le vendredi et samedi de 1h à 6h.

Depuis sa création en 1993, c'est l'espace nocturne festif de référence à Gérone. Sous les noms de Platea puis de Nou platea, il a gardé l'essence de ce qui a fait son succès dès l'origine : parier sur des musiques diverses et proposer des fêtes adaptées aux âges et aux styles. Deux espaces, deux ambiances pour ce *nou platea*. Avec un public plutôt jeune le mercredi et le jeudi et plus adulte le vendredi et le samedi. On peut aussi y assister à des conférences, des lancements d'albums ou des concerts en live. Et bien sûr faire le tour de ses cocktails.

LA PABORDIA

Pujada de la Catedral
✆ +34 972 201 704
www.pabordia.com
Ouvert du lundi au samedi, de 10h à 13h30 et de 16h30 à 20h.

On y entrera pour avoir le plaisir de pénétrer dans un superbe magasin, installé dans une belle maison médiévale située sur le chemin qui mène aux marches conduisant à la cathédrale. Et qui tire son nom de la dénomination des personnes qui s'occupaient de l'église. Plusieurs salles ont été parfaitement rénovées et servent de cadres superbes aux créations exposées, notamment le joli patio, avec son puits. On en profitera aussi pour apprécier les meubles modernes qui y sont installés, d'inspiration minimaliste catalan, aux tonalités plus chaudes que le japonais.

SUNSET JAZZ CLUB

Carrer de Jaume Pons i Martí, 12
✆ +34 872 08 01 45
www.sunsetjazz-club.com
Tous les jours à partir de 21h. Programmation sur son site.

Situé dans le centre historique de Gérone, cet établissement accueille les meilleures prestations de jazz en *live* de la ville, *via* la présence d'artistes nationaux ou internationaux du plus haut niveau. Pour en profiter, rendez-vous donc dans cette cave obscure, vous écouterez d'excellents concerts, dans une ambiance magique, à la lumière des bougies. A l'occasion, vous y apprécierez aussi sa sélection de cocktails, dont une belle carte de whiskies irlandais ou écossais. Sans aucun doute, vous aurez un vrai coup de cœur pour cet établissement.

PORTAL DEL COLECCIONISTA

Carrer de la Força, 25
✆ +34 972 215 569
Horaires variables.

En déambulant dans le quartier juif de Gérone, on peut facilement passer à côté de cet antre du collectionneur, car la boutique est un peu cachée, derrière une très belle, mais lourde porte verte, à gros clous. On est vraiment dans le paradis du collectionneur, avec des kilos de documentation et de papiers, à deux doigts de tomber. On y trouvera de tout, des collections de livres anciens, de vieilles cartes postales, d'anciennes gravures. Ou même des siphons anciens, un objet redevenu à la mode et arboré par tous les troquets catalans.

SANT JULIÀ DE RAMIS ★

Cette localité de plus de 3 600 habitants vit principalement d'activités agricoles. Les collines arborées, les vastes étendues vertes et champs de cultures qui constituent son paysage offrent quelques jolies balades. Mais son attrait principal est sans conteste le *Castellum Fractum* remontant à la période ibère, ensemble architectural assez bien conservé juché au sommet d'une colline qui fut ensuite utilisé comme village fortifié par les Romains. De là-haut, on profitera également d'une vue imprenable sur toute la *comarca* et les jours de beaux temps, la Costa Brava se dessine au loin. Un passage essentiel pour les amateurs d'archéologie et d'histoire.

ÉGLISE SANTS METGES ✞ ★

Située en haut d'une petite montagne, l'église de Sants Metges est de style roman et date du début du XIe siècle. En partie détruite au fil du temps, elle a été restaurée à plusieurs reprises en respectant l'aspect original du temple premier et est aujourd'hui protégée comme bien d'intérêt culturel local. On remarquera notamment sa façade, ornée d'une très belle porte Renaissance. On peut apercevoir, à la base de la construction, des pierres d'époque ibère. Sa situation stratégique en fait un bon point de vue vers les alentours.

CASTELLUM FRACTUM ★★

Muntanya dels Sants Metges

✆ + 34 972 170 909

C'est une forteresse d'époque romaine occupée du milieu du IVe au début du Ve siècle et édifiée sur les vestiges d'un village ibère du VIe siècle av. J.-C., dont quelques restes d'habitations sont détectables sur le chemin du château. Après les Romains, le lieu fut occupé par les Wisigoths puis tomba en désuétude quelques siècles plus tard. Peu de murs sont intacts, mais l'ampleur de la construction fait son petit effet, et la vue à 360° sur les *comarques* qui entourent le Gironès est imprenable. En 2012, le lieu a été déclaré patrimoine culturel catalan.

RESTES PRÉHISTORIQUES ★

Pour s'y rendre au départ de Sant Julià de Ramis, prenez la direction de la rivière et longez le cours d'eau. Route carrossable.

El Cau de les Goges (la Cache ou le Tombeau des Fées de l'eau) fait en fait référence à un site archéologique découvert en 1899 par Viñas i Carles de Palol. Il s'agit d'une zone située sur la rive gauche de la rivière Ter s'articulant autour d'une grotte principale (grotte de Saint Vincent) facilement accessible, où ont été découverts des ossements humains et animaux ainsi que divers silex, laissant penser que le site a été habité autour de 18000 av. J.-C. La balade le long du cours d'eau constitue par ailleurs un très agréable divertissement.

CENTRE ROCA SAN JULIÀ

www.rocasantjulia.com

Conçu par les frères Roca, du Celler Can Roca à Gérone, ce centre gastronomique et culturel devrait se mettre en place, peu à peu, à partir de l'automne 2023. Il devrait démarrer par l'ouverture d'un hôtel puis d'un restaurant présentant les plats les plus emblématiques de la saga des frères Roca. Une distillerie, une salle d'exposition sur le thème de la recherche en cuisine et enfin une Roca Academia consacrée à l'enseignement, devraient compléter cet espace polyvalent qui s'installera dans un lieu situé sur la montagne de Sants Metges.

HOTEL PALAU DE GIRONA €€

Carrer Pau Casals, 1

✆ +34 972 17 32 95

De 66 à 99 € pour une chambre double basique.

Idéalement placé pour partir à la découverte de la région, non loin de l'autoroute au niveau de l'entrée nord de Gérone, au cœur du village de Sant Julià de Ramis, le Palau de Girona est un petit coin de tranquillité. Ses dimensions humaines (18 chambres) rendent possible un service attentif, et le personnel est très pro et sympathique. Les chambres, avec TV et Wi-fi, affichent une déco simple et originale, sont bien tenues et la literie s'avère être très confortable. On apprécie également la proximité du golf, à moins de 3 km de là.

CAN BOTA €

Veïnat dels Sants Metges
✆ +34 622 33 69 16

Ouvert du vendredi au dimanche, de 11h à 19h. Comptez de 10 à 15 €. Réservation par tél. pour manger.

Depuis 2021, cette ancienne ferme du XVIIIe siècle est devenue un centre d'accueil vers l'espace naturel et culturel de la montagne de Sants Metges. Après une restauration de l'ancien bâtiment. Il s'est aussi doté d'une cafeteria et d'un service de restauration. On pourra y déjeuner de bon matin avec croissant, caler un petit creux avec hamburger écologique maison ou y prendre un verre. Comme il est situé à quelques mètres du site archéologique Castellum Fractum et de l'église romane Sants Metges, ce sera aussi l'endroit idéal pour admirer le coucher du soleil.

MARISQUERIA CAN BLANCO €€

Avinguda de França, 13
✆ +34 972 17 00 62

Ouvert tous les jours. Réservation 1 jour avant pour les poissons et fruits de mer. Comptez 35-45 €.

Ce restaurant de référence et de longue tradition sera l'occasion d'un voyage culinaire de la Méditerranée aux côtes de Galice. Inspirée des saveurs de la mer, la carte est pleine de délicieuses propositions : *arròs caldós*, araignée de mer au style Can Blanco ou soupe de poisson ne vous laisseront pas indifférent, ni les mythiques bouquets, coquilles Saint-Jacques, moules, pétoncles, homards, crabes. Notre conseil ? La *mariscada* ! Un assortiment de toutes les spécialités de fruits de mer servies dans un seul plat. Le tout bien présenté dans un cadre agréable.

MAS LES GOGES €€

Masos de La Garriga s/n, Veïnat de la Garriga
✆ +34 972 17 09 96
www.maslesgoges.com

Fermé le dimanche. Menu autour de 15 à 25 €, environ 40 € à la carte.

Cette ferme du XVIIe siècle transformée en restaurant est installée au cœur d'une vaste propriété aux jardins boisés. Les sept salles à manger que compte la *masía* arborent chacune une décoration unique, avec comme motif récurrent des tableaux de fameuses *goges* (fées de l'eau) accrochés aux murs. Une vaste terrasse couverte permet de profiter du beau temps le temps d'une petite escapade gastronomique. On a ici affaire à des plats de viande traditionnels – en provenance des fermes du Gironès – préparés par la main experte de Raquel.

CERVIÀ DE TER

A 8 km au nord-est de Sant Julià de Ramis, ce bourg médiéval d'origine romaine est situé sur la rive gauche du fleuve Ter. La visite de cette charmante petite ville peut se compléter en ralliant le château de Cervià qui domine la cité du haut de sa colline. Il s'agit d'une forteresse médiévale du XIe siècle tombée en désuétude au XIIe siècle, mais dont on peut visiter les vestiges (soubassement de l'ancienne fortification, pans de murs...). Autre visite recommandée, le monastère de Santa Maria de Cervià, un complexe monastique roman datant du XIe siècle : cloître en visite libre, en semaine ; église ouverte aux groupes sur réservation (+34 972 496 101).

SANT GREGORI

A 7 km de Gérone, c'est la porte d'entrée de la vallée de Llémena. 7 localités composent sa communauté d'agglomérations, étalées sur 50 km² : Sant Gregori, Cartellà, Constantins, Domeny, Sant Medir, Taialà et Ginestar, totalisant environ 3 300 habitants et faisant d'elle la plus importante de la vallée. Paysages bucoliques, riche patrimoine roman et gastronomie paysanne sont les ingrédients de base de Sant Gregori, renforcés par un chapelet de festivités et célébrations qui émaillent l'année, notamment le Festival de Tardor qui propose des concerts de musique classique dans les églises romanes de la ville et qui a lieu fin septembre-début octobre.

CHÂTEAU DE CARTELLÀ ★

Cartellà

Propriété privée, visible de l'extérieur.

Si des documents font état de l'existence des seigneurs de Cartellà à partir du Xe siècle, du château, les premières traces documentées ne remontent qu'à l'an 1238, laissées par le prêtre de la chapelle de Santa Maria voisine. La construction passa ensuite entre les mains des familles Xetmar, Milany puis Pinós, pour finalement être transformée en résidence secondaire. La structure principale de la forteresse date du XIIIe siècle – trois nefs distribuées en forme de U autour d'une cour – tandis que les fenêtres de deux étages supérieurs sont de style gothique.

CHÂTEAU DE SANT GREGORI ★

Visible de l'extérieur. Le château est aujourd'hui utilisé pour organiser banquets et conventions.

Cet ancien manoir a appartenu à la famille Margarit dont on retrouve des membres dans les plus hauts rangs du pouvoir à la fin du XVIe siècle. Plus tard, le manoir devient une simple *masia* (maison de campagne) pour être ensuite abandonné quelques années. Connu également sous l'appellation de château de Sant Gregori, il est de forme carrée, se déployant sur trois étages encadrant une cour intérieure flanquée d'une tour d'angle carrée de quatre étages. De nombreuses restaurations ont été entreprises au cours du temps, la plus importante remontant au XVIIIe siècle.

ÉGLISE SANT FELIU DE CARTELLÀ

Ouvert aux heures de culte. Messe tous les dimanches à 10h15.

Si cette église paroissiale est documentée depuis l'année 882, seuls quelques murs originaux ont subsisté jusqu'à aujourd'hui, l'église actuelle datant du XVIIIe siècle. Elle dispose d'une nef avec des chapelles latérales et une abside polygonale. La porte est assez simple, tandis que le clocher est surmonté d'un minaret octogonal disposant d'ouvertures en plein cintre. Si vous souhaitez la visiter, vous pouvez demander la clé dans la ferme voisine.

CHÂTEAU DE TUDELA - SANT GRAU

Accès libre.

Les vestiges de ce château datant du XIe siècle et lié aux comtes de Barcelone sont modestes : base de la tour circulaire principale, fondations de quelques murs, chapelle documentée depuis 1548 et qui semble avoir été érigée sur l'ancienne chapelle du château. On y accédera aujourd'hui via un itinéraire VTT et pas en voiture. En 1935, les traces d'un village ibère (daté du IVe siècle au IIe siècle av. J.-C.) ont été trouvées sous les ruines de ce château.

JARDIN DE SCULPTURES EN LIÈGE ★★

✆ +34 972 42 83 47

Visites après rendez-vous préalable. Entrée : 2 €.

Au cœur de la forêt de la Cartellà, ce parc miniature regroupe une étonnante collection de monuments en liège qui permettent de faire le tour du patrimoine catalan en moins de 1h (Sagrada Familia, chapelets d'églises...). C'est l'œuvre d'une seule femme à la retraite, Remei Mulleras, passionnée d'architecture et de Catalogne qui à Noël installe une crèche « Pessebre Can Roseta » recréant le travail des artisans d'antan (cordonnier, maréchal-ferrant, chaudronnier...). Un lieu unique.

ÉGLISE DE SANT GREGORI

Mentionnée dans un document datant de 882, l'église de Sant Gregori est une construction de style roman qui a été rénovée à plusieurs reprises au XIe siècle et entre les XVIe et XVIIe siècles. On y retrouve toutes les caractéristiques des églises romanes de l'époque, à ceci près que seules deux des trois absides originales ont été conservées. Lors de restaurations entreprises à l'intérieur de l'église en 1984, des reliques et des documents datant du XIe siècle ont été découverts. Elle est aujourd'hui protégée comme Bien d'intérêt local.

SANCTUAIRE SANTA AFRA

Ginestar

Accès libre. Messe tous les dimanches à 13h.

Ce sanctuaire est un lieu de pèlerinage célèbre érigé en 1760 à l'endroit où était naguère installé un *oratori* consacré à la Mare de Déu dels Angels, puis à la Verge de les Neus. Il est aujourd'hui dédié à une martyre allemande qui assure avoir été convertie au christianisme par l'évêque Sant Narcís au IVe siècle. Le temple est constitué d'une nef à chapelles latérales originale et un atrium à trois arches et un clocher carré, surmonté d'un dôme pointu portant une croix, datant du début du XXe siècle. Accès par une sortie pavée à la gauche de la route vers Llorà.

EL RACÓ D'EN PEP €

Carrer Santa Afra/ Afores, s/n
✆ +34 972 42 81 80
www.elracodenpep.com/fr
Fermé le lundi. Menus entre 15 et 25 €.

On vient chez Pep et Joana pour son accueil familial et pour ses plats traditionnels, simples et bien exécutés. Dans une salle de service haute de plafond, à la décoration sobre, rustique et élégante, on mangera par exemple des *cargols a l'estil d'en Pep* (escargots dans le style de Pep) ou une *amanida catalana* (salade catalane) avant de passer à un solide *bistec de la mitjana a la brasa* (entrecôte 250 g), une *cuixa d'ànec cuinat amb figues* (cuisse de canard cuite aux figues.) ou un *xai a la brasa* (agneau grillé). Excellent rapport qualité-prix. Terrasse.

CAN RIBAS €€

Avinguda Girona, 19
✆ +34 972 42 84 26
www.restaurantcanribas.cat
Horaires ouverture sur site web. Comptez environ 35 € à la carte.

Le Can Ribas est une table emblématique de Sant Gregori ouverte il y a plus de 30 ans, où se retrouvent principalement des habitués. Son élégante devanture contemporaine n'a d'égal que les plats proposés par l'équipe de marmitons catalans : des assiettes-maisons copieuses, traditionnelles mais laissant tout de même un peu de place à l'inventivité dans la présentation comme c'est le cas pour l'une des spécialités du Can Ribas, l'assiette de *peus de porc a la brasa* (pieds de porc braisés). Les desserts sont des plus savoureux et le service très professionnel.

CAN XIFRA €€

Carretera de Cartellà à Sant Gregori
✆ +34 972 42 85 46
www.canxifra.com
Fermé en février. Fermé le mercredi toute la journée et le mardi soir. Autour de 30 €.

Installé dans un ancien corps de ferme à mi-chemin entre Sant Gregori et Cartellà, le Can Xifra est réputé dans la région. Et pour cause, ce sont trois générations de femmes de la même famille qui œuvrent au plaisir gustatif des clients. On y mange des spécialités toutes catalanes : on attaque avec une variété d'*embotits*, avant de se laisser tenter par les plats-stars du lieu comme le *conill a la rabiosa* (lapin piquant) ou le *rostit de pagès* (rôti fermier). Parfaitement indiqué pour qui veut découvrir les plats typiques de l'arrière-pays catalan. Un régal.

CANET D'ADRI

Au nord de Sant Gregori, cet ensemble regroupe les localités de Canet, Adri, Biert, Montcal, Montbò et Rocacorba avec qui il partage les hautes plaines de Canet, Montcal et Cartellà. Les paysages sont ponctués de fermes, dont certaines à l'architecture ancienne, et de petits villages catalans typiques. Contrairement aux trois autres municipalités de la vallée, Canet d'Adri n'est pas traversée par la rivière de Llémena, mais par l'un de ses affluents, le ruisseau de Canet. La spécificité de Canet est d'ailleurs liée à l'eau : on y trouve de nombreuses chutes. Ici encore, on y appréciera la gastronomie traditionnelle paysanne qui est à l'honneur.

ÉGLISE SANT JOAN DE MONTBÒ ✝

Intérieur fermé, visible de l'extérieur.

On pense que cet édifice roman a été érigé au XIe ou au début du XIIe siècle. Avec une nef à abside semi-circulaire originale, à laquelle a été ajoutée plus tard une sacristie sur la façade sud. La façade principale, à l'ouest, a été réformée au cours des XVIe et XVIIe siècles. Au-dessus de la porte d'entrée, on trouve une petite fenêtre en forme de croix, partiellement cloisonnée. Une tour quadrangulaire portant le toit du clocher vient couronner l'édifice.

ÉGLISE SANT LLORENÇ D'ADRI ✝

Ouvert aux heures de culte. Messe le 5e dimanche du mois.

L'édifice roman original était un temple d'une nef à abside semi-circulaire décorée. Il fut détruit lors des tremblements de terre du XVe siècle et reconstruit en plusieurs étapes jusqu'au XVIIIe siècle. L'église actuelle date du XIIe siècle. Sur la façade ouest se trouve la porte d'entrée surmontée de 2 voûtes soutenues par 2 colonnes aux magnifiques chapiteaux sculptés de têtes humaines, d'oiseaux et de motifs géométriques. Les rénovations ultérieures lui ont donné son aspect actuel.

ÉGLISE SANT VICENÇ DE CANET

Messes le dimanche à 9h30, excepté le 5e dimanche du mois.

Si en ce lieu se trouvait l'église paroissiale mentionnée dès 822, le bâtiment aujourd'hui visible trouve ses origines dans une construction du XIe siècle. D'importantes restaurations ont été effectuées au XVIe siècle : la façade ouest a été entièrement reconstruite, avec sa porte de style Renaissance, tout comme le clocher situé au milieu de la nef centrale. En 1936, l'église est partiellement détruite par le feu entraînant la disparition d'une grande partie des archives paroissiales.

EL CELLER DE L'ADROHER €

Camí del Jordà, 9

✆ +34 972 42 82 70

Fermé le mardi. Menu du jour : 15 €.

Ce restaurant familial, ouvert en 1990, fait bien souvent salle comble. On y déguste des spécialités catalanes traditionnelles, variant au gré des saisons et du marché : *calçots al forn, botifarra* du pays, *senglar rostit* (rôti de sanglier)... La maison est en effet spécialisée dans les *carns à la brasa* et les *rostits* (cuisson lente). Les deux salles de service affichent une déco rustique et boisée, et l'équipe de service est pro et plutôt relax. On se sent vite comme à la maison. Une bonne adresse, traditionnelle et à petit prix.

SANCTUAIRE DE ROCACORBA ★

Ouvert à l'occasion de célébrations religieuses : lundi de Pâques et le 15 août.

Du château de Rocacorba, mentionné pour la première fois en 1130, il ne reste que quelques murs et fondations, visibles sous l'actuel sanctuaire. Centre politique d'une baronnie du début du XVe siècle, il fut peu à peu abandonné avant que l'actuel sanctuaire de la Vierge de Rocacorba ne soit érigé sur ses ruines au XVIIIe siècle. On trouve à l'intérieur une copie moderne de l'image de la Vierge de Rocacorba, œuvre gothique dont l'originale est conservée au Musée d'Art de Gérone. De là-haut, vous pourrez profiter d'une vue impressionnante sur les alentours.

CAN JOAN D'ADRI €€

Carretera d'Adri a Collsacarrera

✆ +34 972 42 86 91

www.canjoandadri.cat

Horaires ouverture disponibles sur le site web. Menus de 16 à 38 €.

Voilà plus de 20 ans que le restaurant de cuisine traditionnelle du pays catalan Can Joan a rouvert ses portes. Il s'inscrit dans la droite ligne de l'aïeule du propriétaire, Maria Duran qui, de 1919 à 1960, portait le tablier en cuisine, préparant patiemment *rostits* et autres plats typiques comme le *conill a la rabiosa* (lapin piquant). La carte a aujourd'hui quelque peu gagné en amplitude, proposant poissons, viandes (dont du gibier) et salades... Résultat, le savoir-faire est palpable et les portions généreuses. Une valeur sûre.

Sanctuaire de Rocacorba.

SANT MARTÍ DE LLÉMENA

C'est un ensemble de 4 localités : Sant Martí de Llémena, Granollers de Rocacorba, Llorà et Las Serres. C'est la communauté d'agglomérations la plus à l'ouest du Gironès, jouxtant la comarca de la Selva. Les impressionnantes falaises qui entourent le village de Sant Martí de Llémena abritent des lieux d'habitations préhistoriques remontant à l'ère néolithique, chalcolithique, et à l'âge du bronze. Comme dans le reste de la vallée, on y découvre des paysages champêtres et des petits villages d'agriculteurs et d'éleveurs. La plaine de Sant Joan, entre Sant Martí et Llorà, est ici un bel échantillon de ce que la fertile nature de la région a à offrir.

ÉGLISE DE SANT MARTÍ DE LLÉMENA ✞

Ouvert aux heures de culte. Messe les 1er et le 3e dimanches du mois à 11h30.

C'est une église romane reconstruite au XVIIIe siècle en raison de tremblements de terre de 1427 à 1428 dont seuls le clocher et une partie des murs de l'ancienne église ont été conservés. Composée d'une nef et de chapelles latérales, elle présente une façade de construction très simple. Le clocher est de forme carrée et est chapeauté par un toit pyramidal. Lors de diverses restaurations, des restes de peintures murales ont été découverts à l'intérieur de l'église.

CHAPELLE ROMANE DE SANT JOAN ✞

Sant Joan del Pla

Si la chapelle n'est pas ouverte, demander la clé aux habitants de la ferme voisine.

Petite chapelle romane à abside semi-circulaire située sur un monticule en plein milieu de la jolie plaine du Pla de Sant Joan. Vraisemblablement construite au XIe siècle, aucun document ne peut cependant en attester, elle n'a fait l'objet d'aucune rénovation majeure. Elle conserve donc son aspect original. On notera la porte à linteau semi-circulaire qui est protégée par un toit à deux faces. Ainsi que le clocher à deux yeux, situé sur le mur ouest.

ÉGLISE DE SANTA MARIA DE GRANOLLERS ✞

Granollers de Rocacorba

Ouvert aux heures de culte. Messe le 5ème dimanche du mois à 11h30.

Santa Maria de Granollers est l'église paroissiale de Granollers de Rocacorba. Datant de l'année 1065, il semblerait qu'elle ait d'abord été la chapelle du château de Granollers. Partiellement détruite lors des tremblements de terre de 1427 et 1428, la bâtisse actuelle, dont la majeure partie date du XVIIIe siècle, est de style baroque, avec sa nef à abside polygonale. Elle fait partie d'un ensemble qui inclut la galerie d'entrée et le cimetière, situé sur le côté droit de l'église.

CHÂTEAU DE GRANOLLERS ★

Granollers de Rocacorba

Propriété privée, visible de l'extérieur.

Le château de Granollers de Rocacorba trône sur la plaine de Granollers, juste à côté de l'église de Santa Maria. Bien que les premiers documents qui attestent de son existence datent de 1237, il existait sûrement déjà au XIe siècle, époque à laquelle émergent les seigneurs féodaux de la baronnie de Granollers. Significativement rénové au XIXe siècle, il est aujourd'hui utilisé comme une ferme. Le corps principal de ce bâtiment est une construction de trois étages, répartis sur les deux côtés d'une tour carrée de cinq étages.

ÉGLISE SANT PERE DE LLORÀ ✞

Ouvert les 2e et 4e dimanches de chaque mois à 11h, pour la messe.

Selon des fouilles archéologiques récentes, cette église datant de 1058, aurait été érigée sur les restes d'un édifice plus ancien encore. Elle est composée d'une nef à abside semi-circulaire et de deux petites absides latérales, récemment découvertes en bon état de conservation. Signalons également ici les peintures découvertes il y a peu sur le fond de l'abside principale, représentant, au milieu de médaillons, des animaux réels et fantastiques, et des pieds humains.

ÉGLISE SANTA CECÍLIA DE LES SERRES

Accès libre. Messe tous les 1er dimanche du mois à 8h30.

Située près de la route qui va de Bonmatí à Sant Martí de Llémena, Santa Cecília de les Serres est l'église paroissiale de la localité du même nom. Quelques traces de l'édifice roman d'origine datant de l'an 1019, subsistent, principalement dans la partie inférieure de l'abside. Le bâtiment actuel a quant à lui été construit au XVIIIe siècle. Il s'agit d'une nef avec une abside semi-circulaire, dont la porte, ouverte sur la façade nord, est précédée d'un porche à large arcade plate.

RESTAURANT ARNAU CAN PEROT €€

Mas Perot s/n

✆ +34 972 44 30 45

Fermé le jeudi. Autour de 30 € le repas complet, vin compris.

Dans un cadre naturel superbe, avec terrasse et piscine réservée aux clients du restaurant, le Can Perot est un établissement de tradition catalane proposant des plats finement élaborés à partir de produits locaux de saison, les légumes provenant en bonne partie du potager de la *masià*. Viandes et poissons sont également triés sur le volet, et la cave à vins et spiritueux est plutôt bien fournie. On apprécie le service très professionnel et le cadre enchanteur.

GROTTES ET FALAISES DE SANT MARTÍ ★★

Accès libre.

Les falaises qui entourent le village de Sant Martí de Llémena abritent des lieux d'habitations préhistoriques remontant à l'ère néolithique, chalcolithique, et à l'âge du bronze (de 3500 à 700 av. J.-C.). Tels que le *Roc del Mirador*, de l'âge de bronze (1200-700 av. J.-C.) ; la grotte du *Pla d'en Tallada*, du chalcolithique ou de l'âge de bronze ; et celle de *Fontsaveu*, qui est la plus accessible, elle aussi habitée pendant la période chalcolithique (vers l'an 2000 av. J.-C.).

CAMPLLONG

Entièrement tournée vers les activités agricoles et industrielles, Campllong, avec son demi-millier d'habitants, est installée sur une plaine grande ouverte du Gironès. Si la ville n'affiche pas de charme particulier – la nouvelle zone pavillonnaire est plus fonctionnelle qu'autre chose –, l'accueil de la population n'en demeure pas moins chaleureux. Les principaux attraits de la localité sont, outre sa charmante petite église de Sant Quirze et Santa Julita, le musée des outils agricoles et des métiers anciens, la ferme Selvatana aux produits bio, et l'emblématique restaurant Can Barris, spécialiste incontesté de l'escargot depuis trois générations.

EL NUS DE PEDRA €€

Mas Roca

✆ +34 972 44 31 70

www.elnusdepedra.com

Selon la saison : appartement pour 2 personnes de 100 à 120 €, pour 2 adultes et 2 enfants de 155 à 175 €.

Ouverts en 2008 par Joan et Montse, passionnés par la randonnée et leur région, ces 8 appartements ruraux sont un petit paradis pour qui cherche la quiétude au plus près de la nature. Décorés avec beaucoup de goût et de confort, ils donnent sur la vallée enchanteresse de Llemena. Avec au programme, une grande salle à manger, un jardin à la végétation luxuriante, une jolie piscine et une salle de jeu pour enfants. Sans oublier le splendide petit déjeuner et les nombreux conseils pour visiter la région. Une adresse chaleureuse et pleine de charme.

GRANJA LA SELVATANA ★

✆ +34 659 200 445

www.laselvatana.net

Visite guidée sur rdv.

Cette ferme est célèbre dans la région, car bon nombre de restaurants et de magasins font appel à elle pour tout ce qui touche aux produits laitiers, mais plus encore aux délicieux yaourts. On peut visiter cette ferme biologique pour en découvrir les installations ainsi que tout le processus d'extraction du lait de vache et de sa transformation, la visite s'achevant sur une petite séance de dégustation. Des ateliers sont aussi organisés, permettant de s'essayer au métier d'éleveur de bovins, de la traite des vaches jusqu'à l'élaboration de produits laitiers.

MUSÉE DES ANCIENS OUTILS DU CHAMP

Carrer de l'Església, 21
✆ + 34 972 461 504
Accessible après demande préalable.

Ce musée expose près de cinq cents outils agricoles, obtenus grâce aux dons de particuliers de la région. Houes, haches, râteaux, scies, mais aussi tracteurs et débroussailleuses, ainsi que d'innombrables petites pièces aujourd'hui oubliées sont ici exposés. Un musée original qui permet de se rapprocher de la réalité locale et de connaître le travail à la campagne. Témoignage de l'étroite relation entre les hommes, la terre et les animaux dans cette contrée.

CAN XIQUET €€

Route C-25
✆ +34 972 554 455
www.restaurantcanxiquet.com
Fermé le mercredi toute la journée et le dimanche soir. Comptez environ 40 € le repas complet.

C'est en 2003 que les travaux de restauration de l'impressionnante *masia* de Can Xiquet, située sur une petite colline permettant d'apercevoir le Montseny d'un côté et les Pyrénées de l'autre, se terminent. Depuis, elle attire les fins gourmets, amateurs de cuisine méditerranéenne – revue et corrigée à la sauce moderne – et de tranquillité. On choisira la belle salle de service et ses saillantes pierres anciennes ou le magnifique jardin arboré avant de jeter un œil à la riche carte. Grand soin du détail pour la présentation des assiettes et le choix des produits.

MAS CAN MAI €€€

7 Veinat de Can Falgueres
✆ +34 619 78 87 89
www.mascanmai.com
A partir de 190 € la nuit.

A 20 min des plages de la Costa Brava, ce magnifique mas typiquement catalan a été restauré en 2014. Jordi et Eva ont su préserver le charme de cette bâtisse datant du XVIIe siècle, tout en apportant une touche très personnelle à la décoration. Un design moderne et épuré se mêle aux objets dénichés lors de voyages et à la pierre traditionnelle de la maison. Cette maison familiale prône également des valeurs écologiques : l'eau de la piscine est salée et garantie sans chlore, les déjeuners sont composés à partir de produits issus de l'agriculture biologique...

MAS CANYET €€

Carretera C25
✆ +34 972 463 437
www.mascanyet.cat
Ouvert tous les jours le midi, et le soir vendredi et samedi. Menu du jour à 18 €. Menu week-end à 28 €.

C'est un joli restaurant situé à l'extérieur de Campllong, autour d'un parc agréable. Spacieux et accueillant, il propose une cuisine basée sur des recettes et produits locaux. Les escargots, les *canelons* de canard et foie sont les grandes spécialités de la maison. Succulentes viandes et assortiment varié de poissons complètent la carte. Sans oublier la paella de riz de Pals et les *fideuàs*. La terrasse en été est parfaite pour un repas tranquille. Salons privés à disposition si besoin. Vous apprécierez aussi le parc pour les enfants.

CAN BARRIS €€

Carretera de l'Aeroport a Cassà, km 242
✆ +34 972 46 10 05
www.canbarris.cat
Fermé le lundi toute la journée et le dimanche soir. Environ 35 € le repas complet.

Ouvert depuis 1949, il jouit d'une belle réputation depuis trois générations maintenant, car vous êtes ici dans le temple de l'escargot. Avec comme spécialité, les *cargols « a la llauna »* (escargot « à la boîte »), présentés sous la forme d'un plat chargé d'une cinquantaine de gastéropodes (plus petits que les escargots de Bourgogne) cuits dans une délicieuse sauce. Mais vous trouverez de nombreux autres plats typiques de la cuisine catalane de l'intérieur, comme les *carns a la brasa*. Et une terrasse très agréable. Vaut le détour.

LLAGOSTERA ★

Cette petite ville partiellement fortifiée possède une longue histoire et des traditions bien ancrées. Il semblerait que ce lieu ait été habité depuis le Paléolithique, avant de devenir la place forte d'une baronnie au Moyen Age, lorsqu'en 1375 est érigée l'impressionnante muraille encore visible aujourd'hui dans le centre-ville. Plus récemment, c'est l'industrie du liège qui lui a permis de se développer. On y vient pour les multiples célébrations gastronomiques qui émaillent l'année et pour ses attraits architecturaux. Pour les apprécier pleinement, on recommande une visite préalable au très bon centre d'interprétation Can Caciques.

ÉGLISE DE SANT FELIU

Le bâtiment qui est actuellement visible de cette église paroissiale de Sant Feliu date du XVIIe siècle, mais les premiers documents faisant état de l'existence d'un temple en ce lieu remontent à l'an 855. Son architecture rectangulaire avec une nef unique à abside polygonale est en effet typique du gothique catalan, tout comme son portail assez remarquable quant au style. A l'intérieur, vous trouverez la reproduction d'une image de Sant Feliu disposée dans une niche, l'originale ayant disparu lors de la guerre civile espagnole.

CENTRE D'INTERPRÉTATION CAN CACIQUES ★

Carrer Olivareta, 38 ✆ +34 972 83 00 05
www.cancaciques.cat
Ouvert tous les jours de 10h à 14h. Fermé le samedi et le dimanche du mi-janvier à mi-mars.
1 €.

La vocation de ce centre d'interprétation – installé dans deux bâtiments, l'édifice Can Caciques datant de 1561 flanqué d'une tour médiévale et une salle flambant neuve, du vieux-centre de Llagostera – est l'étude, la préservation et la promotion du patrimoine archéologique et ethnologique du village. Dans la première salle, l'exposition permanente retrace son histoire depuis le paléolithique inférieur. Une seconde salle propose des expos temporaires. Instructif et très bien présenté.

MAIRIE, CHÂTEAU ET MURAILLE ★★

Il s'agit là de la partie la plus ancienne de la ville : la petite place où sont regroupés l'actuelle mairie, le château très bien conservé de Llagostera et sa muraille remontent au XIIe siècle, même les restes de fortifications visibles aujourd'hui datent en réalité des XIV-XVe siècles. Une tour de guet incrustée dans la muraille, qui servit pendant un temps également de prison, donne à voir un panorama plutôt impressionnant des plaines environnantes.

Arròs a Llagostera.

HOSTAL EL CARRIL €

Passeig Romeu, 2
✆ +34 972 83 01 41
www.hostalcarril.com
Chambre double à 60 € (prix toute l'année). Menu du jour au restaurant à 16 € (27 € le week-end).

Cet établissement emblématique de Llagostera, bâti en 1923, a d'abord été une maison de famille, puis un bar et enfin un hôtel-restaurant de renom. Installé le long de l'ancienne voie ferrée qui reliait Gérone aux plages de la Costa Brava, c'est une étape idéale pour les cyclistes empruntant la voie verte qui suit l'ancien rail. Les chambres sont simples et confortables, sobrement décorées dans des tons gais, avec air conditionné et TV. Un petit restaurant bon marché et de bonne facture vient compléter l'offre. Accueil chaleureux pour un tarif mini.

RESTAURANT CAN PANEDES €€

Carretera San Feliu Girona, km 12
✆ +34 646 464 965
www.canpanedes.com
Tous les jours à midi ; vendredi et samedi soir ; samedi et dimanche pour les petits déjeuner. Environ 35 € à la carte.

Depuis 1966 c'est une table classique paysanne ouverte, proposant petits déjeuners, menus du jour et du week-end, fondée par Esteve Lloveras, chauffeur routier déplorant l'absence d'un lieu pour collationner sur la route de Gérone tout en se garant facilement. C'est sa femme qui se met aux fourneaux et petit à petit, le lieu s'agrandit pour devenir la bonne table d'aujourd'hui. Au menu, tapas variées, viandes et poissons *a la brasa*, et desserts de qualité. Bons produits, bons vins. Le jeudi et le dimanche, c'est *arròs a la cassola*.

ELS TINARS €€€

✆ +34 972 83 06 26
www.elstinars.com
Horaires disponibles sur le site web. Autour de 80 € le repas complet, sans le vin.

Ouverte en 1978, c'est une adresse d'exception. Le parti pris pour les spécialités catalanes a été maintenu, en lui ajoutant des touches modernes et inspirées et en gardant le goût des bons produits. Le lieu est superbe et la cuisine somptueuse. On goûtera par exemple à un délicieux Chateaubriand à la sauce béarnaise ou à un sublime *Ventresca de tonyina a la brasa, tocs de gingebre, soja, wasabi i verduretes* (thon grillé aux notes de gingembre, soja, wasabi et légumes). Côté vin, les amateurs seront comblés avec un cellier de plus de 400 étiquettes.

CENTRE D'ÉQUITATION CAVALL DE MAR

Veïnat de Gaià s/n
✆ +34 616 450 416
www.cavalldemar.net

Avec plus de vingt ans d'expérience dans le domaine de l'équitation, ce centre équestre Cavall de Mar est un centre pionnier dans la thérapie équine, pour la région de Gérone. Ce centre est aussi spécialisé dans les treks et les balades à cheval. Il offre ainsi de nombreuses possibilités et itinéraires pour découvrir la région. Sont également organisées des activités pour toute la famille. Contacter Marina pour en savoir plus au ✆ +34 616 450 416.

SANT MARTÍ VELL

Avec plus de 250 habitants, c'est une localité située à l'extrême nord-est de la *comarca*, et dans la partie ouest du massif montagneux côtier des Gavarres. Outre le pittoresque et rural petit village de Sant Martí lui-même, qui compte quelques bonnes adresses, le principal attrait de la zone est sans conteste le Sanctuaire des Anges, où se sont notamment mariés Salvador Dalí et Gala en août 1958. Trônant à 484 mètres d'altitude, ce lieu sacré offre un panorama exceptionnel à 360° sur toute la région et constitue un point de chute parfait pour les randonneurs et les cyclistes. On y trouvera aussi un observatoire astronomique bien équipé.

DOMAINE VITICOLE ECCOCIWINE

Paratge Mont-rodó, 3 ✆ +34 872 000 015
www.eccociwine.com

Ce jeune domaine viticole de 13 hectares, l'un des seuls de la *comarca* disposant du matériel le plus moderne, a su profiter des sols fertiles de cette région des Gavarres – mélange de roche volcanique, de terres siliceux-calcaire et de sédiments alluviaux – pour cultiver du raisin. Il est possible de visiter l'usine de fabrication sur rendez-vous et profiter des offres intéressantes de la boutique. Une visite très instructive dans un cadre idyllique.

CHAPELLE SANCTUAIRE DE LA VIERGE MARIE DES ANGES ✝ ★★★

Carretera dels Àngels
✆ +34 972 19 02 05

Dépendant de la municipalité de Sant Martí Vell, le Sanctuaire des Anges est situé 484 mètres au-dessus du niveau de la mer et constitue l'un des belvédères les plus spectaculaires de la Costa Brava. Puisque l'on peut y voir une grande partie du centre et du nord de la Costa Brava, la plaine du Baix Empordà, l'Alt Empordà, les montagnes de Roda, les Albères, la région de la Garrotxa, les Guilleries, le Montseny et la plaine de la comarque de La Selva. C'est en 1409 que l'évêque Descatllar donna sa permission pour construire une chapelle au sommet de cette colline. Au fur et mesure du temps, le bâtiment original a subi plusieurs transformations, l'église que l'on peut voir aujourd'hui est datée de 1718. Entre 2005 et 2008, le sanctuaire est sujet à de minutieuses restaurations. Il est composé d'une nef centrale, de deux chapelles latérales et d'un chœur situé à l'entrée. Une alcôve abritant une image de la Vierge domine tout l'espace. Le lieu a été rendu célèbre par Salvador Dalí qui vint y épouser Gala le 8 août 1958. En arrivant dans une Cadillac conduite par la mariée et exposée aujourd'hui au Teatre-Museu Dalí à Figueres. Le *Santuari dels Àngels* est le plus célèbre de la région et continue d'être un lieu de pèlerinage important. Une auberge-restaurant permet d'y passer la nuit et l'été, les amateurs d'astronomie viennent ici pour observer le cosmos et son jour d'affluence maximale est le 2 août, jour de la célébration de la Vierge dels Àngels. Un lieu unique.

HÔTEL SANTUARI DE LA MARE DE DEU DELS ÀNGELS €€

Carretera de San Martí
✆ +34 972 19 02 05

Réouverture prévue à partir de l'été 2023.

Il s'agit d'un hôtel pas comme les autres : les 18 chambres de cet établissement se trouvent dans l'auberge d'un sanctuaire de 1409, commandité par l'évêque Descatllar, réaménagée et modernisée. Culminant à 484 mètres, il constitue un mirador exceptionnel sur le massif des Gavarres, et les jours de beau temps on aperçoit même la mer Méditerranée. Côté installations, les chambres sont sobrement décorées, et disposent d'une literie confortable. Nombreuses activités.

LA LOLITA €€€

Carrer de Madremanya, km3
✆ +34 972 49 07 44
www.hostallalolita.com

Ouvert de mi-juin à mi-septembre. De 135 à 155 € la chambre double (2 nuits minima).

Cette maison du XVIIIe siècle, logée au creux de charmant village médiéval de Sant Martí Vell, est un petit nid douillet, situé à un carrefour stratégique entre les plages de la Costa Brava et l'intérieur du pays. Dans les quatre chambres que compte l'établissement, toutes avec une splendide vue sur les alentours boisés, calme et repos sont au rendez-vous, et le réveil se fait au son du chant des oiseaux. Excellent petit déjeuner et infrastructures décorées avec goût dans le style « campagne chic ». Tout y est. Idéal pour les couples.

APPARTEMENTS RURAUX - CAN BONET €€

Barri Mercadal, 8
✆ +34 690 661 440
www.canbonet.com/fr

Se louent à la nuit, de 100 (2 pers) à 175 € (6 pers), et seulement à la semaine en juillet et août, de 800 à 1 050 €.

Can Bonet est une ferme rurale catalane installée au beau milieu d'un espace naturel fertile. Trois superbes appartements sont à la location, « El Celler », « La Pallissa » et « La Volta » : le premier, avec ses poutres apparentes et ses voûtes d'origine du XVIIe siècle, au rez-de-chaussée ; le second, plus confortable est installé dans une ancienne grange. Le troisième propose deux chambres doubles, une salle à manger avec cheminée et une terrasse équipée.

RESTAURANT SANT MARTÍ €€

C/ de Madremanya, 4
✆ +34 972 49 02 08
www.restaurantsantmarti.com

Ouvert du mardi au dimanche le midi, terrasse ouverte le soir en juillet et août. Menu de saison à 18 €

Après 20 ans de pratique, le chef Robert décide d'ouvrir un second restaurant à Sant Martí Vell. Au programme des plats simples, de qualité et joliment présentés, au croisement des produits de terre et de mer, avec une note créative rafraîchissante. Plusieurs menus sont disponibles, dont le surprenant menu Gin tonic. Original, pour un très bon rapport qualité-prix, idéal pour un *vermut* entre amis. Et si vous êtes dans les parages en été, vous pourrez aussi profiter d'une terrasse de saison pour vous dédier au plaisir des tapas, accompagnées d'un verre.

MADREMANYA ★

Ce qui fait le charme de ce village médiéval situé aux pieds du massif des Gavarres, à cheval entre le Gironès et l'Empordà, c'est sans doute l'étroitesse de ses rues et ruelles, entièrement pavées de vieilles pierres. On appréciera le lieu pour le calme réparateur qui y règne et pour sa situation géographique hautement stratégique, à une égale distance de la côte et de Gérone. D'autant plus que les très belles adresses qu'on y trouve sont autant d'arguments pour en faire une base arrière. Ce petit bijou s'anime un peu à la belle saison et est très convoité par les producteurs de cinéma, en raison de ses airs de petit village de Toscane.

HOTEL LA PLAÇA DE MADREMANYA €€

Carrer Sant Esteve, 15-17
✆ +34 972 49 04 87
www.hotelmadremanya.com
Fermé du début janvier au début février. Horaires disponibles sur le site web. Comptez environ 35 € à la carte.

Le restaurant de l'hôtel La Plaça est un petit coin de paradis qui ravira tant les papilles que les yeux. Dans un cadre enchanteur, en terrasse ou dans la très belle salle de service garnie de vieilles pierres, on goûte à des spécialités du terroir, fraîches et bien préparées, où sont représentés à parts égales les produits de l'intérieur du pays et ceux venus de la Méditerranée toute proche. Le service est pro, le vin est bon, le lieu est beau. Une halte revigorante.

BOUTIQUE-HÔTEL CAN BASSA €€€

Avinguda Gavarres, 10 ✆ +34 648 10 00 01
www.canbassa.com/fr
De 135 à 200 € la chambre double, de 250 à 400 € une maison complète.

C'est une ancienne ferme du XIVe siècle rénovée avec beaucoup de goût et lovée au creux des plaines entourant le village médiéval de Madremanya. A disposition, 3 chambres luxueuses et 5 petites maisons-appartements tout équipées ; chacune avec une déco personnelle ambiance campagne catalane chic. Vos hôtes, un couple franco-catalan des plus sympathiques, sont très à l'écoute et se feront un plaisir de vous fournir quelques bons conseils de visite. Petit déjeuner de produits locaux, vélos sur demande… un lieu unique qu'on aura du mal à quitter.

HAPPY BIKES GIRONA

Carrer de Madremanya - La Pera
✆ +34 648 10 00 01
www.happybikesgirona.com
A partir de 20 € la journée, 40 € pour un vélo électrique.

Cette entreprise est spécialisée dans la location de vélos de tout acabit (de route, de ville, VTT, électrique) avec un parc régulièrement rénové pour intégrer les dernières nouveautés. Elle dispose aussi de tout le matériel nécessaire à des sorties qu'elles soient longues ou courtes. Vous y trouverez de nombreuses informations sur les itinéraires et les haltes envisageables sur le territoire de Gérone et de l'Empordà, via des routes « autoguidées » de 1 à 7 jours. Elle peut aussi pour fournir un logement à Can Bassa, spécialisé dans l'accueil des cyclistes.

Madremanya.

BANYOLES ★

C'est autour du monastère néoclassique de Sant Estève que la ville s'est développée, mais elle est surtout célèbre pour son lac, qui avec ses deux kilomètres de long, constitue le plus grand lac de Catalogne. C'est ici que furent organisées les épreuves d'aviron des Jeux olympiques de Barcelone, en 1992. Aujourd'hui, on peut toujours faire des sorties en barque ou en kayak, et profiter des infrastructures sportives de haut niveau de la ville pour nager, faire de l'aviron et même s'entraîner au triathlon. Et découvrir, non loin du lac, le parc néolithique de la Draga où l'on apprendra de quelle manière vivaient les riverains de ce lac, il y a 7 000 ans.

DOLMEN DE LA MOTA

Palol de Revardit

Accès libre.

Situé dans la commune de Palol de Revardit, ce monument mégalithique a été découvert et excavé en 1975. Érigé durant la fin du néolithique, la zone qui l'entoure était alors utilisée comme lieu d'enterrement, jusqu'à la fin de l'âge de bronze, et de nombreux ossements humains ainsi que des fragments de céramiques y ont été découverts. Aujourd'hui, l'ouverture dans le sol mesure 4 mètres de large et 1,50 mètre de profondeur. On viendra principalement ici pour le symbole, et pour la jolie forêt dans laquelle se trouve ce lieu-clé préhistorique.

CAL MOLINER

Plaça Major, 38

Le Cal Moliner (ou Molí de les Voltes) est l'unique édifice de la place à avoir conservé un étage construit à-même la voûte. C'est un ancien moulin à farine actionné par les eaux du *rec major*. Longtemps ignoré, il a été récemment restauré et les moulins ont pu être récupérés et rendus visibles. Dans la cour intérieure, on peut observer la chute d''eau qui met en branle les roues des deux moulins à farine : l'*escairador* ou *blat de coure*, bien conservé ; et le second, de moulure fine, qui avait disparu et a été reconstruit il y a peu de temps.

FABRIQUE DE CHOCOLAT - XOCOLATES TORRAS

Route Girona-Banyoles (C-150a), km 15

✆ +34 972 58 10 00

www.chocolatestorras.com

Visite du lundi au vendredi de 9h à 17h. Gratuit. Réservation préalable par mail.

Fondée en 1890, la Fabrique de chocolat Torras est l'une des plus anciennes fabriques de chocolat d'Espagne. Vous la trouverez à l'entrée de Banyoles lorsque vous arrivez de Gérone. Comme elle ouvre ses 5 000 m d'installations aux visiteurs, ce sera l'occasion d'en apprendre davantage sur le processus de fabrication du chocolat, de la graine de cacao au produit fini. Une petite vidéo raconte l'histoire du chocolat. Dégustation et boutique. Tout pour les choco addicts.

© ALEXSALCEDO

Maison sur le lac de Banyoles.

ÉGLISE SANTA MARIA DELS TURERS ✝ ★

Plaça Santa Maria, 6
✆ +34 972 57 04 95
www.parroquiesbanyoles.org
Ouverte tous les jours, de 9h à 20h30. Entrée libre.

De style roman, la première église fut construite sur ordre de l'abbé du monastère de Sant Esteve. Trois siècles plus tard, l'évêque autorisa sa démolition et un nouveau temple fut érigé et inauguré en 1333 pour une population croissante. Son nom proviendrait de son emplacement sur un *turó* (colline), trônant à une altitude plus élevée que celle du monastère, dont la construction lui est antérieure. L'église gothique à la forme de basilique est composée d'une nef centrale d'origine de 11 m de large, couverte par une abside heptagonale soutenue par d'importants contreforts. Les 2 nefs latérales ont été construites entre les XVIIe et XIXe siècles. La façade donnant sur la rue de l'Església était à l'origine la porte principale : arcs en ogive et tympan encadrent des motifs animaux et végétaux sculptés sur les impostes et les chapiteaux. La porte d'entrée actuelle donnant sur la petite place est néoclassique. L'intérieur abrite 7 vitraux polychromes narrant le cycle des litanies de la Vierge, des sculptures du maître Josep Maria Bohigas, 6 tableaux du peintre Lluís Roura (paysages bibliques réalisés au retour de son voyage en Terre sainte) et des fonts baptismaux romans du XIIe siècle, dont les couvercles de métal ont été réalisés par J. Savall en 1942. Derrière ces derniers se trouve par ailleurs un morceau de tronc d'arbre creux qui servait jadis à garder les aumônes recueillies. Sécurisé par un couvercle à 3 clés différentes, détenues par les deux prévôts et le recteur.

LAC DE BANYOLES 📷 ★

C'est le lieu immanquable de la région et aussi son signe d'identité principal, car le lac de Banyoles offre au voyageur un panorama splendide qui invite à la contemplation. On peut aussi bien venir y faire du vélo, s'y balader le long des rives ou encore s'y rendre pour courir. Une activité plébiscitée par les habitants de Banyoles qui classiquement font le tour du lac. On peut aussi y faire un tour en barque, pratiquer l'aviron ou s'y baigner puisqu'il dispose de trois zones de baignade. Au total, ce sera une très belle étape.

MONASTÈRE DE SAINT ESTEVE ✝ ★★

Plaça del Monestir
Visite sous forme de visite guidée à réserver auprès du Darder (20 personnes tarif 60 €.)

Bien que son édification soit sans doute antérieure, c'est le point de départ de la fondation de la ville et les premiers documents qui y font référence datent de l'an 822. Construit par les moines bénédictins sur les vestiges d'une église romane dont subsistent quelques vestiges, il est considéré comme la première édification monastique bénédictine de Catalogne, commandité par l'abbé Bonitus. L'histoire du lieu est ponctuée de péripéties. Des parties furent en effet détruites et reconstruites : l'église fut par exemple démolie au milieu du Xe siècle et rebâtie 50 ans plus tard, idem pour le monastère roman au siècle suivant, puis des tremblements de terre ont affecté la structure de l'édifice, faisant disparaître le clocher, ainsi que le cloître et une partie du temple au milieu du XVIIe siècle. Aujourd'hui, l'ensemble est de style néoclassique (1702-1740), avec son église, son cloître et les dépendances qui l'entourent.

▸ **L'église** est dotée d'une nef centrale à trois absides couverte d'une voûte en canon, et le clocher est couronné d'une coupole. La façade, construite à partir de pierres de travertin (la pierre locale) est particulièrement impressionnante, avec sa porte gothique à pinacles latéraux. Cette dernière donne d'ailleurs du fil à retordre aux érudits : d'un côté et de l'autre de la porte se trouvent deux « C » en relief se faisant face, datant vraisemblablement de 1530, lorsque les cénobites de Banyoles restaurèrent le temple. Plusieurs hypothèses sur la signification de ces deux « C » ont été émises : ils peuvent faire référence au roi Carolus Calvus, être les initiales de Joan de Cartellà (moine et vicaire général), ou bien une décoration capricieuse... Plusieurs chapelles, surmontées d'arcs en plein cintre et couvertes de voûtes d'arêtes, viennent compléter l'ensemble.

▸ **Le cloître.** Au sein de l'ordre bénédictin, le cloître était un élément primordial : à la fois distributeur de chambres et lieu de conversation, de promenades et de diverses célébrations. De style néoclassique, il a la forme d'un carré irrégulier à deux étages, et est composé de 48 arcades de plein cintre reposant sur des colonnes striées sur leur partie supérieure. Les chapiteaux sont sculptés de motifs de feuilles d'acanthe, de fleurs et de têtes d'anges. On trouve au centre de la cour intérieure un puits et, parallèlement à l'aile est, coule un de ces canaux typiques de Banyoles. Côté sud, des vestiges de l'abbaye médiévale et des jardins de l'abbé sont conservés.

Monastère de Saint Esteve.

MOULIN DE LA FORGE : FABRIQUE DE PAPIER ★★

Carrer Concòrdia de les Aigües de l'Estany,1
✆ +34 872 72 99 44
www.sastrespaperers.com
Appeler avant d'aller visiter la forge et la fabrique de papier. Tarif : 7 €.

Ce moulin à papier de la Fraga est installé dans un ancien bâtiment municipal, construit en 1685, et dit de la Farga d'Aram (Forge d'Aram) i di Molí Paperer Escatllar (Moulin à papier Escatllar). Car après le travail du cuir, c'est le travail du papier qui furent les deux activités pratiquées dans cet espace jusqu'à sa fermeture à la moitié du XXe siècle. Le Molí de la Farga est une petite entreprise de fabrique de papier traditionnelle où travailllent Sastres Paperers, formé par Diego López (artisan du papier), Jordi Torrent (artisan du papier et gérant de l'entreprise) et Mamen Cagigós (responsable activités). Élaborées une par une et à la main, à partir de fibres, principalement à destination du marché des Beaux-Arts. Le procédé demande précision, patience et savoir-faire. Avoir l'occasion de contempler des artisans du papier exerçant leur artisanat est très instructif, et ce d'autant plus que l'activité est en voie d'extinction. Ce sera la non moins sympathique Mamen Cagigós qui s'occupera de vous accompagner lors de la visite de l'atelier et de vous narrer l'histoire du lieu, avant de vous emmener dans la cave de l'édifice où se trouvent les vestiges de la forge. Une forge qui tirait bien sûr profit du rec major qui, en passant par là pour activer les roues, permettait à ces dernières de mettre en mouvement le martinet, un gigantesque marteau-percuteur. La visite sera passionnante. Et la découverte très vivement conseillée lorsque vous passez à Banyoles.

LA MURAILLE

Carrer de la Muralla

La ville a été protégée par sa muraille, du début du XIIIe siècle jusqu'à la fin du XVe siècle. Le seul vestige observable aujourd'hui se trouve le long de la *Carrer de la Muralla*, entre la *Carrer de la Porta del Forn* et la *Carrer de la Pia Almoina*. Construit à partir de carreaux de travertin, la pierre locale, ce tronçon arbore une porte surmontée d'une grande arcade en plein cintre, une dizaine de meurtrières, et 2 gloriettes hexagonales d'inspiration gothique surmontées de coupoles à 7 pinacles. Des éléments architecturaux datés du XVIe ou du XVIIe siècle.

MUSÉE DARDER

Placeta dels Estudis, 2
✆ +34 972 57 44 67
www.museusdebanyoles.cat
Horaires sur le site web. Entrée : 3 €.

Ce musée est composé de 2 parties distinctes : l'Espace Darder, qui donne à voir ce à quoi pouvait ressembler un musée de science naturel de la fin du XIXe siècle, avec son impressionnante exposition de taxidermie ; et l'Espace du Lac, consacré aux particularités et caractéristiques du Lac de Banyoles et de son bassin lacustre. Fondé en 1916, le musée était à l'origine une exposition d'histoire naturelle, avant d'être restauré et rouvert en 2007. C'est le deuxième plus ancien musée de la Province de Gérone et l'un des plus vieux de Catalogne à être encore actif.

PARC DES GROTTES PRÉHISTORIQUES DE SERINYÀ ★★

Carretera C-66 s/n
www.plaestany.cat/coves
Actuellement en travaux. Pour vérifier sa réouverture, consultez le site https://www.plaestany.cat

Établi à Serinyà, une ville située à 5 km au nord de Banyoles, ce parc s'avère être le meilleur site paléolithique d'Europe occidentale en ce qui concerne la transition entre l'homme de Néanterdal et l'homme moderne. Par ailleurs, il demeure une zone de fouilles archéologiques de premier plan depuis la découverte de ce site par le docteur Josep Maria Corominas, en 1943. Il abrite des grottes et des abris de travertin (la pierre locale) multi-millénaires qui selon les chercheurs auraient servi de refuge à différentes populations humaines : l'*Homo heidelbergensis*, l'*Homo neanderthalensis* et l'*Homo sapiens* – sur une période allant du Paléolithique moyen (- 200 000 ans av. J.-C.) à l'Âge des Métaux (il y a 3 100 ans). De récentes études ont montré que le crâne trouvé dans l'une des grottes, celle dite de Mollet III, est le plus ancien reste humain d'homme moderne (*Homo Sapiens*) de la Catalogne. Après avoir visionné une vidéo relatant la préhistoire de la région, on commence la visite en longeant un court sentier, et à cette occasion, on peut pénétrer dans certaines de ces excavations, creusées par la nature et le temps. Au total, la visite garantit une expérience étonnante, sur les traces de nos ancêtres. Des ateliers sont aussi proposés sur le site. Pour compléter le circuit, il est recommandé d'aller faire un tour au musée archéologique de Banyoles (situé dans les locaux de la Pia Almoina), où de nombreux objets et ossements découverts dans ces grottes sont exposés.

PARC NÉOLITHIQUE DE LA DRAGA ★★

Passeig de la Draga
✆ +34 972 572 361
www.museusdebanyoles.cat
Horaires disponibles sur le site web. Adulte : 4 €.

La découverte sur les rives du lac d'un grand nombre d'ossements de grands animaux, d'objets de bois et de pierres taillées a révolutionné la compréhension des sociétés néolithiques méditerranéennes. Et ce parc est l'unique village néolithique reconstitué en milieu lacustre de la péninsule ibérique dont l'objectif est de vulgariser de manière ludique les connaissances archéologiques. Dans cette optique, on assistera par exemple à la taille du silex. Instructif et amusant.

PLAÇA MAJOR ★

Plaça Major

Les documents faisant état de l'existence de la Plaça Major datent du XIVe siècle. C'est une place sous arcades de forme quadrangulaire encerclée de quarante arcs travaillés selon différents styles : en plein cintre, surbaissés et en lancette. Distinguée Bien Culturel d'Intérêt National par le gouvernement catalan depuis 1999, c'est la place la plus importante de Banyoles qui continue d'être un lieu de célébration essentiel. Les commerces et cafés installés sous les arches sont logés dans ce qui, à l'époque médiévale, servait d'étables, d'ateliers ou de boutiques.

PLAINE AGRICOLE DU PLA DE MARTÍS

Ses 700 hectares sont partagés par des villages où l'on cultive tournesols, blé, maïs et fruits variés, offrant un spectacle visuel assez saisissant. Mais son intérêt touristique principal réside dans une curiosité géologique : l'existence d'un lac temporaire se formant en cas de pluie abondante. Depuis quelques années, le lac n'a pas ré-émergé, mais on en détecte les contours en un clin d'œil. S'il se reforme, une certaine espèce de micro-amphibien reprend vie.

PIA ALMOINA - MUSÉE ARCHÉOLOGIQUE ★

Placeta de la Font, 11
✆ +34 972 57 23 61
www.museusdebanyoles.cat
Actuellement fermé pour travaux/ vérifier son ouverture sur le site https://www.plaestany.cat/

La Pia Almoina est un palais gothique qui hébergeait à l'origine un institut de bienfaisance laïque dont l'activité principale était la distribution de pain et de vêtements aux familles pauvres de la ville. Au début du XIVe siècle, le siège de l'Université s'installe dans les locaux de la Pia Almoina, pour y rester jusqu'en 1928, date à laquelle il est déplacé à son emplacement actuel, Passeig de la Indústria. Il abrite aujourd'hui la Musée Archéologique de Banyoles.

- **Pia Almoina.** Construit à partir d'un ensemble de maisons médiévales de style préroman et roman. On distingue des éléments architecturaux du gothique civil catalan très intéressants : on entre en passant sous un arc en plein-cintre dotés de grandes douvelles, pour se diriger vers la cour arrière de l'édifice que jouxte une façade renforcée de contreforts et munie de deux fenêtres semblables aux archets de plein-cintre de l'entrée. A l'intérieur, on trouve le vestibule où est exposée une collection d'objets médiévaux du monastère Sant Esteve, puis une cour centrale quadrangulaire dotée d'une remarquable galerie gothique formée d'arc en ogive sculpté dans la pierre nummulitique de Gérone.

- **Musée archéologique.** On y découvre une collection d'objets paléontologiques et archéologiques très riche, trouvés dans divers lieux de la circonscription : des gisements de la fin de l'ère Tertiaire et du début du Quaternaire aux fours romains d'*Ermedàs* (actuel Cornellá del Terri), en passant par les grottes paléontologiques de Serinyà, la zone du village néolithique lacustre de la Draga (Banyoles), ou encore les grottes sépulcrales chalcolithiques de l'Âge de Bronze de Martis (actuel Esponellà), on fait un voyage de quelques milliers d'années. La pièce la plus célèbre du musée est certainement la « mandibule de Banyoles », découverte par le pharmacien Pere Alsius i Torrent en 1887. Ce morceau de mâchoire est l'un des plus anciens vestiges humains de Catalogne : les dernières études laissent à penser qu'elle a appartenu à une femme d'environ 40 ans aux dents abîmées à force de mâcher du cuir et pouvant avoir été en contact avec les hommes de Neandertal du début de la dernière glaciation de Wurm. On estime qu'elle a vécu entre 80 000 et 45 000 ans avant notre ère. Le musée a l'avantage de proposer une vision globale de l'histoire de Banyoles et de ses environs, en s'étendant sur une vaste période allant des premières occupations humaines jusqu'au XIXe siècle. Instructif.

Parc Néolithique de la Draga.

REC MAJOR ★

Plaça Major

La ville est traversée par les canaux de sortie d'eau du lac et de leurs bifurcations. Celui-ci est le canal principal. Bien que la majorité des canaux aient été recouverts au XIXe siècle, certaines parties ont été rouvertes et mises en valeur en tant qu'éléments du patrimoine de la ville. Un tronçon du *rec major* serpente sous la Plaça Major et il est possible de l'observer en entrant dans certains édifices comme le *Cal Moliner*, l'*Ateneu* ou certains bars : certaines ramifications du canal traversent les maisons par l'intérieur.

EL TREN PINXO (PETIT TRAIN TOURISTIQUE)

Passeig Darder

✆ +34 699 194 707

www.eltrenpinxo.cat/fr

Adulte : 4,50 €. Enfant : 2,50 €.

En reprenant le nom d'un tramway populaire qui a relié Gérone à Banyoles de 1928 à 1956, ce petit train touristique suit un itinéraire de quarante-cinq minutes dans Banyoles et ses environs proches, puisqu'il va jusqu'à l'église romane de Porqueres. A grands renforts de musique, de jeux de lumière et de commentaires et anecdotes historiques, on découvre entre autres le *casc-antic* (vieux-centre), la muraille et *plaça Major*. Amusant et instructif, pour le plus grand plaisir des enfants.

OFFICE DE TOURISME DE BANYOLES

Passeig Darder, Pesquera n°10

✆ +34 972 583 470

www.debanyoles.cat

Horaires disponibles sur le web, rubrique « contact ». Autre point d'info sur la plaça major (le matin).

Installé sur les rives du lac de Banyoles, dans une jolie *pesquera* (petite baraque de pêcheur), on trouve dans ce petit bureau toutes les infos utiles, en français, sur les divers attraits *touristiques* de Banyoles et de sa région. Notamment les nombreuses activités sportives à pratiquer comme l'aviron, le canoë-kayak, la natation, le cyclisme et le VTT. Accueil très sympathique. C'est aussi le point de départ pour les balades en bateau de la « Tirona ».

TOUR EN BATEAU SUR LE LAC - LA TIRONA

Passeig Darder, 10

✆ +34 972 58 34 70

www.navilieralesgoges.cat/fr

Départs à 12h et 16h si groupe de 10 personnes. Prix : 8 €.

La Tirona est un catamaran équipé d'un moteur électrique, non polluant et silencieux pouvant accueillir jusqu'à 80 personnes. A son bord, l'entreprise familiale *Naviliera Les Goges* propose des mini-croisières sur un lac majeur pour la province de Gérone. L'occasion d'en apprendre davantage sur la géographie des alentours du lac, mais aussi sur les nombreuses légendes qu'il a fait naître, quel que soit le temps. Balade commentée en français à la demande.

ALBERG DE BANYOLES - XANASCAT €

Carrer del Migdia, 10

✆ +34 972 57 54 54

www.albergdebanyoles.com

Tarifs sur le site web.

Appartenant au réseau Xanascat, cette auberge de jeunesse de Banyoles propose des lits en dortoir peu chers et bien tenus. Toutes les chambres bénéficient désormais d'une salle de bains. L'ambiance y est plutôt calme, peut-être un peu moins à la belle saison. A disposition de tout le monde, un salon TV, des distributeurs de boissons froides et chaudes, une terrasse, une salle de jeux (ping-pong, baby-foot...). Possibilité de louer et de garer des vélos. Réception 24h/24.

CÀMPING EL LLAC €

Ctra. Circumval · lació de l'Estany s/n

✆ +34 972 57 03 05

www.campingllac.com

Ouvert toute l'année. Tarifs (parcelles et bungalows) sur leur site web.

Bel endroit pour un séjour en camping, en pleine nature et juste en face du très beau lac de Banyoles. Dans ce camping familial fondé en 1973, vous disposerez de nombreuses parcelles ombragées et de différents services : terrain de foot et de basket, tables de ping-pong et terrain de pétanque. Mais aussi de piscines, dont une petite pour les enfants, ainsi que d'un terrain de jeux qui leur est dédié. Un bar restaurant complétant l'offre. On vous renseignera sur toutes les activités à réaliser à proximité. Idéal pour les familles et les petits budgets.

L'HOSTAL NOU €€

Llavanera, 3

✆ +34 972 597 849

www.hostalnou.net/fr

De 76 à 99 € pour une chambre double.

A 2 km du petit centre de Crespià, cette ancienne auberge du XVIIe siècle, transformée en jolie maison de tourisme rural, combine charme d'antan et confort moderne. Côté chambres (de l'individuelle à la triple), vous apprécierez leur confort et leur style campagne chic et côté environnement, vous profitez des champs de tournesols, de blé et d'oliviers. A disposition, un salon-salle à manger avec piano, cheminée et canapés, un espace bibliothèque avec différents jeux et une terrasse ombragée pour savourer le silence de la campagne.

HÔTEL B&B CA LA FLORA €€

Carrer de La Llibertat, 91

✆ +34 972 58 24 80

www.calaflora.com

Chambre double à partir de 115 €.

Située dans un joli jardin fleuri à 200 mètres du lac, cette maison construite en 1914 a d'abord été une *masia de pagès* (maison catalane traditionnelle), puis une étable avant d'être finalement transformée en petit hôtel de 4 chambres et d'une suite au style traditionnel. Chaque chambre porte le nom d'une herbe aromatique et bénéfice d'un confort optimal. Egalement une cuisine, une charmante salle de séjour aux poutres apparentes et au mobilier ancien, et une terrasse. On appréciera aussi le petit déjeuner copieux et sur mesure.

HOTEL L'AST €€

Passeig Dalmau 63

✆ +34 972 58 48 79

www.hotelast.com

114 € pour une chambre double, petit déjeuner compris du dim au jeudi et 125 € ven, sam et mois d'août.

A deux pas du Club de Natation de Banyoles, c'est un complexe d'hébergement s'adressant principalement à un public amateur de sport. Entièrement rénové en 2015, on y trouve 27 chambres ultramodernes et fonctionnelles, deux appartements tout équipés (l'un pour 5 personnes, l'autre jusqu'à 12 personnes), une auberge avec cour privée, moderne et décorée avec goût pouvant accueillir un total de 14 personnes. Parfait pour les groupes, mais également pour les familles. L'hôtel dispose également d'un très bon espace de restauration.

HOTEL RURAL - LA SALA DE CAMÓS €€€

Rectoria de Sant Vicenç de Camós

✆ +34 972 57 22 82

www.lasaladecamos.com/fr

De 120 à 140 € la chambre double, petit déjeuner inclus.

Ce sont deux bâtisses à l'architecture gothique au sein desquelles sont réparties 8 chambres à la déco fine et personnalisée, une gigantesque terrasse où l'on prend l'exquis petit déjeuner ou le dîner au son du hululement des chouettes, des salles de repos et de lecture, un superbe jardin parsemés d'oliviers, le tout piloté d'une main de maître par une équipe de service très pro et attentive. Un lieu reposant dans un décor unique et historique, à seulement 2 km du lac de Banyoles.

CAN PERICUS €

Plaça Catalunya, 3
✆ +34 972 58 39 84
www.canpericus.com
Fermé le lundi. Comptez entre 20 et 30 €.

Il se trouve sur une petite place non loin du centre-ville et propose une déco de coffee-shop à l'américaine. Ambiance jeune un brin *hype*, on y vient pour déguster de copieux petits déjeuners, pour prendre un café en terrasse sous les arches, ou pour commander l'une des versions de la spécialité du lieu : un solide et gourmet burger garni de produits frais et savoureux, et sa barquette de frites. Egalement au menu des préparations de poissons, de poulet et porc et quelques propositions végétariennes. Desserts impeccables, service souriant.

VORA ESTANY €

Passeig d'Antoni Gaudí, 3
✆ +34 972 57 63 53
www.voraestany.com
Ouvert tous les jours. Menu du midi en semaine : 18 €, week-end : 25,90 €.

Le restaurant du Club de natation propose des produits très frais et habilement présentés : riz curry aux légumes, crème de champignons ou salade d'orange à la feta et aux graines de citrouille en *primer plat* ; poisson du jour, boulettes de viande aux petits pois ou encore brème de mer aux pommes de terre et oignons en *segon plat*. L'équipe de service est très accueillante, la salle de service décorée avec goût, et la vue sur le lac depuis la véranda et la terrasse s'avère des plus reposantes. L'été, le lieu s'anime et reste parfois ouvert jusqu'à tard.

RESTAURANT DE FRUITS DE MER - MARISQUERIA GIL'S €€

Carrer Sant Mer, 111
✆ +34 972 57 28 52
www.marisqueriagils.com
Horaires sur le site web. Menu du jour à 25 €, menu gastronomique à 60 €.

A un jet de pierre du lac, il est spécialisé dans les fruits de mer et poissons. La déco un peu austère est vite oubliée dès que les plats défilent sur la nappe blanche : moules braisées, tarte de lotte et gambes, mousse de saumon et salade de morue émiettée pour commencer ; turbot, perche, ventrèche de thon, seiche à la plancha, cuisses de grenouille ou Saint-Pierre en plat de résistance ; sorbets, crèmes glacées et gâteaux variés pour terminer. Sans compter le menu gastronomique.

BANYS VELLS BANYOLES

Passeig Lluís Maria Vidal, 1
✆ + 34 683 303 731
www.banysvellsbanyoles.com
Ouvert tous les jours.

Voici un superbe spot pour apprécier la beauté et la tranquillité du lac de Banyoles. On s'y installe pour boire un verre et grignoter une tapa, parfois en compagnie des canards qui se risquent à quitter le lac pour rallier le ponton de ce bar. En été, on profitera aussi des nombreuses activités qui s'y déploient : sessions de monologues, défilés, spectacles de magie ou concerts. Et peut-être surtout de la zone de baignade surveillée qui lui est accolée, à rallier en piquant une tête ou en utilisant les petites échelles. Histoire de rejoindre les canards.

XARCUTERIA PERE ROCA [CHARCUTERIE]

Plaça Major, 11
✆ +34 972 57 03 03
www.pereroca.net
Ouvert du lundi au samedi, de 9h à 14h30 ; vendredi et samedi également de 17h à 20h.

Créée en 1899, c'est une institution familiale qui se transmet de père en fils, mais garde intacte la tradition familiale. Elle se trouve en plein centre-ville et propose une variété stupéfiante de produits charcutiers de qualité : vache, brebis, poulet, porc, lapin, tout y passe, et tout est bon, car la maison privilégie les produits de proximité comme le bœuf de Gérone ou la race de porc Duroc, élevée en Catalogne. De quoi faire des provisions les yeux fermés.

AGENDA SPORTS & ELEMENTS

Passeig de la Generalitat, 21 ✆ +34 972 58 06 39
www.agendasports.com
Ouvert du lundi au vendredi de 9h à 18h.

Agenda est une entreprise espagnole spécialisée dans le tourisme actif et sportif, fondée en 1993. L'agence a naturellement trouvé à Banyoles un terrain propice aux séjours sportifs et a déjà pu faire ses armes avec quelques clubs de renommée internationale comme la Fédération Russe de canoë-kayak, le *Cambridge University Boat Club* d'aviron, l'équipe national de triathlon néo-zélandaise, et bien d'autres encore… Agenda prépare votre voyage en amont, combinant logements, transferts et accès aux installations sportives et *camp d'entrenament* (camps d'entrainement).

CLUB DE NATATION DE BANYOLES

Passeig Antoni Gaudí, 3
✆ +34 972 57 08 59
www.cnbanyoles.cat

Ce club historique propose aux mordus de sport des stages et des cours d'aviron, de canoë-kayak en eau calme et de triathlon. Egalement à disposition, 2 piscines climatisées de 25 m, idéales pour apprendre à nager, une équipe professionnelle et expérimentée ainsi que du matériel et des infrastructures modernes : salle de musculation, courts de tennis et de padel, terrains de football en salle… Plus d'infos sur les activités en se rendant sur le site du club.

PORQUERES

C'est l'une des plus vastes municipalités du Pla de l'Estany, composée de plusieurs villages – Miànigues, Merlant, Mata, Les Pedreres, Pujarnol et Usall – s'étendant sur 34 km² et entourant la capitale de la comarque. Banyoles, elle, fut constituée en communauté d'agglomération en 1833. Son histoire est ancienne : des vestiges attestent de la présence des Ibères au Vᵉ siècle av. J.-C., avant que des châteaux ne soient bâtis quelques siècles plus tard, puis que les Ademar, des seigneurs féodaux, ne s'installent dans la région. Mais c'est bien la nature luxuriante qui entoure Porqueres qui est l'un des principaux attraits de la municipalité.

CAN GINEBREDA : MUSÉE DE SCULPTURES ÉROTIQUES ★★

Carretera de Mieres
✆ +34 972 58 25 38
www.canginebreda.cat

Ouvert toute l'année de 9h à 18h, jusqu'à 21h en été. 4 € l'entrée, 5 € avec visite guidée (à partir de 20 personnes).

La forêt de Can Ginebra (Bosc de Can Ginebra) est un musée de sculptures érotiques à ciel ouvert. Vous êtes ici dans le territoire de l'inspiré et fantasque artiste-plasticien Xicu Cabanyes, auteur prolifique de sculptures monumentales, engagées et parfois érotiques. Les œuvres de l'homme sont installées ici et là, à même la forêt de chênes, pins et genévriers, et le visiteur parcourt les chemins de terre battue, passant d'œuvre en œuvre, comme autant de surprises.

EGLISE SANTA MARIA DE PORQUERES ★

Carretera Circumval · lació, s/n
✆ +34 972 57 04 95

Trônant sur une toute petite colline sur la rive Ouest du lac, elle a été édifiée là pour prévenir les inondations. Les premiers documents concernant l'église remontent à l'an 906 mais ce n'est que le 5 avril 1182 que sa version actuelle a été consacrée. Les derniers travaux ont eu lieu à la fin des années 50. Contrairement à la plupart des églises romanes, elle arbore un portail principal plutôt sobre, mais comportant de nombreux éléments d'ornement : un dégradé de 4 arcs très travaillés dont le premier comporte 22 médaillons aux motifs animaux et végétaux, 4 chapiteaux sculptés et une lourde porte d'entrée en bois de chêne. La nef, avec sa voûte de canon aux murs lisses se terminant par une corniche simple, mesure 19,30 m de long pour 7 m de large, et 8,5 m jusqu'à l'abside aux absidioles encastrées, taillée dans de robustes pierres. Le majestueux arc de triomphe et ses deux puissantes colonnes délimitent l'espace de la nef et du presbytère. Les ornements de chapiteaux racontent l'histoire de la création : un Jésus Christ entouré des apôtres, des scènes du jardin d'Eden, et des anges ailés tenant un Pantocrator (Dieu tout puissant). Dans le presbytère sont installées une croix de procession du XVIᵉ siècle ainsi qu'une statue de la *Mare de Déu*, la patronne de la paroisse, datant de la même époque. Enfin, à l'extérieur, se trouvent le « Comunidor » (ou reliquaire) muni d'une charpente en bois surmontée d'une croix en fer d'origine médiévale, et le joli cimetière de l'église.

ESPACE NATUREL DES ESTUNES ★

De l'Office de tourisme de Banyoles, longer le lac pour prendre à gauche juste après le Club de Tennis. Suivre la route GI-524 jusqu'au lieu-dit « Les Estunes ». 20 minutes à pied.

www.porqueres.cat

Le bois des Estunes est un petit espace naturel à la végétation dense et luxuriante, avec de puissants chênes emblématiques du lieu. Sa spécificité tient à l'abondance de profondes fissures opérées par de petits tremblements de terre dans la roche locale. Roche composée de travertin, matériau caractéristique des abords des lacs karstiques. Il a des airs de forêt enchantée et ce n'est pas pour rien que les légendes de fées de l'eau, les *Goges*, prolifèrent ici. Une promenade apaisante.

MAISON DE VACANCES - LA CABANYA €€€

Carrer Pau Casals, 30

✆ +34 972 57 40 51

www.lacabanya.cat

Location de 2 nuits minimum. Prix pour 3 personnes : de 380 à 460 €, selon la saison.

Vieille de plus de 700 ans, cette *masia* touristique située à Mata, à l'entrée de Banyoles, a été entièrement restaurée en mai 2007. Ce qui lui a valu la distinction 5 clés par le département tourisme du gouvernement catalan, la plus élevée. Louée dans son ensemble, elle peut accueillir jusqu'à 6 personnes : deux chambres, un studio, salle de séjour. A l'extérieur, on profite d'un joli jardin et d'une terrasse surmontée d'une pergola. Un refuge de charme.

SANT MIQUEL DE CAMPMAJOR

Mitoyenne de la Garrotxa, la vallée de Campmajor est un canton vaste et verdoyant aux multiples petites localités, qui est traversé par la rivière Ser. Et c'est Sant Miquel de Campmajor et son église de Santa Quitèria qui en est le chef-lieu et englobe les micro-localités de Briolf, Falgons, Sant Martí de Campmajor et Ventajol. La géographie relativement plane de cette sous-région, la multitude de petits édifices médiévaux – châteaux, moulins et églises – et l'atmosphère bucolique et sereine qui la caractérise invitent à la balade, le nez au vent. Zone rurale par excellence, on y découvrira quelques bons produits gastronomiques au détour d'une ferme.

CASTELL DE LA ROCA

Désormais propriété privée, ce château est installé le long du cours d'eau nommé Ser. Il est composé de trois bâtisses indépendantes les unes des autres et on remarquera que l'ancienne tour, adossée sur la gauche de façade principale, arbore une fenêtre datant du XIIIe siècle, époque romane tardive. Également, en contrebas du château, on découvre l'ancien moulin à farine de la Roca d'époque médiévale, et son canal artificiellement creusé pour en faire tourner les hélices. De l'ensemble se dégage une ambiance bucolique, renforcée par l'eau vive du Ser.

CAMPING LA VALL DE CAMPMAJOR €

✆ +34 650 430 764

www.campinglavall.net

De 16,50 à 17,50 € pour une parcelle. De 7,50 à 8,50 € pour un adulte (5 à 6 € enfant de - de 12 ans).

Situé au creux des vertes prairies de Campmajor, cet agréable camping familial propose de jolis petits bungalows de bois pouvant accueillir jusqu'à 6 personnes ainsi que de vastes emplacements (120 m^{2}) pour tentes, caravanes et camping-cars. Blocs sanitaires, piscine, bar-restaurant, terrain de football composent les infrastructures communes, et on y trouve même un potager. Idéal pour qui cherche le calme auprès de la nature, tout en restant à proximité de Banyoles.

BRIOLF

Depuis Sant Miquel de Campmajor, on peut rejoindre ce hameau après 2,4 km de route, en direction d'El Collel. De là, prendre la déviation qui indique La Roca-Briolf. Une fois passé le château de La Roca, garez votre véhicule en bord de route et continuez à pied. Du haut du premier tronçon de chemin, la vue sur le château et le moulin de la Roca est parfaite. Sur le chemin, on découvre une petite église qu'il faudra dépasser pour rejoindre le hameau. Au cœur de cette micro-localité, on peut observer une modeste église romane, dédiée à Sant Esteve. La balade qui mène jusqu'au hameau, dans un décor naturel vivifiant, vaut le coup pour elle-même.

SANTA COLOMA DE FARNERS ★

Ce chef-lieu de la Selva est une ville d'eau par excellence, entourée d'une myriade de rivières, gorges, sources, thermes et autres bains. La vie y est plutôt agréable et les habitants sont très accueillants. On se relaxera dans le superbe espace balnéaire Magma avant de découvrir la jolie Plaça Farners et ses platanes centenaires, les rues anciennes de la ville et ses façades modernistes, ou encore des coulisses de la fabrication du ratafia, boisson emblématique du nord de la Catalogne composée à partir d'herbes variées et de noix. La visite de la biscuiterie Trias peut par ailleurs constituer une activité gourmande en même temps qu'instructive.

MUSÉE DU BISCUIT

Carretera de Sils, 36
✆ +34 972 84 12 13
www.triasbiscuits.com

C'est en 1908 que Joaquim Trias Vila ouvre la première boutique de boulangerie-pâtisserie Trias. Très vite ce sont ses biscuits aux amandes qui font sa renommée, et un siècle plus tard, les petites galettes et d'autres douceurs sucrées font toujours un tabac en Catalogne. C'est pour rendre hommage à cet aïeul inspiré que ses descendants ont ouvert en 1994 un petit musée dans une aile de la biscuiterie (dont les locaux datent de 1979), qui a été rénové et ré-inauguré en 2008. Un hommage qui ravira les nostalgiques du siècle passé.

OFFICE DE TOURISME DE SANTA COLOMA DE FARNERS

Carrer del Prat, 16
✆ +34 972 84 09 77
www.turismescf.cat
Horaires disponibles sur le site web.

L'office du tourisme de Sant Coloma de Farners se trouve désormais dans la Casa de la Paraula, un bâtiment datant de 1904 et entièrement rénové. On y trouve pas mal de documentation, dont une partie en français, et l'accueil y est assez agréable. Vous aurez aussi de l'information sur la fête du ratafia, une liqueur traditionnelle et goûteuse qui se déroule à Santa Coloma de Farners le deuxième week-end de novembre : stands d'expo, ateliers, concours et dégustation...

HOTEL PINXO €€

Carrer Hospital,1
✆ +34 972 840 124
www.hotelpinxo.com
Comptez 86 € pour une chambre double, petit déjeuner inclus (toute l'année).

Ouvert depuis 1927, cet établissement familial est un véritable point de repère pour les habitants de la ville. Ses 30 chambres, de catégories standards ou supérieures, sont très simplement décorées et confortables. On y vient surtout pour l'atmosphère villageoise qui règne entre les murs et pour le restaurant du Pinxo, une référence en matière de cuisine traditionnelle. La situation géographique de l'hôtel est également idéale pour partir à l'assaut du massif des Guilleries ou du Montseny, à pied ou à vélo. L'établissement loue d'ailleurs des VTT à ses hôtes.

Santa Coloma de Farners.

HÔTEL BALNÉAIRE THERMES ORION €€€

Carretera dels Banys
✆ +34 972 840 065
www.termesorion.cat
A partir de 109 € pour une chambre double.

Avec ses airs de palace, il est entouré d'un magnifique parc verdoyant et met à disposition de ses clients l'espace thermal « Magma », avec des eaux thermales déclarées d'utilité publique depuis 1889. Les 67 chambres de l'hôtel sont élégantes et invitent à la relaxation : salle de bains avec baignoire, chauffage, climatisation, coffre-fort et télévision, tout y est. Egalement à disposition, un restaurant gastronomique, un court de tennis et une piscine extérieure.

RESTAURANT DE L'HOTEL PINXO €

Carrer Hospital, 1
✆ +34 972 84 01 24
www.hotelpinxo.com
Ouvert tous les jours. Menus du jour, 14 € en semaine, 20 € le week-end, menu spécial à 30 €.

Ouvert en 1927, cet hôtel-restaurant familial est une référence à Sant Coloma de Farners. La clientèle d'habitués vient, dans une franche ambiance de cantine, se repaître d'une belle variété de plats simples et de spécialités du marché, très catalanes : *pastís de pebrot amb salsa d'anxoves* (pâté au poivre et sauce aux anchois), *fideuà amb all i oli* (nouilles à l'ail), *amanida de porc Duroc amb torrades i ou ferrat* (salade de porc Duroc, pain grillé et œuf sur le plat), par exemple...

VENT D'ARAM €

Carrer del Pare Lluís Rodés, 33
✆ +34 972 84 42 44
www.ventdaram.com
Fermé le mardi. Menu midi à 16 €. Menus dégustation : 75 €.

C'est dans le vieux centre de Santa Coloma que le Vent d'Aram a élu domicile. L'espace de service dans les tons pourpres et or, avec ses fauteuils en cuir et son sol en mosaïques anciennes, a des airs de bar lounge chic. On mange ici des plats bistronomiques de viandes, poissons, et autres assiettes snack. Le tout bien arrangé, élaboré à partir de produits frais, pour des prix tout à fait honnêtes. On appréciera particulièrement le chaleureux accueil réservé aux clients, ainsi que la terrasse qui donne sur la tranquille petite rue piétonne parallèle à l'entrée.

HOTEL MAS SOLA €€€

Carretera Sils, km 2
✆ +34 972 84 08 48
www.massola.com
Chambre double à partir de 135 €.

Situé à un jet de pierre de la ville et au cœur des Gulleries, ce Mas Solà propose 78 chambres doubles (standard, junior suite et suite), amples, modernes et confortables, avec des terrasses donnant sur les jardins. Son centre de bien-être et de sport (foot, tennis, paddle), ses trois piscines, ses salles de réunions, son restaurant gastronomique proposant une cuisine catalane de marché, son bar et ses salles de jeux en font une adresse idéale pour une escapade en amoureux ou un voyage d'affaires. Vous pourrez aussi y louer des vélos pour découvrir les alentours.

© HOTEL MAS SOLA

© HOTEL MAS SOLA

RESTAURANT MASIA GALLART €€

Carrer Can Gallart, 2 ✆ +34 972 84 00 88

Fermé le mardi, Ouvert de 8h à 19h, partie bar ouverte jusqu'à 2h vendredi et samedi. Autour de 30 € le repas complet.

Les chambres à coucher de cette ferme traditionnelle de 1857 ont été habilement réaménagées tout en gardant un aspect campagnard très authentique, avec ses poutres et volets en bois. Côté carte, tout est préparé dans le respect des traditions culinaires catalanes, le menu évoluant de saison en saison : terrine de foie et confiture maison, *entrecot de vedella de Girona* (pièce de veau de Gérone de 750 g.) ou encore *Magret d'ànec a la planxa amb salsa de maduixes i compota de pera* (magret de canard grillé, sauce à la fraise et compote de poire). Typique et copieux.

RESTAURANT DE L'HÔTEL MAS SOLA €€€

Carretera De Sils s/n,
✆ +34 972 84 08 48
www.massola.com

Fermé le dimanche soir et le lundi toute la journée. Menu gastronomique à 55 €.

Larges baies vitrées, murs et arches en vieilles pierres et plafond de bois sombre dessinent le décor de ce restaurant très élégant. Côté service, l'équipe est très pro et côté gastronomie, les petites préparations colorées sont délicatement présentées et savoureuses à souhait. Au croisement de la tradition culinaire catalane, des produits de saison et de l'inspiration du chef. Au menu de cette adresse prestigieuse, joue de bœuf avec émulsion de noisettes, par exemple.

MAGMA - ESPACE THERMOLUDIQUE

Carrer dels Banys
✆ +34 972 84 35 35
www.magma-cat.com

Horaires disponibles sur le site. Entrée adulte 3h : 39 €.

Depuis sa rénovation, le centre propose un espace thermoludique moderne et complet, dont le ticket d'entrée donne accès aux bains munis de 3 cabines *Gravitarium* et de 3 bains moussants surélevés, de rivières à courant, de bancs d'hydromassage à 33-35 °C, et de lignes de natation ; mais aussi à la zone Spa qui dispose d'un sauna finlandais, d'un bain turc, de thermes romains équipés d'installations de chromothérapie, des douches de contraste et d'un puits de glace.

ANGLÈS

C'est son patrimoine architectural varié qui est l'atout majeur de cette bourgade. A la fois roman et gothique avec les façades, portiques et fenêtres des bâtiments de la Carrer Major ou encore les arcades de la Carrer d'Avall et moderniste avec les édifices Can Verdaguer, Can Cendra et le superbe bar-restaurant l'Aliança d'Anglès. On découvrira aussi un élément important du patrimoine industriel catalan, une gigantesque et plus que centenaire machine à vapeur toujours en état de fonctionnement, jadis utilisée dans les usines de textile : le *Vapor de la Burès*. Aux alentours, sa nature luxuriante s'appréciera en la parcourant à pied ou à vélo.

MACHINE À VAPEUR DE L'ANCIENNE USINE TEXTILE BURÈS ★★

✆ +34 972 420 058

Actuellement en travaux. Lors de sa réouverture : visite par groupe après réservation préalable à la mairie.

Ouverte en 1887, cette usine textile a cessé ses activités, mais abrite toujours une machine à vapeur, gigantesque et impressionnante qui avait pour but de faire fonctionner une partie des systèmes automatisés de l'usine. Conçue en 1908-1909 par la société *Maquinista Terrestre i Marítima de Barcelona*, d'une puissance de 200 chevaux et véritable bijou d'ingénierie, la machine, toujours en état de fonctionnement, a été déclarée bien d'intérêt culturel national en 2010.

VIEILLE VILLE ★

✆ +34 972 420 058

Infos sur les visites guidées au point info mairie, matin de 9h à 14h.

C'est l'un des plus anciens et des plus importants quartiers gothiques de Catalogne. On y découvre des bâtisses entières de style gothique, ou bien de petits éléments intégrés au milieu de constructions plus tardives (portails, fenêtres, inscriptions...). A noter, la *carrer* d'Avall, la plus emblématique et la plus célèbre d'Anglès avec ses deux arcs surplombant l'allée de chaque côté, ou encore la carrer Major, qui dispose de quelques beaux exemples d'architecture gothique. Autre touche moderniste de premier plan, le restaurant de l'Alliança.

CAN MASSOT €

Carrer de la Indústria, 62

✆ +34 972 42 00 07

www.hostalcanmassot.com/français

Comptez environ 80 € pour une chambre double.

L'auberge de Can Massot se trouve dans la rue principale d'Anglès, dans un bâtiment qui date de 1914. Elle propose onze chambres fraîchement rénovées qui sont toutes équipées d'une salle de bains privée, du chauffage et de l'air conditionné. A noter, les chambres relevant de la catégorie supérieure disposent d'un petit salon avec canapé et coin lecture, certaines disposant même d'une terrasse. Les couleurs pop de la déco et le mobilier moderne contrastent avec l'aspect un brin austère de la devanture. Plutôt économique et bien située.

HOSTAL TARRÉS €

Plaça Catalunya, 5

✆ +34 972 421 314

www.fondatarres.com

Chambre simple à 48 €, double à partir de 600 €. Petit déjeuner à 8,50 €.

Fondé en 1975 par Rosa Colomer et Joan Tarrés, cet hôtel présente un look extérieur moderne assez banal et sans grand charme, mais sa situation centrale, dans Anglès, est appréciable. Il propose douze chambres bien tenues et équipées, d'une douche et d'un lavabo pour les plus économiques et d'une salle de bains pour les autres, accessibles par ascenseur. L'établissement dispose en outre d'un bar et d'un service de restauration traditionnelle peu onéreux et de bonne qualité. Un établissement tout à fait indiqué pour une escale rapide.

L'ALIANÇA D'ANGLÈS 1919 €€

Carrer Jacint Verdaguer, 3 ✆ +34 972 42 01 56

www.alianca1919.com

Fermé le lundi. Menu dégustation à 100 € sans les vins.

Avec sa façade jaune et bleu, ses sièges en rotin, ses tables en marbre et fer forgé, et son caractère résolument moderniste, c'est l'un des plus impressionnants bar-restaurants de la région, voire de la province. Ouvert en 1919, il a d'abord été un bar, avant de devenir un restaurant gastronomique tenu par le chef étoilé Lluís. Ses filles ont transformé le lieu en un espace polyvalent pour boire un verre de vin, déguster quelques tapas, apprécier un repas plus classique ou encore savourer un cocktail sur la jolie terrasse, le crépuscule venu.

SANT JULIÀ DEL LLOR I BONMATÍ

L'histoire de cette commune est étroitement liée à celle d'une famille : les Bonmatí, fondateurs d'une exploitation cotonnière industrielle qui fut le moteur économique du village pendant plusieurs décennies. On aperçoit toujours aujourd'hui la tour, le toit pointu de la ferme familiale et sa chapelle privée, dernier témoin d'une ère désormais révolue. Des siècles plus tôt, l'endroit était une colonie romaine, ces derniers ayant laissé derrière eux un pont impressionnant dont les ruines sont toujours facilement observables. Mais Sant Julià del Llor i Bonmatí est avant tout un espace naturel à la végétation luxuriante qui invite à la détente.

CAN VILA €€

✆ +34 972 42 37 12

www.canvila.info

De 105 à 116 € la chambre double, petit déjeuner compris. Animaux bienvenus.

C'est Glòria et Koldo, un jeune et sympathique couple catalan, bricoleurs et passionnés de nature, qui vous accueilleront dans l'une des 5 chambres d'hôtes de leur *masià* du XVIe siècle amoureusement restaurée. Les chambres sont magnifiques avec poutres en bois et murs de vieilles pierres, et les parties communes de la maison invitent à la détente et à la discussion, cheminée et bibliothèque aidant. Vous profiterez aussi d'un jardin avec une jolie terrasse ombragée, d'une piscine et du petit déjeuner préparé quotidiennement par Glòria.

DUC DE L'OBAC €€

Carrer d'Amer, s/n

✆ +34 972 42 09 77

www.restaurantducdelobac.cat

Horaires sur le site web. Menu du jour à 31 € en semaine, menu dégustation : 35 €.

A mi-chemin entre Gérone et Anglès, au pied des Guilleries, on trouve ce très bon restaurant catalan, dans le petit village de Bonmatí. Le chef Josep Sabrià propose une cuisine élaborée et de haute qualité dans un décor des plus raffinés : une ferme centenaire soigneusement rénovée. On y déguste des plats de saison – la carte propose deux tiers de plats de viande et un tiers de plats de mer. Que l'on pourra savourer installé dans un jardin vert ou au creux de la lumineuse salle de service aux plafonds en voûte. Bon vin, desserts éblouissants.

AMER

A mi-chemin entre Olot et Santa Coloma de Farners, c'est une ville dont le passé médiéval est encore bien prégnant : l'ancien monastère bénédictin de Santa Maria datant du Xe siècle et aujourd'hui église paroissiale de la ville ; la place carrée du centre-ville et ses arcades sculptées ou encore la tour de Roca-Salva se font les témoins de la fastueuse époque d'Amer. L'ancienne station de train, qui fait également office de bureau du tourisme, étant le terminus de la *via verda* « el Carrilet » [www.viesverdes.cat], c'est sans doute à vélo que vous rejoindrez la localité, après une bonne rasade d'eau volcanique émergeant du Font Picant.

TOUR DE ROCA-SALVA ★

Construite au pied de la colline du Puigdalí, cette tour est également connue sous le nom de Tour de Sant Climent, car elle est située non loin du sanctuaire qui porte le même nom. Il s'agit d'une bâtisse flanquée à l'un de ses coins d'une tour circulaire de 16 mètres de haut, encore intacte et datant vraisemblablement du XIIe ou XIIIe siècle. Au XVIIe siècle, elle a été rénovée et agrandie, puis à nouveau aux XIXe et XXIe siècles. Au Moyen Age, le complexe aurait appartenu à la famille Roca-Salva. Elle est classée bien d'intérêt culturel national.

PLAÇA PORXADA ★

La vaste Plaça Major ou Plaça de la Vila, plus connue sour le nom de Plaça Porxada [Place des arcades], se trouve au centre du village et c'est autour de celle-ci que toute la ville est organisée. Elle est considérée comme la deuxième plus grande place à arcades de Catalogne et se caractérise par la diversité des porches qui la compose. Ici, point d'arbres ni de fleurs, mais uniquement des trottoirs pavés. Véritable centre de la vie sociale, un grand marché s'y tient tous les mercredi et de nombreuses célébrations y sont régulièrement tenues.

BICICARRIL.COM - LOCATION DE VÉLO

C/ Francesc Macià s/n

✆ +34 972 430 413

www.bicicarril.com

Ouvert tous les jours de 9h à 14h. Bicyclettes standards et VTT à 20 € la journée.

Cette petite entreprise propose une large gamme de vélos adaptés à toutes les exigences, ainsi que du matériel supplémentaire : casques, sièges, cadenas et kits de réparation. Il est possible de bénéficier du service transport de matériel et de personne pour être déposé ou récupéré avec son vélo à tel ou tel endroit. Des options combinées sont proposées, comprenant logement et repas. La meilleure manière de découvrir les environs. Personnel très sympathique et plein de bons conseils.

Plaça Porxada, Amer.

PGA CATALUNYA GOLF AND WELLNESS

Carretera N-II km 701. 17455 Caldes de Malavella
+34 972 47 25 77
www.pgacatalunya.com
Golf et installations ouverts toute l'année (départs entre 8h et 17h). Comptez entre 105 et 145 € le green fee.
La plus belle destination golfique du pays ! Avec ses deux terrains de golf de classe mondiale régulièrement classés parmi les meilleurs d'Europe, le PGA Catalunya Golf and Wellness répond aux attentes des golfeurs les plus chevronnés. Après avoir accueilli l'Open d'Espagne à trois reprises, le complexe est régulièrement le théâtre de tournois du circuit européen. Enfin, profitez des installations complémentaires pour vous reposer : Club-house élégant, restaurants, piscine, hôtels...

CALDES DE MALAVELLA ★★

La commune s'étend sur un territoire d'environ 60 km². Au début du siècle passé, elle fut un lieu de prédilection pour les vacances des riches familles de Barcelone, qui firent construire dans le centre-ville de nombreuses résidences secondaires, de style moderniste. Une balade sur la Rambla dels Recolons vous donnera un bel aperçu de cet héritage. Caldes de Malavella est aussi connue pour être le lieu de découverte d'un important site préhistorique, le Camp dels Ninots, d'où ont été excavés des ossements de rhinocéros et de tapirs préhistoriques. Le dernier week-end d'avril, elle fête la légende de Malavella mêlant danses folkloriques et patrimoine.

Tourisme

Elle est connue depuis l'Antiquité pour l'abondance de ses sources d'eaux riches en minéraux et les Romains avaient fait de ce lieu un de leur bastion stratégique sur la route des conquêtes de la péninsule et y avaient érigé d'imposants thermes, objectif numéro 1 de la visite de la ville : *Aque Calidae*. Aujourd'hui la ville jouit toujours d'une grande renommée en raison de son riche « patrimoine aquatique », si bien que l'on dénombre trois fabriques de mise en bouteille d'eau de source et plusieurs centres de soin thermal, dont l'emblématique Balneari Vichy Catalan. Aujourd'hui, c'est avant tout une halte dédiée à la relaxation et aux soins du corps.

Les thermes de Caldes de Malavella.

ERMITA DE SANT GRAU ★

Plaça de Sant Grau
La petite chapelle de Sant Grau, construite au IXe siècle, a été l'église paroissiale de la ville jusqu'à ce que la population soit trop nombreuse. On s'était aussi aperçu que son lieu de construction – dans une zone où les sources thermales étaient nombreuses – rendait impossible la décomposition des corps enterrés dans son cimetière : ils avaient alors tendance à se momifier. L'église de Sant Esteve fut construite pour la remplacer, et la chapelle devint un lieu de réunion municipal. Tous les 3 octobre, les portes en sont rouvertes.

PARC DE LA FONT DE LA VACA ★

La Granja
Le quartier de la Granja (la Ferme), fut construit dans les années 1920, profitant du développement de la ville impulsé par la venue massive de vacanciers en quête de soins et de bien-être. La promenade qui l'entoure est garnie de constructions éclectiques aux éléments décoratifs modernistes et raffinés. Au centre de cet espace, on trouve le jardin public et la Source de la Vache. Si de cette dernière ne jaillit pas une eau thermale, la beauté de la construction est indéniable.

EXPOSITION DU CAMP DELS NINOTS ★

Carrer Vall-Llobera, s/n

✆ +34 972 47 00 05

Non loin de ce qui est aujourd'hui la ville de Caldes de Malavella, à l'intérieur du cratère d'un volcan qui est apparu il y a environ 5 millions d'années s'était formé un lac, il y a 3,5 millions d'années. Suite à un événement géologique brusque et soudain, ce cratère s'est retrouvé rempli de sédiments, ce qui a favorisé la conservation optimale de restes d'animaux et de végétaux endémiques rares. Les fouilles du *Camp dels Ninots* ont permis d'extraire les ossements de grands animaux (bovins, rhinocéros et les tapirs) et d'autres plus petits comme ceux de tortues, de grenouilles, de rongeurs et de poissons. C'est ce qui a permis de reconstruire un écosystème entier, en particulier à partir de la période connue sous le nom de Pliocène supérieur. Ce camp devrait son nom au fait que les habitants de la région s'y rendaient pour chercher ce qu'ils appelaient des poupées : des pierres d'opale ménilitique aux formes curieuses et arrondies, qui leur permettaient d'imaginer des formes très diverses. L'exposition propose de faire découvrir ces ossements, accompagnés de légendes explicatives et de panneaux représentant ce à quoi pouvait ressembler cette partie du territoire il y a plusieurs millions d'années. En outre, sur la route qui longe le site des fouilles, à l'entrée de la ville (A2), ont été installés des panneaux permettant de se figurer l'ampleur de l'ancien lac et la zone de recherche. Cet ensemble a été déclaré bien culturel d'intérêt national.

RAMBLA DELS RECOLONS - BALADE MODERNISTE ★★

La Rambla devait servir de lieu de repos et de balade. Son instigateur, Bartolomé Recolons, avait prévu au début de siècle dernier la construction à venir de vastes demeures bourgeoises destinées à accueillir les vacanciers, principalement originaires de Barcelone, venus pour profiter des bienfaits des eaux thermales. En se promenant sur la rambla, on découvre avec émerveillement un chapelet de splendides maisons de style moderniste, aux couleurs étonnantes et aux formes arrondies.

LES SOURCES ★

On trouve trois sources d'eau thermale importantes :

- **Source dels Bullidors.** C'est la première à avoir été publiquement utilisée. On pense que ce sont ces eaux qui étaient, à l'époque romaine, canalisées jusqu'aux thermes.
- **Source de Sant Narcís.** Très proche des thermes romains, elle est actuellement est mise en bouteille et vendue sous l'appellation « Aigua Sant Narcís ».
- **Source de la Mina.** C'est la plus connue qui jaillit à une température proche des 60 °C. On vient de toute la région pour ses vertus curatives et pour cuisiner.

THERMES ROMAINS - PUIG DE SANT GRAU ★★★

Carrer de Pla i Deniel, s/n

✆ +34 972 480 103

Classés Monument historique d'intérêt national, les thermes de Sant Grau ont été construits par les Romains entre 40 et 50 av. J.-C. et constituaient le centre de la ville antique d'*Aquae Calidae*. Installées à proximité de l'ancienne Via Augusta, l'axe principal de la communication européenne à l'époque romaine, ces sources chaudes étaient déjà reconnues pour leur caractère médicinal grâce aux effets thérapeutiques de ses eaux. L'élément principal de ce complexe architectural est une piscine carrée (7,90 m sur 6,65 m) encadrée d'un passage accessible par des escaliers, situés dans trois des coins de cette dernière. L'eau se déversait dans le bassin grâce à un trou creusé dans le pilier central au-dessus duquel trônait un autel dédié à Apollon. Une piscine utilisée pour se laver et profiter des propriétés curatives des eaux. Le reste des installations est composé de plusieurs salles consacrées aux activités annexes qui entourent le bassin, les vestiaires et les salles de massage notamment. Il semblerait que suite à un glissement de terrain survenu au IIe ou IIIe siècle, la partie ouest des thermes ait été modifiée. Au IVe siècle, l'édifice est laissé à l'abandon, avant d'être converti des siècles plus tard en hôpital pour les pauvres, permettant par là même sa conservation jusqu'à aujourd'hui. La visite permet de saisir en un clin d'œil la place fondamentale qu'ont joué et que continuent de jouer les sources thermales dans l'identité et le développement de Caldes de Malavella.

Thermes Romains - Puig de Sant Grau.

HOSTAL FABRELLAS €

Carrer Major, 14
✆ +34 972 47 00 46
www.hostalfabrellas.com
Comptez de 50 à 70 € pour une chambre double.
Situé en plein cœur de Caldes de Malavella, l'hostal Fabrellas est une charmante pension familiale, installée dans une bâtisse datant du début du XIXe siècle. Ses trente-neuf chambres sont réparties sur quatre étages avec accès ascenseur. Bien tenues, elles possèdent chacune une télévision et une salle de bains personnelle. Vous profiterez aussi de la terrasse de l'hôtel, d'un jardin privé, d'un parking gratuit et d'une zone de parking pour les vélos. Sans oublier son restaurant qui propose une cuisine catalane traditionnelle.

HOTEL BALNEARI PRATS €€

Plaça Sant Esteve, 7
✆ +34 972 47 00 51
www.balneariprats.com
De 49 à 160 € la double standard.
Autour de 1840, la famille Prats commence à canaliser l'eau de la source de la *Mina* et fonde l'établissement *Baños Prats*. Qui se transforme ensuite en un centre balnéaire, jusqu'à la construction à la fin du XIXe siècle, de l'édifice néoclassique actuel : *Balneari Prats*. Aujourd'hui c'est un lieu accueillant, familial et relaxant où tout un chacun vient se faire bichonner corps et esprit. Les chambres aux lignes épurées (certaines sont munies d'un bain à remous) sont très confortables et donnent toutes sur le joli jardin et sa piscine chauffée toute l'année.

HOSTAL ESTEBA €€

Carrer Francesc Macià, 2
✆ +34 972 470 055
www.hostalesteba.com
Comptez de 68 à 80 € la chambre double.
Cet hôtel familial, ouvert depuis 1977, est situé à deux pas du Balneari Vichy Catalan. Disposant d'un magnifique jardin fleuri et de trente chambres avec terrasse, salle de bain privée, air conditionné, chauffage et TV, la relaxation est au rendez-vous pour un tarif très honnête. Tout l'intérieur de l'établissement a été rénové il y a peu et les tons blanc-crème de la décoration épousent à merveille le parquet qui tapisse tous les sols de l'hôtel. Bon rapport qualité-prix, pour la partie hôtel comme pour la partie restaurant.

HOTEL BALNEARI VICHY CATALAN €€€

Avinguda del Dr. Forest, 32 ✆ +34 972 47 00 00
www.hotelbalnearivichycatalan.cat
Chambre double de 114 à 300 € selon le standing et la saison. Petit déjeuner et accès au circuit balnéaire inclus.
C'est en 1898 qu'est inauguré cet imposant hôtel balnéaire aux airs de temple. Aujourd'hui, il attire toujours les foules en quête de soin ou de relaxation. Avec au programme : 86 chambres décorées avec goût, un centre thermal, un restaurant *le Delicius* une chapelle privée moderniste, une piscine extérieure, un terrain de tennis, des aires de jeux et un service de location de vélos… le tout encadré par un jardin de 20 000 m². A découvrir *a minima* en passant au centre thermal.

CA LA MANELA €€

Carrer de Prim, 3
✆ +34 972 47 00 19
www.restaurantcalamanela.com
Horaires sur le site web. Comptez environ 30 €.

Offrant aux habitants de Caldes de Malavella des plats de cuisine catalane rigoureusement travaillés et authentiques depuis 1932, cette table est peut-être la meilleure en ville. La salle de service, à l'image de l'espace cafétéria, affiche un charme classique quand le restaurant se veut plus méditerranéen. Au nombre des spécialités de la maison, on compte un délicieux *magret d'ànec* (magret de canard), une *entrecot de vedella de Girona* (entrecôte) ou encore une superbe *bacallà al forn* (morue au four). Vins et desserts sont eux aussi très à la hauteur.

DELICIUS €€

Avinguda del Doctor Furest, 32
✆ +34 972 470 000
www.hotelbalnearivichycatalan.cat
Horaires sur le site web. Comptez environ 40 €.

L'Hôtel Vichy Catalan ouvre les portes de son prestigieux restaurant Delicius aux non-résidents de l'hôtel. Chaque jour, le chef concocte un nouveau menu du jour, à partir de produits frais, locaux et sains, dans une inspiration des plus méditerranéennes. Fait amusant : il utilise l'eau minérale Vichy Catalan pour préparer ses plats, ce qui a l'avantage de rendre la digestion plus aisée. On y dégustera par exemple une *fideuà* de poissons à l'aïoli ou des côtelettes de porc laquées au soja. Une belle adresse, dans un cadre étonnant aux accents baroques.

CASA ROSA

Carrer de Sant Grau, 19
✆ +34 699 84 08 19
Ouvert du mardi au samedi de 9h à 22h.

C'est un bon exemple de construction moderniste. Céramiques, arcs et balustrades en fer forgé s'emmêlent et forment des ouvertures symétriques impressionnantes. Aussi connu sous les noms de *Can Dieta Levi* et de *Casa Estapé*, en référence à ses propriétaires successifs, elle fait partie depuis 1981 du patrimoine municipal et accueille aujourd'hui un espace de vie pour les retraités ainsi qu'une cafétéria. Des extensions lui ont été adjointes en 1999 sous l'impulsion de l'architecte Jordi Fabrellas. Un petit bijou qui donne bien envie d'y prendre un café.

CAMIRAL GOLF & WELLNESS

Carretera N-II km 701
✆ +34 972 472 249
www.camiral.com

Jouer sur ce parcours qui jouit d'une renommée internationale s'avère être vraiment l'une de ces expériences ultimes. Au total, deux parcours sont offerts aux golfeurs – celui du stade et le parcours du Tour. Deux chefs-d'œuvre architecturaux avec des fairways bordés par des forêts denses, des plans d'eau omniprésents et des vues à couper le souffle. Ce lieu est souvent classé comme le plus beau d'Espagne et figure parmi les plus beaux d'Europe. Désormais, l'ensemble propose des restaurants, des hébergements et un centre de bien-être.

MAÇANET DE LA SELVA

A près de 15 km au sud-ouest de Caldes de Malavella, ce bourg de plus de 7 500 habitants constitue une halte intéressante. On se promène dans le centre-ville pour y découvrir sa grand place où se situent l'église de Sant Llorenç, une église romane du XIe siècle ainsi que de nombreuses maisons de style gothique, comme la Casa Ca Orench, habitée depuis plus de 150 ans par la famille Orench, les plus anciens commerçants du village. Dans les alentours, de nombreux itinéraires de randonnée s'offrent à vous et vous conduiront par exemple aux vestiges ibères de Montbarbat où l'on a notamment découvert la poterie grise emporitaine. https://www.maçanetdelaselva.cat.

COMPLEXE ARCHÉOLOGIQUE DU CHÂTEAU DE TORCAFELLÓ

Extérieur toujours accessible au public. Visite guidée à concerter au préalable par téléphone.

Situé sur la colline de Sant Jordi, il se compose de la chapelle de Sant Jordi (du XVe siècle, fortifiée au XIXe siècle et transformée en tour télégraphique et optique) et des vestiges du château médiéval de Torcafelló, datant du XIe siècle mais qui aura connu deux périodes de reprise, au XIIe siècle, dont la deuxième lui a donné son aspect actuel. A l'intérieur de ce complexe, une exposition traite de deux activités liées au développement de la ville, les sabots et les espadrilles.

HOSTALRIC ★

Située à un jet de pierre de l'autoroute qui file vers la France, cette commune d'Hostalric est la plus petite commune de La Selva : 3 km² pour près de 4 300 habitants. Cette modeste envergure ne rend que plus appréciable la concentration d'histoire qu'on y trouve, avec ses 600 mètres d'une imposante muraille ponctuée de huit tours de défense, extrêmement bien conservées. Autre avantage, de par sa situation géographique, Hostalric constitue une très bonne porte d'entrée dans la « comarque » de La Selva et une halte obligée entre la côte et les Pyrénées, dans un lieu constituant dès l'antiquité le seul passage naturel entre Gérone et Barcelone.

Tourisme

C'est surtout le château, véritable forteresse militaire trônant au sommet d'une colline qui mènera le visiteur jusqu'ici. Ce bien d'intérêt national fut il y a deux siècles, lors de la guerre d'indépendance espagnole, le théâtre de furieux affrontements entre les troupes indépendantistes et l'armée de Napoléon. C'est par ailleurs le week-end de Pâques que la ville revêt ses habits médiévaux, le temps de quelques jours, afin de mettre à l'honneur son glorieux passé de l'époque de la vicomté de Cabrera. Au menu : marché, habitants en vêtements du Moyen Age, spectacles de rue, présentation des anciens métiers traditionnels, étals de produits artisanaux...

ENCEINTE MÉDIÉVALE

c/ Raval, 45 (Office de Tourisme)
✆ +34 972 87 41 65
www.turismehostalric.cat/fr
Du lundi au dimanche, de 10h a 14h. Tarif : 5 €.

Déclarée Bien Culturel d'Intérêt National en 1963, la ville conserve l'un des patrimoines monumentaux les plus remarquables du Moyen Âge catalan. Il reste de l'ancienne enceinte fortifiée, un ensemble urbanistique longeant le tracé du chemin royal (place dels Bous, rue Major et place de la Mairie) et comprenant 8 tours médiévales et 600 m de muraille qui s'étendent de la place dels Bous au Portail de Barcelone. La visite clé en main se fait à votre gré. A visiter : La Tour des Frères, la Tour d'Ararà, le chemin de ronde de la muraille et la grotte du Relliguer.

FORTERESSE D'HOSTALRIC ★★

Avinguda de la Fortalesa, s/n
✆ +34 972 87 41 65
Horaires disponibles sur le site web de la ville. Entrée : 5 € adulte. Visites guidées : 7 €.

Cette forteresse matérialise plus de 1 000 années d'histoire. Une balade au château où vous pourrez paisiblement profiter de vues splendides tout en visitant les espaces principaux de la forteresse (corps de garde, poudrière, galerie à l'épreuve des bombes). En faisant un tour au centre d'interprétation du château, où il est possible de voir une vidéo – en français – vous ferez un voyage dans le temps et découvrirez les fonctions et les transformations du château médiéval des vicomtes de Cabrera (XIe siècle) au fil de son histoire.

Le village de Hostalric.

OFFICE DE TOURISME D'HOSTALRIC

c/ Raval, 45 (Office de Tourisme)
✆ +34 972 87 41 65
www.turismehostalric.cat
Horaires disponibles sur le site web. Visites régulières du château le week-end.

Il est situé dans l'édifice historique du Domus - Can Llensa. De par sa situation à la sortie de l'autoroute, Hostalric est le premier point de contact avec la comarque, on y trouve donc de la documentation variée, en français, sur la ville et des visites guidées, mais aussi sur toutes les activités possibles dans La Selva. Belle vue sur la ville depuis l'office de tourisme sur tout ce qu'il y a voir ici. Autre point d'info au château le week-end et en été.

VISITES GUIDÉES ★

c/ Raval, 45 (Office de Tourisme)
✆ +34 972 87 41 65
Réservation préalable.

- **Visite du château.** Elle permet de jouir de superbes vues panoramiques, tout en en apprenant davantage sur les techniques de fortification militaire de l'époque moderne.
- **Visite avec remise de clés.** Vous serez les protagonistes de ce parcours à suivre à votre rythme. Il s'agit d'un itinéraire que chacun peut faire à son gré, en ouvrant et fermant les portes des espaces à visiter, tout en se promenant dans la ville fortifiée.
- **Visite guidée du site médiéval.** Elle permet de connaître et de découvrir l'héritage de la vicomté de Cabrera à Hostalric.

RESTAURANT QUATRE VENTS 3.0 €€

Av. Coronel Estrada, 122
✆ +34 972 86 56 90
www.restaurantquatrevents.com
Horaires sur le site web. Comptez environ 40 € à la carte.

Installé le long de la muraille, de l'autre côté de la rue, ce restaurant au look vintage, avec sa baie vitrée donnant sur la vallée, sa grande cuisine ouverte et sa terrasse cocoon, propose une cuisine inventive à base de produits locaux et de qualité. Tapas variées et colorées et plats élaborés : *patates braves* aux 2 cuissons et aux deux sauces, foie accompagné de figues et sauce au porto, par exemple, se partagent la carte. Adresse contemporaine mariant tradition et nouveautés.

ARBÚCIES ★

C'est une ville et une municipalité de La Selva. Le village est installé au fond d'une vallée située entre le Parc naturel de Montseny et la région des Guilleries, déclarée zone de protection des espaces naturels. Ce qui en fait une destination appréciable pour les amateurs de nature, de botanique et de randonnées. Si on s'y rend à la mi-octobre, on pourra assister à la *Fira de la Tardor*, la fête la plus emblématique d'Arbúcies, qui propose tout un éventail d'activités pour partir à la découverte de son patrimoine culturel et naturel. Tout en mettant à l'honneur les produits de base de la gastronomie de la région : champignon, gibier, châtaigne...

CASTELL DE MONTSORIU ★★★

Carretera de Fogueres, s/n
✆ +34 972 86 09 08
www.montsoriu.cat
Visite à réserver en ligne. Visite guidée d'environ 1h30 à 8,50 €.

Situé au sommet d'une colline de plus de 600 m d'altitude, au pied du Montseny et à proximité du massif des Guilleries, ce château se trouve à cheval sur les localités d'Arbúcies et de Sant Feliu de Buixalleu. Et surplombe la vallée de la Tordera et tout le couloir méditerranéen, qui s'étend de Gérone à Granollers. Il est le château gothique le plus imposant de Catalogne et l'une des enceintes médiévales les plus importantes de la péninsule. Cette situation stratégique lui valut d'être le siège militaire des vicomtes de Cabrera à l'époque où cette famille était l'une des plus puissantes de Catalogne, aux côtés de Pierre le Cérémonieux (XIVe siècle). Au long de ses plus de mille ans d'histoire (les premières références remontent à l'an 1002), Montsoriu fut occupé par les Ibères, avant d'être utilisé comme centre de défense stratégique pendant plus de 500 ans, point de référence de la noblesse catalane et forteresse inexpugnable du fait de sa construction irréprochable. Après avoir subi de nombreuses transformations tout au long de son histoire, jusqu'aux XIVe et XVe siècles, il n'a plus occupé sa fonction militaire et a été transformé en palais résidentiel, avec tous les réaménagements que cela impliquait. Depuis juillet 2021, ce château accueille un centre d'interprétation du Vicomté de Cabrera, articulé autour de 3 pièces. L'occasion de visionner notamment un documentaire sur son héritage historique et patrimonial dans la Selva et la route des 13 municipalités qui permettront de le suivre sur le terrain.

CENTRE D'INTERPRÉTATION DU COURS D'EAU ★★

Carrer de la Farga

+34 972 162 477

Ouvert tous les dimanches de 11h30 à 13h45, visite gratuite. Possibilité de visite pour les groupes sur demande.

La visite nous emmène dans le passé et nous permet de constater l'importance des utilisations de l'eau tout au long de l'histoire de la Vallée d'Arbúcies. Cette ancienne forge de cuivre, construite entre 1846 et 1848, a fonctionné jusqu'en 1873. Plus tard, d'autres industries ont été installées, exploitant les droits d'utilisation de l'eau, comme une tannerie, une scierie et, enfin, une carrosserie. Actuellement, la turbine de 1934 est en pleine activité.

ESPACE CABRERA

Carrer Major, 6

+34 972 86 09 08

www.larutadelscabrera.cat

Mêmes horaires que le musée ethnologique. Tarif du musée inclut la visite de cet espace.

Depuis septembre 2022, cette extension moderne du musée ethnologique du Monseny se propose de donner à voir l'histoire et l'héritage patrimonial liés aux vicomtes de Cabrera. Une lignée familiale qui s'est étendue de la région de Selva, aux régions de Vallès, Maresme, Osona et Garrotxa. On pourra visionner un audiovisuel « Les Cabrera, la puissance d'une grande lignée » qui détaille les origines des vicomtes de Gérone-Cabrera et comment ils ont fait de Montsoriu leur centre de pouvoir. Un travail qui s'est basé sur 30 ans d'interventions archéologiques.

RIVIÈRE D'ARBÚCIES ★

C'est l'un des principaux trésors du Parc naturel du Montseny. Elle traverse la ville et en la remontant à partir du centre-ville, on se retrouve après 5 minutes de marche au cœur d'une nature luxuriante quasi tropicale. Cette balade d'environ 2 km donne à voir une impressionnante variété d'arbres et de fleurs, ainsi qu'un espace de culture préservant 27 pommiers de différentes variétés. Cet endroit superbe a inspiré le peintre catalan Santiago Rusiñol qui y passa quelques années à reproduire les somptueux paysages nés du passage de la rivière.

MUSÉE ETHNOLOGIQUE DU MONTSENY ★★

Carrer Major, 6

+34 972 86 09 08

www.museuetnologicmontseny.org

Horaires sur le site web. Adulte : 4 €.

Depuis sa création en 1985, le musée ethnologique du Montseny (MEMGA) se veut un centre de conservation, de recherche et de diffusion du patrimoine culturel du parc naturel de Montseny. On conseille vivement de visiter ce centre installé dans une antique bâtisse du XVIIe siècle située dans le centre-ville d'Arbúcies, si l'on souhaite se faire une idée générale de la région. Moderne et interactif, il retrace les différentes étapes de la relation de l'homme à son habitat, balayant une période allant des Ibères jusqu'à l'ère industrielle. Au programme, une belle collection d'objets découverts dans l'actuel Parc Naturel du Montseny sont exposés (ossements, outils, céramiques...), ponctués de vidéos explicatives, et des reproductions de lieux de vie anciens : machineries d'usines, taverne médiévale... Le bijou de ce musée de 1 800 m² articulé autour de 15 salles d'expositions permanentes est sans doute le superbe bus rouge et se banquette en bois du siècle passé, exposé à la fin du circuit, comme un hommage à l'activité économique principale d'Arbúcies : la construction d'autobus. Une vidéo d'une vingtaine de minutes, en français, propose un tour d'horizon de la Selva intérieure et raconte quelques légendes de *bruixes* (sorcières) et de *bandolers* (brigands), très nombreuses et populaires dans la région. Le département du tourisme de la Selva propose d'ailleurs un tout nouvel itinéraire ludique à travers la comarque sur ce dernier thème. Renseignement à l'office du tourisme.

OFFICE DE TOURISME D'ARBÚCIES

Carrer Major 6

+34 972 162 477

www.visitarbucies.com

Horaires disponibles sur le site web.

Informations touristiques sur le Vall d'Arbúcies et le Montseny (itinéraires, hébergements...) et informations touristiques sur la région de La Selva, la Catalogne, les pays catalans et le reste du monde. Il est situé dans le musée ethnologique de Montseny. La réception du musée héberge également la place d'information du Parc Naturel du Montseny à Arbúcies. Ce point fournit des informations sur le parc naturel ainsi que des informations touristiques sur la commune d'Arbúcies.

HOSTAL MONTSOLIU €

Carrer Francesc Camprodon, 90
✆ +34 972 86 12 48
www.hotelmontsoliu.com
Chambre double à 69 €.

Situées à l'entrée d'Arbúcies, les 20 chambres personnalisées et fraîchement décorées du Montsoliu sont logées dans un superbe édifice ancien aux vastes espaces, lumineux et décorés de façon contemporaine. Le restaurant propose des plats écologiques tandis que la pizzeria artisanale délivre quelques très bonnes recettes italiennes. On apprécie, à la belle saison, le joli bar en jardin où il fait bon flâner, cocktail en main. La piscine réservée aux clients s'avère parfaite lorsque le soleil se fait insistant. Accueil souriant. Très bon rapport qualité-prix.

EL MOLÍ DE CAN AULET €€

Afueras, s/n
✆ +34 972 86 07 65
www.elmolidecanaulet.com
Prix pour un week-end, selon la saison : de 240 à 265 € pour 2 personnes.

Ces deux gîtes de charme – L'Estada et El Cirerer – attenants à une belle maison de campagne du XVIe siècle se trouvent au creux d'une vallée environnée de champs et de forêts. Très confortables et pouvant accueillir jusqu'à 4 personnes, ils disposent d'un jardin privé avec barbecue et d'une piscine entourée d'une végétation luxuriante. La proximité de l'autoroute permet de rayonner facilement sur la région : Barcelone, Gérone, les plages de la Costa Brava ou encore les Pyrénées sont aisément accessibles. Golf à proximité. Très belle adresse, où règne la quiétude.

HOTEL TORRES €€

Carrer Francesc Camprodon, 14
✆ +34 972 86 14 60
www.cantorres.com
109 € la double, petit déjeuner inclus.

Située en plein centre-ville, cette ancienne auberge – qui fut d'abord, en 1870, une échoppe de café – a été entièrement rénovée en 2014 pour offrir aujourd'hui aux visiteurs huit chambres confortables et sobrement décorées : air conditionné, chauffage, bureau, salle de bains avec baignoire, TV satellite, wifi, mini bar et lit d'appoint. Le café-snack du rez-de-chaussée arbore un charme désuet, avec ses mosaïques au sol et ses anciennes affiches publicitaires aux murs. Voici une belle adresse qui s'avère à la fois intime et centrale.

MASIA EL BUXAUS €€

casa rural al Parc Natural del Montseny
✆ +34 678 711 569
www.elbuxaus.cat
Selon la saison, de 49 à 54 € par personne, avec petit déjeuner.

A 800 m d'altitude au cœur du Parc naturel du Monsteny, cette ferme du XVIIIe siècle propose 5 chambres d'hôtes (3 doubles et 2 familiales) très confortables, joliment décorées, avec de belles vues sur la vallée. Dans ce lieu orienté vers le tourisme vert, on profitera d'un verger écologique, d'une petite ferme, d'une piscine et d'une salle à manger et de 2 salons, en parties communes. La petite capacité d'accueil d'*El Buxaus* rend possible un accueil personnalisé, chose que vos jeunes et chaleureux hôtes, Noemí et Jaume, ne manqueront pas d'assurer. Ressourçant.

LES MAGNÒLIES €€€

Carrer Mossèn Antoni Serres, 7
✆ +34 972 86 08 79
www.lesmagnolies.com
Horaires sur le site web. Menu gastronomique : 99 € sans les vins. Réservation recommandée.

C'est aux somptueux magnolias plus que centenaires trônant dans la cour qu'il doit son nom. Derrière le faste du lieu se cache une cuisine fusionnant traditionnel et inventivité qui lui a valu une étoile Michelin. Que l'on pourra déguster dans une salle lumineuse ou sur une charmante terrasse. On testera par exemple des haricots grillés accompagnés d'omelette fumée, des carottes et leur crème d'anchois, une longe de porc Duroc, une espèce autochtone, pour finir avec un sorbet au jasmin. La cave réjouira aussi les plus fins connaisseurs.

ACCROBRANCHE - PARC LA SELVA AVENTURA

✆ +34 626 79 93 35
www.selvaventura.com
Réservation préalable obligatoire. Circuit acrobatique : 22 € (adulte).

C'est dans le Parc naturel du Montseny que se trouvent ces parcours d'accrobranche, accessibles dès 5 ans. Plus de 60 activités à 15 mètres d'altitude sont au programme, avec notamment des filets et échelles de cordes permettant d'atteindre des plateformes installées à la cime d'imposants arbres, des ponts suspendus, des passages aériens, des tunnels, de grandes lianes pour jouer à Tarzan, ainsi que de nombreuses tyroliennes dont la plus longue mesure 140 mètres.

SANT HILARI SACALM ★

Au cœur du massif des Guilleries, le village de Sant Hilari Sacalm et ses 5 800 habitants est une ville d'eau : en raison de l'étonnante profusion de fontaines naturelles, elle a gagné le surnom de « ville des cent sources », et de fait, il vous faudra un temps considérable pour en faire l'inventaire. Les plus célèbres sont Font Picant, Font d'en Gurb, Font Vella, Font del Serrat et Font del Ferro, et on aura l'occasion de profiter des vertus médicinales de toute cette humidité dans la station balnéaire Font Vella. Autrefois ville agricole, c'est aujourd'hui la manne aquatique et le tourisme du bien-être qui porte l'économie de Sant Hilari Sacalm.

OFFICE DE TOURISME DE SANT HILARI SACALM

Plaça Dr. Robert, s/n
✆ +34 972 869 686
www.lesguillerieskm0.cat
Horaires sur le site web.

L'office de tourisme de Sant Hilari se trouve dans un bâtiment historique du XVIe siècle nommé Can Rovira et dispose de toutes sortes d'informations sur la ville et son offre touristique. C'est ici que l'on peut organiser une visite du Museu Guilleries, orienté sur l'espace forestier des Guilleries, ainsi qu'à l'espace d'innovation en matière d'eau AQUA mis en place en 2016 dans le cadre du programme touristique « Boscos de bruixes i bandolers » (Forêts de sorcières et de bandits).

CENTRE ARTISANAL DE TOURNAGE

Carrer de la Font Picant
✆ +34 972 869 686
Renseignements sur les dates à l'office de tourisme. Entrée libre.

Artisans du bois et nostalgiques du début du siècle passé se réunissent tous les 1e et 3e samedis du mois pour exposer leurs anciennes machines et leurs outils. Des démonstrations de coupe, tournage, taille et polissage sont effectuées par les exposants et quelques œuvres miniatures enfermées dans des bouteilles de verre ainsi que de jolies pièces de bois travaillées sont également à la vente. Ce sera l'occasion d'une plongée dans le monde des métiers du bois.

HOTEL RIPOLL €€

Carretera de Vic, 26
✆ +34 972 86 80 25
www.hotelripoll.com
Chambre double de 66 à 84 €.

Situé dans le centre, ce charmant petit hôtel rural et familial a été construit il y a plus d'un siècle, mais entièrement rénové en 2006. Il dispose de 28 chambres, confortables et modernes, certaines avec un balcon fleuri donnant sur une rue tranquille. L'accueil est chaleureux et les propriétaires se feront un plaisir de vous confier quelques bons conseils pour découvrir la région. À noter que l'établissement offre également un service de restauration de très bonne facture et peu cher, principalement des plats typiquement montagnards. Bonne adresse très calme.

MUSÉE DE GUILLERIES ★★

Plaça del Dr. Robert, s/n
✆ +34 972 869 447
Du lundi au samedi, de 10h à 13h30 et de 16h à 19h. Dimanche et jours fériés, de 10h à 10h30.

Le petit Musée Guilleries se trouve dans une bâtisse moderniste de 1920 surmontée d'une belle ornière vert absinthe et a pour objectif de faire connaître le patrimoine naturel et culturel de la zone forestière des Guilleries. Dioramas, collections de pièces de bois et d'animaux empaillés, photographies et panonceaux explicatifs permettent de se faire une vision d'ensemble des écosystèmes de la région et de se familiariser avec la faune et la flore qui les composent. Le musée organise également des visites guidées et des ateliers d'éducation environnementale.

VILAR RURAL DE SANT HILARI SACALM €€

Carretera GI-541, km 9
✆ +34 972 872 820
www.vilarsrurals.com
De 90 à 160 € la chambre double, petit déjeuner inclus.

Perché sur une petite colline et encadré d'une épaisse végétation de pins, chênes et châtaigniers, ce complexe hôtelier propose 93 chambres, de la simple à la familiale, lumineuses, fonctionnelles, avec balcon ou terrasse donnant sur le parc de Montseny. Piscine extérieure, restaurant et animations sont au programme, avec de nombreuses activités pour les enfants, ce qui laissera aux parents le temps de s'adonner à la marche, au VTT ou à l'escalade. Idéal pour des vacances en famille.

BALNEARI FONT VELLA HÔTEL €€€

Passeig Font Vella, 57
✆ +34 972 86 83 05
www.balnearifontvella.cat
A partir de 178 € la chambre double.

Il se compose d'un superbe bâtiment historique entièrement rénové, baptisé le temple, qui accueille la réception ainsi que six des chambres les plus impressionnantes de l'hôtel, et de deux bâtiments beaucoup plus récents. Le premier dispose de 24 vastes chambres des plus confortables, avec salle de bains tout équipée, vestibule et coin lecture ; le second bâtiment abrite le Spa, l'espace de traitements et massages, le circuit thermal, la piscine climatisée et le solarium.

CABANES DANS LES ARBRES €€€

Carrer Vallclara
✆ +34 625 41 14 09
www.cabanesalsarbres.com
Nombreuses propositions détaillées sur le site.

Comme son nom l'indique, il s'agit d'un type de logement rural et alternatif des plus originaux : les convives sont invités à rejoindre leur cabane perchée dans un arbre pour la nuit ! Joliment aménagées, les 10 unités que compte ce petit éco-resort sont suspendues à des pins, des sapins de Douglas et des hêtres, et ne disposent ni d'eau courante ni d'électricité mais sont équipées de bougies, lampe et de chauffage. Les clients ont accès au mas, le bâtiment principal et à la piscine. Une belle adresse, romantique à souhait et au plus près de la nature.

ELS CORTALS €€

Els Cortals del Mig, s/n
✆ +34 972 86 87 95
www.elscortals.cat
Horaires sur le site web. Menus du jour 14 € en semaine et à 25 € week-end et fériés.

C'est dans une salle de service vaste et lumineuse, avec cheminée et décoration typique de la région que sont dressées les tables à nappes rouges et blanches. Depuis 1980, on sert ici des plats de tradition catalane bien exécutés et préparés à partir de produits locaux uniquement. Outre les copieux petits déjeuners paysans, on pourra goûter les jeudis et vendredi à l'*arròs* (riz accompagné de produits variés), mais aussi à une belle variété de ragoûts, de viandes grillées et autres plats de saison. Un établissement authentique et nourrissant.

RESTAURANT SACALM €€€

Passeig Font Vella, 57
✆ +34 972 86 83 05
www.balnearifontvella.cat
Comptez environ 40 à 50 €.

Le Font Vella ouvre les portes de son élégant restaurant aux visiteurs gourmets non résidents. On y déguste des plats méditerranéens dans une ambiance intime, soutenue par un service très professionnel. Au menu, soupe de tomates et crevettes à la pastèque et au basilic, carpaccio de bœuf et parmesan, merlu sauce poireau et d'autres douceurs encore… La cave à vin renferme quelques belles étiquettes et les desserts sont très à la hauteur. Mentionnons ici le menu gastronomique, proposé le samedi uniquement qui est une véritable expérience gustative.

ESPACE BALNÉAIRE - BALNEARI FONT VELLA HÔTEL

Passeig Font Vella, 57
✆ +34 972 86 83 05
www.balnearifontvella.cat
Ouvert tous les jours de fin juin à mi-septembre.

L'Hôtel Thermal Font Vella met à disposition son circuit balnéaire pour les personnes ne résidant pas à l'hôtel : piscine climatisée à 36°C, jacuzzi, douche tropicale, lits thermiques, bain polaire à 12°C, douches d'essences / de contraste / au seau, pédiluve avec galets, hammam, sauna finlandais et source de glace. D'autres traitements sont également disponibles sur demande, en tarif extra. Achat de peignoirs et serviettes à la réception. Réparateur.

PARC AVENTURE SANT HILARI AVENTURA

Camí de Reixac, s/n
✆ +34 677 96 49 20
www.santhilariaventura.com
Horaires et tarifs des circuits proposés consultables sur le site web.

Il propose aux petits et aux plus grands de s'essayer aux joies de l'accrobranche, dans le superbe cadre des Guillleries : pont de singes, tyroliennes, saut de Tarzan... le tout organisé selon 5 parcours de difficulté croissante. Adrénaline et bons moments en perspective, en toute sécurité. Un espace pique-nique installé sous les arbres permet de passer la journée au parc, pour profiter pleinement de toutes les activités proposées. Balade en Segway® sur les chemins balisés.

ESPINELVES

Au sud-ouest du massif des Guilleries et au nord de celui du Montseny, Espinelves offre au visiteur un spectacle de nuances de vert assez impressionnant. Rural, l'air qu'on y respire y est frais et l'eau douce s'y boit à grandes goulées. On ira le visiter pour son cadre verdoyant, avec le calme et la tranquillité que cela implique, mais aussi pour visiter sa petite église romane dédiée à Sant Vincenç. Et chaque deuxième semaine de décembre, la grande foire au sapin s'installe dans le centre-ville et attire des Catalans de tous horizons venus élire leur arbre de Noël. Une manière pour le village de mieux faire connaître ses grandes forêts de conifères.

VILADRAU

Une bonne partie du territoire de ce village est situé dans le massif du Montseny. Pour mieux le comprendre, il faut avoir en tête l'interaction entre trois éléments : la forêt, l'eau et l'homme. En effet, depuis sa naissance, Viladrau a toujours vécu en harmonie avec son environnement et continue de le faire. Très imprégné de la culture du massif, on retrouve ici comme dans la Selva un chapelet d'histoires et de légendes ayant pour protagonistes brigands et sorcières du XVIIe siècle. À cet égard, le très bel Espace Montseny joue à fond le jeu des *Bruixes* et *Bandolers* en proposant son interprétation de l'héritage commun des habitants du Montseny.

ARBORETUM DU MAS JOAN ★

Mas Joan

✆ +34 646 27 50 90

www.masjoan.com

Horaires sur le site web. Entrée : 5 €, gratuit pour les moins de 8 ans.

Installé autour d'une masia du XIIe siècle, l'arboretum du Mas Joan concentre un nombre et une variété impressionnante d'arbres monumentaux avec notamment une soixantaine d'espèces de conifères, dont certains dépassent les 40 mètres de haut, et des séquoia dont le plus haut atteint 45 mètres pour une circonférence de 201 centimètres. La balade est revigorante, et même rafraîchissante lorsque le soleil se fait de plomb. Le Mas joue aussi le rôle de pépinière, ce qui devrait intéresser les botanistes et autres jardinier en herbe.

ÉGLISE SANT VICENÇ

Datant du XIe siècle, l'église paroissiale d'Espinelves qui est dédiée à Sant Vincenç ne disposait à l'origine que d'une seule nef. Il semblerait qu'elle ait été dotée d'une seconde nef terminée, par une seconde abside semi-circulaire couverte, elle aussi, d'une voûte en berceau, à la fin du XIIe siècle. On appréciera plus particulièrement son magnifique clocher carré à trois étages ainsi que la reproduction du retable dit « mestre d'Espinelves » qui date du XVe siècle et dont l'original est conservé au Musée épiscopal de Vic.

CHEMIN DES CHÂTAIGNERS

Font del Sot de Can Rosell

C'est une balade idéale pour un premier contact avec le village de Viladrau et le parc du Montseny. Il s'agit d'une balade en boucle d'environ 1h30 suivant un sentier bordé de châtaigniers, de sources d'eau naturelles et de quelques anciennes fermes typiques de la région. L'itinéraire est ombragé et permet de se familiariser doucement avec le patrimoine naturel de Viladrau et d'en découvrir quelques constructions anciennes. Le départ se fait au niveau de la Source dite « Font del Sot de Can Rosell », à 15 minutes à pied de la Plaça Major.

ESPACE MONTSENY

Carrer Migdia, 1

✆ +34 938 848 035

www.viladrau.cat

Horaires disponibles sur le site web. Entrée : 3,50 €/adulte.

C'est un espace de découverte multimédia à l'empreinte volontairement onirique faisant partie du réseau *Bruixes i Bandolers* (Sorcières et Brigands). A grand renfort de vidéos, d'hologrammes et d'effets sonores assez réussis, on est plongés dans les histoires et légendes qui peuplent les forêts du massif. Des *Goges*, ces célèbres fées de l'eau, jaillissent ici et là de flaques d'eau factices, puis c'est l'épopée du fameux bandit Serrallonga qui nous est conté, avant d'en apprendre plus sur les pouvoirs magiques des sorcières du bois…

OFFICE DE TOURISME DE VILADRAU

Carrer Migdia, 1
✆ +34 938 848 035
www.viladrau.cat
Horaires disponibles sur le site web.

Cet office fait à la fois office d'information pour le village, mais aussi de point de renseignements pour ceux qui souhaitent visiter le Parc naturel de Montseny. On y trouvera par exemple de la documentation sur les itinéraires de randonnées, notamment le chemin à emprunter pour rejoindre Espinelves, en passant pas son bel arboretum. Dans le village, des points d'informations tactiles sont aussi à votre disposition ainsi qu'un plan interactif du village.

LA COROMINA €€

Route de Vic, 4-6
✆ +34 938 849 264
www.xaletcoromina.com
143 € la chambre double.

La Coromina est une ancienne villa bourgeoise du tout début du XXe siècle qui a été reconvertie en hôtel de charme proposant huit chambres coquettes et personnalisées. Toutes sont confortables à souhait et bien équipées. Et le restaurant, intime, lumineux et donnant sur le joli jardin, est piloté par un chef expérimenté et soucieux aussi bien de la fraîcheur que de la présentation des produits. Petit déjeuner gourmet. Idéal pour les couples et très bien situé, à 20 minutes de Vic et à 35 minutes de la Costa Brava. Belle adresse.

EL MOLÍ DE LA BARITA €

Route d'Arbúcies
✆ +34 93 884 91 62
www.elmolidelabarita.cat
Ouvert du jeudi au dimanche le midi, vendredi et samedi le soir. Comptez environ 30 € à la carte.

A environ 4 kilomètres du centre-ville de Viladrau, El Moli de la Barita est un restaurant plein de charme que l'on découvre emmitouflé de grands arbres et de plantes vertes. La salle de service est étonnante, les murs couverts de lamelles de bois et la cheminée centrale donnant le ton, et les plats sont catalans, composés à partir de produits locaux et frais. On goûtera aussi bien à des viandes qu'à des poissons *a la brasa*, avant de jeter un œil à l'alléchante carte des desserts. Personnel aimable et note honnête, plus encore pour le menu du midi en semaine.

VIDRÀ

Situé à un peu moins de 1 000 m d'altitude, c'est un tout petit village encadré de montagnes. Comme il vit principalement de l'agriculture, on y dénombre plusieurs fermes d'élevage. On passera par là pour une halte restauration et pourquoi pas pour s'adonner aux joies de la marche en forêt. Pour les amateurs, il est en effet possible de rejoindre le sanctuaire dels Munts en partant du presbytère de Vidrà et en suivant le GR3 (comptez 4h30). L'itinéraire traverse de jolies zones boisées et croise quelques points d'intérêt comme le moulin de la Foradada. Le village peut aussi permettre de rallier Ripoll après 30 min de voyage en voiture.

BANY DE BOSC DE VIDRÀ

El Cavaller de Vidrà
✆ +34 679 170 682
www.boscterapeuticvidra.com
45 € par personne. Groupe de 10 personnes.

Prêt pour un bain de forêt ? C'est l'expérience que propose Elisabet Vila d'Abadal, fondatrice de l'entreprise. Le but, vous plonger dans une forêt aux qualités particulières, la forêt de Torrenteres, gérée par sa famille depuis 26 générations. Là, vous réaliserez des activités physiques vous permettant de vous connecter physiquement et spirituellement à la nature. Pour cela, vous serez accompagné par la guide, Berthe Vilageliu, fine connaisseuse des lieux et experte en Shiatsu. Cette expérience dure une matinée, mais vous pouvez aussi déjeuner sur place.

OLOT ★

Cette capitale de la comarque attire d'abord les voyageurs pour sa position de point d'entrée dans le Parc naturel de la zone volcanique de la Garrotxa, où les chemins de randonnée sont légion. On profitera de son séjour pour visiter le volcan du Montsacopia, après être passé à *Espai Crater* pour bien comprendre les phénomènes sismiques et volcaniques. Mais on y vient aussi pour le charme de la ville elle-même. Que ce soit pour son patrimoine architectural, Renaissance mais aussi moderniste. Ou pour les festivités de la Vierge de Tura qui, en septembre, attirent de nombreux visiteurs, avec animations, concerts, tablées de *botifara* et d'*escudella i carn d'olla*, respectivement la saucisse et le pot-au-feu façon catalane, et aussi réputées pour le bal des géants qui y est organisé à cette occasion.

Histoire

Fondée à la fin du IVe siècle, la ville d'Olot passe sous la domination du comté de Besalú, puis de Ripoll après avoir été occupée par les Francs. En 1427 et 1428, elle est détruite par une série de tremblements de terre puis reconstruite en deux temps : la Vila Nova en premier puis la Vila Vella au XVIe siècle. La démographie de la ville enfle alors, avant que n'éclate la guerre civile catalane (1462-1472), suivie de rébellions paysannes (les *remences*) qui freineront le dynamisme économique et politique de la Garrotxa dans son ensemble. Ville et région décolleront de nouveau lors de la période moderne. En 1875, Olot deviendra même capitale de la Catalogne.

CASA MUSEU CAN TRINCHERIA ★

Sant Esteve, 29
✆ +34 972 26 67 62
www.olotcultura.cat
Horaires disponibles sur le site web. Entrée libre.

Construite dans la première moitié du XVIIIe siècle, cette maison musée, qui porte le nom de la famille qui la possédait, est l'une des plus importantes de la ville. Ce qui a contribué à la rendre populaire est certainement la scène de nativité, sculptée par Ramon Amadeu, puis transformée au fil du temps par d'autres artistes. Autre caractéristique, ses murs, ornés de paysages et scènes mythologiques et historiques. Pour s'immerger dans le cadre d'une famille aisée.

CIMETIÈRE MUNICIPAL D'OLOT ★

Macarnau - Camí de Montsacopa

Situé au pied des zones argileuses du volcan Montsacopa, le cimetière municipal d'Olot fut inauguré en 1821, puis a été agrandi au cours des années. La première entrée est toujours conservée. On trouve dans la deuxième enceinte des sépultures d'une grande beauté, principalement œuvres du sculpteur Celestí Devesa, mais aussi de Josep Llimona, Josep Berga, Emeteri Vélez, Martí Casadevall, Ignasi Buxó et Joan Ferrés, et d'autres encore. Il mérite une visite.

Fromages de la région de Garrotxa.

CIRCUIT MODERNISTE

C'est à Alfred Paluzie Lucena qui sera l'architecte municipal d'Olot durant 11 ans que l'on doit l'introduction des grandes lignes du modernisme. Petite sélection.

- **Casa Gassiot** (1911-1912 – carrer Sant Rafael, 24). Propriété de l'une des familles les plus importantes de Catalogne. De toutes les maisons créées par Alfred Paluzié, c'est celle qui utilise le répertoire décoratif le plus médiéval, mais cadré dans un style moderniste. On remarquera sa galerie couverte et la sculpture allégorique faisant référence à la radiographie, spécialité du propriétaire, médecin de profession.
- **Casa Solà Morales** (1913-1916 – Passeig de l'Escultor Miquel Blay, 38). Œuvre de Luís Domènech i Montaner à qui l'on doit notamment le Palais de la musique catalane à Barcelone, c'est indéniablement le plus bel exemple du modernisme d'Olot. Comprise dans la route du modernisme. L'architecte a totalement restauré la façade du bâtiment et on remarque une galerie d'arcades de 12 colonnes décorées de carreaux de céramique de Valence. Sur les 2 colonnes qui s'élèvent jusqu'au balcon du premier étage, on notera aussi deux élégantes cariatides, sculptées par Eusebi Arnau.
- **Casa Gaietà Vila** (1901-1905 – Passeig de l'Escultor Miquel Blay, 61). De cette œuvre d'Alfred Paluzie, on notera les créneaux de style médiéval qui couronnent le bâtiment. Qui comme d'autres détails doivent rappeler les châteaux de cette époque.
- **Casa Escubós** (1911-1912 – Carrer Major, 25-29). Alfred Paluzié a rénové la façade de cette maison, notamment avec des motifs végétaux.

CLOÎTRE DU CARME ★★

Calle Pere Antoni

Fermé le dimanche après-midi. Entrée libre.

C'est l'élément le plus ancien d'Olot. Édifié en 1603 par l'architecte Llàtzer Cisterna, ce cloître de l'ancien couvent du Carme est aussi un bon exemple de l'architecture de Renaissance. Il est composé d'une cour fermée de plus de 1 000 m² et de 2 étages sous arcades. Les 4 galeries du rez-de-chaussée et l'une de celles du premier étage sont de la même époque, alors que les 3 autres ailes sont probablement du siècle suivant, et sont construites avec des matériaux plus modestes. Depuis près de 200 ans, il abrite le siège de l'école des métiers d'art d'Olot.

ÉGLISE DE LA MARE DE DÉU DEL TURA

Carrer Baix del Tura

Avant les séismes qui sévirent au XVe siècle et qui la démolirent en partie, cette église était un sanctuaire de première importance. Remodelée en 1763 par Frances Mas, un architecte catalan, puis en 1928 par un architecte danois, sa façade est d'inspiration baroque classique et sa coupole arbore quelques fresques anciennes. Selon une légende, elle doit son nom à un bœuf, *tura* en catalan ancien, qui gratta à un emplacement où l'on trouva une statue de la Vierge.

ÉGLISE DE SANT ESTEVE ★

Plaça del Rector Ferrer

Ouverte du lundi au samedi, de 11h à 13h. Entrée adulte : 3 €.

Œuvre de Blay de Trincheria, il s'agit d'une église de la période de transition baroque du XVIIIe siècle. Elle dispose d'une seule nef encadrée de quatre chapelles et est dotée d'une tour octogonale sur la droite de sa façade, qui elle date de l'an 1800 et était jadis incrustée d'images en pierre taillée de Santa Sabina, Sant Esteve et Sant Valentí. La rampe d'escalier est, quant à elle, postérieure puisque réalisée en 1905. De plus, le musée de la sacristie abrite un Christ portant la croix, une œuvre précieuse du peintre *El Greco*.

ESPACE CRATÈRE

Calle Marcanau, 55

✆ +34 972 27 91 22

https://espaicrater.olot.cat

Horaires disponibles sur le site web. Entrée : 7,50 €.

Ce musée et centre d'information se substitue à l'ancien musée des volcans. Ce nouvel « Espai Cràter » se propose d'expliquer de manière interactive le paysage volcanique de la Garrotxa au visiteur. La découverte se fait au travers de lunettes de réalité virtuelle qui permettent de comprendre les phénomènes sismiques et volcaniques. L'exposition permanente met l'accent sur la présentation de la Garrotxa (phénomènes sismiques et volcaniques, écosystèmes). Installé sur le flanc du volcan Montsacopa, il est le point de départ d'une belle balade de découverte.

JARDIN BOTANIQUE DU PARC NOU ★★

C'est un somptueux parc municipal où l'on trouve notamment la tour moderniste de Castanys, abritant le centre d'information du Parc naturel que l'on visitera pour se familiariser avec la végétation endémique de la plaine olotaine. Mais il renferme aussi un jardin botanique extrêmement riche que l'on parcourt librement, au gré de l'itinéraire fléché ponctué de panonceaux descriptifs. On y verra notamment un spectaculaire bois de chêne pédonculé vieux de 250 ans et haut de 25 mètres.

MUSÉE DE LA GARROTXA ★

Carrer de l'Hospici, 8
✆ +34 972 27 11 66
www.olotcultura.cat
Horaires disponibles sur le site web. Entrée adulte : 3 €.

Le Musée de la Garrotxa se trouve au 3e étage d'un édifice néoclassique du XVIIIe siècle dit l'Hospici. Les différentes salles d'exposition sont consacrées à l'évolution historique de la région s'étendant sur une période allant de la fin du XVIIIe au milieu du XXe. Néanmoins, la partie la plus importante est celle consacrée à l'activité artistique de cette période. On commence la visite avec l'*Escola Pública de Dibuix* (Ecole Publique de Dessin), créée en 1783 et plus ancienne de Calalogne, avec pour thème l'Ecole Paysagère d'Olot, qui trouve ses maîtres dans les peintres Joaquim Vayreda et Josep Berga i Boix. Dans cet esprit, on trouve des sculptures des artistes olotins Miquel Blay et Josep Clarà, figures de proue du modernisme et du Noucentisme. On découvrira en outre des œuvres d'Enric Galwey, Joan Llimona, Joan Brull, Joaquim Mir et de Ramon Casas, auteur de la fameuse et emblématique pièce d'art catalan nommée *La Càrrega* (La Charge, 1899), et bien d'autres choses encore, notamment une impressionnante collection d'affiches Art nouveau glanées lors de concours organisés en 1900 et 1901. Depuis 2017, il propose aussi diverses activités destinées aux enfants : une table lumineuse permettant de jouer avec les formes et les couleurs, un jeu pour observer et déchiffrer l'une des affiches Cigarette Paris et un ensemble de sculptures à construire, dans le style de Leonci Quera. A réaliser librement à l'occasion de la visite du musée. Immanquable pour les amateurs d'art catalan et pour les amateurs d'art tout court.

MUSÉE DES SAINTS - MUSEU DELS SANTS ★★

Carrer Joaquim Vayreda, 9
✆ +34 972 26 67 91
Horaires disponibles sur le site web. Entrée adulte : 3 €.

Le Musée des Saints a été fondé en 2007 avec pour objectif d'organiser les différents ateliers d'artisanat de figures saintes de la ville. Cette activité est pratiquée depuis plus d'un siècle à Olot et a été un des secteurs clés du développement de son économie. La ville a compté jusqu'à cinquante ateliers faisant vivre 1 000 personnes au début du XXe siècle. Si ce n'est plus le cas aujourd'hui, 80 % des figures sculptées qui défilent lors des *Passos* de la Semaine sainte sont toujours produits à Olot. Le musée est installé dans une bâtisse d'inspiration néo-gothique due à l'architecte moderniste Joaquim Codina i Matalí et qui fut le premier atelier d'art chrétien de la ville, fondé par Josep Berga i Boix, Joaquim Vayreda et Valentí Carrera en 1880. Y sont exposés, au premier étage, des figurines et sculptures saintes anciennes et contemporaines, ainsi que les fameux ***gegants*** (Géants) de Miquel Blay et de Celesti Devesa que l'on continue de faire défiler lors des processions (ceux-ci datent de la fin du XVIIIe au début du XIXe siècle). Au rez-de-chaussée et au sous-sol, toute une partie du musée s'attelle à l'explication du processus de fabrication des figures saintes et dispose de salles annexes où se trouvent aujourd'hui installés les ateliers de fabrication. Lors de la visite, on peut d'ailleurs voir les artisans à l'œuvre et admirer de très belles crèches. On conseille de regarder la petite vidéo de présentation avant de débuter la visite.

PLAÇA DE BRAUS ★

Plaça del Puig del Roser, 1
✆ +34 972 27 27 77

La Plaça de Braus (taureau), qu'on trouve en haut du moderniste Passeig del Firal dans le centre-ville, est la plus ancienne arène de Catalogne. Construite à l'initiative de l'olotin Esteve Paluzié, la première pierre est posée le 24 juillet 1859. La structure de ce solide édifice est faite de pierres de basalte et les gradins, encerclant une arène de 33 mètres de diamètre, sont faits de briques. Depuis l'interdiction des corridas en Catalogne, ce lieu emblématique de la ville est occasionnellement utilisé pour donner des spectacles et des concerts.

Volcan du Montsacopa.

VOLCAN DU MONTSACOPA ★★★

Camí Montsacopa

Situé au nord de la ville, à proximité du volcan de Garrinada, le volcan du Montsacopa (120 m de diamètre, 523 m d'altitude) est vieux de 100 000 ans. C'est le plus jeune volcan de la Garrotxa. Il est facilement accessible depuis le centre-ville et une balade de 45 minutes permet de monter à son sommet, avec une très belle vue sur les environs. L'église Sant Francesc (XVIIe s.), ainsi que deux tours de guet datant de la Première Guerre carliste (1833-1839), ont été édifiées sur son flanc. Le volcan est parfois également appelé volcan de Sant Francesc.

AUBERGE TORRE MALAGRIDA - XANASCAT €

Pg. de Barcelona, 15

✆ +34 972 26 42 00

Cette auberge de jeunesse du réseau Xanascat se trouve dans un superbe bâtiment de la fin du XIXe siècle, la tour Malagrida Eixample, située un peu à l'écart du centre ancien d'Olot, mais sur la promenade aux maisons modernistes qui y mène. Autre avantage, cette auberge est entourée de vastes jardins. L'intérieur combine d'authentiques pièces de style Art nouveau avec un mobilier moderne et fonctionnel. Avec des dortoirs de 4, 6, 9 et 10 lits, propres et très économiques.

OFFICE DE TOURISME D'OLOT

Carrer Francesc Fàbregas, 6

✆ +34 972 26 01 41

www.turismeolot.com

Horaires disponibles sur le site web.

L'office de tourisme d'Olot et de la Garrotxa a fait peau neuve et se trouve à présent dans une antique bâtisse de pierre médiéval, en plein centre-ville, juste à côté du marché couvert. Moderne et très bien documenté, on y trouve énormément d'information, y compris en français, et les employés de l'office se feront un plaisir de vous renseigner sur les attraits touristiques du parc volcanique et de sa région. Documents sur les randonnées à vélo ou à pied. Et une petite boutique.

HOTEL ESTACIÓ €€

Avinguda de l'Estació, 2

✆ +34 972 26 10 07

www.hotelolot.com

Chambre simple à 70 €, double à 96 €, sans le petit déjeuner.

Ouvert en janvier 2012, ce petit hôtel se trouve à une quinzaine de minutes à pied du centre d'Olot. On apprécie le bâtiment moderne et fonctionnel, tout comme les chambres à la décoration minimaliste, mais bien équipées : literie neuve et confortable, TV écran plat, salle de bains équipée, climatisation, chauffage. Certaines chambres disposent d'un grand balcon donnant sur la Garrotxa. Mère et fille assurent l'accueil. Le petit déjeuner se prend à la cafeteria de l'hôtel, ouverte toute la journée et servant de point de rencontre dans cette partie d'Olot.

HOTEL LA PERLA €€

Carretera la Deu, 9-11
✆ +34 972 26 23 26
www.hotellaperlaolot.com
Chambre double à partir de 85 €.

Depuis 1971, ce petit hôtel familial propose des chambres de différents standings (standard, supérieur avec terrasse et chambres familiales). Ces dernières se composent de deux espaces séparables et chacune d'entre elles est décorée d'un personnage de la *faràndula d'Olot* de la ville, une joyeuse troupe d'animaux et de géants du folklore de la ville. Avec en commun, restaurant, cafétéria, terrasse, jardin, espace de jeu pour les enfants. L'ensemble est plus fonctionnel que charmant, mais le confort est au rendez-vous, pour un tarif honnête.

HOTEL RIU FLUVIÀ €€

Carretera Santa Pau, s/n
✆ +34 972 26 94 44
www.riufluvia.es
Comptez entre 94 et 160 € la chambre double.

Situé à l'entrée de la ville, mais intégré dans le Parc naturel de la zone volcanique de la Garrotxa, cet hôtel offre vingt-huit chambres spacieuses et quatre suites, disposant de belles vues sur les volcans. On aime sa silhouette respectant l'harmonie du paysage, sa grande terrasse, sa piscine entourée de jardins, ses chambres cosy au décor fleuri disposant de terrasses pour certaines, son restaurant installé sous une pergola et le délicieux petit déjeuner. Et son emplacement très commode à 15 min à pied du centre d'Olot et sur la route des volcans.

APPARTEMENTS CAN LLORIGÓ €€€

Batet de la Serra ✆ +34 647 463 877
www.canllorigo.com
Minimum de 2 nuits et 4 personnes (sauf en juillet et août : 6 nuits minimum) : 29 € par personne et par nuit.

Il s'agit d'une maison de campagne du XIVe siècle complètement rénovée, située dans le Parc naturel de la Zone Volcanique de la Garrotxa à 300 m au-dessus d'Olot, de la Fageda d'en Jordà, du volcan Croscat et du volcan Santa Margarida. Elle dispose d'un salon avec cheminée, d'une cuisine entièrement équipée, de trois chambres (deux doubles et une avec deux lits simples et un canapé-lit double), chacune avec une salle de bains privée. En tout, ce sont 140 m² d'espace habitable et 1 000 m² de jardin. Les propriétaires habitent la partie supérieure de la *masia*.

EL FORTÍ DEL VOLCÀ MONTSACOPA €

Camí Montsacopa
✆ +34 690 08 31 90
Fermé le lundi. Comptez environ 15 € pour des tapas.

Après avoir escaladé les raidillons qui conduisent jusqu'au volcan, vous serez on ne peut plus ravi d'entrer dans ce petit restaurant situé au sommet. Et qui constitue un magnifique belvédère pour les paysages alentour : Olot et la Vallée d'en Bas, que ce soit à l'intérieur, au travers des baies vitrées ou installé sur sa terrasse. On peut s'y restaurer depuis le petit déjeuner ou craquer sur une assiette de tapas accompagnant un vermouth local. Recommandé.

BAR HOSTAL DEL SOL €€

Carretera d'Olot à Ripoll, s/n
✆ +34 972 267 879
www.hostaldelsol.net
Fermé le lundi. Repas complet autour de 30 €.

Vous êtes ici au paradis de la charcuterie catalane de haute voltige et du bon fromage local : les planches de *llonganissa*, *botifarra de fetge*, et *sobrassada* viennent avec de délicieux *Puigpedrós Vaca Moli de Ger*, *Truc Cabra Taüll* ou encore *Mas Farro Ovella Garrotxa*. Le mieux est encore de goûter... Laissez-vous guider par les conseils du jeune et sympathique tenancier Jordi et si l'ambiance est au rendez-vous, n'hésitez pas à commander un peu de vin catalan (la carte est riche) ou une franche chopine de bière artisanale. A découvrir absolument.

LA DEU €€

Carretera La Deu, s/n
✆ +34 972 26 10 04
www.ladeu.es
Fermé le dimanche soir. Menu « la deu » à 26,95 €.

Cette table de qualité propose des prix tout petits, voilà qui fait plaisir. Situé un peu à l'écart de la ville, le restaurant La Deu est l'un des bastions de la cuisine volcanique qui se fixe comme objectif de valoriser recettes locales et produits du terroir. Le tout dans un cadre agréable, calme et largement ouvert sur l'environnement extérieur. On y dégustera les fameuses patates d'Olot, dont le bouche-à-oreille dit que c'est ici que la recette a été inventée. Mais qui restent de toute façon excellemment préparées ici. Une vraie bonne adresse.

RESTAURANT FONT MOIXINA €€

Paratge de la Font Moixina, s/n
✆ + 34 972 261 000
https://lamoixina.com
Ouvert tous les jours. Comptez entre 30 et 35 € à la carte. Menu de saison à 34,50 €.

Situé dans la zone volcanique, en plein cœur du site naturel de la Font Moixina qui lui a donné son nom, ce restaurant plus que centenaire puisqu'il a vu le jour en 1890, propose une cuisine traditionnelle du terroir. Cofondateur de l'association de la cuisine volcanique, il présente par exemple à sa carte le turbot du jour accompagné de morilles, de la morue accompagnée d'oignon, de miel et de patates douces crémeuses ou des beignets aux pommes. Tout ceci pourra être dégusté dans ce bel endroit vaste et lumineux ou en terrasse.

RESTAURANT LA QUINTA JUSTA €€

Passeig de Barcelona, 7
✆ + 34 972 271 209
www.laquintajusta.cat
Fermé le mercredi. Comptez 40 € par personne sans les vins.

Il valorise la cuisine volcanique en travaillant les produits emblématiques de la région comme les pommes de terre d'Olot, les champignons noirs, ou les haricots de Santa Pau. A tester par exemple, des *coques* de pain avec du jambon et une confiture d'oignons confits ou une escalope de veau et sa sauce au ratafia, servie avec une purée de pommes de terre. En dessert, un petit volcan de chocolat avec glace de yaourt et fruits rouges devrait ponctuer le repas de manière savoureuse.

LES COLS €€€

Carretera de la Canya, s/n
✆ +34 972 269 209
www.lescols.com
Ouvert tous les jours. Menu gastronomique à 155 €, sans les vins.

Une adresse exceptionnelle. Avant même de pousser la porte de la belle *masia,* on tombe sous le charme de son jardin fleuri garni des plates-bandes potagères et d'un poulailler dont sont issus une partie de ce qu'on retrouve dans l'assiette. Côté assiettes, il mérite ses 2 étoiles, avec une chef Fina Puigdevall qui sait jouer avec les saveurs, les couleurs et les textures à la manière d'une artiste, et sa cuisine sobre et intuitive donne lieu à quelques réjouissants plats, comme un consommé de spaghetti accompagné de pain au sarrasin et son beurre de porc.

CAN CARBASSERES

Carrer Sant Rafael, 5
✆ + 34 972 26 08 59
Ouvert tous les jours.

Dans son écrin de pierres, ce Can Carbasseres est une ancienne boulangerie qui s'est fait une renommée dans sa spécialité : le gâteau aux lardons, toujours confectionné de manière artisanale. C'est un sucré-salé tout à fait agréable à déguster et qui fera le bonheur des gros mangeurs. Quoi qu'il en soit, il ne se détaille pas à la part, mais sa taille minimale rassasie six personnes, de préférence lorsqu'il vient de sortir du four. Profitez aussi de votre passage pour vous fournir en pains et autres viennoiseries, également de belle qualité.

CAN BATET

Carrer Sant Rafael, 25
✆ +34 972 26 38 70
www.canbatet.cat
Fermé le lundi après-midi et le dimanche. Ouvert de 9h30 à 13h30 et de 17h à 20h30.

Dans le vieil Olot, cette ancienne épicerie avait ouvert ses portes pour la première fois en 1808. Devenu un temps salon de coiffure, le lieu a été repris en 2015 par Gema et Ramon, longtemps sommelier au prestigieux restaurant Les Cols. Et c'est redevenu une très belle épicerie fine où vous trouverez conserves, mais aussi fruits et légumes et bien sûr les tourons quant la saison y est propice. La maison a aussi ouvert une petite bodega, installée au sous-sol, où elle organise des dégustations de produits locaux, vins, fromage à l'occasion de réunions festives.

MARCHÉ D'OLOT - MERCAT D'OLOT

Plaça Hospital, 3

Le marché se trouve au cœur de la vieille ville, le long de l'artère routière principale d'Olot, et est installé sous une halle flambant neuve. On y trouve des produits alimentaires de proximité, frais et de très bonne qualité : viandes et poissons, fruits et légumes, fruits secs, bonbons, pain, charcuterie, fromage… Un petit étal permet également de faire préparer les produits que vous venez d'acheter et de les déguster sur la placette, bien souvent ensoleillée…

LOCATION DE VÉLO - CENTRE LOGÍSTIC DE BICICLETES

Avinguda de l'Estació, 3
✆ +34 972 69 20 23
Ouvert toute la semaine, de 9h30 à 14h et de 16h à 19h. Prix locations disponibles sur le site web.

Créée en 1995, cette entreprise familiale est très active dans la promotion et le développement du tourisme durable et elle saura vous guider et vous donner des conseils pour profiter au mieux des multiples possibilités que la Garrotxa a à offrir aux athlètes confirmés, comme aux cyclistes du dimanche. Possibilité de recourir aux services d'un guide spécialisé en randonnées en se mettant d'accord sur l'aspect du territoire que vous souhaitez découvrir.

SALA EL TORÍN

Carrer Roser, 19
✆ +34 972 27 27 77
www.olotcultura.cat

La Sala El Torín est un espace culturel polyvalent qui couvre environ 1 000 mètres carrés, et est installé sur la colline de Roser. Il a pour ambition de développer une programmation culturelle transversale réunissant tous les acteurs culturels intervenant à Olot. Dans cette optique, il propose une pléthore de concerts, de pièces de théâtre et de comédies musicales. Et compte aussi un bar. Des salons et expositions variées y sont aussi organisés à l'occasion. Vous être au fait des toutes dernières activités, n'hésitez pas à consulter sa page web.

TEATRE PRINCIPAL

Passeig d'en Blay, 5
✆ +34 972 27 91 38
www.olotcultura.cat

Le Théâtre principal d'Olot propose une programmation qui s'étend de septembre à juin, avec au programme théâtre, danse, musique et cirque. Des festivals culturels sont également organisés, ponctuellement, à l'occasion de cycles spéciaux. Le superbe édifice aujourd'hui observable date de 1887 et a été reconstruit sur une structure de 1842, emportée dans un incendie. Un théâtre existait déjà à cet emplacement en 1769. Consulter le site internet ou rendez-vous à l'office de tourisme pour être tenu au courant des évènements prévus.

LA VALL D'EN BAS ★★

Encaissée entre la zone volcanique de la Garrotxa, à l'est, et le massif de Milany et Santa Magdalena, à l'ouest, cette vallée plane étale à perte de vue ses champs de cultures où coulent ruisseaux et torrents. Elle se compose de huit municipalités étendues sur 90 km² et c'est l'un des trois pôles touristiques de la Garrotxa. Le voyageur sera sûrement charmé par la tranquillité de ses villages et par ses paysages propices à la balade à pied ou à vélo, mais cette vallée est aussi riche d'une histoire ancienne comme en témoignent le centre de Villa de Mallol et le vieux centre d'Hostalets d'En Bas, passage clé de l'ancienne route reliant Vic à Olot.

PARC DE PEDRA TOSCA ★★

Route d'Olot

C'est un dédale de chemins encadrés de murs de pierres sèches délimitant d'anciennes parcelles agricoles jadis cultivées, incrustées sur une antique coulée de lave volcan Croscat. Aujourd'hui il a été réaménagé en espace de promenade, et de larges plates-bandes de fleurs multicolores et d'herbes aromatiques ou médicinales, plantées sous diverses variétés d'arbres, viennent égayer le paysage au printemps, ajoutant une joyeuse note à ce paysage bucolique. Il a reçu plusieurs prix et continue de séduire les visiteurs. Possibilité de faire la visite à dos d'âne.

PISCINES NATURELLES - PLA D'EN XURRI ★★

Àrea recreativa Els Pins

Dès que débute la belle saison, l'aire récréative d'Els Pins est envahie par les habitants des alentours, venus y faire trempette : on trouve ici une succession de piscines naturelles, abritées par un plafond de pins géants. Un espace pique-nique, avec table en bois, barbecues en libre-service et toilettes, y a d'ailleurs été installé. C'est un très joli coin de nature qui invitera les plus sportifs à poursuivre le chemin en remontant le cours d'eau.

RANDONNÉES

La géographie plate du Vall d'en Bas se prêt à merveille à la balade à pied ou à vélo et elle est d'ailleurs très prisée par les cyclistes de tout poil. Il serait vain d'essayer d'énumérer tous les sentiers et chemins qui courent sur le territoire tant ils sont nombreux. Signalons simplement l'existence de douze routes principales qui ont été élaborées par la communauté d'agglomération, ainsi que le passage dans ce lieu de la Via Verda dite du « Carrilet I ». Les amateurs de randonnées consulteront avec profit le site : www.viesverdes.cat

VIEUX-CENTE D'EL MALLOL ★

El Mallol

Dressé sur une colline qui fait office de promontoire panoramique sur la vallée, le village de Mallol affiche un charme médiéval tout à fait certain. Jadis lieu de résidence des vicomtes de Bas, il disposait alors d'un imposant château dont il ne reste rien aujourd'hui, en raison des tremblements de terre du XVe siècle, si ce n'est ses geôles et une antique maison de notaire. L'église qu'on peut observer, est quant à elle dédiée à Sant Bartomeu, et elle a été construite sur les ruines de la chapelle du château, qui était dédiée à Sant Just.

OFFICE DE TOURISME DE LA VALL D'EN BAS

Passatge de Can Trona, 26
✆ +34 972 692 177
www.vallbas.cat
Horaires sur le site web.

L'office du tourisme de la Vall d'en Bas est désormais situé à Joanetes, à l'intérieur du centre de la culture et de la nature Can Trona. Vous y trouverez toutes les informations concernant l'ensemble des villages de charme implantés dans la Vall d'en Bas ainsi que de nombreux itinéraires de randonnées pédestres de tous niveaux, les circuits à faire à vélo et toutes les activités proposées (visites à des fermes, des ateliers, des fromageries). Petite boutique de souvenirs.

MAS GARGANTA €

Ctra de la Pinya, s/n
✆ + 34 972 271 289
www.masgarganta.com
A partir de 70 € pour une chambre en demi-pension (taris dégressifs pour les enfants).

Installé dans une ancienne ferme du XIVe siècle, cette maison rurale propose 12 chambres simples et confortables, avec fenêtre ou balcon. Idéal pour qui souhaite un séjour très tranquille dans le Parc naturel de la Garrotxa. A disposition de tous, une piscine, un salon confortable, deux salles à manger, une cuisine ancienne avec une belle cheminée, une salle de jeux et une très belle vue sur la Puigsacalm et des zones de jeux pour les enfants. De nombreuses activités vous seront aussi proposées : excursions, ateliers d'horticulture, ramassage des œufs de poules...

Paysage de La Vall d'en Bas.

MAS EL FERRÉS €€

✆ +34 972 69 00 29
www.elferres.com
60 € par personne en chambre (logement, petit déjeuner, dîner), 105 € l'appartement.

Cette grande et ancienne *masia* du XVIIIe siècle entièrement restaurée se trouve dans le charmant petit village de Joanetes et est encadrée de champs de cultures et d'une épaisse végétation. Les chambres spacieuses et lumineuses en plus d'être très confortables, peuvent accueillir de 2 à 4 personnes, et jouissent d'une nuisance sonore 0. On peut aussi louer un appartement tout équipé installé dans un ancien moulin, pouvant accueillir 5 personnes maximum. Le petit déjeuner est copieux et local, l'accueil familial et la clientèle souvent composée de cyclistes.

MAS RUBIÓ €€

Joanetes
✆ +34 650 620 103
www.masrubio.com/
A partir de 90 € pour une chambre double.

Installé dans une ferme rustique datant du XVIIe siècle, ce Mas Rubió est situé au pied du Puigsacalm et au milieu de bois et de champs cultivés. De son passé fermier, sa rénovation réalisée à la fin des années 2010, a conservé quelques détails qui cohabitent parfaitement avec les éléments de confort indispensables. Au total, il propose six chambres et différents espaces à partager tels que la piscine, un barbecue, une bibliothèque, une salle à manger et une ludothèque. La plupart des produits servis proviennent du potager et de la ferme.

HOTEL VALL DE BAS €€€

Veïnat Can Trona, s/n
✆ +34 972 690 101
www.hotelvalldebas.cat
De 80 à 130 € la chambre double, petit déjeuner inclus.

Installé dans un lieu privilégié et très calme, cet hôtel est moderne bien qu'installé dans un corps de ferme ancien. Les chambres sont propres, élégantes et très confortables avec de belles vues vers l'extérieur, des terrasses ou des balcons. Il dispose de plusieurs espaces polyvalents joliment meublés permettant de se détendre et le personnel est très professionnel. Ajoutons à cela un immense jardin avec une piscine flambant neuve, un restaurant de très bonne facture proposant des produits de la région et un petit déjeuner copieux et local, et le compte y est.

LA XIQUELLA, FROMAGES ET TOURISME RURAL €€

Veïnat Vilallonga
✆ +34 667 42 10 65
www.laxiquella.cat
Tarifs sur demande.

Tenue par Oriol et Irma, un couple reconverti dans la fabrication de fromage, la Xiquella est une ancienne *masia* du XVIIIe siècle transformée en habitation. Le rez-de-chaussée est consacré à la fabrication de douceurs laitières, le premier étage est le lieu de résidence de vos hôtes, et le second étage est un appartement moderne et tout équipé de 120 m² pouvant accueillir 6 personnes dans 3 chambres, avec vaste salon et cheminée ainsi qu'une cuisine ouverte.

L'HOSTALET €

Carrer de Vic, 18
✆ +34 972 690 006
www.restaurantlhostalet.com
Fermé le mardi et le soir sauf le samedi. Menu du jour en semaine : 17,50 €.

Ouvert depuis 1981 dans un édifice à larges voûtes qui servait jadis d'auberge, il propose de goûter à des plats de gastronomie de la Garrotxa absolument savoureux dans une ambiance tamisée. Mêlant tradition et inventivité, cette table se revendique profondément rurale et proche des producteurs locaux, et cela se ressent dans l'assiette. Faisant partie du groupe Cuina Volcanica, les produits sont triés sur le volet et préparés avec soin : pommes de terre, navets noirs, maïs, porc et champignons font partie des ingrédients de base de la cuisine de l'Hostalet.

BRASERIA CA L'ESTEVE €€

Carrer de la Teixeda, 27
✆ +34 972 690 600
www.restaurantcalesteve.com
Fermé le lundi et le mardi. Comptez environ 40 € à la carte.

Une magnifique adresse de plats typiques catalans. Dans un cadre moderne aux couleurs crème, on aura le choix entre la très jolie grande salle de service, une plus petite près du bar, ou la terrasse. Les plats proposés sont toujours concoctés à partir de produits fermiers locaux et de saison. On goûtera à de superbes salades avant de se diriger vers la carte des poissons et des viandes, cuits selon des procédés traditionnels. Notons qu'on pourra ici se laisser tenter par quelques mets paysans bien typiques comme l'oreille de porc cuite. Accueil très chaleureux.

FONDA BARRIS €€

Carretera de Torelló

✆ +34 972 690 064

www.fondabarris.com

Fermé le mercredi, et le mois de février. Repas complet autour de 35 €.

Il existe depuis 1949 et n'était alors qu'un petit bar servant des plats simples et du vermuth. Petit à petit, la Fonda est devenue une auberge, puis un hôtel-restaurant. Aujourd'hui, il offre un cadre classique et élégant, tout comme les plats proposés par le cuisinier, qui fait partie du groupe de cuisine volcanique de la Garrotxa. En plus des succulents plats de viande qu'on y déguste, quelques plats typiques et anciens sont toujours au menu comme les pommes de terre farcies et le canard aux poires. Très belle cave à vin et service irréprochable.

AGROBOUTIQUE VERNTALLAT

Prat de Can Gronxa

✆ +34 972 691 039

www.verntallat.cat

Ouvert tous les jours de 8h à 18h en hiver, jusqu'à 20h le reste de l'année.

Avec ses airs de chalet suisse, c'est en réalité le point de vente de produits issus d'une copérative agricole de la Vall d'en Bas. On y trouve principalement des produits de la Garrotxa comme du miel, du lait, des haricots, des pommes de terre, une belle variété d'*embotits* et de fromage, des fruits sec et quelques bonnes bouteilles de vin et spiritueux. Quelques articles proviennent également d'autres coopératives agricoles du reste de la Catalogne. Le lieu dispose de tables de pique-nique, d'un bar et d'un restaurant. Visite plus que conseillée.

BALADE À DOS D'ÂNE CATALAN - RUCS I SOMERES

Carretera d´Olot, 18 (km 47)

✆ +34 609 304 994

www.rucsisomeres.com

Samedi, dimanche et fêtes. 10 € pour une personne, 15 € pour un adulte et un enfant sur un âne.

C'est un sympathique couple de paysans, Lluís et Dolors, qui s'occuperont de vous faire la visite du magnifique parc de Pedra Tosca à dos de mulet catalan. La balade dure environ 1h30 et permet de silloner les sentiers rocailleux à allure douce, découvrant quelques panoramas bucoliques et fleuris qui inspira plus d'un peintre de la Garrotxa. Une activité qui ravira les enfants, mais aussi les plus grands ! Possibilité d'acheter du savon composé à partir de lait d'ânesse.

SANT FELIU DE PALLEROLS

La commune de Sant Feliu de Pallerols est traversée par la Brugent, un affluent du Ter, et compte sur son territoire environ 50 sources naturelles. La partie nord de la zone qu'elle recouvre fait partie du Parc naturel de la Zone Volcanique de la Garrotxa, avec une majorité de chênes, tandis que le sud arbore des forêts de type plus atlantique : hêtres, bouleaux, châtaigniers. Outre les quelques églises et chapelles à visiter, on appréciera le très joli sanctuaire de la Salut, trônant à plus de 1 000 mètres d'altitude, un splendide balcon panoramique sur la vallée d'Hostoles, La Vall d'en Bas, le golfe de Roses, le Canigou et sur la Haute-Garrotxa.

CHAPELLE DEL ROSER DE SANT FELIU DE PALLEROLS ★

Plaça El Firal

Une fois n'est pas coutume la chapelle du Rosaire n'est pas romane, mais de la Renaissance. Du XVIe siècle n'a toutefois survécu que la cloche. Structure à nef unique et à deux chapelles latérales, sa construction a commencé en 1565, sans doute pour compenser l'absence d'une église paroissiale. Un peu plus de deux cent ans plus tard, elle est brûlée lors de la guerre civile. Reconstruite en 1863, on peut aujourd'hui y apercevoir une vierge sculptée en 1939 par l'olotin Narcís Salgueda.

ÉGLISE SANT ISCLE DE COLLTORT

Veïnat de sant Iscle

Comme la plupart des édifices bâtis avant le XVe siècle, la structure originale de cette église romane de l'an 1020 n'a pas résisté aux puissants séismes qui ont frappé la zone. Dédiée aux frère et sœur martyrs Sant Iscle et Santa Victòria, elle aurait été offerte au seigneur féodal de l'époque par les Wisigoths, comme paiement d'un dû. Reconstruite par la suite, elle a fait l'objet de profondes restaurations en 1985. D'ici, la vue sur les vallées environnantes est plutôt marquante.

SANCTUAIRE DE LA SALUT ★★

Ancienne route de Vic

Il trône sur la petite chaîne montagneuse de Collsacabra, à 1 050 m d'altitude, et c'est un splendide balcon panoramique sur la vallée d'Hostoles, la Vall d'en Bas, le golfe de Roses, le Canigou et sur la Haute-Garrotxa. Connu depuis 1642 pour la présence d'une source d'où jaillirait une eau miraculeuse, le lieu s'est agrandi au XVIIIe siècle. Plus récemment, la route qui mène au sanctuaire a été pavée, l'orgue restauré, et l'auberge dotée d'un chauffage. L'image de la Vierge qu'on peut aujourd'hui observer est une copie de l'image originale datant de 1939.

OFFICE DE TOURISME DE SANT FELIU DE PALLEROLS

Carretera d'Olot, 43

✆ +34 972 44 44 74

www.santfeliudepallerols.cat

Horaires disponibles sur le site web.

Les bureaux de l'Office de tourisme de Sant Feliu de Pallerols se trouvent dans une maison rose du centre-ville, à l'intérieur du bar l'Estació. On y trouvera des informations et de la documentation en français. Egalement disponible en français, leur site internet permet de se faire une première idée des ressources du lieu : itinéraires de randonnées pédestres et de circuits vélos, avec possibilité de les télécharger ou encore circuit de géocaching (parcourt dans le village avec GPS).

LA RECTORIA DE ST MIQUEL DE PINEDA €€

Rectoria de Sant Miquel de Pineda

✆ +34 691 35 31 11

www.larectoriadesantmiquel.com

De 99 à 145 € selon la chambre, petit déjeuner inclus.

Installée dans l'ancien presbytère du village, cette maison d'hôte coquette est une option de logement assez originale. Elle dispose de 7 chambres, adaptables pour les familles et de deux salons communautaires. Elle séduira les amateurs de vieilles pierres, de cyclisme (la route verte « ruta del carrilet » passe juste là), mais aussi de bonne cuisine, les nouveaux propriétaires étant de fins gourmets, ils proposent à leurs hôtes trois très bons repas par jour.

HOTEL EL VENTÓS €€€

Carretera de Sant Iscle de Colltort, s/n

✆ +34 972 107 962

www.fincaelventos.com

240 € la chambre double, toute l'année.

Trônant à 840 m d'altitude, au sommet d'une colline et entourée d'un terrain de 400 ha de forêt et de pâturage, l'ancienne *masia* transformée en confidentiel petit hôtel de luxe est un vrai bijou : de la terrasse, on domine la Garrotxa et on aperçoit au loin les flots de la Costa Brava. On trouve au rez-de-chaussée 4 coquettes et confortables chambres doubles équipées de tout le nécessaire, avec salon et cheminée ; à l'étage, un vaste et lumineux salon commun, présidé par une grande cheminée et un mini bar, ainsi qu'une bibliothèque. Piscine et jardin.

FONDA FINET €€

Carrer Soler, 6

✆ +34 972 44 40 24

www.fondafinet.com

A partir de 74 € la chambre double et de 105 € l'appartement.

La Fonda Finet propose un service d'hôtellerie classique avec dix chambres (dont une familiale) bien tenues et assez jolies. Certaines dotées d'une terrasse donnant sur les montagnes. On profitera aussi d'une piscine extérieure avec également une belle vue sur la montagne et une terrasse solarium ainsi que d'un grand jardin. La Fonda dispose aussi d'appartements touristiques au n° 27 de la Plaça del Firal, tout neufs et tout équipés pouvant accueillir chacun 4 personnes. Dans les deux cas, le tarif est très honnête pour le service proposé et pour l'emplacement.

CA LA MATILDE €€

Carretera d'Olot, 42

✆ +34 972 44 42 69

Ouvert midi et soir du mardi au dimanche. Comptez 30 €.

A cinq minutes à pied du centre-ville de Sant Feliu de Pallerols, sur la route d'Olot, on trouvera ce bon restaurant de cuisine traditionnelle et volcanique proposant un menu du jour plutôt économique le midi en semaine. Les plats servis privilégient les produits du terroir et leurs spécialités sont le *rostit de festa major* (mélange de canard et de saucisses, entre autres...) et les pieds de porc. Le week-end, le choix est plus vaste : rôtis, ragoûts, *embotits* variés ou joues de bœuf aux champignons... Simple, local et efficace.

LES PLANES D'HOSTOLES

Rattaché à la commune de Sant Feliu de Pallerols, Les Planes d'Hostoles – et ses un peu plus de 1 700 habitants – ne gagne son indépendance qu'au XIXe siècle. A cheval sur le Parc Volcanique de la Garrotxa, son territoire est irrigué par le Brugent et arbore une belle végétation méditerranéenne. Parmi les attraits touristiques du village, on dénombre quelques jolies églises romanes ainsi que les châteaux de Puig-Alder et d'Hostoles. Et si l'on y vient le 25 juillet, le jour de la Saint Jaume, patron de la ville, on aura la chance de voir défiler les classiques Géants, dans une ambiance festive où danses et réjouissances sont de la partie.

ÉGLISE DE SANT CRISTÒFOL DE COGOLLS ✞

Mentionnée dans le testament d'un paysan nommé Vilmaud en l'an 986, elle est la plus ancienne église de la vallée d'Hostoles. A l'origine, l'église n'avait qu'une nef avec abside semi-circulaire, mais elle fut agrandie plus tard, avec les ajouts d'une sacristie, de chapelles et d'autels latéraux. On pourra observer à l'intérieur du temple un retable en bois du XVIIIe siècle épousant parfaitement la courbe de l'abside, ainsi qu'une image reproduisant Sant Cristòfol.

CHÂTEAU D'HOSTOLES ★

Sur une colline à 600 m d'altitude, ce château bâti à la fin du IXe - début du Xe siècle, domine toute la vallée d'Hostoles et faisait alors partie du système de défense militaire du comté de Besalú. D'après un document de 1015, le premier seigneur féodal à y avoir vécu était Miró I. Le château passa ensuite entre les mains d'un chapelet de seigneurs, jusqu'en 1419, où il est incorporé aux terres de la Royauté. Aujourd'hui en ruines et envahi de végétation, il mérite toutefois une petite balade, ne serait-ce que pour apprécier la jolie vue que l'on a d'en haut.

ÉGLISE DE SANT CRISTÒFOL DE LES PLANES D'HOSTOLES ✞

Plaça Església

Documentée à partir du XIIe siècle, elle est détruite une première fois au XVe siècle suite à des tremblements de terre et remplacée par une église de style gothique. Seconde démolition lors la guerre civile de 1936-1939 puis reconstruction selon le projet de Lluís Bonet, disciple de Gaudí. On trouve à l'intérieur de l'église une sculpture du Christ dans un style baroque réalisée en 1987 par l'artiste Modest Fluvià, originaire de la Garrotxa, nommée Sant Cristo Gros.

CHÂTEAU DE PUIG-ALDER ET CHAPELLE DE SAN SALVADOR ★

Cogolls

C'est l'un des trois châteaux qui dépendaient du domaine féodal d'Hostoles, avec ceux d'Hostoles et de Colltort. Ces trois forteresses faisaient partie au XIe siècle de la ligne défensive qui séparait les évêchés de Vic et de Gérone. A la fin XIIe siècle, une chapelle dédiée à San Salvador est construite à côté de l'édifice, et bien que roman d'origine, le complexe doit son aspect moderne aux modifications apportées au Moyen Age et à l'époque moderne.

ÉGLISE SANTA MARIA DE LES ENCIES ✞

Si l'église actuelle remonte au XVIIe siècle, elle a été érigée sur les ruines d'une église romane datant du XIIe siècle. Le mot *Encíes* (gencive) dériverait du mot latin *incis*, coupe, division ou encoche, car il y avait jadis une source, réputée miraculeuse, jaillissant d'une faille sous l'église primitive. L'église abritait des reliques des saints Cosme, Damià, Eugènia et Hipòlit, amenées au XVIIe siècle, mais disparues lors de la guerre de Trente Ans.

SANT PERE SACOSTA

Serra de la Salut

Située au pied de la serra de la Salut, cette église est mentionnée pour la première fois en 1207. Devenue inutilisable pour le culte après les tremblements de terre de 1427-1428, sa reconstruction fut ralentie par l'épidémie de peste : de nouvelles cloches ne sont installées qu'en 1604 et en 1762 pour les portes. A la fin du XIXe siècle, un retable portant un tableau de style gothique allemand représentant saint Pierre est installé sur l'autel. Enfin, en 1987, des travaux de consolidation et de restauration ont été entrepris.

GÎTE RURAL - CAN DOU €€€

Carrer Aigüaneix, s/n

✆ +34 649 78 02 43

www.candou.eu

1 100 € la semaine, 600 € le week-end.

C'est une *masía* rénovée en 2009 composée de deux bâtiments indépendants : la ferme elle-même, datant du XVIIIe siècle et disposant de 2 niveaux (salle à manger, cuisine, salon avec cheminée, salle d'eau, chambre double et chambre avec lits superposés au rez-de-chaussée ; à l'étage, salle d'eau, 2 chambres doubles et une avec lits superposés), et l'ancienne étable, datant quant à elle du siècle passé, pouvant accueillir jusqu'à 4 personnes. Bel environnement, au milieu de la nature, et vue sur la vallée. Possibilité de ne louer qu'un des 2 logements.

CAMPING L'ALGUER €

Carretera de Les Encies s/n

✆ +34 972 44 86 00

www.campingalguer.com

De 5 à 7,5 € par adulte, de 4 à 6 € la tente, de 5 à 6,50 € par voiture.

C'est un bel espace naturel proposant bungalows en dur et emplacements ombragés pour les tentes. On y trouve entre autres choses un bar-restaurant, une très grande piscine surplombée d'un haut bois, des cabanes dans les arbres pour les plus jeunes et des blocs sanitaires pour les campeurs. En plus d'être une option économique, le choix de ce camping permet d'accéder à toute une gamme d'activité aisément : excursions à pied ou en VTT pour découvrir divers sanctuaires et chapelles romanes, parties de pêches dans les cours d'eau alentour, équitation…

APPARTEMENTS TOURISTIQUES - MAS VEDRUNA €€

Carrer Anselm Clavé

✆ +34 972 430 413

www.masvedruna.com

A partir de 130 € pour 2 personnes.

Mas Vedruna est une magnifique ferme de vieilles pierres et de briques datant du XVIe siècle, parcourue par deux galeries d'arcades et disposant de huit appartements rustique-chic tout-équipés (chambre, salon, salle de bain, cuisine complète) pouvant accueillir de 2 à 8 personnes. Piscine extérieure et joli jardin pour se poser. Nombreuses activités nature et découvertes du patrimoine facilitées par l'emplacement du lieu. Une adresse élégante autorisant un séjour en toute autonomie.

HOTEL CAN GARAY €€

Avinguda Narcís Arnau, 6

✆ +34 972 44 82 53

www.hotelcangaray.com

De 100 à 130 € la chambre double, de 130 à 155 € la suite.

Édifice moderniste de 1906 classé bien d'intérêt patrimonial et reconnu depuis 2007 par la Generalitat de Catalogne comme Hôtel-Monument. Il dispose de 6 chambres doubles et d'une suite familiale, cette dernière possédant un plafond à voûte en berceau haut de 5 m et une somptueuse fenêtre de presque 4 mètres d'envergure donnant sur le grand jardin et la ville. Toutes les chambres, uniques et coquettes à souhait, sont équipées d'une salle de bains moderne et de meubles de style Art nouveau, le voyage des sens est au rendez-vous. Copieux petit déjeuner en buffet.

MAS EL SIUBÈS €€

Carretera de Les Encies, s/n

✆ +34 972 98 01 87

www.maselsiubes.com

Ouvert le midi de mercredi à dimanche. Environ 30 €.

Aussi ancienne que populaire, la ferme Mas El Suibès a toujours été un point de référence pour les habitants de Les Planes d'Hostoles. En 2010, un très bon restaurant de cuisine catalane y a ouvert ses portes et est devenu le spécialiste de la viande grillée via une cuisson au bois de chêne qui donne un arôme naturel et une excellente texture à la viande. Mais il y aura aussi des *arròs*, accompagnés de cèpes ou de morue. Les plats varient au gré des saisons, mais la qualité demeure. Les portions sont elles aussi toujours aussi généreuses.

VOL FACTORY - PARAPENTE ET PARATRIKE

Passeig de l'estació, s/n
✆ +34 622 878 874
www.volfactory.com

Ouvert tous les jours de 10h à 14h et de 16h à 20h. Tour de parapente de 15/20 minutes à 110 €.

Le lieu s'avère un très bon spot pour prendre de l'altitude et contempler les reliefs des pré-Pyrénées. Vol Factory propose des sorties en parapente biplace ce qui conviendra parfaitement à qui n'a jamais osé faire le grand saut, en toute sécurité naturellement, photos comprises. Aussi au menu, le paratrike, sorte de deltaplane équipé d'un moteur qui permet de s'envoler au départ d'une plaine et de monter taquiner les oiseaux et d'apercevoir la mer toute proche. Sensations garanties.

FERME LAITIÈRE - LA FAGEDA

Mas Els Casals
✆ +34 972 681 011
www.fageda.com

Visite d'un peu plus d'une heure, toute l'année. Tarifs adultes 8 € (9 € en automne). Réservation préalable obligatoire.

C'est une ferme laitière très réputée pour ses yaourts, son lait, ses glaces et ses confitures, et ce depuis 1982. La visite guidée permet d'en apprendre davantage sur la traite des vaches, la transformation du lait en yaourt et crème glacée, en passant par la découverte des différents processus de fermentation. A la fin de la visite, un petit audiovisuel est présenté au public, avant de passer à une petite séance de dégustation avec commentaires à l'appui.

SANTA PAU ★

Au cœur du Parc volcanique, cette petite commune médiévale concentre la plus grande diversité de phénomènes volcaniques. Après une visite du centre-ville, avec sa belle Plaça Major aux arcades irrégulières filant vers le château et l'église de Santa Maria, on partira à l'assaut des environs. Car ici les activités ne manquent pas ici : vol en montgolfière, balades à pied, à cheval ou en quad vers les volcans du Croscat et de Margarida, visite à vélo de la somptueuse hêtraie dite *Fageda d'en Jordà*... Santa Pau est aussi réputée pour une espèce de haricots endémiques de la zone, les *fesols*, et ne manque pas, une fois l'an, de célébrer cette spécialité.

VOLCAN DE SANTA MARGARIDA ★★

A 3 km à l'ouest de Santa Pau, via la GI-524.

Il doit son nom à la petite église romane édifiée à même son cratère (350 m de diamètre pour 70 m de profondeur). De type strombolien, il affiche un cratère bien dessiné, permettant de bien saisir sa nature contrairement à la majorité des volcans que l'on trouve dans le Parc. Il mesure 110 m de haut et sa base a un diamètre de 1 200 m. Entré en éruption il y a 11 000 ans, il est aujourd'hui éteint et est l'un des volcans les plus facilement accessibles de la zone.

FAGEDA D'EN JORDÀ ★

Parc Natural de la Zona Volcànica de Garrotxa

La Fageda d'en Jordà est une hêtraie à la flore très riche qui s'est développée sur une coulée de lave du volcan du Croscat. Le terrain présente donc des reliefs accidentés étonnants, avec notamment les *tossols*, sortes de proéminences de magma pétrifié, disséminées un peu partout dans le bois et pouvant atteindre 20 mètres de haut. Il est possible de parcourir cette forêt de hêtres à pied, à vélo ou en calèches. Il vous en coûtera quelques euros par personne pour une balade d'une petite heure. Attention, sac à dos et bonnes chaussures sont vivement conseillés.

VOLCAN DU CROSCAT ★★

A 3,8 km à l'ouest de Santa Pau, via la GI-524.

Avec ses 786 m d'altitude et ses 800 m de diamètre à la base c'est le plus haut volcan de la Garrotxa, mais aussi l'un des plus jeunes de la péninsule ibérique avec son voisin le volcan de Santa Margarida. Sa dernière éruption remontant à environ 14 000 ans. Longtemps utilisé pour fabriquer du gravier, on peut aujourd'hui observer la structure interne du volcan grâce à une entaille effectuée lors des exploitations minières. Habilitée pour devenir un espace pédagogique, la zone peut être observée : coulée de lave séchée de 6 km, par exemple.

OFFICE DE TOURISME DE SANTA PAU

Avda. dels Volcans, 14
✆ +34 972 680 349
www.visitsantapau.com
Horaires disponibles sur le site turismegarrotxa.

L'office du tourisme se situe désormais à l'entrée du village, sur le boulevard qui le traverse. On y trouvera toute l'information et la documentation pour mieux connaître le Parc naturel de la zone volcanique de la Garrotxa et notamment les volcans de Santa Margaida, celui d'El Croscat ou la Fageda d'en Jordà, la hêtraie qui s'est développée sur une coulée de lave du Croscat. Tout comme sur les possibilités de tours en train, à cheval, en segway, en 4X4 ou encore en montgolfière.

CAMPING ECO LAVA €

Route d'Olot- Santa Pau, km 7
✆ +34 972 68 03 58
www.campinglava.com
Fermé de novembre à avril. Parcelle + tente + véhicule + électricité : de 35 à 46 €. Bungalow (4) : de 120 à 160 €.

Situé près de la Fageda d'en Jordà, le camping Lava est une option de logement bon marché étant parfaitement adaptée aux amateurs de plein air. En plus de ses 160 parcelles de camping et ses bungalows pouvant accueillir 4 à 10 personnes, il dispose de toutes les infrastructures communes qu'on attend d'un camping : blocs sanitaires homme et femme, toilettes chimiques, bar-restaurant, chiringuito, espace barbecue, piscine, espace pour enfants, aire de sports, wifi, bref… tout y est. Et sans aucun doute, vous y apprécierez son ambiance familiale.

MAS CAN BATLLE €€€

Crta. Gi-524, km 12,7
✆ +34 972 680 348
www.mascanbatlle.com
Prix par nuit : 652 € (2 nuits a minima), 4 550 € la semaine.

A 3 km de Santa Pau, c'est l'une des maisons rurales les plus magiques de Catalogne, récompensée par 5 épis, la plus haute distinction en tourisme rural. Elle se loue dans sa totalité, avec ses 5 suites doubles et ses 120 ha de jardins, forêts, cascade naturelle, prés et piscine. Toutes les chambres sont décorées avec des objets et du mobilier chinés et dotées d'une baignoire-îlot, avec parfois une vue sur la nature, et d'une terrasse. On mettra tout en œuvre pour que votre séjour soit parfait. Idéal pour un mariage inoubliable.

CAL SASTRE €€€

Placeta dels Balls, 6
✆ +34 972 680 095
www.calsastre.com
Fermé du 12 au 25 décembre. A partir de 150 €.

Géré par Jesús et Eva depuis 1985, cet hôtel familial est situé dans la cité médiévale de Santa Pau. Il dispose de huit belles chambres très confortables avec vue sur les volcans et sur le château médiéval. L'hôtel dispose d'une belle terrasse avec piscine (une nouveauté depuis 2023) et vue sur le volcan Santa Margarita avec un jardin pour bronzer. Les petits déjeuners faits maison et très variés avec des produits de la région sont spectaculaires et très appréciés par les clients. Vous pouvez respirer une atmosphère très familiale et très paisible.

© CAL SASTRE

© CAL SASTRE

APPARTEMENTS TOURISTIQUES - PLAÇA MAJOR €€

Plaça Major, 7
✆ +34 972 680 009
www.apartamentsantapau.com
Appartements : 72 € pour 2 personnes, 100 € pour 4 personnes, 130 € pour 6 personnes.

A même la Plaça Major de Santa Pau, on trouve ces trois appartements touristiques indépendants pouvant accueillir de 2 à 6 personnes. Bien qu'installés dans une bâtisse très ancienne, les logements ont été totalement rénovés en 2002 et sont équipé de tout le nécessaire à un séjour en toute autonomie. On apprécie le charme pittoresque de l'emplacement autant que sa situation stratégique pour profiter au mieux des activités permises par les alentours directs du village.

MAS EL CARRER €€

Veïnat Els Arcs ✆ +34 676 156 958
www.maselcarrer.com
Appartement Baixos (6 personnes) de 192 à 298 €, La Cabana (6) de 205 à 298 €. 2 à 3 nuits obligatoires selon saison.

Lovée dans la splendide vallée dels arcs, c'est une *masia* du XVIe siècle, rénovée. L'édifice est composé d'un appartement sur un niveau avec poêle à bois et équipé de 3 chambres doubles, Baixos, et d'un appartement plus simple de 2 chambres doubles. Un autre bâtiment indépendant, La Cabana, installé dans l'ancienne grange, dispose de 3 chambres. Tous les logements sont confortables et très bien décorés. Infrastructures communes : piscine, espace barbecue, parking, et vaste aire de jeux pour les enfants. Le bois pour la cheminée et le barbecue est offert.

Survol du village médiéval de Santa Pau.

MAS CANTALLOPS €€

Carretera de Mascou
✆ +34 972 68 02 57
www.mascantallops.com
2 nuits le week-end : Maison Croscat à partir de 528 €, Maison Santa Margarita à partir de 660 €.

Au cœur du Parc Naturel de la Zone Volcanique c'est une magnifique maison de campagne du XVIIIe siècle à façade rouge qui a gardé son aspect extérieur d'antan, mais propose un intérieur de tout confort (cuisine complète, salle à manger, chambres, cheminée, salle de bains, chauffage central, TV). Il propose deux maisons : Casa Croscat et Casa Santa Margarita, accueillant respectivement 8 et 10 personnes. Le jardin boisé et fleuri de 12 hectares assure tranquillité et intimité. Vous pourrez effectuer de nombreuses activités au départ du mas.

CAL SASTRE €€

Placeta dels Balls, 6
✆ +34 972 680 095
www.calsastre.com
Horaires sur le site web. Menu de saison à 23,50 €.

Situé à côté de l'hôtel, il possède l'une des plus belles terrasses à arcades de Catalogne. Depuis 1985, il propose une cuisine traditionnelle avec des produits de première qualité, un excellent service et une atmosphère calme et familiale. Vous noterez particulièrement son plat vedette « Els Fesols de Santa Pau », qui sont des haricots cultivés dans un sol volcanique, uniques et avec la D.O. L'autre plat signature de la maison est le Canelò farci avec saucisse de poire et béchamel à la truffe, qui a remporté un grand prix lors d'une foire alimentaire à Londres.

HOSTAL DELS OSSOS €€

Carrer Santa Pau, s/n.

✆ +34 972 266 134

www.hostaldelsossos.com

Fermé le jeudi. Menu du jour à 16,50 € et fin de semaine à 29,5 €, « Menú Volcànic » à 37 €.

Située en bordure de route dans une petite maison couverte de verdure, c'est une table traditionnelle jouissant d'une bonne réputation. On y goûte à de très bonnes préparations typiques de la Garrotxa servies en quantités généreuses. Au nombre des spécialités de la maison, on compte entre autres le *remenat de fesols de Santa Pau amb botifarra esparracada i bolets* (œufs brouillés aux haricots de Santa Pau et sa saucisse aux champignons) ou *el platillo dels Ossos* (os à moelle). Le menu volcanique vous en donnera une bonne idée.

RESTAURANT CAN XEL €€

Carretera de Santa Pau, s/n

✆ +34 972 680 211

www.canxel.com

Horaires sur le site web. Environ 35 €.

Membre de l'association de cuisine volcanique de la Garrotxa, la Can Xel propose des plats typiques de la région, bien présentés et à des tarifs somme toute très raisonnables : pied de porc aux escargots, épaule d'agneau aux herbes de montagne, aubergines farcies mer et montagne et l'immanquable *botifarra* aux haricots de Santa Pau ou encore la crème glacée aux truffes surmontée de mascarpone sont par exemple à la carte. Une adresse traditionnelle de qualité, qui propose également quatre appartements touristiques pouvant accueillir jusqu'à huit personnes chacun.

ACTIVITATS GARROTXA

Crta Olot Santa Pau km 7

✆ +34 972 68 03 58

www.activitatsgarrotxa.com

Cette structure propose toute une gamme d'activités de plein air permettant de profiter au mieux des splendides paysages naturels de la zone, mais aussi de se familiariser avec son patrimoine historique et culturel. Au programme : visite de la hêtraie *Fageda d'en Jordà* en calèche, train touristique (une reproduction de l'ancien train Olot-Girona) en direction des volcans (dont le volcan Croscat), équitation, itinéraires 4x4, sorties en poney, cheval, vélo, quad ou Segway. Idéal avec des enfants. L'équipe est très sympathique et à l'écoute.

VOL DE COLOMS

Route GI-524 entre Olot et Santa Pau

✆ +34 972 68 02 55

www.voldecoloms.cat

Prix adulte : en semaine 185 €, en week-ends 195 €. Vol de 1h30 environ. Accueil des personnes à mobilité réduite.

Pourquoi ne pas faire un tour en montgolfière au-dessus de la Garrotxa pour contempler de haut le Parc naturel de la zone volcanique ? Avec un bon budget et une météo clémente, ce sera possible. Une petite réunion avec l'équipe d'aéronautes et c'est l'envol. A bord, service de *cava* (vin mousseux) et *coca de llardons* (sucrerie typique de la région), pendant que le pilote-guide, toujours très pro, détaille le panorama qui défile sous vos pieds. De retour au point de départ, un copieux petit déjeuner vous attend. Une très belle expérience.

SANT JOAN LES FONTS ★

Installée le long de Fluvià, cette commune a développé au cours des siècle un patrimoine culturel conséquent : deux ponts d'époque romane, un monastère, quelques églises plutôt remarquables, le château de l'Estada Juvinyà (une des constructions civiles médiévale les mieux conservé de la Catalogne) et quelques installations industrielles plus récentes mais non moins emblématiques de la ville. On y trouve par ailleurs un chemin de balade assez exceptionnel, la Route des Trois Coulées, se déployant au creux de falaises basaltiques impressionnantes. Information : office du tourisme, C Sant Pere 2 (pont médiéval) www.turismesantjoanlesfonts.com

CHÂTEAU MÉDIÉVAL ESTADA JUVINYÀ ★

Carrer Juvinyà, s/n

C'est l'une des constructions civiles du Moyen Age la mieux conservée de Catalogne qui était la résidence d'une famille de chevaliers, les Juvinyà. Il se compose de deux bâtiments distincts : la tour du XIIe siècle et la demeure elle-même, ajoutée au XIVe siècle. On peut aussi apercevoir un petit canal au pied de la tour, qui servit entre autres à déplacer la machinerie du moulin à farine du village au XIIIe siècle. Le château est considéré comme un bien d'intérêt national depuis 1972.

ÉGLISE SANTA EULÀLIA DE BEGUDÀ ✞

Mentionnée pour la première fois en 1034, cette église romane était à l'origine dotée d'une seule nef à voûte en berceau. 2 grands arcs lui ont plus tard été adjoints, ouvrant l'espace et permettant de bâtir 2 nefs supplémentaires. L'église était dès sa construction dédiée à Santa Eulàlia, mais du XIVe au XVIIe siècle, elle change plusieurs fois de saint patron pour être finalement dédiée à Sant Jaume. Au XVIIIe siècle, elle est à nouveau consacrée à sa sainte d'origine, Santa Eulàlia.

PONT MÉDIÉVAL

Enjambant la Fluvià et bâti à partir de pierre volcanique, ce pont médiéval est composé d'un grand arc et de deux arcs latéraux qui sont plus petits. Il a été mentionné pour la première fois au XIIIe siècle, mais il date sans doute d'un siècle plus tôt. Lors des tremblements de terre de 1427-1428, le pont s'est effondré et a été reconstruit à partir de la même roche. Il a tenu un rôle particulièrement important à l'époque médiévale, car il rendait possible la communication entre les différents comtés de Besalú, d'Empúries et de Cerdanya.

MOLÍ FONDO ★

C'est un ancien moulin industriel installé sur les rives de la Fluvià, utilisé dans une fabrique de papier. Depuis 1966, une nouvelle usine a été construite à côté de l'originale, laissant le moulin à l'abandon. Plusieurs projets sont encore à l'étude : mise en valeur l'ancien moulin comme élément du patrimoine industriel de la région, remise sur pied du moulin de façon à tirer parti de son potentiel hydroélectrique. Quoi qu'il en soit, un passage par ici s'avère intéressant, ne serait-ce que pour voir ce lieu étonnant, dans les coulisses de la ville.

RANDONNÉES

La Route des trois coulées doit son existence à la rencontre de coulées de lave issues de différents volcans. Le chemin serpente au milieu de ces véritables monuments naturels, entre falaises de basalte, pitons rocheux et dense forêt à la biodiversité impressionnante et permet de se faire une idée du patrimoine industriel du siècle passé avec ses nombreux édifices installés le long de la rivière. On débute la balade en empruntant le petit chemin à droite de l'église, avec 2 versions, une vingtaine de minutes ou une bonne heure et demie.

MONASTÈRE DE SANT JOAN LES FONTS ✞

Avinguda Rafel Torras, s/n

S'il date du XIIe siècle, on ne peut aujourd'hui qu'en apprécier l'église à trois nefs doublées d'une abside et de deux absidioles de style roman, ainsi qu'une réplique de peinture polychrome sur bois représentant Sant Joan les Fonts. Il semblerait toutefois que la toute première de l'édifice, que l'on peut observer sur la façade côté rivière, date elle de l'an 958. La sacristie et le clocher sont de construction plus tardive, remontant au XVIIIe siècle.

USINE LA SEBASTIANA ★

Établissement privé.

Composée d'un rez-de-chaussée, de deux étages et d'un grenier, elle a fermé en 1974, pour changer d'activité au début des années 1990 au profit du plastique. Son intérêt réside dans l'organisation de l'espace, encore visible : plus qu'une simple usine, c'était une colonie de travailleurs qui vivaient sur place dans des petits réduits loués par leur entrepreneur, achetant leurs victuailles dans la petite épicerie de l'usine, à l'image de la cinquantaine d'usines en tout genre (peau, fils, farine, fonte...) installées le long de la Fluvià au cours du XIXe siècle.

PENSIÓN LA ESTADA €

Carrer Josep Ballvé, 3
✆ +34 972 29 06 07
52 € pour une chambre double, toute l'année.

On trouve cette petite pension familiale et accueillante au cœur du village de Sant Joan les Fonts. Elle dispose de cinq chambres (trois doubles et deux individuelles). Situées au premier étage, elles sont toutes sont bien tenues et disposent de chauffage, air conditionné, TV, wifi, bureau et salle de bains privée et salle de bains complète. On prend le petit déjeuner au rez-de-chaussée de l'établissement. Bien situé et bon marché, à la belle saison, l'établissement délivre à ses hôtes des pass permettant d'accéder à la piscine municipale.

RESTAURANT LA FONT DEL GRÈVOL €

GI-522
✆ +34 972 29 20 61
Ouvert tous les jours de 8h à 17h. Déjeuner menu : 18 €. Petit déjeuner : 10 €.

Situé dans le cadre naturel magnifique du Parc naturel volcanique, le restaurant *La Font del Grèvol* se trouve à l'entrée du village de Sant Joan les Fonts, sur la route de Castellfollit de la Roca. On y mange une cuisine catalane traditionnelle, les spécialités de la maison étant les viandes grillées et les plats de gibier, en saison. On appréciera la très grande salle à manger aux murs ocre, avec une prédilection pour le côté fenêtres pour profiter du paysage.

GÎTE RURAL - CAL XICOT €€

Route de Begudà
✆ +34 696 882 960
www.experienciarural.cat
11 personnes maximum. Ensemble de la maison 1 nuit : 540 à 690 € selon période.

Cal Xicot est une ancienne ferme restaurée située dans la vallée de Begudà pouvant accueillir un total de onze personnes. L'endroit est plutôt idyllique, car il est traversé par un petit cours d'eau et entouré de prairies, forêts et volcans. Le jardin quant à lui invite à la calme contemplation du temps qui passe : terrasse pour déjeuner et dîner à la fraîche avec coin barbecue et piscine privée garnie d'arbres fruitiers. La maison elle-même est des plus campagnarde, avec tout ce qu'il faut pour un séjour autonome. Les animaux sont acceptés.

GÎTE RURAL - MAS MOLERA €€

Barri Molera, s/n
✆ +34 661 91 94 47
www.masmolera.com
36 € par personne et par nuit.

Mas Molera se compose d'une *masia* principale dite *Pairal* disposant de 5 chambres que l'on peut louer seule ou avec l'ensemble de la maison, et d'une ferme équipée de deux logements autonomes pouvant accueillir chacun 4 à 5 personnes. L'emplacement du gîte est impeccable, toutes sortes d'activités nature à portée de main, et la maison dispose d'un cachet véritable. A disposition, barbecue, piscine privée et terrain de volley. C'est un lieu qui est situé bien au calme et tout à fait idéal pour planifier un séjour en famille ou en couple.

CASTELLFOLLIT DE LA ROCA

Ce petit village est juché de manière spectaculaire sur une falaise basaltique de 50 m de haut et d'un kilomètre de long, au pied de laquelle coule la Fluvià. Ses étroites ruelles au charme pittoresque débouchent sur l'ancienne église de Sant Salvador, trônant à la pointe du monticule, et d'où on jouira d'un superbe point de vue sur la région. Castellfollit est aussi l'une des portes d'entrée au Parc naturel de la Zone Volcanique et constitue une très bonne première étape pour visiter la Garrotxa, se trouvant à la sortie de l'autoroute. Outre l'église, on y découvre la Tour de l'Horloge et, au pied de la falaise, des vestiges de l'antique *via romana*.

ANCIENNE ÉGLISE DE SANT SALVADOR

Elle trône majestueusement à l'extrémité de la falaise. Datant du XIIIe siècle, elle sera détruite lors du tremblement de terre de 1428, reconstruite en 1657-1658 et brûlée en 1936. De son style Renaissance tardive, on note un clocher carré et de l'époque romane, seules quelques pierres basaltiques ont été réutilisées lors de la reconstruction du XVIIe siècle. Restaurée dans les années 80, elle combine le verre, le fer et la pierre ancienne et abrite un centre culturel.

ANTIQUE VIA ROMANA ★

Les Romains ont su profiter de la structure naturelle de la falaise pour en faire un point de surveillance stratégique. Quelques vestiges d'une ancienne route reliant la vallée inférieure à la vallée supérieure en sont les témoins. C'était à proprement parler un *actus*, c'est-à-dire une voie secondaire raccordée à la Via Augusta, reliant Cadix à Rome. Principalement empruntée par des troupes armées et des commerçants de matières premières entre Empúries et la Cerdagne, elle était aussi utilisée pour rallier les exploitations minières de Rocabruna et de Bassegoda.

VESTIGES DE LA MURAILLE

Les portes de la forteresse se trouvaient au niveau du camí de la Rossolada, mais les vestiges de la muraille médiévale sont rares. On peut observer quelques tronçons : on devine une tour à l'arrière de la maison située au n° 1 de la Carrer de la Font et quelques pierres angulaires de grandes dimensions au niveau de la maison voisine, au n° 3. On suppose que la majeure partie des murailles s'est effondrée lors du tremblement de terre du XVe siècle. Au XVIIIe siècle, la place centrale de Castellfollit est à nouveau fortifiée et utilisée lors de la guerre carliste.

CARRIÈRES DE BASALTE

L'exploitation de cette pierre noire d'origine volcanique remonterait à 1887. Elle est utilisée dans l'industrie pour ses vertus anti acides, et comme composant de base dans le domaine du domestique et du décoratif. On peut encore observer la carrière, toujours en fonctionnement, avec un volume d'extraction régulé, suite à des abus mettant en danger les fondations de la falaise sur laquelle est installé le village. Ces pierres sculptées se retrouvent dans une bonne partie du centre du village ainsi que dans la Rambla de Barcelone.

FONDA CA LA PAULA €

Plaça Sant Roc, 3
✆ +34 972 29 40 32
www.fondacalapaula.com
Chambre simple à 41 €, double à 75 €.

Ca la Paula est une auberge-restaurant offrant ses bons et loyaux services depuis 1870. Elle était connue à l'époque sous le nom de *Fonda de Castellfollit*, autant dire que le lieu est une institution ici. Avec ses balcons en fer forgé et ses enjolivures de céramique verte, la découverte de la bâtisse fait son effet. Côté couchage, on a affaire ici à l'essentiel, suffisant pour une bonne nuit de repos. L'établissement dispose également d'un bon restaurant de cuisine traditionnelle qui a été rénové et arbore une décoration boisée et chaleureuse.

TOUR DE L'HORLOGE

Plaça de Sant Roc, 1

Quatre éléments caractérisent la tour ocre et rouge de l'horloge, avec, de bas en haut : la source de Sant Roc, l'*escut* (blason) du village, une image de Sant Roc, et enfin l'horloge. Proposée par le député Lluís Pons i Tusquets en 1919, dessinée par un architecte de Banyoles, Ramon Gusiñer Heras, sa construction commence en août 1924 et va durer un an. L'image de Sant Roc incrustée dans la façade date de 1885, et le 16 août de chaque année, une célébration est organisée en son honneur. Le monument constitue une halte désaltérante idéale pour les cyclistes.

CAL TUSET

Carretera Girona, 17
✆ +34 972 29 44 96
www.caltuset.com
Ouvert tous les jours, de 7 à 14h et de 16 à 20h.

C'est en 1989 que l'aventure boulangère de la famille Tuset a débuté à Badalona. Mais c'est en 1995, une fois installée à Castellfollit, que l'entreprise est devenue pâtissière en proposant des muffins puis des cupcakes à la demande des clients. D'abord fabriqués nature, puis toujours à la demande répétée de la clientèle, progressivement garnis de chocolat ou de pomme. Aujourd'hui, ce sont plus de 24 variétés de « magdalenes » qui agrémentent la carte de leur spécialité. Si elles vous ont plu, vous les retrouverez dans leurs boutiques de Besalú et de Peratallada.

BESALÚ ★★

Encerclé par deux fleuves, la Fluvià et le Capellades, le village a été le siège d'un puissant comté indépendant et offre aujourd'hui un ensemble historico-artistique médiéval considéré comme l'un des mieux conservés de Catalogne. Au-delà de tous ces attraits monumentaux, on appréciera le caractère médiéval et l'atmosphère paisible qui règne dans les ruelles de Besalú. Le village s'anime tout particulièrement à la fin août-début septembre quand a lieu sa grande foire médiévale qui retrace l'histoire de la ville, à grand renfort de costumes, de spectacles, de démonstrations d'activités traditionnelles et de dégustations gastronomiques.

CASA CORNELLÀ ★

Plaça Sant Pere

Sur la même place que le monastère vous trouverez cette demeure de style roman du XIIe siècle, l'une des mieux conservées de Catalogne et qui présente la structure caractéristique d'une maison noble de l'époque médiévale. Elle se déploie sur trois niveaux, ses galeries et arches romanes encadrent une cour carrée, ce qui permet à la lumière du jour de pénétrer dans toutes les pièces. Au premier étage vivaient les domestiques et les animaux, au deuxième étage se trouvaient les appartements de la famille et au troisième, les greniers.

BAINS JUIFS OU MIKVAH ★★

Visite guidée de 30 min, entrée 2,50 €. Renseignements préalables à l'Office de tourisme.

Découverts fortuitement en 1964, ces bains souterrains alimentés en eau par la rivière servaient aux rituels et ablutions de purification de la communauté juive, d'environ 200 personnes, qui vécurent à Besalú entre le IXe et le XVe siècle. C'est une salle de style roman, construite en pierre sculptée. Au-dessus se trouvent les ruines de l'ancienne synagogue. Les ruelles de l'ancien quartier juif environnent la synagogue. Il est le seul espace dédié aux bains juifs retrouvé en Catalogne avec celui de Gérone. Un endroit unique.

CIRCUSLAND ★

Plaça Prat de Sant Pere, 15

✆ +34 972 50 53 17

www.circusland.org

Ouvert tous les jours, de 11h à 19h en hiver et de 10h à 20h en été. Entrée adulte : 5,90 €.

Ce musée dédié aux arts du cirque a ouvert ses portes en décembre 2020. Aménagées sur trois étages, les différentes salles proposent un parcours au travers de différentes disciplines – acrobatie, équilibre, magie, jonglerie –, allant des jongleries chinoises au Cirque du Soleil (537 objets – costumes, affiches – exposés). On remarquera surtout la maquette spectaculaire du cirque Gleich qui occupe 50 m² et est considéré comme le plus grand au monde. De quoi visualiser en détail à quoi ressemblait un cirque du début du XXe siècle.

Le village de Besalú.

EL REBOST DEL COMTAT DE BESALÚ

Plaça Llibertat, 13

✆ + 34 972 59 03 07

Ouvert de 9h30 à 14h et de 16h à 19h30. Entrée libre.

Ouvert en 1995, c'est un petit musée consacré aux outils anciens qui a repris comme point de départ la collection de Ramon Sala i Canadell. Vous y trouverez des outils agricoles et domestiques, concernant en particulier la fabrication de la charcuterie mais aussi du fromage et du pain ainsi que des armes anciennes (arbalètes, couteaux, épées...). Le tout agrémenté de photographies d'un autre temps. Vous en profiterez pour déguster ou acheter des charcuteries de la Garrotxa.

ESGLÉSIA DE SANT VICENÇ

Plaça Sant Pere, Sn

Ouverte aux heures des messes (variables).

C'est l'église paroissiale du village, documentée depuis 977. Elle présente un style roman, à l'intérieur très sobre, et possède un plan à trois nefs en croix latine. Mais certains éléments marquent la transition avec le gothique telle la rosace de l'abside principale. À l'intérieur se trouve la tombe du père de Rovira qui ramena les restes de Sant Vicenç à Besalú en 1413. Une chapelle latérale gothique garde la sainte Croix cédée par Francesc Cambó en 1923, remplaçant la première rapportée de Rome par Bernat Tallaferro en 1017, mais volée en 1899.

HÔPITAL SANT JULIÀ DE BESALÚ

Carrer Portalet, sn

C'est un bâtiment du XIIe siècle, édifié par les comtes de Besalú à l'intention des fidèles venus en pèlerinage. Sa façade est l'une des plus belles dans son domaine, notamment ses quatre chapiteaux. Son profil architectural le rapproche de celui de l'église de Santa Maria de Porqueres. Au début du XXe siècle, le bâtiment sera à nouveau utilisé comme hôpital et abrite aujourd'hui le centre socio-culturel de la ville qui accueille des expositions, des récitals de musique, etc.

MONESTIR DE SANT PERE ★

Plaça San Pere

Visites guidées seulement pour groupe de 10 personnes. Renseignements à l'Office de tourisme : 2,50 € par personne.

Du monastère bénédictin fondé en 994, seule reste l'église consacrée en 1003 par le comte Bernat I, le comte le plus important de l'histoire locale, connu sous le nom de « Tallaferro ». Son abbé devint le dirigeant de la ville en 1111 quand le comté fut aboli, et le monastère jouit d'une grande influence politique au cours des XIIe et XIIIe siècles. Les huit colonnes, séparant la nef de l'autel principal, sont sculptées de scènes bibliques et d'animaux mythiques. De nombreux religieux sont enterrés sous le pavement de l'église.

PONT VELL ★★

© JOSE SANCHEZ MUNOZ - SHUTTERSTOCK.COM

Ce pont fortifié de style médiéval est le spectaculaire point d'entrée dans la vieille ville et c'est également le monument emblématique de la cité. Il possède sept arches, mesure 105 mètres de long, et date du XIe siècle. En partie détruit durant la guerre civile espagnole, il a été reconstruit à l'identique dans les années 60. Une tour fortifiée d'environ 30 mètres de haut permettait de contrôler les entrées et sorties de la ville et de percevoir une taxe d'entrée. On l'apprécie aussi de nuit quand les illuminations le mettent en valeur.

OFFICE DE TOURISME DE BESALÚ

Carrer del Pont, s/n ✆ +34 972 591 240
www.besalu.cat

Horaires sur le site web. Visite guidée du quartier juif, du monastère et audiovisuel : 5 €. Réservation obligatoire.

Plusieurs formules de visites guidées sont proposées, dont certaines en français. Pour une visite historique incluant le quartier juif et le monastère, les tickets sont à retirer 15 minutes avant la visite directement à l'Office de tourisme. Plusieurs départs sont au programme chaque jour, en été. Des visites nocturnes ou théâtralisées sont également programmées, mais seulement en catalan et en espagnol. Vous trouverez tous les détails sur place ou sur leur site web.

ELS JARDINS DE LA MARTANA €€€

Carrer del Pont, 2
✆ +34 972 590 009
www.lamartana.com

Pour une chambre double avec vue, comptez de 116 à 146 € selon l'époque, petit déjeuner inclus.

Juste avant le pont conduisant au centre historique, l'hôtel est abrité dans une ancienne demeure seigneuriale. L'extérieur est magnifique et à l'intérieur on découvre une jolie demeure. Dans cette chambre d'hôtes, on découvre une belle bibliothèque, une vue superbe sur la ville et un jardin très agréable. Les 10 chambres doubles sont assez simples mais trois chambres familiales peuvant accueillir jusqu'à cinq personnes. Espace jeux pour les enfants.

CAN FRUITÓS ALLOTJAMENT RURAL €€

Carrer Rocafort,10
✆ +34 674 667 663
www.canfruitos.com

Location 2 nuits minimum. 29 à 33 € par personne et par nuit.

Situé dans l'ancien quartier juif, il offre tout le confort nécessaire pour ceux qui préfèrent faire leur cuisine et se sentir à la maison. L'appartement divisé en deux étages possède une suite (chambre avec salle de bains), deux chambres et salle de bains au premier étage et un grand séjour avec télévision, mini chaîne hi-fi, jeux de société et cheminée, salle à manger et cuisine équipée au deuxième. Le linge et la vaisselle sont fournis. Bon rapport qualité-prix.

APARTAMENTS TURÍSTICS SALTAREL·LO €€

Carrer Tallaferro, 3
✆ +34 647 654 777

Appartement : pour 2 adultes et 2 enfants à 90 €, pour 2 adultes à 75 €. Chambre double à 50 €.

Ces trois appartements touristiques se trouvent en plein dans le centre médiéval de Besalú dans un édifice ancien réhabilité, et disposent de tout le nécessaire pour un séjour en toute autonomie : cuisine, salle de bains, chauffage, wifi et nécessaire à la toilette. Deux chambres doubles sont également à la location. Les sols sont pavés de mosaïques et les appartements sont équipés de balconnets donnant sur la ville. L'ensemble présente beaucoup de charme.

CAN JOU €€

La Miana
✆ +34 972 190 263
www.canjou.com

49 € chambre et petit déjeuner (52 € avec terrasse).

C'est une grande maison du XIe siècle proposant 10 chambres coquettes et une « sweet suite ». Autosuffisante en énergie via des panneaux solaires, car la météo est très généreuse. On profitera du très bon et beau resto-bar, du jardin vaste et verdoyant et de sa piscine extérieure, de la jolie terrasse et de l'espace barbecue, vos sympathiques hôtes proposent des sorties à cheval ou à vélo, ainsi que des conférences sur l'astronomie, avec observation des étoiles. Un lieu unique dans un magnifique environnement où la tranquillité est reine.

RESTAURANT PONT VELL €€

Carrer Pont Vell 24,
✆ +34 972 59 10 27
www.restaurantpontvell.com

Horaires sur le site web. Environ 45 € pour une entrée, un plat et un dessert.

Installé au pied du pont roman du XIe siècle, ce restaurant créé en 1981 par Nuria Boleda et Artur Mercadé bénéficie d'une des situations les plus privilégiées, à Besalú. Depuis 2012, c'est le chef Robert Mora, passé notamment par le Celler de Can Roca, qui dirige les cuisines en s'approvisionnant notamment au marché hebdomadaire de Banyoles. Les menus varient selon la saison et les plats pourront être accompagnés par les suggestions de Anna Mercadé, la sommelière. Pour parfaire le plaisir des papilles, celui des yeux sera comblé par la vaisselle utilisée.

MAIÀ DE MONTCAL

Avec un peu plus de 400 habitants, la petite commune de Maià de Montcal se situe dans la partie la plus à l'est de la Garrotxa, non loin de Besalú, à la limite de l'Alt Empordà et du Pla de l'Estany. Elle est traversée par la rivière de Maià qui rejoint la Fluvià quelques kilomètres plus au sud et est constituée de sept localités : le Quer, les Ferreries, Dosquers, Bruguers, Jonqueres, Llorenç et Pocafarina. Les principaux attraits touristiques de cette partie du territoire sont les vestiges romans de Dosquers et de Maià dont l'église de Sant Vincenç de Maià (Xe siècle), à la jolie porte très bien conservée ainsi que le château de Dosquers.

RUINES DU CHÂTEAU DE DOSQUERS ★★★

Dosquers

La première mention qui soit faite de ce château de Dosquers a été découverte dans le testament de l'évêque de Gérone, Guillem de Cabanelles, en 1245. Il servit entre autres aux choses à centraliser les impôts collectés par les comtes de Besalú et le monastère de Banyoles, mais également à contrôler la circulation sur le territoire. Côté château, il n'en reste aujourd'hui que quelques ruines, mais la balade, relativement aisée à réaliser, vaut tout de même le détour.

CHAPELLE DE SANT PRIM

Située à l'ouest de la municipalité de Maià de Montcal, cette chapelle romane est associée à une légende : deux porteurs chargés de déplacer les reliques de Sant Felicià et de Sant Prim jusqu'à l'église Sant Pere de Besalú, épuisés par leur marche, trouvèrent refuge dans cette petite chapelle. Alors que leur détermination commençait à s'éroder, une source d'eau jaillit en abondance, leur permettant de reprendre des forces avant de continuer leur route. Depuis, les habitants ne manquent jamais une occasion de célébrer le miracle.

CAMPING CAN COROMINES €

Route de Figueres à Olot N-260 km.60

✆ +34 972 591 108

www.cancoromines.com

Tente de 6 à 8,50 €, adulte de 6,50 à 8,50 €, voiture de 5 à 6 €.Chambre de 120 à 140 € (2 nuits).

Située dans un bel espace verdoyant, cette ferme catalane du XVe siècle compte une partie camping avec 50 emplacements répartis dans l'immense espace, la plupart allant de 100 à 200 m². Avec piscine, terrain de jeux pour enfants, tyrolienne, tables de ping-pong, terrain de volley-ball et baby-foot ainsi qu'un restaurant de cuisine méditerranéenne et un bar avec terrasse. Dans la partie gîte, on trouve 2 chambres doubles très confortables, avec chauffage et salle de bain, et 3 appartements tout équipés à la déco campagne-chic pouvant accueillir 4, 5 ou 6 personnes.

MONASTÈRE DE SANTA MARIA DE JONQUERES ★

A l'origine, il devait dépendre du monastère cistercien de Santa Maria de Vallbona, dans le Roussillon. On notera surtout la fenêtre de la façade principale de son église, fortifiée au XVe siècle, avec ses colonnes latérales surmontées de chapiteaux décorés, ainsi qu'une porte latérale qui devait communiquer avec le cloître monastique. Sa construction semble avoir commencé autour du XIe siècle, tandis que la fenêtre daterait de la fin du XIIe ou début du XIIIe siècle.

HOTEL-RESTAURANT MAS PERE PAU €€

Masia Can Perapau, s/n

✆ +34 972 59 07 60

www.masperepau.com

A partir de 99 € la chambre double, 120 € à 159 € l'appartement.

Située dans la municipalité de Bruguers, cette *masia* a été réaménagée pour accueillir 5 chambres coquettes et 2 appartements. Très lumineux et arrangés avec goût, ils affichent un caractère moderne et ne manquent pas de confort. Le restaurant est résolument catalan. On y mange des spécialités montagnardes (escargots et viandes braisées) mais aussi de la mer (poissons et fruits de mer) sous d'antiques arches de pierre. Accueil très chaleureux. Un lieu intime, calme et de qualité.

GÎTE RURAL - CAL TORT €€

Dosquers

✆ +34 607 289 911

www.caltort.cat

2 nuits minimum. Selon la saison, de 165 à 200 € la nuit.

Cal Tort est une ancienne ferme de 1850 qui a été fraîchement restaurée sans rien perdre de son cachet : murs en pierre, portes et fenêtres en bois, cheminée, tout y est. Trois chambres à coucher se trouvent à l'étage, tandis que les 50 m² du rez-de-chaussée disposent d'un salon, d'une salle de bains et d'une cuisine tout équipée. Au total, le lieu peut accueillir jusqu'à sept personnes et se loue dans son ensemble. Barbecue et meubles de jardin seront aussi à votre disposition. Pour qui cherche la tranquillité, cet espace est tout indiqué.

LA GUIXERA €€

Camí de la Serra, 21

✆ +34 972 19 09 37

www.laguixera.com

Horaires sur le site web. Menus à 28 € et 35 €.

En 1920, c'était la première fabrique de plâtre de la région. Et en 2013 de jeunes restaurateurs décident de restaurer l'ancienne usine et d'en faire un restaurant. Produits locaux et de qualité forment la base des préparations : *xai ecològic* (agneau écologique), *orada a la brasa* (dorade braisée), *graellada de carn* (assortiment de viandes grillées), *patates al caliu amb allioli* (pommes de terre à l'aïoli)… Bonne carte de vins et desserts à la hauteur. Le tout servi dans une vaste salle au cachet campagnard des plus authentiques, ou en terrasse.

LA TORRE €€

Carrer Girona s/n

✆ +34 972 59 03 15

www.restaurantlatorre.com

Fermé le dimanche. Autour de 30 € le repas complet.

A l'écart des sentiers battus, on trouvera le restaurant La Torre et sa jolie façade jaune. Quasi uniquement fréquentée par des locaux, cette table catalane traditionnelle a quelques bons arguments, et le chef Pilar Fabrega n'y est pas pour rien : *cargols amb salsa* (escargots en sauce), *carn a la brasa* (viande grillée) et l'*ànec de pagès rostit* (rôti de canard fermier) devraient en satisfaire plus d'un, tout comme les très bons desserts maison. Hormis les produits locaux, on y appréciera aussi les vins de pays et l'ambiance familiale.

BEUDA

Collé au flanc de la serra del Mont à quelque 330 m au-dessus du niveau de la mer, Beuda vaut une escale, ne serait-ce que pour la vue panoramique permise par une telle situation géographique. Qui permet d'observer presque toute la Garrotxa, la plaine de l'Empordà, ainsi que toutes les Pyrénées-Orientales. Mais Beuda a elle aussi quelques petites perles d'architecture romane que les amateurs de vieilles pierres prendront plaisir à découvrir, comme l'immanquable ensemble roman de Palera (comprenant l'église Santa Maria et le Saint Sépulcre), les églises romanes de Sant Pere de Lligordà et de Sant Feliu, et la demeure seigneuriale du Noguer de Segueró.

ÉGLISE SAN FELIU DE BEUDA ★

Cet édifice roman est remarquable par ses 3 fenêtres surplombant la porte d'entrée à colonnes – surmontées de doubles chapiteaux – et les allées intérieures. Le pilier des fonts baptismaux, pièce d'art la plus précieuse retrouvée dans l'église, date du XIIe siècle : il est orné d'éléments floraux, d'arcs aveugles et de 4 figures en relief reliées par des sculptures représentant des paysages bibliques. On notera aussi la tête de dragon de la serrure de la porte d'entrée.

CAN FELICIÀ €€

✆ +34 972 59 05 23

www.canfelicia.com

Chambre simple à 48 €, double à 80 €, petit déjeuner compris.

Posée à flanc de vallée, cette maison de tourisme rurale doit son nom à son fondateur, le Père Felicià, qui l'avait construite pour qu'elle serve d'école aux enfants vivants dans la propriété seigneuriale du Noguer de Segueró, dont le religieux avait hérité. Aujourd'hui elle accueille des voyageurs en quête de contact avec la nature. Les chambres sont très bien tenues, le petit déjeuner est copieux et les environs directs de la maison sont propices à la balade, voire à la randonnée. Une piscine est en libre accès pour les clients. Une adresse de charme.

ÉGLISE SANTA MARIA DE PALERA ET SANT SEPULCRE ★★

© JOSEP CURTO - SHUTTERSTOCK.COM

Cette église a été consacrée lors de la consécration du Saint-Sépulcre de Palera, petit temple à nef unique doublée d'une abside semi-circulaire lisse. Il y a peu, elle abritait une sculpture polychrome de la Vierge et l'Enfant, aujourd'hui restaurée et conservée au Musée d'Art de Girona. Remarquable édifice roman du XIe siècle, le Saint Sépulcre de Palera a longtemps été un centre important de pèlerinage... Il possède trois nefs doublées de trois absides semi-circulaires.

EL CLAUSTRE DE PALERA €€

Santa Sepulcra de Palera, s/n
✆ +34 872 00 01 00
Ouvert du mercredi au lundi de 10h à 18h. Environ 25 € le repas complet.
Installé dans un cloître roman – lui-même encadré d'une farouche végétation – ce restaurant de Palera est un véritable curiosité. Après avoir emprunté une route bétonnée traversant une forêt, on tombe sur cette antique bâtisse dont la terrasse est parsemée de tables dressées. Ici, pas de menu, on mange ce que le chef prépare en fonction des produits disponibles : *xai amb samfaina* (agneau et ratatouille), *Arròs mar i muntanya*, cannelloni... Vins et desserts sont très à la hauteur, le tout pour une addition très honnête. Une expérience unique.

MONTAGUT I OIX

C'est une petite communauté de villages située au cœur de la haute Garrotxa et qui compte près d'un millier d'habitants. Elle est installée au creux d'un espace naturel très contrasté, avec au nord des précipices, des pics rocheux aux formes originales et de hardis ruisseaux se frayant un chemin parmi les fissures de la pierre, et avec au sud un espace dominé par de vastes vallées ponctuées d'églises, chapelles, châteaux et ponts qui se font l'écho d'un glorieux passé. A ce titre, la zone s'avère propice à la balade et à la visite d'un patrimoine architectural millénaire qui se distingue par une très forte concentration d'églises et d'ermitages romans.

CHÂTEAU D'OIX ★

Il a été construit par les seigneurs de Bestrecà au XVe siècle, comme lieu de résidence. Il passa ensuite de mains en mains, au gré des conflits, pour devenir la possession des marquis de Monistrol et de la famille Escribà de Romaní au XIXe siècle, avant d'être abandonné. De forme carrée, il a été édifié autour d'une cour centrale gothique caractéristique de l'époque, et compte de nombreuses failles ouvertes dans les murs, sur différents niveaux. Soulignons ici la présence d'une impressionnante fenêtre gothique trilobée incrustée dans la façade sud.

ÉGLISE DE SANT PERE ✝

Édifiée au XIIe siècle, l'église actuelle est le résultat de nombreuses restaurations, sur la base de la structure romane originale. On y découvre trois nefs à absides semi-circulaires séparées par des arcs reposant sur des piliers. Il y a quelques années, une partie de l'arrière de l'église a été démolie, laissant apparaître à l'air libre l'abside centrale. L'élément le plus remarquable ici se trouve incrusté dans le mur ouest : à l'endroit où se trouvait jadis la porte d'entrée, on peut apercevoir des moulures en fer forgé datant de l'époque romane.

CHÂTEAU DE MONTAGUT - OU DU CÓS ★★

Montagut

Les premières mentions du château de Montagut remontent à 1070 et ont été découvertes dans un traité d'allégeance des nobles Pere et Arnau Guillem, du comté de Besalú, au comte Bernat II. En l'an 1119, le château passe entre les mains de la comtesse Ermessenda, qui le cédera ensuite à son neveu Udalard II, vicomte de Bas. Au cours du XIIIe siècle, il devient la possession des comtes d'Empúries, et ce jusqu'en 1339, avant d'être celle de la couronne, sous le règne de Pere III. La caractéristique majeure du château est sa grande tour circulaire, d'un diamètre intérieur d'environ 5 mètres et aux murs d'une épaisseur de plus de 1,5 mètre. La partie que l'on peut voir aujourd'hui correspond au niveau inférieur, désormais recouvert d'une fausse coupole qui est installée là pour conserver les vestiges de la tour. On peut également apercevoir quelques restes de murs d'enceinte. La cour du château, qui fut un temps utilisé comme presbytère, est aujourd'hui une propriété privée, ce qui limite considérablement l'observation des ruines. A deux pas du château, on trouvera aussi le sanctuaire de la Mare de Déu del Cós, qui a donné son nom au château, ainsi que l'ancienne chapelle du château, mentionnée pour la première fois en 1105. Cette dernière a été entièrement rénovée à l'époque baroque, et on trouvait à l'intérieur du temple une image de la Vierge et l'Enfant datant du XIIe siècle, hélas détruite en 1936. Visite conseillée, ne serait-ce que pour le panorama.

ÉGLISE SANT EUDALD DE JOU

Egalement connue sous le nom de Sant Eudald Vilars, elle remonte au XIIIe siècle, de style roman, mais remaniée au XVIIe siècle. Elle s'élève au-dessus d'une chaîne de montagnes, entre le ruisseau Sant Eudald et le torrent Estanyol. L'édifice se compose d'une nef unique tournée vers l'est, derrière laquelle a été construite ultérieurement une nouvelle abside semi-circulaire, servant actuellement de sacristie. On peut apercevoir dans la paroi ouest des traces de l'ancien clocher roman.

ÉGLISE SANT LLORENÇ D'OIX

Oix

Cette église qui date du XIIe siècle présente une seule nef, avec une voûte en pointe, terminée par une abside semi-circulaire. En 1995, lors des travaux de restauration, ont été découverts des fragments de l'ancienne tuile de toit. On appréciera de chaque côté de la porte des sculptures de tête d'animaux et d'humains. Il est fort probable que cet élément ait naguère servi à supporter un porche qui protégeait la porte. Elle est intégrée au patrimoine architectural de la Catalogne.

ÉGLISE SANT MARTÍ DE TORALLES

L'église ne semble pas avoir été référencée avant le milieu du XIIIe siècle, bien que le bâtiment actuel ait été construit au XIIe siècle. Elle a conservé son statut de paroisse jusqu'au XVIIe siècle, époque à laquelle elle passe sous l'administration de l'église Santa Maria de Castellar de la Muntanya. Son architecture est typique romane, et de nombreux éléments de l'époque ont été assez bien conservés, plus particulièrement les sculptures en fer forgé de la porte d'entrée.

ÉGLISE SANT MIQUEL DE PERA

Bien que le site de Sant Miquel de Pera ait été mentionné dans un document de l'an 959, aucune trace de son église n'apparaît avant 1228. Plusieurs fois restaurée au cours des siècles, son aspect général a toutefois conservé une empreinte toute romane. On accède à cette église par une porte ouverte dans le mur sud et protégée par un porche moderne. Sur son tympan, on notera une peinture représentant le propriétaire de l'église, de facture ultérieure.

CAN BANAL €

Ctra. de Sant Eudald de Jou, km, 2
✆ +34 972 687 681
www.campingcanbanal.com
Tarifs sur leur site web.

Situé non loin du célèbre pont de Llierca, ce camping familial maintient toujours les valeurs qui prévalaient lors de sa création en 1986, un engagement dans le tourisme durable reposant sur le respect de l'environnement. Vous profiterez d'un camping sans voitures, sauf lors de votre arrivée et de votre départ. 80 emplacements répartis sur 6 hectares et 4 appartements familiaux. Nombreux services à disposition : bar terrasse, restaurant, piscine et activités pour les enfants et adultes (trampoline, babyfoot, volley, bibliothèque...). Une expérience authentique.

© CAN BANAL

© CAN BANAL

ÉGLISE SANTA BÀRBARA DE PRUNERES ✝

Pruneres

Les premiers documents à faire état de l'église de Santa Bàrbara remontent au Xe siècle. L'architecture est typiquement romane, avec sa nef à abside semi-circulaire, mais l'édifice est également doté d'un large porche voûté avec des arc en plein-cintre. Notons que de cette petite église du lieu-dit de Pruneres, la vue sur les alentours est splendide. Le lieu constitue par ailleurs un excellent point de départ pour partir à l'assaut des chemins escarpés de la vallée.

ÉGLISE SANTA MARIA D'ESCALES ✝

Veïnat d'Escales

Datant du Xe siècle, elle a souvent été mentionnée au cours des siècles. A partir de 1598, de nombreux détails sur la vie de Santa Maria d'Escales sont révélés grâce à un manuscrit trouvé dans les archives de la Province d'Oix. Concernant l'église, on sait qu'elle a perdu son statut paroissial à la fin du XVIe siècle. En 1936, l'église est profanée, comme un grand nombre d'entre elles lors de la guerre civile, et la sculpture de la Vierge Marie qui s'y trouvait a disparu.

MONASTÈRE SANT ANIOL D'AGUJA ✝

Il aurait été fondé en 859 par des moines bénédictins de Santa Maria d'Arles fuyant l'invasion des Normands. Bâtie selon les canons architecturaux de la cathédrale de Gérone, l'église du monastère a été élargie au XIe siècle puis brûlée lors de la guerre civile et dotée d'une nouvelle façade une fois la guerre terminée. On trouve aujourd'hui à côté du monastère une petite maison nommée Cal Sastre, désormais abandonnée, qui servit longtemps de refuge aux randonneurs. Une belle halte.

PONT ROMAN D'OIX ★

Oix

Connu sous le nom de pont romain, sa construction est en réalité romane, bien postérieure donc. Il est possible que l'erreur se soit propagée en raison de l'existence antérieure en ce même lieu d'un pont plus ancien, hélas, aucun document ne peut à ce jour en attester. Son arc en plein cintre permettait aux habitants de traverser le ruisseau quand la pluie augmentait son niveau. Longtemps abandonné, il a été restauré en 1991 par l'association des *Amics de l'Alta Garrotxa* (Amis de la Haute-Garrotxa), regagnant par là même de sa superbe.

CAMPING LA SOLEIA D'OIX €

Mas Can Vilà

✆ +34 972 29 45 61

www.lasoleiadoix.cat

Tarifs sur le site web.

Situées en pleine nature, les parcelles du camping (d'environ 100 m²) sont ombragées et les bungalows en bois aux airs de mini-chalets sont chauffés et équipés de 6 couchages, d'une salle de bains, d'une kitchenette tout équipée et d'une petite terrasse. Comme équipements pour tous, une piscine, une petite ferme aux animaux, un magnifique bar-restaurant, des sanitaires, un espace de jeu pour les enfants... 5 chambres installées dans l'hôtel rural sont également disponibles. Nombreuses activités proposées (randonnée, VTT, escalade et équitation).

HOSTAL DE LA ROVIRA €€

Calle Mayor, 4

✆ +34 972 29 43 47

www.hostaldelarovira.es

Chambre double à 105 €, petit déjeuner compris. Possibilité de demi-pension et pension complète.

Située au cœur d'un espace naturel protégé c'est une auberge de charme datant de l'an 1500, arborant quelques magnifiques arches de pierres anciennes. Les 18 chambres affichent une déco élégante et disposent de tout pour un séjour agréable : salle de bains, TV et chauffage. L'accès à Internet se fait dans le joli salon communautaire. On profitera d'une cuisine catalane de saison. Nombreuses activités possibles au départ de l'auberge : randonnées à pied ou à cheval, escalade, découvertes gastronomiques et art roman catalan. Rustique, confortable et accueillant.

LA VALL DE BIANYA

Cette municipalité est un écrin de prairies, forêts et rivières composée de quatre vallées : la Vall de Bianya, la Vall del Bac, la Vall de Carrera et la Vall de Sant Ponç. A cheval sur le Parc naturel de la zone volcanique, elle jouit de l'un des paysages les plus enchanteurs de la Garrotxa et, elle aussi, d'un patrimoine roman très riche. Mais l'un des attraits les plus remarquables de cette sous-région de l'*Alta Garrotxa* est certainement le passage de l'antique *via romana* de Capsacosta, reliant la vallée de Bianya à Sant Pau de Segúries, dans le Ripollès. Enfin, la vallée compte quelques somptueuses *masias* de tourisme rural, entre luxe et nature.

CENTRE D'INTERPRÉTATION DE LA VALLÉE DE BIANYA ★★

Antigues escoles, s/n

✆ +34 972 29 09 33

Ouvert les week-ends et jours de fête de 11h à 14h. Appeler pour visiter en semaine.

Il a pour vocation de faire découvrir la relation de l'homme au territoire de la Vallée de Bianya, multiple et ancienne : de la construction par les Romains de la *via romana* à nos jours, avec l'édification de la centrale électrique notamment, en passant par l'établissement d'une multitude de villages avec leurs églises romanes, dans les diverses vallées qui composent la zone. Nous recommandons d'y passer faire un tour avant de se lancer à l'assaut de la Vallée de Bianya.

ÉGLISE SANT ANDREU DE SOCARRATS

L'originale a été démolie et remplacée par le bâtiment actuel, de style roman. Consacrée en 1117, elle passe sous l'administration de Sant Joan les Fonts en 1580. On appréciera surtout sa nef à voûte légèrement pointue, doublée d'une abside semi-circulaire – à laquelle ont été ajoutées des peintures murales dans les années 1940 – et ses fonts baptismaux originaux. Lors de restaurations de 1983, une partie des ajouts du XVIIe siècle ont été déplacés.

ÉGLISE SANT FELIU DEL BAC ✝

Vall del Bac

Le bâtiment actuel date du XIIe siècle, mais a été construit sur un précédent temple du Xe siècle. Il est doté d'une nef unique à voûte pointue, d'une porte incrustée dans la façade sud et d'un clocher adossé au mur ouest, accessible de l'extérieur via un escalier situé sur la face nord de l'édifice. A l'intérieur, on trouve un arc transversal renforcé, des fonts baptismaux rectangulaires en pierre et en 1996, un autel roman avec moulures a été mis à jour.

ÉGLISE SANT MARTÍ DE SOLAMAL ✝

Sa structure originale date du XIIe siècle, modifiée à plusieurs reprises postérieurement. De l'époque romane, elle a conservé sa nef et son abside semi-circulaire, avec une fenêtre en arc garnie de quelques figures décoratives. Le linteau de la porte d'entrée est semi-circulaire et surmonté d'une double fenêtre. Le clocher a quant à lui été érigé au XVIIe sur la base d'une structure déjà existante. À l'intérieur se trouve un bénitier de l'ère baroque.

ÉGLISE SANT MARTÍ DE CAPSEC ✝

Au pied du Capsec, on trouve cette très belle église du XIIe siècle. De l'arrière, on peut apercevoir une abside semi-circulaire et une petite abside latérale, non accessible de l'intérieur, laissant deviner qu'une troisième petite abside devait jadis exister, remplacée plus tard par la sacristie. La nef unique est couverte d'une voûte en berceau légèrement pointue et renforcée par trois arches. À l'intérieur de l'église se trouvent des fonts baptismaux et un bénitier d'époque romane.

ÉGLISE SANT PERE DESPUIG ✝

L'église Sant Pere Despuig se trouve au sommet d'un petit monticule au cœur de la plaine de Bianya (le *puig* désigne en catalan une petite colline) et date du XIIe siècle. Agrandie des siècles plus tard, principalement à l'époque baroque, sa configuration initiale a été alors totalement inversée, en lui donnant une orientation nord-sud, les vestiges de l'époque romane se trouvant du côté sud-ouest, à l'endroit du clocher. Cela a induit comme conséquences que très peu de vestiges de l'édifice roman du XIIe siècle sont visibles.

ÉGLISE SANT PONÇ D'AULINA ✝

Vall de Sant Ponç

C'est l'une des églises les plus cachées de la Garrotxa. Accessible uniquement à pied, l'église de Sant Ponç d'Aulina trône au sommet d'une petite colline. D'origine romane, son architecture a été modifiée par la suite, en particulier au cours du XVIIIe siècle alors qu'elle menaçait de tomber en ruine. L'entrée se trouve au sud et le clocher a été édifié du côté nord-est. À l'intérieur on découvre une nef rectangulaire ainsi que quelques restes de peintures romanes.

Détail architectural à La Vall de Bianya.

ÉGLISE SANTA MARGARIDA DE BIANYA ✞

L'Hostal Nou

Les premières mentions officielles de l'église ont été trouvées dans un document de 858 dans lequel le comte Guifré de Besalú offrait cette dernière au monastère de Riudaura à l'occasion de sa consécration. Contesté par de nombreux historiens, il est difficile de considérer le document comme valeur sûre, en conséquence de quoi la première mention attestée de l'existence de l'église de Santa Margarida date de 1117, dans l'acte de consécration de Sant Andreu de Socarrats. Sous la protection du monastère de Sant Joan les Fonts dès le XIIIe siècle, elle est annexée par la Couronne en 1357. Comme de nombreux édifices de la Garrotxa, l'église subit d'importants dégâts au cours des tremblements de terre du XVe siècle, mais elle a conservé une grande partie de son architecture d'origine qui remonte au XIIe siècle. L'élément qui permet le mieux de situer sa construction à l'époque romane est certainement l'abside centrale, partiellement cachée par la sacristie construite en lieu et place de l'abside est (l'église en comptait trois), et son image gothique de Santa Margarida, installée juste au-dessous de la fenêtre centrale. Sur la façade ouest, on découvre une porte de style néoclassique, en plus des vestiges d'une porte sans doute romane naguère fichée dans la façade sud. Le clocher, avec un toit à quatre côtés et décoré d'un cordon qui se répète dans la partie basse du pied, est construit sur la façade ouest, où se trouve le portail néoclassique datant du XIXe siècle.

MAS LA RIBA

Crtra Olot-Camprodon, s/n

Ce manoir du XIVe siècle a appartenu à la famille Riba jusqu'en 1961, avant d'être vendu à une compagnie pharmaceutique. Une cinquantaine d'années plus tôt, c'est le célèbre architecte moderniste Rafael Masó qui s'est occupé de rénover, d'agrandir et même de transfigurer l'intérieur de l'antique demeure. De cette réforme moderniste, on notera les splendides galeries de la façade principale, au sud et une chapelle moderne privée sertie de vitraux représentant les saints patrons de l'élevage, de la pharmacie et de la médecine vétérinaire.

SANT SALVADOR DE BIANYA ✞

Consacrée en 1170, c'est l'un des plus beaux temples de la vallée. Bâtiment à nef unique surmontée d'une voûte en berceau, il a été agrandi au XVIIIe siècle de 2 chapelles en forme de faux transept. Les piliers soutenant la voûte du presbytère sont dotés de chapiteaux décorés de motifs intéressants (quelques têtes humaines et de jolies décorations florale et végétale aux fenêtres) et le portail est de style néo-roman. A l'intérieur de l'église se trouve un bénitier en marbre, quelque peu érodé, décoré de motifs en zigzag, d'un cadenas et d'une corde sculptée.

VIA ROMANA DEL CAPSACOSTA

Capsacosta

C'était une voie secondaire de la Via Augusta, reliant Rome à Cadix, *via* les Pyrénées et l'unique route liant les vallées de Camprodon et Bianya. Un seul tronçon de 8 km est aujourd'hui accessible et va de Sant Pau de Segúries (Ripollès) à Traginers (Garrotxa). On y découvrira les pavés anciens de la voie ainsi que des éléments liés à sa construction : égouts, carrières de pierres, ponts, réservoirs d'eau et d'autres choses encore. Une superbe balade, dans les pas des Romains.

CAN SOLÀ €€

✆ +34 972 19 59 87

www.cansola.net

De 92 € (2 personnes) à 250 € (8 personnes).

Rénovée en 1990 par Elisabet et son père Joan, cette *masia* du XVIIIe siècle abrite une maison principale et quatre espaces de logements indépendants. Vastes, lumineux, dotés de tout le nécessaire pour une totale autonomie et avec terrasse ou balcon. Les extérieurs de la propriété invitent à la détente comme la belle piscine entourée de verdure. Situé au cœur de la Vallée de Sant Pere Despuig et à proximité d'une petite rivière et de gorges, ce gîte est une très bonne option pour s'évader en pleine nature. Pour une étape réparatrice, on ne fait pas mieux.

HOTEL MAS LA FERRERIA €€€

Santa Margarida

✆ +34 972 29 13 45

www.hotelmaslaferreria.com

De 195 € à 265 € la suite, petit déjeuner inclus.

C'est une magnifique bâtisse fin du XIVe siècle, habitée jadis par un artisan-ferronnier et devenue un boutique-hôtel mêlant confort moderne et charme d'antan. Il propose 6 chambres à la déco unique avec grands lits, douches à effet de pluie et terrasse. On notera aussi le salon-bar, installé dans les anciennes écuries pour bouquiner auprès de la cheminée et le jardin avec chênes et piscine traitée au sel, parfait pour déguster le petit déjeuner. Le lieu dispose enfin d'un excellent restau gastronomique, ouvert aux non-résidents sur réservation. Un petit paradis.

EL CALLÍS €€

El Callís, s/n

✆ +34 625 69 27 56

www.casaruralelcallis.com

Comptez de 35 à 45 € par nuit et par personne, semaine ou week-end (cabane).

Cette gigantesque et ancienne ferme du XVIIIe siècle est aujourd'hui composée de 2 maisons indépendantes partageant 3 000 m² de jardin boisé : *la Casa Gran* (240 m²), petite merveille, avec ses arches gothiques, équipée de 6 chambres, 3 salles de bains, une cuisine avec cheminée, un vaste salon multi-usage et une grande terrasse avec barbecue et piscine donnant sur la vallée ; *la Cabana d'El Callís* (70 m²) conviendra quant à elle à un couple ou une famille, avec sa chambre unique à 4 couchages, sa cuisine et sa salle de séjour avec cheminée et sa salle de bains.

MAS EL GUITART €€€

Mas El Guitart

✆ +34 972 29 21 40

www.guitartrural.com/fr

De 255 à 305 €, logement et petit déjeuner, semaine et week-end et 30 min de spa.

Au sein de cette ancienne ferme, 2 hébergements : soit dans l'une des 8 jolies chambres décorées selon un thème différent et confortables à souhait, soit dans l'une des 2 petites maisons indépendantes, chacune d'entre elles pouvant accueillir 4 personnes et disposant d'une cuisine et d'une salle à manger. Le Mas propose des traitements du corps (massages, soin du corps au chocolat, Ayurveda, Reiki...) et est équipé d'un Spa (sauna, hammam, piscine d'eau salée climatisée...). Côté cuisine, rien à redire là non plus, tout est frais, de saison et élégamment présenté.

CA L'ENRIC €€€

Carretera de Camprodon / N260

✆ +34 972 29 00 15

www.restaurantcalenric.cat

Horaires sur le site web. Menus à 108 € et 135 €.

En 1882, c'était une petite auberge pour les voyageurs de passage qui deviendra 80 ans plus tard un restaurant spécialisé en ragoûts et viandes braisées. De nos jours, on trouve toujours, en salle et aux fourneaux, la même famille, avec le même goût pour la cuisine traditionnelle du pays catalan, avec quelques notes quasi futuristes : caviar vert, huîtres à la sauce verte des montagnes, poulet aux langoustines ou encore queue de bœuf en ragoût figurant à la carte. La salle de service est *design* à souhait. Impressionnante cave à vin.

RIPOLL ★

Située à la confluence des fleuves Freser et Ter, cette capitale de « comarque » s'est développée autour du monastère bénédictin de Santa Maria de Ripoll. Érigé au IXe siècle et nécropole de nombreux comtes de la région, il constitue aujourd'hui le principal attrait de la ville, avec son patrimoine moderniste. C'est entre les XVIe et XVIIIe siècles que l'économie de la ville a été entièrement fondée sur la fabrication de clous et d'armes, au point d'être considérée comme l'un de ses principaux centres de production en Europe. Avec le chemin de fer, la ville se tournera vers l'industrie textile dont elle continue à tirer une bonne partie de ses revenus.

FORGE PALAU ★

Paseig de la Farga Catalana
✆ +34 972 70 31 44
www.museuderipoll.org
Visite libre et autonome via un QR code à saisir au musée Ethnographique de Ripoll (1h/3,50 €).

De sa création au XVIIe siècle jusqu'en 1978, elle n'a cessé de fonctionner. C'est le dernier exemple observable d'une forge catalane, emblématique de l'activité industrielle de Ripoll. Et l'une des dernières à avoir été en activité dans toute l'Espagne. Sa production était surtout centrée sur les armes à feu, les clés, les grilles et barrières. Une à deux fois par mois, le four de la forge est mis en marche et on peut observer les forgerons le nourrir de chutes de cuivre, ensuite martelées puis plongées dans l'eau froide, une fois la forme désirée obtenue.

ITINÉRAIRES DU PATRIMOINE

Cartes dans les offices du tourisme de Ripoll, Sant Joan de les Abadesses et Camprodon. Accès en français.

L'opération « Monastères du Ripollès, mille ans de patrimoine » propose 3 itinéraires, d'environ 2h chacun, qui suivent un parcours patrimonial, naturel et historique au travers des municipalités de Ripoll, Sant Joan de les Abadesses et Camprodon. Dans chaque municipalité, *via* une carte équipée d'un QR code, vous pouvez suivre un itinéraire passant par 25 points d'intérêt géolocalisés, accompagnés de ressources audiovisuelles, de musique ou d'images anciennes.

MONASTÈRE DE SANTA MARIA DE RIPOLL ✝ ★★

Plaça de l'Abat Oliba s/n
✆ + 34 972 704 203
www.monestirderipoll.cat
Horaires disponibles sur web. Entrée 6,80 € (inclut la carte avec QR code pour accès à visite audioguidée).

C'est le comte Guifred, dit le Velu, qui fit ériger ce monastère au IXe siècle. Consacré en l'an 888, il ne cessa d'être agrandi pendant les trois siècles qui suivirent et devint un centre monastique et culturel de premier plan au cours du Haut Moyen Age. Sa bibliothèque était à l'époque l'une des plus fournies de la chrétienté. Malgré quelques travaux ici et là, elle a gardé aujourd'hui la forme qu'elle avait au XIIe siècle, remarquable pour son portail roman (classé au Patrimoine mondial de l'Unesco), aussi connu sous le nom de la « Bible de pierre », avec sept franges donnant principalement à voir des scènes de la Bible, mais aussi pour les trois nefs (il y en avait originellement cinq, les deux autres furent détruites lors des tremblements de terre de 1426 et de 1830) que compte l'intérieur du cloître. La nef centrale servit d'ailleurs notamment de panthéon aux comtes de Cerdagne, de Besalú et de Barcelone. En 1835, cinq ans après le tremblement de terre, un incendie provoque la destruction d'une partie du monastère et de précieuses archives. Signalons ici la présence d'un nouveau centre d'interprétation ouvert en 2013 dans la chapelle de la Congrégation, jouxtant le monastère, qui s'attache via un discours d'exposition très clair à mettre en relief l'importance du monastère de Ripoll dans l'histoire de la Catalogne, permettant de saisir rapidement le rôle culturel et social du religieux sur pas loin de mille ans d'histoire. Cette visite annexe est plus que recommandée.

MUSÉE ETHNOGRAPHIQUE DE RIPOLL ★★

Plaça Abat Oliba
✆ +34 972 70 31 44
www.museuderipoll.org
Horaires sur le site web. Entrée adulte : 4 €. Possibilité de visite virtuelle par QR code sur site web.

Dès 1929, la collecte du patrimoine traditionnel se voit accorder une place privilégiée au sein de l'église Sant Pere, et pendant plus de 70 ans, elle ne cesse de s'agrandir. Après 10 ans de restauration, le musée ethnographique de Ripoll a rouvert ses portes en 2011. Parmi les pièces exposées, on trouve du mobilier, des costumes, des armes, des objets liturgiques et de la céramique, et de nombreuses explications relatives au patrimoine immatériel de l'arrière-pays catalan.

Monastère de Santa Maria de Ripoll.

RANDONNÉES

Le Ripollès propose 21 itinéraires VTT de 4 niveaux, allant de très facile à très difficile, sur environ 500 km, à travers les vallées du Ripollès (www/ripollesturisme.cat).

Pour les amateurs de randonnée, le GR-151 traverse le Ripollès. Il porte également le nom de Camí Oliba, en référence à l'évêque et abbé Oliba qui parcourut ce territoire en prêchant la parole chrétienne, poussant les habitants de ces contrées à ériger des églises, dont certaines peuvent aujourd'hui encore être visitées : www.camioliba.cat. Ou le réseau Itinerànnia (www.itinerannia.net).

OFFICE DE TOURISME DE RIPOLL

Plaça Abat Oliba, s/n
✆ +34 972 702 351

Horaires disponibles sur le site web. Carte avec QR code pour visiter les points clés du Ripollès.

Situé en plein centre-ville, cet office vous donnera toutes sortes d'informations sur la ville et sur la comarque en général (randonnées à pied et à vélo notamment). Il propose aussi de nombreuses visites guidées qui ont pour thème central l'héritage architectural de Ripoll, du musée ethnographique au Scriptorium, en passant par le portail roman de la cathédrale, qui ont pour point de départ l'office lui-même. Documentation et accueil en français.

LA RUTA DEL FERRO I DEL CARBÓ ★★

La voie verte dite de la route du fer et du charbon se déploie sur un tronçon de 12 kilomètres (avec un dénivelé de 100 mètres) du tracé de l'ancien chemin de fer qui reliait autrefois Ripoll à Gérone. A pied ou à vélo, la balade permet de partir à la rencontre de la luxuriante nature de la vallée du Ripoll. On peut le parcourir à pied ou à vélo. Il y aura des bars et des restaurants le long du circuit. Itinéraire à consulter sur : www.viesverdes.cat.

SOLANA DE TER €

C-17 km. 92,5 ✆ +34 972 701 062
www.solanadelter.com

Camping : comptez 28 € par jour pour un adulte avec emplacement et électricité. Tarifs hôtel sur demande.

Dans un cadre verdoyant où coule le fleuve Ter, ce complexe touristique inclut un hôtel et un camping. Le premier propose 38 chambres, de double à quadruple, confortables, lumineuses, certaines dotées d'une terrasse. Son restaurant Comte Arnau met en valeur les plats du Ripollès. Installé au cœur d'un bel espace ombragé, le camping permet d'avoir accès aux infrastructures communes aux 2 sites, dont la piscine de l'hôtel. Une adresse de bon standing encadrée de nature et idéale pour partir à la découverte de la région, la Via Verda passant non loin de l'hôtel.

SCRIPTORIUM ★

Passeig del Compositor Honorat Vilamanyà, 3
✆ +34 972 70 31 44
www.museuderipoll.org

Visite sur demande auprès du musée ethnographique de Ripoll.

Le *Scriptorium* est une exposition permanente, interactive et didactique, qui propose une plongée dans le passé culturel de la région et met en relief le rôle culturel essentiel qu'a joué le monastère de Santa Maria entre le Xe et le XIIe siècle en Europe, principalement en termes de production et de copies de textes sacrés. La visite sera aussi l'occasion d'apprendre comment on fabrique un parchemin et comment produire une plume d'oie qui écrive voire même de jouer aux apprentis copistes en mettant en pratique ce que vous aurez appris au cours du circuit.

BRESSOL B&B €€

Plaça Sant Eudald, 5
✆ +34 667 795 724
www.bressolbb.com

70 € la chambre double en haute-saison, petit déjeuner inclus.

Depuis décembre 2015, il propose 3 chambres doubles et 1 chambre familiale pouvant accueillir 4 personnes (il est possible de louer les 10 places disponibles). Flambant neufs, ces logements affichent une déco résolument moderne, dans des espaces lumineux et astucieusement agencés : parquet, mobilier design dans les teintes claires, salle de bains contemporaine, télé et petit coin bureau, avec une cuisine commune en libre service. Pour réserver une place et récupérer les clés, rendez-vous au restaurant du Can Guetes, à 500 m du B&B.

MAS EL MIR €€

Ctra. de les Lloses S/N
✆ +34 872 097 922
www.maselmir.com
De 145 à 155 € pour une chambre double.

Au cœur de la nature, c'est une ancienne ferme du XIVe siècle réaménagée en maison d'hôtes de charme. Bâtisse authentique, murs en grosses pierres et environnement bucolique procurent une sensation de bien-être. Tout a été pensé pour le bien-être : espaces communs (salon détente, jardin, piscine avec vue...), salles de bain décorées de marbre et de vieux carrelages, draps de lit en lin véritable et petit déjeuner-buffet en émerveilleront plus d'un. Le restaurant propose une cuisine créative et authentique avec des produits locaux. Piscine.

MAS ISOLES €€

Camí de Sant Antoni
✆ +34 608 74 40 16
www.masisoles.com
Chambre double à 90 € pour un séjour de 2 nuits minimum.

Juchée sur une colline dominant Ripoll, cette antique *masia*, qui existe depuis l'an 850 et servait à stocker céréales et autres vivres, était rattachée à une propriété beaucoup plus vaste. Après avoir traversé des siècles d'histoire, elle a aujourd'hui été restaurée et reconvertie en gîte rural de 3 niveaux disposant de chambres de tailles variées, chacune décorée avec soin, à grand renfort d'objets originaux des zones rurales et de meubles anciens restaurés. Un lieu d'exception, peu onéreux, qu'on appréciera pour le calme de la luxuriante nature environnante.

LA TROBADA HOTEL BOUTIQUE €€

Passeig del Compositor Honorat Vilamanyà, 4
✆ +34 972 70 23 53
www.latrobadahotelboutique.com
Comptez de 82 à 140 € pour une chambre double.

Situé le long du fleuve Ter, à deux minutes à pied du monastère, cet hôtel créé en 1985 a été totalement rénové par la suite. Notamment depuis 2019 avec la construction de 5 juniors suites thématiques mettant en valeur les ressources du lieu, bois, fer, pierre et eau. Au total, il compte 12 chambres doubles, 1 triple et 5 juniors suites toutes décorées avec des matériaux naturels et certaines disposant de très belles vues. Personnel très aimable.

LA PERLA €

Plaça Gran, 4
✆ +34 972 700 001
www.restaurantlaperla.cat
Ouvert tous les jours. Repas autour de 25 €.

Situé dans le centre-ville de Ripoll, ce restaurant propose depuis 1965 des plats simples et efficaces, toujours élaborés à partir des produits du marché. Dans une ambiance agréable et familiale, il concocte une cuisine catalane traditionnelle que l'on pourra apprécier en goûtant à des *arròs* succulents, à des assiettes de tapas typiques, à de copieuses salades ou encore à une belle gamme de viandes, préparées *a la brasa*. Vous y profiterez aussi d'une vaste salle de service et d'une belle terrasse, idéale dès le retour des beaux jours.

RESTAURANT CAN GUETES €

Ronda de Mas d'en Bosch
✆ +34 972 71 80 01
Ouvert tous les jours de 9h à 17h. Menu du jour à 14 € en semaine.

Un peu à l'écart de la ville, c'est un espace multifonction situé en bordure de la *Via Verda* qui dispose d'un café-restaurant moderne proposant quelques plats simples et bien préparés, du burger gourmet au sandwich frais, en passant par de très bonnes salades composées de légumes bio du jardin. A apprécier pour son espace contemporain à la déco faite d'objets de récup' et recyclés, son accueil chaleureux et ses bons tarifs. Il dispose également d'une très bonne agro-boutique aux étagères pleines de bons produits paysans et artisanaux.

RESTAURANT EL MOLÍ €

Plaça Sant Eudald, 4
✆ +34 972 70 32 06
Fermé le lundi et le mardi, sauf au mois d'août pour le mardi. Comptez environ 25 € à la carte.

Cette petite table traditionnelle de Ripoll affiche un rapport quantité-qualité-prix assez impressionnant ce qui lui a valu une clientèle assez régulière et d'être assez souvent plein. On y mange des plats typiques de la région, comme le lapin braisé ou la joue de porc, excellemment préparés, tous comme les desserts, dans une ambiance familiale très agréable, sur fond de décor rustique. Vous y apprécierez l'accueil chaleureux du patron, mais vu son succès, il faudra soit réserver soit vous résoudre à faire la queue. Une vraie bonne adresse.

LA TAVERNETA €

Plaça Sant Eudald, 4
✆ +34 972 70 32 80

Fermé mardi et mercredi et lundi et dimanche, le soir. Menu de semaine : 15,50 €, et 21,50 € le week-end.

Installée au coin d'une place du centre-ville, c'est une petite merveille, pour son décor bric-à-brac aux accents vintage, son ambiance décontractée et ses tapas *pinxos*, inventifs et très bien réalisées. Le jeune et sympathique tenancier, Basque de son état, se fera un plaisir de vous conseiller et de vous commenter le contenu de vos assiettes, tout en vous guidant dans la vaste carte de bonnes bouteilles dont regorge la cave à vin. Le soir, le lieu se transforme en lieu de fête où locaux et touristes se rencontrent au bar dans une joyeuse ambiance.

CANAULES CAFE €€

Plaça Gran, 20
✆ +34 972 70 00 00

Ouvert midi et soir, le dimanche jusqu'à 17h30. Menu du jour à 16,50 € et le samedi à 21,50 € (31,50 € le dimanche).

Avec son bel intérieur, ses tables de marbre et sa devanture moderniste, le restaurant Canaules Café propose une cuisine catalane traditionnelle valorisant les produits du marché. On y goûtera des plats assez sophistiqués, savoureux et très bien présentés, mais aussi des incontournables comme la *botifarra* aux haricots. Fréquenté aussi bien par des locaux gourmets à l'heure du déjeuner ou du café que par des visiteurs, l'ambiance y est plutôt agréable. Notons toutefois qu'en haute saison, le service peut prendre un peu de temps.

RECCAPOLIS €€

Carretera de Sant Joan, 68
✆ +34 972 70 21 06
www.reccapolis.com

Fermé le mercredi. Ouvert le midi. Menu en semaine : 26 €, 35 € le week-end, sans les boissons.

Encadré de sapins géants, ce restaurant de spécialités régionales met l'accent sur les produits saisonniers de qualité et le gibier. Les nappes sont blanches et les tables bien dressées. On goûtera par exemple en entrée à une escalope de foie et sa confiture de pomme à la cannelle, avant d'opter pour un *Llebre a la Royal* (lièvre façon royale) ou des *Vieires estofades al chardonnay* (coquilles Saint-Jacques braisées au chardonnay) pour terminer par un millefeuille à la framboise... Superbe carte des vins pour accompagner le tout.

SANT JOAN DE LES ABADESSES ★★

Située au creux d'une vallée et traversée par la rivière Ter, la ville doit son nom à son monastère, originellement occupé par des femmes et fondé par Guilfred le Velu à la fin du IXe siècle. Lorsqu'après avoir repoussé les Arabes, ce dernier souhaitait repeupler la région. Avec le cloître qui le jouxte, ce monastère constitue l'un des principaux attraits du lieu. Tout comme le Palais de l'Abbaye dans lequel on visitera un très bon centre d'interprétation expliquant notamment la personnalité du célèbre Comte d'Arnau, le cruel. A noter, l'ancienne gare est aujourd'hui un point de départ possible de la voie verte de la route du fer et du charbon.

EL MOLÍ PETIT ★

El Molí Petit
✆ +34 972 72 13 17
www.alt-ter.org

Documenté depuis le XIVe siècle, ce petit moulin abrite un centre d'interprétation des moulins et de l'écosystème fluvial. C'était le moulin à farine du monastère de Sant Joan de les Abadesses qui a fonctionné jusque dans les années 70, grâce à la seule force de l'eau du canal. Après sa restauration, c'est devenu un écomusée destiné à sensibiliser le public à la biodiversité et à la fragilité des rivières. La visite permet de découvrir le fonctionnement du mécanisme hydraulique et l'ancien métier de meunier. Petite vidéo en fin de parcours.

VIEILLE VILLE ★

Construite au début du XIIIe siècle, elle est organisée selon le modèle des villes romanes : une place principale autour de laquelle se déploient des rues parallèles et perpendiculaires, chose assez inhabituelle par rapport aux autres villes médiévales de Catalogne. Elles avaient été pensées avec des fonctions précises : les plus larges, destinées aux piétons, affichaient de belles devantures, les plus étroites étaient dédiées au passage des carrioles et des animaux, et aux tâches « sales ». Aujourd'hui encore on saisit bien cette structure ingénieuse.

MONASTÈRE DE SANT JOAN DE LES ABADESSES ★★

Plaça de l'Abadia, s/n
✆ +34 972 722 353
www.monestirsantjoanabadesses.cat
Horaires disponibles sur le site web. Entrée : 5 €. Audioguide « Monastères du Ripollès, 1000 ans de patrimoine ».

Tout comme ce fut le cas pour le monastère de Ripoll, c'est Guifred le Velu qui fonda le monastère de Sant Joan de les Abadesses en 887 et y plaça sa fille Emma comme première abbesse. Il s'agit en effet du premier monastère féminin de Catalogne qui le demeurera jusqu'en 1017, date à laquelle un scandale éclate, alimenté par les comtes de Besalú et de Ripoll, autour de l'immoralité de l'abbesse en fonction, Ingilberga. Sous l'injonction du pape Benoît VIII, ce scandale entraînera le remplacement des sœurs par des moines. D'un point de vue architectural, on appréciera les grandes dimensions de l'édifice, mais surtout sa géométrie au sol, présentant une forme de croix latine ainsi que son unique nef romane encadrée de cinq absides. Installée sur l'autel, on découvre une très belle sculpture polychrome romane, dite de la Descente de la Croix ou du Saint Mystère, datant de l'an 1251. Enfin, jouxtant directement le monastère, on trouve un cloître avec ses arcades aux ornements gothiques variés et très bien conservés, au milieu duquel se trouve un carré d'herbe portant un puits ancien. Selon la légende, c'est le comte Arnau qui aurait été l'instigateur de ce puits, lui permettant, via un dédale de passages souterrains, de rejoindre le monastère peuplé de femmes depuis son château. Si l'histoire est tout à fait anachronique, elle eut pendant longtemps du crédit auprès de la population de la région. On recommande vivement la visite de ce monastère.

PALAIS DE L'ABBAYE ET CENTRE D'INTERPRÉTATION ★★

Plaça de l'Abadia, 9
✆ +34 972 72 05 99
www.ripollesturisme.cat
Possibilité de visites virtuelles dans la salle des maquettes d'églises grâce à un QRcode (11 églises présentées).

Anciennement relié au Monastère, via le cloître gothique, le Palais de l'Abbaye a été construit entre le XIIIe et le XVe siècle, et était le lieu de résidence personnel de l'abbé de Sant Joan. Il devient propriété de l'Etat en 1835 et sera utilisé à de multiples fins jusqu'au XXe siècle : prison, tribunal, école, logement ou encore siège provisoire de la municipalité. L'architecte Josep Riera propose en 1933 un plan de réhabilitation, mais son élan est coupé par le début de la guerre civile, repoussant les travaux aux années 1980. C'est en 2009-2010 que le gros de la restauration est opéré, permettant à l'office de tourisme de la ville d'y installer ses bureaux. On peut aujourd'hui en apprécier la structure médiévale très bien mise en valeur, et en visiter les divers espaces : une salle d'exposition d'art contemporain, une autre mettant en scène une salle de justice du XIXe siècle, une autre enfin exposant de très belles maquettes d'églises et de monuments anciens de la région. Mais le plus remarquable est sans doute le très moderne centre d'interprétation dédié au mythe du Comte Arnau, figure importante de l'histoire de la ville, inauguré en 2010. A travers différentes thématiques – histoire, musique et chants populaires, littérature – se dessine un portrait de ce puissant et mal-aimé personnage, qui a donné naissance à tant de légendes et d'histoires plus farfelues les unes que les autres. Et qui chaque année donne lieu à un grand moment festif.

OFFICE DE TOURISME DE SANT JOAN DE LES ABADESSES

Plaça de l'Abadia, 9
✆ +34 972 720 599
www.santjoandelesabadesses.cat
Horaires disponibles sur le site web.

L'office de Sant Joan de les Abadesses se trouve dans le superbe édifice médiéval du Palau de l'Abadia. En plus d'aller y pêcher quelques précieuses informations et éventuellement d'y réserver une visite guidée, on aura l'occasion de visiter le centre d'interprétation du mythe du Comte Arnau ainsi qu'une exposition permanente d'églises romanes miniatures. Le tout est très bien présenté et s'avère très instructif. Accueil et documentation en français.

ALT TER ★

Ecomuseu El Molí Petit
✆ +34 972 72 13 17
www.alt-ter.org

Alt Ter est une petite structure créée en 2000 dédiée à l'éducation par la découverte de l'environnement naturel du Ripollès, ainsi que de son patrimoine historique, culturel et social. L'équipe est composée de spécialistes très compétents et passionnés (biologiste, éducateurs, vétérinaires...) qui se feront un plaisir de partager leurs connaissances. Les visites thématiques possibles étant nombreuses, le mieux est de prendre contact avec Alt Ter ou de les rejoindre au Molí Petit, pour élaborer de vive voix un programme qui vous convienne.

EL SERRADELL AGROTURISME €€

El Serradell Agroturisme
✆ +34 616 853 262
www.elserradellagroturisme.com

C'est en prenant la route qui monte à Ogassa que vous découvrirez ce superbe ensemble de maisons rurales qui constitue une véritable oasis de tranquillité. A votre disposition : trois maisons à louer, chacune étant indépendante mais toutes partageant les jardins et la piscine. Un quatrième espace « Galliner » a été conçu pour accueillir les évènements et les rencontres familiales. Le tout étant le fruit d'une restructuration de l'ancienne ferme, très respectueuse de l'environnement (utilisation de matériaux de bois et de pierre) mais assurant un confort maximal.

ALBERG SANT JOAN DE LES ABADESSES €

Parc de l'Estació
✆ +34 972 72 04 95
www.xanascat.cat
De 15,10 à 19,50 € pour les moins de 30 ans et de 20,5 à 25,70 € pour les + (logement).

Intégrée dans les locaux de l'ancienne gare de Sant Joan de les Abadesses, cette auberge conviendra particulièrement bien aux cyclistes, puisqu'elle est installée sur la Ruta del Fero qui rallie ensuite Ripoll. D'une capacité de 86 personnes, les chambres, toutes équipées d'une salle de bain et de chauffage, peuvent accueillir 4, 5 et 9 personnes, dans des dortoirs de 4 personnes. L'auberge loue également des vélos que l'on peut rendre à Ripoll, au Can Guetes.

MASOVERIA SERRAT DE LA TEIA €€

Serrat de la Teia
✆ +34 653 681 636
www.serratdelateia.com
La Casa, à partir de 350 €/ nuit. La Cabanya, à partir de 210 €/ nuit.

Cette *masia* du XIXe siècle rénovée avec goût, dispose de 2 espaces de logements distincts. La Casa avec 4 chambres et 2 salles de bain, une cuisine tout équipée et un accès jardin avec piscine et barbecue. La Cabane propose quant à elle 3 chambres réparties sur 2 niveaux, ainsi qu'une cuisine, une salle à manger et un salon avec poêle à bois. Une base arrière idéale pour profiter des attraits de la région tout en préservant son intimité. Terrains de tennis et de padel à proximité.

© CLAUDIO GIOVANNI COLOMBO - SHUTTERSTOCK.COM

Monastère de Sant Joan de les Abadesses.

HOTELET DE SANT JOAN €€

Carrer del Mestre Josep Mª Andreu, 3
✆ + 34 872 599 699
www.hoteletdestjoan.com
Comptez de 75 à 90 € pour une chambre double standard.

Très bien situé au centre du village, cet hôtel ouvert en avril 2017 propose un cadre moderne au design intimiste et dix chambres élégantes réparties sur deux étages, avec ascenseur. Toutes sont confortables et bien équipées (wifi, climatisation, chauffage, salle de bains complète), leur aménagement est fonctionnel et elles bénéficient de vues sur les alentours. Pour démarrer votre journée, vous profiterez de bons petits déjeuners et plus tard, du salon bibliothèque. Garage pour les vélos. Autre avantage, vous serez à cinq minutes du monastère.

CASA RUDES €

Carrer Major, 10
✆ +34 972 72 01 15
www.casarudes.com
Ouvert le midi du mardi au dimanche. Menu du jour, 14,50 € en semaine et 12,50 € le week-end.

Cette maison fondée en 1893 est tenue d'une main passionnée par la même famille depuis quatre générations. Dans la jolie salle de service à la décoration rustique, on déguste des plats de cuisine catalane de la région, avec un accent mis sur les produits pyrénéens, le tout pour un rapport qualité-prix édifiant. Jouxtant le restaurant, une petite boutique propose des spécialités à emporter chez soi, avec notamment de très bons *embotits* mais aussi des produits tels que des fromages, du miel, des confitures ou encore des bières artisanales de Catalogne.

GOMBRÈN ★

Avec ses moins de 200 habitants, Gombrèn se trouve à une dizaine de kilomètres au nord-ouest de Ripoll et fut à l'époque médiévale un lieu d'importance, notamment en raison de la présence du château de Mataplana, lieu de résidence du légendaire Comte Arnau. On en profitera pour parfaire sa connaissance de ce seigneur féodal qui vécut au XIXe siècle dans la région de Ripoll, car en plus du château, on visitera le musée qui lui est dédié. Sans oublier de se rendre au splendide sanctuaire de Montgrony. Perché sur les sommets du Ripollès à 1 400 mètres d'altitude, il offre en effet un panorama impressionnant sur les montagnes environnantes.

CHÂTEAU DE MATAPLANA ★★

✆ +34 972 72 13 17

www.ripollesturisme.cat

Cet ancien château roman était certainement à l'origine une simple tour de défense, modifiée avec le temps jusqu'à devenir un véritable lieu de résidence, dépendant de la baronnie de Mataplana. Il a entre autres été la demeure du célèbre comte Arnau, figure mythique du féodalisme impitoyable de la région. On y trouve également l'église de Sant Joan de Mataplana, ancienne chapelle du château datant des XI-XIIe siècles, et quelques restes d'habitation. Pour le visiter, contactez l'organisme Alt Ter (✆ +34 972 72 13 17 - +34 686 11 33 44 ou sur www.alt-ter.org).

LA LÉGENDE DU COMTE ARNAU

C'est la figure mythique de l'histoire de Catalogne. Ce comte Arnau était un seigneur féodal qui vécut au XIXe siècle, dans la région de Ripoll. Appartenant à la baronnie des Mataplana – le château du même nom fut d'ailleurs sa demeure – il était réputé pour son tempérament cruel et son emprise sur la population de la Catalogne naissante. De nombreuses légendes circulent sur son compte, dont l'une relate son aventure galante avec une abbesse du monastère de Sant Joan de les Abadesses : on raconte qu'il avait fait creuser un tunnel reliant son château au puits central du cloître des religieuses, et qu'il venait la nuit pour rencontrer sa bien-aimée, transgressant tous les interdits sociaux et religieux du Moyen Age. Une autre légende assure qu'il fit construire les escaliers menant au Sanctuaire de Montgrony, qui appartient aujourd'hui au village de Gombrèn, en promettant aux ouvriers une belle paie qu'il n'honora jamais. Maudit pour sa vie dépravée et peu respectueuse de ses contemporains, il continue la nuit sa cavalcade dans les airs, sur le dos d'un noir destrier crachant du feu, poursuivi par une meute de chiens hurlant… L'histoire du Comte Arnau a depuis des siècles fait couler beaucoup d'encre et inspiré de nombreux artistes, choses dont on se rendra compte en visitant le très bon centre d'interprétation du Comte Arnau, à Sant Joan de les Abadesses. Ainsi qu'en se rendant au musée qui lui est consacré à Gombrèn qui vous renseignera sur l'histoire de l'homme et de son château.

MUSÉE DU COMTE ARNAU ★

CEA Alt Ter

✆ +34 972 72 13 17

www.alt-ter.org

Ce petit musée est entièrement consacré à l'un des personnages légendaires de la Catalogne, le comte Arnau. Présenté selon différents angles thématiques – archéologique, littéraire, mythologique et historique – on parcourt l'histoire de l'homme et de son château, celui de Mataplana. On y trouve entre autres divers éléments des XII-XIIIe siècles découverts lors de fouilles dans les décombres du château parmi lesquels un diptyque en étain, un morceau de jeu d'échecs en ivoire et une lettre tamponnée du sceau papal. Saisissant.

SANCTUAIRE DE MONTGRONY

Carretera de Montrgony

✆ +34 972 19 80 22

www.bisbatvic.org

Il se trouve à 1 400 m d'altitude et offre un panorama impressionnant sur les montagnes environnantes. Une auberge-restaurant avec terrasse est installée là. Avant d'y accéder, on passe par une petite excavation creusée dans la pierre, garnie d'un nombre impressionnant d'offrandes diverses : c'est que, de ses parois suinte une eau réputée miraculeuse pour les yeux… Par ailleurs, l'escalier qui mène au sommet, jusqu'à l'église Sant Pere de Montgrony, aurait, selon la légende, été construit par des citoyens rendus esclaves par l'impitoyable Comte Arnau.

FONDA XESC €€

Plaça Roser, 1
✆ +34 972 73 04 04
www.fondaxesc.com
Chambre double : 120 €.

C'est l'espace hôtellerie de la Fonda Xesc : 14 chambres (doubles, triples et quadruples) à la décoration simple et boisée donnant sur la vallée, toutes équipées d'une salle de bains, d'une télévision et d'une confortable literie. Le second étage dispose d'une salle de séjour commune avec télévision, jeux de société, livres et revues à consulter, ainsi que d'une terrasse. On appréciera également la cafétéria et son vaste zinc, à l'atmosphère des plus authentiques. On recommande la demi-pension pour profiter des menus du restaurant étoilé.

FONDA XESC €€€

Plaça Roser, 1
✆ +34 972 73 04 04
www.fondaxesc.com
Ouvert midi et soir, les vendredis, samedis et dimanches. Menus de 45 à 90 €.

Etoilé Michelin depuis 2009, ce restaurant de cuisine traditionnelle catalane est une petite merveille. La salle de service installée dans une demeure de 1730 munie de larges baies vitrées donnant sur la vallée se veut élégante et sobre et le chef Francesc y propose des plats simples et intuitifs composés à partir de deux ou trois ingrédients de base. A tester *via* plusieurs menus pour savourer par exemple le lapin confit à l'ancienne avec oignons et langoustines ou l'artichaut accompagné de lard, d'amandes et de jus de truffe. A découvrir absolument.

CAMPRODON ★

Dans la vallée du même nom, ce village s'organise pour l'essentiel autour de la rue commerçante de València. Au nombre de ses attraits touristiques, on compte le monastère Saint-Pierre datant de la fin du XIIe siècle, le pont Nou, le Musée Albéniz, le passage moderniste de Maristany et les vestiges du château de Rocabruna, accessibles après une balade de 30 minutes. Côté logements, vous aurez le choix entre camping, maison d'hôte et gîte rural et côté spécialités culinaires, le village s'est fait connaître pour sa charcuterie de montagne et ses *galetes*, biscuits. Dans les alentours, le village de Llanars vous fera découvrir l'église Sant Esteve.

AVENUE MARISTANY ★★

Av. Maristany

C'est peut-être l'une des plus jolies promenades de Catalogne, conçue par l'architecte Bernadí Martorell à la fin du XIXe siècle pour les familles bourgeoises de Barcelone cherchant un petit coin de fraîcheur l'été venu. On peut observer, de chaque côté de l'allée plantée d'arbres centenaires, de gigantesques villas et demeures, dans leur immense majorité de style moderniste. Chacune a son propre caractère : l'une arbore un cours d'eau surmonté d'un pont, l'autre dispose d'une chapelle personnelle… Un lieu étonnant à ne pas manquer avant de quitter Camprodon.

Montagnes bleues de la vallée de Camprodon.

CASTELL DE ROCABRUNA [CHÂTEAU DE ROCABRUNA] ★

Trônant au sommet d'une colline, il s'agit de l'une des plus anciennes [la première mention du château remonte à 1070] et des plus imposantes fortifications de la *comarca* du Ripollès. S'il n'en reste aujourd'hui que des ruines, il demeure assez facile de deviner l'organisation de l'ancienne construction : la nef centrale et la chapelle sont les plus aisément identifiables, ainsi que deux tours défensives. Le seul panorama sur la vallée depuis le château vaut la balade.

ÉGLISE DE SANT ESTEVE DE LLANARS ★

Llanars, petit village à 2 km de Camprodon

Visites virtuelles en 3 D.

Edifiée au XIIe siècle, cette église à nef unique couverte d'une voûte et doublée d'une abside légèrement décalée par rapport à l'axe central a gagné au fil du temps des chapelles latérales et une sacristie. Ses murs sont faits de pierres de différents types et de différentes couleurs. L'intérêt principal de cette église est certainement l'autel en bois surmonté d'un Christ pantocrator, avec son amande caractéristique, et encadré d'épisodes de la vie de saint Etienne [Sant Esteve].

MONASTÈRE DE SANT PERE ★

Carrer Monestir, 2

Accessible via l'audioguide « Monastère du Ripollès, mille ans de patrimoine ».

Bâti autour d'une église du Xe siècle, il a été fondé sous Wilfred II, comte de Besalù. Sa sobriété fait penser qu'il est l'œuvre d'une communauté monastique cistercienne : cinq absides rectangulaires, dont une seule se voit de l'extérieur et une nef unique recouverte d'une voûte en berceau légèrement en pointe. Au XVIIe siècle, il tombe dans un tel état de délabrement que les huit moines et l'abbé qui y vivaient ont été contraints de rejoindre des maisons indépendantes. Au XXe siècle, une partie du monastère a été détruite et l'église a été restaurée.

MUSÉE ISAAC ALBÉNIZ ★

Carrer Sant Roc, 22

✆ + 34 972 74 00 10

https://www.museuisaacalbeniz.org

Entrée : 2,40 €.

Installé dans la maison natale du célèbre pianiste-compositeur de musique classique Isaac Albéniz [1860-1909], le petit musée qui lui est consacré cherche à recréer le milieu environnant de l'artiste, en donnant à voir son évolution biographique. Créée à partir de dons de ses descendants, c'est une collection d'objets divers lui ayant appartenu : objets personnels, livres dédicacés, lettres, partitions manuscrites originales, documents variés, meubles et pianos, dont un très bel exemplaire de piano à queue Beschtei, offert par Sir Money Couts.

LE NOUVEAU PONT

Centre-ville

Véritable emblème de Camprodon, cet impressionnant pont roman a été édifié au XIIe siècle et est devenu une référence iconique du tourisme de montagne en Catalogne. D'un seul arc, il arbore une grande ouverture centrale et de petites ouvertures latérales. On pense qu'il doit son nom au fait d'avoir été construit sur les ruines d'un pont plus ancien. En empruntant le pont, à pied uniquement, on rejoint un portique nommé *Porta de la Cerdanya*, qui était l'ancienne entrée du village, et le passage obligé pour se rendre en Cerdagne.

OFFICE DE TOURISME DE LA VALLÉE DE CAMPRODON

Carrer Sant Roc, 22

✆ +34 972 740 010

www.valldecamprodon.org

Horaires sur le site web.

Situé au pied du pont médiéval, ce local du centre-ville accueille désormais deux entités : l'office du tourisme de la vallée de Camprodon et celui de la ville de Camprodon. Vous y trouverez de nombreux documents utiles, en français. Ainsi que toutes les informations utiles pour visiter la région. Pensez aussi à consulter son site web, très documenté et accessible en français. Avec notamment un agenda très détaillé des foires et des festivals de la région.

HOTEL SANT ROC €

Plaça del Carme, 4
✆ +34 972 74 01 19
www.hotelsantroc.info
Selon la saison, chambre double de 66 à 82 €, petit déjeuner inclus.

Ouvert depuis 1960, ce confortable hôtel-restaurant familial est lové en plein cœur du vieux-village, sur une place dominée par l'église Verge del Carme. C'est aujourd'hui la deuxième génération de la famille qui pilote l'établissement, proposant des chambres boisées très bien tenues allant de doubles à quadruples (et même quelques chambres communicantes) et un très bon restaurant pour découvrir les recettes traditionnelles de la montagne. Si la déco est un brin désuète, on appréciera l'accueil chaleureux des propriétaires et la position centrale du lieu.

HOTEL CAMPRODON €€

Plaça Doctor Robert, 3
✆ +34 972 74 00 13
www.hotelcamprodon.com
Selon la saison, chambre double de 82 à 120 €.

Avec sa devanture rougeoyante aux accents néoclassiques, cet hôtel du début du XXe siècle, a su conserver son charme suranné de la Belle Époque. Si de multiples rénovations ont été effectuées, impossible de passer à côté des innombrables détails, meubles et accessoires, typiques de la fin du XIXe siècle : vastes salles communes aux imposants lustres et colonnes romaines, sols de mosaïques, grandes chambres avec terrasse, épais rideaux et tapisseries… On aimera aussi son jardin avec piscine, sa terrasse donnant sur le Pont Nou et son restaurant traditionnel.

HOTEL CIMS CAMPRODON €€

Plaça Santa Maria, 9
✆ +34 972 753 092
www.hotelcimscamprodon.com
A partir de 70 € la chambre double.

Situé dans le centre de Camprodon, juste en face du monastère, cet hôtel Cims Camprodon ouvert en 2023 propose vingt-deux chambres (doubles, triples, quadruples ou familiales). Toutes parfaitement équipées (salle de bains complète, chauffage, climatisation, TV à écran plat), elles sont spacieuses et lumineuses et toutes dotées d'un balcon, avec vue sur la rivière Ritort, les montagnes ou le monastère et l'église Santa Maria. Vous y profiterez d'une ambiance familiale et d'un cadre mêlant style rustique et touches industrielles.

PUIG FRANCÓ HOTEL SPA €€

Font Rubí
✆ +34 972 740 971
www.puigfranco.es
A partir de 109 €. Spa : 20 € pour clients de l'hôtel, 35 € pour les autres.

A quelques 4 kilomètres à l'est de Camprodon, cet hôtel situé dans l'urbanisation de Font Rubí, propose dix-huit chambres dont les noms rendent hommage aux grands pilotes du trial, la passion du propriétaire de l'hôtel. La décoration très cosy met en valeur les pierres et le bois. On profitera aussi d'une superbe piscine décorée avec des carreaux de pierre et entourée d'une terrasse de 200 m². Mais également d'un spa, avec sauna, bains moussants et massages relaxants, des courts de paddle et d'un restaurant, le Mític servant une cuisine traditionnelle, de saison.

GRÈVOL SPA HOTEL €€€

Situé à Llanars, petit village à 2 km de Camprodon
✆ +34 972 741 013
www.hotelgrevol.com
A partir de 115 € la chambre double, 179 € la suite. Petite déjeuner et accès au spa inclus.

Avec ses airs de grand chalet alpin fait de pierres et bois, c'est peut-être l'un des meilleurs établissements de la vallée, qui dispose d'un immense et verdoyant jardin, d'un centre Spa et d'un excellent et lumineux restaurant avec baies vitrées donnant sur les jardins. Côté logements, on découvre un espace boisé du sol au plafond, impeccablement tenu, vaste et lumineux. Tout est fait pour que vous vous relaxiez, le staff faisant tout son possible pour mener à bien cette mission. Une adresse exceptionnelle lovée dans une petite vallée sereine.

HOTEL EDELWEISS €€€

Carretera Sant Joan, 28
✆ +34 972 740 614
www.hoteledelweiss.cat
A partir de 100 € la double standard.

Situé à l'entrée-arrivée du village de Camprodon, l'Edelweiss est une adresse de qualité, sobre et très bien tenue. Les chambres se déclinent selon plusieurs standings (individuelles, doubles, triples), avec tout ce qu'il faut pour un séjour confortable, tandis que le bar de l'hôtel, avec son joli parquet et son bar de bois ciré, et le salon avec cheminée et larges canapés invitent à la détente. On aura droit à un somptueux petit déjeuner catalan en buffet, avec charcuteries, sélection de fromages, etc. Un établissement luxueux et très bien placé.

MAS DE XAXÀS €€€

Carrer Freixenet, 30

✆ +34 670 40 50 60

www.masdexaxas.com

Construite à la fin du XIXe siècle, cette maison fait partie du patrimoine historique de Camprodon puisqu'elle a été une des premières villas construites sur la rue Freixenet, une promenade bordée d'arbres qui a accueilli les voyageurs de la haute société dès la fin du XVIIIe siècle. La philosophie de ce mas est d'offrir un séjour extrêmement personnalisé. Dans cette optique, on vous recommandera les meilleures balades à faire dans la région et aussi les moins connues. Les clients pourront aussi profiter de la piscine de Camprodon, située à seulement 400 m du mas.

GOLF

Bac de Sant Antoni

✆ +34 972 130 125

www.golfcamprodon.net

De 20 à 55 €. Prix variant selon saison et jours de la semaine.

Situé à quelques mètres du centre-ville de Camprodon et tout près de la frontière française, le golf de Camprodon a été inauguré en 1991. Il a été dessiné par Vidaor, Sardà & Saenger. C'est un club de tout premier niveau installé à mi-pente de montagne. Parcouru par un cours d'eau, le terrain a quelque chose de bucolique, entouré d'une riche végétation pré-pyrénéenne. Une jolie balade, le swing en plus. Le parcours compte actuellement 9 trous, mais vous pouvez le refaire une deuxième fois, ce qui fera un circuit de 18 trous....

PIZZERIA LA RÚSTICA €

Carrer Catalunya, 11

✆ +34 972 740 994

www.arusticacamprodon.blogspot.com/

Ouvert tous les jours. Pizza de 10 à 13 €. Egalement vente à emporter.

Cette pizzeria est installée dans l'un des bâtiments les plus emblématiques du passé médiéval de Camprodon, « Cal Marquès », ayant appartenu au marquis d'Alfarràs. Après vous être installé dans un cadre rustique et élégant, vous pourrez y déguster l'une de leurs pizzas artisanales (plus d'une trentaine à la carte), confectionnées dans un four à pierre et n'utilisant que des produits locaux. Ou opter pour un plat de viande bio, de pâtes ou une des salades. A savourer aussi sur une grande terrasse ombragée. Réservation fortement conseillée, surtout les week-ends.

VILALLONGA DE TER

Avec un peu plus de 400 habitants, ce petit village de la vallée jouxte celui de Camprodon et comme c'est aussi une commune, il englobe les localités de La Roca del Pelancà, Abella et Treguràde Dalt et Trégurà de Baix. Il doit son nom au fait que ses maisons étaient alignées le long de la route parallèle à la rivière Ter qui traverse l'ensemble de la commune, même si aujourd'hui sa forme n'est plus tout à fait la même qu'à l'origine, car il croît vers le nord. On y appréciera son charme rural et l'église Sant Martí, datant du XIIe siècle et modifiée au XVIIIe siècle. Et dans la commune, celles de Santa Lucia dAbella et celle de Sant Julià de Tregurà.

EL PONT 9 €€

Camí Cerdanya, 1

✆ +34 972 740 521

www.restaurantelpont9.com

Fermé le lundi et le mardi (juste le lundi l'été). Menus traditionnel : 27,50 et gourmet : 35 €.

Ce restaurant familial qui a ouvert ses portes en 2011 est une excellente table faisant la part belle aux produits du terroir, préparés selon des recettes transmises de mère en fille. Le résultat est vraiment superbe, stimulant les papilles autant que l'imagination : on goûte par exemple à l'*Arròs del Delta de l'Ebre amb gambes i el seu « fumet »* (riz du Delta de l'Èbre aux crevettes et son « fumet ») ou au *bistec de vedella amb salsa d'Oporto i fetge d'ànec saltejat* (steak d'aloyau à la sauce au porto et au foie de canard sauté). Service aux petits oignons.

LE MIRADOR DU DRAC

Son et lumière, en été à 14h et à 22h et en hiver à 13h et 21h.

Ce mirador du Drac, c'est l'ancien Camí de les Roquetes qui, en traversant le Drac, permettait d'accéder aux nombreux vergers qui se trouvaient dans les parages, dont certains sont encore exploités, mais peu. Ce chemin vous fera monter jusqu'au point où se trouve le dragon, non sans avoir rencontré tout au long du circuit une série de sculptures en métal, créées par Pere, Sau Poret, un voisin. Deux fois par jour, ce circuit s'anime avec un son et lumière retraçant la légende du dragon et des statues mise au point par Josep Miró Ballabriga.

FONDA RIGÀ €€

Tregurà-Vilallonga de Ter
✆ +34 972 136 000
www.fondariga.com
120 € la chambre double petit déjeuner compris.

L'hôtel de la Fonda Riga propose seize chambres simples et confortables, récemment rénovées : chauffage, télévision, salle de bain complète et mobilier design sont le lot de chaque chambre. On y trouve aussi deux « cabanes suites ». De véritables cabanes, mais équipées comme des suites, avec possibilité de profiter d'un bain moussant tout en appréciant le paysage des Pyrénées, au lointain ou de s'installer sur la terrasse pour lire très tranquillement. Chacune étant doté d'un jardin privé. Accueil sympathique et très bon restaurant.

FONDA RIGÀ €€

Tregurà-Vilallonga de Ter
✆ +34 972 136 000
www.fondariga.com
Fermé mardi et mercredi (sauf de juillet à mi septembre). Environ 30 € le repas.

Dolors et Albert, avec l'aide de Conxita la grand-mère et Josep le grand-père, proposent dans leur bel établissement à la déco rustique et élégante une cuisine catalane de haute montagne de très bonne qualité, préparée dans le respect des anciennes recettes. La gigantesque salle de service affiche un cachet certain, mais nous conseillons, à la belle saison, d'opter pour la plus petite salle avec vue panoramique sur la vallée : le spectacle des sereines montagnes est splendide. Le restaurant dispose également d'un espace hôtel.

LA ROCA

Dépendant de Villalonga de Ter, ce micro-village juché sur un rocher de bonnes dimensions surplombe la vallée du Ter et sa situation aura été stratégique tout au long de son histoire. Il s'est développé autour de l'ancien château de Pelancà, une forteresse mentionnée dès le XIIIe siècle et désormais en ruines. En se baladant dans ses ruelles étroites, on découvrira la petite église de Roca qui a été creusée à même la roche. Une fois que l'on sera arrivé au sommet, on appréciera pleinement la vue sur la vallée et particulièrement si l'on a la bonne idée d'y venir un soir de pleine lune. Pour plus d'information, consultez le site www.vilallongadeter.cat

SETCASES

Situé au pied des montagnes qui mènent à la station de ski Vallter 2000, ce vieux village aux maisons de pierres, ancré dans une forte tradition rurale, est devenu un lieu touristique de premier ordre dans la vallée depuis l'ouverture de la station de ski en 1975. Ce qui lui vaut d'être fréquenté par les voyageurs, hiver comme été. Sur le chemin de Vallter 2000, on s'y arrêtera pour visiter son église paroissiale romane (XIIe siècle) abritant un retable baroque représentant Sant Miquel, pour profiter de ses bons restaurants et de ses boutiques proposant des produits agricoles de bonne qualité parmi lesquels le miel est particulièrement renommé.

LA COMA €€

Prat de la Coma, s/n
✆ +34 972 13 60 74
www.hotellacoma.com
Chambre double de 80 à 130 €, petit déjeuner inclus.

Lové au cœur de Setcases, c'est un établissement de charme, rustique et familial, qui conviendra tout à fait aux groupes et aux couples. Lieu de repos idéal pour rallier la station Vallter 2000 au petit matin, l'hôtel s'est payé un lifting en 2016 : les 22 chambres réparties sur trois étages sont vastes, lumineuses, et toutes sont équipées d'un parquet flambant neuf et d'un balcon avec vue sur le grand jardin. Les salles communes affichent un style campagne-chic, tout comme le très bon restaurant de cuisine typique des montagnes. Piscine extérieure, en saison.

RESTAURANT CAN JEPET €€

Carrer Molló, 11
✆ +34 972 13 61 04
www.canjepet.cat
Fermé le mardi. Environ 45 € à la carte.

Une véritable institution de la cuisine catalane de montagne. Depuis plus de 50 ans, il accueille dans ses murs toute une génération de randonneurs, alpinistes, skieurs ou voyageurs amoureux de la Vallée de Camprodon. Poursuivant l'héritage de ses fondateurs, Sidro et Ventureta, la famille Vila-Badosa propose d'excellentes viandes de la vallée faites *a la brasa de carbó* (braise à charbon) et des recettes traditionnelles adaptées à la cuisine actuelle, à partir des produits frais de saison (chasse, légumes de printemps, champignons d'automne). Belle cave à vins.

CA LA NURI

Carrer Fondo, 3
✆ + 34 972 13 61 02
www.calanuria.com
Fermée le mercredi, ouverte de 9h à 20h.

Tenu par Nuria et Josep, cet établissement est un peu la caverne d'Ali Baba pour qui cherche des produits de Setcases, mais aussi de toute la vallée de Camprodon. Le miel est certes leur produit phare, avec de nombreuses sortes proposées : aux fleurs, à l'eucalyptus, à l'orange, au thym, cru, de haute montagne... Mais on y trouvera aussi des confitures artisanales, des bonbons, des fromages, des « *embotits* », sortes de charcuteries et également des champignons, quand ce sera la saison. Avec l'assurance que la qualité sera au rendez-vous.

VALLTER 2000 ★★

Ouverte en 1975, la petite et familiale station de ski de Vallter 2000 est encadrée de hautes montagnes pouvant grimper jusqu'à 2 800 mètres d'altitude. On y retrouve le charme des stations d'hiver à taille humaine et les pistes – de niveaux variés – sont rarement surpeuplées, mis à part pendant les vacances d'hiver. En montant en télécabine jusqu'au petit snack des Marmottes, à 2 535 mètres d'altitude et où se trouve également la source des rivières Ter et Freser, on peut apercevoir la baie de Roses les jours de beau temps. En été, la zone se convertit en petit paradis pour les randonneurs (plus d'informations sur : www.vallter2000.cat).

SOURCES DES RIVIÈRES TER ET FRESER ★★

Elles sont entourées de 2 pics, le Puigmal à 2 910 m et le Costabona à 2 400 m, dans un espace naturel typique de la haute montagne pyrénéenne. A la belle saison, on peut apercevoir ici et là de fines rigoles d'eau s'échappant du bassin supérieur et en levant la tête, on voit la Méditerranée au loin, là où s'achèvera leur course. Pour y accéder, si vous n'êtes pas amateurs de randonnée en haute montagne, il est toujours possible d'emprunter le télésiège qui passe tous les 20 mn.

LES MARMOTTES €

✆ +34 34 972 136 057
Fermé en été.

Difficile de trouver un meilleur point de vue pour s'autoriser une pause revigorante. En effet, cet établissement « Les Marmottes » est l'un des bars les plus hauts de la Catalogne puisqu'il trône à quelque 2 535 mètres d'altitude. Tout y est rustique. Dans un petit chalet en bois, vous pourrez vous restaurer certes frugalement, mais aussi boire un café, un chocolat ou une boisson rafraîchissante, tout en profitant d'un magnifique panorama. Car, les jours de beau temps, on aperçoit clairement la Costa Brava et les reflets de la Méditerranée...

INTÉRIEUR - PYRÉNÉES DE GÉRONE

© MARTIN FOUQUET

Refuge des Marmottes à Vallter 2000.

MOLLÓ

Avec ses quelque 300 habitants, Molló se trouve dans ladite Vallée de Ritort, du nom d'un affluent de la rivière Ter qui passe au pied de la butte sur laquelle trône le village. Composé de neuf petites localités disséminées ici et là sur les 43 km² que forment son territoire, son histoire est ancienne, puisque terre de passage des Celtes et des Romains. Si son église paroissiale mérite bien un petit arrêt, c'est surtout son très joli parc animalier qui fait la renommée de Molló. Les randonneurs pourront parcourir le *Camí de la Retirada* qui relie Molló à Prats-de-Molló, suivant le chemin d'exil emprunté par 100 000 personnes en janvier et février 1939.

ÉGLISE DE SANTA CECÍLIA DE MOLLÓ ✝

Carrer de l'esglesia, 13

Le bâtiment actuellement visible date vraisemblablement au XIIe siècle et a été restauré en 1953, après divers dommages. Il dispose d'une nef unique, surmontée d'une voûte arquée soutenue par des piliers extérieurs et doublée d'une abside simple. D'influence lombarde, le clocher haut de 5 étages affiche quelques similitudes avec le clocher de l'église Sant Cristòfol de Beget et le portail d'entrée est décoré dans un style proche de celui de l'Ecole du Roussillon.

HOTEL CALITXO €€

El Serrat, s/n

✆ +34 972 74 03 86

www.hotelcalitxo.com

Chambre double standard à partir de 85 €, petit déjeuner inclus.

Situé à 1 180 mètre d'altitude, il a des airs de grand chalet de montagne. Disposant de 26 spacieuses et lumineuses chambres, modernes et confortables (accueillant de 2 à 5 personnes), d'un resto-bar, d'un salon avec cheminée et d'un salon avec terrasse et piscine, il conviendra aussi bien aux couples en escapade romantique qu'aux familles et groupes d'amis. Plusieurs sentiers de randonnées démarrent juste à côté, et des activités comme le vélo de montagne, le golf et l'équitation sont tout à fait envisageables. Petit déjeuner catalan et international en buffet.

CAN PLETIS €€

✆ +34 972 650 301

Maison entière (6 chambres, 19 personnes maximum) pour 2 nuits le week-end) 1 090 €.

Can Pletis est une magnifique et vaste maison de montagne installée au sommet d'une colline. En plus du superbe jardin et ses 6 hectares de prairie et de son espace barbecue, on profitera à la belle saison d'une agréable piscine à remous sertie de parquet, donnant sur un espace grand ouvert. On compte 6 chambres, dont deux suites *design* équipées de jacuzzi, un salon avec cheminée aux murs garnis de vieilles pierres et surmonté de poutres de bois sombre, une cuisine des plus modernes et une agréable salle à manger. Un très bel établissement, intime et calme.

HOTEL CALITXO €€

El Serrat, s/n

✆ +34 972 74 03 86

www.hotelcalitxo.com

Comptez environ 35 € pour un repas.

En plus d'offrir un très bon service d'hôtellerie, le Calitxo propose une cuisine catalane de montagne typique et savoureuse, avec quelques produits comme les pommes de terre écologiques de Molló et des belles pièces de bœuf et d'agneau du Ripollès, accompagnées d'aliments locaux et de saison comme ceux de la chasse. A savourer l'hiver à l'intérieur, installé dans une belle salle entièrement boisée ou l'été à l'extérieur, en profitant de la terrasse-jardin, sous les parasols, depuis laquelle on peut jouir d'une belle vue sur les montagnes.

PANORAMIX €€

Carretera C-38

✆ +34 691 88 11 16

Ouvert de 9h à 17h du jeudi au lundi, jusqu'à 22h le vendredi et samedi. Environ 35 €.

Dans une salle de service au croisement de l'intérieur campagnard (poêle à bois et trophées de chasse) et du bar branché, on apprécie aussi bien la vue panoramique sur la vallée que les petits plats sophistiqués, à l'égal de la déco : très inventifs et traditionnels à la fois. Après une entrée de tapas enhardis de pétales de fleurs, on trouve à la carte des propositions originales comme l'excellent carpaccio de pied de porc et ses *patates braves*, et des choses plus classiques comme le tartare de thon. Très bons desserts. Un lieu original, à découvrir.

MOLLÓ PARC ★★

Veïnat del Riberal
✆ +34 972 13 00 94
www.molloparc.com

Ouvert toute l'année excepté 1 et 6 janvier, et 25 et 26 décembre. Horaires et tarifs sur le site.

Bâti à même l'espace naturel dont sont originaires les animaux qui s'y trouvent, ce n'est pas un zoo. Avec au rayon animal quelques stars comme les ours, les loups et les lynx. On peut se balader sur plus de 10 hectares au travers de petits sous-bois en suivant des sentiers dont certains traversent de vastes enclos d'animaux inoffensifs. Le circuit peut prendre 2 ou 3h, mais on peut aussi y passer la journée, car un petit snack et plusieurs espaces de pique-nique ont été aménagés. Une visite vivifiante et instructive qui plaira aux petits et aux plus grands.

Eglise romaine à Beget.

BEGET ★

Le village de Beget est une petite splendeur médiévale faite de vieilles pierres et de ponts anciens, lovée au cœur d'une vallée, aussi petite que silencieuse. Aucune voiture ne circule dans ses ruelles tortueuses, ce qui ne fait qu'accentuer cette sensation de se trouver au cœur d'un village très ancien, dans une époque révolue depuis des siècles. Outre sa très belle église romane au clocher lombard stylisé à quatre étages, Beget offre au visiteur l'expérience d'un calme après-midi, au milieu d'une belle végétation parcourue en contrebas par le serein cours d'eau du Trull. Depuis 2021, il fait partie du réseau des plus jolis villages d'Espagne.

RESTAURANT CAN JERONI €€

Carrer Bellaire, 17
✆ +34 972 74 12 39
www.canjeroni.net
Ouvert tous les jours. Repas complet autour de 25 €.

C'est au tout début du XXe siècle que Jeroni Carrera et Rosa Molas ouvrent le rez-de-chaussée de leur maison pour vendre boissons et victuailles aux passants. Un siècle plus tard, avec le désenclavement de Beget et la visite de touristes, il est devenu un restaurant de cuisine catalane de premier ordre, proposant, dans un cadre élégant « rustique-chic », des plats traditionnels excellemment confectionnés : steak tartare de poulain, rouleaux de chou farci à la béchamel, poulet rôti aux abricots secs, joues de porc aux pommes et d'autres encore...

ÉGLISE SANT CRISTÒFOL DE BEGET ✝ ★★

Ouvert au public le samedi, dimanche et jours fériés. Visites virtuelles en 3 D.

Elle est caractéristique de l'architecture romane du XIIe siècle, mais sa construction remonte au Xe siècle, une nef couverte surmontée d'une voûte pointue, un chevet avec une abside semi-circulaire et 2 chapelles encadrant le presbytère, un clocher carré à 4 étages. Une sculpture de plus de 2 m de haut représentant le Christ, dans un style typique de l'école assyrienne, se trouve à l'intérieur. Il semblerait que l'église n'ait été l'objet d'aucune modification depuis l'époque baroque.

RIBES DE FRESER

C'est le chef-lieu de la vallée où se rejoignent, au creux de hautes parois montagneuses, les rivières Freser, Segadell et Rigat. Porté par une tradition agricole et minière, la ville a longtemps vécu de la fabrique de papier et de l'industrie textile. Aujourd'hui, grâce à sa situation géographique stratégique et à l'abondance de ses sources en eau minérale, elle s'est ouvertement tournée vers le tourisme. On aura entre autres choses l'occasion de découvrir les restes du château de Sant Pere ainsi qu'une exposition sur le train-crémaillère qui jadis partait de Ribes de Freser pour rejoindre le Sanctuaire de Núria, tout là-haut dans les montagnes.

EL FORN DE BEGET €€

✆ +34 972 741 230
www.elforndebeget.com
53 € par personne avec petit déjeuner, 70 € en demi-pension, 85 € en pension complète.

L'existence de cette auberge avait déjà été mentionnée en 1586 sous le nom de l'Hostal de Dalt, et elle continue aujourd'hui à être gérée par la même famille. Cette donc très vieille maison en pierre surplombant le petit cours d'eau de l'antique Beget offre un service de restauration de bonne facture (avec ragoûts, poulets aux pruneaux ou canard aux poires) et des chambres doubles et familiales simples et bien tenues. Un petit jardin privé est accessible aux clients de l'auberge. Un endroit des plus apaisant à l'accueil chaleureux.

CHÂTEAU DE SANT PERE ★

Camí de Ventaiola
Renseignements à l'office de tourisme.

Il est difficile de déterminer l'origine exacte de ce château, bien que documenté depuis l'an 990, autant que de raconter son histoire. Entre 1207 et 1473, des documents y font référence sous le nom de château de Segura et il aurait appartenu à plusieurs familles avant d'être acquis par l'évêque de Barcelone en 1620. Il fut utilisé comme point défensif de première importance lors des guerres féodales au Moyen Age et se trouva au cœur de la guerre entre la France et l'Espagne, sous Napoléon. Aujourd'hui, il ne reste plus qu'une tour trônant au milieu des ruines.

ÉGLISE SANTA MARIA DE RIBES ✝ ★

A l'origine, elle avait été construite en 1035. Mais cette église paroissiale de Ribes de Freser qui est dédiée à Marie a été détruite durant la guerre civile espagnole, en 1936. Le bâtiment que vous pourrez contempler à l'heure actuelle est un édifice moderne qui a été conçu par l'architecte J. Danés i Torra. Il s'articule autour de trois absides romanes qui ont survécu aux différents conflits ainsi qu'à l'usure du temps. Et qui sont à présent transformées en chapelles.

OFFICE DE TOURISME DE LA VALLÉE DE RIBES

Carretera de Bruguera, 2
✆ +34 972 72 77 28
www.vallderibes.cat/fr
Horaires d'ouverture sur le site web.

C'est ici qu'on débusque infos et documentation, y compris en français, sur les attraits culturels et touristiques de la vallée de Ribes. Accueil sympathique et visites guidées envisageables au départ de l'office. A titre d'exemple, en partant du château de Sant Pere, on peut emprunter un petit chemin ombragé le long duquel coulent plusieurs sources d'eau minérale, qui permet de prendre un peu de hauteur sur la ville tout en profitant de l'air frais et revigorant des montagnes.

Église Santa Maria de Ribes.

EXPOSITION DU TRAIN CRÉMAILLÈRE DE NÚRIA ★★

Plaça Estació Ribes Vila
Ouvert de 8h à 20h. Gratuit.

L'exposition consacrée à ce petit train de montagne qui ralliait la vallée de Núria depuis Ribes permet de visualiser les avancées techniques de la technologie du train et de se replonger dans le passé de la région à travers des thématiques historiques et culturelles. D'anciennes versions du train sont exposées, accompagnées d'explications assez pointues et de vidéos descriptives. Une visite instructive qui souligne son rôle essentiel dans l'économie de la vallée.

PURAVALL

Carretera de Puigcerdà, S/N
✆ +34 685 940 370
www.puravall.com
Propositions et tarifs à découvrir sur leur site web.

Cette agence propose une large gamme d'activités et d'expériences autour de la vallée de Ribes. En s'adressant à tous types de publics, quel que soit son niveau de pratique. A titre d'exemple, vous pourrez observer l'éveil des animaux à Toses (chevreuils, des cerfs, des chamois), lors d'une balade de découverte du Ripollès ou encore déguster des produits locaux à Ribes de Freser qui devrait réjouir les amateurs de fromage. C'est la seule agence de la région qui bénéficie de la certification d'Agence catalane du tourisme, habilitée pour le Grand Tour de Catalogne.

ANGELATS €€

Ctra. N-260 km. 128
✆ +34 972 783 515
www.angelats.es
A partir de 120 € la chambre.

Si vous fuyez la plage et la foule et souhaitez profiter d'un séjour en pleine nature, ce lieu est pour vous. Situé sur les hauteurs de Ribes de Freser, en allant vers le village voisin de Campelles, cet hôtel resort Angelats est une ancienne maison seigneuriale du XVIIIe siècle ayant appartenu à la famille Batlló. Entouré d'une forêt millénaire, vous y profiterez d'une piscine idéale pour y apprécier les couchers de soleil mais aussi d'un espace unique pour observer les étoiles. Et d'une gastronomie catalane misant sur les produits de proximité.

ELS CAÇADORS €€

Carrer Balandrau, 2
✆ +34 972 727 077
www.hotelsderibes.com

Situé au cœur de la petite ville de Ribes de Freser, cet hôtel élégant propose trente-cinq chambres et cinq appartements, de très grand confort et très bien équipés. Ses plus : sa terrasse, son solarium et un bain moussant extérieur climatisé, avec vues sur la montagne. On appréciera aussi son espace de jeux : jeux de tables, espace pour les enfants, billard, mini foot et télévision. Sans oublier son « lobby bar » à l'ambiance à la fois chaleureuse et confortable où l'on pourra déguster la spécialité de la maison : une sélection de gin tonics.

RESGUARD DELS VENTS €€€

Cami de Ventaiola, s/n
✆ +34 972 72 88 66
www.hotelresguard.com
A partir de 150 € la chambre double avec petit déjeuner. Offres et packs sur le site Internet.

Sur une petite colline surplombant la ville de Ribes de Freser, ce magnifique hôtel-spa dispose de 17 coquettes et spacieuses chambres avec balcon ou jardinet donnant sur la vallée. Contemporain et élégant, l'hôtel est composé de plusieurs niveaux s'imbriquant ingénieusement les uns dans les autres, et on trouve au rez-de-chaussée un superbe espace Spa. Le restaurant est de très bonne facture, proposant des plats typiques de la Catalogne montagnarde, et le petit déjeuner est copieux. Personnel aux petits soins. Une très belle adresse.

A PAS D'ISARD

✆ +34 628 088 112
www.apasdisard.com
Descriptif des randonnées sur le site web. A partir de 243 €.

A pas d'Isard, cela signifie à l'allure du chamois. C'est sous ces augures que s'est créée une petite agence de voyages en montagne. Fondateur et directeur de cette initiative, Xavier Grivé est accompagnateur en montagne, diplômé en Sciences de l'Environnement et doté d'une formation spécifique au développement durable du territoire, notamment en zone de montagne. Il propose trois itinéraires de randonnées en liberté, transfrontalières, permettant une découverte intégrale de ce nord de la Catalogne. Pas de difficultés techniques mais un requis : être en forme.

© A PAS D'ISARD

© A PAS D'ISARD

SERRAT DEL VENT €€€

Serrat del Vent ap.13
✆ +34 669 929 800
www.serratdelvent.com
A partir de 130 €.

Situé en haut de la colline, cet établissement offre une vue imprenable sur le sud de la vallée de Ribes. Toutes les pièces sont orientées plein sud, et les nombreuses fenêtres vous permettront d'apprécier pleinement le paysage. Tout comme les belles terrasses. A l'intérieur, le mix entre meubles catalans traditionnels, pièces modernes et belles sculptures contribue à son élégance. Vous pourrez aussi profiter des connaissances d'Albert, votre hôte, qu'il s'agisse des ressources de la vallée ou de sa formation au bien-être. Idéal pour une déconnexion.

BAR PETIT €

Carrer Sant Quintí, 43
✆ +34 972 72 70 52

On s'en serait douté rien qu'à l'énoncé de son intitulé, mais on ne s'est pas trompé. Le « bar petit » est bel et bien un tout petit établissement. Ce qui ne l'empêche pas d'être très charmant. Vous pourrez y déguster ses « entrepans », petits sandwichs très bien réalisés, car ils sont faits à partir de produits frais et de qualité et notamment d'un pain qui est excellent. S'il est idéal pour prendre son petit déjeuner, on peut aussi y recourir pour une pause « sur le pouce ». Cerise sur le gâteau, vous apprécierez la gentillesse du patron.

RESTAURANT LA CORBA €

Carretera N-260
✆ +34 972 727 034
Fermé le lundi et le mardi. Comptez environ 30 €.

La devanture du lieu attire l'attention : deux immenses baies vitrées verticales de style Art nouveau encadrent une tour aux fenêtres arabisantes. L'intérieur ne dépare pas cette première impression, avec ses murs de briques rouges et ses épaisses poutres de bois. Côté cuisine, on a affaire à des produits typiques catalans cuisinés à la manière ancienne. Rapport qualité-prix plutôt imbattable : le menu du jour comprend quatre plats, l'eau et le vin. On profitera aussi d'un agréable jardin avec terrasse, dès la venue des beaux jours.

ELS CAÇADORS €€

Carrer Balandrau, 2
✆ +34 972 727 077
www.hotelsderibes.com
Ouvert tous les jours matin, midi et soir. Autour de 35 € le repas complet, boissons comprises.

Fondé en 1920, le restaurant de l'hôtel des « chasseurs » de Ribes est une institution en ville. On s'y repaît de quelques bonnes spécialités catalanes, produits de qualité assurée : *carn a la brasa*, gibier, poisson du jour... On ne sera pas déçu par les desserts non plus : crème catalane accompagnée d'une glace à la cannelle ou fromage blanc frais avec miel et fruits secs. L'établissement revendique son appartenance à la philosophie de la *slow food*. Que l'on appréciera dans une atmosphère élégante sans être guindée. Excellente carte de vins.

QUERALBS

Cette petite localité offre un charme montagnard certain. Installés à même la pente de la montagne, les balcons panoramiques disséminés ici et là sont autant d'invitations à la contemplation. Tout le village est fait de ruelles tortueuses et se termine à la très jolie petite église de Sant Jaume. Après avoir longtemps tiré ses ressources de l'élevage et des exploitations minières, Queralbs vit aujourd'hui de l'hydroélectricité produite sur son territoire, et du tourisme. Nous recommandons une petite halte avant de filer vers le sanctuaire de Núria, en train ou à pied pour les plus sportifs, le chemin de randonnée étant certes abrupt, mais magnifique.

ÉGLISE DE SANT JAUME ★★

Visites virtuelles en 3D.

Consacrée au Xe siècle, elle est agrandie deux siècles plus tard. Elle est composée d'une nef unique couverte d'une voûte en pointe et on lui a ajouté, après les dégâts causés par les tremblements de terre de 1427-1428, un petit clocher ainsi que deux chapelles latérales et une sacristie. L'élément le plus remarquable est sans nul doute son porche composé de six arcs soutenus par des colonnes de marbre bleu. Les chapiteaux sculptés de ces colonnes sont très bien conservés, donnant à voir des figures humaines et d'animaux, réels et fantastiques.

HOSTAL LES ROQUETES €€

Carretera de Ribes, 5
✆ +34 972 72 73 69
www.hostalroquetes.com
80 € pour une chambre double, lit matrimonial.

Situé à l'entrée de Queralbs, cet hôtel inauguré en 2009 propose des chambres modernes, lumineuses et bien tenues, donnant pour la plupart sur la magnifique vallée de Núria. Certaines avec terrasses et double vue. Il dispose aussi d'un très bon restaurant de cuisine de montagne permettant par exemple de déguster un très bon sanglier aux champignons. Comme il se trouve à 300 mètres de la station du train à crémaillère de Núria qui traverse la vallée, il constitue un point de départ idéal pour partir à l'assaut du sanctuaire en train ou à pied.

MAS LA CASANOVA €€

Route de Ribes de Freser, s/n
✆ +34 972 19 80 77
www.maslacasanova.es
Chambre double à 79 €, triple à 91 €, maison entière (20 personnes maximum) à 400 €.

Entourée de prairies et de forêts, cette chambre d'hôtes est une ancienne ferme de montagne du XVIIIe siècle restaurée en 1999. Elle dispose de 6 chambres avec salle de bains privée et télévision, de 2 salles communes et d'un salon-salle à manger avec cheminée ; tandis que le jardin est équipé d'un espace de jeu pour les enfants et d'un coin barbecue. On peut aussi savourer la cuisine des hôtes, élaborée à partir de produits locaux et écologiques (la volaille vient directement du poulailler du mas), voire même par les différents fromages fabriqués maison.

EL RACÓ DE CAL LITUS €€

Carrer Pla, 23
✆ +34 872 02 91 28
Ouvert tous les soirs. Autour de 20-25 € le repas.

Si l'ancien patron Lluís est désormais à la retraite, les nouveaux propriétaires ont maintenu le charme et l'ambiance de ce petit établissement ne pouvant servir tout au plus qu'une douzaine de personnes à l'intérieur. Mais qui dispose désormais d'une belle terrasse extérieure. On y appréciera toujours des propositions gastronomiques assez variées qui se déclinent sur une belle carte privilégiant les produits frais et de proximité, des plats à partager aux pizzas en passant par les tapas. En hiver, on testera la soupe à l'oignon.

VALLÉE DE NÚRIA

A plus de 2 000 m d'altitude, elle est encerclée de sommets frôlant les 3 000 m ce qui a valu à cette zone de montagne encaissée le nom de *Olla de Núria*, marmite de Núria. Seul moyen d'y accéder, prendre le petit train à crémaillère qui part de Ribes de Freser et remonte un dénivelé de plus de 1 000 m sur une distance de 12 km. Avec spectacle garanti puisque chamois, marmottes et aigles dorés seront du voyage. Les plus aguerris pourront effectuer cette remontée à pied, en étant évidemment bien équipés. Lieu de pèlerinage, cette vallée est aussi un magnifique écrin de nature, propice à y pratiquer de multiples activités. Infos : www.valldenuria.cat

Tourisme

Lieu de pèlerinage, la vallée l'est pour sa Vierge de Núria, supposément sculptée par saint Gilles en l'an 700 et perçue comme la patronne de la fertilité depuis le Moyen Age puis devenue de nos jours la patronne des skieurs de Catalogne, mais aussi pour son sanctuaire-monastère, fréquenté par les pèlerins depuis le XIIe siècle. C'est aussi un petit paradis pour les activités de montagne. En hiver, on profitera de ses 11 pistes de ski, de 3 pistes de luge et d'un parc à neige pour les petits. En été, c'est la randonnée qui prend le relais, à pied ou à cheval, mais aussi les balades en barque ou en canoë sur le lac, le minigolf et le tir à l'arc.

PLANOLES

Situé dans la vallée du Rigat, ce charmant village pyrénéen d'à peine plus de 300 habitants est un endroit idéal pour ceux qui recherchent la tranquillité et le tourisme *slow*. Du fait de son altitude, il offre aux visiteurs la possibilité de profiter de vues exceptionnelles et de pratiquer de nombreuses activités de plein air : se promener dans le village en trottinette électrique, randonner le long d'une ancienne voie royale jusqu'à Ribes de Freser ou se baigner dans piscine municipale. A l'ouest de Planoles, vous pourrez aussi découvrir Planés, que vous pourrez rallier via une promenade depuis Planoles, en traversant la rivière du même nom.

TOSES

Située au flanc de la dernière montagne de la vallée de Ribes, la municipalité de Toses regroupe quatre hameaux : Fornells de la Muntanya, Nevà, Dòrria et Toses. Autant dire que vous serez entouré de paysages aux dénivelés impressionnants. Cet environnement vous permettra de pratiquer de nombreuses activités comme la randonnée, le vélo ou le ski et de profiter ainsi d'une faune et d'une flore incomparables. Et dans le village de Toses, vous pourrez apprécier l'église de Sant Cristòfol et y admirer l'un des plus beaux panoramas sur toute la Vallée de Ribes. Côté gastronomie, préparez-vous à déguster de la charcuterie, du fromage et du miel.

CAN SERRAÏMA €€

Can Serraïma
✆ +34 659 875 517
Accueil max, 11 personnes. 630 € deux nuits week-end (réduction en semaine et pour semaine complète). Animaux acceptés.

Géré par Xavier Serraïma, cette maison de montagne familiale qui a été créée par son grand-père est située dans un beau village des Pyrénées. A votre disposition, un établissement parfaitement équipé, avec un chauffage central, une cheminée, un barbecue et des tables extérieures. Le tout installé sur un terrain de 3 000 m² où vous trouverez également une aire de jeux pour les enfants ainsi qu'un parking couvert. Idéal si vous avez envie de vous reposer en contemplant les magnifiques vues alentour. A seulement 30 min de la station de ski La Molina.

CAN CASANOVA €€

Camí de Toses, 2
✆ +34 972 73 60 75
www.restaurantcancasanova.cat
Horaires sur leur site web. Menus à 18 €.

Situé au centre du hameau de Fornells de la Muntanya, ce restaurant est accessible en suivant une piste depuis le col de Toses. Avec plus de cent ans d'histoire, c'est un peu le pionnier de la gastronomie dans la région de la vallée de Ribes et également une véritable institution. Dans un beau bâtiment en pierre, il met à votre disposition deux salles à manger tout à fait agréables. Vous aurez à cœur de savourer leur spécialité, la cuisine en cocotte. Et en saison, les asperges au jambon ou leur lapin au jus. Réservation à l'avance conseillée.

HÍPICA EL PAS

Cal Muntaner
✆ +34 645 70 69 54
www.hipicaelpas.cat
Comptez 30 € pour une excursion d'une heure, 50 € pour 2 heures.

Dirigée par Francesc, originaire de Nevá, ce centre équestre situé juste à côté du gîte rural Can Serraïma propose une expérience à cheval unique dans un environnement privilégié. Vous pourrez opter pour des excursions et des promenades en plein air qui seront définies sur mesure, de manière à vous assurer la plus grande tranquillité. Pour le dressage des chevaux, la méthode utilisée est fondée sur la confiance et le respect mutuel entre l'homme et le cheval. C'est aussi une école d'équitation s'adressant aux enfants et aux adultes, quel que soit leur niveau.

DÒRRIA ★

Situé à l'extrême ouest du Ripollès et perché à 1 550 mètres d'altitude, Dòrria est l'un des hameaux les plus hauts et les plus isolés de Catalogne à être encore habité (moins de 20 habitants). Ici, pas le moindre magasin ou restaurant mais une rue principale et quelques maisons de montagne très anciennes. Mais c'est justement tout l'intérêt de venir y faire un tour : goûter au silence d'un antique village de montagne, sur les toits de la Catalogne. On visitera en outre la petite église dédiée à saint Victor et qui abrite les seules fresques romanes découvertes dans le Ripollès et trône au milieu de cette microlocalité on ne peut plus médiévale.

ÉGLISE DE SANT VÍCTOR DE DÒRRIA ★★

Visite virtuelle en 3D.

Elle abrite les seules fresques romanes découvertes dans le Ripollès. On y trouve un Christ pantocrator entouré de divers symboles évangéliques : de chaque côté de l'amande christique se tiennent les archanges Michel et Gabriel, tandis que sur le mur de gauche, on distingue des représentations des apôtres. L'arc surplombant l'autel arbore deux signes du zodiaque (Sagittaire et Gémeaux), tandis que sur le mur sud du presbytère affleure un visage datant du Xe siècle.

PUIGCERDÀ ★

Encaissée dans la vallée de la Cerdanya, à 1 200 m d'altitude, cette capitale de comarque reste un important centre touristique et de loisirs. Les montagnes, qui culminent à 3 000 m, offrent des vues superbes. Le ski et la montagne sont les bases sur lesquelles s'appuient l'économie et la vie de cette localité, qui a su tirer parti de tout ce que lui offre son environnement naturel. Les alentours sont particulièrement beaux, avec les montagnes qui l'entourent et la vallée, quasiment toujours verte, au-dessus de laquelle le village a grandi. Lieux de séjour privilégié des Barcelonais durant la *Setmana Santa*, elle regorge de Français en été.

LLAC DE PUIGCERDÀ [LAC DE PUIGCERDÀ] ★★

Carrer Dr. Piguillem

A deux pas du centre-ville, vous trouverez un petit lac artificiel, entouré de verdure, et donnant sur la jolie ligne des montagnes environnantes. Des bancs ont été installés pour permettre aux badauds de profiter de ce petit coin de tranquillité et des panneaux indiquent les espèces animales que l'on rencontrera dans les environs. On peut même en profiter pour faire un tour du lac en barque. Ce sera l'occasion d'un arrêt profondément ressourçant.

MUSÉE CERDAN ★★

Higini de Rivera, 4

✆ +34 972 884 303

Fermé le lundi et le dimanche après-midi. Entrée libre.

Installé dans l'ancien couvent des Carmélites du Sacré-Cœur, construit entre 1885 et 1897, il propose une vision générale de la Cerdagne avec une approche spatiale, historique et ethnographique. On y découvre plusieurs espaces exposant des collections d'objets divers ayant pour la plupart appartenu à des paysans de la région : mobilier ancien, outils de travail agricoles et d'autres métiers du siècle passé, céramiques, et des éléments plus anciens remontant jusqu'au Paléolithique. Le musée accueille également des expositions d'art contemporain temporaires.

RANDONNNÉES EN CERDAGNE

www.cerdanya.org

Puigcerdà constitue une assez bonne base arrière pour partir à l'assaut de la multitude de sentiers et chemins de randonnée qui traversent la Cerdagne de toutes parts. Tous les itinéraires, de niveaux et longueurs variés, sont très bien indiqués et permettent de combiner nature et ville tout en découvrant quelques édifices et points d'intérêt plutôt isolés. Parmi d'autres, on recense notamment un des chemins annexes de la route de Compostelle et son emblématique coquillage. Information : office du tourisme et site de la comarca.

Été indien dans la région du lac de Puigcerdà.

PARC NATUREL DE CADI-MOIXERO

Avec ses plus de 41 000 hectares de terrain, c'est un vaste espace naturel. Il court à la fois sur les provinces de Lleida, Gérone et Barcelone. Il est constitué de deux imposantes chaînes montagneuses, la Serra de Cadí et celle de Moixeró, qui se rejoignent au niveau du col Tancalaporta (à 2 357 m d'altitude), en se déployant le long d'une ligne parallèle aux pics pyrénéens. Son altitude varie entre 900 mètres dans les vallées et les 2 648 mètres pour son pic le plus haut, El Vulturó. Sa végétation est dominée par les pins sylvestres et les pins à crochets, mais on y inventorie également sapins, chênes, hêtres et peupliers, ce qui en fait un refuge idéal pour une faune de haute montagne variée : marmottes, chouettes de Tengmalm, aigles royaux, martes, mais aussi et surtout l'isard, cette chèvre des montagnes endémique des Pyrénées. C'est également une zone de protection spéciale pour les oiseaux comme le petit-duc scops, le grand Tétras, les chouettes hulottes, le faucon crécerelle, ou le merle à plastron, à titre d'exemple. Ce parc naturel fait partie du réseau Natura 2000, au titre des régions dites alpines. Côté climat, c'est un mélange de climat méditerranéen continental et de climat de montagne, avec des hivers froids et des étés frais. Inutile de dire que cet ensemble naturel est un terrain d'aventure propice à toutes sortes d'activités plein air, de la randonnée à pied ou à vélo, en passant par les sports d'hiver, l'alpinisme et bien d'autres choses encore.

LA TORRE EL CAMPANAR ★

Plaça de Santa Maria, s/n

Visite en semaine et le dimanche matin. Entrée : 1,50 €.

L'église, qui a disparu, fut construite au XIIe siècle dans un style gothique et fut reconstruite au cours du XVe siècle. C'est de cette reconstruction que date le campanile. On peut monter la visiter et profiter à cette occasion de belles vues à 360 degrés sur la Cerdagne. De la même époque, on peut aussi voir le bâtiment de l'ancien hôpital, qui figurait déjà sur des documents datant de 1190. Sa construction révèle une excellente démonstration de la transition entre le roman et le gothique, même s'il a subi différentes restructurations.

OFFICE DE TOURISME DE PUIGCERDÀ

Plaça Santa Maria

✆ +34 972 880 542

www.puigcerdaturisme.cat

Horaires disponibles sur le site web.

Installé au rez-de-chaussée de l'emblématique clocher du centre-ville de Puigcerdà, l'Office de tourisme de la ville, en plus de mettre pas mal d'infos à disposition des visiteurs propose de monter au sommet de la tour, à pied… L'effort en vaut la peine : de là-haut, la vue sur la Cerdagne y est imprenable. Comme la ville est friande de produits artisanaux de très bonne qualité, on vous y communiquera les adresses de bouchers et de charcutiers pour faire le plein de victuailles.

PATRONAT COMARCAL DE TURISME

N-260, km 179-180

✆ + 34 972 140 665

www.cerdanya.org

Horaires sur le site, rubrique « contact ».

L'office du tourisme de la Cerdagne se trouve installé dans un joli chalet, situé entre l'hôtel Park Puigcerda et le rond-point, à l'entrée de la ville. María et Carles vous accueilleront avec plaisir et enthousiasme pour partager quelques bons conseils quant aux activités envisageables dans la région. L'occasion de trouver de nombreuses informations et beaucoup de documentations sur les nombreuses randonnées à effectuer dans la région ou de connaître l'agenda des festivités.

VISITES GUIDÉES DES ÉGLISES

www.cerdanya.org/fr

Tarif d'une visite guidée : 12 € inscription sur le site web, rubrique « que faire », onglet « tourisme culturel ».

L'opération « clés des églises » vous permettra de découvrir les églises les plus importantes de la Cerdagne, *via* une visite guidée, conduite par un guide spécialisé dans le patrimoine des Pyrénées. Trois itinéraires sont proposés, incluant chacun quatre églises : « Solana », « Obaga », « Portalades ». Sur le site web de la Cerdagne, vous trouverez la liste des lieux visités ainsi qu'un calendrier vous permettant de vous inscrire directement en ligne.

CAMPING STEL PUIGCERDÀ €

Carretera de Livía, s/n

✆ +34 972 88 23 61

www.stelpuigcerda.com

Véhicule + installation + adulte à 15,60 €.

Il est vaste et arboré et loue des parcelles allant de 70 à 90 m² équipées d'un raccord électrique. Egalement, des chalets et bungalows tout-équipés et de différents standings pouvant accueillir 3 à 6 personnes sont à la location. Au nombre des installations communes citons la salle TV, la salle multisport en intérieur, les cours de paddle, la piscine, le mur d'escalade indoor, l'aire de jeux pour les enfants, le supermarché, le restaurant et les sanitaires à disposition des campeurs. Une solution bon marché pour qui souhaite rester auprès de la nature.

MAS PO €€

Mas Po

✆ +34 696 49 09 26

www.maspo.cat

Tarifs disponibles sur le site web.

C'est en 2012 que Jordina et Aurélie ont repris une ancienne ferme pour la transformer en gîte rural en 2017, avec comme objectif : proposer un lieu en totale harmonie avec l'environnement. Résultat, vous pourrez profiter d'un hébergement original dans un ensemble qui ne propose que quatre chambres au total. En effet, le mas est situé dans la municipalité de Puigcerdà, ce qui garantit la plus grande tranquillité. Et vous pourrez aussi savourer un petit déjeuner entièrement concocté par les propriétaires et faisant la part belle aux produits du territoire.

GÎTE RURAL - MAS MALLOL €€

✆ +34 972 140 418

www.masmallol.cat

De 35 à 40 € par personne et par nuit selon la saison. Séjour de 2 nuits minimum en haute saison.

C'est une ancienne maison construite en 1822 et reconvertie en maison rurale en 2005 en préservant son aspect authentique, avec murs et escaliers de pierre et imposantes poutres en bois. Et en portant une grande attention à la déco intérieure. Il est possible de louer l'un des deux étages (6 personnes au premier, 8 personnes au second) ou l'intégralité de la maison. La grande cour et la grange aux animaux raviront les enfants, tandis que le barbecue fera le bonheur des plus grands à la belle saison. Un lieu relaxant qui permet de circuler dans les alentours.

MAS SANT MARC €€

Cami de St. Marc s/n

✆ +34 972 88 00 07

www.santmarc.es/fr

C'est une demeure traditionnelle en grosses pierres. A l'intérieur, le maître-mot est sobriété. Les chambres ont été pensées pour offrir intimité et confort, en préservant la communion avec la nature via de grandes fenêtres. Les boiseries apparentes et le vieux plancher ajoutent du cachet. Son restaurant propose une cuisine savoureuse à base de produits frais et locaux. Vous profiterez de la piscine en été ou du salon avec cheminée en hiver. Il est aussi possible de jouer au golf dans le domaine ou d'explorer les environs lors d'une balade à cheval.

HOTEL PARADA PUIGCERDÀ €€

Plaça de l'Estació, s/n ✆ +34 972 14 03 00

www.hotelparadapuigcerda.com

De 68 € à 170 € la chambre double. Petit déjeuner : 9,8 €.

Inauguré en 2015, cet hôtel est logé à même la quasi centenaire et emblématique gare de Puigcerdà aux airs de château alpin. Point d'inquiétude en ce qui concerne la nuisance sonore, il ne passe jamais plus de 5 trains par jour au maximum. Les chambres sont toutes munies d'un joli parquet, affichant une déco moderne dans les tons gris métal, et disposent de tout le nécessaire à un séjour confortable : literie dernière génération, air conditionné... L'hôtel est également équipé d'un Spa ultramoderne. Une expérience très originale, et confortable.

PARK HOTEL PUIGCERDÀ AND SPA €€

Carretera Barcelona, s/n

✆ +34 972 88 07 50

www.hotelparkpuigcerda.com

De 105 € à 125 € la chambre double, petit déjeuner inclus.

Cet hôtel s'avère être un assez bon consensus entre confort, situation centrale et tarifs pas trop élevés : les 54 chambres au style rustique montagnard sont toutes très bien équipées (salle de bains complète, sèche-cheveux, téléphone extérieur, TV, Wi-fi, minibar et coffre-fort) et il met à disposition de ses clients un espace relaxation (bain à remous, hammam et sauna), un jardin avec piscine, une salle cafétéria panoramique et une salle de discothèque. Familial et très bien tenu.

HOTEL DEL LAGO €€€

Carrer Doctor Piguillem, 7
✆ +34 972 88 10 00
www.hotellago.com
A partir de 146 € la chambre double, et de 200 € la suite.

Le Del Lago, avec ses bâtiments rouge profond, son superbe jardin avec piscine et son salon d'hiver avec cheminée, est un hôtel de charme situé à deux pas du lac et à 100 mètres du centre-ville de Puigcerdà. Plusieurs catégories de chambres sont disponibles, de la double standard à celle avec cheminée, en passant par les logements familiaux et les suites. Un espace Spa avec traitements du corps vient compléter le tout. Vous pourrez prendre le petit déjeuner dans le jardin en savourant un buffet de produits locaux. Une adresse élégante et moderne.

HOTEL DEL PRADO €€€

Carretera de Llívia, s/n
✆ +34 972 880 400
www.hoteldelprado.cat
De 139 à 146 € la chambre double. Petit déjeuner : 13 € par personne.

Situé aux limites de la localité, mais à quelques minutes du centre de Puigcerdà, l'hôtel del Prado est l'un des meilleurs endroits pour passer la nuit. Il propose 54 chambres (de l'individuelle à la suite) et un service personnalisé. Il dispose aussi d'un grand jardin aménagé, d'un spa, d'une piscine climatisée ouverte toute l'année, d'un terrain de tennis et d'un restaurant de cuisine catalane. Il est préférable de réserver bien à l'avance, surtout pendant la saison de ski, car l'hôtel est proche de plusieurs stations de la région.

HOTEL VILLA PAULITA €€€

Avinguda Pons i Gasch, 15
✆ +34 972 88 46 22
www.villapaulitahotel.com
Comptez entre 120 et 300 € la chambre double.

Villa Paulita est une maison du XIXe siècle aux airs de petit manoir de charme située sur les rives du joli lac artificiel de Puigcerdà. En plus de la bâtisse principale, on compte deux dépendances de construction plus récente, l'une abritant des chambres, l'autre comprenant l'espace gastronomique de l'établissement : l'Estany. Les chambres sont coquettes et confortables, certaines donnant sur le lac et la vaste vallée, et les clients pourront également profiter du Spa moderne, et pourquoi pas se faire masser. Une adresse de luxe, qui vaut son pesant d'or.

LA CAVA TABERNA €€

Miquel Bernades 16, Baixos
✆ +34 972 111 984
www.lacavatabernapuigcerda.com
Horaires sur le site web. Menu midi à 25 € et dégustation à 50 €, sans les vins.

Ce bar à tapas moderne et tamisé affiche un joli décor et c'est le lieu idéal pour qui veut se faire plaisir entre amis ou en famille. Dans une ambiance gouailleuse typique des bars espagnols, on goûte à des tapas élaborées et vraiment très bien réalisées. Les classiques sont au rendez-vous comme le *pa amb tomàquet* et les *patates braves*, un poil revisités, mais aussi des burgers pour qui aurait des goûts plus trans-frontières. Assiettes copieuses et accueil du patron très chaleureux et menu en français, écrit à la main, s'il vous plaît.

HOTEL DEL PRADO €€

Carretera de Llívia, s/n
✆ +34 972 880 400
www.hoteldelprado.cat
Autour de 35 €.

Entouré d'un grand jardin, ce restaurant est d'excellente facture. On y mange des plats de saison, locaux et réalisés dans la plus grande tradition pyrénéenne, dans une spacieuse et lumineuse salle de service à l'ambiance familiale. Le menu est riche et il n'y a pas de mauvais choix : viandes, poissons et même les fruits de mer sont préparés avec amour. Impossible de ne pas mentionner l'incontournable *Trinxat amb Rosta*, spécialité ultime de Cerdagne, dont on aura ici l'occasion d'en goûter une excellente version. Carte des vins fournie.

TAP DE SURO €€

Carrer Querol, 21
✆ +34 678 65 59 28
Ouvert tous les jours. Comptez de 15 à 20 €.

Le Tap de Suro a ouvert à Puigcerdà en 2003, avant de lancer un autre restaurant à Barcelone en 2015. On déguste ici, au cœur d'une superbe cava à vin, des spécialités bien régionales, habilement présentées et goûteuses à souhait : *Escalivada amb pernil ibèric*, *ous estrellats amb pernil* ou encore de belles assiettes de tapas de fromages et de charcuteries ibériques, à arroser copieusement de très bon vin. On y trouvera aussi quelques options végétariennes. L'ambiance est élégante et le service agréable et souriant. Pensez à réserver.

FABIÁN PIZZERIA €€€

Rambla Josep Maria Martí, 6
✆ +34 972 88 03 10
www.fabianpizza.com
Ouvert tous les jours de midi à 16h30 et de 19h à minuit. Pizza pouvant atteindre 50 €.

Qui a dit qu'une pizza ne pouvait pas côtoyer les préparations des plus grands chefs cuisiniers ? Fabian, plusieurs fois champion du monde pizzaiolo, démontre ici que la galette transalpine peut être élevée au rang de spécialité gastronomique à part entière. On se laissera guider dans ce domaine par le sympathique maître **ès** pizza, qui réalise également quelques très bonnes assiettes de pâtes et de salades ainsi que de fameux tartares très appréciés. Ses créations se nomment « pizza de fleurs », « pizza de foie » ou encore « pizza d'or ».

CLUB DE GOLF SANT MARC

Camí de Sant Marc
✆ +34 972 88 34 11
www.golfsantmarc.com
Selon le jour : green fee 18 trous de 30 à 40 €, 9 trous de 20 à 30 €.

Le Golf Sant Marc propose un parcours plat et naturel dans un cadre paisible entouré de champs. Il offrira aux pratiquants une belle promenade d'environ 3 heures. Deux lacs, des bunkers et des obstacles variés viennent pimenter un peu la donne. Le restaurant La Taska, disposant d'une jolie terrasse panoramique, vient compléter l'offre du club. C'est un terrain idéal pour ceux qui souhaitent s'initier sans trop de difficultés à cette pratique sportive. Signalons que le domaine Sant Marc prête fréquemment ses locaux pour des expositions de peinture.

L'AVALANCHE

Carrer Major, 57
✆ +34 677 297 521
Ouvert du mercredi au dimanche de 19h à 3h. Musique live le jeudi soir.

Ouvert depuis l'automne 2014, l'Avalanche est un lieu unique en ville et dans les environs. Il affiche une décoration boisée digne des bars-lounge les plus classieux des grandes villes, avec une ambiance tamisée et des fauteuils en cuir. On vient ici pour passer un moment relax. Et apprécier la vingtaine de cocktails qui sont à la carte, une collection de bouteilles proprement impressionnante. Un personnel des plus agréables, un fond sonore jazzy... Tout y est, et pour des tarifs très honnêtes. Concerts tous les jeudis soir. Un immanquable des nuits de Puigcerdá.

ALP ★

Ce petit village affiche le charme des petites bourgades de montagne, avec ses quelques maisons en bois et en ardoises ici et là. Il a joui, à l'époque médiévale, d'une certaine renommée, nous léguant aujourd'hui quelques éléments de ces temps lointains qui justifient une visite de son centre piétonnier. En hiver et au cœur de l'été toutefois, de nombreuses demeures inhabitées au cours de l'année voient arriver touristes et propriétaires de résidence secondaire, principalement de Barcelone, et les petites ruelles du vieux-centre s'animent franchement, avec démonstration de danse – la *sardana* – notamment autour du très joli Casino moderniste.

BAVARESA

Avinguda Pirineus, 7
✆ +34 972 88 10 59
www.aventuracerdanya.com
Tarifs avantageux pour les groupes.

Voici une agence pionnière qui propose toute une gamme d'activité de montagnes : trekking, balades en raquette, ski de montagne, ski alpin, snowboard, canyoning, spéléologie, escalade, escalade sur neige, via ferrata... Il y en a pour tous les goûts et tous les niveaux, avec un parti pris, travailler pour des petits groupes de manière à favoriser l'apprentissage. L'équipe est composée de guides sérieux et expérimentés. On pourra aussi louer du matériel.

LE CERF D'ALP

Alpi, c'est le nom d'un cerf qui avait jadis été amadoué par un habitant d'Alp, jouant avec les enfants de la bourgade et qui, au fil du temps en était venu à vivre avec les villageois comme s'il était l'un d'entre eux, allant et venant au gré de ses humeurs. Un jour, il fut malencontreusement abattu par un chasseur n'ayant pu différencier un cerf ordinaire et Alpi. Aujourd'hui, une statue en son honneur a été érigée sur la place principale d'Alp, face à la mairie, accompagnée d'une plaque commémorative racontant cette belle, mais tragique histoire de montagne.

ÉGLISE SANT PERE D'ALP ✝ ★

Peut se visiter le dimanche, de 9h à 12h.

Construite au XIe siècle, l'église Sant Pere d'Alp constitue l'unique exemple de construction romane de la région disposant d'une basilique à trois nefs. Les chapelles latérales sont de construction postérieure, et l'édifice abrite une peinture gothique du XIVe siècle représentant la figure de saint Christophe. Deux sculptures de la Vierge provenant d'ici ont été conservées, l'une au musée d'art de Gérone, l'autre au musée épiscopal de Vic. On notera aussi que la porte ouverte à l'est est la seule ouverture primitive du bâtiment.

OFFICE DE TOURISME D'ALP - LA MOLINA - MASELLA

Carrer Nord
✆ +34 972 890 385
www.alp2500.cat
Horaires disponible sur le site web.

L'office de tourisme d'Alp et de ses deux stations de ski (La Molina et Masella) se trouve à l'entrée de la ville, dans un petit chalet de bois au bord de la route. Informations et documents, en français notamment. Vous pourrez aussi consulter avec profit son site web, également accessible en français, pour les infos relatives à ALP 2500, le domaine skiable de La Molina et Masella, l'un des plus grands des Pyrénées, avec carte des pistes, fiche technique et tarifs.

CA L'EUDALD €€

Passeig d'Agnès Fabra, 4
✆ +34 972 89 00 33
www.caleudald.com
De 84 à 104 € la chambre double, petit déjeuner inclus.

Ca l'Eudald est un hôtel ancien qui jouit d'une bonne réputation à Alp. De gestion familiale depuis toujours, on y apprécie l'accueil chaleureux et les couleurs vives des vingt-huit confortables chambres (dont trois familiales et deux doubles) que compte l'établissement. Toutes les chambres sont dotées d'une salle de bains privée, du chauffage, d'une télévision et donnent toutes vers la rue. Bien placé, bon rapport qualité-prix. Vous pourrez aussi profiter de l'une des tables les plus appréciées de la ville et de son jardin.

HOTEL ROCA €€

Travessera de la Font, 2
✆ +34 972 890 011
www.hotelrocaalp.com
De 86 à 96 € la chambre double, petit déjeuner inclus.

Situé dans le centre-ville d'Alp à 50 mètres de l'église, cet hôtel traditionnel de montagne est confortable et bien tenu. La déco des chambres est simple et d'inspiration toute montagnarde et l'établissement possède un très bon restaurant du même nom. Dans lequel vous pourrez découvrir les plats typiques de la Cerdagne, bien préparés et de bonne qualité, le tout sans vous ruiner. Bien placé, au carrefour de tous les attraits de la Cerdagne. La Roca loue également des appartements tout équipés flambant neufs, modernes et plutôt jolis.

CA L'EUDALD €€

Passeig d'Agnès Fabra, 4
✆ +34 972 89 00 33
www.caleudald.com
Ouvert tous les jours. Autour de 35 € le repas complet.

Pour profiter de cette table traditionnelle de la ville, on choisira de s'installer dans une charmante salle aux vieilles pierres saillantes ou sur la terrasse entourée d'un grand jardin. Au menu, on pourra goûter des ragoûts, des préparations de gibier, des pieds de porc, du lièvre royal et encore bien d'autres spécialités comme des pâtes fraîches accompagnées de champignons et de foie gras de canard ou le filet de bœuf avec du fromage de brebis de Meranges. Très belle carte des vins de la région et service professionnel. Typique.

CASA PATXI €€€

Carrer d'Orient, 23
✆ +34 972 89 01 82
www.casapatxi.com
Horaires sur le site web. Comptez autour de 45 € à la carte.

C'est un restaurant logé dans une vieille bâtisse et proposant des plats du marché, régionaux, revisités à la sauce moderne. La salle de service avec ses arches et ses murs ocre orangé est élégante et le service minutieux. Côté assiette, on a affaire à de la cuisine de montagne à laquelle le chef imprime son créatif savoir-faire. Citons le foie gras mi-cuit de canard, le *mitjana de bou al formatge blau amb bolets* (filet de bœuf au fromage bleu et aux champignons) ou encore l'*espatlla de xai de la Cerdanya al forn* (épaule d'agneau de Cerdagne au four). Délicieux.

MASELLA ★★

Avec La Molina, cette station compose le domaine skiable d'Alp 2500. Sa situation sur le versant nord de la montagne de Tosa et l'orientation vers le nord de presque toutes ses pistes permettent aux skieurs de profiter de l'une des plus longues saisons de toute la chaîne montagneuse, ce qui en fait une destination très prisée des Catalans, Barcelonais notamment. Autres plus, elle possède le plus grand dénivelé des Pyrénées orientales, 935 mètres de descente, et c'est la seule station des Pyrénées catalanes où l'on peut pratiquer le ski nocturne. Écoles de ski, garderies, jardin des neiges, bars et restaurants viennent compléter son offre.

POINT INFO MASELLA

✆ +34 972 144 000

www.masella.com

Horaires d'ouverture sur le site web.

C'est ici que vous trouverez toutes les infos utiles pour vous orienter dans la station : cours de ski, location de matériel, logements, restaurants, boutiques, service médical, infos sur la météo et les différents événements organisés. A noter, une innovation très utile, l'application Masella de la station, téléchargeable sur tous les smartphones, qui permet d'être au courant des évolutions de la météo et des différentes nouvelles relatives aux activités de la station. Disponible gratuitement sur le site Internet de la station : www.masella.com

AUBERGE ABRIGALL €€

Avinguda Josep Maria Bosch i Aymerich, 15

✆ +34 972 891 760

www.abrigallmasella.com

44 € par personne. Tarifs dégressifs à partir de 6 personnes, et plus au-delà de 10 personnes. Petit déjeuner inclus.

Ce grand bâtiment, avec sa façade mi-rouge, mi-bois, abrite une auberge de montagne qui conviendra tout à fait aux familles et aux groupes souhaitant profiter au maximum des pistes de ski, puisqu'installée au pied de ces dernières. Les quarante-cinq chambres sont soit familiales (abritant jusqu'à 12 personnes), avec mezzanines, soit doubles, avec une décoration minimaliste, mais fonctionnelle. Le lieu dispose d'un restaurant-bar, le Xup-Xup doté d'une terrasse pour déguster une cuisine de montagne, d'une salle de divertissement et d'une salle de lecture.

SERCOTEL ALP HOTEL MASELLA €€

Avinguda Josep Maria Bosch Aymerich, s/n

✆ +34 972 144 201

www.alphotelmasella.com

De 75 à 140 € la chambre double, petit déjeuner inclus.

Situé au pied des pistes, ce grand hôtel moderne qui accueille une clientèle plutôt familiale propose cent quarante-huit chambres, de l'individuelle à la double, certaines avec terrasse et de jolies vues sur les alentours. Il met aussi à la disposition de ses clients une grande variété d'activités, notamment pour les enfants. Vous profiterez d'une piscine intérieure chauffée, d'un immense salon-bar et d'une salle de projection. Et même d'une discothèque.

Montagnes enneigées près de la station de Masella.

SERCOTEL APPARTAMENTOS MASELLA 1600 €€

Avinguda Coma Oriola, 22
✆ +34 972 14 42 01
www.apartamentsmasella.com
Pour 4 personnes, à partir de 590 € pour une semaine.

Voici une formule tout à fait adaptée aux familles et aux groupes qui souhaitent conserver une certaine autonomie. Situés au pied des pistes, les studios et les appartements de cette résidence peuvent accueillir de deux à dix personnes dans des logements qui vont de une à trois chambres. Toutes sont équipées d'une cuisine, d'une salle de bains et d'un salon. La décoration est fonctionnelle, moderne et lumineuse et vous disposerez d'un parking couvert.

SKIBAR €

Avinguda Josep María Bosch Aymerich, 12
✆ +34 972 144 470
Ouvert du lundi au jeudi de 7h30 à 2h30 ; le vendredi de 7h30 à 3h ; le week-end de 7h à 2h30.

Il se tient face aux pistes et constitue un passage obligé à Masella : on vient dans ce resto-bar aux allures de chalet pour le petit déjeuner, à midi, pour une pause-café et/ou pour faire la fiesta le soir. Au menu : tapas, salades, *entrepans* (petits sandwichs), et hamburgers – de bœuf ou de poulet – généreux (à tel point que le terminer relève du défi). Les portions sont généreuses, le personnel très sympa et les soirées – parfois rythmées par des groupes de musique – peuvent être assez déjantées, gin tonic aidant. Une bonne adresse où il fait bon se relaxer.

BAR RESTAURANT PLA DE MASELLA €€

Pla de Masella
✆ + 34 972 144 185
Ouvert pour le petit-déjeuner et le déjeuner. Le soir à partir de 20h pendant les nuits d'ouverture de ski nocturne.

On apprécie surtout sa terrasse ensoleillée, idéale pour les apéros du midi et les solides petits déjeuners ou déjeuners qu'il propose, sous forme de menu express ou à la carte. Les soirs d'ouverture des pistes au ski nocturne, on goûtera aussi des spécialités toutes montagnardes : fondue, raclette, *trinxat* et viandes grillées, à arroser du vin de la région, réservation conseillée. Ces mêmes soirs et certains après-midi, des instants *chill out* sont organisés.

ÉCOLE DE SKI ET SNOWBOARD

Avinguda Peu de Pistes, s/n
✆ +34 972 890 145

Encadrés d'une équipe de professeurs agréés, petits et grands peuvent prendre des cours de ski et de snowboard, en toute sécurité. La station est d'ailleurs équipée d'un tire-fesses particulier pour les débutants nommé « magic carpet » : un tapis roulant sur lequel on s'installe pour être emmené au haut d'une piste verte. L'école est dotée d'un Jardin de Neige à destination des plus petits (3 à 6 ans) et d'une crèche (pour les moins de 3 ans). Ouvert le week-end et les jours fériés.

LA MOLINA ★★

C'est l'autre station d'Alp 2500. Située légèrement plus en altitude que Masella, avec des pistes entre 1 700 et 2 445 mètres, cette station a accueilli les championnats de ski alpin de 2008, de snowboard de 2011 et de ski alpin handicapé de 2013. Domaine dans lequel elle fait figure de station avant-gardiste puisqu'elle a reçu un certain nombre de distinctions primant ses installations adaptées aux personnes handicapées. Hiver comme été, les activités abondent : ski alpin, patinoire, marche nordique, centre équestre, piscine, golf... Ce petit coin de paradis pyrénéen est aussi un point de départ pour randonner dans la région.

© TURISME CERDANYA

La Molina.

ALTITUD EXTREM - GUIDES DE HAUTE MONTAGNE

Estacio Esquí La Molina,
✆ +34 616 554 039
www.altitudextrem.com

Créée en 2001, cette entreprise installée au bas de piste de La Molina propose toutes sortes de moyens pour profiter des attraits de la montagne, que ce soit l'été ou bien l'hiver. L'été, ce sera le moment par exemple de pratiquer le trekking avec des routes permettant de découvrir des cimes emblématiques du lieu. Autres activités proposées : ski de fond, balades en raquettes, via ferrata, saut à l'élastique (*puenting*) et bien d'autres choses encore. Sécurité et adrénaline.

GUITART LA MOLINA APARTHOTEL & SPA €€

Plaça Pista Llarga, 7 - Bloc 2
✆ +34 972 89 27 70
https://www.guitartlamolina.com
A partir de 95 €, petit déjeuner inclus.

Avec ses 114 chambres modernes et confortables, le Guitart est une adresse plutôt élégante située dans un cadre privilégié. Certaines chambres disposent d'une terrasse privée donnant sur la montagne, et tous les clients ont accès au centre de Spa et bien-être de l'hôtel, avec sa piscine intérieure chauffée. L'établissement dispose en outre d'un très bon restaurant et présente l'avantage de se trouver au pied des pistes de La Molina, ce qui garantit de très belles vues.

HG LA MOLINA €€€

Plaça Pista Llarga, s/n
✆ +34 972 89 29 75
www.hghoteles.com
De 120 à 300 € la chambre double, petit déjeuner inclus.

Lui aussi situé non loin des pistes, c'est un hôtel haut de gamme, moderne et très confortable. Ce HG de La Molina propose soixante-cinq chambres, agréables et joliment aménagées qui peuvent accueillir de deux jusqu'à six personnes pour les duplex. Vous serez bien chouchoutés côté services, avec un restaurant de très bonne facture, un copieux petit-déjeuner et un centre de relaxation proposant un circuit aquatique ainsi que des massages. Sans oublier un espace vert avec solarium et piscine et une salle de jeux. Une adresse au top.

NIU DELS FALCONS €€€

Carrer Font Moreu, s/n
✆ +34 972 89 20 73
Chambre double à partir de 90 €, suite junior à partir de 112 €, petit déjeuner compris.

Ce chalet de montagne, le « Nid des faucons », situé entre les deux stations de ski, est une petite merveille pyrénéenne qui séduira ceux qui cherchent l'intimité et le calme. C'est Lluïsa, une amoureuse de la haute montagne, qui pilote ce petit paradis de sept chambres tout équipées, au charme montagnard et coquet : literie ultra-confortable, décoration soignée et boiseries du sol au plafond. Le jardin arboré et son petit lac offrent un spectacle enchanteur. Une adresse parfaite pour les couples qui y apprécieront un accueil totalement sur mesure.

EL BODEGÓN €€

Avinguda Supermolina, s/n
✆ +34 972 145 014
Ouvert tous les jours. Carte : 35 € environ.

Avec ses airs de grande cantine de montagne – poutres massives, solides chaises de bois, éclairage tamisé –, l'ambiance d'El Bodegon est bon enfant et les repas y sont vraiment copieux. Avec de belles pièces de viande (dont le fameux bœuf de Kobe), de la charcuterie catalane, et des plats montagnards... Si les tarifs sont un peu plus élevés qu'ailleurs, la qualité est au rendez-vous. Ce sera donc une halte agréable et parfaite pour reprendre du poil de la bête avant de repartir à l'assaut des pistes. Service courtois et professionnel.

PARC AVENTURA

Estació d'Esquí de La Molina Parking P1 telecabina Alp 2500
✆ +34 616 554 039
www.lamolinaparcaventura.com
Horaires disponibles sur le site web. De 15 à 32 € selon la formule choisie.

Le Parc Aventura de La Molina est un parcours d'accrobranche qui n'est pas uniquement conçu pour les enfants. En effet, quatre niveaux de circuit sont au rendez-vous avec quelques frayeurs en cadeau : ponts népalais et tibétains, filets mouvants, saut de Tarzan, tyroliennes... Mais les petits auront aussi droit à leur propre circuit (le vert), spécialement conçu pour les 3 à 7 ans. Idéal pour un moment en famille ou entre amis. Le personnel encadrant veille à la sécurité des intrépides grimpeurs, le tout dans une ambiance bon enfant.

LLÍVIA ★

Voici la seule enclave étrangère en plein sol français. C'est un petit morceau d'Espagne de 12,83 km² enchâssé du côté français de la frontière et perché entre 1 200 et 1 600 mètres d'altitude. Très prisé des Barcelonais, ce village montagnard est surtout connu pour sa célèbre pharmacie, devenue musée, qui date de 1415 et est la plus ancienne d'Europe. Dans le traité des Pyrénées, il fut stipulé que la ville de Llívia devait bénéficier d'une liaison directe et sans obstacle avec l'Espagne, donc depuis près de quatre siècles, une route « neutre » de 4 km de long relie Llívia à l'Espagne en aboutissant à la ville frontière de Puigcerdà.

Histoire

En 1659, le traité des Pyrénées entérine, entre autres, l'annexion par la France du Roussillon et d'une partie de la Cerdagne. Mais le cas de la frontière cerdane constitua une pomme de discorde entre les nations française et espagnole. Il fut décidé que l'Espagne céderait à la couronne française 33 villages allant de la vallée du Carol au Capcir, en ignorant toutes les données géographiques et historiques qui donnaient une unité à ce petit pays et surtout Llívia. En 1866, un traité complémentaire, le traité de Bayonne, clarifie le premier traité en délimitant plus précisément les frontières de l'enclave.

Tourisme

Côté patrimoine, on visitera les ruines de son ancien château, son église et la plus ancienne pharmacie d'Europe. Et on profitera des multiples chemins de randonnées, tous plus beaux les uns que les autres.

ÉGLISE MARE DE DÉU DELS ÀNGELS ★

Carrer dels Forns
✆ +34972896313
www.llivia.org
Ouvert du mardi au samedi de 9h à 14h et 15h30 à 18h et le dimanche de 9h à 14h.

Erigée à la fin du XVIe siècle, cette église Mare de Deu dels ÀNGELS est de style gothique catalan et elle a toujours des airs de forteresse, et de fait, elle domine la ville. Jadis, elle était encadrée de tours défensives, dont l'une est encore debout. Dotée d'une seule nef et de chapelles latérales, on trouve à l'intérieur un Christ, unique vestige d'un autel baroque qui fut détruit en 1936. On appréciera également le majestueux clocher de l'édifice.

COMPLEXE ARCHÉOLOGIQUE DU CHÂTEAU DE LLÍVIA ★

Carrer dels Forns
✆ +34972896313
Pour les visites guidées se renseigner auprès du musée de Llívia ✆ +34 972 896 313.

A présent en ruines, le château se trouve au sommet d'une petite colline dominant ville et plaine de la Cerdagne. Au IXe siècle, sa tour rectangulaire centrale était protégée par une muraille fermée en ses coins par 4 tours circulaires. Il fut détruit au XVe siècle par les troupes de Louis XI. Si ce qu'il en reste aujourd'hui présente peu d'intérêt, mais la balade qui y mène, au départ de l'église de Llívia est assez agréable, et le point de vue sur la comarque est splendide.

MUSÉE MUNICIPAL ET ANCIENNE PHARMACIE DE LLÍVIA ★

Carrer dels Forns,10
✆ +34 972 896 313
www.museullivia.net
Horaires sur le site web. Entrée : 3,50 €.

La pharmacie la plus ancienne d'Europe, datant de 1415, a été recréée avec des matériaux et objets originaux. En plus des pots en céramique, datant du XIXe siècle, dans lesquels étaient stockés les remèdes et les herbes et qui sont ornés de décorations en cobalt bleu, on découvre des livres savants, des ordonnances anciennes, des instruments de laboratoire ainsi que le mobilier impressionnant (dont un meuble du XVIIIe siècle pour produits dangereux) qui composait l'antique pharmacie.

POINT D'INFORMATION DE LLÍVIA

Carrer dels Forns, 10
✆ +34 972 896 313
www.llivia.org
Horaires disponibles sur le site web.
L'office du tourisme et la mairie de Llívia ont leurs locaux installés dans un édifice historique, juste en dessous de l'église. On y trouve toutes sortes d'infos utiles sur le patrimoine de la ville et les activités possibles dans les alentours. A l'étage inférieur a également été installé le très bon musée municipal de sciences naturelles où se trouve également une reconstitution de l'ancienne et célèbre pharmacie de Llívia, doublée d'une vidéo relatant l'histoire de la ville.

HOSTAL RUSÓ €€

Pujada de l'Església, 2
✆ +34 972 14 62 64
www.hostalruso.es
Chambre double 70 €, avec petit déjeuner.
Cet hôtel rural affiche le charme des chalets de montagne, le confort et la modernité en plus. On y trouve des chambres simples et doubles, avec une décoration style rustique et des murs en pierre. Mais également des logements plus vastes avec lits superposés pensés pour les groupes. Le restaurant, avec ses murs de pierres anciennes, son carrelage en rouge damier et son imposant lustre fait son petit effet, tout comme les plats qu'on y sert comme les cannellonis faits maisons ou les saucisses aux pommes de terre. Accueil chaleureux.

HOTEL ESQUIROL €€

Avinguda Catalunya, 58
✆ +34 972 89 63 03
www.hotelesquirol.net
Chambre double sans vue à 95 € ; 125 € avec vue. Petit déjeuner inclus.
L'hôtel de l'Ecureuil propose dix-neuf coquettes chambres allant de la double et double supérieure à la quadruple. Toutes sont décorées de manière fonctionnelle et agréable et bien équipées, mais certaines doubles sont dotées d'un balcon et disposent d'une très belle vue sur la plaine de la Cerdagne. Vous profiterez aussi d'un joli jardin avec une piscine encadrée de gazon et de transats ainsi qu'un spa et un sauna, particulièrement agréable en été. Sans oublier le restaurant de cuisine catalane et sa terrasse pour ponctuer le dîner par un dernier verre.

SET TERRES €€

8 C/ Puigcerdà
✆ +34 972 896 499
www.setterres.com/fr
Voir site internet pour les prix. Petit-déjeuner buffet, wifi gratuit, TV satellite.
Dans une maison seigneuriale de la fin XVIIIe siècle restaurée par Toni et Montse, les propriétaires qui ont souhaiter en respecter la structure originale (briques apparentes, bois et fer comme éléments dominants) tout en y intégrant un mobilier design et une décoration contemporaine. On y trouvera 6 chambres doubles et une suite. A disposition de tous, une grande salle avec une belle cheminée et une grande table pour y savourer les produits de la région. Notamment à l'occasion du petit déjeuner plantureux. Accueil chaleureux.

Musée Municipal et Ancienne Pharmacie de Llívia.

HOTEL BERNAT DE SO €€€

Carrer Cereja, 5
✆ +34 972 14 62 06
www.hotelbernatdeso.com
Chambre double de 108 à 155 € selon la saison. Petit déjeuner : 13,50 € par personne.

On trouve à 3 minutes à pied de l'église de Llívia ce charmant hôtel trois étoiles de vingt et une chambres, entouré d'un immense jardin de 2 500 m² et de sa piscine chauffée. Les chambres sont très élégantes, misant sur des tonalités blanches et sombres, lumineuses et excellemment tenues. Certaines sont mansardées et d'autres sont dotées d'une terrasse. Côté restaurant, on apprécie le petit déjeuner en buffet, autant que les paniers préparés sur commande pour le repas du midi, avec, proximité de la frontière oblige, fromage, vin et pâté de campagne.

LA CALÈCHE €€

Travessera dels Forns, 7
✆ +34 972 14 63 82
Ouvert du jeudi après-midi au dimanche après-midi. Comptez environ 35 €.

Tenu par un couple aussi sympathique qu'inspiré, ce petit établissement affiche des airs de chalet de montagne et propose une cuisine composée à partir de produits régionaux typiques, l'originalité en plus. En effet, les assiettes sont petites, mais copieuses et se combinent à la manière de tapas, ce qui permet de goûter à plusieurs des excellentes préparations de Madame, qui est en cuisine. Monsieur assure quant à lui le service, en français. La carte change assez souvent de manière à faire découvrir de nouvelles saveurs. Très bon et étonnant petit restaurant.

EL TUPI €

46 Carrer del raval
✆ 972 89 65 24
Fermé le lundi. Réservation recommandée. Menus de 14 € semaine et 18 € week-end (1 € + en terrasse).

C'est le bar-restaurant fréquenté par les habitants du village, autant dire le bon plan pour qui veut bien manger à prix très raisonnable. Conduit par la famille Palacios, il propose un menu copieux qui change tous les jours. La morue gratinée servie le vendredi est à ne rater sous aucun prétexte. La devise du lieu est « keep calm and enjoy » et on apprécie l'inimitable ambiance conviviale à l'espagnole. Midi et soir, toutes les classes se mélangent et savourent de petits délices accompagnés d'un verre de vin ou d'une bière, un peu à la façon d'un pub anglais.

ESQUIROL €€

Avinguda de Catalunya
✆ +34 972 89 63 03
www.hotelesquirol.com
Ouvert tous les jours. Menus midi et soir (21 et 26 €).

On appréciera la qualité et la quantité des produits servis chez cet *Esquirol*, écureuil en catalan. On pourra goûter une charcuterie locale onctueuse, une morue aussi tendre que du beurre et des calamars vraiment succulents. Le tout pour un prix très accessible puisque Eduardo, le patron est soucieux de proposer des prix très ajustés. Pas de souci non plus du côté du service puisque la mécanique étant bien huilée, l'attente est courte et le sourire toujours présent bien que le restaurant soit rarement vide. Et comble de plaisir, le *xarrup* sera offert.

CAL COFA €€

Carrer Frederic Bernades, 2
✆ +34 972 896 500
www.calcofa.com
Fermé le mardi et le mercredi. Comptez 30 €.

Ce restaurant est une référence culinaire dans la région. Une renommée qui repose sur la qualité des produits proposés, qu'il s'agisse de viandes ou de légumes. En effet, c'est dans leur propre ferme située à moins d'un kilomètre du restaurant qu'il produit viandes, légumes ou escargots. A la clé, une carte très variée qui vous permettra peut-être d'apprécier les escargots braisés, l'agneau de lait ou une belle assiette de champignons lorsque la saison viendra. On apprécie aussi la qualité du service. Pensez à réserver car c'est une adresse très prisée.

RITA PORTA €€

8 Carrer Fontcitrana
✆ +34644318154
www.ritaporta.com
Ouvert toute l'année. Carte : 35 € environ.

Rita Porta était une Catalane originaire de Valcebollère qui a acheté la bâtisse au début du XIXe siècle. Puis cette immense ferme cerdane devint un pub, une discothèque, un bar… Et en 2012, c'est le *relooking* total et d'importants travaux de restauration pour mettre en valeur la structure en bois et granit de la ferme. Aujourd'hui, on vient chez Rita Porta autant pour déguster un très bon menu qui mêle le « mar i munt » que pour admirer les espaces intérieurs et notamment la vaste salle du 1er étage. Dans l'assiette, les quantités sont généreuses.

TRUMFES €€

Carrer Raval, 27
+34 972 14 60 31
www.restaurantrumfes.com
Horaires d'ouverture sur le site web. Menu dégustation à 55 € sans les vins.

Ouvert par Pau et Alex, deux jeunes cuisiniers formés dans les meilleurs restaurants espagnols, ce restaurant séduit les habitants de Llívia et les gourmets de passage. Car ils ont érigé la cuisine catalane et espagnole en art : les plats sont très bien exécutés et divinement bons. La carte des vins éclectique et riche de jolies pépites nous a fait craquer. Ces deux chefs sont jeunes, doués et pleins d'idées. On aime la simplicité, l'accueil chaleureux et le soin apporté à la décoration. C'est fin et élégant et la note est raisonnable. A découvrir sans faute.

CAN VENTURA €€€

Plaça Major, 1
+34 972 896 178
Fermé le lundi et le jeudi soir. Comptez plus de 45 €.

Impossible de le manquer, car son allure impressionne. Un haut bloc de vieilles pierres doté de trois balcons de fer forgé garnis de fleurs donnant sur la place principale. La salle dispose d'un cachet certain avec ses lourdes poutres, ses tableaux représentant des scènes de vie villageoise et son ambiance tamisée. Côté cuisine, du traditionnel de montagne tout ce qu'il y a de plus réussi : de la *Trinxat* aux *croquetes* maison en passant par un très bon *arròs* de montagnes et des préparations de viandes braisées. A la belle saison, la terrasse est un enchantement.

LLIVINS

Camí d'en Calvera, s/n
+34 696 81 27 62
www.tastethealtitude.com/ca/llivins

Llivins est un projet mené par trois amis depuis 2011, date à laquelle ils ont fait le pari de produire du vin à plus de 1 200 mètres d'altitude. Pour garantir qualité du vin et attention portée lors de toutes les étapes de sa fabrication, la bodega a été implantée dans la ferme où se trouve la vigne. Une visite vous permettra de comprendre pourquoi la montagne est un élément déterminant de la création et comment les températures extrêmes aboutissent à la production d'un vin très spécial. Vous y découvrirez aussi leurs produits phares. Une expérience unique.

GUILS DE CERDANYA

A moins d'1 km de la frontière française, ce village est perché à 1 385 mètres d'altitude. Si là aussi son histoire remonte aux Romains et même aux Ibères, on s'y rendra surtout pour sa station de ski nordique et ses sublimes paysages de haute montagne. Entre roches, torrents, forêts de pins, prairies et pâturages, c'est ici le royaume de la marmotte, du chat sauvage et de l'aigle royal. Les chemins à parcourir en skis de fond sont nombreux et plutôt époustouflants, et il est tout à fait envisageable de les emprunter à pied lorsque l'été se fait sentir. Signalons aussi la présence de l'église romane consacrée à Sant Esteve, au centre du village.

ÉGLISE SANT ESTEVE DE GUILS

De style roman, elle affiche de belles proportions. Elle dispose d'une nef unique couverte de multiples voûtes se terminant par l'abside semi-circulaire et un clocher-mur. Son plus bel élément, le portail méridional, le plus intéressant et mieux conservé de Cerdagne : la porte est encadrée de deux rangées de 3 colonnes surmontées de chapiteaux à motifs zoomorphes, ces derniers supportant une archivolte dotée d'une série de quatre voussures, le tout dominé par une frise en damier.

CAMPING PIRINEUS €

Carretera de Guils
+34 972 88 10 62
www.pirineusguils.com

Installé dans un vaste espace en altitude, il loue des parcelles de camping de 90 m² équipées d'un raccord électrique. Egalement, des chalets et bungalows tout équipés et de différents standings pouvant accueillir 3 à 6 personnes sont à la location. Au nombre des installations communes : la salle télé, la salle de jeux intérieurs, les courts de padel, l'espace extérieur multisports, la piscine, l'aire de jeux pour les enfants, le supermarché, le restaurant et les sanitaires à disposition des campeurs. Ambiance familiale pour un bel espace proche de la nature.

GUILS FONTANERA - SKI DE FOND OU SKI NORDIQUE

Carrer Guils Fontanera
✆ +34 972 44 10 31
www.guils.com
Bureau ouvert tous les jours de 9h à 17h.

Situé au cœur des montagnes de Cerdagne, le village de Guils est un point de départ idéal pour partir en randonnée à ski. La station de Fontanera, exclusivement consacrée au ski nordique ou ski de fond, est experte dans le domaine, forte d'une longue expérience. Les itinéraires sont très nombreux et de niveau de difficulté variable. En été, Guils continue d'être un excellent point de départ pour partir en randonnée pour découvrir un environnement tout à fait impressionnant.

ESPAI CERETANIA - ESPACE ARCHÉOLOGIE

Carrer de La Corona, 46
✆ + 34 972 895 192
www.bolvir.cat

L'espace Ceretània expose les différentes phases de découverte du gisement archéologique ibère (l'un des seuls de la Cerdagne) de la région du Castellót, à Bolvir. On y découvre, via de petites vidéos (disponibles en français) et pléthore d'écrans tactiles, les techniques de travail et de restauration des archéologues. On y trouvera aussi un bref audiovisuel sur l'histoire de la Cerdagne. Cet espace accueille également des expositions temporaires (agenda disponible sur le site).

BOLVIR

Avec pas loin de 520 habitants, Bolvir se trouve au creux de la vallée de la Cerdagne, juste à côté de Puigcerdà, et est principalement composé de prairies et de forêts anciennes traversées par la Segre. On viendra jusqu'ici pour découvrir l'exposition retraçant les travaux des archéologues autour du gisement ibère de Castellót découvert sur le territoire de la commune, pour exercer son swing sur le très beau terrain de golf, et pourquoi pas pour faire une halte réparatrice au luxueux restaurant de la Torre del Remei, installé dans un superbe édifice moderniste.

CHALET DEL GOLF €€

Devesa del Golf
✆ +34 972 88 43 20
www.chaletdelgolf.com
Chambre double basique de 75 à 167 €.

Installé au cœur du Real Club de Golf Cerdanya, le Chalet del Golf s'avère être un lieu repos idéal pour les golfeurs, naturellement. Les chambres se trouvent dans un unique bâtiment tout en longueur, doté d'une vaste terrasse en bois où l'on viendra aussi bien pour prendre un verre à la fraîche que pour se restaurer des préparations de la très bonne table gastro de l'établissement. Au nombre des infrastructures proposées à la clientèle, citons le bar à cocktail, les courts de tennis, paddle et de squash ou encore la piscine dans le vaste jardin de l'hôtel.

ÉGLISE SANTA CECÍLIA DE BOLVIR

Datée de l'an 953, cette église paroissiale de Bolvir est dédiée à Santa Cecília et présente un style roman, avec sa nef unique et son abside semi-circulaire qui se termine par une frise de consoles sculptées. Sa façade a été restaurée en 1929, l'originale se trouvant au Musée national d'art de Catalogne (MNAC) de Barcelone. A l'intérieur, on pourra observer un retable gothique daté du XVe siècle et provenant de l'église Notre-Dame de l'Espérance.

LA TORRE DEL REMEI €€€

Camí del Remei, 3
✆ +34 972 09 93 00
Comptez entre 250 et 300 € la chambre double.

Appartenant au réseau Relais & Château, ce somptueux petit palace moderniste jouit d'une réputation internationale. On y trouve tout le luxe propre aux établissements membres de cette prestigieuse famille, avec sa propre ligne de produits cosmétiques et bien-être, et bien sûr une table gastronomique de premier ordre. L'hôtel est aussi doté d'un espace traitements du corps, et dans l'immense jardin qui compose la propriété de *La Torre del Remei* on trouve une piscine chauffée. Certainement l'adresse la plus haut de gamme et la plus belle de la Cerdagne catalane.

APPARTEMENTS TOURISTIQUES - MAS D'ARAVÓ €€

Mas d'Aravó
✆ +34 679 78 81 30
www.masdaravo.com
Appartements pour 5 personnes, de 154 à 187 € selon la saison.

La grange de cette ancienne *masia* pyrénéenne qui a eu l'honneur d'accueillir le poète Joan Maragall au début du XXe siècle a été transformée en trois appartements coquets tout confort pouvant accueillir 5 personnes chacun. Disposant de tout le nécessaire à un séjour autonome, tous les équipements électroménagers sont modernes et fonctionnels, et le mobilier, sobre, est plutôt de bon goût. Bien situé, idéal pour les familles ne souhaitant pas résider à l'hôtel.

CAL TORRU €€

Camí Ral, 13
✆ +34 972 89 60 40
www.caltrorru.cat
Ouvert midi et soir du jeudi au lundi. Comptez environ 30 € à la carte.

Le Cal Torru de Bolvir est une adresse travaillant la cuisine traditionnelle catalane en mettant l'accent sur les produits frais, écologique et de saison. A cet effet, la carte change tous les deux à trois mois. Ainsi, si vous dégustez le riz de la montagne, une spécialité maison, il incorporera les produits de saisons (champignons, artichauts...). Dans un décor design minimaliste, les assiettes sont présentées avec soin et inspiration. Un établissement cosy qui utilise à merveille la richesse de la tradition tout en y ajoutant sa touche personnelle très moderne.

LA TORRE DEL REMEI €€€

Camí del Remei, 3
✆ +34 972 09 93 00
Ouvert tous les jours, à midi et le soir. Menu dégustation à 120 €. A la carte, 40 € : un plat et un dessert.

Si vous n'avez pas la possibilité de loger dans ce sublime palace Art nouveau, il est toujours possible d'aller y faire un tour pour goûter aux délicieux menus dégustation de l'illustre table de La Torre del Remei. Produits triés sur le volet, composition des assiettes soignée, le travail du chef Charles Caig vaut le détour. Ce cuisinier inspiré joue avec les textures et les saveurs de la région pour le plus grand plaisir de nos papilles, de l'entrée jusqu'au dessert. A découvrir en vous installant dans la grande salle aux baies vitrées donnant sur le jardin.

REAL CLUB DE CERDANYA

Barri del golf, s/n
✆ +34 972 14 14 08
www.rcgcerdanya.com

C'est un golf mythique, l'un des trois plus anciens en Catalogne et l'un des 10 meilleurs d'Espagne. Inauguré en 1929, l'année de l'exposition universelle, ce magnifique golf propose quelques bons obstacles pour les joueurs confirmés. Le tout dans un espace naturel splendide avec des arbres centenaires et permettant de très belles vues sur la vallée de la Cerdagne. Il a été conçu par Javier Arana et c'est peut-être le plus professionnel des golfs que l'on trouve en Cerdagne. Il accueille régulièrement des tournois internationaux.

© TURISME CERDANYA

Vue sur Bolvir.

GER

Avec ses près de 450 habitants, Ger se trouve au creux des vallées qui voient naître l'affluent du Segre, et vit de l'élevage, de l'agriculture et d'une industrie du bois. Entouré de pins et de prairies où paissent sereinement vaches et moutons, le village se prête assez bien à la calme contemplation de la nature et à la randonnée. Deux églises romanes sont à visiter, dont celle de la localité de Saga qui a très bien conservé quelques éléments sculptés et dont on remarquera surtout la façade, du XIIe siècle. On pourra aussi se rendre chez certains producteurs de produits laitiers et de fromages. Plus d'informations à ce sujet : www.ajger.cat

ÉGLISE SANTA COLOMA DE GER ✝

De cette église romane datant du XIIe siècle, il ne reste de cette époque que l'ornementation des ferronneries de la porte. Tout le reste remonte à une reconstruction effectuée au XVIIIe siècle, y compris les sculptures en marbre d'Isòvol du portail, représentant des chasseurs avec leurs chiens. La Vierge de Ger, une sculpture d'époque romane appartenant à cette église, est quant à elle, conservée au MNAC Museu Nacional d'Art de Catalunya à Barcelone.

HOTEL EL JAÇ €€

Carrer Andreu Xandri, s/n
✆ +34 972 89 42 91
www.grupturistic.com
Chambre double : 81,40 €, petit déjeuner inclus.

On trouve dans cette grande maison de village, toute de pierre construite, huit chambres tout équipées, joliment décorées et confortables, dont certaines disposent d'un bain à remous privé. Les installations communes sont simples et sans prétention, et la cuisine du restaurant est des plus traditionnelles. L'accueil chaleureux fait vite se sentir comme à la maison et la localisation de l'hôtel constitue un point de départ idéal pour de nombreuses activités : randonnées à pied, à cheval et à vélo en été, et tous les sports d'hiver.

CHAMBRES D'HÔTES - CAL REUS €€

Quatre Cantons, 6
✆ +34 972 89 40 02
www.calreus.com
Chambre double : 150 € pour 2 nuits (séjour a minima), petit déjeuner compris.

Cal Reus est une ancienne ferme rénovée et située dans un quartier tranquille du village de Ger, non loin d'un petit ruisseau. On y trouve cinq chambres confortables au charme rustique, dont une quadruple avec salle de bains, cuisine et salon avec cheminée et terrasse qui sert d'appartement. Le petit déjeuner est préparé tous les matins par vos hôtes et vous pourrez aussi leur demander de vous concocter un repas catalan. Egalement une petite boutique de produits régionaux.

MERANGES

Cette petite bourgade de montagne ne compte que 100 habitants. Mais de par sa situation à 1 539 m d'altitude, c'est le chef-lieu le plus haut de la Catalogne. On aura plaisir à se balader le long du torrent de Comaestreta qui traverse le village en son centre et à découvrir son patrimoine roman, au moins autant qu'à déguster les très bonnes assiettes catalanes de haute montagne du Can Borrell, où l'on pourra également séjourner. On en profitera aussi pour en apprendre plus sur le sabot, objet emblématique des montagnes qui dispose à Meranges d'un petit musée qui renseigne sur son rôle dans l'histoire et la culture populaire de la Cerdagne catalane.

ÉGLISE SANT SERNI DE MERANGES ✝ ★

De sa structure originale du XIIe siècle, l'église Sant Serni de Meranges n'a conservé que son abside et son portail, le reste étant le résultat de rénovation du XVIIIe siècle. On peut apercevoir, incrustées dans les cinq archivoltes qui surmontent la porte d'entrée, des sculptures représentant Adam et Eve, Abel et Caïn, ainsi qu'une allusion à la luxure personnifiée en une femme se faisant mordre les seins par un serpent. Les ferronneries de la porte sont elles aussi d'époque romane.

MUSÉE DU SABOT - MUSEU DE L'ESCLOP

Plaça Major, s/n
✆ +34 635 577 923
Visite après réservation par téléphone. Tarif : 5 € (combiné avec visite de Sant Serni de Méranges).

C'est l'objet emblématique des montagnes et logiquement le sabot fait ici l'objet d'un petit musée donnant à voir divers modèles anciens et originaux de la chaussure typique des travailleurs catalans des hauteurs, conçue pour marcher dans la neige et les endroits humides. On découvre l'évolution de cet outil essentiel à la survie dans le milieu peu hospitalier des hautes montagnes, ainsi que son rôle dans l'histoire et la culture populaire de la Cerdagne catalane.

VILAMAROTO €€

10 Carrer Central
✆ + 34 683 521 113
www.vilamaroto.com
Chambre double de 75 à 90 €.

La Vilamaroto se fond parfaitement dans un décor montagneux, pittoresque et champêtre. Ancienne ferme de 1850, elle a été magnifiquement rénovée en maison d'hôtes : tout en prenant soin de conserver certains éléments architecturaux d'origine comme les murs en pierre présents jusque dans les chambres ou les toits en bois, la lumière est beaucoup plus présente dans les pièces de vie pour permettre une harmonie complète avec la nature. Les chambres sont modernes, cosy et décorées sobrement. Un petit havre de paix dans les Pyrénées.

CAN BORRELL €€€

Carrer Retorn, 3
✆ +34 972 88 00 33
www.canborrell.com
Chambre double à 115 €, petit déjeuner inclus.

Cet hôtel de campagne, tout de pierre, de bois et d'ardoise, est un enchantement pour qui cherche à lier la tranquillité au charme rustique des maisons de montagne. Idéal pour une escapade romantique, les 9 chambres, suites et lofts de l'établissement sont coquets et donnent sur la vallée et les montagnes environnantes. On appréciera aussi la salle à manger-salon avec sa belle cheminée de pierre où il fait bon s'attarder une fois le soleil couché. Une très belle adresse, intime et bien placée pour découvrir les richesses naturelles des Pyrénées catalanes.

CAN BORRELL €€€

Carrer Retorn, 3
✆ +34 972 88 00 33
www.canborrell.com
Environ 45 €.

En plus d'être un très joli nid douillet pour passer la nuit, le Can Borrell est une table de référence dans la région : le cuisinier et tenancier des lieux Olivier Verdaguer Jimeno propose une version personnelle et créative des plats typiques catalans de la Cerdagne et en particulier de Meranges. La présentation est soignée, le service s'avère très professionnel et la carte des vins est très finement élaborée. Il y aura des repas romantiques en perspective, avec pour panorama les montagnes pyrénéennes ou lovés près de la belle cheminée intérieure.

FONTANALS DE CERDANYA

Fontanals de Cerdanya, qui compte près de 530 habitants, est en réalité composé de 7 localités (Escadarcs, Estoll, Les Pereres, Queixans, Soriguerola, Urtx, El Vilar Urtx) qui tirent leurs ressources de l'élevage et de l'agriculture. Sans qu'il y ait un point touristique particulièrement significatif, on aura toujours plaisir à visiter les différents villages qui forment cette commune. On pourra aussi y pratiquer la randonnée et profiter du Fontanals golf, réputé dans toute l'Espagne. Sur le site www.fontanals.cat vous trouverez notamment la liste des églises qui sont éparpillées sur ce territoire comme celle de Sant Cosme i Sant Damià de Queixans.

PALLER DE QUEIXANS €€

Camí del Mas de Munt, 20
✆ +34 972 88 06 60
www.elpallerdequeixans.com
Horaires sur le site web. Comptez environ 35 € à la carte.

Cette ancienne grange rénovée propose des plats économiques et écologiques : viandes de Cerdagne et patates du jardin, pizzas cuites au feu de bois, et salades. L'espace de service est haut de plafond et moderne, voire même *trendy*, tandis que la salle de l'étage se veut plus intime, avec ses imposants murs de pierres et son plafond intégralement fait d'épaisses poutres en bois. Service aux petits oignons, belle cave à vins et mets copieux. Une adresse contemporaine qui trouve ses racines dans des recettes traditionnelles.

FONTANALS GOLF

Soriguerola, s/n
✆ +34 972 14 43 74
www.fontanalsgolf.com

Dessiné par Ramon Espinosa, le Golf de Soriguerola est réputé dans toute l'Espagne : les neuf premiers trous sont d'un style traditionnel, les neuf suivants beaucoup plus modernes, d'inspiration Floride. Lacs et bunkers essaiment le parcours, donnant du fil à retordre même aux plus experts. On y trouvera aussi une boutique et un grand centre de bien-être assez unique en son genre, avec piscines et saunas, gymnase très équipé, courts de padel et de tennis ainsi que toute une équipe de professionnels (coach personnel, nutritionniste...).

DAS 1219 €€

Plaça Major, 1
✆ +34 972 894 190
www.das1219.com

Horaires disponibles sur site web. Comptez 25 à 30 € à la carte.

Tirant son nom de l'altitude de Das par rapport au niveau de la mer, 1 219 mètres, cette table du centre-ville propose des préparations à base produits locaux et de saison, avec chaque semaine huit à dix suggestions de saison, en dehors de la carte. Citons quelques étonnants ingrédients utilisés ici : pissenlit, canard de Barbarie et perdrix... On pourra en fonction de la saison goûter du pâté de perdrix rouge, accompagnée de toasts. La cave à vin est bien achalandée, avec des étiquettes locales et internationales. Belle découverte.

DAS

Lorsque l'on arrive en Cerdagne par le tunnel du Cadí, Das et ses 230 habitants est l'un des premiers villages de la Cerdagne gironaise que l'on rencontre en se rendant vers Alp. Le petit centre-ville de la bourgade a conservé un caractère bien rural. On y remarquera notamment la Casa del Comú qui héberge une collection des éléments les plus significatifs du patrimoine ethnologique de la Cerdagne. Et l'on pourra aussi s'y restaurer, notamment au Das 1219, l'occasion de savourer les produits locaux. On pourra également en profiter pour faire un tour en montgolfière avec le Globus de la Cerdanya pour prendre de la hauteur, à 1 500 mètres.

AÉRODROME DE LA CERDANYA

✆ +34 661 232 703

L'aérodrome de la Cerdanya tire sa légitimité de son emplacement même, au cœur de la plaine de Cerdagne. Protégé de l'air humide venant du nord et de l'ouest, il profite d'un microclimat particulièrement bénéfique et il est le siège de l'aéro-club de Barcelone. Il accueille des planeurs et des avions ultra-légers et dispose d'une des flottes les plus importantes d'Espagne. On peut ici suivre des cours ou venir s'essayer au planeur, stupéfiante activité dans le cadre que la région a à offrir. L'aérodrome dispose également d'un café-restaurant.

ÉGLISE SANTA MARIA DE MOSOLL ✝

On trouve dans le hameau de Mosoll une église d'origine romane dédiée à Marie, en partie détruite à la fin du XIIe siècle. La structure qui est visible aujourd'hui est assez simple : une nef terminée par une abside semi-circulaire abritant des fonts baptismaux d'origine ainsi que quelques reproductions de vestiges de peintures du XIIIe siècle représentant des épisodes de l'enfance du Christ, les originales étant conservées au MNAC (Musée National d'Art de Catalogne), à Barcelone.

TOUR EN MONTGOLFIÈRE - GLOBUS DE LA CERDANYA

Aeròdrom de la Cerdanya
✆ +34 972 14 08 52
www.globospi.com

Vol de 1h à 1h30. Adulte : 140 €. Réservation indispensable. Les vols se font uniquement le matin tôt.

L'aérodrome de la Cerdanya accueille également une société de professionnels éprouvés – depuis 1992 – proposant des tours en montgolfière. L'activité a lieu au petit matin, l'équipe prépare l'engin et fait le point sur la météo et les consignes autour d'un bon café. Ensuite, l'équipage embarque et monte à environ 1 500 mètres du sol, pour se laisser porter par les vents jusqu'au point d'atterrissage. Retour à la base en 4x4. Une très belle expérience.

ORGANISER SON SÉJOUR

La Costa Brava et les Pyrénées de Gérone sont des destinations faciles à rallier, sans démarches administratives ni contraintes sanitaires. Facilement accessible par des vols d'environ 1 heure et demie, depuis Paris. Vous aurez juste à choisir si vous voulez partir seul ou recourir à un voyage organisé. Si cette deuxième option vous tente, préférez les tour-opérateurs spécialisés, un peu plus chers mais beaucoup plus au fait de la destination. Si vous y allez seul, ce sera sans difficulté, c'est le choix du logement qui sera la démarche essentielle. Plus vous vous y prendrez tôt, plus vous aurez de choix et sûrement de meilleurs prix, notamment si vous comptez vous y rendre de juin à septembre. Côté visites, seuls le théâtre-musée Dalí et le museu Salvador Dalí de Portlligat requièrent une inscription préalable, avec un délai préalable d'autant plus grand si vous songez à venir durant la période estivale.

PRATIQUE

ORGANISER SON SÉJOUR

ARGENT

L'Espagne a fait partie du premier train du passage à l'euro. C'est donc cette monnaie que vous utiliserez.

BUDGET / BONS PLANS

De manière très générale, le coût de la vie est plutôt moins cher en Catalogne qu'en France, mais tout dépend aussi de votre lieu de séjour : grande ville, petit village, littoral ou intérieur. Les prix varieront aussi en fonction de la période de l'année, notamment pour le prix des logements qui augmente de manière significative en période estivale et lors de grands événements (Semaine sainte, fête patronale locale...). En revanche, se restaurer ou boire un verre coûtera plutôt moins cher. En moyenne, on paye un café aux alentours de 1,50 €, un jus de fruits environ 3 € et une personne peut se rassasier *via* un *tapeo* pour environ 15 €.

Voici ce que peut être un budget moyen par jour. Sur la base d'un séjour pour deux en haute saison : hébergement, repas et boissons, visites et petites sorties.

- **Petit budget :** de 90 € en dormant au camping à 110 €, hébergé en pension.
- **Moyen budget :** à partir de 180 €, hébergé en pension de qualité supérieure ou hôtel simple ou à prix cassés.

Visite de Besalú.

- **Gros budget :** à partir de 250 €, en logeant en hôtel de grand confort ou de charme avec repas en restaurants gastronomiques.

Le pourboire est inclus dans l'addition, mais il peut être apprécié de laisser 5 à 10 % de la note. La TVA (IVA) varie de 10 à 21 % selon les produits, généralement comprise dans les prix affichés, mais à faire préciser dans les hôtels. Une taxe de séjour a été instaurée pour les établissements touristiques de Catalogne, son tarif varie en fonction du type d'hébergement et de la localisation et elle doit figurer sur votre facture.

Le marchandage ne se pratique pas. Sauf dans les *mercadillos*, petits marchés (bijoux, habits, sacs... etc.) qui fleurissent surtout l'été.

Pour réduire votre budget « visites », pensez à demander les tarifs qui sont accordés à beaucoup de catégories particulières (étudiants, enfants, seniors...).

PASSEPORT ET VISAS

Pour la Catalogne, les membres de l'Union européenne n'ont besoin que d'une carte d'identité en cours de validité ou d'un passeport. S'agissant des animaux de compagnies, vérifiez avant s'ils pourront vous accompagner. Avec trois normes à respecter : ils doivent être accompagnés de leurs maîtres ou de son représentant, être parfaitement identifiés et les documents sanitaires doivent inclure une retranscription en espagnol. Cela change doucement, mais nombre d'hôtels ou de campings espagnols n'acceptent pas les animaux domestiques et certains transports, bus pas exemple, les font voyager en soute. S'il est accepté, on vous demandera un supplément, justifié par le nettoyage requis. Pour faire le point, pensez à info douanes service (https://www.douane.gouv.fr).

SANTÉ

Vous ne risquez rien à vous rendre sur la Costa Brava ou dans les Pyrénées de Gérone, à part un coup de soleil en période estivale. Pensez à la crème soleil et aux lunettes pour vous et vos enfants et partez équipés de bonnes chaussures pour randonner. De nombreuses plages sont équipées d'un point secours. Urgences : le 112, comme dans toute l'Union européenne, est accessible 24h/24, depuis un fixe ou un portable. En cas de problème grave, ayez le réflexe de contacter le consulat de France qui donne notamment la liste des médecins francophones. Avant de prendre l'avion, vous vérifierez les requis de chaque compagnie qui reproduisent ce qui est exigé à l'entrée d'un territoire. Aucun vaccin n'est requis, sauf si vous provenez d'une zone où sévit une épidémie. Avant de partir, consultez la rubrique « Conseils aux voyageurs » du site du ministère des Affaires étrangères (https://www.diplomatie.gouv.fr/fr/conseils-aux-voyageurs).

DÉCALAGE HORAIRE

Pas de décalage horaire entre l'Espagne et la France. Toutefois, le rythme de vie y sera légèrement différent, surtout l'été. On déjeune de 14h à 16h et on dîne à partir de 21h, voire 22h si l'on va au restaurant. Les horaires de nombreux organismes (offices du tourisme, musées...) sont différents en fonction de la période de l'année. Tout comme celui des boutiques. Quant aux sorties, on sait qu'en Espagne, il n'y a « pas d'ambiance avant 2 h du matin ».

LANGUES PARLÉES

L'espagnol et le catalan sont les deux langues co-officielles de la Catalogne. Quasiment toutes les mentions de rues, de lieux sont désormais en catalan. Sur la côte, mais aussi dans l'intérieur, la plupart des professionnels parlent le français et vous ne devriez pas avoir de problème pour vous faire comprendre et aider.

COMMUNIQUER

Vous trouverez des postes internet et wifi, un peu partout dans les hôtels, cafés et restaurants. Disponible avec un code d'accès, souvent gratuit, et plus ou moins efficace dans les hôtels où il arrive qu'il ne soit performant qu'à l'accueil même si un effort a été fait pour installer des *routers* à chaque étage. Quelques hôtels ont toujours un ou plusieurs ordinateurs en accès à la réception. Quelques *locutorios*, avec ordinateurs et internet, dans les villes mais de plus en plus rares.

ELECTRICITÉ ET MESURES

Comme le reste de l'Europe continentale, l'Espagne est branchée sur 220 volts. On mesure en mètres et on pèse en kilogrammes.

BAGAGES

Pour la plage, l'attirail classique : maillot de bain, serviette, chapeau, lunettes de soleil et crème solaire. Les randonneurs s'équiperont de bonnes chaussures. En revanche, si vous venez hors saison, à quelques degrés près, le temps sera le même qu'en France, avec les vêtements qui vont avec. Pour sortir, profitez-en pour vous concocter la tenue adéquate, sur votre 31.

LES PHRASES CLÉS

Bonjour, je voudrais réserver un billet aller/retour pour…
Bon dia, voldria un bitllet d'anada/tornada per...

J'ai raté mon avion. Je voudrais échanger mon billet s'il vous plaît.
He perdut el meu vol. Voldria canviar el bitllet si us plau.

Mon vol est très en retard. Ma correspondance sera bien assurée ?
El meu vol va amb molt de retard. Em podeu confirmar el vol de connexió?

Mes bagages ont été égarés, à qui dois-je m'adresser ?
El meu equipatge s'ha extraviat, a qui m'he d'adreçar?

Louez-vous des voitures avec chauffeur ?
Llogueu vehicles amb conductor?

Je n'ai presque plus d'essence. Où se trouve la station-service la plus proche ?
Gairebé no em queda benzina. On es troba l'estació de servei més propera?

S'Y RENDRE

On peut se rendre sur la Costa Brava et dans les Pyrénées de Gérone par ses propres moyens, sans aucun problème. En voiture, comptez 9h pour arriver à Gérone depuis Paris. En TGV, comptez 5h45 pour faire Paris-Gérone et 6h30 pour un Paris-Barcelone. Côté avion, en haute saison, seul Ryanair dessert l'aéroport de Gérone, mais le reste de l'année, de nombreux vols sont proposés et comptez de 100 à 150 € pour un aller-retour Paris-Barcelone. Le seul risque auquel on peut être confronté dans les villes ou les lieux plus touristiques, c'est le vol. Ne laissez rien dans le coffre d'une voiture. Pas de problème particulier non plus pour les femmes voyageant seules et les enfants y sont particulièrement bien traités, avec parcs ou mini-clubs dédiés et tarifs avantageux pour toutes les visites. Pas de problème non plus pour la communauté LGTB dans le pays qui a été l'un des premiers à adopter le mariage homosexuel.

KELBILLET

www.kelbillet.com

Kelbillet est un site comparateur regroupant les principales compagnies desservant les meilleures destinations européennes : SNCF, BlaBlaCar, Thalys, OuiBus, Air France, EasyJet, Flixbus, Air France, Thalys, etc. Vous souhaitez trouver un billet de train pas cher, mais aussi un billet de bus, avion, ou du covoiturage ? Ou bien acheter un billet de train à un autre voyageur ? Revendre un billet que vous ne pouvez utiliser ou vous faire rembourser ? KelBillet.com est un très bon plan. Ce site propose de nombreux billets pour voyager en France et en Europe.

AIR FRANCE

✆ +33 9 69 39 36 54

Réservez en ligne ou par téléphone. Bagage en soute gratuit. Entre 55 et 100 € pour un bagage en soute supplémentaire.

Toute l'année, la compagnie nationale française propose de nombreux vols tous les jours au départ des aéroports de Paris : plusieurs destinations en France, en Europe et à l'international. La compagnie, qui existe depuis 1933, est synonyme de qualité, de service et de confort. Sa flotte est majoritairement constituée d'Airbus âgés d'environ une dizaine d'années. Nous vous conseillons de réserver très à l'avance pour obtenir des tarifs compétitifs. Air France vole entre autres vers Barcelone, le temps de trajet est alors de 1h45.

SNCF CONNECT

www.sncf-connect.com

Il est possible de rallier Gérone depuis Paris Gare de Lyon. Le trajet est direct et dure 5h50. Deux à trois voyages par jour. Pensez à réserver vos billets de train le plus tôt possible afin d'obtenir vos billets au meilleur prix ou d'acheter des cartes « Avantage » à 49 euros (Carte Senior, Jeune et Adulte) qui permettent de bénéficier de 30 % de réduction sur vos voyages. Le site et l'application sont très fluides et vous permettent de bien organiser vos voyages. À bord des trains : bar pour se restaurer, espace nursery et rangement pour les vélos.

EASYJET

✆ 09 77 40 77 70

Cette compagnie aérienne low cost à l'image jeune, tendance et dynamique propose, en s'y prenant bien à l'avance, des tarifs intéressants pour Barcelone. Départs possibles depuis Paris-Charles de Gaulle, mais aussi depuis plusieurs villes de province : Bordeaux, Lyon et Nice. Si vous prévoyez d'enregistrer un bagage en soute, le plus simple est de faire l'enregistrement en ligne et de faire l'impression papier de votre billet ou sur l'application mobile. Plus on s'approche de la date de départ, plus la différence de prix s'amoindrit.

L'ASSURANCE VOYAGE, LE BON RÉFLEXE POUR PARTIR L'ESPRIT TRANQUILLE

avec CATHERINE DIBOUES, responsable du marché voyage, chez Allianz Travel

En cas d'annulation de voyage, peut-on bénéficier d'un remboursement des frais engagés ?

L'assurance voyage propose une indemnisation lorsque l'on doit abandonner son projet de séjour pour une raison indépendante de sa volonté, y compris en cas de COVID-19. Contrairement aux idées reçues, les assurances liées aux cartes bancaires ne proposent pas toutes une assurance annulation.

Que se passe-t-il en cas de retard de vol ?

Avec l'assurance voyage Allianz Travel, les frais supplémentaires liés à l'attente sont remboursés, à partir de 2h de retard. Il peut s'agir des frais de restauration, de transport lors d'un changement d'aéroport ou d'une éventuelle nuit d'hôtel.

L'assurance voyage couvre-t-elle la perte ou le dommage des bagages ?

Allianz Travel indemnise les voyageurs en cas de bagages endommagés ou perdus par la compagnie aérienne. Cela comprend l'indemnisation du bagage et son contenu.

Les frais médicaux sont-ils pris en charge en cas de problème de santé dans l'Union européenne ?

Les pays européens ont des accords avec l'administration française. Avant de partir, il faut demander la carte européenne d'assurance maladie. La sécurité sociale et la mutuelle prennent alors en charge les frais médicaux, selon leurs barèmes. Les frais médicaux étant majoritairement plus élevés qu'en France, l'assurance voyage permet de se voir rembourser du reste à charge.

En cas de souci de santé sur place, notamment en cas de COVID-19, que faut-il faire ?

En cas de doute ou pour des symptômes légers, nous proposons un service de téléconsultation médicale, par téléphone et en visio, qui permet d'être conseillé et orienté par un professionnel ainsi que d'obtenir une ordonnance si besoin. Pour une situation plus grave, il est nécessaire d'appeler les urgences locales. Une fois à l'hôpital et dans un état stable, il faut contacter Allianz Travel pour déclencher les procédures de prises en charge. Notre centre d'assistance fonctionne 24h/24, 7j/7.

IBERIA

✆ +34 915 23 65 68

www.iberia.com

À destination de Barcelone, la compagnie espagnole propose plusieurs vols directs, opérés par la compagnie Vueling, depuis/vers Paris, Bordeaux, Bruxelles, Nantes, Rennes, Lyon, Marseille, Nice et Genève. Compter en moyenne 1h40 pour relier Paris à Barcelone. Certains tarifs, à certaines dates, sont très intéressants. Plusieurs options disponibles au moment de la réservation : possibilité de choisir son siège, d'ajouter des bagages, de réserver un hôtel, de louer une voiture, ou d'accéder à un billet de classe supérieure (voir les conditions sur le site).

VUELING

✆ 08 99 23 24 00

www.vueling.com

Vueling, la compagnie low cost espagnole qui a fêté ses 15 ans d'existence en 2019, relie à prix doux Paris (Orly) à Barcelone. Vols directs également depuis/vers Brest, Bordeaux, Bruxelles, Toulouse, Lille, Nantes, Lyon, Marseille, Nice et Genève. Le prix sans option permet de voyager avec un bagage à main et un petit sac, mais pour ne pas avoir à se limiter sur place, il est possible de retenir l'option « optima » (plus 40 euros par personne) qui inclut un bagage de 25 kg et le choix des places et l'enregistrement instantané.

RYANAIR

✆ 08 92 56 21 50

www.ryanair.com

La compagnie low cost propose d'avril à octobre plusieurs vols hebdomadaires directs entre Paris-Beauvais et Gérone. Bien qu'elle affiche des prix défiant toute concurrence, les options font parfois vite monter l'addition. Pour vous rendre à Gérone ou Barcelone sans supplément, par exemple, il vous faudra voyager avec un sac qui se place sous le siège passager. Mais ces conditions de transports mises à part, il faut reconnaître à Ryanair des rotations intéressantes à prix très doux. Sur le site, on peut avoir une vue des tarifs sur l'ensemble du mois.

MISTERFLY

www.misterfly.com

Ouvert du lundi au vendredi de 9h à 21h. Le samedi de 10h à 20h.

MisterFly.com est le nouveau-né de la toile pour la réservation de billets d'avion. Son concept innovant repose sur un credo : transparence tarifaire ! Cela se concrétise par un prix affiché dès la première page de la recherche, c'est-à-dire qu'aucun frais de dossier ou frais bancaire ne viendront alourdir la facture finale. Idem pour le prix des bagages ! L'accès à cette information se fait dès l'affichage des vols correspondant à la recherche. La possibilité d'ajouter des bagages en supplément à l'aller, au retour ou aux deux... tout est flexible !

TRANSAVIA

✆ 08 92 05 88 88

www.transavia.com

Filiale low cost de la compagnie Air France/KLM, Transavia assure, au départ de Paris Orly-Sud, des liaisons à bas prix pour Barcelone. En basse saison, vous pouvez prendre vos billets d'avion jusqu'à 10 jours avant le départ sans réelle augmentation de prix. Plutôt bon à savoir pour un séjour de dernière minute. En général, les vols ont peu de retard (sauf en haute saison) et le service est correct. En vol, aucune boisson offerte, mais possibilité de petit déjeuner ou de collation payants. Une compagnie au bon rapport qualité-prix.

BLABLACAR BUS

✆ 01 71 53 01 80

www.blablacar.fr/bus

Tous les billets de bus sont échangeables jusqu'à 30 minutes avant le départ.

Blablacar Bus (ex-Ouibus et IDbus) dessert Gérone au départ de plusieurs villes de France : Paris, Marseille, Lyon, entre autres... La compagnie se veut être une alternative de choix à la voiture. C'est pourquoi les bus offrent un maximum de confort avec autocars de standard quatre étoiles, dernières technologies avec wifi gratuit et prises électriques, attente confortable en gare, choix des sièges lors de la réservation, grande attention durant le voyage et sièges adaptés aux personnes à mobilité réduite. Un bon moyen pour voyager.

SÉJOURS ET CIRCUITS

Si vous souhaitez vous offrir un séjour clé en main, vous n'aurez aucun problème pour trouver le bon interlocuteur car de nombreux tour-opérateurs spécialisés vous proposeront des séjours tout compris. Voyages culturels, gastronomiques, sportifs, il y en aura pour tous les goûts. Pour vous aider à faire le bon choix, nous avons sélectionné les spécialistes qui proposent, selon nous, les meilleurs voyages organisés. Ces séjours sont concoctés par de fins connaisseurs de la région qui connaissent la destination sur le bout des doigts. Ils s'occuperont de réserver vos vols et géreront vos transports sur place, vous proposeront des hôtels, des activités, des expériences et des restaurants triés sur le volet, avec des guides qui parlent français. Sur des sites comparateurs comme www.easyvoyage.com ou www.quotatrip.com et d'autres, vous trouverez diverses offres de vacances, en fonction de votre budget et de vos envies.

AGENCE DU VOYAGE À CHEVAL

1, rue Eugène-Cusenier
ORNANS
✆ +33 3 81 62 02 96
www.agenceduvoyageacheval.com
Ouvert du lundi au samedi de 9h à 19h.

L'Agence du Voyage à Cheval est spécialiste du voyage à cheval en France et dans le monde entier, avec pour spécificité la relation locale authentique, le respect de l'environnement et du cheval. Plusieurs séjours thématiques sont proposés sur la Costa Brava et dans les Pyrénées de Gérone : « Randonnée à cheval de la Costa Brava » (6 jours), « Randonnée à cheval de la montagne à la mer » (8 jours), « Randonnée à cheval, la Catalogne au grand galop » (5 jours)...

AKAOKA - COMPAGNIE DU TREK

15, place des Halles
GANGES
✆ 01 83 62 19 68
www.akaoka.com
Consulter le site Internet pour plus d'informations.

Cette agence construit avec vous vos équipées terrestres, de la randonnée individuelle au trek accompagné, en respectant vos choix de destinations et vos envies. Akaoka dispose d'une longue expérience des randonnées organisées dans de nombreux pays étrangers. Elle propose un circuit de huit jours sur la Costa Brava, entre mer et montagnes. Au programme : randonnée le long du littoral jusqu'à Cadaquès, excursion dans baie de l'Estartit, découverte des volcans endormis d'Olot...

ALMA VOYAGES

573, route de Toulouse
VILLENAVE-D'ORNON
✆ 05 56 87 58 46
www.alma-voyages.com
Ouvert du lundi au vendredi de 8h à 19h et le samedi de 9h à 18h.

Chez Alma Voyages, les conseillers connaissent parfaitement les destinations proposées et chaque client est suivi par un agent attitré ! Une large offre de voyages, avec émission de devis pour les voyages sur mesure, vous sera alors proposée. Alma Voyages pratique les meilleurs prix du marché et travaille notamment avec Kuoni, Beachcombers, Jet Tour, Marmara, Look Voyages... Si vous trouvez moins cher ailleurs, l'agence s'alignera sur ce tarif et vous bénéficierez en plus, d'un bon d'achat sur votre prochain voyage... Catalogue sur le site Internet.

ARTS ET VIE

251, rue de Vaugirard - **PARIS** (15e)
✆ 01 40 43 20 21
www.artsetvie.com
Autres agences : Grenoble, Lyon, Marseille et Nice. Du lundi au vendredi de 9h à 12h30 et de 14h à 17h.

Arts et Vie, association culturelle de voyages et de loisirs, développe un tourisme ouvert au savoir et au bonheur de la découverte culturelle et humaine. Tous les circuits sont animés et conduits par des accompagnateurs passionnés, formés par l'association, soucieux de faire partager leur enthousiasme aux adhérents voyageurs. Pour la Costa Brava, Arts et Vie propose un circuit de 9 jours « La Catalogne romane » au coeur des Pyrénées catalanes, avec notamment la visite du monastère de Sant Pere de Rodes. Excursions à Gérone, Figueres, Ripoll...

LA BALAGUÈRE

✆ 05 62 97 46 46
www.labalaguere.com
Ouvert du lundi au vendredi de 9h à 17h et le samedi de 10h à 12h et de 14h à 17h30.

La Balaguère, spécialisée dans la randonnée et le trek, propose des séjours sur la Costa Brava et dans les Pyrénées espagnoles avec ou sans guide, pour les familles et petits groupes, pour tous les niveaux, du débutant au marcheur expérimenté. Parmi les nombreuses propositions, notons le parcours « Costa Brava en douceur, le paradis insoupçonné », d'une durée de 6 jours, et de niveau moyen (marche de 3 à 4 heures par jour), dans des lieux souvent méconnus des randonneurs. Au programme : découverte de Gérone, de L'Estartit, du Cap de Begur...

NOMADE AVENTURE

40, rue de la Montagne-Sainte-Geneviève
PARIS (5e)
✆ 01 46 33 71 71
www.nomade-aventure.com
Ouvert du lundi au samedi de 9h30 à 18h30. Circuits sur mesure. Activités.

Nomade Aventure, comme son nom l'indique doublement, est une agence qui vous change de vos habitudes sédentaires. Avec ses voyages placés sous le thème de la nature, de la culture et de la rencontre, elle vous propulse vers de nouvelles aventures. Loin des meutes de touristes, vous mettrez à profit les bonnes connaissances des agents sur la région en profitant à la fois de circuits originaux et de spots incontournables. Nomade Aventure fait de votre voyage de véritables vacances en vous permettant de vous détendre, ils prévoient tout !

GREENS DU MONDE

✆ 0 825 800 917
www.greensdumonde.com
Informations et réservations par téléphone du lundi au vendredi de 9h à 17h.

L'Espagne possède de nombreux sites de golf, et Greens du Monde, spécialiste en la matière, propose d'allier parcours sur les greens et découverte du pays... Sur la Costa Brava, vous pourrez poser vos pots dans trois golfs de renom : à l'Hôtel Camiral at PGA Catalunya Resort (près de Gérone), à l'Hôtel La Costa Beach Golf & Resort (près de Torroella de Mongri), ou encore au Peralada Hôtel Wine Spa & Golf. Tous les niveaux de difficultés sont représentés afin de satisfaire débutants et professionnels. Possibilité de réaliser votre séjour golf sur-mesure.

SALAÜN HOLIDAYS

34, rue de Liège
LORIENT
✆ 02 97 84 14 80
www.salaun-holidays.com

Tour-opérateur breton implanté sur tout le grand Ouest, Salaün Holidays propose un éventail très important de destinations adaptées, notamment des circuits et des séjours à l'autre bout du monde, mais également aux portes de l'Europe ou même en France. Spécialiste du circuit à travers le monde, cette agence vous laisse le choix. Pour la Costa Brava, un voyage en autocar avec séjour à Lloret de Mar est présenté au catalogue. Au programme, des demi-journées d'excursions à Tossa de Mar, Gérone, un tour panoramique à Barcelone (une journée)...

INTERMÈDES

10, rue de Mézières - **PARIS** (6e)
✆ 01 45 61 90 90
www.intermedes.com
Du lundi au jeudi 9h-19h, vendredi 18h. Samedi 9h30-16h de janvier à mars et septembre, octobre.

Un spécialiste des voyages culturels avec conférencier en Europe et dans le monde. Conçus dans un esprit « grand voyageur », les voyages sont proposés en petits groupes, accompagnés par des conférenciers, historiens ou historiens d'art. Et si vous préférez un voyage cousu main, les spécialistes vous proposent un itinéraire selon vos goûts, vos envies et votre budget. En Espagne, Intermèdes propose un circuit de 7 jours pour découvrir la « Catalogne romane ». Au programme : visite de Gérone et des villes culturelles de la région.

VOYAGEURS DU MONDE

55, rue Sainte-Anne - **PARIS** (2e)
✆ 01 42 86 16 00
www.voyageursdumonde.fr
Ouvert du lundi au samedi de 10h à 18h. Autres agences en France, à Bruxelles, à Genève, à Montréal et à Québec.

Depuis 30 ans, Voyageurs du Monde construit pour vous un univers totalement dédié au voyage sur mesure et en individuel, grâce – entre autres – aux conseils pointus transmis par des spécialistes qualifiés sur leur destination de cœur ou d'origine. Vous bénéficiez de leur aide pour la préparation du voyage, mais aussi durant toute la durée du voyage sur place. Tous les circuits peuvent être effectués avec des enfants, car tout est question de rythme. À noter également, un site internet au contenu riche et inspirant ainsi qu'une application mobile sur mesure.

PROMOVACANCES

✆ 01 55 33 44 44

www.promovacances.com

Promovacances est une agence de voyage en ligne qui propose de nombreux séjours touristiques, des week-ends, ainsi qu'un très large choix de billets d'avion à tarifs négociés sur vols charters et réguliers, des locations, des hôtels à prix réduits. En plus de cette importante offre, n'hésitez pas à guetter en ligne des promotions de dernière minute et les bons plans du jour. Enfin, des informations pratiques sont à consulter en ligne pour préparer votre voyage : santé, formalités, aéroports, voyagistes, compagnies aériennes.

TRAVELTEC

Avda. de les Alegries, 14

LLORET DE MAR

✆ +34 972 363 111

www.traveltec.info

Depuis 1985, le groupe Travelec a acquis une grande connaissance du secteur touristique et s'est installé à Lloret de Mar depuis 1987. Séjour photos, immersions musicales, circuits sur les traces de Dalí, week-end à thème sur les traces des « Castellers », festival des fleurs à Girone ou carnaval de Lloret de Mar, visites de caves à vins... Les excursions proposées par cette agence réceptive sont multiples. Logements, transports, excursions, tout est géré de A à Z. Un catalogue complet pour une plongée inventive en terres catalane et espagnole.

GIROGUIES

Carrer de la Caritat, 49 - **PALAFRUGELL**

✆ +34 972 303 886

www.giroguies.com

Ouvert en semaine de 9h à 14h. Vaste catalogue de tours et excursions. Sorties personalisées aussi disponibles.

Giroguies est une agence de voyages forte de vingt ans d'expérience. En partie francophone, elle propose des circuits en Catalogne, qui sont guidés ou autoguidés, avec une grande prédilection pour la marche : randonnée, montagne, médecine et géographie sont les mots qui la définissent le mieux. Sur la Costa Brava et dans les Pyrénées de Gérone, vous pourrez par exemple effectuer les circuits suivants : descente de rivières en kayak, découverte du patrimoine, yoga en pleine nature et même ateliers photos et leçons de survie en montagne... Tout un programme.

TURISMÓN

Carrer Nou 12

LA BISBAL D'EMPORDÀ

✆ +34 619 335 848

www.turismon.net

Créée en 2008, cette agence réceptive propose de « partager » les trésors de la Catalogne grâce à une immersion au cœur de ses traditions et de son patrimoine culturel, architectural, gastronomique et paysager. Et parie sur un tourisme respectueux de l'environnement. Vous pourrez découvrir le site ibère d'Ullastrtet, des constructions modernistes et Indiana ou faire des balades dans le Parc naturel de Montseny à la recherche de ses secrets et de ses légendes. Mais vous pourrez aussi apprécier cette région côté mer. Nombreuses propositions sur le site web.

MEDAQUA

Passeig Marítim 13

L'ESTARTIT

✆ +34 972 752 043

www.medaqua.com

Fondée en 1995, cette agence réceptive propose des activités terrestres et nautiques sur la Costa Brava, qui s'adressent aux individuels et aux familles. Et qui vous permettront par exemple de découvrir le Parc naturel du Montgrí, des îles Medes et du Baix Ter avec des vélos électriques durant trois jours, ou encore, des villages médiévaux tels que Pals, Peratallada, Palau-Sator, Fontanilles, avec la possibilité de déjeuner à Pals. Pour les férus de sports nautiques, les activités sont nombreuses : voile, plongée sous-marine, kayak... Accueil francophone.

BILLETSDISCOUNT

✆ 01 40 15 15 12

www.billetsdiscount.com

Promotions toute l'année.

Le site Internet permet de comparer les tarifs de vol de nombreuses compagnies à destination de tous les continents. Outre la page principale avec la recherche générale, des onglets spécifiques (Antilles, océan Indien, Océanie, Afrique, Amérique du Nord et Asie) permettent de cibler davantage les recherches. À noter qu'un bagage supplémentaire en soute de 23 kg est inclus dans le prix du billet. Il est possible de payer son billet d'avion en 4 fois contre une somme modique. Un service pour les enfants non accompagnés (de 4 à 12 ans) est également proposé.

INTERVIEW

LE VOYAGE-SUR-MESURE

AVEC STEVEN LE CHEVALIER ET MATHIEU VALLY DE QUOTATRIP

Quel est le concept de l'agence QuotaTrip ?

Quotatrip est la première plateforme de mise en relation entre voyageurs et agences locales. Grâce à elle, les voyageurs peuvent enfin échanger en direct avec des agences qui sont sur place et concevoir un voyage unique, au meilleur prix et 100% personnalisé.

Pourquoi voyager avec des agences locales ?

À l'inverse des agences traditionnelles, les agences locales sont des expertes de la destination choisie. Ce sont aussi les mieux placées pour concevoir des séjours qui sortent des sentiers battus. Elles sont ainsi en mesure de répondre à l'ensemble des envies, le voyageur rentre dans l'univers de l'équi-tourisme = le tourisme sans intermédiaire.

Quels sont les autres avantages pour les voyageurs ?

Il y a une multitude d'avantages. Cela permet notamment de ne pas voyager comme tout le monde, d'organiser de manière simple et rapide un séjour sur mesure et au meilleur prix. Fini les mauvaises surprises, les voyageurs posent toutes les questions qu'ils souhaitent et bénéficient d'un accompagnement sur mesure, de la conception du projet jusqu'à sa réalisation en toute sécurité car les agences référencées sont sélectionnées et recommandées par les journalistes des guides du Petitfute en toute impartialité.

Les démarches sont-elle simples à effectuer ?

Les sites de voyage en ligne font perdre beaucoup de temps aux internautes sans pour autant répondre entièrement à leurs désirs. QuotaTrip propose un formulaire simple et rapide qui permet de décrire les souhaits, les envies et les besoins. L'internaute reçoit aussitôt gratuitement et sans engagement les offres de trois ou quatre agences locales avec qui il peut ensuite échanger afin de personnaliser son projet grâce à la messagerie mise en place.

Quelles sont les destinations proposées ?

Notre plateforme propose plus de 21 000 projets de voyage sur plus de 100 destinations à travers le monde. De l'Amérique latine en passant par l'Asie et l'Afrique, nos mille agences partenaires sont là pour répondre à vos projets de voyage.

Décrivez votre projet de voyage. Échangez en direct avec les agences locales et partez au meilleur prix.

***Plus d'informations** : quotatrip.com*

© D.R

© D.R

© D.R

EASYVOYAGE

✆ 08 99 19 98 79

www.easyvoyage.com

Le concept peut se résumer en trois mots : s'informer, comparer et réserver. Des infos pratiques sur plusieurs destinations en ligne (saisonnalité, visa, agenda...) vous permettent de penser plus efficacement votre voyage. Après avoir choisi votre destination selon votre profil (famille, budget...), le site vous offre la possibilité d'interroger plusieurs sites à la fois concernant les vols, les séjours ou les circuits. Grâce à ce moteur performant, vous pouvez réserver directement sur plusieurs bases de réservation (Lastminute, Go Voyages et bien d'autres).

LILIGO

www.liligo.com

Site comparateur de voyages qui propose d'étudier le prix de votre prochain séjour.

Liligo interroge les agences de voyages, compagnies aériennes (régulières et low cost), trains (TGV, Eurostar...), loueurs de voitures, mais aussi 250 000 hôtels à travers le monde pour proposer à ses clients les offres les plus intéressantes en temps réel. Les prix incluent les frais de dossier, d'agence... Une fois la recherche établie et l'offre sélectionnée par l'utilisateur, le comparateur le met directement en relation avec le site marchand. Quelques astuces sont délivrées en ligne pour bénéficier des offres les plus intéressantes.

EXPEDIA FRANCE

✆ 01 57 32 49 77

www.expedia.fr

Vous pouvez télécharger l'application mobile pour planifier votre séjour.

Expedia est le site n° 1 mondial du voyage en ligne. Un large choix de 300 compagnies aériennes, 240 000 hôtels, plus de 5 000 stations de prise en charge pour la location de voitures et la possibilité de réserver parmi 5 000 activités sur votre lieu de vacances. Cette approche sur mesure du voyage est enrichie par une offre très complète comprenant prix réduits, séjours tout compris, départs à la dernière minute... Son algorithme et sa base de données permettent en effet de proposer des formules vol et hôtel à peu près n'importe quand.

QUOTATRIP

www.quotatrip.com

Voyages sur mesure.

QuotaTrip est une nouvelle plateforme de réservation de voyage en ligne qui met en relation des voyageurs à la recherche d'expériences authentiques et uniques et des agences de voyages locales sélectionnées pour leurs compétences et leur sérieux. Le réseau de QuotaTrip couvre près de 200 destinations dans le monde entier. Le but de ce rapprochement est simple : proposer un séjour entièrement personnalisé aux utilisateurs. QuotaTrip promet ainsi l'assurance d'un voyage serein, sur mesure, sans intermédiaires et sans frais supplémentaires.

JETCOST

www.jetcost.com

Jetcost compare les prix des billets d'avion et trouve le vol le moins cher parmi les offres et les promotions des compagnies aériennes régulières et *low cost*. Le site est également un comparateur d'hébergements, de loueurs d'automobiles et de séjours, circuits et croisières. L'interface du site Internet est très simple d'utilisation. Après avoir lancé la recherche, on peut affiner les résultats en fonction de ses choix afin de trouver le vol le plus intéressant, la durée du trajet, les éventuelles escales ou encore l'aéroport d'arrivée.

VIVANODA.FR

www.vivanoda.fr

Vivanoda.fr est un site français indépendant permettant en un clic de comparer et combiner plusieurs modes de transport (avion, train, autocar, ferry et covoiturage) entre deux villes. Vivanoda est né d'un constat simple : quel voyageur arrive à s'y retrouver dans les différents moyens de transports qui s'offrent à lui pour rejoindre la destination de son choix ? La recherche sur Internet de ces informations se révèle en effet souvent très fastidieuse... Grâce à ce site, fini les nuits blanches et bonjour les voyages à moindre coût.

SE LOGER

Côté Costa Brava, l'offre de logements est extrêmement variée, recouvrant toutes les gammes de prestations. C'est aussi là que l'on trouvera de nombreux appartements touristiques, plus accessibles pour des budgets familiaux. Les petits budgets opteront aussi pour les auberges de jeunesse, gérées ici par le réseau Xanascat (www.xanascat.cat). La région, tout comme les Pyrénées de Gérone, est considérée comme une destination de premier plan en matière de campings et une liste peut vous être communiquée dans tous les offices de tourisme. Parcourir les Pyrénées de Gérone peut aussi être l'occasion de privilégier un tourisme plus rural avec le mode de logement qui va avec. Dans ce domaine, le site internet https://www.turismeruralgirona.org recense de nombreuses maisons rurales, au charme souvent certain. Sachez enfin que de plus en plus d'hôtels affichent un prix plus cher le vendredi et le samedi.

BEWELCOME €€

www.bewelcome.org

Le système est simple : être hébergé chez l'habitant, partout dans le monde. C'est le site Internet qui se charge de contacter les accueillants et les postulants puis de les mettre en contact, que ce soit en ligne ou dans la vraie vie. Avec leur carte interactive, les profils *des « welcomers »* s'affichent, avec leurs disponibilités. Certains font part de leurs projets de voyage afin de pouvoir trouver des affinités, des opportunités d'action avec les membres du site. Idéal pour un voyage solidaire et plein de belles rencontres !

HOME EXCHANGE €€

www.homeexchange.fr

Abonnement annuel 149 €.

Et si vous échangiez votre maison avec d'autres pour partir en vacances ? HomeExchange est une plateforme d'échange de maisons et d'appartements entre particuliers. L'idée : un site Internet pour échanger son logement (studio, appartement, villa...) moyennant un abonnement annuel à l'agence en ligne, qui se charge de la présentation du bien et de la mise en contact des intéressés. Un excellent moyen de faire des économies pour partir en vacances et réduire ainsi les frais d'hébergement sur place. Le choix est large, avec plus de 450 000 offres dans 159 pays.

HELPX €€

www.helpx.net

Plateforme Internet pour séjourner chez l'habitant.

Des fermes biologiques, des B&B, des hôtels où l'étranger aide tout en bénéficiant, selon les hôtes, d'un hébergement, de repas ou de cours de langues selon le travail fourni. Un panel de lieux, partout dans le monde, où vivre durant une année ou moins, afin d'améliorer une langue ou vivre une expérience hors du commun pendant une année de césure. Lors de notre dernière visite sur le site, des propriétaires de *guesthouse* proposaient lit + déjeuner en échange de quelques heures de travail. Peut être une bonne affaire pour les plus jeunes.

HOSTELWORLD €

www.hostelworld.com

Depuis 2005, cette centrale de réservation en ligne permet de planifier son séjour à prix corrects dans le monde entier. Afrique, Asie, Europe, Amérique... Hostelworld est spécialisé dans les logements peu onéreux (auberges de jeunesse ou hostels...) mais proposant des services et un cadre plutôt soignés. Pour chaque grande ville, le site propose une sélection pointue d'enseignes partenaires et vous n'aurez plus qu'à choisir l'adresse la plus pratique, la mieux située, ou tout simplement la moins chère. Une plateforme bien pratique pour les baroudeurs.

WORKAWAY €€

www.workaway.info

Abonnement annuel à la plateforme : 49 € pour un voyageur seul, 59 € pour deux voyageurs.

Ici, le système est simple : être nourri et logé en échange de services. Sur la page Web, vous entrez en contact avec vos futurs hôtes qui recherchent des volontaires pour les aider dans leur projet. Des fermes, des maisons à retaper, des vendanges, des cueillettes... Ce système de logement alternatif, s'il n'est pas de tout repos, est de plus en plus populaire parmi les voyageurs. Les hôtes proposent la plupart du temps le gîte et la nourriture en échange de cours d'anglais. Un bon deal mais surtout une expérience unique et des rencontres fort enrichissantes.

BLAU VERD HOTELS €€

✆ +34 972 600 034

www.blauverdhotels.com

Vous recherchez un gîte rural dans les Pyrénées catalanes ? Un hôtel familial dans les villages de l'intérieur ? Un séjour avec spa ou piscine ? Ou pourquoi pas un site tout ce qu'il y a de romantique pour un mariage. Ce site internet regorge de petits hôtels indépendants situés dans les Pyrénées de Gérone. Vous y trouverez aussi diverses propositions vous permettant de passer des vacances actives en pratiquant le golf ou en découvrant les plus jolis villages de la région. Accessible en français, ce site se consulte très aisément.

XANASCAT €

✆ + 34 93 483 83 63

www.xanascat.cat

S'héberger sur la Costa Brava n'est pas toujours donné. Voici un bon plan qui devrait satisfaire les petits budgets. Ce réseau des auberges de jeunesse regroupe en effet une cinquantaine d'adresses réparties sur l'ensemble du territoire catalan, sur la côte, à la montagne..... mais toujours dans un lieu intéressant au plan culturel ou naturel. Pour faciliter votre recherche, consultez leur site internet, très bien fait et très complet. Vous y trouverez les différentes destinations avec carte de la région, descriptif des auberges, services proposés et prix.

CÀMPINGS GIRONA

✆ +34 972 21 55 34

www.campingsingirona.com

La destination Costa Brava et Pyrénées de Gérone compte de nombreux campings, certains labellisés Best Camping Europe. Voici un site qui vous propose plus de 80 campings sur cette région. Egalement accessible en français, il vous permet de faire une pré-sélection en fonction de vos critères (tourisme culturel, bords de plage, circuit œnologique) ou de requêtes précises : accueil des animaux domestiques à titre d'exemple. Vous accédez alors à une brève présentation du camping : situation, particularités, services offerts, date d'ouverture....

NATURAKI €€

✆ +34 972 498 030

www.naturaki.com

Plus de 100 maisons rurales et gîtes à disposition sur le site web. Réservation en ligne et par téléphone en français.

C'est un réseau très intéressant qui regroupe des maisons de charme, toutes basées dans la Province de Gérone et sur la Costa Brava. Elles ont toutes en commun d'être logées en pleine nature, quel que soit le format : ferme typique, gîte rural, maison de campagne spectaculaire ou loft design... Les propositions sont très nombreuses et vous trouverez sur le site internet des fiches descriptives très complètes, des photos vous permettant de faire le tour de la maison par avance, un plan détaillé des lieux et un calendrier des disponibilités.

TURALGI €€

✆ +34 974 22 60 15

www.turalgi.com

Portail officiel de l'association « Cases de turisme rural Girona-Costa Brava-Pirineu » qui regroupe tous les établissements liés au tourisme vert dans la province de Gérone. Elle recense au total plus de 240 établissements : mas, fermes ou hébergements ruraux. Tous sont des établissements agréés et situés dans des communes de moins de 2 000 habitants. Vous trouverez sur le site web une fiche descriptive de chaque établissement, avec sa situation géographique, des photos et des coordonnées ainsi que les activités à pratiquer aux alentours. Très bien fait.

SE DÉPLACER

Pour l'essentiel, le train vous permettra de rallier Barcelone à Gérone et Figueres. En revanche, pour circuler à l'intérieur de la Costa brava et des Pyrénées de Gérone, les bus seront le moyen le plus efficace et le moins onéreux pour couvrir la Costa Brava et la Province de Gérone. Les lignes sont nombreuses et quadrillent toute la zone, avec des cars climatisés et confortables. Différentes compagnies rayonnent dans la province de Gérone. La compagnie Sarfa-Moventis (https://moventia.es/) relie de nombreux villages du Haut et du bas Empordà. La Compagnie Teisa (http://www.teisa-bus.com) dessert quant à elle les comarques de La Garrotxa, de Banyoles, du Ripollès, de Pla de l'Estany. En ville, il n'y a pas encore de système de mise à disposition de vélos pouvant être intéressant pour de courts séjours. En revanche, vous trouverez de nombreuses entreprises de location de vélos, y compris électriques.

RENFE

✆ 912 320 320
www.renfe.com

C'est la société des chemins de fer espagnols qui équivaut à notre SNCF. Elle gère le réseau national, longues et moyennes distances, ainsi que les « cercanías » ou « rodalies » en Catalogne. Des trains dont le trajet se situe entre nos RER et nos TER. Ainsi que les Feve, trains à voie plus étroite. C'est en 1992, pour l'inauguration de l'Exposition de Séville qu'a été inauguré le premier circuit AVE, équivalent de notre TGV. L'Espagne compte aujourd'hui 16 circuits de ce type. Il est préférable d'acheter vos billets en ligne, moins coûteux que dans les gares.

BSP AUTO

✆ 01 86 26 90 80
Site comparatif accessible 24h/24.

Il s'agit là d'un prestataire qui vous assure les meilleurs tarifs de location aux conditions les plus avantageuses auprès des grands loueurs de véhicules dans les gares, aéroports et les centres-villes du monde entier. Le kilométrage illimité et les assurances sont souvent compris dans le prix. Avec BSP Auto, vous pouvez réserver dès maintenant et payer seulement cinq jours avant la prise de votre véhicule. Autre bonus du courtier BSP : pas de frais de dossier ni d'annulation (jusqu'à la veille). La moins chère des options zéro franchise.

EUROPCAR

Calle Barcelona 33 local izquierdo
GIRONA – GÉRONE
✆ +34 611 423 744
www.europcar.fr
Du lundi au vendredi de 9h à 14h et de 16h à 19h, samedi de 8h à 16h.

Chez Europcar, vous aurez un large choix de tarifs et de véhicules : économiques, utilitaires, camping-cars, prestige et même rétro. Vous pouvez réserver votre voiture via le site Internet et voir les catégories disponibles. Voilà une bonne adresse pour s'offrir une escapade sur la Costa Brava ou les Pyrénées de Gérone. Evidemment, de nombreuses options sont aussi possibles : sièges bébé ou enfant, GPS, kilométrage illimité, location d'une journée ou d'une semaine... Des offres ont lieu toute l'année, notamment sur Internet.

HERTZ

Carrer de Pierre Vilar 2
GIRONA – GÉRONE
✆ +34 972 966 096
www.hertz.es
Ouvert du lundi au vendredi de 8h30 à 20h30, les samedi et dimanche de 10h à 18h.

Hertz est une entreprise de location de voitures américaine présente dans le monde entier. Hertz possède près de 100 agences en Espagne (et plus de 8 000 dans le monde). Cela inclut tous les aéroports et villes majeurs du pays ainsi qu'un grand nombre de petites et moyennes villes. On vous conseille de réserver un peu en avance, pour être certain d'avoir une voiture disponible et, surtout, de bénéficier de tarifs avantageux. Il faut avoir au moins 21 ans pour louer une voiture, et notez également un surcoût pour les conducteurs âgés de moins de 25 ans.

S'INFORMER

Dans ce guide Costa Brava-Pyrénées de Gérone, la plupart des localités présentées sont dotées d'offices de tourisme locaux. Si l'un d'entre eux est fermé à votre venue, n'hésitez pas à passer à la mairie, qui pourra vous donner quelques informations utiles. Dans les grandes villes, vous trouverez également des offices de tourisme régionaux, qui vous offriront des renseignements complets sur la zone. Il existe aussi à l'entrée des parcs protégés des centres de réception des visiteurs ou d'interprétation, qui fournissent des conseils utiles et des cartes pour découvrir ces espaces protégés. Ils sont souvent complétés par des expositions permettant de mieux comprendre ce patrimoine naturel. Pour préparer votre séjour, vous pourrez visiter les sites de promotion touristique de chaque région, très complets. Certaines localités ont aussi lancé leurs applications mobiles pour vous guider dans vos visites.

CARNETS DE VOYAGE

36, Boulevard de la Bastille
PARIS (12e)
www.us.phoenix-publications.com

Publié par les éditions Phoenix, qui comptent déjà plusieurs revues à leur actif, ce trimestriel est consacré aux voyages avec des focus dédiés à la découverte d'une ville, d'une région, que ce soit en France, en Europe ou dans le monde. *Carnets de Voyage*, un magazine utile pour nous faire découvrir le meilleur d'une destination et nous faciliter le voyage. Pour de grandes ou petites escapades, les rédacteurs nous invitent à entrer dans leurs textes vivants, complétés de conseils pratiques, d'un agenda, de bonnes adresses et de superbes photos.

DESTINATION ESPAGNE

3, rue Chateaubriand
CHAMALIÈRES
https://shop-vasco.com/

Avec Destination Espagne, découvrez les 1001 facettes de la 3ème destination touristique au monde.

Plébiscitée par les touristes du monde entier, l'Espagne se trouve aujourd'hui à la troisième place des destinations les plus sollicitées. Que ce soit pour ses plages, son patrimoine, son art de vivre, sa gastronomie ou bien encore pour son esprit festif et avant-gardiste, l'Espagne ne cesse de fasciner. Des atouts que met en avant tous les trois mois le bi-média *Destination Espagne* dont l'objectif est de montrer toutes les facettes d'une Espagne créative, spectaculaire et attachante avec des reportages aux quatre coins du pays et des images à couper le souffle.

ECHAPPEES BELLES

8, rue Buffon - **CLERMONT-FERRAND**
✆ 04 73 14 03 00
www.turbulencespresse.fr

Trimestriel inspiré de l'émission éponyme diffusée sur France 5.

Le nouveau magazine *Échappées Belles*, inspiré de l'émission éponyme, met en lumière la rencontre et la découverte de l'autre par le voyage. Curiosité, tolérance, partage et respect des autres cultures sont les valeurs clés de ce trimestriel. Avec la participation des animateurs Sophie Jovillard, Ismaël Khelifa et Jérôme Pitorin, *Échappées Belles* fait découvrir de superbes destinations en France et dans le monde, via de nombreuses rubriques dédiées au patrimoine, à l'artisanat, à la gastronomie et à la nature. À retrouver en kiosque et sur www.turbulences-presse.fr

RADIO LATINA

www.latina.fr

Créée à Paris en 1982, Radio Latina propose des émissions musicales laissant une place quasi inédite aux sons Latino, salsa, merengue, bachata ainsi que de la musique créole. Demeurant fidèle à sa signature « Le son latino », Latina reste un format unique fait d'évasion et du meilleur de la culture latine. Latina transporte ses auditeurs par une découverte musicale rythmée, sensuelle et urbaine. Véritable radio bonne humeur, Latina informe et fait la part belle aux nombreux événements culturels dont elle est partenaire. *Sabroso !*

RESTER

Pour étudier ou poursuivre vos études supérieures, vous devrez prendre contact avec le service des relations internationales de votre université. Les démarches peuvent être longue, mais l'expérience sera enrichissante et un atout précieux sur votre CV. La Catalogne accueille de nombreux Erasmus, notamment à Barcelone, mais aussi à Gérone. Vous pouvez aussi proposer vos services à des entreprises françaises implantées en Espagne (liste sur https://mon-vie-via.businessfrance.fr). Cela vous permettra d'apprendre l'espagnol ou le catalan et la région étant assez dynamique économiquement, les offres sont plutôt plus fréquentes que dans d'autres régions. Investir en Catalogne dans une maison ou un appartement a été le choix de nombreux Français il y a quelques années et ils ont eu raison. Aujourd'hui, les tarifs ont plutôt explosé, notamment sur la côte. Un achat reste une prise de risque et une visite *in situ* est indispensable.

ACTION CONTRE LA FAIM

102, rue de Paris - **MONTREUIL**
✆ 01 70 84 70 70
www.actioncontrelafaim.org
Par téléphone de 9h à 13h et de 14h à 18h.

ONG internationale spécialisée dans la lutte contre la faim dans le monde, active dans les domaines de la nutrition, santé, sécurité alimentaire, de l'eau, de l'assainissement. L'association intervient dans des situations de crise. Le but étant de rendre les populations autonomes d'un point de vue de la nutrition, en apportant une aide concrète et en formant les intervenants locaux qui prendront le relais. Ses missions de volontariat durent de trois mois à un an en Afrique, Asie, Amérique, Europe centrale, dans le Caucase, au Moyen-Orient et dans les Caraïbes.

CIDJ

www.cidj.com

Le Centre d'Information et de Documentation Jeunesse a été créé en 1969, sous la tutelle du ministère de la Jeunesse et des Sports. Le site Internet est bien fait et très complet. La rubrique « Partir à l'étranger » fournit des informations pratiques aux jeunes qui ont pour projet d'aller vivre à l'étranger. Il y a une rubrique spécifique dédiée à chacun des thèmes suivants : travail, étude, stage, volontariat international et séjours linguistiques. Pour vous aider dans vos démarches, vous pouvez avoir un entretien gratuit avec un conseiller du CIDJ.

AEFE

23, place de Catalogne
PARIS (14e)
✆ 01 53 69 30 90
www.aefe.fr

Cette agence, sous tutelle du ministère des Affaires étrangères, anime et gère un réseau de près de 500 établissements d'enseignement français à l'étranger, dans près de 140 pays. Des centaines de milliers d'élèves, dont une forte proportion de Français, fréquentent ces établissements. Offres d'emploi à l'international pour les titulaires de la fonction publique et informations sur la politique pédagogique émaillent le site Internet de cet organisme qui soutient également l'association Anciens des lycées français du monde est particulièrement bien fait.

MINISTÈRE DE L'EUROPE ET DES AFFAIRES ÉTRANGÈRES

www.diplomatie.gouv.fr

Site Internet officiel pour connaître les formalités d'entrée et séjour dans le pays. Dans la rubrique « Services aux Français », vous trouverez un guide de l'expatriation, les modalités de demandes de documents officiels. Sur la page d'accueil en sélectionnant le pays, vous obtenez les contacts des ambassades. Dans l'espace politique, économie et socio-culturel, quantité d'informations et de communications utiles pour qui s'intéresse aux réalités du pays.

WEP FRANCE

95, avenue Ledru Rollin
PARIS (11e)
✆ 01 48 06 26 26
www.wep.fr

WEP propose plus de 50 projets éducatifs et séjours linguistiques dans une trentaine de pays pour une durée allant de une semaine à 18 mois. Quel que soit votre projet d'études ou de volontariat à l'étranger, vous trouverez sur le site de WEP une rubrique qui y sera consacrée : étudier au lycée, dans une université, partir en séjour linguistique, faire une expérience professionnelle dans le cadre d'un stage ou vivre en immersion dans une famille. Possibilité également de planifier des programmes combinés (études et projet humanitaire par exemple).

CAPCAMPUS

www.capcampus.com

CapCampus fut l'un des premiers portails étudiants français en ligne. Dans la rubrique dédiée aux stages et aux premiers emplois, vous trouverez aussi des offres pour l'étranger, classées par pays. Celles pour les Etats-Unis ne sont pas très nombreuses, le mieux est de consulter le site régulièrement pour ne pas passer à côtés des offres intéressantes. Le site est également utile pour se familiariser avec la vie aux Etats-Unis, car il propose également toutes les informations pratiques pour bien préparer son départ et son séjour à l'étranger.

BUSINESS FRANCE

77, Boulevard Saint-Jacques
PARIS (14e)
✆ 01 40 73 30 00
Ouvert en semaine de 8h30 à 18h30.

L'Agence pour le développement international des entreprises françaises travaille en étroite collaboration avec les missions économiques. Le site Internet recense toutes les actions menées, les ouvrages publiés, les événements programmés et renvoie sur la page du Volontariat International en Entreprise (VIE). Fondée en 2015, cette structure est née de la fusion entre Ubifrance et l'Agence française pour les investissements internationaux. Elle est affiliée au Ministère de l'Europe et des Affaires étrangères et au Ministère de l'Économie et des Finances.

CLUB TELI

Les Clarets
SAINT-PIERRE-D'ENTREMONT
✆ 04 79 85 24 63
www.tcli.asso.fr
Adhésion d'un an : 45 €.

Le Club Teli est une association d'aide à la mobilité internationale créée voici bientôt 30 ans, forte de 4 000 adhérents en France et dans 65 pays. Si vous souhaitez séjourner à l'étranger, quel que soit votre projet, vous trouverez par le biais de ce club des infos et des offres de stages, de jobs d'été et de travail pour francophones. Si vous avez besoin d'aide pour envoyer des candidatures, le Club peut vous aider à mettre votre CV aux normes du pays où vous souhaitez partir. Pour bénéficier de ces aides et informations, il faut adhérer.

FINQUES RIART

Av. Torre Valentina, 24 - **CALONGE-SANT ANTONI**
✆ +34 972 65 07 11
www.finquesriart.com
Horaires à consulter sur le site web. Ouvert les dimanches matin en été. Équipe francophone dans tous les domaines.

Depuis 1963, Finques Riart propose une gamme très complète de services immobiliers sur la partie centrale de la Costa Brava : hébergements touristiques, vente-achat, administration de biens, assurances, services juridiques, gestion et un service d'entretien, nettoyage et jardinage. Équipe très professionnelle qui dispose d'une longue expérience longue dans le secteur immobilier. L'agence bénéficie depuis longtemps des labels de qualité touristique officiels (SICTED). Une garantie que ce soit pour choisir son logement de vacances ou investir dans cette destination.

OFFICE ECONOMIQUE DE L'AMBASSADE D'ESPAGNE

13, rue Paul Valéry
PARIS (16e)
✆ 01 53 57 95 50

Cet office économique et commercial permet d'avoir des renseignements sur les entreprises espagnoles, les importateurs des produits espagnols, leurs points de vente et les investissements et créations d'entreprises en Espagne. Prendre contact avec eux par courriel peut s'avérer très utile pour celui qui cherche à préparer un départ professionnel vers l'Espagne ou pour celui qui cherche à mesurer le plus justement les opportunités. Bourse d'emplois.

INDEX

D

E

F

K

L

M

EDITION

Directeurs de collection et auteurs : Dominique AUZIAS et Jean-Paul LABOURDETTE

Auteurs : Dominique SELLIER, Juliana HACK, Baptiste THARREAU, Juliette COURTOIS, Mathilde LEROY, Mathias DESHOURS, Romain RISSO, Sylvie DEL COTTO, Priscilla PARARD, Amandine GLEVAREC, Jean-Paul LABOURDETTE, Dominique AUZIAS et alter

Directeur Editorial : Stéphan SZEREMETA

Rédaction Monde : Laure CHATAIGNON, Morgane VESLIN, Pierre-Yves SOUCHET, Natalia COLLIER, Julie BEZ

Rédaction France : Briséïs TEMPLE-BOYER, Audrey VEDOVOTTO, Marie VIGNERON, Nicolas WODARCZAK, Mélanie PEILLET

FABRICATION

Maquette et Montage : Romain AUDREN, Julie BORDES, Delphine PAGANO

Iconographie et Cartographie : Anne DIOT, Julien DOUCET

WEB ET NUMERIQUE

Directeur Web : Louis GENEAU de LAMARLIERE

Technical Project Manager : Hervé MARION

Développeurs : Guillaume BARBET, Adeline CAUX

Intégrateur Web : Mickael LATTES, Antoine DION

Webdesigner : Caroline LAFFAITEUR

Community Traffic Manager : Alice BARBIER, Noémie LE SAUX

Content Manager : Aliénor de PERIER

DIRECTION COMMERCIALE

Directeur commercial : Guillaume VORBURGER

Coordinatrice des Régies commerciales : Manon GUERIN

Account Manager Marketplace : Leila ROUGEOT

Responsable Régies locales : Michel GRANSEIGNE

Responsables Développement régie inter : Jean-Marc FARAGUET, Guillaume LABOUREUR et Camille ESMIEU

Assistante commerciale Régie internationale : Leila ANTRI-BOUZAR

Chefs de Publicité Régie nationale : Caroline AUBRY, François BRIANCON-MARJOLLET, Perrine DE CARNE MARCEIN, Jonathan TOUTOUX

Régie COSTA BRAVA : Laurent BOSCHERO

DIFFUSION ET PROMOTION

Directrice des Ventes : Bénédicte MOULET assistée d'Aissatou DIOP

Responsable des ventes : Jean-Pierre GHEZ assisté de Nelly BRION

Relations Presse-Partenariats : Jean-Mary MARCHAL

ADMINISTRATION

Président : Jean-Paul LABOURDETTE

Directrice des Ressources Humaines : Dina BOURDEAU assistée de Sandra DOS REIS et Eva BAELEN

Directrice Administrative et Financière : Valérie DECOTTIGNIES

Comptabilité : Guillaume PETIT, Aminata BAGAYOKO, Jeannine DEMIRDJIAN et Adama DIABY

Recouvrement : Fabien BONNAN assisté de Sandra BRIJLALL

Responsable informatique : Elie NZUZI-LEBA

PETIT FUTÉ COSTA BRAVA

LES NOUVELLES EDITIONS DE L'UNIVERSITE
18, rue des Volontaires - 75015 Paris.
✆ 01 53 69 70 00 - Fax 01 42 73 15 24
Internet : www.petitfute.com
SAS au capital de 1 000 000 € - RC PARIS B 309 769 966
Couverture : Tossa de Mar, plage de sable et remparts de la vieille ville
© Boris Stroujko - stock.adobe.com
Impression : CORLET IMPRIMEUR - 14110 Condé-en-Normandie
Achevé d'imprimer : juillet 2023
Dépôt légal : 21/08/2023
ISBN : 9782305092454

Pour nous contacter par email, indiquez le nom de famille en minuscule suivi de @petitfute.com
Pour le courrier des lecteurs : info@petitfute.com

IMPRIMÉ EN FRANCE